21世纪工商管理（MBA）系列新编教材

# 企业组织设计

## （第2版）

## 现代的观点

任浩 魏峰 金桥 任一 ◎著

U0360548

清华大学出版社
北京

# 内 容 简 介

　　本书力图将先进的中西方组织设计理论与有时代特色的企业组织情境相结合，并将其渗透到企业组织设计实践中。本书系统地介绍了企业组织设计的含义、原理、原则和过程等基础知识，详细讲述了企业组织设计中需要注意的企业边界问题、企业内部和外部组织设计的方法与技巧，并深入探讨了企业组织的结构设计、职权设计、流程设计、绩效评估设计、激励设计等当前管理者关心的重大问题，论述了企业组织设计的整合、实现与发展。

　　本书内容翔实，案例丰富，分析精辟，突出实用性，既可用作工商管理硕士"企业组织设计"课程教材，也可用作管理类高年级本科生的相关课程教材，还可供企业中高层管理者以及希望学习最新、最适用的企业组织设计知识的人士阅读参考。

**图书在版编目（CIP）数据**

企业组织设计：现代的观点/任浩等著. —2 版. —北京：清华大学出版社，2023.1
21 世纪工商管理（MBA）系列新编教材
ISBN 978-7-302-62563-6

Ⅰ. ①企…　Ⅱ. ①任…　Ⅲ. ①企业管理—组织管理学—研究生—教材　Ⅳ. ①F272.9

中国国家版本馆 CIP 数据核字（2023）第 022877 号

责任编辑：邓　婷
封面设计：刘　超
版式设计：文森时代
责任校对：马军令
责任印制：朱雨萌

出版发行：清华大学出版社
　　　网　　址：http://www.tup.com.cn，http://www.wqbook.com
　　　地　　址：北京清华大学学研大厦 A 座　　　　　邮　　编：100084
　　　社 总 机：010-83470000　　　　　　　　　　邮　　购：010-62786544
　　　投稿与读者服务：010-62776969，c-service@tup.tsinghua.edu.cn
　　　质量反馈：010-62772015，zhiliang@tup.tsinghua.edu.cn
印 装 者：大厂回族自治县彩虹印刷有限公司
经　　销：全国新华书店
开　　本：185mm×260mm　　　印　　张：28.25　　　字　　数：667 千字
版　　次：2005 年 6 月第 1 版　　2023 年 2 月第 2 版　　印　　次：2023 年 2 月第 1 次印刷
定　　价：89.80 元

产品编号：080418-01

从 2005 年第一次出版、2007 年修订，至今已过去 16 年了。

过去的 16 年，以互联网为标志的信息技术迅猛发展，带动了中国经济转型升级和平台经济高歌猛进，同时也催生了组织的平台化转型和平台模式的迅速崛起。从 2018 年开始，"互联网平台"概念已连续四年被写入政府工作报告，从"为制造业转型升级赋能"到"搭建更多共性技术研发平台，提升中小微企业创新能力和专业化水平"，无不体现了国家对平台经济的重视。组织的平台化转型使得组织管理者不仅要应对组织内的结构调整的挑战，还要面临频繁的组织间业务渗透和边界模糊所引发的变革需求。因此，从组织间关系的视角将外部组织纳入组织设计的范畴必要而又迫切。

正是在这种平台经济高歌猛进、机遇与挑战并存的背景下，我们提出中国管理研究应进一步加强对组织间关系管理的关注，以提升组织竞争力，为经济转型赋能 ①，并发表了一系列研究成果。基于以上的持续思考和研究，我们认为应该及时将组织间关系视角下的组织设计理念和方法体现在教材中，这也是本教材再版的初衷。

本次修改主要体现在以下几个方面。

### 1. 内容增加

以平台化为背景，强化了对组织间关系管理的理解，在第 2 章增加了"企业间组织设计理论概述"模块，在第 7 章增加了"平台型"模块，在第 10 章增加了"面向目标的绩效评估设计"和"面向外部组织的绩效评估设计"模块，在第 11 章增加了"针对平台组织形态的激励方法设计"和"针对企业外部组织的激励方法设计"模块，在第 13 章增加了"平台型组织的基本介绍""企业内部平台的组织设计整合""企业外部平台的组织设计整合"等模块。

### 2. 内容更新

在第 1 版出版以来十多年的概念迭代和知识更新的基础上，我们更新和澄清了相关的内容。一是更新和补充内容，如第 11 章更新了"针对企业生命周期的激励方法设计"，增加了创业企业的股权设计内容，补充了 EVA 考核的方法。二是重新梳理关键内容，如第 13 章更新为"基于边界的企业组织设计整合"，并根据平台与生态系统的概念关系，将本章内容重新编排为"企业内部平台、企业外部平台和商业生态系统"的结构，在此

---

① 任浩，甄杰. 管理学百年演进与创新：组织间关系的视角[J]. 中国工业经济，2012（12）：89-101.

基础上进行细化和补充等。三是删除陈旧内容，如"X 再造"部分已经被新的概念替代，故被删除。四是更新引用文献，随着内容的更新，我们对相应的参考文献进行了更新，补充了近十年，尤其是近五年的文献。

## 3. 案例更新

为了体现企业组织管理的最新实践，本版更新了全部的文末案例，这些案例主要来自近三年的大连理工大学的中国管理案例共享中心和中欧国际工商学院的中国工商管理国际案例库。与此同时，我们还对每章的引例进行了更新和修改，使之更能体现出时代特色。

## 4. 经典书籍推荐更新

本部分主要增加了最近五年新出版的在组织设计领域有影响力的书籍，并对经典书籍用更新版本进行了替代，以及时补充最新内容。

本书（第 1 版）出版后，得到了同行专家的肯定，在出版评审会上，来自学界和企业界的专家给出了高分评价；复旦大学、同济大学、南京大学、中国科技大学、华中科技大学、重庆大学、华东师范大学和河海大学等三十多个大学将本书作为教材使用。为了更好地、及时地反映总结组织间合作的实践和学术界的研究进展，我们计划今后每六年推出修订新版，努力使本书成为组织间关系实践与理论的研究和交流的载体。

感谢第 1 版作者团队为本书体系框架和核心思想的基础奠定！感谢《变革时代的企业组织设计丛书》作者团队的激情奉献！感谢长期使用本书的三十余所高校师生的坚持和反馈！感谢中国企业管理研究会对我们从事组织间关系研究的支持和肯定，曾 4 次受邀在该会全国年会上就组织设计相关内容做大会主题报告和同行交流！感谢《中国工业经济》《管理科学》《科学管理研究》《科学学与科学技术管理》《经济管理》《科研管理》《预测》《科学学研究》《管理工程学报》《系统管理学报》等期刊对团队研究成果的发表的支持，这些期刊发表了"现代企业组织设计的基本原则、总体框架和主要内容"（《管理科学》2006.2）、"管理学百年演进与创新：组织间关系的视角"（《中国工业经济》2012.12）、"企业间领导力：一种理解联盟企业行为与战略的新视角"（《中国工业经济》2011.3）等七十余篇有关组织设计的代表性论文。感谢同济大学发展研究院和九华咨询等机构给予的案例支持！

参加本书修订的主要有任浩、魏峰、金桥、任一、莫永钧、孙菁、甄杰、叶江峰、郝斌、吴昀桥、欧阳娟、郭卓批等。值此再版之际，恳请大家继续关心和支持本书，你们的反馈和建议是对我们的最好支持！

2022 年 8 月于乔顿花园

"无为而治"是中国的一种管理之道，讲的是一种无所作为但却能控制万物于掌中的至高境界，这似乎与现代企业组织设计的目标不谋而合。企业组织设计的任务正是要搭建这样一个平台，使得组织中的人、财、物和信息按照设计者预先所期望的秩序，以最高的效率持续运转。

现代企业组织是合理配置生产力、顺利进行生产经营活动的必要手段，是维护和发展生产关系的必要工具，是实现企业使命和目标、提高企业经济效益的重要保证。组织如此重要的作用吸引了近代和现代众多的管理学者、组织管理实践者着力于研究和发展它。

从泰勒开始，历史上许多著名的学者都曾对企业组织设计进行了深入的探讨和研究。他们发现，企业要实现其生存和发展的目标，构建一个适合自身特点的组织是基础。只有组织机构合理，企业的员工才能得到有效的评估和激励；只有组织机构合理，企业内不同部门间的分工与协作才能保持企业活动的高频率运转；只有组织机构合理，企业经营过程中不同层次间的信息交换才能顺利进行。正因为如此，企业管理者从来都对组织设计给予了极大的重视。企业组织结构从最初的直线型结构，发展到后来的职能型结构、事业部型结构、矩阵型结构等。这些结构很好地适应了当时企业组织的需要，也极大地刺激了企业的进一步发展。可以想象的是，如果没有组织形式的与时俱进，就不会有一大批企业混合经营和规模扩大的业绩产生。与此同时，企业组织设计理论在过去的几十年里也获得了巨大的发展，成为管理学中一个必不可少的分支。

近年来，以现代科学技术革命为原动力的现代社会变革，正在改变人类社会已经习惯了的生存发展模式。现代社会经济发展变化的主要标志是，社会生产体制正快速地从社会化大生产体制向灵活的、适应市场需求日趋多样化的体制方向发展；全球市场从空间上日趋一体化，从时间上需求变化的周期不断缩短。这一切均使企业赖以生存的技术基础、信息基础和环境条件发生了明显的改变，促使企业不断调整其经营战略和目标，改变作业流程和方法。这一切还使企业庞大的集中控制的组织与分散的、变幻多端的市场需求间的冲突越来越频繁，促进了企业经营战略和组织行为的改革与创新，也必然带动组织理论和方法的发展变化。在这种背景下，现在关注、研究现代企业组织设计理论和方法其意义尤甚。

在我国，急需充分地展开对企业组织设计理论和方法的研究，除了来自上述一般性共同压力，还来自我国企业组织设计理论和方法发展的特殊要求。在过去的计划经济体制下，我国企业没有经营自主权，人们的注视点在生产管理，而不太重视对组织问题进行分析和研究。即使在经济体制改革的进程中，人们关注更多的是理顺体制，让企业脱离政府的束缚，使之增强自主性和活力等问题。随后，在建立社会主义市场经济的进程中，理论界和实际管理工作者因制度瓶颈问题而将现代企业制度的建立视为重点，又因市场实现问题而把市场营销视为企业管理的重点。总而言之，企业组织设计的理论和方法一直没有受到我国管理理论界应有的重视。今天，在建立社会主义市场经济体制和现代企业制度的发展进程中，中国企业依赖彼此间企业制度的差异性而获取竞争能力的可能性将越来越小，企业经营的好坏、发展的快慢越来越取决于自身的组织与管理水平。现代企业要提高竞争能力，除了传统的从岗位、部门获取效率（职能组织理论），还要从部门之间获取效率（流程组织理论），甚至从企业之间获取效率（虚拟组织理论），而这些，尤其是后两者恰恰反映了中国企业与外国企业效率差距的组织层次上的原因所在。

鉴于上述思考，组织设计对提升我国企业的竞争力十分必要，但其理论体系尚不清晰，还有待整合力量进行研究。为此，笔者曾于 1996 年发起成立了由上海和青岛等政府部门、复旦大学和上海财经大学等高校以及代表性企业共 16 家单位组成的"中国企业再造研究中心"，并与相关的专家学者和博士研究生、硕士研究生组成研究团队，对组织设计的理论体系进行了持续 10 年的关注与探讨，本书就是这些研究的阶段性成果。本书共分 6 篇 16 章。第 1 篇为组织设计的基础，包括概论与理论部分（第 1、2 章）；第 2 篇为组织设计的原则与过程，包括设计的原则与过程部分（第 3、4 章）；第 3 篇为组织设计的环境分析，包括外部和内部环境的分析部分（第 5、6 章）；第 4 篇为组织设计的模块构建，包括结构、流程、职权、绩效评估和激励机制这五个模块的设计（第 7、8、9、10、11 章）；第 5 篇为组织设计整合，主要包括模块之间的整合与战略、商业生态环境和企业类型的匹配部分（第 12、13、14 章）；第 6 篇为组织设计的实现与发展，主要包括设计方案的实现与发展部分（第 15、16 章）。

在设计原则中，本书提出了 CHORT 的原则。即现代企业组织设计除了要遵循一般原则，更应考虑企业的因时、因地、因人、因物的不同特点，即企业管理者与被管理者的个性（因人）、企业集权与分权的纵向原则和分工与协作的横向原则（因物）、企业跨区域性的规模原则（因地）；企业不同生命周期的时间原则（因时）。而由上述要素的英文首字母拼成的 CHORT 原则，其中文谐音为"桥"。桥是指架在水面或空中以便行人、车辆等通行的建筑物，其含义可引申为能起沟通作用的人或事物，而企业的组织设计，其实质就是在企业内外部的人或事物间架起沟通的平台。有些专家将 CHORT 原则称为"桥式理论"，笔者认为是十分贴切的。因为这样的比喻不仅体现了企业组织设计的实质是沟通，更重要的是，CHORT 与"桥式理论"的一致性表明了中英文少有的相通性。因此，建立融东西方管理理念为一体的现代企业组织设计的理论体系正是本书孜孜以求的目标。

本书主张，组织设计的体系可以从多种角度去构架，但是从过程的角度来构架组织设计理论体系更为可行，因为它既便于系统构建，又利于循序渐进。据此，本书提出了现代企业组织设计理论框架可由组织设计的分析、构建、整合与实现四个阶段所组成的观点。

在组织设计的分析阶段，主要包含企业内外部环境的分析和设计目标的确定。这种分析的目的是要廓清组织设计的前提条件、内外部的相关现状，并据此界定组织设计的具体目标。

在组织设计的构建阶段，主要包含了五个模块的设计，即结构、职权、流程、绩效评估和激励设计。这五个模块既是组织设计的主要内容，又构成内在的联系。例如，结构和职权设计的内容主要解决"做什么"的权责问题；流程设计的内容主要解决"怎样做"的方法问题；绩效评估体系和激励机制的设计主要解决"要我做"变为"我要做"的做事动力问题。"做什么""怎样做""我要做"是提高企业竞争力必须解决的三大基本问题，而这三大基本问题在组织设计层面上的解决无疑对企业管理水平的提高有推动作用。

在组织设计的整合阶段，主要研究组织设计模块之间及其与组织内部的类型特征、战略定位、外部的商业生态环境的匹配问题。对于某项组织设计而言，除了单独模块构建，需要解决各模块之间的匹配性，还必须与企业的战略目标相适应或整合，必须与处于同一商业生态环境中的外部企业相适应或整合，也必须与自身的企业类型相适应或整合。组织设计整合思考的实质就是系统思考。

在组织设计的实现阶段，主要研究了企业组织设计方案的实现与发展的问题。在研究了不少专家对组织变革的理论与方法之后，本书结合中国现阶段企业组织调整、重组、变革的特点，提出了组织设计的3P4S实施模型。其模型的元素主要由七个维度组成，即领导带头、上级支持、部下参与（3P），以及战略决策、制度转化、制度执行、机制激励（4S）。

本书撰写的基础是笔者为博士研究生、硕士研究生开设的专题讨论课，以及为企业管理专业的本科高年级学生开设的"企业组织设计"课程。同时，基于笔者于 4 年前在复旦大学从事教学科研时，带领一批博士后、博士研究生承担了不少企业委托的组织有效运作设计的课题。如福建福日股份公司的"组织有效运作"方案、湖南唐人神集团的"高成长时期的组织有效运作"以及宝钢集团、上汽集团委托的相关课题。另外，还基于"变革时代的企业组织设计丛书"的编著。从 1999 年起，笔者就组织来自复旦大学、上海交通大学、同济大学等高校的理论工作者和宝钢、兴业证券、阿尔卡特、上海德意达等企业的管理者，成立了一支三十余人的研究队伍，从事企业组织设计的专题研究，先后完成了《企业组织设计的理论与方法》《企业集团组织设计》《上市公司组织设计》和《中小企业组织设计》共四本著作。这些教学、课题成果的积累，凝结成了今天奉献给各位读者的《现代企业组织设计》一书。然而，尽管本书的不少思想来自上述活动和成果，但是在许多方面，特别是理论框架的完善、观点的新颖、材料的引证等方面都与以往的成果有了明显的变化，有的甚至是根本性的变化。

本书之所以能在原来的基础上有了今天的变化和收获，这是与许多人士的鼎力支持、积极参与和无私帮助分不开的。首先要感谢的是本人在复旦大学工作期间的许多同人和学生，他们是张祖国、李信民、向伟、张周、李建华、苏江明、李双、伍华佳、何太平、赵斌、王国进等教授、博士研究生、博士后；还要感谢福日股份、唐人神集团、宝钢集团、航天机电、上海德意达、阿尔卡特等公司，这些企业在组织设计方面的长期实践为本书的撰写提供了丰富而有质量的实证资料；还要感谢九泰投资的钱敏女士以及九华咨询的张冰先生、陆惠丽女士，他们为本书的完成承担了大量的保障、联络、排版和校对等工作；特别要感谢的是清华大学出版社本丛书的策划者吴颖华女士，她富有创意的设想、热情的约稿以及敬业的精神为本书的如期出版和增色做出了无可替代的贡献。

最后需要说明，本书的撰写完成是作者群体共同努力的结果。根据撰写篇章的顺序，作者依次为任浩、崔树银、刘石兰、林晨、邬烈岚、岳澎、朱向阳、谢福泉、赵枫、金桥、钱言、张军果、徐雪松等。林晨、崔树银、金桥协助主编任浩进行了统稿工作，最后由任浩统稿与定稿。在 2007 年重印时，陈子丰协助主编进行了修订校对。

本书作为专业教材出版，在国内尚属首次，错误与疏漏恐难避免。恳请读者在研读过程中及时地给予指正，你们的任何意见都是非常有意义的，而且是至为宝贵的！

任 浩

2005 年 5 月于滨江

第 2 次印刷修订于 2007 年 12 月

# 目 录

## 第 1 篇　企业组织设计的基础

## 第 2 篇　企业组织设计的原则与过程

## 第 3 篇　企业组织设计的环境分析

# 第4篇　企业组织设计的模块构建

# 第5篇　企业组织设计的整合

# 第6篇　企业组织设计的发展

# 第1篇  企业组织设计的基础

本篇作为组织设计的基础，主要探讨一些基本的概念和有关组织设计的理论。本篇包括两章内容。第 1 章主要介绍文献中关于组织、企业组织和企业组织设计的概念，同时也对企业组织的重要性、企业组织的分类、企业组织的基本要素、企业组织设计的变量以及企业组织设计的演进进行了探讨。第 2 章是关于企业组织设计的理论，着重介绍组织理论文献中有关组织设计的理论，分别从企业内（理性系统、自然系统）组织设计理论、企业间组织设计理论的视角做了梳理。

# 第 1 章
# 概论

 **本章学习目标**

1. 理解有关组织、企业组织和企业组织设计的概念；
2. 了解企业组织的重要性、企业组织的分类和企业组织的基本要素；
3. 了解企业组织设计的变量和企业组织设计的演进；
4. 了解本书的思路和框架。

## 引例

从前山庙里有个小和尚。他每天一个人挑一担水生活，给菩萨案桌上的水瓶添水、念经、敲木鱼，生活过得很安逸。后来庙里来了个新和尚。他一到庙里，就把半缸水喝光了。小和尚叫新和尚去挑水，新和尚心想一个人去挑水太吃亏了，便要小和尚和他一起去抬水。两个人只能抬一只桶，而且水桶必须放在扁担的中央，两个人才心安理得。这样总算还有水喝。再后来，又来了个和尚。他也想喝水，但缸里没水。两个和尚叫新来的和尚自己去挑水，新来的和尚挑来一担水，立刻独自喝光了。从此谁也不挑水，三个和尚就没水喝。大家各念各的经，各敲各的木鱼，菩萨面前的净水瓶也没人添水，花草枯萎了。夜里老鼠出来偷东西，谁也不管。结果老鼠路过烛台，打翻烛台，燃起大火。三个和尚这才一起奋力救火。大火被扑灭了，他们也觉醒了。从此三个和尚齐心协力，水自然就更多了。

这个故事实际上是一个关于组织的问题。借助现代组织理论，它可以被多角度地解读。譬如，可以涉及组织的规模、组织的结构、权力、环境、技术、文化，以及制度安排等一系列问题。尽管有些联系可能有些牵强，但至少可以同激励设计和绩效考核设计相联系。"三个和尚没水喝"是一个关于激励与薪酬制度的问题。一个合理的薪酬制度，可以激发每一个员工的积极性和创造性为实现组织目标而努力。"三个和尚没水喝"还是一个绩效考核的问题，没有绩效考核就没有挑水的压力。

组织，是一个古老而又年轻的话题，也是本章将要探讨的问题。本章作为概论，主要界定组织、企业组织和企业组织设计的概念，并对全书的思路和框架予以说明。

# 1.1 企业组织

## 1.1.1 组织和企业组织的概念

### 1. 组织的概念

在词源上，中文的"组织"是将丝麻纺织成布；英文的"组织"（organization）则来源于"器官"一词，即自称系统的、具有特定功能的细胞结构；希腊文的"组织"原意是"和谐、协调"的意思。

关于组织的概念，不同的学者从不同的角度出发，给出了许许多多的定义。尽管讨论组织的定义是一件苦差事，但仍有讨论的必要。首先让我们来看看国外的组织学家和管理学家为组织所下的定义。

美国管理学家切斯特·巴纳德（Chester Barnard）为组织下的定义影响很大，并得到了人们的普遍接受。他把组织看作一个协作系统，他认为所谓组织，是有意识调整了的两个人或更多人的行为或各种力量的系统（2016）。该定义强调组织是由个体或群体集合而成的系统。

系统理论学派的重要代表人物弗里蒙特·卡斯特（Fremont Kast）为组织下的定义是："组织是：① 有目标的，即怀有某种目的的人群；② 心理系统，即群体中相互作用的人群；③ 技术系统，即运用知识和技能的人群；④ 有结构的活动整体，即在特定关系模式中一起工作的人群。"（2000）该定义表明组织是由为实现某种目的而在工作中结成一定关系的有知识和技能的人群组成的。

美国的理查德·达夫特（Richard Daft）教授为组织下的定义是："所谓组织（organizations），是指这样一个社会实体，它具有明确的目标导向和精心设计的结构与有意识协调的活动系统，同时又同外部环境保持密切的联系。"（2017）在这里，理查德·达夫特教授强调了外部环境与组织的相互作用。

史蒂芬·罗宾斯（Stephen Robbins）在其《组织行为学》（第 18 版）中为组织（organization，名词义）和组织（organizing，动词义）分别下了定义。组织（organization）是一个自觉协调的社会单元，它是由两个或两个以上的人所构成，用以实现一个普通的目标或一组目标。而组织（organizing）则是：决定执行什么任务，谁去做，任务怎样组合，谁向谁报告，决策在哪儿做出。

美国的史蒂文·麦克沙恩（Steven Mcshane）等在其著的《组织行为学》一书中为组织下了一个简短的定义：组织是向着某个目标而相互依赖工作的人的团体。在这里，他主要强调组织目标和组织中人的因素。

接下来，我们来看一看国内一些研究组织的学者为组织所下的定义。郑海航认为"组织是由两人以上的群体组成的有机体，是一个围绕共同目标，内部成员形成一定的关系结构和共同规范的力量协调系统"。（1990）张德则认为，从广义上讲，组织是由诸多要素按照一定方式相互联系起来的系统。从狭义上讲，组织是指人们为实现一定的目标，相互协作结合而成的集体或团体（2016）。

从上面的定义中，我们可以看出组织的两种不同的意义：第一种观点认为"组织"是一个实体。组织作为实体可以被直观而简单地理解为一家工厂、一所学校、一个机关、一家商店，或一切以人为核心，由多种资源构成的集合体。第二种观点认为"组织"是一种行为。组织作为一种行为，是指为了实现其经营目标，把构成企业生产经营活动的基本因素、生产经营活动的主要环节，以有秩序、有成效的方式组合起来的工作。

国内外文献中有关对组织概念的界定不胜枚举，甚至可以说，有多少研究组织的学者就有多少定义。由于研究视角的不同，学者们对组织概念的界定也各不相同，因此没有孰是孰非的问题，只是侧重点不同而已。美国斯坦福大学教授理查德·斯科特（Richard Scott）从三种视角对组织概念进行了界定，可以看作对以上所述文献的一个综合。

基于理性系统的组织理论将组织视为一个封闭的系统，认为组织是一种为了完成特定目标而设计的工具，它就像一台设计完美的机器。理查德·斯格特（Richard Scott）从理性系统视角出发为组织下的定义是：组织是意图寻求具体目标并且结构形式化程度较高的社会结构集合体。该定义的基本思想包括以下三个方面。

（1）组织有一个共同目标。组织之所以存在，只能是因为它执行一定的功能，否则就失去其存在的理由。而组织能够存在并发展下去，就是因为它有一定的目标。

（2）组织是实现目标的工具。组织目标是否能够实现，就要看组织内各要素之间的协调、配合程度，其中很重要的一个方面就是要看组织结构是否合理有效。

（3）组织包括不同层次的分工协作。组织为达到目标和效率，就必须进行分工协作，把组织上下左右联系起来，形成一个有机的整体。

理查德·斯科特教授从自然系统视角出发为组织下的定义是：组织是一个集合体，参与者寻求多种利益，无论是不同的还是相同的。基于自然系统的组织理论强调组织是社会性的集合体。

基于开放系统的组织理论将组织视为在环境的巨大影响下，有着不同利益关系的参与者的联合。它更强调组织与外界环境的互动关系，将组织与环境看成一个开放性的社会技术系统。理查德·斯科特教授从开放系统视角出发为组织下的定义是：组织是参与者之间不断变化的关系相互联系、相互依赖的活动体系；该体系植根于其运行的环境之中，既依赖于与环境之间的交换，同时又有环境建构（2011）。

由此看来，组织理论中有关组织的概念也是不断发展变化的。本书认为，组织（organization）是一个有着目标的两个或两个以上人的集合体；该集合体与环境之间相互影响、相互作用。该定义包下列几个要点：① 组织有目标。组织之所以能够存在，就是因为它有目标，即便是组织生存，也是它的目标。② 组织由两个或两个以上的人构成。人是组织的基本要素，任何组织都离不开人的参与。单个人显然不能成为组织，必须由两个或两个以上的人构成。③ 组织具有开放性，组织不断与环境进行交换。组织需要对环境的变化做出调整；同时组织也对环境产生影响。

2. 企业组织的概念

郑海航在其《企业组织学导论》一书中指出："企业组织是一个以企业全体人员为主

体，包括人和物在内的有机组合体。"企业组织区别于一般组织的重要特征在于，它是进行生产活动和经营活动的经济组织。组织与非组织、企业组织与其他组织的关系可用图 1-1 表示。从图中我们可以看出，企业组织属于经济组织范畴，是众多组织中的一种，同时企业组织又包括人的组织和物的组织，它是一个人机系统。

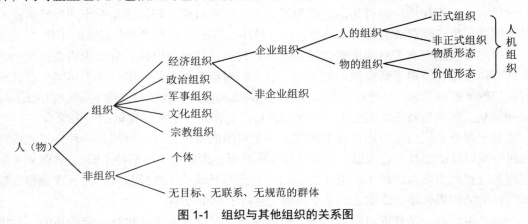

**图 1-1　组织与其他组织的关系图**

资料来源：郑海航. 企业组织学导论[M]. 北京：中国劳动出版社，1990.

刘刚在其发表的文章《动态组织能力与企业组织的创新和演进》中给出的企业组织定义为："通过计划和合作有目的地适应各种变化的协调方式或系统。"该定义区分了企业组织和单个企业，企业组织不仅包括企业内部而且包括企业之间的各种有目的的协调活动和形式。因而，在企业组织创新浪潮中出现的系列制、分包网络、供应链、虚拟组织、集群生产、合资和战略联盟，都属于企业组织的具体形式（2006）。

## 1.1.2　企业组织的重要性

在当今世界上，人类社会的组织空前发展，其影响已深入社会政治生活、经济生活、文化生活和家庭生活等各主要的社会生活领域之中。可以说，组织对人类生活的渗透已经无处不在。一个人从生到死，无不处于这种或那种社会组织之中，如医院、保健站、幼儿园、各类学校、机关、团体、工厂、商店、企业等，无不与人类生活密切相关。

美国的组织理论学家理查德·达夫特总结出了组织对个人和社会的七个方面的重要性，如表 1-1 所示。

**表 1-1　组织的重要性**

1. 集结资源以达到期望的目标和结果；
2. 有效地生产产品和服务；
3. 促进创新；
4. 使用现代制造技术及以计算机为基础的技术；
5. 适应并影响变化的环境；
6. 为所有者、顾客和员工创造价值；
7. 适应多样化、伦理和员工激励与协调等不断发展中的挑战

资料来源：达夫特. 组织理论与设计：第 12 版[M]. 王凤彬，石云鸣，张秀萍，等，译. 北京：清华大学出版社，2017.

组织能将资源集结起来以完成单个人无法完成的特定目标。如果没有组织，中国的万里长城和埃及的金字塔就无法建成，中国的"神舟号"系列宇宙飞船和"嫦娥号"系列探月航天器也就无法遨游太空。正是有了强大有效的组织，人类的许多梦想才能得以实现。

不仅如此，组织还能促进创新，大家所熟悉的 Internet 这一人类的重大创新活动与组织的支持是分不开的。Internet 这项伟大的工程真正的开始时间是 1962 年。从 20 世纪 50 年代开始，世界被按照意识形态和信仰的不同划分成东方和西方两大阵营，美国、苏联两个超级大国展开了疯狂的军备竞赛，而这种不见硝烟的"冷战"在激烈程度上丝毫不亚于真枪实弹的战争。1957 年，苏联率先成功发射了两颗人造卫星，这个消息大大震惊了美国朝野。1958 年 1 月 7 日，美国艾森豪威尔总统正式向国会提出要建立国防高级研究计划局（Defense Advanced Research Project Agency，DARPA，也称 ARPA），希望通过这个机构的努力，确保不再发生在毫无准备的情况下看着苏联卫星上天的这种尴尬的事。客观地说，ARPA 在国际互联网的建设和发展中起了决定性的作用，可以说，没有 ARPA 就没有今天的 Internet。经过长达 7 年的艰苦努力，于 1969 年 10 月 25 日，由 ARPA 组织建立的计算机网络，即 Internet 的前身 ARPANET（阿帕网）诞生。

企业组织在现代生活中发挥着重要的作用，企业组织通过经营活动为经营者、顾客和员工创造价值。企业组织不仅能为人们提供所需的物品和服务，还能为人们提供就业机会，满足社会成员的就业需要。

组织不仅能够适应环境，还能够影响环境的变化。随着以信息技术为代表的第三次产业革命的出现，企业组织面临的市场环境发生了重大的变化。在这种情况下，虚拟组织、战略联盟相继出现，积极适应变化的环境。与此同时，企业组织通过技术创新为消费者生产出了新的产品，不仅满足了人们生活的需要，引导了人们的消费潮流，而且改变了人们的生活方式。飞机的出现方便了人们的出行，移动电话的问世使人们联系十分便捷，地球仿佛变成了"地球村"。

### 1.1.3　企业组织的分类

#### 1. 组织的分类

面对社会生活中复杂多样的社会组织，人们可以从不同角度对它进行分类。

1）按照组织的规模程度分类

按照组织的规模程度，可以将组织分为小型组织、中型组织和大型组织。例如，同是企业组织，就有小型企业、中型企业和大型企业；同是医院组织，就有个人诊所、小型医院和大型医院；同是行政组织，就有小单位、中等单位和大单位。按这个标准进行分类具有普遍性，无论何类组织都可以做这种划分。以组织规模划分组织类型，是对组织现象的表面认识。

2）按照组织的形成方式分类

按照组织的形成方式，可以将组织分为正式组织和非正式组织。正式组织是指为了实现工作目标，按有关规定确定组织成员的关系，明确各自的职责与权利、义务的一种群体机构。非正式组织是指组织成员关系为非官方规定的，在自发的基础上为满足某种心理需要而有意或无意形成的一种不定型的组织。

3）按照组织的目标分类

按照组织的目标，可以将组织分为营利性组织、非营利性组织。营利性组织主要是指工商组织，包括工厂、银行、商店等。非营利性组织又可大致分为群体性组织、公益性组织，其中群体性组织包括工会、妇女组织、行业协会、职业团体等；公益性组织包括政府机构、学校、医院、研究所等。

2. 企业组织的分类

同组织一样，企业组织依据不同的分类标准有多种分类方式。按照生产资料所有制形式或者企业的投资主体，企业可以分为四类：全民所有制企业、集体所有制企业、私营企业和外资企业。

按照规模不同企业组织可以分为大型企业、中型企业和小型企业。企业组织规模可以通过员工人数、固定资产总值、营业收入等来体现。世界各国对于大型企业、中型企业和小型企业的划分标准并不统一。美国《财富》杂志每年确定全球 500 家大型企业主要是以营业收入作为标准。

按照生产要素密集程度不同，企业组织可以分为劳动密集型企业、资产密集型企业和知识密集型企业。

按照所属经济部门不同，企业组织又可以分为工业企业、农业企业、商业企业、交通运输企业、邮电企业等。

按照企业的法律形式，企业组织可以分为个体企业、合伙制企业和公司制企业，其中公司制企业又可以分为有限责任公司和股份有限公司。

## 1.1.4 组织和企业组织的基本要素

1. 组织的基本要素

所谓组织的基本要素，就是构成组织所不可缺少的成分和内容。对于组织究竟由哪些基本要素构成这个问题，不同的研究者做出了不同的回答。让我们先来看一看利维特的组织模型，如图 1-2 所示。从利维特的组织模型我们可以看出：社会结构、参与者、目标和技术是组织的重要组成部分。在这里，他并没有将环境包括在内，事实上，环境是组织不可缺少的因素。同时，他也没有强调哪个要素绝对重要，只说明组织是由要素构成的体系，各个要素彼此之间互相联系。

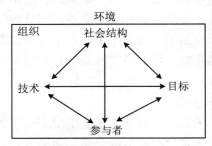

图 1-2　利维特的钻石结构：组织模型

资料来源：阎海峰，王端旭. 现代组织理论与组织创新[M]. 北京：人民邮电出版社，2003.

对于组织的要素，还有一些管理学家和组织学家展开了富有成效的研究，提出了他们的见解。比较有代表性的是亨利·法约尔（Henri Fayol）、切斯特·巴纳德（Chester Barnard）、弗里蒙特·卡斯特（Fremont Kast）和詹姆斯·罗森茨韦克（James Rosenzweig）。

有"管理理论之父"之称的亨利·法约尔认为，组织的内在要素包括相互联系的三个内容：人，管理层次与个人能力，人员的选择、训练和使用。

美国管理学家切斯特·巴纳德认为正式组织是有意识地协调两个或两个以上的人的活动与力量的体系，无论其级别的高低和规模的大小，都包含三个基本要素：协作的意愿、共同的目标和信息联系。

系统理论学派的重要代表人物弗里蒙特·卡斯特和詹姆斯·罗森茨韦克把组织系统看作由多个子系统组成的一个系统。组织是由各种子系统构成的整体。组织作为一个开放的社会技术系统，是由五个不同的子系统构成的整体。这五个子系统包括目标与价值子系统、技术子系统、社会心理子系统、组织结构子系统、管理子系统。

作为系统的组织具有开放性、目的性、整体性三种根本性质。组织具有开放性，说明组织的要素应当含有组织环境；组织具有目的性，说明组织的要素应当含有组织目的；组织具有整体性，说明组织内部是由相互作用的要素构成。在一般系统中，相互作用的系统是施控系统和受控系统，而在组织中，相互作用的要素是管理主体和管理客体。

根据组织表现出的性质，我们可以把组织的构成要素确定为组织环境、组织目的、管理主体和管理客体。这四个基本要素相互结合，相互作用，共同构成一个完整的组织。组织环境是组织的必要构成要素。任何组织都处于一定的环境中，并与环境发生着物质、能量或信息交换关系，脱离一定环境的组织是不存在的。组织目的也是一个组织的要素。所谓组织目的，就是组织所有者的共同愿望，是得到组织所有成员认同的。任何一个组织都有其存在的目的，建立一个组织，首先必须有目的，然后建立组织的目标，如果没有目的，组织就不可能建立。管理主体是指具有一定管理能力，拥有相应的权威和责任，从事现实管理活动的人或机构，也就是通常所说的管理者。管理客体是管理过程中在组织中所能预测、协调和控制的对象。管理主体与管理客体之间的相互联系和相互作用构成了组织系统及其运动，这种联系和作用是通过组织这一形式而产生的。

2. 企业组织的基本要素

郑海航在其《企业组织学导论》一书中认为，企业组织包含七个基本要素，它们是目标、协调、人员、职位、职责、关系和信息。这七个要素又可合并为三类，即前提要素、效率要素和结构要素，如图 1-3 所示。

上述的七个要素实际上说明了企业组织结构的要素构成。企业组织的基本要素是一个有争议的话题，如为了强调人员是企业组织中的一个非常重要的因素，有的学者提出了"企业即人"。

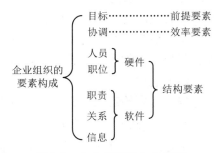

图 1-3　企业组织的七个要素

资料来源：郑海航. 企业组织学导论[M]. 北京：中国劳动出版社，1990.

# 1.2　企业组织设计

## 1.2.1　企业组织设计的含义

"组织设计"有两个含义，因为"设计"一词可以作为动词，也可以作为名词。当它作为动词时，"组织设计"的意思是建立组织的过程，就像建筑师设计一个建筑物的过程一样。当它作为名词时，"组织设计"指的是设计过程的结果，即组织像什么样。

就像组织有许多定义一样，组织设计的定义也有多种。大多数有关组织设计的定义将组织设计等同于组织结构设计，我们称之为狭义的组织设计。例如，"组织设计（organization design）是指对一个组织的结构进行规划、构设、创新或再构造（reengineering），以便从组织的结构上确保组织目标的有效实现。"（杨洪兰，1997）"组织设计，主要指组织结构的设计，是把组织内的任务、权力和责任进行有效组织协调的活动。"（余凯成，2015）也有一些定义强调组织设计除了包括结构设计，还包括其他方面的设计，我们称之为广义的组织设计。例如，"组织设计是一个诊断和选择为达到组织目标所必需的结构和正式的沟通、劳动分工、协调、控制、权威以及责任体系。"（唐·荷尔瑞格，小约翰·斯劳卡姆，理查德·渥德曼，2006）"组织设计是指对一个组织的职务范围、责任、权力等进行规划、构设、创新或再造，以便确保组织目标的有效实现 。"（许玉林，2015）

总之，文献中有关组织设计的定义可以大致地划分为狭义的组织设计和广义的组织设计两种。狭义的组织设计的着眼点是确立人员在机构中的位置，即机构设置和人员设置。广义的组织设计除了以人与事协调为主的组织结构，还包括组织中的议事规则、办事程序、规章制度、人员配置以及人与物关系等内容的设计与协调活动。其内容主要包括三个部分：一是组织结构设计，二是组织关系——组织运行管理机制的设计，三是人员配制或人力资源管理的设计。简单地说，就是要把组织的事合理分解成部门的事、岗位的事；把合适的人放到适当的岗位上，让各部分、各岗位的人结成最合理的工作关系，按照最有效的规则从事工作和活动。

本书认为，企业组织设计是建立或变革企业组织的过程，即通过对组织的结构、流程、职权、绩效和激励机制等模块的设计并加以整合，从而使企业组织获得最佳工作绩效的动态过程。

按照这样的定义，我们可以看出，企业组织设计具有以下几个特点。

1. 企业组织设计是一个过程

企业组织设计是根据组织的目标，考虑组织内外部环境来建立和协调组织的过程。这个过程的一般步骤为：① 分析企业组织的环境；② 设定组织设计的目标；③ 选择设计模块；④ 整合模块。

2. 企业组织设计是一个动态的过程

由于企业组织内外部环境处在不断的变化之中，因此组织设计不可能是一劳永逸的，必须要对组织的结构、流程、职权、绩效和激励机制进行调整并加以整合，以适应内外环境的变化。

### 3. 组织设计的模块化

模块（modular）是指能完成一定功能的一个相对独立的子系统。例如，一个计算机系统一般可以划分为不同的模块，各模块通过标准化的接口进行协调和交互。模块概念是由 IBM 公司首先提出的。IBM 公司于 1964 年生产开发出世界上最早的模块计算机系统。IBM 公司采用模块化的产品开发方式来生产计算机，大大地提高了 IBM 公司的灵活性和反应能力。将模块化思路引入组织设计，有两个方面的考虑：一方面，模块化组织设计可以提高企业组织的敏捷性；另一方面，类似于单个模块的创新可以实现产品系统的改进，组织的设计和再设计并不一定要面面俱到，而是根据组织环境的变化选择所需的模块进行设计即可。

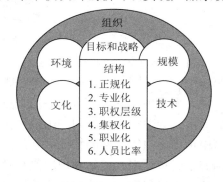

图 1-4　组织设计的情境变量和结构变量

资料来源：达夫特. 组织理论与设计：第 12 版[M]. 王凤彬，石云鸣，张秀萍，等，译. 北京：清华大学出版社，2017.

## 1.2.2　企业组织设计的变量

### 1. 理查德·达夫特的观点

美国的理查德·达夫特教授认为，组织设计的变量可分为结构变量（structure dimensions）和情境变量（contextual dimensions）两类。结构变量包括正规化、专业化、职权层级、集权化、职业化和人员比率。情境变量包括组织规模、技术、环境和目标等，它们反映了整个组织的特征，如图 1-4 所示。

### 2. 杰伊·加尔布雷斯的观点

杰伊·加尔布雷斯（Jay Galbraith）在《设计组织：战略、结构和流程的实用指南》一书中提出了组织设计的框架模型，如图 1-5 所示。在这个模型中，设计的要素（policies）分成五类：第一类是战略，用来确定组织的方向；第二类是结构，用来确定组织中决策权的位置；第三类是流程，与信息的流动有关；第四类是激励，激励的目的是把员工的目标和组织的目标结合起来，并为组织战略方向的完成提供动力和激励；第五类是人事，负责员工的招募、挑选、轮换、训练和开发。

组织的结构确定组织中职权的位置。组织结构的要素（policies）分为四类，即专业化、控制幅度、权力的分配（包括集权和分权）、部门化。

### 3. 史蒂文·麦克沙恩等的观点

西澳大利亚大学管理学教授史蒂文·麦克沙恩（Steven McShane）等认为，组织设计的权变性（contingencies）包括组织规模、技术、外部环境和组织战略。组织结构的要素包括控制幅度、集权化与分权化、正规化和部门化。

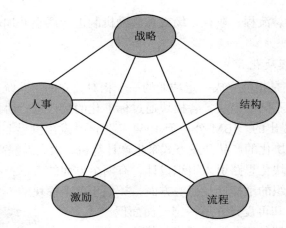

**图 1-5　组织设计的框架**

资料来源：GALBRAITH J R. Designing organizations: an executive guide to strategy, structure, and process revised[M]. San Francisco: Jossey-Bass, 2002.

　　大多数中外学者持有类似的观点，尽管在内容表述上不尽相同，但持有该观点的学者大多认为组织设计等同于组织结构的设计。例如，吴培良在《工业企业组织设计》一书中指出，组织结构的特征因素是描述组织结构各方面特征的指标或参数。企业组织结构的主要特征因素包括管理层次和管理幅度、专业化程度、地区分布、分工形式、关键职能、集权程度、规范化程度（标准化）、制度化程度（正规化）、职业化程度和人员结构。组织结构的权变因素指的是对组织结构的形成有重大影响的、与组织结构相关的外部条件和环境，具体包括企业环境、企业战略、企业技术、人员素质、企业规模和企业生命周期。

### 1.2.3　企业组织设计的演进

　　企业组织设计的理论与实践也随着整个社会在历史进程中的变化而相应地发生变化。现今，企业组织设计呈现出以下几种明显的趋势。

　　*1. 以结构为中心的组织设计向以流程为中心的组织设计转变*

　　传统意义上的组织设计侧重于组织的框架设计，而现代意义上的组织设计除了将组织的框架设计作为其主要内容，更强调组织的流程设计。

　　传统组织设计实质上就是研究如何合理、有效地进行分工，这里的"分工"包括业务工作的分工、工作量的分配、职责和权限的划分以及分工之后的配合协作关系等。劳动分工、统一指挥、职权与职责、管理的跨度、部门化自然就成为组织设计的指导原则。在该原则的指导下，传统的组织大多数是金字塔形的组织结构。金字塔形的组织结构导致过度集权化，员工丧失参与性和自主性，工作积极性低，组织的中间管理层较多，使组织运行效率下降，最终导致组织无法对顾客的需求做出快速的反应。要克服这些弊端，组织结构就应趋向扁平化。

　　以流程为中心的企业组织设计强调以顾客为导向，主张推倒"金字塔"，建立扁平化的组织结构。信息技术的发展为以流程为中心的组织设计提供了可能，流程导向型的组织的建立可以实现决策的民主化、管理的科学化，员工的工作积极性得到大大提高。

## 2. 机械式的组织设计向网络化的组织设计转变

机械式的组织设计强调职权，管理者与被管理者之间的界限可谓泾渭分明。在森严的等级制度下，组织的每个成员只是献身于各自职位的"机器人"，或者说只是组织机械上的一个零件。

网络使管理者和被管理者之间的界限日益模糊，网络以其特有的便利和高效把人们更紧密地联系在一起。管理者可以通过网络向被管理者传达经营目标，被管理者可以通过网络向管理者汇报绩效。由于网络范围广、信息量大，管理者的控制幅度增大，不仅可以轻松地汇总并比较被管理者的工作方法和工作绩效，还可以再次通过网络推广先进的经营理念。管理者无须就具体工作进行具体指导，被管理者之间可以在网络上相互交流，切磋技艺，不断学习成长。生产者和消费者也可以通过网络更加频繁、直接地接触，消费者得以自然地融入组织的经营和管理中。

## 3. 僵硬的组织设计向柔性的组织设计转变

激烈的竞争和多变的环境要求组织更加灵活，有弹性，即要求组织柔性化。相对于传统的具有僵化阶层和标准化过程、严格授权的机械组织系统而言，现代组织需要更多的灵活性和适应能力。柔性组织的很多"结构"是临时的、灵活的，并且更多由所从事的工作所决定。临时性的工作团体可以根据组织面临的新形势、新问题，突破原有的结构分布，重新配置组织内的资源，包括人力资源，使来自不同部门，拥有不同专业技能的人组成新的团体，在知识结构上相互弥补，在团体互动中产生新的效益。这是传统的、僵硬的、一成不变的组织结构难以比拟的优势。项目小组的指导思想类同于工作团体，但这是一种更稳定的组织结构设计。组织内可长期设置这种跨部门的项目小组，这不仅有利于部门之间进行沟通，克服各部门自行其事而置组织总体目标于不顾的弊端，从而协调组织各部门的关系，提高组织整体的绩效，而且有助于在团体合作中形成优势，使资源得以更加灵活而合理地配置。

## 4. 企业内的组织设计向企业间的组织设计转变

1997 年，世界管理大会在上海汤臣大酒店举行，来自世界各地的管理研究机构及政府相关人员出席大会，就面向 21 世纪的管理理念做了深入探讨。在经济全球化、产品模块化、管理信息化和经营网络化的时代形势下，任何组织都是价值网络中的节点，不可能单独控制所有资源和价值增值环节；同时，传统的价值链的各环节已被挖掘得接近极限，依靠企业内部的管理改进不能从根本上解决发展的"瓶颈"。时任大会执行秘书长的任浩教授在会上首次提出"企业管理应从内部走向外部"的观点，引发了学界与业界对于企业间关系管理的积极探讨。近年来，随着平台型企业和商业生态系统等新兴商业模式的出现，企业间关系管理变得越来越流行。

实现企业间关系管理，可分四步落实：第一，要进行企业间关系的识别。在企业选择合作伙伴时，要就其生产的效率、产品的质量、自身需消耗的成本等方面进行细致考量，以做出最优的合作选择，明确与该企业的关系设定。另外，在某些情况下，即使某一企业在被选择中占有明显优势，选择者也要从众多企业中选出 A、B 角，以免造成被动。第二，要进行企业间关系的构建。在此过程中，合作双方要将今后可能出现的问题尽量考虑周详，不仅要将合作的事宜以合同或其他形式形成契约，同时也要将潜在分歧列入其中，所谓"先小人后君子"，以更好地进行合作，建立良好的企业间关系。第三，要维护好已建立的关系。企业合作风云变幻，在构建企业间关系时应尽量考虑双方分歧，以合同形式解决争端。除了合同契约，企业间应建立互相信任的关系契约。如此，为解决未知矛盾铺平道路，助力企业间关系的维护。第四，建立优胜劣汰机制。企业间经过一段时间的合作，根据不同的情况对建立的企业间关系进行优化、选择和淘汰。

# 1.3　本书的思路和框架

## 1.3.1　思路

我们对组织并不陌生，因为每天我们都要同组织打交道，组织在我们的日常生活中扮演着十分重要的角色。同时，我们也注意到，在当今全球化、信息化和网络化的时代，组织面临着前所未有的挑战。每天有许多组织在消失，又有大量的新组织诞生。如何对现代组织进行设计和再设计以适应快速变化的环境，已成为不容回避的问题。本书试图在这方面做一点尝试。

组织设计是一个古老而又年轻的话题：说它古老，是因为很早以前人们就开始研究这个问题；说它年轻，是因为迄今为止还没有人能拿出一个完美的组织设计方案，对组织设计的研究正在进行并将继续下去。本书的主题是研究组织设计，尤其是研究现代企业组织设计问题。鉴于以往的组织设计大多集中于组织结构设计这一情况，本书大胆地提出了组织设计的五大模块，即结构设计、流程设计、职权设计、绩效设计和激励设计。本书认为科层组织是结构设计的必然产物，要实现科层组织向扁平化、网络化、无边界化组织的转变，推倒"金字塔"，组织设计的思路也要相应地发生改变。

对企业组织的设计和再设计已经不再只是组织结构的问题，而是如何设计出顾客导向性组织的问题。当然，并不是说组织的结构设计无足轻重，它仍是组织设计时必须重点考虑的对象。提出五大模块并不表示它们之间是并列的关系，而是想说明除了结构设计，流程设计、职权设计、绩效设计和激励设计同样值得关注。提出五大模块还有一个重要的原因，那就是，现如今不少企业在组织再设计中，并不是一定要重新设计一切，他们有可能只对他们认为有问题的地方进行设计。作为组织设计的实物，在我们所提出的五大模块中，或许只有其中的一项，比如激励设计模块，是他们所需要的，那么他们完全可以取这一项。

"整合"的概念是指整个组织的所有部分结成一体并处于动态平衡状态。本书选取了战略的、生态的和类型的角度，分别探讨了基于战略的、生态的和类型的组织设计问题。当然，这里的组织设计一般会涉及前面所提到的五大模块，但侧重点会有所不同。

## 1.3.2 框架

本书共分6篇：第1篇是"企业组织设计的基础"，共两章，主要研究有关企业组织和企业组织设计的一般概念、有关企业组织理论的问题。第2篇是"企业组织设计的原则与过程"，共两章，分别讨论了企业组织设计要遵循的原则和过程。第3篇是"企业组织设计的环境"，共两章，主要讨论了企业组织设计的外部环境和内部环境。第4篇是"企业组织设计的模块构建"，共五章，分别介绍了企业组织的结构、职权、流程、绩效评估和激励五大模块的设计方法。第5篇是"企业组织设计的整合"，共三章，分别就战略、边界和类型对上一部分的相关模块进行整合。第6篇是"企业组织设计的发展"，共两章，主要研究有关企业组织设计的实现和发展问题。本书的结构框架如图1-6所示。

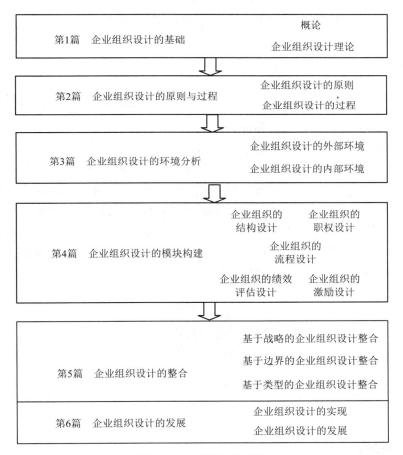

图 1-6　本书的结构框架

本书各章开头均有章序，以引出各章节的内容，并通过各章末的小结对该章的主要内容做一番回顾。本章内容相关的案例设计主要是为了突出实务的需要，用所介绍的理论来解释现实中的问题。"经典书籍推荐"主要是为了拓宽读者对组织设计问题的知识面。此外，每章均设计了思考题，主要是为了加深读者对相关内容的理解。

**小结**

本章作为导论，主要界定了一些相关的概念，并对本书的思路和框架做了说明。首先，在分析大量文献的基础上，本章提出了组织和企业组织的定义，并就企业组织的重要性、企业组织的分类和企业组织的基本要素进行了探讨。接着，对企业组织设计的含义、企业组织设计的变量和企业组织设计的演进进行了分析。最后，就本书的思路和框架做了说明。

 **思考题**

1. 什么是企业组织？你认为企业组织的基本要素有哪些？
2. 什么是企业组织设计？你认为企业组织设计的变量有哪些？

 **案例讨论**

韩都衣舍的组织创新：以"产品小组"为核心的单品全程运营体系

摘要：自 2006 年创立以来，韩都衣舍（集团）创造了一个服装电商界的神话，从一个小淘宝卖家成为中国互联网快时尚第一品牌、中国最大的互联网时尚品牌孵化平台、国家电子商务示范企业；交易额从 2008 年的 300 万元增长到 2015 年的 20 亿元，现已成为中国服装电商界快时尚第一品牌。其独创的以产品小组为核心的单品全程运营体系（IOSSP），是其近年来异军突起的关键。本案例以韩都衣舍为对象，介绍了该公司中"小组制"的产生背景、运行机制和管理方式，同时也探讨了其目前所面临的潜在风险。韩都衣舍的"小组制"组织创新不仅为公司自身业务的飞速发展奠定了基础，也为其他互联网企业带来了关于变革时代组织创新的新思考。

资料来源：郑刚，雷明田子，陈箫，等. 韩都衣舍的组织创新：以"产品小组"为核心的单品全程运营体系[DB/OL]. 中国管理案例共享中心，2016. http://www.cmcc-dlut.cn/cases/Detail/2383.

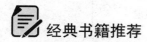 **经典书籍推荐**

BURTON R, OBEL B, HÅKONSSON D. Organizational Design: A Step-By-Step Approach[M]. Cambridge University Press, 2020.

该书介绍了传统和新兴组织形式的基本原理，包括自组织（self-organization）、无老板（boss-less）、数字化（digital）和可持续组织的最新分析。作者为组织设计提供了一个可操作的实施框架，即分解为七个基本步骤：（1）评估目标；（2）评估战略；（3）分析结构；（4）评估流程和人员；（5）分析协调、控制和激励；（6）设计结构；（7）实现。这是一本理想的操作指南，适用于对组织设计感兴趣的企业管理人员和 MBA 学生。

## 参考文献

[1] 巴纳德. 组织与管理[M]. 曾琳，赵菁，译. 北京：机械工业出版社，2016.

[2] 卡斯特，罗森茨韦克. 组织与管理：系统方法与权变方法：第 4 版[M]. 北京：中国社会科学出版社，2000.

[3] 罗宾斯，贾奇. 组织行为学：第 18 版[M]. 孙健敏，朱曦济，李原，译. 中国人民大学出版社，2021.

[4] 麦克沙恩，格利诺. 组织行为学：第 7 版[M]. 吴培冠，译. 北京：机械工业出版社，2018.

[5] 郑海航. 企业组织学导论[M]. 北京：中国劳动出版社，1990.

[6] 张德. 人力资源开发与管理[M]. 5 版. 北京：清华大学出版社，2016.

[7] 斯科特，戴维斯. 组织理论：理性、自然与开放系统的视角[M]. 高俊山，译. 北京：中国人民大学出版社，2011.

[8] 刘刚. 动态组织能力与企业组织的创新和演进[J]. 南开学报，2006（6）：69-79.

[9] 达夫特. 组织理论与设计：第 12 版[M]. 王凤彬，石云鸣，张秀萍，等，译. 北京：清华大学出版社，2017.

[10] 阎海峰，王端旭. 现代组织理论与组织创新[M]. 北京：人民邮电出版社，2003.

[11] 杨洪兰，张晓蓉. 现代组织学[M]. 上海：复旦大学出版社，1997.

[12] 余凯成. 组织行为学[M]. 大连：大连理工大学出版社，2010.

[13] 荷尔瑞格，斯劳卡姆，渥德曼. 组织行为学[M]. 胡英坤，译. 大连：东北财经大学出版社，2006.

[14] 吴培良. 工业企业组织设计[M]. 北京：中国人民大学出版社，1993.

[15] 许玉林. 组织设计与管理[M]. 上海：复旦大学出版社，2015.

[16] 彼得·圣吉. 第五项修炼：学习型组织的艺术与实践①[M]. 张成林，译. 北京：中信出版社，2018.

[17] 吉布森，伊万切维奇，唐纳利，等. 组织：行为、结构和过程：第 14 版[M]. 王德禄，王坤，等，译. 北京：电子工业出版社，2015.

[18] 邢双艳. 浅析企业组织结构设计[J]. 经贸实践，2017（18）：164-165.

[19] 黎娅. 新常态下企业组织结构设计之研究[J]. 今日科苑，2015（4）：125.

[20] 殷文婷. 论影响企业组织结构设计的因素[J]. 现代经济信息，2014( 6 )：100+112.

[21] GALBRAITH J R. Designing organizations: an executive guide to strategy, structure, and process revised[M]. San Francisco: Jossey-Bass, 2002.

# 第 2 章
# 企业组织设计理论

 **本章学习目标**

1. 掌握组织理论分类的各种标准以及每一种标准的优点和缺点；
2. 理解企业内（理性系统、自然系统）与企业间的组织特征，并掌握相应的组织设计理论；
3. 熟悉企业内（理性系统、自然系统）与企业间的组织设计理论。

## 引例

飞翔自行车工业公司的前身是飞翔自行车厂。经过几年的发展，该企业经营业务颇有拓展，组织规模大为扩张。该企业新领导班子就任时，面临机构和人事调整问题。他们总的意图是提高工作效率，最初的想法是精简机构和人员，并且启用一批新人。然而机构设置似乎缺乏客观尺度，而人事安排又有许多人为因素需要考虑，于是，大部分时间花费在人事安排的事务中。考虑到今后短期内不宜再做大的调整，因而这次他们尽量将机构和人员配备得比较齐全。调整后发现，机构和人员更多了，整个工作状况未见起色，抱怨者倒是不少，不称职者不乏其人，这次大调整实在难说满意，而再做改变似乎更不容易。

这个小案例充分说明企业在组织设计或变革中应充分了解和遵循一些基本尺度——企业组织设计理论。本章将围绕这个主题进行阐述和分析。

传统上的组织理论主要有三种分类标准：① 以研究时间为标准，将组织理论划分为古典组织理论、近代组织理论和现代组织理论三个阶段。这种划分的优点是时间顺序比较清楚，但不易看清理论内容之间的联系。② 以理论流派为标准，沿着时间顺序将理论划分为五个阶段：科学管理时期（20 世纪初至 30 年代）、行为科学时期（20 世纪 30—50 年代）、科学决策时期（20 世纪 40—50 年代）、系统科学时期（20 世纪 60—70 年代）、文化管理时期（20 世纪 80—90 年代）。这种划分的优点是理论演进的时间顺序以及理论的发展脉络比较清楚，但是不易把握各个理论流派的地位和价值，一般用于对管理理论的分类。③ 以理论间的内在联系为标准，将组织理论分为理性系统组织理论、自然系统组织理论和开放系统组织理论。这种划分有利于人们把握组织理论的脉络及其相互关系。这是美国斯坦福大学教授、斯坦福组织研究中心创始人理查德·斯科特的组织理论分类方法。

企业组织设计是根据企业外部环境和内部条件的变化，并基于组织目标的调整，对企业的组织结构、流程、组织成员之间的关系及其管理进行调整和整合的动态过程。企业组织设计理论是企业组织理论的重要组成部分。企业组织理论内容丰富，涉及组织的各个领域，从研究对象来看，企业组织理论研究有两大类：一是研究组织的主体，主要是组织中的人，包括组织中的个体、团体以及整个组织，通过对组织主体心理和行为的研究，探讨他们影响组织效率和组织目标实现的路径；二是研究组织的客体，如组织结构、组织中的制度等，探讨它们对组织效率和组织目标的影响。组织设计主要聚焦于组织客体的研究，如组织结构设计、流程设计和权力设计等，同时又考虑了组织中的主体，如组织激励设计和绩效评估设计等。按照各种组织理论在组织设计中的地位和作用，企业组织设计理论在广义上可以粗略地划分为三类：一是企业组织设计的基础理论，这些理论是组织设计的基础和指导准则，同时也是组织这座大厦的基石，如法约尔的组织管理原则、韦伯的行政组织理论等；二是企业组织设计的相关理论，这些理论为丰富组织设计提供了更多的视角，是对企业组织设计理论体系的补充和完善，如现代组织理论中种群生态理论、新制度主义理论等；三是企业组织设计理论，这些理论涉及组织设计的具体方法和要素内容，如关于设计规划、设计整合、设计实现等方法，以及结构设计、流程设计、职权设计等具体内容。按照组织设计的流程或过程，在狭义上，组织设计理论大致可分为四个方面：一是有关组织设计规划理论，它们是组织设计前的准备，如外部环境和内部条件的识别和审视；二是有关模块设计理论，它们是组织设计的具体对象和主要内容，如结构设计、流程设计、职权设计、激励设计和绩效考核设计等；三是有关组织设计整合理论，它们是对组织设计的升华和完善，如基于战略的组织设计整合、基于商业生态系统的组织设计整合、基于企业类型的组织设计整合等；四是有关组织设计实现理论，它们是对组织设计的评估和考核，如组织设计的实现、组织设计的发展等。

随着人类社会的进步，企业分工进一步细化，由此引起新兴科技变革的纵深发展，中间性组织、模块化组织和跨组织大规模协作等新的组织模式与生产协作方式开始作为重要的资源配置广泛盛行，企业间关系备受关注。因此，了解管理本质、深入研究企业间关系，具有前瞻性的现实意义。

管理的本质是关系协调，其目的是为了促使企业以更低的成本、更快的效率实现更高的价值。纵观我国企业管理的发展历史，基本停留在基于企业内部关系协调的管理观念上。从岗位间的关系协调到部门间的关系协调，甚至之前提出的基于流程革命的流程再造，都是如此。但随着外部环境的变化，仅仅研究企业内部管理，已不能满足企业的长期持续发展。当下社会市场变革迅速，客户需求正向着小批量、多品类发展。面对客户的这种需求，我国的资源拥有量和资源响应速度显得力不从心，这就要求各企业间进行资源整合——成为平台企业或加入平台企业，把自己原本不生产、其他企业生产、客户需要的资源进行整合，来满足日益变化的客户需求。基于资源整合建立平台企业后，为了更好地服务于市场，各企业间需建立统一标准，组织模块化，各组织间需进行有效沟通和协调，由此引出企业间关系管理。市场的变化和需求促使企业管理必须由内部走向外部。

从历史发展的角度对企业组织理论进行梳理，我们发现，企业间关系管理贯穿管理学发展的百年历程，经历了由组织内部到组织外部，以及岗位、部门、组织三个层面的阶段式发展，展现出独立组织之间，以及独立组织与供应链、网络组织之间较为复杂的关系层次（任浩、甄杰，2012）。

基于此，本书在参考理查德·斯科特的企业组织理论分类方法的基础上进行创新，以企业组织设计为主线，按照时间顺序，沿着企业内与企业间两个维度，其中企业内又划分为理性系统与自然系统两个子维度，对企业组织设计理论进行梳理，以便更好地适应时代的发展，带领企业从内部管理走向外部管理。

## 2.1　企业内组织设计理论

### 2.1.1　理性系统的组织特征

虽然组织从一开始就属于环境，但早期的组织研究都聚焦于组织内部，他们把组织视为一个封闭的系统。同时，组织被认为是一种为了完成特定目标而设计的工具。一个设计完美的机器就是一个完整组织的缩影，也就是说，一系列相互关联的手段都是为了达成一个目标，而这种达成目标的组织工具的好坏则取决于结构理性概念所包含的许多因素。在这里，"理性"是指狭义上的技术或功能理性，或者说，是指为了最有效达成预定目标而以某种方式组织起来的一系列行为逻辑。需要注意的是，理性并不是指对目标的选择，而是指目标的实现过程，是工具性的。人们完全有可能运用理性的方法达到非理性的甚至愚蠢的目标，所以，这里所说的理性是狭义的（阎海峰，王端旭，2003）。在一个系统中，组织行为是由有意图的、协调的成员所实施的行为。在这样的系统中频繁出现的术语是信息、有效性、最优化、执行与设计，以及权力、规章、指导、协调等。其中，目标具体化与结构形式化也是理性系统的组织研究者所强调的最主要的组织特征。

1. 目标具体化

目标就是想要达到的目的。具体目标不仅为选择相应的行动提供了明确的标准，而且对如何设计组织的结构起着指导作用。具体目标使行动具体化，明确了要雇用哪类人，以及资源将在参与者之间如何分配。目标越是综合或分散，就越难设计单一的结构来达成目标。

有些组织的总目标可能是相当模糊和综合的，但在实际运作中却有相对具体的目标，这些具体目标为其行为选择和结构设计提供了标准。模糊的目标不能为正式组织提供牢固的基础。通常，在一段时间内，目标不是变得更具体，就会使根据目标发展出的结构变得不稳定。

总之，作为封闭的理性系统组织，组织是有意图地寻求达成相对具体目标的集合体，或者说，组织是"有意图的"，即参与者的活动和相互关系都被协调起来，用以达到特定目标。而目标的具体性则表现在：目标是明确的、定义清晰的，并为各种活动提供了明确的方向。

### 2. 结构形式化

所有理性系统的理论家都认同形式化结构的存在及其重要性。结构形式化就是准确、清晰、系统地阐述控制行为的规范，以及独立描述在该结构中占有一席之地的个体之间的关系与个人特质。一般认为，通过标准化、规范化、形式化能使行为变得更为确定。反过来，形式化使群体的每一个成员都能够稳定地预期其他成员在特定条件下的行为。

形式化使参与者或观察者能够描述组织中的社会结构及其运作流程，描述这些与合理操作的关系和过程，包括责任分工的设计与修订、信息或物质的流转及参与者之间的互动方式等。所以，从理性系统的视角看，组织的结构是一种工具、一种手段，可以根据组织提高效率的需要而修改。同时形式化也能使角色和关系的定义对参与者来说更加客观，使组织的运行在某种程度上脱离"个人"的感觉。组织成员的更替得以规范化，以至于任何一个训练有素的人都可以代替其他人，而组织的运行不受太大影响。

总之，作为封闭的理性系统组织，组织是形式化程度较高的集合体。在这里，参与者之间的协作是"有意识的"；人与人之间的关系结构是清晰的，而且可以被有意图地建构和重构起来。组织结构的形式化主要表现在：其指导行为的规章被准确且明确地阐述出来，角色和角色关系不依赖于该结构的个人特质和个人间关系（阎海峰，王端旭，2003）。

## 2.1.2　理性系统组织设计理论

### 1. 泰勒的科学管理

"科学管理之父"弗雷德里克·泰勒（Frederick Taylor）提出的科学管理思想集古典管理思想发展之大成，英国管理学家林德尔·厄威克（Lyndall Urwick）说："泰勒所做的工作并不是发明某种全新的东西，而是把整个19世纪在英、美两国产生、发展起来的东西加以综合而形成的一套思想，他使一系列无条理的首创事物和实验有了一个哲学的体系，称之为科学管理。"（郭咸纲，2014）这里有查尔斯·巴贝奇（Charles Babbage）的作业研究、亨利·汤（Henry Towne）的利益分配思想、威廉·杰文斯（William Jevons）的劳动强度和疲劳问题研究等，同时还有同时代的亨利·甘特（Henry Gantt）、怀特、巴思等做出的贡献。泰勒的科学管理原理或科学管理思想是一次管理思想上的大综合，是管理思想发展史上的一个转折点，同时它又是一个较为完整的管理思想体系。科学管理思想的建立使管理从此成为一门独立科学。

科学管理理论中的组织设计理论主要有以下几个方面。

（1）把计划的职能和执行的职能分开，改变了凭经验工作的方法，而代之以科学的工作方法，以确保管理任务的完成。在传统的管理中，生产中的工作责任都推到工人身上，而工人则按照自己的习惯和经验来进行工作，工作效率由工人自己决定。这与工人的熟练程度和个人的心态有关，泰勒深信这不是最高效率，必须用科学的方法来改变。科学的方法就是找出标准，制定标准，然后按标准办事。而这一找出和制定标准的工作应由专门的人来负责，因为不论从哪个方面来讲，工人是不可能完成这一工作的，所以就必须把计划职能和执行职能分开。计划职能归管理当局，并设立专门的计划部门来承担，计划部门从事全部的计划工作并对工人发布命令，其主要任务是：第一，进行调查研究并以此作为确定定额和操作方法的依据；第二，制定有科学依据的定额和标准化的操作方法和工具；第三，拟订计划、发布指令和命令；第四，把标准和实际情况进行比较，以便进行有效的控制。在现场，工人或工头从事执行的职能，按照计划部门制定的操作方法指示，使用规定的标准工具，从事实际操作，不能自作主张，各行其是。泰勒把这种管理方法作为科学管理的基本原则，这也使得管理思想的发展向前迈出了一大步——将分工理论进一步拓展到管理领域。

（2）泰勒的职能工长制是根据工人的具体操作过程进一步分工细化而形成的，为事先制定好工人的全部作业过程，指导工人干活的工长必须具有特殊的素质。泰勒认为职能工长应该具有九种素质：脑力、教育、技术知识、机智、充沛的精力、毅力、诚实、判断力和良好的健康状况。但是每一个工长不可能同时具备这九种素质，为了使工长职能有效地发挥，就要进行更进一步细分，使每个工长只承担一种管理职能，为此泰勒设计出8个职能工长来代替原来的一个工长。这8个工长中4个在车间，4个在计划室，每个工长按照自己的职能范围向工人发布命令。他认为这种职能工长制度有三个优点：第一，每个职能工长只承担某项职能，职责单一，对其培养可以在短时间内完成；第二，管理人员的职责明确，容易提高效率；第三，由于作业计划由计划部门拟订，工具和作业方法标准化，车间现场工长只负责现场指挥与监督，便于降低成本。

尽管泰勒认为职能工长制有许多优点，但是在这种制度下，由于一个工人受到多头领导而引起混乱，导致其在实际工作中没有得到普遍推广。但如果我们深入分析泰勒职能工长制失败的原因，就会发现，它不是因为工人的混乱或统一指挥遭到破坏造成的，而是缺少真正意义上的管理人员所致，这也是泰勒所必须面对的早期工厂中普遍存在的一大难题。如果我们将职能工长改为职能科室，把直接的指挥改为参谋，那么就是一种典型的职能参谋制的组织结构。其实，泰勒的这种组织改动思想的真正贡献是为以后职能部门的建立和管理职能的专业化提供了思路。

（3）泰勒为组织职权设计提出了一个极为重要的原则——例外原则。所谓例外原则，是指企业的高级管理人员把一般日常事务授权给下属管理人员负责处理，而自己保留对例外事项（一般也是重要事项）的决策权和控制权，如重大的企业战略问题和重要的人员更替问题等。这种例外原则至今仍然是组织设计原则中极重要的原则之一。

泰勒的另一项主张是将管理的职能从企业生产职能中独立出来，使得企业开始有人从事专职的管理工作。这样就进一步促进了对管理实践的思考，为管理理论的进一步形成和发展开辟了道路（郭咸纲，2014）。

2. 法约尔的系统管理

法约尔把企业的全部活动分为以下六种。

（1）技术活动（生产、制造、加工）。

（2）商业活动（购买、销售、交换）。

（3）财务活动（筹集和最适当地利用资本）。

（4）安全活动（保护财产和人员）。

（5）会计活动（财产清点、资产负债表、成本、统计等）。

（6）管理活动（计划、组织、指挥、协调和控制）。

无论企业是大还是小，是复杂还是简单，这六种活动（或者说基本职能）总是存在的。

法约尔开宗明义地将企业的共性摆出来，然后指出前五种活动都不负责制订企业的总经营计划，不负责建立社会组织，也不协调和调和各方面的力量和行动，而这些至为重要的职能应属于管理。所以，他定义管理就是实行计划、组织、指挥、协调和控制。

法约尔认为组织就是为企业的经营提供所有必要的原料、设备、资本、人员，可分为物质组织和社会组织。

法约尔认为在获得必要的物质资源之后，就要进行社会组织活动，进行企业所有的经营活动。

在法约尔的组织理论中，组织机构的金字塔是职能增长的结果，职能的发展是水平方向的，因为随着组织所承担的工作量的增加，职能部门的人员就要增多，等级系列的增长发展是垂直的，是由于有必要增加管理层次来指导和协调下一级管理部门的工作所引起的。他认为职能和等级系列的发展进程是以一个工头管理 15 个工人和往上各级均为 4∶1 的比数为基础的。例如 15 个工人就需要有一个管理人员，60 个工人就需要有 4 个管理人员，而每 4 个管理人员就需要有一个共同的管理人员，组织就是按这种几何级数发展起来的，而作为组织的管理就是应当把管理的层次控制在最低限度内。

对参谋人员来说，法约尔认为应该让一批有能力、有知识、有时间的人来承担，使得管理人员的个人能力得到延伸。而参谋人员只听命于总经理，他们和军队中的参谋人员的职能是差不多的——不用去处理日常事务，他们的主要任务是探索更好的工作方法，发现企业条件的变化，以及关心长期发展问题。

在法约尔看来，他提出的参谋职能制和泰勒提出的职能工长制是有区别的，因为职能工长制没有遵循统一指挥的原则。而且，法约尔认为职能工长制要求员工必须执行命令，这对于管理者来说是难以操作的。除此之外，法约尔还提出了组织设计和管理的 14 条原则，具体内容见第 3 章。

**3. 韦伯的行政管理**

马克斯·韦伯（Max Weber）的行政组织设计理论可以分成以下两个部分。

1）理想的行政组织设计

韦伯认为理想的行政组织是通过职务和职位来管理的，而不是通过传统的世袭地位来管理的。这是传统企业组织设计的重要指导思想。

（1）韦伯对行政组织设计的要求。① 任何机构组织都应有确定的目标。机构是根据明文规定的规章制度组成的，并具有确定的组织目标，人员的一切活动都必须遵守一定的程序，其目的是为了实现组织的目标。② 组织目标的实现必须实行劳动分工。组织为了达到目标，把实现目标的全部活动都一一进行细分，然后将其落实到组织中的每一个成员身上。在组织中，每一个职位都有明文规定的权力和义务，这种权力和义务是合法的，在组织工作的每个环节上，都是由专家来负责的。③ 按等级制度形成一个指挥链。这种组织是一个井然有序且具有完整的权责相互对应的组织，各种职务和职位按等级制度的体系来进行划分，但每一级的人员都必须接受其上级的控制和监督，即下级服从上级。但是他也必须为自己的行动负责，这样，作为上级来说必须对自己的下级拥有权力，发出下级必须服从的命令。④ 在人员关系上，这是一种非人格化的关系，也就是说，他们之间是一种指挥和服从的关系，这种关系是由不同的职位和职位的高低决定的，不是由个人决定，而是由职位所赋予的权力所决定，个人之间的关系不能影响工作关系。⑤ 承担每一个职位的人都是经过挑选的，也就是说，必须经过考试和培训，接受一定的教育，获得一定的资格，由需要的职位来确定需要什么样的人来承担，人员必须是称职的，同时也不能随意免职。⑥ 该人员实行委任制，所有的管理人员都是任命的而不是选举的（有些特殊的职位必须通过选举的除外）。⑦ 管理人员管理企业或其他组织，但他不是这些企业或组织的所有者。⑧ 管理人员有固定的薪金，并且有明文规定的升迁制度，有严格的考核制度。管理人员的升迁是完全由他的上级来决定的，下级不得表示任何意见，以防止破坏上下级的指挥系统，通过这种制度来培养组织成员的团体精神，要求他们忠于组织。⑨ 管理人员必须严格地遵守组织中的法规和纪律，这些规则不受个人感情的影响，而适应于一切情况。组织对每个成员的职权和协作范围都有明文规定，使其能正确地行使职权，从而减少内部的冲突和矛盾。

（2）韦伯认为，他设计的这种理想行政组织最符合理性原则，其效率是最高的，在精确性、稳定性、纪律性和可靠性等方面都优于其他组织形式，而且这种组织形式适用于各种管理形式和大型的组织，包括企业、教会、学校、国家机构、军队和各种团体。

从历史发展的角度来看韦伯的组织理论，我们可以发现，它是对封建传统管理模型的一种变革，也就是说，要发展生产力、提高生产效率，就必须要打破封建传统管理模型，用一种科学的分析方法对各种组织进行科学的管理。这是历史发展的必然，当生产力发展到一定的阶段，人们要进一步提高生产力，就必须寻求新的管理理论来指导实践。尽管韦伯的理论在当时没有被广泛地承认，但是随着生产力的发展，由于组织规模不断增加，复杂性不断提高，人们在开始探索大型行政组织的管理时，终于发现了韦伯的天才贡献。

2）理想行政组织的管理制度设计

韦伯认为管理就意味着以知识为依据来进行控制，领导者应在能力上胜任其工作，要依据事实来进行领导，行政组织中除了最高领导，每一个官员都应按下列准则被任命和行使职能。

（1）他们在人身上是自由的，只是在与人身无关的官方职责方面从属于上级的权力。

（2）他们按明确规定的职务等级系列组织起来。

（3）每一职务都有明确规定的法律意义上的职权范围。

（4）职务是通过自由契约关系来承担的，因此，从原则上讲，存在着自由选择。

（5）候选人是以技术条件为依据来挑选的，在最合乎理性的情况下，他们是通过考试或以表明其技术训练的证件为依据来挑选的，他们是被任命的，而不是被选举的。

（6）他们有固定的薪金作为报酬，绝大多数有权享受养老金，雇佣当局只有在某些情况下（特别在私营组织中）才有权解雇这些官员，但这些官员则始终有辞职的自由，工资等级基本上是按等级系列中的级别来确定的，但除了这个标准，职位的责任大小和任职者在社会地位上的要求也可能予以考虑。

（7）这个职务是任职者唯一的或至少是主要的工作。

（8）它成为一种职业，存在着一种按年资或成就或两者兼而有之的升迁制度。升迁由上级的判断来决定。

（9）官员完全同所管理财产的所有权无关来进行工作，并且不能滥用其职权。

（10）他在行使职务时受到严格而系统的纪律约束和控制。

这种类型的组织，从原则上讲，能以同等程度适用于各种不同的领域，它能适用于营利性的企业，或慈善性组织，或其他一些类型的从事精神或物质生产的私营企业，它也同样适用于政治组织和宗教组织（郭咸纲，2014）。

以上是韦伯提出的行政组织设计理论的主要内容，他的理论在行政管理的组织结构中具有相当的先进性。同时，这些理论，尤其是有关对行政组织设计的要求和有关制度设计方面的理论，对企业组织设计也有着非常重要的指导意义。事实上，在传统的企业组织设计中，有关企业组织设计的原则、结构设计、职权设计、激励等方面的制度设计基本上以这些理论为核心指导思想。在现代企业组织设计中，这些理论在不断完善和丰富的基础上，也经常运用于组织设计的各个领域。

## 2.1.3　自然系统的组织特征

虽然有关组织研究的自然系统视角在很大程度上是针对理性系统模式的不足而发展出来的，但是，自然系统视角不只是对理性系统模式的批判，而是组织研究中一个新颖而独特的视角，其地位必须得到应有的重视。

组织的理性系统论者将组织构想为为了寻求某种特定目标而人为设计的集合体，而自然系统论者则强调组织是且首先是一个集体。前者强调组织区别于其他社会团体的特征，而后者则强调这些特征并不是组织仅有的特征。自然系统论者承认理性系统论者关于组织特征（如目标具体化和结构形式化等）方面的结论，但进一步认为其他一些特征（如组织与其他一些社会团体都有的特征）具有更大的意义（阎海峰，王端旭，2003）。

自然系统理论者认为，组织的重要特征主要表现在以下两个方面。

1. 目标复杂性

自然系统论的一个主要论点就是：从本质上讲，组织远不只是达成既定目标的工具，而是力图在环境中适应并生存下来的社会团体。所以，形式化的组织像所有其他社会团体一样，是由一个首要的目标控制着，这个目标就是生存。生存的压力有时甚至会使组织忽略甚至改变既定的目标。在许多情况下，组织为了生存，会不断调整和修改自己的目标。当组织处在生死攸关时，为了保存自身，它甚至会放弃对既定目标的追求。所以，自然系统理论者认为，组织的存在本身就是它的目的，而不像理性系统理论者所认为的那样——组织主要是达成特定目标的手段。

2. 非正式结构

与组织目标的复杂性相一致，自然系统论者认为，用来完成复杂组织目标的结构也同样不像理性系统中所描述的那样简单、规范。自然系统论者并不否认组织中存在高度形式化的结构，但对其重要性提出了质疑。他们认为，组织中不仅存在特意设计来规范行为以达到既定目标的正式结构，也存在建立在具体参与者个体和相互关系基础上的非正式结构，它会给正式结构带来巨大影响。

自然系统论者强调，在组织的结构中，还有比既定规章、职位界定和参与者行为规范更重要的东西。个体参与者从来都不只是"被雇用的劳动力"，他们投入的还有自己的智慧和情感：他们加入组织时带着个人的观念、计划和抱负，他们带来了不同的价值观、兴趣和能力。从相互作用看，所有这些因素创造了一个相对稳定的非正式结构。自然系统视角的一个重要观察点就是，组织包含了正式组织和非正式组织，正式组织中的参与者促成了非正式的规范和行为模式，如地位和权力体系、沟通网络、人际结构等。

总之，自然系统论者认为，高度集中化和正式化的结构必然是无效率的和不理性的，因为它们浪费了组织最宝贵的资源，即参与者的才智和创造力（阎海峰，王端旭，2003）。

## 2.1.4　自然系统组织设计理论

1. 梅奥的非正式组织

1）关于企业中的非正式组织

非正式组织与正式组织是相对而言的。所谓正式组织是指为了有效地实现企业目标，随着企业成员的职位、责任、权力及其相互的关系进行明确的划分而形成的组织体系。科学管理只注意发挥正式组织的作用。霍桑实验告诉我们，工人在企业内部共同劳动的过程中，必然会发生一些工作以外的联系，这种联系会加深他们相互了解，从而能形成某种共识，建立一定程度的感情，逐渐发展成为一种相对稳定的非正式组织。这种非正式组织对工人有着两种作用：① 它保护工人免受内部疏忽所造成的损失，如生产过多以致提高生产定额，或生产过少以致引起管理当局的不满，并加重同样的负担。② 它保护工人免受非正式组织以外的管理人员干涉所形成的损失，如降低工资率或提高生产定额。

梅奥等人认为，不管承认与否，非正式组织都是存在的。它与正式组织相互依存，而且会通过影响工人的工作态度来影响企业的生产效率和目标的达成，因此管理人员应该重视这种非正式组织的存在，利用非正式组织为正式组织的活动和目标服务。

2）关于组织激励设计理论

科学管理认为生产效率主要取决于作业方法、工作条件和工资制度。因此，只要采用恰当的工资制度，改善工作条件，制定科学的作业方法，就可以提高工人的劳动生产率。梅奥等人根据霍桑实验得出了不同的结论。他们认为，生产效率的高低主要取决于工人的士气，而工人的士气取决于他们感受到各种需要的满足程度。在这些需要中，金钱与物质方面的需要只占很少的一部分，更多的是获得友谊、得到尊重或保证安全等方面的社会需要。因此，要提高生产率，就要提高工人的士气，而提高工人的士气就要努力提高工人的满足程度，所以新型的管理人员应该认真地分析工人的需要，不仅要解决工人生产技术或物质生活方面的问题，还要掌握他们的心理状态，了解他们的思想情绪，以便采取相应的措施，这样才能适时、充分地激励工人，达到提高劳动生产率的目的。

2. 马斯洛的需要层次理论

亚伯拉罕·马斯洛（Abraham Maslow）于 1934 年在威斯康星大学取得心理学博士学位，并在该校任教五年，然后迁往纽约，在哥伦比亚大学和布鲁克林学院任教。1951 年，他任布兰代斯大学心理系教授兼系主任。他是一位有名的心理学家，在心理学方面发表了许多文章。他在管理学上的主要贡献是进一步地发展了亨利·默里（Henry Murray）在 1938 年把人的需要分为 20 种的分析研究，提出了人类的基本需要等级论，即需要层次论。

他把人的各种需要归纳为五大类，这五大类需要互相作用，重要程度不同，且有发生的先后之分。

第一级：生理上的需要，包括维持生活和繁衍后代所必需的各种物质上的需要，如衣、食、住、行、性欲等。这些是人类最基本的需要，因而也是推动力最强大的需要。在这一级需要没有得到满足前，下面提到的各级更高的需要就不会发挥作用。

第二级：安全上的需要。这是有关免除危险和威胁的各种需要，如防止工伤事故和有伤害的威胁、资方的无理解雇、生病或养老、储蓄和各种形式的保险，都是这一级所要考虑的。

第三级：感情和归属上的需要，包括和家属、朋友、同事、上司等保持良好的关系，给予别人并从别人那里得到友爱和帮助，自己有所归属，即成为某个集体公认的成员等。这类需要比上两类需要更精致，更难捉摸，但对大多数人来讲是很强烈的一类需要，如果得不到满足，就会导致精神不健康。

第四级：地位或受人尊重的需要，包括自尊心、自信心、能力、知识、成就和名誉地位的需要，能够得到别人的承认和尊重等。这类需要很少能得到满足，因为它是无止境的。

第五级：自我实现的需要。这是最高一级的需要，是指一个人需要做他最适宜做的工作，发挥他最大的潜力，实现理想，并能不断地自我创造和发展。一个自我实现的人有以下的特点：① 自动。② 思想集中于问题。③ 超然。④ 自治。⑤ 不死板。⑥ 同别人打成一片。⑦ 具有非恶意的幽默感。⑧ 有创造性。⑨ 现实主义。⑩ 无偏见。⑪ 不盲从。⑫ 同少数人关系亲密。

以上五类需要，人们不能都得到满足，一般来说，等级越低的需要越容易得到满足，等级越高的需要得到满足的概率就越小。在现代社会中，第一级需要得到满足的概率为 85%，第二级需要得到满足的概率为 70%，第三级需要得到满足的概率为 50%，第四级需要得到满足的概率为 40%，第五级需要得到满足的概率只有 10%。

这些需要的层次并不一定都按这个顺序，有时候人的需要是模糊不清的，这种划分只是提供了一个大概的需要层次，在组织激励设计过程中，要依据具体情况进行不同的分析和对待。

3. 赫茨伯格的双因素理论

美国心理学家弗雷德里克·赫茨伯格（Frederick Herzberg）在 1966 年首次提出激励因素–保健因素理论。他把企业中有关因素分为满意因素和不满意因素。满意因素可以使人得到满足，它属于激励因素。这是适合人的心理成长因素，如成就、赞赏、工作的本身、责任感、上进心等。激励因素如能得到满足，可以激励个人或集体以一种成熟的方式成长，使工作能力不断提高。

不满意因素是指缺乏这些因素时容易产生不满和消极的情绪，即保健因素。所谓保健因素，包括金钱、监督、地位、个人生活、安全、工作环境、政策和人际关系等，在实践中，职工的不满都属于工作环境或工作关系方面的问题。如果改善这些情况，就能消除不满，维持原有的工作效率，但不能激励个人有更好的表现或提高劳动热情，而激励因素能促进人的积极性不断提高。

4. 麦格雷戈的 X、Y 理论与组织激励设计

激励管理离不开人，而人又是千差万别的，所以激励是一项十分复杂的工作，其难度在于如何准确地把握人的本性。对人性的认识是一个逐步深化的过程，同时要靠管理者在实践中不断探索和提炼。在这方面研究的代表性成果有道格拉斯·麦格雷戈（Douglas Gregor）的 X 理论、Y 理论，它们为企业组织的激励制度设计提供了基本的指导作用。

美国社会心理学家麦格雷戈在进行了大量的研究以后，于 1957 年提出以下两种可供选择的人性观。

第一种观点是 X 理论。这种观点对人性的假设是：① 人生而好逸恶劳，所以常常逃避工作。② 人生而不求上进，不愿负责，宁愿服从别人领导。③ 人生而以自我为中心，漠视组织需要。④ 人习惯于保守，反对改革，把个人安全看得高于一切。⑤ 只有少数人才具有解决组织问题所需要的想象力和创造力。⑥ 缺乏理性，易于受骗，随时被煽动者当作挑拨是非的对象，做出一些不适宜的行为。

基于以上假设，以 X 理论为指导思想的激励理论的要点是：① 企业的管理者应以利润为出发点来考虑对人、财、物诸生产要素的运用。② 管理者对员工的工作要加以指导，控制并纠正其不适当的行为，使之符合组织需要。③ 管理者把人视为物，忽视人的自身的特点和精神的需要，把金钱当作人们工作的最主要的激励手段。④ 严格管理制度和法规，运用领导的权威和严格的控制来保证组织目标的实现。⑤ 采取"胡萝卜加大棒"的管理方法。

第二种观点是和 X 理论相反的 Y 理论：① 人并不是生性懒惰，要求工作是人的本能。人们从事体力和脑力工作如同游戏和休息一样。② 一般人在适当的鼓励下，不但能接受而且追求承担责任。逃避责任并非人的天性，而是经验结果。③ 外力的控制和处罚并不是使人朝着组织目标努力的方法。人的追求是满足欲望的需要，与组织需要没有矛盾。只要管理适当，人们就会把个人目标与组织目标统一起来。④ 个人目标与组织目标的统一，是人们对组织目标的承诺，能运用自我指导和自我控制来使二者协调。⑤ 所谓的承诺，与达到目标后获得的报酬是直接相关的，它是达成目标的报酬函数。⑥ 一般人都具有相当高的解决问题的能力和想象力，只是一般人的智力潜能往往只有部分被发挥出来，其余的没有得到充分利用。

以这种理论为激励工作的指导思想的管理要点是：① 企业的管理要通过有效地综合运用人、财、物等要素来实现企业的经营目标。② 人的行为管理，其任务在于给人安排

具有吸引力和富有意义的工作，使个人需要和组织目标尽可能统一起来。③ 鼓励人们参与自身目标和组织目标的制定，把责任最大限度地交给工作者，相信他们能自觉完成任务。④ 外部的控制、操纵、说服、奖罚绝不是促进人们努力工作的唯一方法。应该用启发式代替命令式，用信任代替监督的方法来促使人们既为了组织目标，也为了自己目标而努力工作。

5. 巴纳德的组织协作体系设计理论

巴纳德被誉为"现代管理理论之父"。我们认为更恰当的说法应该是，巴纳德是现代组织理论的创始人。巴纳德组织理论中的多样性、复杂性及包容性，使他成为组织理论中的"韦伯"。在所有论述到组织问题的文献目录中几乎都要提到巴纳德，而且无论是哪个阵营中的组织理论家（如科学取向阵营或者人文取向阵营等），也都能在巴纳德那里获得灵感和找到他们所需要的东西（史冬波，2016）。

第一，组织的实质是有意识地协调两个以上的人的活动或力量的一个体系。巴纳德既不赞成法约尔将组织看成由物质和人所组成的观点，认为组织概念中不应包含那种作为技术手段系统的物质组织，在他看来，物体始终只是环境的一部分、协作体系的一部分，而不是组织的一部分；也不同意将组织简单地看成由个人和个人所构成的集团的看法。巴纳德认为，"集团"这个概念常常是模糊的、混乱的和内在矛盾的，它包含着太多的变数，如果不限定其变数的数量，就无法将其作为一个实用概念来进行一般的讨论。"集团"这个概念突出的通常只是成员身份，而不是作为组织实质的相互协作的关系，它难免要将那些为组织做出了重要贡献的贡献者排斥在组织之外。组织是一种用来表述不同领域中的经验的"共同的语言"，它是类似于物理学中的"重力场"或者"电磁场"的一种"构成体"。古典组织理论注重的是组织的表面结构，研究的是组织的形式部分。这部分可以用组织系统表或者部门化原理表示出来。而巴纳德则主张，组织的实体是组织行为，即组织中的人的行为。我们称之为"组织"的体系是由人的行为所构成的体系。使得这些行为成为一个体系的是，不同的人的努力在这里被协调着。正是这种协调属性使得组织行为与个人行为产生了区别。组织行为的重要方面不是个人性的，而是在态度、时间或程度方面决定于协作体系的。巴纳德还特别强调，组织作为两个以上的人自觉协作的活动所组成的体系，它必然具有体系所具有的一切特征。组织是整体性的，其中的每一部分都以某种重要方式同体系所包含的其他部分关联着。作为一个整体，组织已是一个不同于原有各组成部分的新事物，它能创造出在数量上和质量上大于、小于或不同于其组成部分努力的总和。当然，组织作为体系，巴纳德也注意到了维克（Karle Weick）所说的松散连接属性。巴纳德指出，一旦一个体系中的各个组成部分很多、很大，它们就势必组成一些次级的或局部的体系。"在这种情况下，每一个局部体系的各个部分之间形成自己的关系，这些关系可以变化而出现局部体系的一种新的状态，但并不以显著的方式改变整个体系。"（切斯特·巴纳德，2016）

第二，组织要形成一个整体，就必须具备三个基本条件，即："① 能够互相进行信息交流的人们；② 这些人们愿意做贡献；③ 实现一个共同的目的。"（切斯特·巴纳德，2016）因此，一个组织能否产生与存续的三个必要的和充分的要素就是共同的目的、做贡献的愿望和信息交流。共同的目的也就是组织目的，该目的与参加组织的各个成员的个人目的是不同的。巴纳德指出，参加组织的每一个人都可以被看成具有双重人格：一个是组织人格，另一个是个人人格。组织人格与个人为了实现组织目的而采取的合理行动相联系，个人人格与满足个人目的而采取的合理行动相联系。组织目的必然是外在的、非个人的、客观的事物，个人目的必然是内在的、个人的、主观的事物。组织目的同旨在实现个人目的的个人人格并无直接关系。现实生活中虽然存在着这种情况，即组织目的的实现本身可能变成了个人满足的源泉，成为个人目的，但这是少之又少的。一般来说，组织目的只有得到组织成员的理解并为各个成员所接受时，才能激起协作行为。能够作为协作体系基础的客观目的是贡献者（或可能的贡献者）相信为已决定的组织的目的。反复灌输存在着共同目的的信念是经理人员的一种主要职能。协作意愿是指个人要为组织目的贡献力量的愿望。协作意愿意味着自我克制，对自己个人行动控制权的放弃，个人行为的非个人化。这种意愿产生的结果就是各个个人努力的凝聚和结合。没有协作意愿，为协作做贡献的个人努力就不能持久。协作意愿具有两个显著特点：一是个人意愿的强度存在着极大的差异；二是任何个人的贡献意愿的强度都不可能维持不变，它总是断续的和变动的，而与之相关的组织所可能获得的贡献意愿总量也就必然是不稳定的。信息交流是组织的第三个要素，它在组织要素中居于中心地位。这不仅是因为组织的上述两个要素只有通过信息交流才能联通起来，而且也是因为组织的结构、规模和范围几乎全由信息交流技术所决定。须知，如果只有组织目的，却没有相应的信息交流使之为组织成员所知晓，那就毫无意义；同样，如果不传递必需的信息，就不仅不能确保成员的合理行动，而且不能确保组织成员产生协作意愿。为了达到有效的沟通目的，就必须建立一个客观的信息交流体系。

为此，巴纳德提出了以下设计原则：① 信息交流的渠道要清楚地被大家所知道，使人人都了解自己的职务、权限和义务。② 客观权威要求组织中的每一个成员有一个明确的正式的信息交流渠道，确保正式组织中的每个人都同组织建立起正式的关系。③ 信息交流的线路必须尽可能地直接和短捷，信息交流的线路越短，信息交流的速度就越快，错误就越少。④ 原则上必须应用整个信息交流线路，以确保信息能够通过权威体系的每一层次，从而充分发挥每一层次的作用。⑤ 在信息交流中心服务的人员（即职员和监督者）的能力必须合格。⑥ 在组织执行职能时，信息交流线路不能中断。如果负责人因事不能实施时，应有他人代理。⑦ 每一个信息都要被确认，即传达信息的人是否确居其位，该职位是否确实包含相应的信息类型，该信息是否确实从这一职位发出。

总之，巴纳德将组织的要素规定为组织目的、协作意愿和信息交流，这具有划时代的意义。特别是他第一次将信息问题列入组织要素之中，这不仅填补了古典组织理论的空白，而且对于组织办公手段的现代化建设以及组织如何面对信息化浪潮，具有重要的指导价值（史冬波，2016）。

6. 巴纳德的组织平衡理论与组织激励设计

组织理论的核心部分是组织的存续和发展，即维持组织平衡的问题。在现实社会中，我们经常为组织的存在与消亡感到好奇。组织为什么会不断地发展壮大呢？是什么力量将组织中的各个层次的成员维系在一起的呢？它是通过一种什么机制将组织维持下去的？这种机制是有效的和能有效地激发组织成员的贡献吗？对于这些问题，巴纳德用他的组织平衡论做了极其深刻的回答（史冬波，2016）。

第一，组织平衡的条件。巴纳德认为，组织的平衡问题从根本上讲是一个贡献（或者牺牲、服务）与诱因（或者效用）的比较问题。所谓贡献，是指有助于实现组织目的的个人活动，通过个人活动的贡献而实现了组织目的，那就是组织的有效性。而诱因是指组织为满足个人的动机而提供的效用。一个组织能为其成员提供满足以维持系统平衡的能力就是组织的能率。组织保持平衡的条件是，组织向每个成员提供或分配的诱因要大于起码是等于个人所做的贡献。换句话说，组织要存续下去，就必须既有有效性，又有能率。组织的活力在于其成员贡献力量的意愿。这种意愿要求有共同目的能够实现的信念。一旦这种信念不能实现或者降至零点，有效性就将消失，做贡献的意愿亦将荡然无存。做贡献的意愿的维持还取决于成员个人在实现目的过程中所获得的满足。如果这种满足不能超过个人所做的牺牲，这种意愿也将消失，组织就没有能率。只有个人的满足超过其贡献，做贡献的意愿才能持续下去，组织才有能率。巴纳德指出，"为了维持组织经济的平衡，组织要支配和交换足够数量的各种效用，以便用来支配和交换作为其构成要素的人们的服务。为了做到这点，组织运用这些服务来获得足够数量的效用，然后把这些效用分配给贡献者，以保证这些贡献者继续贡献适当的效用。由于每一个贡献者都要求他的交换有剩余，即纯诱因，所以组织只有交换、变形和创造，在它自己的经济中获得效用的剩余，才能继续存在下去。"（切斯特·巴纳德，2016）巴纳德的这一思想，可用公式简略地表述为

$$贡献 \leqslant 诱因 \rightarrow 组织存续和发展$$

第二，组织平衡的分类。巴纳德以他的组织有效性与组织能率理论为基础，将组织平衡进一步区分为两种过程的平衡：组织的对外平衡与组织的对内平衡。

组织的对外平衡是指组织通过与外部环境保持平衡，以提高组织效率的过程。这里的外部环境有两个方面的含义：一是如果把组织看成协作体系的子系统，那么协作体系中的其他子系统，如物的条件、生物的因素、人的体系、社会体系等，对组织来说就构成为外部环境。二是如果将协作体系本身看成组织，那么整个社会的政治、经济、文化等环境就成为组织的外部环境。组织的效率取决于有关组织的技术和经济的环境及组织对环境的适应能力。"组织如能保持对外平衡，组织的效率就高，组织成员对组织的贡献就大。巴纳德指出，组织平衡开始时是组织内部的，是各种要素之间的比例，但最终和基本的是协作系统同其整个外界环境的平衡。"维持组织的外部平衡需要两个条件：一个条件是组织的有效性，这涉及组织目的与外界环境的关系；另一个条件是组织能率，这涉及组织与成员个人之间的交换问题。

组织的对内平衡是指有效地分配诱因，确保给每个成员的诱因与贡献的平衡，从而保持成员协作积极性的激励过程。在组织活动中，促使个人有意识地贡献努力的基本要素是组织可能支付给个人的诱因。组织因为提供了有效的诱因而不断地发展壮大，也可能因为提供了无效诱因而导致组织解体和协作失败。巴纳德指出，"在所有的各种组织中，

最强调的任务是提供恰当的诱因以使自己能够存在下去。组织的失败可能绝大多数是由于管理工作在这个方面的失误，尽管可能还有理解不恰当或组织缺乏有效性等原因。"

第三，组织诱因的设计。巴纳德认为，组织在提供诱因方面有两种方法：一是"说服的方法"；二是"诱因的方法"。说服的方法是指管理者通过改变组织成员个人的主观态度和动机标准，努力使诱因和贡献保持平衡的一种方法。说服的方法包括三种形式：一是强制。这种方式就是通过解雇、开除那些协作情绪低、贡献小的特定成员，以影响其他成员，促使其他成员降低个人需要标准。它实质上是一种强迫人们向组织做贡献的杀鸡儆猴式的说服方式。这种方式在我国的很多企业组织中广泛地存在着。巴纳德指出，没有一个很持久和很复杂的协作体系能够单靠强制力而获得广泛的支持。巴纳德的这一金玉良言值得每个组织及管理者谨记。二是诱因合理化。为说服个人或集团参加特定组织并为该组织提供服务或者顺从它的要求，指出这样做符合他本人、本部门的利益，这是诱因合理化的一个方面；诱因合理化的另一个方面是利用组织的信条和象征，使整个社会组织合理化，从而说服组织成员继续参加协作体制。三是动机的灌输。这是一种最重要的说服方式，它的正式形式是对年轻人的教育与对成年人的宣传。

相对于强调改变人们主观态度的"说服的方法"来说，"诱因的方法"强调的是向人们提供客观诱因。客观诱因可以分为两种不同性质的类型：第一种是特殊的并能特定地给予某个人的客观诱因；第二种是一般的、非个人的客观诱因，不能特定地给予某个人。前者被称为特殊的诱因，后者被称为一般的诱因。巴纳德列举的特殊的诱因是物质诱因、个人的非物质的机会、良好的物质条件、理想方面的恩惠，一般的诱因是社会上的吸引力、适合于自己习惯的方法和态度的条件、扩大参与机会及思想情感交流的条件等（史冬波，2016）。

第四，重视非经济诱因的设计。事实上，巴纳德所列举的各种客观诱因大都是由经济诱因与非经济诱因所组成的。有人认为巴纳德不重视经济诱因，这实际上是不对的。巴纳德不是不重视经济诱因，而是对唯经济诱因论进行了严厉批评。巴纳德指出，现代社会科学技术的快速发展，强制性地培育了人们对物质东西的爱好，从而给人们一种错觉，那就是以为经济诱因是唯一的和最有效的诱因。"在组织问题上造成混乱的原因，除了权威问题，我要指出过去一个半世纪经济思想的发展过程，以及早期经济理论的形成中过于轻易地夸大了人的行为中的经济的一面。"巴纳德甚至说，"为了使人们估出足够的贡献以便协作体系能够长期维持，单纯依靠物质的或金钱的诱因，是违反人的本性的。"（切斯特·巴纳德，2016）

经济诱因作为一种有形的、物质的、货币的诱因，实际上既不充分，也不成功。巴纳德认为，"除了极少数人，超过生活水平以上的物质报酬是无效的。对绝大多数人来讲，既不会为了获得更多的物质报酬而更勤奋地工作，也不会因此而对组织多做一份贡献。从现实经验和以往历史来看，绝大多数有效和强大的组织所依据的诱因中，超过生活水平以上的物质诱因或者很少，或者完全没有。""即使在纯粹的商业组织中（它被认为这种情况最不可能发生），不伴随着威望和地位的金钱是极为无效的。如果收入增加而威望降低，即使暂时能够起到诱因作用的情况也很少。如果物质报酬较低而保证能够显示优越，那么至少在短时间内常能被人接受。"（切斯特·巴纳德，2016） 正因如此，巴纳德认为，即使在纯经济企业中，提供非经济诱因的能率可能与生产能率同样重要。

第五，诱因设计应遵循的原则。对任何组织来说，支付诱因并不是一件轻松的事。诱因对于组织来说总是一种稀缺资源，因此，诱因的提供就必须讲求经济原则。一个以物质为主要诱因的组织，如果不能最低限度地保证获得的物品或金钱大于支出，就不能长期提供这种诱因。同一原则也适用于其他诱因。由于非物质机会的可能性是有限的，而且通常是不足的，因此，不仅从物的意义上说，就是从更广泛的意义上讲，都必须保持极度的节约。巴纳德认为，采用差别诱因，即在组织中根据各人贡献的大小分配诱因，这是保证诱因经济性的重要方法。制定恰当诱因的"主要方法是实施差别的诱因。由于所有的诱因对组织来说都是昂贵的，以致妨碍到组织的生存，如果不极度地节约，组织的支出和收入的平衡本来是不可能实现的，各种诱因的分配必须同所寻求的各种贡献相适应。"（切斯特·巴纳德，2016）

## 2.2　企业间组织设计理论概述

传统组织理论认为价值的创造发生在企业内部，强调企业的自主与独立，为了扩大生存空间而与其他企业展开激烈竞争，组织间的关系被看作低经济效率，组织间合作影响了价值的分配。即使因为资源依赖、环境动荡而与其他组织结成某种关系，这种关系也是暂时的、不稳固的，企业还是信奉竞争和"单打独斗"对自身发展的决定作用。当时的组织理论也基本围绕企业组织内部，针对如何提升核心竞争力从而使企业在竞争中立于不败之地开展研究。在经济全球化、产品模块化、管理信息化和经营网络化的时代形势下，任何企业组织都是价值网络中的节点，不可能单独控制所有资源和价值增值环节；同时，传统的价值链的各环节已被挖掘得接近极限，依靠企业内部的管理改进不能从根本上解决发展的"瓶颈"（王作军、任浩，2009）。企业的变化和需求促使企业管理必须由内部走向外部，探索企业间的关系管理。

### 2.2.1　企业间的组织特征

企业管理对象在由组织内部向组织外部延伸发展的过程中，形成了虽然明晰却由简单到复杂的层次性，即单个独立企业之间，以及独立企业与供应链、网络组织之间的多层次关系。以独立企业组织为视角，将之作为节点，则这些关系涉及点—点、点—链、点—网等多种类型。

#### 1. 点—点关系

知识的扩张和信息时代的来临及分工的不断深化，使得组织中初始委托人和终端代理人之间的信息不对称问题更加严重。同时，信息技术的广泛使用、市场机制的逐渐完善却使得交易成本不断下降。在两股力量的共同作用下，企业开始跨越实体边界进行能力与资源整合，企业的运作从有边界趋于无边界（李海舰，原磊，2005）。从本质上说，无边界企业运作的核心不在于企业的市场化，而在于企业与市场的相互融合，企业之间基于信任与承诺的依赖关系成为企业价值的重要源泉。在企业能力边界的两边，知识流、信息流、物质流的双向流动构成了两企业之间的点—点关系。从实体资产的跨边界流动看，资产专用性引起的锁定会强化点—点关系中的契约与非契约协调，从而在具体经营模式上更加倾向于规则协调机制。从知识、信息等隐性资产的流动看，跨组织的知识融合能够强化产品设计信息的复杂性，进而催生组织间深度协作的需求，因此，也会加速关系的固化。

### 2. 点—链关系

供应链的提出，从根本上改变了企业的战略思维，将企业的能力重心从内部转移到与供应链上下游企业的链条整合上来。以丰田、沃尔玛为代表的大型企业纷纷发展与供应商的长期合作伙伴关系，以赢得低成本与差异化优势。直观地说，企业与供应商、顾客之间的协作关系外显为点—链关系，以该企业为基点，与整条供应链同时开展着物质与知识的交换。点—链关系中的企业之间保持着相对稳定的竞合与交易秩序，每个生态位上都聚集着少数几个相互竞争的企业，相应维持着生态链（供应链）的平衡。可以说，点—链之间是一种客体对主体的寄生关系，作为节点的企业需要依附于特定的生态链，并对链条内的协作方式、交易文化、集体默会知识等具有较强的认知。一旦脱离链条，企业交易成本将急剧上升，同时还存在交易受阻的风险。因此，点—链关系对生态链中的企业具有锁定效应，进而确保了生态链企业的长期利益。

### 3. 点—网关系

模块化生产网络的出现，使企业的运营模式从链条向网络进化。在模块化生产网络内，单个或少数几个核心企业作为模块化系统集成商与规则设计者，占据着"微笑曲线"的价值高端。众多的非核心企业在主导规则的协调下，通过集群式竞争赢得核心企业的合作契约。大量跨企业边界的知识流动强化了模块化生产网络的集群效应，单个企业能够通过集成化平台吸收网络内其他任何企业的知识养分，点—网关系因此而形成。实际上，点—网关系的产生需要经历识别、建立与治理三个阶段。企业根据自身资源与能力，与多个相关企业达成共识，集体打造一个模块化生产网络。网络建构过程同时也是企业与网络关系确立的过程，核心企业掌控网络，拥有核心技术的非核心企业同样对网络具有一定的话语权，而合同外包企业则只能是跟随者。模块化生产网络是一个开放的系统，外部企业可以通过竞争赢得"入场券"，并成为网络成员，因此会涉及企业对网络的识别，即判断哪个网络能够与自身能力相匹配。对于在位企业来说，需要面对的一个更重要、更长远的课题是如何管理模块化生产网络，即共同治理问题（任浩、甄杰，2012）。

## 2.2.2　企业间组织设计理论

关于企业间关系理论（也称为组织间关系理论）的研究，可以用"错综复杂"来形容，理论流派众多，盛况空前。不同研究领域的研究者从不同立场出发对这一问题与现象进行研究，不同的学术流派在不同的范式基础上阐述企业间关系的形成、管理与结果，极大地推动了企业间关系问题的研究以及知识的传播、积累和创新（罗珉，2007）。美国里士满大学战略管理学教授杜安·爱尔兰（Duane Ireland）、迈克尔·希特（Michael Hitt）和迪帕·维迪亚纳（Deepa Vaidyanath）指出，企业间关系研究或战略联盟管理的研究视角主要有交易费用理论（transactions cost theory）、社会网络理论（social network theory）和资源基础观（resource-based View）。国内学者罗珉（2007）认为有关企业间关系理论的研究视角主要有四个方面：资源基础观、知识基础观、社会逻辑观和组织学习理论。近年来，由于互联网经济时代下平台型企业和商业生态系统等新兴商业形式的出现，越来越多的学者运用种群生态学理论来解释企业间关系管理。基于此，本书将从资源基础观、组织学习理论、社会网络理论和种群生态学理论等视角梳理企业间关系理论的研究。

1. 资源基础观

资源基础观主要将企业视为异质性资源以及能力的集合，通过对资源及能力适当地运用使其价值极大化，并解释、预测企业竞争优势的维系。资源基础观强调，企业竞争优势可建立在企业间资源以及资源特性之上，"资源"是构成组织间关系的最基本元素，也是企业成长与竞争优势的来源。在资源基础观看来，企业的重要资源可以拓展企业的边界，这些资源可能镶嵌在企业间的资源与惯例之中。因此，企业竞争优势的基础既包含了本身的能力（即所拥有的资源和与竞争对手的异质性），又包含了企业获取和利用企业间资源的能力。

资源基础观强调，资源已经超出了企业的边界，企业正不断地嵌入更为广泛以及相互重叠的组织间关系网络中，因此将企业嵌入的组织间关系纳入分析非常重要。这种资源基础观将单个企业的资源作为一种社会资源来加以研究，从而使其可以将组织内部及组织间的交换理论置于一个开放的系统中去分析。当资源不能有效地通过市场交易或并购获得时，企业必须发展组织间关系以获取这些资源，组织间关系网络可用来与其他企业共享或交换有价值的资源。这就是说，企业可以利用其现有的资源与其他企业的资源进行融合，从而创造更大的价值。资源基础观强调每个组织间关系伙伴必须为组织间关系网络带来有价值的资源。在当今竞争空前激烈的环境下，仅仅依靠某一类型的资源并不足以使一个企业建立可持续的竞争优势，因而必须发展组织间关系网络以获取不同的资源。组织间的相互合作、共享彼此独特的能力要素及资源，可以创造竞争优势，并且产生更多的合作利得。这说明企业与企业间关系是相互依赖、相互影响的。

在资源基础观看来，组织间资源是一种基于组织间合作关系的战略性资源。兰加·古拉提（Ranjay Gulati）等人对企业网络、资源以及竞争优势之间的关系进行了研究，指出企业所在的网络使其从环境中获得了关键的资源，如信息、渠道、资本、服务以及其他可以保持或提升竞争优势的资源。由于组织间资源自身的异质性以及产生过程中的路径依赖，即通过特定的网络进行组合，非常难以模仿与替代，从而具有战略性资源的特征。嵌入关系网络的组织间资源可为企业提供可持续竞争优势。资源基础观强调信任有利于组织间的能力互补、资源共创和协调，组织间关系趋于合作或竞合。从资源基础观的视角看，无形资源、信息资源和知识资源已被视为企业最重要的战略性资源，所以现代企业最重要的经营逻辑之一就是如何取得维持竞争优势的资源。而除了内部创造资源，组织外部资源的转移也是重要的资源取得渠道。

资源基础观的缺陷在于只注重资源的"所有"，而忽视了资源的"获取"。资源基础观基于对资源所有权的强调，认为科层制确保了资源不可流动性以及竞争优势，从而忽略了通过发展组织间关系和合作战略来实现资源的获取以创造价值。美国密歇根大学教授哥印拜陀·普拉哈拉德（Coimbatore Prahalad）和凡凯特·拉莫斯沃米（Venkat Ramaswamy）曾一针见血地指出，获取并非所有，并非只有通过所有权才能产生价值。资源基础观的另一个缺陷在于无法充分揭示组织间关系网络所产生的系统效应，也无法真正说明竞争优势的来源。尼科莱·福斯（Nicole Foss）认为，资源基础观无法充分揭示网络组织所产生的系统效应，也无法解释其竞争优势不足的原因，而英国经济学家阿尔弗雷德·马歇尔（Alfred Marshall）所揭示的企业之间的竞争与合作产生的系统效应正好可以弥补资源基础观的不足，这种系统效应能形成一种网络能力（罗珉，2007）。

2. 组织学习理论

解释组织间关系的组织学习理论视角强调，通过组织间学习和组织间知识的转移来实现创新。企业界与学术界认为"组织学习"和"知识能力"是企业获得持续竞争优势的关键因素，通过知识的沟通与整合，组织得以学习和创新。"组织学习"和"知识能力"被美国经济学家戴维·蒂斯（David Teece）等人视为一种动态能力。他们认为组织持续学习、调整、适应与提升知识能力是竞争取胜的关键。从目前的研究路径来看，建构组织间关系网络的组织学习是按照"组织学习—吸收潜力—知识获得—创新应用"的思路来进行的。

事实上，解释组织间关系的组织学习理论有以下三个流派。

（1）社会系统理论的适应环境（adaptive environment）学派。以詹姆斯·马奇（James March）为代表的适应环境学派认为，组织学习的目的在于使组织适应外在环境的变化，从而提升竞争力与绩效。该学派认为组织学习就是组织适应环境的行为，就像个体的学习历程一样，组织每经历一段特定时间，对环境刺激自然会采取某种适应性行为。马奇认为组织采取行动以后，环境将会有所响应或反馈，组织因此可以进行经验学习，所以成功或印象深刻的经验也容易导致学习。经验学习是适应环境学派组织学习学说的一个重要概念。适应环境学派强调，组织学习就是为了适应环境，因为这个学派相信人的有限理性，并认为可以通过模仿他人的组织，特别是通过组织间关系来实现组织学习的目的。组织间关系成员可以把向其他组织习得的经验、知识等转换成常规并加以保存。该学派强调组织可通过组织间关系学习其他组织的经验，得到组织间关系环境的反馈经验学习循环。

（2）组织行为理论的错误修正（error correction）学派。以克里斯·阿吉里斯（Chris Argyris）为代表的错误修正学派对于管理行动者如何设计行动的个体和组织模式较感兴趣，并认为组织只有通过改变个体的推理方式和组织共有的思考过程，才能实现持续变化从防御性价值观改变为开放式价值观，促进对错误的修正。该学派认为当组织行动的效果和期望产生误差时，对这种误差进行修正、矫治的集体探究过程即为组织学习。错误修正学派强调组织学习更正错误这个维度，认为通过组织间关系来实现组织学习的目的，是一个发现错误与更正错误的过程，特别是当学习者在与组织间关系成员进行比较时，就会面对这种预期与实际的效果误差，由此可以推动组织学习。

（3）知识管理理论的知识创造（knowledge creation）学派。以日本一桥大学教授野中郁次郎和哈佛大学商学院教授列昂纳德·巴顿（Leonard Barton）为代表的知识创造学派认为，组织学习就是进行知识创造。知识创造学派有两本关于创新和全球竞争的专著，其书名就包含"知识"和"创新"范式的概念——列昂纳德·巴顿的《知识的源泉：建立并保持创新的源泉》和野中郁次郎和竹内广隆的《知识创造型公司：日本公司如何培养创造力和创新性以获得竞争优势》。他们介绍了许多日本公司和美国公司（如惠普、摩托罗拉和丰田）是如何通过有效建立和管理组织间关系与利用组织间关系成员的知识来进行知识创造以获取竞争优势的。这些建立、管理和利用组织间知识的能力被描述为"核心竞争力""无形资产""知识资本""智力资本"，对提升组织效能做出了很大的贡献（罗珉，2007）。

### 3. 社会网络理论

社会网络理论于20世纪五六十年代开始出现，长期以来被主要用于社会学问题的研究，并基本上停留在纯社会学研究范畴之内。社会网络理论最基本的分析单位是各种联结。关于联结最具开创性与代表性的分析来自马克·格兰诺维特（Mark Granovetter），他引入了网络"力度"（strength）的观点，并将联结分为两种类型：一种是强联结（strong tie），另一种是弱联结（weak tie）。个人与其较为紧密、经常联络的社会联系之间形成的是强联结；与此相对应，个人与其不紧密联络或是间接联络的社会联系之间形成的是弱联结。

事实上，不只是一些社会现象可以用社会网络理论加以理解与分析，企业以及企业内外部的人、环境也都具备一定的社会网络特性，社会网络理论对企业进行分析同样具有强大的解释力度，因此，社会网络研究方法应该进入企业研究者的视野，用以分析企业的相关问题。正是基于上述的考虑，从20世纪90年代开始，社会网络理论在国外得到极大的重视，成为企业研究的一个热点领域（姚小涛，席酉民，2003）。

社会网络理论强调组织间关系网络由企业与其他组织之间的一系列水平或垂直的相互关系组成，包括企业与供应商、分销商、顾客、竞争对手以及其他组织（甚至是本产业以外）之间的相互关系。社会网络理论认为，任何经济组织或个人都具有与外界一定的社会关系与联结，镶嵌或悬浮于一个由多种关系联结交织成的多重、复杂、交叉重叠的社会网络之中。其中，关系是因，联结是果，有关系就有联结，各种各样的关系与联结搭建了社会网络的基本构架。

对于企业间社会网络的形成，主要有两种不同的观点：一是以詹姆斯·科尔曼（James Coleman）为代表的社会资本（social capital）观点，认为企业间社会网络是靠对网络的不断复制而成长与演进的；二是以罗纳德·伯特（Ronald Burt）为代表的结构洞（structural hole）观点，认为由于结构洞的存在，新关系与新联结的生成，网络结构得以改变，网络的价值得以增加。

（1）社会资本观点。科尔曼认为，一般来说，企业拥有三种类型的资本：财务资本、人力资本、社会资本。财务资本与人力资本是组织自身的资产，社会资本则代表了与其他组织或个体的关系，是寓于人际关系之中的，反映了一个组织或个人的社会联系。社会资本是个体或团体通过与外界的联系所增加的资源总和。无论是实体的社会资本，还是虚拟的社会资本，通过拥有一个持久的网络，这种网络都或多或少包含相互熟悉或认可的制度化关系。在研究资源获取与管理的过程中，社会资本是一个重要概念与分析单位。如果与外界的联系越多，则社会资本就越多，表明获取资源的渠道就有可能越多。

当具有一定社会资本以形成网络的组织通过网络方式获取收益与资源时，它会强化对这种网络的依赖，同时由于认识到已有网络的价值，它会倾向于按已有网络的特征与规范，去继续搜寻符合这种特征与规范的新的合作者，以增加组织的社会资本。可见，从社会资本角度出发，强化对已有网络的依赖反映了一种组织惯例和成长的路径依赖：一个网络或组织成长的基础依存于其成长之初的特征。因此，对不同合作者的选择与搜寻对网络或组织未来成长有重要影响。如果原有网络结构与模式被新增加的关系强化了，则原有网络会按照一定的既有模式运行下去，说明了出于维持已有社会资本的目的，一个网络在扩展与演进时，趋向于复制其已存在了的关系模式。因此，沿着这条思路，企业依赖于不断地复制其已有网络结构与特征而获取资源，并在这个过程中获得成长。

（2）结构洞观点。伯特认为一个网络中最有可能给组织带来竞争优势的位置处于关系稠密地带之间，而不是之内，他称这种关系稠密地带之间的稀疏地带为结构洞。结构洞中没有或很少有信息与资源的流动。结构洞的存在，为活动于结构洞中的个体或组织提供了机会，因为他们可以将两个关系稠密地带联结起来，从而为这些联结起来的单位带来新的信息，并使资源通过这种新联结流动。可以看出，通过这种新关系与新联结的生成，网络结构得以改变，网络价值得以增加。因此，结构洞观点认为，由于结构洞的存在，网络不是不断地复制，而是不断地重构。一个网络就像是一片"大海"，充斥着关系稠密的一座座社会资本的"岛屿"，如果有"轮船"航游其间，就会使这些"岛屿"中的信息与资源互通有无。一个富含结构洞的网络就会促使某些个体或组织出于自身目的将关系稠密地带联结起来，从而可以通过改变网络结构为自身带来新的资源，最终产生较强的竞争优势。因此，结构洞观点更强调网络中的个别组织或企业家在企业成长中的积极作用，由于信息或资源流动空缺的结构洞的存在，就可以使企业家或一些特定组织通过联结其不同的、一定程度相互隔断的关系网络，开发存在于这些不同组织或个体之间的结构洞，从而为企业的成长提供不断的资源（姚小涛、席酉民，2003）。

对于企业社会网络理论如何解释企业间关系，阿克巴·扎希尔（Akbar Zaheer）和哈娜·米拉诺夫（Hana Milanov）指出，社会网络理论是将企业间的社会网络视为资源池、信任源、信号源。

（1）资源池。企业间社会网络被认为是企业资源的重要来源。这些资源源自企业间关系的特征或者是源自社会网络的结构。美国西北大学凯洛格管理学院教授兰加·古拉提（Langa Gulati）从获取重要信息、知识优势的观点出发，强调由于组织所拥有的知识是创建持久性竞争优势与核心能力的关键要素，而网络关系则是组织取得多元知识的重要途径之一。古拉提认为组织间纵横交错的联系是一种不可模仿的资源，是一种创造资源的手段和获得资源与信息的途径。古拉提认为网络中的资源能够给企业提供有价值的信息，使网络中的企业行动比竞争对手更加迅速，从而使企业获得竞争优势。组织间网络资源的积累、获得和运用是组织创建可持续竞争优势的保障。在企业间的社会网络中，最常出现的资源是社会网络提供的信息资源。富含结构洞的企业间社会网络比其他形式的社会网络提供的信息资源更多样化、更具时效性。

（2）信任源。企业间社会网络的存在提高了彼此间的信任。詹姆斯·科尔曼认为，社会网络中企业之间相互连接的程度越高，整个网络的整体信任就会越高。企业间的信任降低了企业间的交易成本。在现实世界中，许多企业之间的合作关系在本质上大多数是与相同企业的重复交易，如果以这种观点看待企业间交易关系，其内涵就包含有"信任"与"合作关系的演进"。而关系重视的则是互惠、相互节制及信任等概念。杰弗里·戴尔（Jeffrey Dyer）和延冈健太郎认为，企业间的高度信任可以使合作双方进行知识的交换与机密信息的分享；组织间的沟通协调可以顺利地发展合作双方的关系并使它们取得相互需要的资源。这个角度解释了为什么企业联盟等企业间的组织形式能有效提高效率。

（3）信号源。企业间的社会网络提供了观察市场信号的"棱镜"，也就是说，一家企业的质量可以通过其与关联企业的关系推断出来，特别是当没有其他有效方法来衡量该企业的质量时。例如，一家企业出现在一家行业龙头企业的供应商名单时，由于社会网络的存在，可以推断出该供应商企业也应处于同类型企业的上等水平，因为其得到了行业龙头企业的认可。

**4. 种群生态学理论**

今天，企业组织之间的关系正在发生着重要的演变。进入 21 世纪以来，人们更多地将组织看作生态系统（organizational ecosystem）的一部分。一个组织或许跨越了几个行业，并将在与其他组织的紧密关系网络中确定自己的位置。组织生态系统是由组织的共同体与其环境相互作用而形成的系统，它常常要跨越传统的产业边界。在这个生态系统中，合作与竞争同等重要。确实，根据所处的位置和面对的问题，组织之间在同一时刻既是竞争对手，又是合作伙伴。在这个商业系统中，管理的作用正在朝着与其他组织建立横向关系的方向发展。种群生态学的观点解释了为什么由于新公司的增加，组织的多样性也在不断加强，这些新公司填补了既有公司余下的领地。这种观点认为大公司不能适应变化的环境，因此新的公司以其适当的形式和技术满足新的需要。经过变种、选择和保留的过程，一些组织将会生存下来并得到发展，另一些组织将会消亡。公司将采取全面的或专门的战略在众多的组织中求得生存。

1）种群生态学关于组织变化动因的解释

种群生态学这个宏观的组织理论特别强调环境的影响力，焦点是在环境中社会力量如何决定某一社群的兴起和衰落。其基本出发点是假设社会有无比巨大的力量。个别组织并不能依靠自己的力量来适应环境，即使能有少量的改变，但始终敌不过大气候的压力。若社会力量对于某种社群和产业有利，则该类组织会不断涌现；假如社会改变不了气候，不再需要该类组织的产品、服务，甚至形态，则该组织必被淘汰。

种群生态组织模型的创始人迈克尔·汉南（Michael Hannan）与约翰·弗里曼（John Freeman）认为，针对环境情况变化，必然会有新的组织种群或整体（population）出现。

由于现有的个别组织因各种强大的压力（如成本、人事等），而只能做出缓慢的转变，于是新组织更能适应新的环境。这种看法假定人不能做什么，管理者只能做一些微小的适应，战略的有限性取决于社会趋势，并不在于战略的好坏。虽然这个理论颇为悲观，但也确实解释了历史上某些产业的兴衰原因，使我们更注意组织或产业本身的生命周期（life cycle），使管理者更留意组织的兴起、演变、淘汰等问题。因此，环境中的领地或缝隙（niche）更是管理者所需要留意的，若组织能够钻缝隙，或寻找更多的领地或缝隙，则被淘汰的机会便可减少。

以种群生态学理论为基础的观点认为，组织追寻的战略在一个可能的范围内是不断变化的。它认为，对存在于组织间与组织内部的创新路径和创新速度的研究，对于战略的形成非常重要。如果管理者用今天的思维、市场竞争的模式和方法去应付和适应明天的市场环境，则必定会被淘汰。

2）组织变化与组织适应性

针对一个种群，种群生态学研究者所提出的问题就是关于社会中组织的数量和变化。为什么新形成的组织会带来不断出现的多样性（diversity）？其答案就是对照环境所要求的变化，组织的适应性很有限。在组织种群内，新形式和新类型的组织比起现存的组织，其组织的创新和变革发生得更为频繁。的确，组织的形式被认为是相对稳定的，通过企业家所创新的组织的新形式给整个社会带来了好处。新的组织比起那些变化缓慢的既有组织更多地满足了社会的新需求。美国《福布斯》（Forbes）杂志 1987 年报道了对美国企业 1917—1987 年 70 年的实证研究结果。1917 年的美国 100 家强公司，到 1987 年时只保留下来 22 家公司，其中只有 11 家仍然以最初的公司名称运营。仅 1979—1989 年 10 年，《财富》杂志所列出的世界 500 强企业中有 187 家就不能以独立公司的身份生存下去了：一些被吸收合并，一些被收购，一些则被股东变现。

从实际经济生活的角度来看这种组织理论意味着什么呢？它意味着已经建立的大公司经常会变成如恐龙一样的庞然大物。人们有理由相信，诞生于第二次产业革命的巨型公司太大了，难以针对迅速变化的环境做出调整。因此，适应当前环境的新的组织形式，像适应新经济的类似微软（Microsoft）这样的公司将会填充新市场领地，并逐渐从既有公司那里夺走业务。

既有公司为何难以适应迅速变化的环境？汉南与弗里曼认为，组织变化的能力受到很多条件的限制。这些限制来自对工厂的巨大投资、设备、专门人员、有限的信息、决策者的固有观点、被组织的成功历史所验证了的现行组织方法以及改变公司文化的困难。在这些阻碍面前，组织的真正转变是少有的、不可能的事情。

根据种群生态学观点，迅速变化着的环境决定种群中的哪些组织生存或失败。其假设是单个组织的结构有惰性，难以适应环境的变化。因此，当发生迅速的变化时，老牌的组织容易衰退或失败，而能够更好地适应环境需要的新组织会出现。

根据组织所处的位置和面对的问题，组织之间在同一时刻既是竞争对手，又是合作伙伴。在这个商业生态系统中，组织进行管理的职能正在朝着与其他组织建立横向关系的方向发展。种群生态学的观点解释了为什么由于新公司的增加，组织的多样性也在不断增加，这些新公司填补了既有公司余下的领地。这种观点认为大公司不能适应变化的环境，一些组织将会生存下来并得到发展，另一些组织将会消亡。公司将采取全面的或专门的战略在众多的组织中求得生存（罗珉，2003）。

 小结

本章是在企业组织设计这一概念框架下，以企业组织设计为主线，沿着企业内与企业间两个维度，其中企业内又分为理性系统与自然系统两个子维度，对企业组织设计理论进行分类和总结。

企业组织设计是根据企业外部环境和内部条件的变化，并基于组织目标的调整，对企业的组织结构、流程、组织成员之间的关系及其管理进行调整和整合的动态过程。企业组织设计理论是企业组织理论的重要组成部分。从广义上说，企业组织设计理论可以划分为三类：企业组织设计的基础理论、企业组织设计的相关理论和企业组织设计理论。纵观企业组织理论发展的历史，企业组织设计理论贯穿于组织理论发展的全过程。因此，本章按照企业组织理论发展的历史，以组织结构设计、流程设计、职权设计、激励设计和绩效评估设计为主要内容，对企业组织设计理论从企业内和企业间两个维度，企业内从理性系统和自然系统两个子维度进行了一定程度的整理，既包括了古典组织设计方面的理论，又吸收了现代组织设计发展的新思想和新观点。本章为后面的章节奠定了理论基础。

 思考题

1. 简述组织理论研究的分类方法和历史流派。
2. 理性系统的组织特征是什么？其代表理论有哪些？
3. 简述巴纳德对组织理论发展的贡献。

 案例讨论

### 全流程并联交互创新生态圈：海尔转型路向何方?

摘要：海尔集团作为全球白色家电的领导企业，近年来积极开展"互联网+"转型，以应对"互联网+"时代的颠覆性变革。近年来海尔对外构建开放式创新生态圈连接全球优质资源，对内鼓励小微内部创业、打造创客孵化平台，海尔正在以前所未有的力度从传统家电企业转型为平台型企业，并取得了一些阶段性成果。但海尔这条转型之路究竟是否走得通？方向是否正确？应该如何有效管理转型过程的失控和丧失原有竞争优势等风险？本案例希望通过介绍海尔转型升级背景和创新生态圈建设的过程、特色、遇到的困难与困惑等，对传统企业转型升级提供借鉴与思路。

资料来源：郑刚，郭艳婷，郑青青，等. 全流程并联交互创新生态圈：海尔转型路向何方？[DB/OL].
中国管理案例共享中心，2017. http://www.cmcc-dlut.cn/Cases/Detail/3039.

 经典书籍推荐

斯科特，戴维斯. 组织理论：理性、自然与开放系统的视角[M]. 高俊山，译. 北京：
中国人民大学出版社，2011.

该书被公认为介绍组织研究领域文献详尽的著作之一，开创性地提出了从"理性、
自然与开放系统"三个视角分析和梳理纷繁的组织研究成果，将各种复杂的甚至相互冲
突的观点按照三个基本范畴进行分类，为初涉组织研究领域的学者提供了一个清晰的指
导，为已进入这一领域的研究者提供了整体把握这一学科领域历史演变和发展趋势的系
统化指南，并引导研究者进行有关组织研究方法论和学科范式等深层次问题的思考。

 参考文献

[1] 阎海峰，王端旭. 现代组织理论与组织创新[M]. 北京：人民邮电出版社，2003.

[2] 任浩，甄杰. 管理学百年演进与创新：组织间关系的视角[J]. 中国工业经济，2012
（12）：89-101.

[3] 郭咸纲. 西方管理思想史[M]. 北京：北京联合出版公司，2014.

[4] 昀熙. 巴纳德：现代管理理论之父[J]. 现代企业文化（上旬），2013（6）：52-53.

[5] 史冬波. 浅谈巴纳德组织理论：读《经理人员的职能》与《巴纳德理论研究》[J].
公共管理评论，2016（3）：165-169.

[6] 巴纳德. 经理人员的职能[M]. 李丹，译. 北京：电子工业出版社，2016.

[7] 王作军，任浩. 组织间关系：演变与发展框架[J]. 科学学研究，2009，27（12）：
1801-1808.

[8] 李海舰，原磊. 论无边界企业[J]. 中国工业经济，2005（4）：94-102.

[9] 罗珉. 组织间关系理论最新研究视角探析[J]. 外国经济与管理，2007（1）：25-32.

[10] 罗珉. 组织管理学[M]. 成都：西南财经大学出版社，2003.

[11] 郁义鸿. 精巧的组织艺术：现代企业组织架构挥略[M]. 上海：上海译文出版社，
1994.

[12] 西蒙. 管理行为[M]. 詹正茂，译. 北京：机械工业出版社，2014.

[13] 罗宾斯，贾奇. 组织行为学精要：第 14 版[M]. 郑晓明，译. 北京：清华大学出
版社，2021.

[14] 陈维政，余凯成，黄培伦. 组织行为学高级教程[M]. 2 版. 北京：高等教育出版社，2015.

[15] 李靖. 基于人性假设视角的组织管理理论梳理研究[J]. 华东经济管理，2009，23（12）：87-92.

[16] 郑彦. 现代西方组织管理理论综述[J]. 现代企业，2007（11）：31-32.

[17] 姚小涛，席酉民. 社会网络理论及其在企业研究中的应用[J]. 西安交通大学学报（社会科学版），2003（3）：22-27.

[18] GULATI R. Network location and learning: the influence of network resources and firm capabilities on alliance formation[J]. Strategic management journal, 1999, 20(5): 397-420.

[19] IRELAND R D, HITT M A, VAIDYANATH D. Alliance management as a source of competitive advantage[J]. Journal of management, 2002, 28(3): 413-446.

[20] GULATI R, NOHRIA N, ZAHEER A. Strategic networks[J]. Strategic management journal, 2000, 21(3): 203-215.

[21] DYER J H, SINGH H. The relational view: cooperative strategy and sources of interorganizational competitive advantage[J]. Academy of management review, 1998, 23(4): 660-679.

[22] ZAHRA S A, GEORGE G. Absorptive capacity: a review, reconceptualization, and extension[J]. Academy of management review, 2002, 27(2): 185-203.

[23] ZAHEER A, GÖZÜBÜYÜK R, MILANOV H. It's the connections: the network perspective in interorganizational research[J]. Academy of management perspectives, 2010, 24(1): 62-77.

# 第2篇　企业组织设计的原则与过程

本篇的内容包括企业组织设计的原则和企业组织设计的过程。

第3章企业组织设计的原则，不仅总结了传统企业组织设计的原则，而且指出了在当今时代背景下传统企业组织设计原则的缺陷，在此基础上根据设计原则之间的地位不同和使用广度与频度的不同提出了现代企业组织设计的一般原则和原则的新发展（或称为特殊原则）。一般原则处于基础地位，使用最广、最多；原则的新发展（或特殊原则）是对一般原则的丰富和补充，是随着时代背景和市场的变化而产生的，在使用上具有特殊性，其使用广度和频度在很大程度上往往受企业性质、业务类别等因素的影响。

第4章企业组织设计的过程，介绍了企业组织设计所要经历的一般流程，如规划、模块设计、整合和实现四个阶段。其中，规划的主要任务就是要对企业组织设计的内容进行规划，并确定企业组织设计的原则、目标和推进的时间进度；模块设计是按照规划阶段所确定的设计内容、原则以及目标，对企业组织进行具体模块设计；整合的目的在于使企业组织设计的方案与企业的具体因素相匹配；实现是指在结构、职权、流程、绩效评估和激励方案设计好之后，如何将这些先进的方案有效地运用到日常管理实践中去，使其能够真正起到提高企业绩效的作用。

# 第 3 章
# 企业组织设计的原则

 **本章学习目标**

1. 掌握传统企业组织设计的原则；
2. 理解传统企业组织设计原则的局限性；
3. 了解现代企业组织设计的一般原则；
4. 了解现代企业组织设计原则的最新发展。

## 引例

这是一个危险的状态：你现在很有可能还没有找到这个纷繁复杂世界的规律。也就是说，当你被动地来到一片丛林时，你没有一幅实用的地图。举目四顾，路在何方？周围的每个人都在急匆匆地迈动步伐：有的人镇定从容，胜似闲庭信步；有的人汗流浃背，却步履艰难；有的人在原地踏步，自己却浑然不觉；有的人像你一样，已觉察到了问题却找不到答案……

在貌似杂乱无章、荆棘密布的险恶丛林中，其实存在着忽隐忽现的秘密通道。

这些交错纵横的秘密通道就是一幅清晰的丛林导游图。

了解了这些秘密通道，我们就可以把握丛林游戏的规律，在其间纵横捭阖。

组织设计就像一个纷繁复杂的世界，险恶丛林，交错纵横。但是，其背后也存在着指引你成功的清晰地图——组织设计的原则。

组织问题的研究是通过任务结构和权力关系的设计来协调努力的。要安排一个合适的组织结构，就必须重视"组织设计"。"组织设计"的最初含义是关于如何建立或改变一个组织结构，使之能更有效地实现组织的既定目标。组织设计不是无章可依，它必须遵循一定的原则，即组织设计的原则。

组织设计的原则是在人群团体运动的各种形式中表露出来的，并帮助工业界通过对这些原则的更多了解和应用而防止其发展所带来的危害（丹尼尔·雷恩，阿瑟·贝德安，2014）。企业组织设计的原则和组织理论的发展和演变路径一样，也经历了从传统企业组织设计原则到现代企业组织设计原则的发展过程。本章将对传统企业组织设计的原则和现代企业组织设计的原则进行归纳和概述。

# 3.1 传统企业组织设计的原则

## 3.1.1 亨利·法约尔的企业组织设计原则

法约尔根据自己的工作经验，归纳出 14 条组织管理原则，这些简明的原则在很长时期内，甚至直到现在仍是组织设计所考虑和遵循的基本准则。

（1）分工。他认为这不仅是经济学家研究有效地使用劳动力的问题，而且是在各种机构、团体、组织中进行管理活动所必不可少的工作。

（2）职权与职责。他认为职权是发号施令的权力和要求服从的威望。职权与职责是相互联系的，在行使职权的同时，必须承担相应的责任，有权无责或有责无权都是组织上的缺陷。

（3）纪律。纪律是管理所必需的，是对协定的尊重。这些协定以达到服从、专心、有干劲，以及尊重人的仪表为目的。也就是说，组织内所有成员通过各方面所达成的协议对自己在组织内的行为进行控制，它对企业的成功与否极为重要，要尽可能做到严明、公正。

（4）统一指挥。统一指挥是指组织内每一个人只能服从于一个上级并接受他的命令。

（5）统一领导。统一领导是指一个组织，对于目标相同的活动，只能有一个领导、一个计划。

（6）个人利益服从整体利益。即个人和小集体的利益不能超越组织的利益。当两者不一致时，主管人员必须想办法使它们一致起来。

（7）个人报酬。报酬与支付的方式要公平，给雇员和雇主以最大可能的满足。

（8）集中化。这主要是指权力的集中或分散的程度问题。要根据各种情况，包括组织的性质、人员的能力等，来决定"产生全面的最大收益"的那种集中程度。

（9）等级链。等级链是指管理机构中，从最高一级到最低一级应该建立关系明确的职权等级系列，这既是执行权力的线路，也是信息传递的渠道。一般情况下，不要轻易地违反它。

（10）秩序。秩序是指组织中的每一个成员应该规定其各自的岗位，做到"人皆有位，人称其职"。

（11）公正。主管人员对其下属仁慈、公平，就可能使其下属对上级表现出热心和忠诚。

（12）保持人员的稳定。如果人员不断变动，工作就得不到良好的效果。

（13）首创精神。这是提高组织内各级人员工作热情的主要源泉。

（14）团结精神。团结精神是指必须保持和维护每一个集体中团结、协作、融洽的关系，特别是人与人之间的相互关系。

法约尔强调指出，以上 14 条原则在管理工作中不是死板的和绝对的，这里要注意尺度问题。在同样的条件下，不能反复使用同一原则来处理事情，应当注意各种可变因素的影响。因此，这些原则是灵活的，是能适应于一切需要的，但其真正本质在于懂得如何运用它们。这是一门很难掌握的艺术，它要求有智慧、有经验、会判断和注意分寸。

### 3.1.2 林德尔·厄威克的组织设计原则

古典组织理论试图通过说明和确定某些组织原则来解决组织职能的复杂性，他们在这些方面进行了大量的研究和实践。早在 20 世纪 40 年代，古典管理学集大成者林德尔·厄威克（Lindall Urwick）曾经比较系统地总结归纳了泰勒、法约尔、韦伯等人的观点，在他的著作《管理的要素》一书中就提出了他认为适用于一切组织管理的八项原则：① 目标原则，所有的组织都应当有一个目标；② 相符原则，权力和组织必须相符；③ 职责原则，上级对下属工作的职责是绝对的；④ 组织阶层原则；⑤ 控制幅度原则；⑥ 专业化原则，每个人的工作应被限制为一种单一的职能；⑦ 协调原则；⑧ 明确性原则，对于每项职务都要有明确规定。这些组织管理原则对传统组织的设计，尤其是组织结构设计、职权设计具有重要的指导作用。

### 3.1.3 欧内斯特·戴尔的企业组织设计原则

经验主义学派的代表人物、美国管理学家欧内斯特·戴尔（Ernest Dale）极力推崇传统组织管理理论，他提出有关传统组织理论中的五项组织设计原则：① 目的（objective）。组织必须有明确的目的，而且组织内各职位的目的与组织的整体目的相一致。② 专业化（specialization）。每个人的工作应限制为一种单一的职能。③ 协调（coordination）。组织内各成员的努力应指向组织的共同目标，应通过建立有效的手段而进行有效的协调。④ 权限（authority）。组织应建立起从组织的最高层到组织内各个成员的明确的直线权限。⑤ 责任（responsibility）。权限与责任对称，有了权限，就必须要负相等的责任。戴尔认为，以上五项原则是一般组织最普遍的原则，若将头一个英文字母结合起来就可以称为 OSCAR 理论。戴尔还认为，除上述五项原则，效率、授权、命令统一、管理幅度、均衡化等原则也是传统组织理论所主张或强调的，因此也不应被忽视。

### 3.1.4 罗斯·韦伯的企业组织设计原则

罗斯·韦伯（Ross Webber）曾经总结了组织设计的传统原则，并指出这些原则是一些固定的准则，具体如下。

（1）明确的指挥系统，即具体确定、公布并遵循上下级的指挥关系。

（2）命令统一，要求每一个人均须向一位上司，且只向一位上司负责。

（3）管理跨度不宜太窄或太宽。

（4）授权必须明确，使部属明白什么是应当做的，什么事情需要报告，以及自己的绩效如何评定。

（5）授权必须完全，使每一个行动均有助于组织目标的实现。

（6）职权和责任必须相等，每一个人均须拥有充分和适当的职权，完成他所承担的责任——不要太少或太多。

（7）管理人员可以将上司授予的职权和责任授予部属，但并不能因此而逃避责任，他必须对部属行动的绩效负完全责任。

（8）应采用适当的专业化，借此获得利益，专业化包括任务、功能、过程、产品、服务、地区和知识等。

上述八条准则具有一般指导意义，但其中的某些准则似乎仍比较具体化，可以分别应用于组织结构设计的各个方面。作为更广泛适用的、更具总体指导意义的准则，孔茨等人所提出的两项原则可能更合适。

（1）目标一致的原则。孔茨认为，一个组织结构，如果能使个人的贡献有利于实现企业的目标，就是有效的，组织的结构和活动都必须用符合目标（无论是总目标，还是派生目标）的有效性标准来衡量。

（2）效率的原则。孔茨认为，一个组织结构如果能使人们（指有效能的人）以最低限度的失误或成本（超出通常把成本看作完全是以货币或工时做计算单位的范畴）实现目标，就是有效的，效率原则是衡量任何组织结构的基础（郁义鸿，1994）。

值得注意的是，孔茨等人在提出组织设计的指导原则的同时，实际上也已明确地回答了"什么样的组织是有效的"这一问题。事实上，这本应是我们讨论如何设计有效组织结构的前提。

从以上内容可以看出，古典组织理论强调正式组织结构的设计以达到协调的作用，它赖以建立的四大支柱是：① 劳动分工；② 指挥系统（等级与职能结构，即部门化原则）；③ 控制幅度；④ 科层制结构。各种组织原则，如劳动分工、控制幅度、统一指挥、部门化、职权等则是古典管理学派组织理论的基石。一般来说，人们认为古典组织理论主要强调组织的科层制结构，他们提出的设计与集权组织结构比较相似。

## 3.1.5 传统企业组织设计原则的缺陷

传统企业组织设计是一种职能型组织结构的设计。随着信息技术的发展，传统的职能型组织所赖以生存的条件发生了重大变化，现存的职能型组织的适应空间已大大缩减，作为组织结构设计典范的职能型组织结构，受到了严重的挑战。

（1）典型的职能型组织结构是以制造业企业为原型的，而我们今天所面临的挑战是如何设计包括制造业企业在内的所有类型企业的组织结构，即金融企业、商贸企业、建筑企业，以及通信、运输、服务等行业的企业。而且随着产业的演进与分化，非制造业企业的比重会越来越大。这些性质完全不同的企业，其组织设计显然应有别于传统的职能企业组织。

不仅如此，仅就制造业而言，今日的制造业企业与过去的制造业企业也大不相同。批量生产、工序分解的时代正在成为过去，按顾客需要灵活地组织生产的柔性制造系统、敏捷生产方式和计算机一体化管理等已使制造业企业大为改观。

（2）典型的职能型组织结构源自一个单一产品、单一技术、单一市场的企业，这种单一的企业已与当今普遍存在的多种产品、多种技术和多个市场的企业不可同日而语，这种企业的复杂化和多样化是传统组织结构设计所没有涉及的，套用原有的组织结构设计显然已经不合适了。

（3）传统的职能型组织是在稳定不变的环境中诞生的，它只是在工业生产技术发展相对稳定的时期才可能发展，而现代企业所面临的环境是剧烈动荡的。正如沃伦·本尼斯所指出的："职能制组织是在它的早期——工业革命那种高度竞争、稳定不变的环境中发展起来的。一个金字塔式的权威机构把权力集中在几个人的手里，这种权力布局在过去和现在都适合于解决常规的问题。然而环境已发生了变化，变化的方式正好使这种机构最容易产生问题，因为稳定性已经消失了。"（阿尔文·托夫勒，2018）

（4）作为典范的职能型组织没有为创新提供空间。用职能型组织来解决组织中的常规问题往往是有效的。然而，随着外部环境的剧烈变化，解决非常规问题需要想象力和创造力，即需要非程序化的、创新的方法。但是，职能型组织没有提供创新所需要的空间。在职能型组织中，每个人都被限定在一个一切已规定好了的框里，按照组织事先规定好的规则行事，评估其工作只需看他本人按规定办事的精确度即可。越轨、创新或冒险都是不可取的，因为这会干扰组织对其他部门的既定方针。总之，这种按部就班的职能型组织没有提供解决非程序化问题的想象力和创造力，制约了组织为适应环境变化而必需的创新。

（5）传统的职能型组织结构是基于对组织成员被动服从而设计的，而这种状况目前已受到严重冲击。在柔性制造系统中，第一线的工人和市场营销、开发与设计人员等的工作主动性与创造性对企业的生产效率产生重大影响；在现代企业中，企业民主已大大加强，职工参与管理的革命正冲击着所有的组织，这对企业组织变革的影响将是巨大的。

（6）信息技术革命的强烈冲击。传统的组织结构设计中的机构设置和人员配备有很重要的一部分功能是为了应付信息处理。然而，随着电子信息技术的发展，以往需要一大批技术人员长时间进行的枯燥的数据分析工作，现在利用计算机和计算机程序，任何稍加训练的人都能在极短的时间内完成同样的工作。因此采用先进的数据处理技术以后，管理层次和管理人员的数量就会大幅度下降。传统管理层中的信息处理功能在信息技术条件下只相当于一个信息"中继站"。

信息技术在监控、远距离沟通等方面对企业组织管理也产生重大影响。信息技术革命将消除当今的职能结构，而信息技术的使用成本的降低加速了这场革命的进程。信息技术成本每隔几年就缩小到 1/10，这将使企业在未来时期广泛使用信息技术成为可能。总之，作为典范的职能组织模式，面对以信息技术革命为代表的内外环境变化和日益严峻的挑战，其适应性的空间已在不断萎缩。

## 3.2　现代企业组织设计的原则

### 3.2.1　现代企业组织设计的一般原则

根据现代企业组织设计原则之间的地位以及使用广度和频度的不同，现代企业组织设计原则可以分为一般原则和原则的新发展（或称为特殊原则）两类。一般原则处于基础地位，使用最广、最多；新原则是对一般原则的丰富和补充，是随着时代背景和市场的变化而产生的，在使用上具有特殊性，其使用广度和频度在很大程度上往往受企业性质、业务类别等因素的影响。

要建立一个完善的企业管理组织系统，在进行企业组织设计时，必须遵循以下基本原则。

### 1. 组织结构服从战略原则

组织从其诞生开始，就是为实现目标而服务的，而组织的目标又受企业所处的环境的影响，企业往往采用针对性的战略适应和影响环境。因此，在进行组织的设计或变革时应坚持"组织结构服从战略"的原则。正如组织理论的权变学派所指出的，组织是有机的，而且对任一特定的企业来说，组织都是独特的。组织结构是一种手段，通过它来达到一个组织的目标，如果要使组织结构有效和健全，我们必须从组织的目标、战略开始设计组织结构。我们所要设计的组织实际上是一种目标导向型组织。

在现实的组织运作过程中，当组织处于早期发展阶段且规模相当小时，管理者比较容易把握组织的目标。但是，随着组织规模的不断扩大及组织结构的复杂化，组织目标可能变得模糊不清，管理者往往会迷恋于运作过程或已有的组织结构，而忽略了对目标的专注。与目标导向型组织相对应，实际运作的组织往往是过程导向型组织，其核心思想是，把组织结构设计原则及运作过程视为既定的、合理的。

由于缺乏对组织目标的关注，过程导向型组织一般存在以下问题。

（1）教条主义和生搬硬套。即将组织设计和变革中的原则视为教条，套用于不同条件的组织。正如彼得·德鲁克（Peter Drucker）所指出的："在组织中，发生的一些错误，是由于把一个理想的组织的机械模型强加在一个有生命的企业之上。"（2014）

（2）注重过程而非效果。在过程导向型组织中，管理当局所关注的是组织成员在既定的业务中的努力情况，而没有关注这种努力的实际效果。

（3）注重局部而非整体。系统理论已证明，局部有效或最优并不代表整体有效或最优。在过程导向型组织中，组织成员也许能够关注自己所负责的局部目标，但是，在系统总体设计不当的情况下，局部目标的意义往往会被高估价。

（4）追求组织结构的完美。在过程导向型组织结构设计和创新中，管理者或理论家过分注重组织结构的对称、和谐或一致，把组织结构规则与程序的完美作为组织目标。

（5）为创新而创新。组织创新实际上是组织目标的要求，但是，在缺乏对组织目标关注的过程导向型组织中，组织创新往往成为一种追求的时尚，从而产生为创新而创新的情况。从本质上讲，这种行为不是真正的创新。

总之，正确地理解组织，就是把组织看作实现组织目标的手段。凡是能够实现组织目标的组织结构就是有效的组织结构，否则组织就需要创新。

### 2. 组织适应环境原则

好的组织结构设计应能提高组织的效能，更好地为实现组织的目标服务。那些有效的组织是能够迅速引入变革的组织。由于设计原则的缺陷或适应条件的变化，原有的组织可能会变得无序、不健全、低效能。组织创新就是改变不合理的组织形态，建立新的高效能的组织结构体系。组织结构设计应考虑组织适应环境的原则，具体如下。

（1）组织适应环境。组织创新设计的首要目标是提高组织的环境适应能力，在不断变化的环境中求得生存和发展。有计划的组织创新就是一个组织试图有意或有目的地对组织自身或任何其他组织现状施加影响。由于一个组织的管理部门不可能完全控制该组织的客观环境，所以必须不断地从组织内部进行改革，以使组织能更有效地应付新的挑战。为此，组织必须不断地改变自身的组织结构和组织规则，以适应环境的变化。

（2）组织成员适应环境。组织创新设计不仅要求组织适应环境变化，而且要求组织成员也要适应环境变化，因为组织中的人是决定组织的重要因素。在组织中，组织成员应能够随着环境的变化更新自己的观念、态度及行为方式，这是组织创新设计所试图达到的目的。在企业组织中，最重要的是人们应当认同、支持他们的企业目标，建设性地发挥自己的作用并且相互协作，以便有效地实现企业目标。任何一项组织创新设计，都应注意到使组织成员适应环境。这是侧重于"以人为本"的组织创新设计的目标取向。

### 3. 分工与协作原则

分工与协作是社会化大生产的客观要求。因此，在组织设计中坚持分工与协作的原则，就是要做到分工合理，协作明确。对于每个部门和每个职工的工作内容、工作范围、相互关系、协作方法等，都应有明确规定。根据这一原则，首先要搞好分工，解决干什么的问题。分工时，应注意分工的粗细要适当：一般来说，分工越细、专业化水平越高、责任越明确，效率也越高，但也容易出现机构增多、协作困难、协调工作量增加等问题；分工太粗，则机构可较少、协调工作量可减轻、易于培养多面手，但是，专业化水平和效率比较低，容易产生推诿责任的现象。可以说，两者各有千秋，具体确定时要根据实际情况（如人员素质水平、管理难易程度）来确定，做到一看需要，二看可能。另外，在分工中要强调：① 必须尽可能按专业化的要求来设置组织结构；② 工作上要有严格分工，每个员工在从事专业化工作时应力争达到较熟悉的要求；③ 要注意分工的经济效益。在协作中要强调：① 明确各部门之间的相互关系，寻找出容易发生矛盾之处，加以协调。协调搞不好，分工再合理，也不会获得整体的最佳效益。② 对于协调中的各项关系，应逐步走上规范化、程序化，应有具体可行的协调配合方法以及违反规范后的惩罚措施。

### 4. 统一指挥、分级管理原则

统一指挥原则，也称为统一与垂直性原则，它是最经典的原则，也是最基本的原则，是指命令的统一、指挥的统一和垂直性系统。贯彻统一指挥原则，必须遵守以下四点要求：① 从最上层到最基层，这个等级链不能中断；② 任何下级只能有一个上级领导，不允许出现"多头领导"；③ 不允许越级指挥；④ 职能机构是参谋，只有提出建议之权，无权过问该直线指挥系统下属的工作。违背上述四点要求，就意味着统一指挥原则遭受破坏。

按照统一指挥原则去办，就可做到上级既能了解下属情况，下属也能领会上级意图。因此，指挥和命令如果能组织安排得当，就可做到政令畅通，提高管理工作的有效性，而那些由于"多头领导"和"政出多门"所造成的混乱就可避免。

统一指挥原则规定不能越级指挥，这意味着必须实行分级管理。分级之后，就要正确处理上下级之间的关系，即集权和分权的关系。为了保证统一领导，关系全局性的重要的管理权限必须由厂部（或公司）掌握，为了充分调动各级组织和员工的积极性，又必须在统一指挥下实行分级管理，适当规定各级的权限和职责。各级的权责既定，上级应分权给下级，由下级自行处理规定范围内的事务，并对处理的后果负责。只有在遇到未纳入原定权责范围的事项时，下级才向上级请示汇报，这样做既充分调动了下级的积极性，又使上级摆脱了日常烦琐事务，能集中时间和精力抓大事。

### 5. 管理幅度和管理层次原则

一个企业应如何决定管理幅度和管理层次，要从企业的实际情况出发，根据上述原则和经验来确定；同时应注意到，正确处理管理幅度与管理层次的关系，还涉及如下一些因素。

（1）工作能力的强弱。工作能力包括领导者的工作能力和下级的工作能力。若撇开领导者的工作能力，下级的工作能力强，经验丰富，则上级处理上下级关系所需的时间和次数就会减少，这样就可扩大管理面。反之，如果委派的任务下级不能胜任，上级指导和监督下级的活动所花的时间无疑要增加，这时管理面势必要缩小。

（2）信息交流的难易。信息交流的方式和难易程度也会影响管理幅度。在管理活动中，如果上下级意见能及时交流，左右关系能协调配合，就有利于扩大管理面。

（3）检查手段的快慢。如果任务目标明确，职责并职权范围划分清楚，工作标准具体，上级能通过检查手段，迅速地控制各部门的活动并客观地、准确地测定其成果，则管理面可适当扩大；反之，则管理面要缩小。

除了上述因素，各级管理者的素质、管理活动的复杂性和相似性、新问题的发生率、管理业务的标准化程度、机构在空间上的分散程度等都会影响管理幅度和管理层次。

### 6. 集权和分权相结合原则

集权就是把权力相对集中于组织最高层领导，使其统管所属单位和人员的活动。集权的主要优点是：① 有助于加强组织的集中统一领导，提高管理工作的效率；② 有利于协调组织的各项活动；③ 有助于充分发挥领导者的聪明才智和工作能力；④ 由于机构精干，用人少，还可以使管理的开支减少到最低限度。它的主要缺点是：使领导者的直接控制面缩小，增加了管理层次，延长了纵向组织下达指令和信息沟通渠道，不利于调动基层的积极性和创造性，难以培养出熟悉全面业务的管理领导人员。分权与集权恰好相反，它使领导的直接控制面扩大，减少了从最高层到最低层的管理层次，使最高层与基层之间的信息沟通较为直接。它的主要优点是：可以使基层组织从环境需要出发，更加灵活、有效地组织各项活动，有利于基层领导者发挥才干，从而可以培养出一支精干的管理队伍。集权与分权的关系是辩证的统一，一般是通过统一指挥、分级管理表现出来的。集权到什么程度，应以不妨碍基层人员积极性的发挥为限；分权到什么程度，应以上级不失去对下级的有效控制为限。集权与分权是相对的，不是一成不变的，应根据不同情况和需要加以调整。从当今国内外组织管理的实际情况来看，侧重于分权管理是组织发展的主要趋势。

　　集权和分权相结合原则要求组织中的执行性机构和监督性机构应当分开设置，不应合并为一个机构。例如企业中的质量监督、财务监督、安全监督等部门应当同生产执行部门分开设置，只有分开设置，才能使监督机构起到应有的监督作用。必要的监督和制约，有利于暴露矛盾。只有暴露矛盾，才能去解决矛盾。当然，监督机构分开设置后，又必须强调在监督的同时加强对被监督部门的服务，做到既监督又服务。因为单纯实行监督和制约不利于监督性职能的履行，不利于搞好双方的关系。例如，质量检查人员既要严格把住质量关，当好质量检验员，又要热心为生产服务，当好质量宣传员和技术指导员，帮助生产部门改进和提高产品质量。

　　7. 权责对等和才职相称原则

　　权责对等原则，也就是权责一致原则。权与责是两个不同的概念。顾名思义，权就是权力，责就是责任。所谓权力，在法律上是指在规定的职位上具有指挥和行事的能力。权力总是与职位相联系的，因此，习惯上也称为职权。职权就是人们在一定职位上拥有的权力，主要是指决策或执行任务时的决定权。

　　所谓责任，就是在接受职位、职务时所应尽的义务，它同职位、职务联系在一起，所以也称为职责。职责就是在一定职位上完成任务的责任。有多大权力就必须承担多大责任，职权与职责相对应，这是理所当然的。权责对等虽然很难从数量上画等号，但从逻辑上说，这是必然的结果。

　　职权与职责既是指某个职位上的同一个人，又是指同一项任务。由于它与职位相联系，所以各个不同管理层次权责的性质和大小是不同的。高层管理者必须拥有较大的决策权，同时也就承担了相应的决策后果责任和义务。权力大，责任也大。基层的管理者通常拥有执行权和监督权，因而也承担了相应的监督责任和义务。

　　遵循权责对等原则，对上级来说，必须对下级有一个正确的分工授权问题；对下级来说，就不能要求超过职责范围以外的更多的职权。授权的主要目的是使组织工作成为可能。在组织中，如果职权全部集中于一个人，这就意味着不需要下属管理人员，因而也无组织结构可言。应该说，一方面，一定程度的分权是所有组织的特征；另一方面，职权也不能绝对地分散，如果领导者把所有职权都委派出去，这就意味着其本身职务的消失，因而这一层组织也就没有存在的必要。

　　在企业管理中，一方面要求统一指挥，另一方面又要求职权分散，两者之间如何结合，哪些权力要下放，哪些权力由上级掌握，是应该认真研究予以明确的。一般来说，授权时应做到以下两点。

　　（1）按期望的成果授权。由于授权的目的是向管理人员提供一种手段以便他们去实现目标，所以授权时首先应从对其要求达到的成果出发，决定将实现这一目标需要有多大的处理问题的权限授予下级。

　　（2）处理好职权和管理层次的关系。每一个部门都必须拥有其业务工作同整个组织协调的职权。同时，授权时必须保证整个组织自上而下的职权关系，也就是说，要组成一个职权—管理层次体系。要求各级应该按照所授予的职权做出该级中的决策，只有超越了其职权范围的问题才应提交给上级。如果上级授权不明确或包办代替，就会助长下级的依赖性。下级就会想方设法把自己职权内应解决的问题上交，以迎合上级的权力欲，其结果是整个决策系统将会遭到破坏。

权责对等是管理组织中的一项重要的原则，即通过科学的组织设计，将各种职务、权力和责任等形成规范，定出章程，使担任各项工作的人员有所遵从。才职相称原则，亦称因职设人原则，即什么样的职务应安排什么样的人去担任，做到才职相称，人尽其才，才得其用，用得其所，各尽所能。才职相称原则，既是组织设计原则之一，也属领导者用人原则之列。现代化管理必须善于区别不同才能的人，并能将其安排在合理的岗位上。须知只有混乱的管理，没有无用的人才。

### 3.2.2 现代企业组织设计原则的新发展

#### 1. 人本主义原则

知识经济时代的到来，使得知识成为企业生存和发展最重要的资源。人作为知识的载体，决定着企业的生死存亡。因此，以人为本，尊重人性，已成为企业界经营和管理的核心理念。传统的组织是一种正规化很强、高度集权的科层制职能化组织，组织中的人被视为机器的零部件，管理者忽视了组织人员的心理和需求，从而使整个组织显得非常臃肿、沉闷。现代组织设计是在人本时代背景下的设计，这种设计要求在组织结构和运营体系中充分尊重和发挥人性，倡导人本管理。

人本管理是以人的全面的自在的发展为核心，创造相应的环境、条件和工作任务，以个人的自我管理为基础，以企业的共同愿景为引导的一套管理模式。企业从以物为本的管理转向以人为本的管理，这不仅是因为以物为本的管理不合时代发展和企业管理实践发展的需要，而且是因为以人为本的管理对企业的生存和发展起着决定作用。

首先，对人的管理是最根本的企业管理。企业的生存和发展需要管理。管理是一种社会现象，只要有人类社会的存在，就会有管理的存在。组织是管理的载体，管理寄存于组织之中。亨利·法约尔认为，任何企业都存在着六种基本活动，即技术活动、商业活动、财务活动、安全活动、会计活动和管理活动。其中管理活动处于核心地位，也就是说，企业本身需要管理。同样，其他五种基本活动也需要管理，因而管理是企业永恒的主题。企业管理，从管理的对象来看，有对人的管理和对物的管理。但是，企业首先不是物的堆积，而是人的集合，是由人以营利为目的而构筑的经济性组织。所以，企业管理从最根本的意义上来说，就是对人的管理，即调动企业员工对物质资源的配置和盈利能力的主动性、积极性和创造性。显然，企业的营利性目的首先是通过对人的管理，进而支配物质资源的配置来达到的。基于这种分析，企业管理就必然是、也应该是人本管理，以及对人本管理的演绎和具体化。

其次，人的主动性、积极性和创造性的发挥是企业活力的源泉。管理活动是人的活动，人的活力是企业活力的基因。根据人在管理活动中的角色不同，可以将企业中的人分为管理主体人和管理客体人，但是这种不同的角色都以对方的活动作为自己活动的存在前提。管理主体人要具备管理的科学知识和技能，拥有与知识相应的权威和职责，是企业重大活动的驾驭者，是企业发展方向的领航者，是企业生机活力的制造者和决定者。

同时，相对管理主体人而言，管理客体人除了具有客观性的一面，即需要主体人去了解掌握他们的个性、期望和需求，管理客体人也具有主观性的一面，可以自主、能动地选择配合管理或拒绝、怠慢管理，这对管理主体人的管理成败起着重大的反制作用。因此，管理客体人是管理客体系统中最重要、最主要的因素，是企业活力的重大影响者和体现者。另外，人才的激活程度在很大程度上制约着企业的竞争力。由于人才的聪明才智潜藏在人体内部，如果不从根本上解决人才的思想动机问题，再优秀的人才也会消极怠工，不思进取，甚至把工作搞砸。有些企业缺乏竞争力，丧失活力，不是没有人才，而是没有把人的主动性、积极性和创造性调动起来。因此，只有重视对人的管理，将人置于管理过程的中心位置，充分发挥人的主动性、积极性和创造性，才能为企业的生存和发展注入蓬勃的生机和活力。

再次，人本管理是谋求企业发展和人的发展两者共同发展的有效管理理念。当代西方管理理念和管理学派的形成，已经经历了三个阶段：第一阶段是以泰勒为代表的古典管理理论，该理论以提高劳动效率为目标，在作业管理和职能管理等方面进行了一系列的探索，开创了科学管理的新时代。但古典管理理论在对人的认识上存在着很大的缺陷：一是把人看成"经济人"，过分强调物质刺激；二是把人看成像机器一样的工具，忽视人的能动性。因而古典管理理论只是一味地强调企业发展，而忽视或否定了在企业发展的同时，人也要取得自身的全面发展。第二阶段的行为科学理论虽然侧重研究人的需求、行为的动机、人际关系和对人的激励等，主张通过多种方式激励人的积极性，但这终究还停留在"人是资源"以及"如何加以利用和操纵"的层面，还未真正把人的因素和人的发展提高到与企业发展相同的高度来认识和对待，这与人本管理的出发点和着眼点有着根本性的差异。第三阶段的管理科学理论虽然为管理理论的发展和管理实践的开展提供了很好的新视角、新思维和新方法，对人的因素与企业发展目标的关系有着较深的认识，但始终也没有把人的自身发展列入与企业发展相并行的主题。人本管理不是企业管理的额外工作，而是要让人本管理统领企业的一切工作，使企业组织在推动人的自由全面发展的同时实现自己的预期发展目标，因而人本管理是谋求人与组织真正共同发展的管理哲学和管理理念。

最后，人本管理是当前企业许多问题的症结所在。多年来，由于企业片面地追求产值和发展速度，在经济工作中出现了见物不见人的倾向。在企业改革中，许多企业过分地强调物质刺激的作用，出现了"一切向钱看"的倾向。在企业组织内部，从高层主管到一般员工，大多缺乏责任感和紧迫感，成员之间相互推诿，办事拖沓；组织内派系林立、纷争频繁、关系疏离，甚至在工作中故意不合作或采取敌对的破坏行动。这一系列问题的根本原因就在于企业对人本管理重视不够，未将人本管理的理念和管理对策渗透到企业的各项生产经营管理活动之中，未让人本管理统领企业的工作，因而解决这类问题也在于对人本管理的高度重视和有效实施。

松下幸之助有一句名言："最好的资产是人。"我们在考察国际著名企业的成功因素时，都会发现他们对人的重视。由此可见，人本主义原则已经是现代企业管理的根本。企业组织设计必须重视人，要以人为本，充分考虑管理者和员工的个性特点等，以最大限度地调动员工的积极性和创造性。要能够为"革新的闯将"提供机会和支持，要创造出亲如一家的和谐气氛，让员工将个人利益与组织利益结合起来，以为组织做贡献为荣。

### 2. 顾客满意原则

根据蒋志青《企业业务流程设计与管理》一书中的观点，现代企业组织结构设计的核心原则是顾客满意原则。

ISO 9000族标准所规定的八项质量管理原则中的第一条原则是：以顾客为中心。企业业务流程是企业为实现既定目标而开展的一系列有序的活动，是以提高产品和服务，满足顾客需要的能力为中心的。组织结构作为业务流程运行质量的支撑，其设计的核心原则同样是以顾客满意为中心，始于顾客需求，终于顾客满意。

#### 1）以顾客满意为中心的企业业务流程和组织结构

进入21世纪以来，由于顾客成为稀缺资源，市场逐步由卖方市场转变为买方市场。企业也逐步由以产品为中心转向以顾客为中心，组织结构进行优化，成立了专职调查研究顾客需求的市场部门，建立了以顾客为中心的组织结构和业务流程。市场部的重要职责之一就是通过市场调查和汇总顾客反馈，把握顾客的需求。

惠普公司的创始人戴维·帕卡德说过，"我们鼓励公司的每一个人经常考虑使自己的活动围绕为我们的顾客服务这一中心目标。"美国沃尔玛公司的第一个价值是，"如果你不为顾客服务，或不支持为顾客服务，那么我们不需要你。"

#### 2）基于顾客满意的组织结构设计质量的四个评估标准

组织结构是企业业务流程的支撑，组织结构设计的质量是以企业业务流程运行质量衡量的。《企业业务流程设计与管理》一书中阐述了基于顾客满意的流程质量评估标准的四个指标为：产品质量、服务质量、产品价格和响应时间。顾客满意的四个指标是企业业务流程质量的评估标准，也就是组织结构设计质量的评估标准。组织结构的设计必须保证企业业务流程达到这四个标准。

（1）产品质量。ISO 9000族标准术语中，质量的定义为：产品、体系或过程的一组固有特性满足顾客和其他相关方面要求的能力。质量是企业的一种能力，使企业能够保证以顾客需要的方式提供产品。企业质量管理部门的职责就是保证企业的管理质量和产品质量。

（2）服务质量。服务质量是客户关系管理的重要内容，包括产品售前讲解或培训、售中安装、调试和售后支持的服务质量。企业服务管理部门的职责就是保证企业的服务质量，收集、整理和分析产品质量问题以及顾客反馈的意见。

（3）产品价格。产品价格是企业经营成本的直接表现，产品价格低符合顾客期望。低的产品价格不应该是企业之间恶性竞争的结果，而应该是企业经营成本低的结果。组织产品价格低能够实现"三赢"：其一，提高顾客的购买力；其二，提高企业的竞争优势；其三，提高社会资源的利用率。组织结构设计应该使组织结构简单化，实现组织运行成本最小化。降低组织运行成本，最终结果是降低产品价格。

（4）响应时间。《企业业务流程设计与管理》一书中曾提到，美国学者阿尔文·托夫勒认为："时间本身是最重要的经济资源之一。实际上，时间仍是一项隐藏的投入。尤其是在变化加速度发生时，缩短时间（例如迅速传递信息或迅速把新产品投入市场）的能力可能成为决定盈亏的因素。"时间是一个关键因素，长时间的等待和迟缓的交付会使顾客失去对企业的信任。组织对顾客需求的快速反应，表现为在产品开发、生产、交付及行政管理等所有组织结构中的快速反应，取决于组织的时间管理与控制。

响应时间决定能否保证在顾客需要的时间内提供产品。响应时间主要取决于新产品开发时间和产品交货时间。新产品开发时间为一种新产品或服务从策划、设计（包含设计变更时间）、成品到投入市场所需要的时间；产品交货时间为从接受订单到送交顾客手中的时间。新产品开发时间和产品交货时间越短，企业业务响应时间越短。提高响应速度的意义不仅在于满足顾客的时间要求，还在于降低决策风险和库存成本。组织结构设计的目标是加快企业物流和信息流速度。

由以顾客满意为中心原则可以导出顾客需求决定企业组织结构的业务内容及方式的原则。

企业的价值和目标是通过满足顾客的需要而得以实现的，因此顾客的需求决定了企业业务流程的内容，企业实现业务结果的工作方式决定了企业的基本业务流程和基本组织结构。顾客的需求不同，需求模式不同，企业所提供的产品或服务则不同，服务模式也不同。企业的产品或服务不同，服务模式不同，导致了企业业务基本流程不同和组织结构不同。

现代企业必须认识到，将卓越价值传递给顾客是确保企业长期盈利和生存的唯一办法。企业要摒弃工业经济时代以竞争为导向（即企业必须完全了解竞争者的产品供应能力以及为顾客开发有卓越价值的业务）和以利润为导向（即对所有的活动进行管理以便严格控制所有的成本，并以合理的有竞争的价格为顾客创造价值），而应代之以顾客为导向，即把满足顾客需求放在所有工作的首位。GE 公司总裁约翰·韦尔奇一语道破以顾客为导向的真谛："服务于顾客，这不是某个人的工作，这是每个人的工作。"企业组织中的每个成员都要意识到：顾客才是他们的饭碗。真正贯彻与实施"顾客导向"，会引起企业对自身定义的改变，任何企业都已不再是产品制造商或供应商，而是一个服务企业。IBM 公司最令人叹服的是什么？不是它的产品质量或技术，而是服务。IMB 公司一直以"为用户提供最佳服务"为发展理念和战略目标。顾客导向原则要求整个企业组织系统都要为顾客服务，不管其是否真正面对顾客。组织设计必须保证这种为顾客服务的业务流程的迅速高效，必须让每一位成员和每个部门都意识到，他的本职工作是服务顾客，而不仅仅是符合组织规定的职责和权限。

3. 核心竞争力原则

传统竞争战略的目标是在市场上获取比竞争对手更多的竞争优势，其重心是希望在一个或几个战略业务单位上超过竞争对手，给予股东更多的投资回报。战略决定结构，结构追随战略。这种战略思维要求组织设计与之相匹配，因而组织设计的结果是几个战略事业单位地位和权力在组织中的突出。20 世纪 90 年代以来，战略思维发生了重要的转变，战略目标从原来的市场优势获取转变为公司价值的提高，战略中心也从原来的战略经营单位经营转变为企业的核心能力经营，考虑的不仅是股东投资回报，而是企业所有利益相关者的利益。这种转变对组织设计的要求和结果是企业核心能力的重视和整体组织的平衡。

1）企业核心竞争力的认识

企业核心竞争力源于企业的能力理论。1989 年，哈默、都斯和普拉哈拉德在《哈佛商业评论》第一期发表了《与竞争对手合作共赢》一文。文章指出，就短期而言，公司产品的质量和性能决定了公司的竞争力；就长期而言，起决定作用的是造就和增强公司的核心竞争能力——孕育新一代产品的独特技巧。1990 年，普拉哈拉德和哈默在《哈佛商业评论》上发表《企业核心竞争力》一文，标志着核心竞争力理论的正式提出。自此，理论界和企业界掀起了一股研究和应用核心竞争力的热潮。

对核心竞争力的理解有多种定义，哈默和普拉哈拉德认为核心竞争力是"组织中的积累性学识，特别是关心如何协调不同生产技能和有机结合多种技术流派的学识"。有的学者认为核心竞争力是在一个组织内部经过整合了的知识和技能，它具有使一项或多项业务达到竞争领域一流水平、有明显优势的能力。我们认为核心竞争力就是能做别人所不能做的事的能力；或做同样一件事，我比别人做得更好的能力。具体地讲，企业核心竞争力是企业开发技术、产品以及市场营销方面所具有的独特能力。就其本质而言，它是以企业技术能力为核心，通过企业战略决策、生产制造、市场营销以及组织管理的整合而使企业获得的长期竞争优势。

2）遵循核心竞争力原则的重要性和必要性

企业以往的价格竞争、广告竞争等低层次竞争都不可能取得真正意义上的竞争优势，只有企业自身的战略性资源，特别是核心能力这一资源，才能给企业带来持续的竞争优势。因此，对企业而言，组织建设和管理应有助于核心竞争力的培育和巩固。

首先，核心竞争力成为当前国内外经济竞争的重要目标。今天建立和发展企业自身的核心竞争力已经成为西方企业普遍追求的战略目标，也是各种企业发展战略有效运用的根本，西方企业的成功无不与对核心竞争力的重视有密切的关系。核心竞争力的出现体现出全球范围内的产业结构调整已走向了深入。美国以信息产业为核心竞争力，欧洲国家追求的核心竞争力则是合作化产生的化学效应。近观国内钢铁行业正追求的核心竞争力已经不是产量的多寡，而是逐步形成相当产量规模下的多品种覆盖力。

其次，经济全球化使当前可供人们选择的生产链条数量急剧减少。过去大家可以关起门来各干各的，各自称王，现在大家在一个生产销售系统中被捆绑在一起，被迫在同一链条中展开竞争。这种分工方式更讲究竞争全球间的排列组合，讲究彼此间的关系——最高的利润来自最合理的关系。"垂直分工"逼迫企业修理枝蔓和强化主干，以主干的竞争力在链条中定位。除去一些华而不实的相关衍生业务后，企业往往可以更专注于企业的塑造，这对其占据链条中的一环至关重要。事实上，东南亚金融危机后的韩国和日本都在做这件事；国内一些相当成功的家电、信息企业，甚至包括传媒企业在内，也在做这种竞争形式下的明智选择。另外，在链条上定位之后，竞争趋于残酷，从而使核心竞争力的外因更加突出。

再次，核心竞争力可以为公司提供多元化经营。企业的核心能力的储备状况和发展程度决定企业的经营范围，尤其是决定企业多元化经营的广度和深度。这是因为核心竞争力具有很强的"溢出效应"，能为企业进入广阔的市场提供潜在机会。企业一旦建立了自己的核心竞争力，就能使相关技术领域的创新大获收益。因为在生产实践中，企业可将核心竞争力组合到不同的创新中，构建新的创造和发展的基础，继而在某一领域建立自己的竞争优势，不断推出新成果，极大地促进自己的发展。在国际市场中，企业可以通过市场调查与分析寻找市场机会，以自己的核心竞争力为基础制定战略，开发适应目标市场的新产品，从而可以为企业开拓国际市场和增加收益创造条件。如海尔集团不仅在冰箱、彩电等家用电器领域在国内处于领先地位，而且现在已开始进入计算机、通信产业。这就是以它所拥有的数字技术和核心营销能力为基础的。

最后，核心竞争力使企业具备持续竞争优势。企业的盈利能力取决于其竞争优势，而竞争优势又取决于企业所拥有有价值的和稀缺的资源及能力的大小和强弱。如果一个企业的资源和能力是有价值的、稀缺的，它将至少能使企业获得短期的竞争优势。如果竞争对手在模仿这些资源和能力时面临成本劣势，那么拥有这些能力的企业就能够获得一种可持续的竞争优势。核心竞争力能为企业保持持续的竞争优势，主要是因为：第一，核心竞争力以为用户提供颇有价值的好处为其出发点，这首先就奠定了企业的市场基础；第二，核心竞争力具有独特性和不易模仿性，这使得其在市场中的领先性不易被替代。加入世界贸易组织后，虽然外国资本流入增多，大量商品冲击中国市场，但只要企业拥有稀缺的、模仿成本高的资源和核心竞争力，企业是可以获得长期竞争优势的。

### 4. 知识配置原则

战略管理学中有一个重要的结论，就是要保持和发展企业的核心竞争力。麦肯锡咨询公司认为，企业核心竞争力是"某一组织内部一系列互补的技能和知识的结合，它具有使一项或多项业务达到世界一流水平的能力"。核心竞争力来自洞察预见能力（如掌握科学技术发展趋向、发明成功产品的创造性才能以及卓越的分析推理能力等）和前线执行能力。当今社会，企业的竞争更趋向对核心竞争力的竞争。组织设计的目的就是要能够保持和发展企业的核心竞争力，为这种能力的发展提供各种资源、制度和环境。

传统组织理论中有一个被忽视的问题，就是没有考虑专业化分工之后所形成的知识的分化。事实上，知识的分化极大地促进了组织知识的增长，知识的利用类型和转移途径正在发生重大的调整与改变，以众多特殊条件为附带物的专门知识因其使用价值高，正逐渐成为社会利用的主要知识类型。但随之出现的问题是，分化的知识又如何配置？是否应当把决策权转移给拥有相关专门化知识的人？组织设计应当对组织知识的配置予以高度的重视（罗珉，2003）。

#### 1）组织知识配置的含义

组织知识配置是对组织知识生产（创新）、分配、交流（交换）、整合、内化、评价、改进（再创新）全过程进行整合和配置，实现知识共享，增加组织知识增量和产品中的知识含量，提高组织创新能力和核心能力，提高顾客（对组织产品或服务）的满意度和忠诚度，保证组织高速、健康、持续发展，在激烈的全球化竞争中立于不败之地。因此，组织知识配置的实质是对组织中所有员工经验、知识、能力等因素的管理，实现知识共享并有效实现知识价值的转化，以促进组织知识化和组织的不断成熟与壮大。

对于组织知识的配置，人们站在不同的角度有不同的理解，主要包括以下几种。

（1）组织知识配置就是通过知识共享运用集体智慧提高企业的应变能力和创新能力。

（2）组织知识配置是以知识为核心的组织资源的配置，也就是指对各种知识的连续管理过程，以满足现有和未来的需要，以确认和利用知识资产或资源开拓新的机会。

（3）组织知识配置就是利用组织的无形资产创造价值的艺术，为了帮助管理者借助组织知识配置创造价值。

（4）组织知识配置是从强调人的重要性、强调人的工作实践及文化开始的，然后才是技术问题。

（5）组织知识配置是指通过改变组织成员的思维模式和行为方式，建立知识共享与创新的组织内部环境，从而运用集体的智慧提高应变能力和创新能力，最终达到组织目标。组织知识配置强调把知识、信息、人力资源、市场与经营过程等协调统一起来，从而最有效、最大程度地提高企业经营效能和效率。组织知识配置的核心内容是知识的共享和创新。

（6）组织知识配置是企业将各种信息汇集起来，进行整理、分类、储存，以便利用和共享资源，并促进人们之间的交流，从而使企业员工素质不断提高，企业更具竞争力和适应力。

（7）组织知识配置是把人力资源的不同方面和信息技术、市场分析乃至企业的经营战略等协调统一起来，共同为企业的发展服务，从而产生整体大于局部之和的经营效果。

2）组织知识配置的作用

我们认为，组织知识配置将成为决定企业竞争力的关键因素。组织中从未用过的信息——数据，就好像蕴藏在矿脉中的天然金块。搜集这一数据并把它配置到组织结构中，或提炼成有用的信息，是组织知识配置的职能所在。组织知识配置就是要求组织各级管理人员既能获得更多、更好的信息，同时又能更有效地利用这些信息。事实上，这也是整个组织生存和发展的要求。目前，许多组织仍未充分利用它们的智力资产。它们不知道自己拥有哪些有用的知识，也不知道什么时候它将失效，更不知道这些知识应当如何配置，这样的组织结构当然不能综合不同部门的有用信息来形成有力的竞争武器（罗珉，2003）。

组织知识配置有以下三个最本质的作用。

（1）改造企业文化。组织文化对于促进分享知识、学习知识和创新知识是至关重要的因素。围绕着将个人的技能和经验整合成组织系统知识而建立带有激励色彩的开放性文化，是成功地实现组织目标的重要保证。美国电话电报公司（AT&T）、美西公司（US West）、3M 公司和国际纸业公司（International Paper Company，IPC）等西方大公司都依靠这种开发性的企业文化来实现知识管理。

（2）融入业务流程重组。组织知识配置的成功还取决于组织知识性资源与企业核心业务流程的有机结合。组织知识配置就是对业务流程中无序的知识进行系统化管理，实现知识共享和使用，以提高业务水平和效率。

因此，组织知识配置一方面必须与业务流程紧密相连，否则必定失败，重要的是，将知识创造、交流与使用同企业的业务流程结合起来，同时可以节省大量开支，并产生巨大价值；而另一方面对组织的使命陈述并不构成企业的战略，企业的高级主管通常假定所有职员都知道什么是企业的商业目标和为什么设定这些目标。事实上，组织战略目标的要旨常常在阐述中遗失，根本不为第一线的员工所完全理解。这个问题或许就是组织结构中的"软肋"，因为它取决于无法定义的组织文化假定。因此，业务流程重组就是整理知识和共享知识。

（3）挖掘知识。组织知识配置的原则说明工作不只是任务的汇集，也包括知识和经验（检验过的知识），这种知识和经验铸就了工作角色。每个企业都有掌握整个领域或专门问题的知识人才。有时知识是相对公开的，然而更多的时候，它体现了实际构成个人角色的那部分所持有的隐藏信息。知识甚至可以是那些基于另一个组织中的先前角色所学到的东西，例如，先前对消费者评估的个人知识，能用于他（她）现在的工作角色中（罗珉，2003）。

5. CHORT 原则

在对企业组织进行设计的过程中，为了企业组织结构设置的科学性及其运转的有效性，我们在总结现代企业组织设计理论的基础上，就影响企业组织结构设置的科学性及其运转的有效性的主要因素进行了较为充分的研究，创造性地提出了"CHORT"理论（其中，C 代表影响组织结构设置和运转的个性化因素，H 代表组织结构中的横向关系，O 代表组织结构中的纵向关系，R 和 T 分别代表影响组织结构设置和运转的区域性因素和时间因素），用来概括科学地设计企业组织结构和保证其有效运转所必须考虑的几个主要因素，如图 3-1 所示。

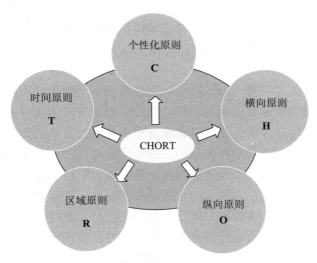

图 3-1　企业组织设计的 CHORT 原则

1）个性化原则（character）

在进行企业组织设计时，首先应遵循个性化原则，这种个性化原则考虑的主要内容有：① 组织中人的个性因素。无论是上到高层管理者，还是下到基层员工，在利益、需求、价值观念和知识能力上都存在着不一致之处，组织设计应充分考虑和反映这种因素。如对具体管理者（特别是各个单位主要负责人）的个性因素，按照他们的个性特点来设计组织结构中的管理层次、管理幅度等，并相应地划分其权限和职责，以最大限度地调动管理者的积极性，充分发挥他们的主观能动性来做好本职工作。如针对员工的不同需求和满足程度，设计有差别性的考核体系和激励制度，以充分调动员工的积极性，发挥其效能。② 组织中物的个性因素。组织中的物是一个外延广泛而内涵丰富的概念，不仅包括具体的组织结构、设备和产品等硬性因素，还包括组织任务、流程、文化、企业政治等软性因素。物之间的生产属性和社会属性不同，对生产、使用和消费的技术要求、劳动分工的程度等都不同。如对流程而言，依据组织目标所要实施的任务不同，则完成任务和活动的流程也不同，不同的流程对技术、人才和组织中结构关系的要求也不同，因此，组织设计，特别是组织流程设计更要充分考虑各个流程的特点，有的放矢，以提高效率。

2）横向原则（horizontal）

从横向和纵向两个视角来看，组织设计有横向组织设计和纵向组织设计两类。横向组织设计主要处理组织内部的横向关系和组织外部的横向关系。在设计企业组织内部的横向关系方面，常常面临着一些较为突出的问题，如各职能部门的定位不是很清晰，分工不是很明确，相互之间协调与配合的机制尚未建立和健全等。因此，我们在进行企业组织内部横向设计时，将以"分工明确、责权清晰、协调有序、配合有效"为指导原则，通过对各职能部门工作需求的准确分析，明确其各自的职责；同时，通过建立有效的工作协调机制来解决上述那些突出的问题。企业组织外部的横向设计主要是处理好企业与政府、社区、供应商和其他利益者相关之间的关系。现在很多企业为了获取更多的战略资源，支持和巩固自身的核心能力，非常重视组织的外部设计，如以战略联盟、知识联盟、契约等各种组织形式来加强与外部的合作，以实现双赢。

3）纵向原则（ordinate）

设计企业组织在纵向关系方面，往往会面临两个突出问题：一是如何处理好所有权与经营权的关系，做到既避免所有者对经营者日常经营管理活动过多的行政干预和越级指挥，又避免经营者内部控制，使所有者能够对企业进行有效的监管，从而确保所有者战略决策意图的有效实施及其所投资本的安全和保值增值；二是如何处理好企业经营管理中的集权与分权的关系，做到既能够对整个企业组织进行有效的控制和管理，又能够充分发挥各级管理人员甚至广大员工的积极性和创造性，从而确保企业经营目标的顺利实现以及企业运行效率的切实提高。因此，我们在进行企业组织设计时，一方面要按照完善现代企业制度的要求，通过完善董事会领导下的总经理负责制来进一步规范企业的治理结构，使企业能够按照现代企业规范的治理结构有效运作；另一方面，我们将以"集权有道、分权有序、授权有章、用权有度"为指导原则，通过设置科学合理的组织机构、管理办法和运行机制来处理集权和分权的矛盾关系，从而能够使上述两个突出问题得到有效解决。

**4）区域原则（region）**

企业组织设计要受到不同区域特点的影响。不同的区域有不同的经济、生活习俗和工作生活的价值观念，特别是进行跨区域组织设计时，要受到不同文化形态的冲突，这种文化冲突对组织设计的影响主要表现在企业制度设计的不同内容上。如东方文化环境里的企业和西方文化环境里的企业在薪酬制度等各种管理制度设计方面有着不同的内容和形式。同时，在设计企业的组织结构并对其岗位和职责进行划分时，也应充分考虑其所处地域的实际情况和特点，包括人文环境、经济发展水平和状况以及开放程度等因素，充分应用管理的权变理论，因地制宜。如企业的有些部门（如营销部门）具有跨区域性，具体设计这些部门和岗位时，应充分考虑部门所在区域的特点，不能用同一标准、同一风格来约束和权衡。

**5）时间原则（time）**

企业组织设计遵循时间原则，主要基于以下两点考虑：① 企业的发展有一个自身的发展过程，像生命体一样，有自己的生命周期规律。同时，企业产品从使用价值来看，也有自身的周期阶段。当企业和企业产品处于不同的生命周期阶段时，组织的规模、战略、目标、结构和集权程度等都不同，因此，组织设计应该随周期阶段的变化而变化。当企业经营已达到一定规模、下属部门或单位相对独立运作，更有利于扩张产品或业务领域时，应当及时选择更有利于企业发展的组织形式。实践证明，事业部是大型企业，特别是产品经营多元化企业发展过程中难以超越的一种管理制度和组织形式。② 企业组织从一种状态过渡到另一种新的状态，需要一个时间过程，这种过渡甚至呈现出阶段性。组织设计的实现不是一步到位，而是一个不断反复调整的过程，甚至从某种意义上说，企业组织设计的实现也是一个周期，具体说明见本书第 6 篇。

这里需要指出的是，在设计企业管理组织时，除了必须遵循上面所讲的各项基本原则，还需要充分注意影响企业管理组织效率的各种因素。从企业内部看，这些因素包括企业所有制性质、企业的独立自主程度、企业的规模大小、企业的领导体制和企业的人员构成情况、企业的多种经营情况、企业的专业化和联合化程度、企业产品的标准化程度、企业的民主管理和目标管理开展的情况以及企业管理手段的机械化和自动化程度等。从企业外部看，国家经济管理体制的有关规定或办法、国民经济发展的方针和政策等将对企业产生影响，企业所在地区的特点，企业供、销环节的组织等情况也会对企业起制约作用。对于这些因素，都应当从企业实际情况出发，根据实际需要灵活处理。

**6. 系统化原则**

企业管理从内部走向外部后，管理者不仅要处理企业内部的管理事务，还要对企业外部那些与企业生产运营息息相关的各利益共同体进行统筹规划，商业生态系统的概念便应运而生。在商业生态系统管理理念下，企业不再是孤立的存在，管理者应将企业置于生态系统中，在组织设计时遵循系统性原则，使企业组织设计达到以下三个目标。

**1）组织结构有机化**

根据詹姆斯·穆尔（James Moore）的观点，一个企业必须同其他相关企业共同塑造一个开放、和谐、抵抗力强的商业生态系统。显然，商业生态系统中的各个企业及企业内部也应形成协调一致、相互依存的有机结构。企业组织结构有机化主要表现在两个方面：一是企业组织从上到下的连接更加顺畅，信息的传达更为迅捷，即通过组织结构的扁平化去实现；二是组织内各部门之间建立具有生态意义的协调机制，摈弃条块分割和相互推诿而造成的工作效率低下等不良倾向。

组织结构扁平化是企业组织在互相联系的生态系统中寻求生存和发展的手段，因此，企业组织利用网络技术把组织内部的所有信息连接起来，减少组织结构的中间层次，使指令下达、信息传递速度加快，从而保证决策与管理的有效执行，使组织变得灵活、敏捷，从而提高组织效率和效能，使商业生态系统具有更强的关联和耦合。

组织结构有机化的另一个手段就是组织内部机构之间应建立反应迅速、和谐统一的协调机制。在商业生态系统中，每个企业在结构和功能上都有其独特性，但各个企业又是彼此依赖、相互作用而共同发展的。因此，在一个企业组织内部，各部门之间也应相互依赖、共同作用，实现企业内部与外部和谐统一的目标。这就要求企业首先要协调好各部门之间的业务流程。

2）组织职能专业化

商业生态系统要求单个企业组织应提供配套性的产品或服务，系统内各企业的职能趋向高度专业化，各企业之间具有良好的连接性，以保证整个系统实现最高效和最低成本。将这一特点运用到企业内部，即要求各部门在相应分工的基础上也要相互配合。专业化意味着企业组织向标准化方向发展，它应该去掉组织内部一切多余无用的东西，只保留标准的部分。其标准部分也是适合整个生态发展的，或者说，衡量标准与否，就是看它与商业生态系统的和谐程度。

企业组织内部的协调性能够使企业组织职能专业化得以实现，而专业化则是系统内企业的理性选择。以缝隙型企业来看，它们要想与其他企业避免冲突，必然要采取高度专门化的战略，这种战略可以提供强有力的防御措施。如在与微软的竞争中，Intuit 公司始终如一地用财务管理软件来保护自己的市场地位。具体到企业内部部门的职能也应与此保持一致，这在骨干型企业中也不例外。事实上，骨干型企业在商业生态系统中都极力维护着自己的骨干地位，但它明白，必须让出合理的利润给其他企业，才能使整个商业生态处于健康的状态，否则，它若垄断或主宰了一个系统，其他缝隙型企业将纷纷退出，不久后该系统会走向消亡。

3）组织部门开放化

商业生态系统理论表明，如果一家企业在采取行动时没有认识到该行动对邻近的其他企业或整个生态系统造成的影响，那么它就忽视了自己在生态化环境中经营的现实。企业与企业之间应该保持开放性，以使整体利益得到共同维护，并在维护的基础上求得共同发展。对企业内部来说，也可以将各个部门理解为一个个独立的企业，因此，部门之间须以开放化作为基本要求。企业组织部门的开放化，首先表现为部门之间及时准确的信息沟通与反馈，其次还表现在部门之间工作的透明度。

再让我们看看组织部门如何达到开放的目标，在企业组织内部，用市场机制代替层级制的行政体制，可以提高组织的创新能力与灵活性。具体来说，就是尽可能地将一个公司分散成若干个小的相对独立的部门，同时，将决策权力下放到基层，使基层组织充满活力，以应对各种突变和适应各种变化。在这样的组织中，互联网使信息的获得变为极度广泛，而且失去了层级的区别（或者层级区别减少），一些成员因为更接近市场，往往掌握变化的信息更快、更充分，更主要的是一些决策必须当机立断，不然会坐失良机，因而赋予这些成员一些权力，代替组织其他成员独立地做出决策，这对组织来说是有益的。因此传统组织走向开放化，也就成为一种必然的选择。IBM 公司、通用电气公司等实际上已经通过组织分立解体为小公司联盟，各公司已经成为自我管理的"独立"公司，彼此之间形成一个开放的良好局面。如 1991 年年底，IBM 公司将其组织架构调整为 13 家公司，而传统人力资源部门中的一部分职能也由一个名为"工作问题解决小组"的公司所取代，并以收费方式为 IBM 公司的各个子公司提供教育训练、员工生涯规划、咨询等服务，人力资源部门也逐步分立为市场化的利润中心。1998 年，我国海尔公司所进行的以"市场链"为核心的管理结构变革，也是一个对传统组织进行的分化式改革，是体现部门之间开放性的一个好的例证。

企业组织部门之间的开放化还与部门之间的透明性紧密相连。任何企业组织部门之间的透明性和由此产生顺畅的连接性，意味着企业可以协调地进行生产计划等工作，也意味着企业对外联系与沟通更加高效和及时。通过企业流程的透明化，可以促使企业内部保持有机的协调与统一，提高企业面临内外部环境变化的应变能力。实际上，它所指的正是组织适应变化的能力和特性。

开放化的企业组织能够根据外部环境的变化，灵活地、适时地对组织结构和人员配置做出调整。这有利于处理环境变化所带来的挑战，使组织能够从传统的处理单维的紧急情况，转向致力于处理全新的、难以控制的多维压力（钱言，任浩，2005）。

## 小结

本章主要介绍了企业组织设计的指导思想和原则。

本章对传统企业组织设计的原则和现代企业组织设计的原则进行了回顾和总结。在传统的企业组织设计原则中，主要介绍了亨利·法约尔、林德尔·厄威克、欧内斯特·戴尔、罗斯·韦伯和孔茨等人的经典组织设计原则，然后总结了他们的共同之处，指出古典组织理论强调正式组织结构的设计以达到协调的作用。它赖以建立的四大支柱是：① 劳动分工；② 指挥系统（等级与职能结构，即部门化原则）；③ 控制幅度；④ 科层制结构。

在现代企业组织设计的原则中，除了归纳现代设计的一般原则，还介绍了现代企业组织设计原则的最新发展，如人本主义原则、顾客满意原则、核心竞争力原则和知识配置原则等。本章最后重点介绍了 CHORT 原则和系统化原则，这是本书的理论创新。

## 思考题

1. 如何理解法约尔的十四条企业组织设计原则？

2. 比较传统企业组织设计原则和现代企业组织设计原则，说说它们的联系和区别。

3. 根据现代企业组织设计原则，举例说明其在企业组织设计中的应用。

4. 如何理解 CHORT 原则的内容？与其他原则相比，CHORT 原则有什么不同？

 **案例讨论**

### 从垂直世界走向水平世界——龙骧巴士组织结构变革记

摘要：随着综合交通的快速发展，以及国家政策调整和经济环境变化，交通运输格局呈现出新的发展态势，组织结构矛盾日益突出。本案例以湖南龙骧巴士有限责任公司在成立初期面临的生存危机为起点，描述了企业为冲出困境，毅然决然走上了组织结构变革之路，并在发展过程中不断进行扁平化的过程。本文从结构—资源—能力的视角探讨了龙骧巴士有限责任公司组织结构扁平化助推企业成长的机会，为公交企业未来发展提供借鉴。此外，本文可使学生理解组织结构变革的影响因素、组织结构变革对企业成长的影响机制、组织结构变革的阻力以及应对措施，提升学生分析问题、解决问题和批判性思辨的能力。

资料来源：文艺，彭素素，张立，等. 从垂直世界走向水平世界：龙骧巴士组织结构变革记[DB/OL]. 中国管理案例共享中心，2020. http://www.cmcc-dlut.cn/Cases/Detail/4893.

 **经典书籍推荐**

布里克利，史密斯，齐默尔曼. 管理经济学与组织架构：第 4 版[M]. 张志强，王春香，张彩玲，译. 北京：人民邮电出版社，2014.

该书一改传统管理经济学书籍枯燥、呆板、过于理论化以及与现实中的管理实践脱节等弊端，在涵盖和凝练标准管理经济学有关定价和生产决策等核心问题基础之上，重点将新一代经济学家在微观经济学应用领域丰富的研究成果整合起来，在诸如公司治理、决策权分配、绩效评估、薪酬奖励系统、外包以及转移定价等当代重大管理实践问题上，为目前活跃的经济管理人提供了一个严谨、系统、综合和实用的分析框架。

 **参考文献**

[1] 雷恩，贝德安. 管理思想史：第 6 版[M]. 孙健敏，译. 北京：中国人民大学出版社，2014.

[2] 郁义鸿. 精巧的组织艺术：现代企业组织架构挥略[M]. 上海：上海译文出版社，

1994.

[3] 托夫勒. 未来的冲击[M]. 黄明坚，译. 北京：中信出版社，2018.

[4] 德鲁克. 卓有成效的组织管理[M]. 杨剑，译. 北京：机械工业出版社，2014.

[5] 蒋志青. 企业业务流程设计与管理[M]. 北京：电子工业出版社，2004.

[6] 西蒙. 管理行为[M]. 詹正茂，译. 北京：机械工业出版社，2013.

[7] 罗宾斯，贾奇. 组织行为学精要：第 14 版[M]. 郑晓明，译. 北京：清华大学出版社，2021.

[8] 韦里克，坎尼斯，孔茨. 管理学：第 13 版[M]. 马春光，译. 北京：经济科学出版社，2021.

[9] 罗珉. 组织管理学[M]. 成都：西南财经大学出版社，2003.

[10] 许玉林. 组织设计与管理[M]. 上海：复旦大学出版社，2015.

[11] 达夫特. 组织理论与设计：第 12 版[M]. 王凤彬，石云鸣，张秀萍，等，译. 北京：清华大学出版社，2017.

[12] 钱言，任浩. 试论商业生态系统内部企业组织设计的原则目标[J]. 特区经济，2005（5）：167-168.

[13] 相飞，杜同爱. 组织设计与工作分析[M]. 北京：中国人民大学出版社，2021.

[14] 符靖.大数据时代下企业组织结构设计与管理变革[J]. 品牌研究，2018（3）：160-161.

[15] 谢乙琳. 企业组织架构的六大设计原则[J]. 企业改革与管理，2018（10）：7+31.

[16] 王秋红，蔡炜凌，李俊，等. 基于价值链的大型施工企业组织结构设计[J]. 建筑技术，2018，49（5）：547-550.

[17] 朱坤福. 企业组织架构的六大设计原则分析[J]. 商业故事，2018（4）：117.

# 第4章
# 企业组织设计的过程

 **本章学习目标**

1. 清楚认识企业组织设计的四个步骤及每个步骤所涉及的内容；
2. 了解企业组织设计四个步骤之间的逻辑联系；
3. 了解企业组织设计周期控制的重要性；
4. 比较不同周期控制方法的异同。

## 引例

上海市滩涂造地有限公司（以下简称"滩涂公司"）是目前上海唯一一个以滩涂整治为核心业务的建设管理型公司，具有较为雄厚的资金实力，承担了该市滩涂促淤、整治、成陆土地开发的全过程投资建设任务。由于近年来上海市基础设施建设步伐的加快，公司业务随之有了较大幅度的增长。公司领导也预测，受宏观经济环境的影响，在未来相当长的一段时间内，公司利润水平将持续增长。

但是，在高利润和高增长的背后，总有一些问题困扰着公司的高层领导。公司前身是行政机关，因此在公司管理制度方面仍有相当程度的行政色彩。这些制度沿用至今，已经明显地不适合公司现在的状况，对公司的远期发展也极为不利。如何在保持企业稳定发展的前提下适当地改变不合适的管理制度，成为摆在企业领导人面前的一道难题。

通过反复斟酌，公司高层决定首先从薪酬制度入手改变管理制度的现状。为此公司专门聘请著名的九华企业咨询公司（以下简称"九华公司"）参与公司薪酬改革的全过程。

入驻滩涂公司后，九华公司的专家首先对公司的薪酬制度现状进行了详尽的调查。在近一个月的时间里，咨询人员运用问卷调查与面谈相结合的方式了解了公司现行薪酬制度所存在的问题，并针对这些问题向公司提交了调查报告以及设计规划。

在设计规划得到公司高层肯定之后，咨询人员开始了具体的设计工作。九华公司确立了以岗位制定薪酬水平的总体原则，在完善公司各岗位说明书的前提下，通过对各岗位进行评价，确定了各岗位的薪酬水平。作为设计成果，九华公司向滩涂公司提供了所有岗位的说明书、薪酬设计以及薪酬改革实施方案。

在接下来的半个月时间里，滩涂公司的高层领导和人力资源管理人员对九华公司所提供的设计材料及实施方案进行了认真的研究，并根据企业的现实情况以及发展规划对方案提出了部分修改意见。之后，滩涂公司人力资源专员会同九华公司咨询人员一同完成了薪酬改革方案正式稿。

此后，九华公司配合滩涂公司管理人员按照薪酬改革方案完成了薪酬改革的实施，一套新的薪酬制度由此开始正常运行。

上海市滩涂公司的案例让我们对企业组织设计的过程有了一个大概的认识。

对于很多的企业管理人员来说，企业组织设计的工作是一项浩大的工程。这项工程牵涉太多方面的内容，因此企业管理人员不知道从何入手，其结果经常是设计的工作迟迟无法启动，一旦启动又使企业组织陷入更大的混乱。造成这一结果的直接原因是企业管理人员对企业组织设计的科学过程了解得还不够，使整个设计都处于一种无序的状态。实际上，设计的过程虽然会因企业的实际情况和需要而有所不同，但也是有一定规律可循的。企业在进行企业组织设计之前对这些规律有一个初步的认识，能够使整个企业组织设计工作更加科学合理，也能够保证设计工作的质量。本章将主要针对企业组织设计的步骤和周期控制进行讨论。

## 4.1　企业组织设计的步骤

分析关于滩涂公司组织设计的案例，我们可以看出，对企业组织设计大致需要经历四个阶段，即规划、模块设计、整合以及实现，如图 4-1 所示。实际上，这四个阶段也是大多数企业进行企业组织设计时通常所需要遵循的步骤。

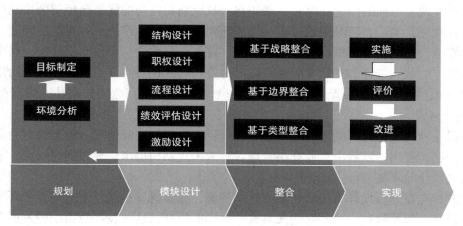

图 4-1　企业组织设计过程模型

### 4.1.1　规划

规划阶段是整个设计工作的开端，也是设计工作的基础。这一阶段的主要任务就是要对组织设计的内容进行规划，并确定组织设计的原则、目标和时间进度。

要设计就必须事先明确设计的内容是什么。笼统地提出进行组织设计难免会显得含糊不清，为此，本书将组织设计的内容划分为五大模块：结构设计、职权设计、流程设计、绩效评估设计、激励设计。管理者在规划阶段应当明确本企业进行组织设计的内容究竟是上述哪一个或哪几个模块，这样才能够做到有的放矢。

特定企业进行组织设计所包含的内容一般会因其设计动因的不同而不同，其动因往往分为两种：一种是新设立的企业，为了使组织顺利地运作，需要在成立之初就设计好组织的各个方面；另一种是企业由于业务扩展、外部环境的变化或者某些未被发现的原因，企业的组织结构无法适应日常经营的需要，从而应当对组织进行调整或者再设计。对于前一种情况，毫无疑问，设计的内容需要涵盖组织设计的各个方面，从结构到职权、流程、绩效评估、激励等设计都需要创业人员白手起家。现实中我们所面临的更多的组织设计是后一种情况，即我们所进行的设计只是对现存组织的改进和完善。我们需要找出企业组织问题的根源所在，选择正确的组织设计内容模块或模块组合，对它们进行改进或重新设计。

确定好设计的内容之后，规划阶段需要完成的另一个重要工作就是确定设计的原则。与第 3 章所描述的普适性原则不同，这里所涉及的原则都与特定企业的实际情况相关，它描述了设计工作进行的基本方向。

实务人员往往不愿意谈原则，认为这些都是理论家们研究的大而空的问题。他们更愿意研究一些现象，解决一些实际问题。然而在实际进行组织设计的过程中，原则与方向又是无法回避的。或许设计人员并没有将其用书面的形式表现出来，但在心目中一定有一个明确的答案。否则，我们进行组织设计时就会缺少必要的指引，从而像无头苍蝇一样迷失方向。在为滩涂公司进行薪酬设计时，九华公司进驻企业后所做的第一项工作就是摸清问题，明确设计原则。通过大规模的调研和访谈，九华公司认为企业的薪酬体系主要存在两个方面的问题：第一，薪酬与行政级别相挂钩的框架已经与公司现行的管理体制相冲突；第二，薪酬差距过小，无法起到必要的激励作用。针对这些问题，九华公司为滩涂公司确定了薪酬设计的总体原则：首先，将薪酬与岗位职能挂钩；其次，拉开不同岗位的收入差距。这两项原则的确定为公司后续的设计工作奠定了坚实的基础，它让设计人员和企业高层管理人员明确了一个问题：我们究竟应该向什么方向改进我们的组织结构。

值得注意的是，此时制定的原则需要符合企业组织的实际情况，应当针对企业现存的实际问题而提出，或者由企业高层管理者对未来规划而提出。要做到这一点，需要设计人员对设计的环境进行认真分析。

企业首先要分析设计工作所面临的外部环境，通常讲，也就是企业的外部环境。企业的外部环境包括哪些内容，它们又具有什么样的特征，这些特征对组织的发展会产生什么样的影响，企业组织应当如何去面对这些影响等，这一系列的问题都是企业在分析组织设计的外部环境时所必须要考虑的重要问题。例如，企业的外部环境是稳定的还是动荡的，将会对企业的发展战略以及企业组织的设计工作带来明显的影响：假如外部环境是稳定的，企业可以采用一种高度集权的机械式组织结构，从而获取最高的运作效率；但是如果外部环境较为动荡，企业则必须采取分权式的有机式组织结构，通过牺牲部分效率来获得组织的适应能力。再如，环境中技术水平的高低也会影响企业组织的设计。在技术水平较高的情况下，企业信息化的可能性就越高，从而在企业进行职能设计的过程中，就可以将大部分信息传递的职能（如传统中层管理者所承担的职能）交给信息系统完成；但如果技术水平较低，那么企业实现信息化的难度就会比较大，因而不得不保留部分信息传递的职能。总之，企业在确定设计所需要遵循的具体原则和方向是，首先需要对企业组织所存在的外部环境进行全面的考虑和分析，以保证设计和环境的一致性。

此外，企业组织自身的某些特性，也是企业组织设计的环境，这同样会影响组织设计的过程，例如组织的规模、文化、生命周期等。为了与外部环境相对应，我们称这部分因素为企业组织设计的内部条件。在确定设计原则时，内部条件也是企业需要考虑的一个重要因素。组织设计的方案最终需要落实到企业的每一个角落，如果在设计的最初阶段不能明确组织自身所固有的特性去量体裁衣，那么很可能最终所设计的组织就会与组织发生严重的冲突。首先，组织设计的内容需要与企业的发展战略相匹配，它应当成为支撑战略的一个工具，而不是与战略的发展背道而驰；其次，组织设计的内容必须与企业内部的其他特性相一致。例如企业进行激励设计时，就必须特别考虑企业自身的文化特征。西方式文化强调个人能力，因此承认收入差距的存在；但是东方式文化强调团队合作，过大的收入差距就不太容易被人接受。在进行激励设计时，收入差距究竟应当保持在一个什么样的水平上，就必须根据企业的文化类型而定，错误地拉大或缩小收入差距而导致企业内部矛盾的例子在企业管理实践中并不少见。

管理人员应当充分考虑企业组织设计的外部环境和内部条件，并通过分析这些因素所具备的特点，制定整个设计工作所应当遵循的原则，确定设计的方向。

另外，管理人员还需要在规划阶段为整个设计工作制定好详细的目标和工作进度安排。安排工作进度时尤其需要突出设计工作中存在的关键时间节点，这样做一方面便于设计人员明确设计工作的阶段划分，另一方面便于将阶段性成果及时地与企业高层领导进行沟通，防止在设计中因沟通不畅而出现偏差。

### 4.1.2　模块设计

模块设计是指按照规划阶段所确定的设计内容、原则以及目标，对企业组织进行具体模块设计的阶段。

本书将企业组织设计划分为结构、职权、流程、绩效评估以及激励五大模块，如图 4-2 所示。企业根据规划，可以对其中的一个或几个甚至全部模块进行设计。

（1）结构。组织结构是企业组织设计中最重要的模块之一，它决定了企业组织的整体形态。如果将企业组织比作人，那么企业的组织结构就是人体的躯干、器官以及它们之间所存在的联系。企业组织有了这一结构，才具备了活动的框架，也才可能履行各项职能，完成企业组织的使命。作为组织结构的设计人员，需要按照企业的使命将其所需要的职能按照一定标准进行分类切分，将职能的集合固化为部门，并确立部门之间的联系，这就是对企业组织进行结构设计的大致思路和方法。通过结构设计，我们应当能够为企业组织画出一张详细的组织结构图，通过它来说明组织中的部门分布以及部门间的关系。

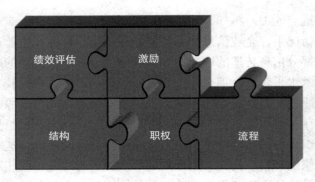

**图 4-2　企业组织设计五大模块**

（2）职权。这一模块设计的主要目的是实现组织职权在组织中的合理分配和控制。随着规模的日益扩大，企业已经告别了小作坊式的生产方式。对于越来越大的企业组织来说，在经营过程中不可能把权力集中于一人，因而不可避免地会碰到权力分配的问题。同样的员工，用不同的方式或赋予不同的职权，其结果就可能完全不同。因此，在进行模块设计时，我们需要设计出适合于组织特点的职权分配方式和方法。从另一方面来说，职权有分配就必须有控制，否则职权将会在失去控制的情况下造成组织的混乱。因此，在组织的职权设计中，我们还需要研究如何对分配出去的职权实施有效的控制。通过分配与控制两个手段的配合，设计人员才有可能完成职权模块的设计。

（3）流程。值得一提的是，当今管理学界盛行的流程管理浪潮往往会给人一种错觉，似乎一旦流程变革了，就不存在职能结构了。但实际情况是，组织中的职能始终存在，它不会因流程管理的采用而消失。在这种情况下，组织中的部门只能是特定职能的集合。所谓的流程变革也是流程管理，只不过是使企业组织在原有的职能型组织的基础上优化职能的分布，使流程变得更加顺畅。

自从迈克尔·哈默（Michael Hammer）于 20 世纪提出"业务流程再造"这一理念以来，流程已经成为管理学中炙手可热的一个词。其实，流程一直以来都是存在的，而且从企业组织开始运作的那一天起，流程便已经在组织内部无处不在。哈默所做的工作并不是发明了流程，而是为企业的运作提供了一个新鲜的视角。通俗地讲，所谓流程是指特定的业务由谁执行、如何完成。经过设计的流程应当详细地反映三大信息：第一，业务完成需要经历哪些逻辑步骤，例如本书所介绍的企业组织设计所需经历的规划、模块设计、整合、实现四大步骤；第二，业务的各个步骤分别由谁来执行，也就是各个阶段的负责人或具体操作人员；第三，业务的进行伴随哪些信息的传递，也就是业务流程中所伴随的信息流。流程管理研究的深入为流程设计人员提供了许多种可以选用的方法，但不管采用何种方法，流程设计的成果都应当体现为一份反映上述三个方面信息的企业业务流程图。通过这张流程图，操作人员能够明确地看出流程的各个步骤分别由谁来执行，应当从谁那里获取何种信息，又应当向谁提供何种信息。

（4）绩效评估，其目标是为企业内部的不同级别组织和部门甚至个人制定详细的绩效评估方案。绩效评估一直以来都是管理学界研究的热门问题，从最初的财务评价指标、KPI（关键绩效指标）方法到平衡计分卡和 OKR（目标和关键成果），新的绩效评价方法层出不穷，但流程管理等管理实践的发展又不断地为绩效评估提出新的问题。在绩效评估模块中，我们需要设计四个方面的内容：第一，如何评价企业整体的绩效。这里的企业整体可以是企业高层人员站在管理人员的角度评价自身的绩效，也可以是集团型企业站在母公司的角度衡量子公司或分公司的成绩。第二，如何评价部门的绩效。所谓部门就是指公司所包含的各个职能部门，它们虽然无法独立核算，但其绩效的评价和管理仍然十分重要。第三，如何评价个人的绩效。面向个人的绩效评价也就是我们通常所说的考评，在收入与绩效评价相挂钩的情况下，评价体系的合理程度将直接影响员工收入的公平性。第四，如何评价流程的绩效。流程的绩效是相对于部门绩效而言的，对它进行管理是在实施流程管理的企业的新需要。

（5）激励。进行激励设计的目的是为企业组织制定好各种类型的激励制度，本章引例中所提到的九华公司为滩涂公司所设计的薪酬系统实际上就是激励设计的一个部分。企业组织激励措施不应当仅仅是一种临时性的奖励，而应当成为一种制度固定下来，这样能够使员工产生更大的期望，从而产生更大的激励作用。例如，新员工进入公司时，应当能够通过对照相关的人力资源规划文件查阅到针对他这种类型员工的职业发展规划，有了清晰的发展轨迹，新员工才可能按照企业制定的目标努力。因此，在进行企业组织设计时，我们需要对企业的激励方法进行设计，并使之落实成为一种企业制度。根据人力资源管理的相关理论，激励的基本手段通常只有薪酬、晋升、培训等几种，但由于受到员工的职能类型、个人特点以及企业的生命周期等因素的影响，各种手段在不同的情况下激励的有效性不尽相同。我们在激励模块中的设计空间就在于根据实际情况采取不同的激励手段组合，对员工产生最大的激励作用。

将组织设计的工作划分为五个模块，并不意味着需要在时间上将几个模块分割开来依次进行设计，相反，各个模块之间由于相互联系比较紧密，而必须在设计时予以相互配合。例如结构、流程与职权的模块设计，很难将它们三者完全割裂开来，若只改变一个模块而使其他两个模块维持原状几乎不可能实现，因为其中任意一个模块的变动必然会牵涉其他两个模块。因此，在进行模块设计时，尤其需要从全局的高度考虑问题。

### 4.1.3 整合

具体的五大模块设计结束之后，往往并不能直接地运用到企业组织中，因为它们难免会与企业高层管理者对于组织的理解存在或多或少的偏差。这些偏差的出现是极普遍的，因为具体从事设计的企业内部的设计人员或外部咨询专家毕竟不是企业的高层管理人员，他们在宏观上把握企业现状和发展的能力肯定与企业高层管理人员存在一定的差距。因此，在设计的规划阶段以及模块设计的各个阶段，企业高层管理人员虽然会不时参与设计的工作中，但这些沟通仅仅能尽量缩小理解的偏差，而不能完全消除它们。在这种情况下，有必要在模块设计工作结束之后，重新对模块之间以及模块整体与企业组织之间的协调程度做一次更详细的审视，我们称这一过程为设计的整合。

整合的目的在于使组织设计的方案与企业的具体因素相匹配，可以从以下三个方面来检查这种匹配的程度。

（1）检查组织设计方案与组织战略的匹配程度。组织设计方案是否与企业的发展战略相匹配，是整合过程中所需要考虑的首要问题，我们称这一种整合为基于战略的组织设计整合。企业的各种制度、结构都必须以战略为出发点进行安排，有利于实现其战略的就是合理的，反之则是应当改变的。组织设计方案也是如此，它必须与企业的战略保持一致，才可以称得上成功的设计方案。因此，在不同类型的战略之下，最终的设计方案应当具备不同的特征。例如，按照迈克尔·波特（Michael Porter）的竞争战略划分，企业在采取成本领先战略和差异化战略时所应当选取的组织设计方案就具有明显不同的特征：在成本领先战略下，整个组织的设计都应当从效率的角度出发，与之相联系的是高强度的集权、严密的控制、标准化的操作流程以及高效率的采购和分销系统，员工通常在紧密的监督和控制下执行常规的任务，不能自主做决策或采取行动；相反，差异化战略要求员工不断尝试和学习，因而采取一种灵活而有弹性的结构，强化横向之间的协调。员工得到充分的授权，直接与顾客一起工作，并会因其创造力和敢于冒风险而受到奖励。当然，波特的理论仅仅是众多战略划分标准中的一种，其他关于战略的分类同样会要求组织具有不同的特征相匹配。我们在对设计方案进行基于战略的整合时，需要按照不同战略类型的要求去调整、优化组织设计的初始方案，使之真正对企业的战略起到支撑的作用。

（2）检查组织设计方案与企业间关系乃至整个组织环境的匹配程度。企业生存的外部环境千变万化，对于生存在不同环境中的企业，其组织所需要具备的特征也不相同。我们将检查组织特征与环境特征之间匹配性的整合过程称为基于组织边界的组织设计整合，也可以理解为基于生态的组织设计整合。现在企业管理越来越强调平台化管理，从内部管理走向外部管理，不仅仅局限于企业内部的管理，管理的边界在模糊化，因此在组织设计时有必要从组织边界的角度进行整合。而之所以称为基于生态，是为了突出企业对于外部环境的生态型理解。企业生存在特定的环境中，这种环境正是一种特殊的生态环境，我们将这种环境称为商业生态系统。商业生态系统中包含有联盟、食物链、竞争者等一系列生态环境中的现象，也包含有骨干型企业、缝隙型企业等许多种不同的角色。商业生态系统中不同角色所起到的作用不同，与系统中其他对象产生联系的方式也千差万别，因此需要具备不同形式的特征和能力。例如，骨干型企业在系统中扮演着领导者的角色，需要从外部环境中获取较多的资源，因此极其需要具备较强的外部资源整合能力；而与之相反，缝隙型企业则并不一定要具备太强的资源整合能力，对它们来说，灵活性或许是更重要的。按照这种观点，企业首先需要认清自己在商业生态系统中所扮演的究竟是一个什么样的角色，然后根据这些角色的不同要求去培养不同的能力。从组织设计的角度来说，也就是根据角色特征对组织设计进行调整，使之与组织在系统中的定位相匹配。

（3）检查组织设计方案与组织类型的匹配程度。不同类型的企业需要不同的组织，我们将检查组织特征与组织类型之间匹配程度的过程称为基于类型的组织设计整合。以不同的划分标准为基础，可以对企业组织做出许多不同的分类。从严格意义上说，按照每种不同的标准进行分类都会对组织设计产生一定的影响，但为了更具操作性，企业只需要采取一种或少量几种标准进行分析和检查，其中最具代表性的分类方式就是按照企业规模对其进行划分。企业规模特征对企业组织设计的影响十分明显，因此不同规模的企业，如企业集团、上市公司和中小企业，就必须采取不同特征的组织设计。企业集团的组织设计在很大程度上需要考虑母公司与子公司之间的关系，上市公司的组织设计则需要着重突出企业的治理结构，而中小企业则因为其规模较小，在设计中主要需要体现其组织的灵活性特征等。基于类型的设计整合就是需要在认清这些类型企业特点的基础上，使组织设计的方案与企业类型特点相匹配，从而最大程度地完善组织设计的方案。

基于战略、组织边界和类型的组织设计整合是企业组织设计中不可或缺的一个重要环节，它实际上是在设计方案最终实施之前最后一次对其进行评价和完善，是保障设计质量的有力手段。值得注意的是，整合的阶段尤其需要企业高层人员的参与，否则所谓的整合也就失去了原本的意义，而成为一种单纯的复查。本章引例中滩涂公司高层对九华公司所提供的设计方案所进行的研究，实际上就是对设计方案实施前的整合，研究之后所产生的修改意见对于方案更好地体现企业特性起到了很大的作用。

### 4.1.4 实现

在设计好理想的结构、职权、流程、绩效评估和激励方案之后，企业所面临的问题就是如何将这些先进的方案有效地运用到日常管理实践中去，使之能够真正起到提高企业绩效的作用。从纸上的方案、技术到真正的企业组织，本书将这一转变的过程称为企业组织设计的实现。

可以说没有实现，企业组织设计的工作就称不上真正的完成。一方面，实现是进行规划、模块设计以及整合的目的所在，是前三个阶段的延续与发展；另一方面，实现是检验前三个阶段成果的重要手段，设计方案是否合理，是否与企业的实际情况相吻合，都有待实践的检验。设计方案中的不完善之处并不一定能够在整合阶段得以发现，必须要真正加以实施之后才可能暴露出来。因此，设计的实现无疑是组织设计整个进程中相当重要的一个环节。

针对实现这一环节有两个问题值得企业组织设计人员加以关注——实现的过程与实现的阻力控制。

组织设计开始真正实现之前，企业管理人员应当明确实现的过程，并制订详细的实现进度计划。设计的实现是一项很大的工程，不同于规划、模块设计和整合三个阶段的独立操作，它涉及企业各个部门甚至每一名员工。例如企业内部的业务流程变革，在设计的前三个阶段，其所涉及的人员还仅仅是设计小组的成员，他们需要根据企业的需要将理想的业务流程用流程图的形式表达出来。但该方案一旦进入实现阶段，所涉及的人员就决不再仅仅局限于设计小组的专家们了，而涉及新、旧业务流程的所有工作人员。这些人员的工作内容需要根据新方案进行调整，他们的职权、薪酬、绩效管理都会随之而变动。面对这样一个浩大的工程，企业的管理人员必须明确实现这一环节究竟需要经历哪些步骤。正确的实现步骤能够帮助管理人员顺利地完成整个方案的实施过程，而错误的实现步骤则会将组织设计的实现引入歧途。按照这一实现步骤，管理人员还需要事先提出一个实现的进度计划，明确各阶段的主要任务是什么，主要目标又是什么，它相当于一张地图，可指引组织设计方案所涉及的部门和员工一步步朝着实现的总目标迈进。缺少了这一计划的支持，整个实现过程将会异常混乱，同时也会造成资源的极度浪费。

从另外一个角度来说，了解组织设计实现的过程，制定详细的实现进度，其实也是控制实现过程中所存在的阻力的有效手段。前文提到，组织设计的实现可能需要涉及企业组织中的方方面面，是一项浩大的工程，从某种意义上来说，这一过程其实也相当于一次组织的变革。既然是一次变革，就不可避免地会遭遇各种各样的阻力。这些阻力可能来源于组织中的某些部门，也可能来源于组织中的个体；可能来源于中高层的管理人员，也可能来源于最底层的普通员工，但不管其来源如何，其对于整个实现的过程都起到消极作用。组织设计实现的过程，其实就是动力与阻力相互博弈的过程，动力与阻力的力量对比将最终决定组织设计的结果。流程变革浪潮中诸多企业失败的根源其实就在于没有采取有效的措施消除阻力，整个变革的过程成为高层管理者一厢情愿。因此在组织设计的实现过程中，作为努力推进方案实施的企业管理人员，必须想方设法地控制这些阻力，并尽可能地增强实施的动力。当然，制订良好的实施计划仅仅是其中的一种，它能够达到与员工进行良好沟通的目的，便于消除员工心中的恐惧情绪。除此之外，消除阻力还有许多其他方法，管理者需要根据企业的自身特点合理地运用。

实现不仅仅是将方案运用到企业那样简单，它本身也是对设计方案进行实践检验的一个过程。如前文所说，任何设计都不可能十全十美，即使它在实现之前经历了无数次的审查，有些问题在最终被实施下去之前仍旧是无法发现的。因此，实现过程就需要承担起对设计进行评估和修正的重要职能。评估与修正应当在设计方案初次实施结束后进行。评估的内容包括两个部分：对设计方案的评估和对设计过程的评估。这一过程类似于企业的内部审计。首先，需要评价新方案是否达到了预期的目标，找出通过初步实施暴露出了哪些问题和有待完善的地方，例如：流程设计之后响应时间是否真正缩短了，薪酬改革以后收入差距是否真正拉开了，员工对于新方案的实施有哪些意见和建议等。其次，评估人员需要评估整个设计过程的有效性、成本的合理性等，通过评估检查企业在组织设计中所采取的设计步骤以及方式方法是否合理，例如，设计过程是否应当聘请外部的咨询公司，设计中企业与咨询公司的沟通是否还有可以改进之处等。这两个方面的评估，不仅能起到完善现有方案的作用，对今后的组织设计工作也能起到借鉴的作用。之后，企业需要对评估中所暴露出来的问题加以修正，或者修改现有的组织设计方案，或者完善组织设计的流程。

对于设计方案的评估和修正构成了组织设计的循环过程，组织设计的方案正是在循环中不断得到提高。需要指出的是，组织设计往往需要多次的循环才能使方案的应用趋于完善，不仅如此，管理人员在应用设计方案时还必须根据企业内外环境的不断变化适时地调整，只有这样，才能保证组织设计方案的合理性和有用性。因此，组织设计的实现过程往往是一个十分漫长的阶段。

# 4.2　企业组织设计的周期控制

## 4.2.1　周期控制的原因

在企业组织设计的过程中，能否对设计的周期进行有效的控制，对设计成败具有决定性影响。

对企业尤其是大型企业来说，进行组织设计是一项浩大的系统性工程，其中涉及的工作纷繁复杂，因而往往需要经历一个比较长的阶段。然而，对企业来说，设计持续的时间过长并不是一个好的现象。

首先，过长的设计时间容易引起设计人员以及普通员工的疲劳而增大实施的阻力。普通人对新鲜事物的关注时间都有一定限度。对于组织设计人员或者企业中的普通员工来说，设计刚开始时，他们可能会因为最初的新鲜感而对组织的设计具有相当高度的热情，所以会表现出积极配合的态度。但是，一旦设计持续的时间过长，员工最初所持有的新鲜感或关注的态度可能就会逐渐磨灭，甚至，他们还可能表现出一些厌烦的情绪。最初的配合与理解就可能会演变为消极的抵触。缺少了员工的配合，对企业组织进行设计并实施的困难在无形中就增加了。

其次，过长的设计时间会降低设计方案的质量。运行中的企业之所以需要进行组织的再设计，往往是因为外部环境发生了变化，造成旧的组织与之不相匹配。再设计的目的也就是通过对原有组织的必要调整，使之适应现在的外部环境特征。然而，企业周围的环境不会静止不动地等待企业组织设计方案出台，在企业对组织进行再设计、调整与方案实施的过程中，环境一直在变动着。很可能企业组织经过大规模调整后才发现，设计规划时的外部环境已经面目全非了。在这种情况下，企业只能始终处于被动改变的恶性循环之中。造成这种被动局面的重要原因之一便是企业缺乏对组织设计进行进度控制的能力，从而使规划、模块设计、整合、实现的周期拖得太长。

在控制阻力和保证质量的双重压力之下，企业组织设计人员需要将设计的周期控制在一个尽可能短的时间之内，更快地完成整个组织方案的设计与实施，这就是需要在组织设计中进行周期控制的根本原因。

## 4.2.2　周期控制的方法

基于上文所述的多方面原因，企业需要将组织设计的周期控制在一个合适的时间之内。因此，企业会采用各种手段尽可能快地实施企业组织设计的整个过程。企业在一般情况下所采用的方法包括以下几种（威廉·利特尔，2002）：① 优化设计团队。优化后的设计团队结构与传统设计方法相同，包括对整个设计过程进行方向控制的高层控制委员会和具体从事设计与实施的设计小组两个部分。在相同的结构下，企业可以运用多种方法缩短传统的设计周期。② 分层组织设计。通过将组织设计分为宏观、微观两层，企业的高层控制委员会除了对整个设计进行规划，仅仅需要对整个组织所需要实现的特征

（如部门边界、团队结构、信息系统等）进行宏观的界定，而将具体的设计和实施的权力交给各个部门，由它们根据自身的实际情况就自己领域内的组织进行微观的设计，并进行方案的实施。③ 大规模会议讨论。在较短的时间内，通过开展一系列短时间的会议讨论，将各个部门的员工引入组织设计的进程中，通过全体员工的共同努力完成对新组织的设计和方案的实施。

以上缩短组织设计周期的方法所产生的直接效果有以下几种。

➢ 增加参与组织设计方案制订和实施的人数，扩大群众基础。

➢ 更加关注组织设计过程中的那些最重要工作。

➢ 增加高质量的组织设计建议。

➢ 通过员工的普遍参与，减少组织对新方案实施的阻力。

➢ 创造一种倾向于变革的企业文化。

这些直接效果的产生无疑会对整个企业组织设计的过程产生极大的积极影响，从而达到控制组织设计周期的最终目的。本书将运用案例分别对下面三种常用的周期控制方法做更详细的介绍。

1. 优化设计团队

要理解优化设计团队的周期控制方法，我们首先需要对传统的团队设计方法做一个简单的介绍，这样才能说明究竟优化了哪些方面以及为什么要对其进行优化。

在传统的团队设计方法中，直接参与设计的通常包括两个临时形成的团队：控制委员会和设计小组。有时甚至还会有更高级别的企业管理层出面来动员和推进整个设计的过程。控制委员会通常由来自各个方面的高层管理人员组成，它的主要职能是：界定核心的设计问题，确定设计小组的人员组成，确保设计过程的必要资源供给，取得股东的支持，审议设计小组的各项提议，以及自始至终整体把握设计过程等。而设计小组则通常由来自企业内各个部门的6～10个员工组成。设计小组一般需要用4～6个月的时间对设计进行整体规划（即进行企业组织设计的环境和条件分析），然后分别对五个模块或其中的部分模块进行具体设计，并将设计方案以及实施过程的计划一同上报给控制委员会进行审查、修正（即设计过程中的整合），由控制委员会批准后组织方案实施，直至组织正常运作为止，并根据实际情况的需要进行适当的组织调整。

长期以来，这套设计过程被无数企业用来进行企业组织的再设计，帮助企业优化自身的结构、职权、流程等组织内部的方方面面，从而提高运作效率和效益。然而，总有一些问题会延缓组织设计的进度，影响组织设计最终方案的质量。例如，设计小组经常会被纷繁复杂的具体问题所困扰，在问题中迷失应有的设计方向；或者被过多的细节问题所纠缠，造成设计进度的延误。设计小组的成员常常觉得难以处理与控制委员会、同事以及其他关键人物之间的复杂关系。其他的员工也无法完全了解设计小组的成员究竟在做些什么，他们会把这个小组渐渐地视为一个孤立的精英组织，认为他们根本无法代表大家的利益。为了解决这些问题，许多企业采用各不相同的方式对设计团队进行优化。

在优化设计团队的方法中，企业往往会根据应用组织设计传统过程时所出现的具体问题，采取多种方式对传统过程进行小范围的修改，从而达到加速设计过程，为新的设计方案提供支持的目的。在以下的混合案例中，本书介绍了几种最常见的优化方式。

某企业在进行组织设计时，控制委员会根据自己的理解，在设计小组进行规划之前就提出了再设计后组织需要具备的各种特点，例如自我管理的工作团队、基于技能的薪酬系统等，从而达到缩短设计小组规划时间的目的。有的企业会要求设计小组在进行组织设计时避免一个一个部门地分别设计，而将部门基于功能进行分组，对功能相关的部门进行合并设计。

对于设计小组的工作，有的企业将小组划分为三个分组，让三个分组同时工作，分别对组织的环境、业务流程以及员工进行分析。有的设计小组会安排特殊的人员事先对企业组织做出某些特定的调整，例如进行一些新的培训或者对设备进行必要的改变。有的设计小组会举行大规模的会议，以便从他们的同事那里获取关于组织运作状况的真实看法，因为设计小组认为，这样的方式与单独或小规模的面谈相比更加有效。

还有一些企业，它们的控制委员会在设计工作完成之前就开始着手安排一些支持方案实施的举措。例如，企业提前教员工理解、运用企业的各种信息资源，并对他们进行新技能、新技巧和工作方式的培训。除此之外，各个层次的管理人员都开始为他们在新的组织方案中所扮演的角色做准备。还有的企业对方案的实施会分批进行，对那些前期已经在整个企业内部取得广泛共识的部分，在整个方案通过之前就已经开始实施了。

通常，企业在开始进行组织设计时会采用优化设计团队的方法。这种方法会给予领导对设计过程以及资源分配更大的控制力。

2. 分层组织设计

在分层组织设计方法中，组织设计的控制委员会主要负责设计的规划阶段，并对设计过程中整个组织需要体现的各种特征做出一个宽泛的说明。这种宏观层面的设计工作只是确定企业组织高层次的结构和系统，例如新的部门边界、团队的结构、信息系统等。在此之后，宏观设计便将设计的任务转交给下一层次的各个独立的单位或部门，让它们自己负责在本部门去实现宏观设计中所提出的各种组织特征。我们称这一较低层次的设计过程为组织设计的微观层次。

要成功运用这种分层设计的方法，组织设计控制委员会的成员需要在较长的一段时期内持续地碰面，因此，控制委员会的成员就必须能够将许多手头的日常工作移交给其他的工作人员。同时，其他的员工必须认同控制委员会作为确定组织设计总体方针的机构。另外，控制委员会必须将目光仅仅集中于组织设计真正重要的问题、特征和原则上，对那些能够影响整体设计风格的问题予以限定，从而为微观层面的设计提供更加宽松的环境。

Miller 公司是美国最大的啤酒生产商之一。受外界激烈竞争环境的影响，公司在向市场推出新品牌啤酒的同时，已经开始关注生产成本的控制问题。这件案例发生的五年前，公司在俄亥俄州新建了一个基于团队的生产基地。由于当地的生产成本比较低，公司逐渐将其他生产基地的生产能力向俄亥俄州转移，其中以密尔沃基的生产基地转移力度最大。这件案例发生时，密尔沃基的生产基地是 Miller 公司历史最悠久、生产规模最大的生产基地，共有将近一千两百名员工，他们分属六个不同的工会。工会与管理层之间的关系一向还算融洽，但还没有过员工参与管理的历史，工会与管理层也没有什么特别的合作。生产基地被划分为三个制造部门（酿造、包装和装运）和其他的职能部门（工程技术、维护、财务和人力资源等）。

为了保障生产能力转移之后密尔沃基地区员工能继续工作，高级经理们经过与基地管理层和工会协商达成了一项协议，授权他们将原生产基地改造为一个基于团队的组织。他们为组织的改造划拨了充足的资金，成立了由高层管理人员和工会领导组成的委员会，并承诺抽出时间为组织设计进行规划。之后，组织设计的控制委员会成立，成员包括生产车间经理、5 个部门经理、6 个工会的领导以及 1 个培训人员。

控制委员会随后走访了许多其他的企业，了解到它们的一些组织设计往往需要花费 5 年的时间才能完全结束，这一设计过程对于密尔沃基的生产厂来说显然是太长了。于是控制委员会决定采用分层设计的办法来加快组织设计的进度。控制委员会每个礼拜开 4～5 次会，只用了两个月的时间就制订出了宏观的设计方案和实施计划。宏观方案的内容包括对部门边界的修订、对自我管理工作团队的详细说明、特殊的协调岗位、对于经理人员和团队成员的角色界定，以及崭新的培训系统和培训需求。此后，控制委员会将该宏观设计方案和实施计划分发到各个部门，让它们开始自己组织本部门的微观设计以及方案的实施。四个月之后，微观的设计方案也完成了，整个生产基地开始按照新的组织方案实施改造。

在这个采用分层设计方法实施组织设计的案例中，生产基地是为其新成立的组织进行组织设计。在短短的两个月时间里，控制委员会就制定出了新组织所具备的主要特质以及对各个团队的期望。组织设计的目标十分明确，宏观设计所提出的要求也十分清楚，因此各个部门能够在很短的时间里进行微观设计并组织实施。

3. 大规模会议讨论

在大规模会议讨论方法中，来自组织各个部门、各个层次的大量员工志愿者（50～150 人）共同组成组织设计小组，通过短时间的一系列相关会议一起完成愿景规划、数据分析、新组织的设计以及实施方案的制订工作。外部的某些关键人员，如核心顾客等，也应当被邀请到这一系列的会议中来。

通常来说，每次会议需要经过认真准备，持续时间为 2～3 天。在两次会议之间，往往会安排 3～4 个星期的间隙，以便工作人员能够认真地吸收上次会议的成果，同时也为下一次会议做好充分的准备。除了少量的会议成员会连续参加几次组织设计会议，每次会议的参加人员都应当是不同的。每次会议都会以上轮的成果为基础而继续关注组织设计中的某一个方面。与会者可以分组讨论，也可以在大会上直接发表看法。一般来讲，对组织设计诸多总体特征的界定需要花 4～5 个月通过四次会议制定出来。控制委员会的成员需要全程参加各次会议，以便了解会议的进程和成果。他们也会与其他与会者分享自己的知识和经验，使得许多关于组织设计的内容能够当场决定，而不至于像传统的设计方法那样延误时间。

这种大规模会议讨论的方法之所以能够加快组织设计的进度，其原因在于以下几个方面。

（1）组织各个方面的代表在同一时间、同一地点共同为新的设计方案工作。关键外部人员的参与，使会议能够更加紧密地与组织的外部环境结合起来。当大家面对面地交流看法时，他们能够了解到各种各样的观点，消除彼此之间存在的误会，找到共同的利益。

（2）会议的组织按照规范的流程进行，始终以讨论的方式展开，带领参加人员在规定的时间之内产生应有的成果。会议形式的采用为员工的沟通建立了必要的渠道，因此使所有的参与人员获得了同样丰富的信息，充分激发他们的思维。同时，与会人员在知识结构和经验上的较大差异往往能够保证会议成果有较高的质量。

（3）较高的参与程度、多样化的活动形式以及持久的成就感保持了所有与会人员的兴奋与热情。为了在会议之后保持变革的动力，每次会议之后与会人员都会收到一份关于会议期间活动和成果的简短总结。如此积累下来，当一系列的会议结束时，整个组织设计的方案和实施的计划也就形成了。

First Union 是美国规模最大的银行之一。在案例发生时，它的信用部门是一个总部设在北卡罗来纳州夏洛特，并在维吉尼亚等地设有分部的大型组织。总部拥有员工 500 人，另外 60%的员工被安排在其他地区的分部工作。部门的主要服务是提供个人担保和无担保贷款。

银行业的竞争十分激烈，产品、市场、技术以及规定等方面的快速变化使得银行业的环境十分动荡。信用部门的副总和他的员工显然对环境的这些特点已经了如指掌，因此他们决定改进客户服务，削减提供贷款所需的时间和成本，同时为分行的负责人提供更好的技术支持。此外，他们还希望加强组织内团队工作的氛围，使组织成为员工更乐于工作的场所。虽然目前组织的状况还不错，但他们希望未雨绸缪，提升组织的整体能力。

组织的高级经理们组成了组织设计的控制委员会，他们意识到要实现上述那些能力提升，就必须对组织的文化加以改进，并对组织的流程和结构进行全新的设计。他们还认为，所有的这些改变必须作为一个统一的方案同时进行，使整个组织过渡到一个新的工作方式上。于是他们决定用一年的时间完成组织的再设计和实施，同时，他们希望各个层次的员工都能够参与这次组织的再设计进程。当时，银行的其他两个部门已经率先应用大规模会议讨论的方法实现了组织的成功转型，信用部门的控制委员会也很自然地采用了这种方法。高层的管理者很主动地为再设计工作提供了必要的支持和充分的资源。

经过周全的计划，控制委员会组织了一系列的组织设计会议。每次会议召集来自各个部门的 90 名员工，持续 2～3 天，会议间隔一个月。第一次会议重点制定了组织设计工作的愿景规划；第二次会议明确了为了获得高的客户满意度，组织还需要在哪些方面提高；第三次会议讨论了如何改进核心的业务流程；在第四次会议中，参加者为新的组织方案进行了宏观层面的设计。将近 60%的组织员工以及部分客户参加了一次甚至几次会议。新的设计采用了现存的职能型组织结构，并将它划分为四个地区分部，每个分部为当地的银行提供服务。每个地区分部包含一定数量的小组去处理该地区新的信贷业务中的各个环节。同时，组织保留了许多提供中心支持的部门。

接下来，控制委员会用了 6 个月的时间为方案的实施做好了充分的准备。他们要求所有的管理人员都转移到新的工作中，并为新的地区分部分配了人力资源。控制委员会同时还对员工进行了各方面技能的培训，制定了新的人力资源政策，安装了新的信息管理系统。在地区分部正式开张的前一个月，分部成员分别为各自分部的组织微观层面设计以及实施方案召开了两天半的会议。然后，整个组织利用一个周末的时间顺利地实现了从旧组织向新组织的转型，并在接下来的几个月时间里对新组织进行了适应性调整，包括重新调整了一些责任分配，并对经理人员和小组负责人进行了深入的培训。

从组织做出调整的决定到实施结束，信用部门一共只花费了 15 个月的时间。他们成功的关键就在于有意扩大了设计人员的范围，仔细地安排了一系列的会议，吸引员工广泛参与，实施前充分准备，还有控制委员会的持续支持。

上述三种方法经常被企业用来缩短组织设计的周期。除此之外，企业还可以将它们所提供的方法综合加以利用，混合各种方法的某些部分，更好地实现缩短组织设计周期的目的。Scott 纸业的组织设计过程就是这样一个案例。

在本案例发生时，Scott 的生产厂共有 500 名员工，负责各种纸产品的生产和分销。为了保持其竞争优势并吸引更多的投资资本，Scott 面临着削减生产成本的巨大压力。在此前的两年里，工厂管理层已经进行了裁员，一批员工被迫离开了 Scott。目前，工厂里还有 5 个工会。

在对工厂进行再设计的过程中，经理人员和工会领导组成了组织设计控制委员会。他们首先为再设计制订了宏观方案，然后在工厂的生产、分销、支持等部门共组建了 9 个设计小组。最初，工厂采取了传统的组织设计方法来完成整个设计和实施工作。但在拖延了几个月之后，公司的领导在征得工会同意后，出乎意料地要求工厂立即完成设计，并在接下来的 4 个月时间里迅速完成新方案的实施。一个巨大的挑战摆在了工厂控制委员会的面前，那就是要迅速地结束 9 个设计小组的工作，将结果汇总成一个包含新的薪酬系统的统一文件，并使此文件获得工会成员的支持，从而开始整个实施进程。

为了实现这个进度目标，控制委员会决定在接下来的一个月里连续召开两次组织设计会议。在第一次会议中，与会人员重点讨论 9 个分组设计方案的整合。在第二次会议中，大家为方案的实施制订了相应的实施计划。两次会议的参加人员都是控制委员会的成员和 9 个设计小组的设计人员，总共 55 人。当会议解决好实施计划的问题之后，他们将新的组织设计方案和实施计划面向全组织进行了公布。工会成员投票通过之后，实施过程便开始了。实施的第一步便是进行广泛的培训。

通过综合利用三种缩短周期的组织设计方法，厂商加快了整个组织设计的进度，从而在公司所确定时间节点之前顺利地完成了任务。

综观上述三种方法，其实每一种都能够将组织的文化朝某个方向推进。例如，优化设计团队的方法说明了在组织分析和设计工作中跨部门地引入大量员工的价值；分层组织设计的方法强调了在设计工作中为高层领导之间打造合作关系的理念；大规模会议讨论的方法则强调了大规模员工参与以及信息共享的价值。企业领导在选用周期控制的方法时就需要考虑企业文化的因素，既要考虑方法所强调的文化不能与企业现有的文化存在太大差异，又要考虑企业将来期望的组织文化是否与所选择的方法相一致。

同时，三种方法在所涉及的人员数目上也存在一定的差别。很明显，从优化设计团队方法到大规模会议讨论方法，设计过程所需要涉及的人员越来越多。一般来说，参与设计过程中的员工越多，设计的效果越理想，成功的可能性就越大，实施的过程也就越快。加快实施的速度是这些方法能够加快企业组织设计进度的主要原因。

管理人员在组织设计中往往低估可能碰到的困难，因此会对各方面的准备不甚充分。而缩短设计周期的方法会对资源以及设计的过程提出更高的要求，因此，管理人员必须对这些新要求有清醒的认识，并提前做好相关的准备。他们应当意识到，采用这些方法的同时也就意味着他们必须更大程度地参与设计过程的各个阶段。不管他们采用哪种方法，都需要投入大量的时间，承受各个方面的压力，并通过自己主动的改变为其他的员工起到较好的表率作用。

## 小结

在本章我们讨论了对企业进行组织设计所通常采用的设计过程。我们将企业组织的设计划分为四个步骤，即规划、模块设计、整合和实现。在设计的每个步骤中，有许多重要的任务需要完成。

在对组织设计进行规划时，首先，我们需要进行设计模块的选择，明确本次组织设计的重点是要对组织的哪个或哪些方面进行改造；其次，我们需要对设计的外部环境和内部条件进行分析，明确设计应当向什么方向进行，应当遵循什么原则；最后，我们还需要制订整个设计的目标和进度计划。

在模块设计阶段，我们需要按照规划阶段所选择的设计模块——结构、职权、流程、绩效和激励中的一个或几个——进行具体的设计。设计中尤其需要注意体现规划阶段所确定的各种原则和方向，除此之外，还需要注意五个模块之间的相互协调。

模块设计之后，我们需要对设计方案实施整合。整合需要从两个方面着手：一方面是模块之间的整合，我们需要考察设计模块相互之间的匹配程度；另一方面是模块与其他因素之间的整合，需要增强整个设计方案与其他因素之间的匹配程度。

设计的最后阶段是方案的实现。我们首先需要对方案进行组织内的实施，使组织设计方案真正地实施起来。在此之后，我们需要对设计方案以及设计过程进行效果的评价，并依照评价的结果对方案进行改进。

从规划、模块设计、整合到实现，我们可以将组织设计的过程看作一个周期，每循环一次就完成了一次设计的周期。出于设计质量和实施难度的考虑，我们必须要对设计的周期进行控制，以确保设计能在较短的时间内结束。设计人员可以采用优化设计团队、分层组织设计以及大规模会议讨论等方法来实现对设计周期的控制，运用这些方法的直接目的就是扩大参与设计人员的范围，从而减少实施的阻力，缩短实施的时间，从而达到控制设计周期的最终目的。

### 思考题

1. 怎么理解企业组织设计过程的四个步骤？这四个步骤之间的联系如何？

2. 根据你的理解，企业组织设计的四个步骤分别应当由谁去执行，若执行人不同对企业组织设计的效果会产生什么影响？

3. 为什么说企业组织设计是一个循环往复的过程？

4. 周期控制的关键是要让更多的员工参与设计过程，这样可以减少实施的阻力。但从另一方面来考虑，过多的员工参与往往会造成设计过程的混乱和意见不统一。你认为这一对矛盾应当如何解决？

### 案例讨论

#### 从"巨龙"到"变形虫"——大型国企"阿米巴"组织结构变革

摘要：随着组织规模由小到大，难免会形成"巨龙"型组织。庞大的"金字塔"式组织结构的弊端是：权力集中，管理层级众多，规章制度繁复，组织战略目标得不到有效执行，中层管理者缺乏闯劲儿，基层员工丧失工作主动性。这样的"大企业病"不仅存在于大型国有企业中，也是诸多公共部门和组织遇到的问题。运用灵活小团队，成为改变大型组织僵化工作方式的一种有效选择。变形虫"阿米巴"被喻为小型自我管理的工作团队，可以有效激发员工的积极性。本案例以某大型国有集团公司（SP 集团）的"阿米巴"变革为切入点，分析大型组织进行团队工作模式变革的必要性与难点。通过对 SP 集团"阿米巴"变革方案及进程深入剖析，帮助学生理解组织设计、绩效指标设计，促使学生关注组织结构变革；同时，要求学生运用组织理论与相关激励理论，寻找激发员工主动性的途径；最后，通过本案例，帮助学生审视组织发展中所遇到的问题，更加深入理解组织结构的改革过程及相关理论，提升管理水平。

资料来源：杨晶照，郭阿妮. 从"巨龙"到"变形虫"：大型国企"阿米巴"组织结构变革[DB/OL]. 中国管理案例共享中心，2020. http://www.cmcc-dlut.cn/Cases/Detail/4350.

### 经典书籍推荐

许玉林. 组织设计与管理[M]. 2 版. 上海：复旦大学出版社，2019.

该书是作者根据中国近年来人力资源管理的发展和实践，以及多年的讲课积累和企业咨询经验编写而成，是目前国内为数不多的具有本土特色且理论联系实践的论述组织设计与管理的教材。该书从战略、组织设计、人力资源管理、制度设计、文化整合共五个方面阐述了如何通过组织的设计与管理来提高组织的效率，建立有效的组织运行机制，并且为读者搭建了一个基于组织管理理论的思考、系统解决组织问题的模型。

 **参考文献**

[1] 达夫特. 组织理论与设计：第 12 版[M]. 王凤彬，石云鸣，张秀萍，等，译. 北京：清华大学出版社，2017.

[2] 许玉林. 组织设计与管理[M]. 上海：复旦大学出版社，2015.

[3] 蒋志青. 企业业务流程设计与管理[M]. 北京：电子工业出版社，2004.

[4] 弗布克. 中·小·微企业流程设计实务[M]. 北京：中国铁道出版社，2017.

[5] 哈默，钱匹. 企业再造[M]. 小草，译. 南昌：江西人民出版社，2019.

[6] 王建斌. 层级制：存续抑或终结[J]. 晋阳学刊，2012（2）：33-36.

[7] 丁海晶. 中小企业组织设计的策略研究[J]. 中国商论，2016（32）：65-66.

[8] 朱颖俊. 组织设计与工作分析[M]. 北京：北京大学出版社，2018.

[9] 彼得·圣吉. 第五项修炼：终身学习者②[M]. 张成林，译. 北京：中信出版社，2018.

[10] 贾旭东. 现代企业战略管理：思想、方法与实务[M]. 北京：清华大学出版社，2018.

[11] 德鲁克，马恰列洛. 卓有成效管理者的实践[M]. 宋强，译. 北京：机械工业出版社，2020.

[12] 高翠娟，孙明明，刘丽丽. 创新型企业的组织结构设计研究[J]. 企业活力，2012（12）：56-60.

[13] 蓝海林，宋铁波，曾萍. 情境理论化：基于中国企业战略管理实践的探讨[J]. 管理学报，2012，9（1）：12-16.

[14] 王丽君. 互联网经济环境下公司组织架构的变化[J]. 现代商贸工业，2018，39（12）：54-55.

[15] 李新，朱彧谦. 浅谈信息化时代的企业组织结构变革[J]. 河北企业，2020（10）：21-22.

[16] 郭威，杨琳. 基于流程的组织结构设计研究[J]. 商业时代，2011（23）：91-92.

[17] LYTLE W. Accelerating the organization design process, reflections[J]. Winter, 2002, 4(2): 69-77.

# 第3篇　企业组织设计的环境分析

对企业组织设计的环境进行分析是企业组织设计规划的表现形式，只有通过对企业组织设计的外部环境及内部环境进行充分的考虑，才可能为整个企业组织设计制定正确的目标和规划。本篇主要从两个方面来考虑企业组织设计的环境问题：首先，本书分析了企业组织设计的外部环境。在对企业边界进行大概了解的前提下，读者可以认识到企业组织设计的外部环境包括哪些内容，继而可以对这些内容进行不同的分析，明确设计规划中应当如何与外部环境相匹配。其次，本书还介绍了企业组织设计的内部环境。在对内部环境进行正确识别的基础上，读者可以有重点地分析不同的内部环境对企业组织设计所造成的影响。作为整个企业组织设计过程的第一个环节，建立在环境分析基础之上的规划为整个企业组织设计确定了基本的方向。

# 第5章
# 企业组织设计的外部环境

 **本章学习目标**

1. 清楚企业组织设计的外部环境包括哪些内容；
2. 明确对外部环境进行分析有哪几种常见的方法；
3. 了解环境分析的不同结果会对企业组织设计产生什么样的影响；
4. 了解企业组织环境中供应链、战略联盟、商业生态系统等关键因素对企业组织设计所产生的影响。

## 引例

比亚迪股份有限公司（以下简称"比亚迪公司"）由王传福创立于1995年，总部在广东深圳，目前拥有约22万名员工，已发展为我国重要的新能源汽车品牌。

比亚迪公司起家于电池行业，当时日本充电电池一统天下，中国很多电池厂商仅是买进日本电芯再进行组装。一天，王传福在国际电池行业动态上看到日本国内将不再生产镍镉电池的消息，他意识到，该电池的国际生产中心将发生大规模的转移，这将是中国发展电池的一大契机。由于国外电池生产线动辄就上千万元，考虑到自身资金匮乏的情况，王传福并没有像国内其他企业那样盲目上生产线，追求现代化经营，而是决定亲自制造符合当前生产条件的设备，将整条生产线分解成为由单个工人来完成的工序。1997年，在金融风暴冲击整个东南亚时，比亚迪公司依靠其低成本优势迅速抢占了全球近40%的电池市场份额，成为镍镉电池生产商中的"领头羊"。

2003年，刚带领比亚迪公司夺得全球电池第二的王传福，在研判行业环境之后发现电池领域已经无法再进行深入发展，便毅然决定踏入汽车行业。当年比亚迪公司收购了秦川汽车和北京疾驰汽车模具有限公司，进行重组，并在北京光机电一体化产业基地建设占地200亩的新厂区。随后比亚迪公司又在上海建立了占地56万平方米的比亚迪工业园，同时将汽车的销售总部迁到了深圳，进而形成辐射全国：东——上海、南——深圳、西——西安、北——北京的全方位布局。

2009年，国务院通过了汽车产业振兴规划，首次提出新能源汽车战略，我国正式进入新能源汽车时代。比亚迪公司嗅到了政策环境的巨大变化，为响应政府号召，致力于推动新能源汽车的发展。2014年，比亚迪公司自主研发的芯片开始组装成IGBT模块，并试装在公司自产的E6纯电动车上，实现了依靠比亚迪公司体系内的新能源汽车，带动上游芯片的销售，并推动其下一步的技术研发。当大多数企业在 IGBT 芯片上受制于人时，比亚迪公司却成功掌控了整个电动汽车产业链。

王传福说，"汽车的下一步是生态的开放。"比亚迪公司希望将汽车的操作系统开放，建立一个安卓式的生态。一般来说，汽车行业的企业要么独自进行技术研发，要么与互联网企业合作共同开发智能汽车。但自 2017 年以来，比亚迪公司就采取开放的策略，对外开放电池等核心技术，并且从全球范围进行汽车零部件的采购。王传福认为比亚迪公司之所以采取开放策略，是为了顺应这个时代的需要，而且完全符合改革开放的重要特征。改革开放的目的在于激发市场主体活力，让市场中的不同个体、团队和组织公平竞争、充分创新，其间政府较少介入。比亚迪公司不仅希望用户感受智能汽车出行生态，还希望未来汽车行业主体实现有机地互动，进而形成生态系统。

比亚迪公司的发展历程让我们充分看到了外部环境对于组织以及组织设计产生的重要影响。我们至少可以从它身上得出以下两个初步的认识。

第一，进行组织设计时，必须考虑外部环境对于组织的影响。倘若对外部环境置之不理，则无异于闭门造车。比亚迪公司在发展初期，敏锐嗅到了国内电池行业的巨大发展空间，迅速崛起。在电池行业达到饱和后，转而重组为整车制造企业，把握住了我国国产汽车发展的黄金时代，而后又响应新能源汽车政策，大力发展新能源汽车。

第二，外部环境是不断变化的，因此组织也必须随之采取相应的改变。可以清楚地看到，比亚迪公司的每一步发展都紧紧抓住了当时外部环境的变化，及时调整公司结构，适应时代发展（葛宝山、赵丽仪，2020）。

现实中，像比亚迪公司这样的例子还有很多。相当数量的企业因为出色地适应了环境而取得了竞争优势，也不乏部分企业由于忽视环境因素而丧失了竞争的能力。但是仅仅用对外部环境的重视程度的不同来解释成功与失败的差异恐怕难以使人信服。在管理学发展了一个多世纪之后，尤其是在战略管理快速发展的今天，每一个企业管理者都会对企业经营的环境存在着某种敬畏的心理，故意忽视已经显得不太可能。关键问题在于我们如何去认识环境，这其中包括认识环境的内容和环境的特征。有了正确和充分的认识，对于环境的"重视"才有了更加牢固的基础，也才能将"重视"体现到组织设计的方方面面。本章将对企业外部环境的构成及其对组织的影响进行解析。

# 5.1　外部环境的识别

## 5.1.1　企业组织的边界

正确认识企业外部环境的基础是正确认识企业组织的边界。

所谓企业组织的边界，是指企业组织与外部环境之间的界线。对企业组织边界问题的讨论开始于纯粹的经济学理论，它是著名经济学家科斯在新古典经济学的基础之上提出的。在科斯之前的很长一段时间里，经济学的发展一直只注重对于市场单方面的研究。在"看不见的手"的指引下，市场中的企业仅仅被抽象为一个实体，或者说是一个"黑匣子"。以亚当·斯密为代表的经济学家们只关注匣子之外的世界，而对匣子内部的构造和运作没有太大的研究兴趣。这一研究方向对于增强人们认识市场运作机理曾经起到了相当积极的作用，但是同时由于它过于抽象企业内部的运作，因而显得与实际相距甚远。

科斯正是在对古典经济学和新古典经济学理论产生怀疑后开始了对企业边界的研究。他发现"黑匣子"经济学与现实有巨大的差距：如果市场交易是最优的，为什么很多公司的规模远远地超过了技术的需要？因此，他指出新古典理论存在着明显的缺陷：第一，它在关注价格体系时忽略了市场，或者说忽略了制约交换过程的制度安排，忽略了与交易相关（如获取信息）的、对贸易条件讨价还价的费用；第二，它在强调企业功能的同时，忽略了企业的制度结构，所以不能解释生产活动为什么和如何被组织在企业内进行，大多数社会经济资源为什么和如何在企业内按行政决策使用这样一些问题；第三，它既与整个世界合为一个巨大企业，即每一个现有企业都与它的一个部门相容，也与现有企业的每个工厂和部门都成为独立企业的情形相容。企业边界及其决定的问题，也完全被忽略了。

为了克服这些不足，科斯首先将"交易成本"这一概念引入了经济学，指出虽然市场具有完美性的一面，但企业从市场上获取资源也是需要负担成本的。企业的交易成本可能直接来源于资源的价格，也可能来源于时间的机会成本等。在承认交易成本的前提下，将外部交易成本与内部生产成本相比较，就能够很好地解释企业的边界以及规模问题了：企业始终会选择成本较低的一种方式来经营，或者从外部购买，或者自己生产。因此，企业的最佳边界存在于市场交易成本与企业组织运作成本的均衡点上。

最初企业经营者和经济学家仅仅将目光集中在生产要素的选择上，组织的边界决定了企业生产所需要的生产要素中哪些由自己生产，哪些直接从外部购买，如图 5-1 所示。但他们不会预料到，自从 20 世纪末期以来，企业渐渐将关注的焦点转移到了整个的业务模块上，越来越多的企业开始选择外包内部的某个业务模块，这可能是下述案例所涉及的供应环节，可能是流水线的生产环节，甚至可能是和企业战略能力直接相关的人力资源环节（彼得·德鲁克，2014）。

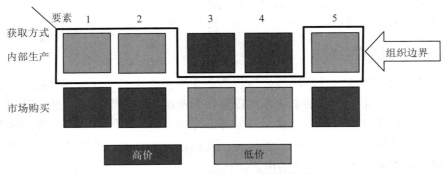

图 5-1　经济学对于组织边界的解释

作为钢管行业的龙头老大，天津友发钢管集团股份有限公司（以下简称"友发公司"）与经销商成了以合作为基础的利益共同体，成了合作紧密的无边界伙伴。在友发公司对经销商的帮扶方面，主要体现在资金支持、管理支持以及理念支持。

友发公司对经销商最直接的帮扶体现在资金支持上。对于有财务困境的经销商，友发公司均以各种方式大力协助，或直接出资解决，或帮助寻找融资渠道，友发公司也经常利用其雄厚的实力为各地经销商提供融资担保。对于经销商的一些暂时困难，友发公司也能本着信任精神予以理解。

管理支持既包括友发公司主动出资帮助经销商改善经营管理，提升经销商的业务能力，也包括在产品售后等问题上友发公司承诺提供直达终端使用者的服务。友发公司曾邀请北京大学国家软实力研究中心的管理专家为多位经销商"号诊把脉"，指导营销管理、财务管理等企业管理的各个方面，成效显著。友发公司也曾派出本公司内部的管理人才为经销商开展专题培训，解决管理难题。而一旦友发公司的产品在终端使用中出了问题，如果经销商无法解决，友发公司会立刻派人前往处理。友发公司的承诺是，只要是 500 公里以内的范围，24 小时内售后人员一定到达。

理念支持则是最为重要的一个方面。友发公司重视每一年的经销商年会，在每一次年会上友发公司都会与经销商慷慨分享对行业发展的最新认识、对企业建设的最新思考等重要内容。友发公司不把年会变成吃喝玩乐，坚持"有干货"，许多友发公司经销商也将每年的年会视为年终大事，视为一次思想提升的重要机会。友发公司最大的经销商天津兆利达钢管公司董事长沈长伟就表示："真正的合作是理念上的合作，经营理念的传播比物质帮助更重要。"（吕峰、褚梦飞，2016）

在经营过程中识别企业组织的边界并不像理论中一样简单，企业经营环节以及环境的复杂往往使得边界难以识别。不仅如此，企业中外包模块的日益增加以及企业与环境之间联系程度的加深使得组织边界的识别变得越来越困难。如今，组织边界的模糊化已经成为企业发展的一大趋势，这种趋势的动力主要来自三个方面联系的加强：企业与供应链、企业与动态联盟以及企业与生态环境，这三个方面的内容将会在本章后部分具体地分析。

面对这些方面的压力，企业必须努力加强自身资源整合的能力，使企业组织的边界在可能的情况下向外延伸，以便更加有效地利用企业经营所需要的所有关键资源，增强企业的竞争能力，最终实现企业组织的战略目标和使命。

### 5.1.2　外部环境的内容

从广义的角度理解，外部环境应当包括企业组织边界之外的所有事物。对企业产生影响的，却不属于企业本身的事物都可以算作企业组织的外部环境，其中既包括政治、经济、文化、技术甚至气候等这些一般的外部环境，也包括顾客、产业等这些与企业经营直接相关的特殊环境。环境中因素众多，我们在分析企业的外部环境时，仅仅需要关注那些对企业组织产生重要影响的因素。

按照大部分学者的理解，我们可以将企业组织的外部环境划分为一般环境和任务环境两个部分（杨洪兰、张晓蓉，1997；理查德·达夫特，2017）。这种划分是以环境对企业组织影响的方式为标准的。一般环境通常是指那些不直接影响企业组织的外部环境因素，如文化、技术、经济等；任务环境则是指较一般环境而言更加直接影响企业组织的外部因素，例如企业的竞争者、合作者等。两类环境都会不同程度地影响企业组织的经营和绩效，它们与企业之间的关系如图 5-2 所示。

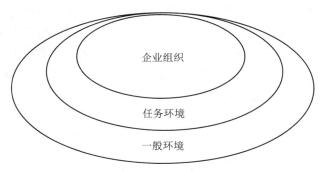

图 5-2　企业组织与两类外部环境

**1．一般环境**

对一般环境的分析通常涉及政治、经济、社会和技术四个方面。

1）政治环境

政治环境包括政治制度，政治形势，执政党的路线、方针、政策和国家法令等因素。企业的经营或多或少会受到政治环境的影响，而且在政府职能越强的国家或地区，政治环境的影响越强烈。在我国，政治环境对企业的影响比较强烈，这种影响不仅仅表现在国有企业上，同样也表现在其他所有制企业上。对于国有企业，从管理变革到产权变革，企业的改革正是按照政府所制定的路线一步步地推进。对于民营企业而言，政府对其的态度变化更是逐步影响着它们的发展前途。

值得注意的是，对于一个致力于国际化发展的企业来说，需要考虑的政治环境就不能仅仅局限在本国，而应当全面地考虑目标市场的政治环境。这一点对于初涉跨国经营的中国企业来说尤其重要。2020 年，抖音海外版 TikTok、微信海外版 WeChat 等中国手机应用 App 相继遭到美国特朗普政府以"威胁国家安全"的理由封禁，正说明了海外政策环境对中国企业"走出去"充满考验。中国企业想要拓宽海外市场，了解当地政治环境至关重要。

2）经济环境

经济环境通常包括国家的经济制度、经济结构、物质资源状况、经济发展水平、国民消费水平等方面。经济环境的任何一次微小变动都会直接关系企业各种战略的制定，这种影响可以从多个方面加以认识。

首先，国家和地区整体经济发展态势对于企业的影响。国家和地区的经济发展水平以及发展态势在很大程度上会影响企业的战略制定及组织设计，最明显的表现是企业的发展会随着地区经济发展的周期出现波动。在地区经济水平上升时期，企业面临的经济环境也会逐步升温，企业往往会实现自身的极大发展；而在地区经济发展趋缓或者发生倒退甚至是经济危机时，企业的发展也会碰到极大的危机。中国众多企业（尤其是房地产企业）的发展都遵循着这一规律。20 世纪末东南亚金融风暴发生时，我国的房地产业曾因经济形势的恶化而遭到重大打击；进入 21 世纪以来，随着我国经济的持续快速增长，房地产业又进入了高速发展的时期。

其次，消费者收入水平对于企业的影响。消费者的收入水平不同会直接影响他们的消费结构和消费习惯，他们买什么、怎么买都会影响企业的盈利能力。当消费者的收入水平较低时，市场中的机会主要存在于日用消费品上，价格因素会在消费行为中起到决定性的作用。而当消费者收入水平提高之后，不仅他们的消费结构会发生变化（会逐渐增加奢侈品的消费），其消费习惯也会发生变化（不仅关注价格，更关注品质），企业如何分析这些环境因素将会决定企业发展的命运。

3）社会环境

社会环境主要包括人口数量、年龄结构、人口分布、家庭结构、教育水平、社会风俗习惯、文化价值观念等因素。很容易理解人口数量、年龄结构、人口分布以及家庭结构等因素如何影响企业的发展，因为它们会直接影响市场潜力的大小。教育水平、社会风俗习惯以及文化价值观念同样会通过影响人们对消费以及对企业的看法而影响企业的发展。在 20 世纪 40 年代晚期和 50 年代初期，美国福特汽车公司试图唤起公众的安全意识，为此，该公司向公众介绍了配有安全带的汽车。但是，当这类汽车推向市场后，福特汽车公司的汽车销售量却一落千丈。于是，该公司只得收回其配有安全带的汽车，并彻底放弃了原有的打算。可是，时隔 15 年，当美国的驾车族开始有了安全意识后，他们就猛烈抨击汽车制造商"对安全漠不关心"，并将它们制造的汽车称为"杀人的机器"。福特公司所遭遇的前后两种尴尬正好说明了社会的风俗以及人们的价值观念对于企业所产生的巨大影响（彼得·德鲁克，2014）。

4）技术环境

技术环境主要是指宏观环境中的技术水平、技术政策、科研潜力和技术发展动向等因素。企业的经营和发展离不开技术的支撑，而宏观环境中的技术水平等因素则会在很大程度上影响企业自身的技术水平。

首先，技术水平会影响企业的管理效率。网络技术的发展以及管理信息技术的日趋成熟，使技术已经成为决定企业管理和运作效率的重要因素。如今，企业不仅可以运用互联网获取企业之外的各种信息，还可以利用管理信息系统来实时掌握企业内部的经营信息。离开了现代信息技术的支持，管理者就如同失去了眼睛和耳朵而变得一筹莫展。在如今技术发展的浪潮中，互联网技术的应用是其中最重要的一个部分。进入"互联网+"时代，依托于智慧互联网供应链技术的应用，近年来京东物流成功打造了强有力的 B2C 物流体系，最大程度地降低商品在物流体系中的仓储成本，将整个物流成本降低了 50% 以上，流通效率提升了 70% 以上，对推动实体产业发展、偏远地区脱贫及整体经济效益提升成效显著。

其次，技术水平还会影响企业的研发能力。产品生命周期缩短已经成为目前企业所共同面临的一大趋势，在这种趋势下，企业组织对新产品的开发能力越强，越有可能在激烈的市场竞争中占据优势地位。毫无疑问，新产品的开发能力是需要以技术水平作为支撑的。不仅如此，是否具有较强的技术水平，还将直接决定企业能否在日新月异的高科技产业中开发出具有较高技术含量的产品。有过"双十一"网购经历的消费者都会惊叹于阿里巴巴集团强大的在线购物系统，它保障了数亿人同时在线购物的通畅，其背后得益于阿里云技术的快速发展。在 2019 年"双十一"当天，每秒用户访问峰值可达 8700 万次，远超传统 Oracle 数据库。

2. 任务环境

在对任务环境的分析中，我们通常关注那些与企业经营过程直接相关的因素。

1）顾客

顾客是指那些接受企业服务产品的对象。它是在企业的任务环境中需要第一个被提到并引起重视的因素。道理其实很简单，对于企业组织来说，其存在的目的就是创造顾客，或者说创造消费者（彼得·德鲁克，2014）。没有顾客的存在，组织的存在就会失去它最根本的意义，同时，企业组织也会因为无法获取利润而"寿终正寝"。因此，企业在研究其任务环境时，必须首先考虑自己的顾客因素。

企业需要知道自己的顾客究竟是哪些人。这依赖于企业组织对于市场的清晰认识。按照市场营销学的理论，我们对整个市场按照消费能力和地域等因素进行划分，企业往往只需要或者说只能够集中精力针对一到两个细分模块提供产品或服务。在国内的轿车市场上，这种划分显得尤其清晰：夏利、奇瑞、富康等车型针对低端顾客，帕萨特、别克等车型针对中端顾客，奔驰、宝马等车型则针对高端顾客。

有了细分并不代表企业就真正认识到了自己的顾客究竟是谁。有时企业面对复杂的客户关系往往会忽视真正的顾客或他们中间的一部分。例如在幼儿园，初看起来幼儿园的顾客应当是那些孩子，因为是他们直接接受了产品和服务。但是认真分析后我们才会发现，幼儿园的孩子并不会对选择哪家幼儿园起到决定性的作用，选择这家幼儿园而放弃那家幼儿园的则是他们身后的父母。因此，在认识顾客时，我们要注意父母的因素。同样，对于医疗产品生产商而言，他们的顾客到底应该是患者还是医生呢？

需要指出的是，我们不仅需要从静态的角度考察顾客，更需要从动态的角度分析顾客。顾客是永远都在变化的，他们的需求也是永远都在变化的。如果企业死守着一定时期内的顾客不放，而忽视那些目前的"非顾客群"，它将必定会丧失未来的先机。最能体现这一点的例子就是柯达公司的没落。在数码相机时代来临时，柯达公司片面守住胶卷的用户群体，却忽视了未来数量庞大的数码相机用户，最终被时代抛弃，于 2013 年 5 月正式向当地法院提交破产保护。

2）资源供应者

一个组织的资源供应者是指向该组织提供资源的人或单位，它们是构成企业任务环境的另一个重要因素。对于企业组织来讲，资源所包含的范围极为广泛，它既包括实体形式的生产工具、生产原材料以及企业的人力资源，也包括非实体形式的各种信息资源。资源供应者对企业组织所提供的这些资源能力将直接影响企业向顾客所提供的产品或服务的能力。

企业的生产经营活动无一例外都是建立在对相关资源占有的基础之上的。没有机器和原材料，产品无法凭空造出来；没有人力资源运用相关技术，原材料无法自动组合；

没有信息，产品的生产可能就是毫无价值的。在市场竞争日益激烈的今天，如何更加合理地利用这些资源，使它们更好地为企业组织自身的战略目标服务，是我们需要考虑的重要问题。顾客的需求水平提高需要我们具备更快的响应速度，从而要求我们尽快地获取生产所需要的原材料；生产的科技水平提高要求人力资源具备更高的综合能力和素质，以及企业所需要的特殊知识和技能；市场的瞬息万变要求我们时刻掌握与本企业相关的个性化市场信息，这一切都需要得到资源的供应者的协助才有可能得以实现。

另外，企业对某些资源的占有方式也将直接关系企业组织自身核心竞争力的构建。在资源流动不够充分的情况下，对于某些关键资源的占有就意味着企业核心竞争力的实现，例如某些垄断性的自然资源，或者是高素质经营管理和研发人员。

可以看出，对于现代企业来说，资源供应者已经完全摆脱了一个成本中心的形象，进而演化成了企业的战略合作者。关注的焦点问题已经不仅是供应的成本，而是更进一步包括了供应者接受整合的潜力。因此，现代企业在经营过程中已经开始越来越重视与供应商的合作，它们会花大力气去选择合适的供应商，然后利用自己的力量逐步将其整合到自己的经营步调上来。企业甚至会将供应商纳入自己内部信息系统的构件中，使得双方的信息交流进一步加强，更紧密地连接起来。在福特汽车公司，为了达到按需生产的目标，物流管理人员需要协调成千上万只零部件的发货与组装的过程。因此，福特汽车公司向主要供应商开放了内联网。内联网上提供的项目清单细致入微，例如，座椅供应商知道在包装和发送下一批座椅时的颜色顺序，在把蓝色的座椅运到装配线安装座椅的地方打开包装时，蓝色汽车刚好传送到那里。

3）竞争者

竞争者的挑战是企业组织不得不面临的重要任务环境。

在现代市场环境下，除了极少数与自然资源联系紧密的产业，垄断已变得不太可能。因此，企业从创建的那一天起就意味着必须要面临竞争，其成长的过程也就是不断地结束旧竞争、开始新竞争的过程。因此，竞争者的一举一动都会影响本企业的生产经营，甚至企业战略的制定。

波特的竞争理论为我们更加清晰地描述了竞争的来源。按照他的理论，企业所面临的竞争来源于三个方面：竞争对手、替代品和潜在加入者（迈克尔·波特，2014）。这三者都将会对企业的生存产生威胁，因此，都应当成为企业考虑竞争环境时的研究对象。竞争对手对企业的影响最为直接，它们生产相同类型的产品，因此竞争也最为激烈。替代品的生产者也会对企业造成一定的威胁。在消费者收入有限的情况下，必定只会在本企业的产品和替代品中选择一种。另外，潜在加入者也是企业应当关注的一个方面。著名的电商平台淘宝在最近几年感到来自同行业竞争者的压力越发明显。长期以来，淘宝稳坐国内电商平台第一宝座，其所面对的竞争主要是传统商业模式所导致的替代性竞争。然而现在，由于潜在加入者的不断加入，淘宝不得不同拼多多等通过模仿自己而成长起来的企业同台竞技。2021年，拼多多新任董事长兼CEO（首席执行官）陈磊表示，"拼多多将一件事做到了极致：我们抓住了从搜索到浏览的转变。"陈磊还表示，"拼多多的计划是继续投入补贴，直到取代阿里巴巴成为十亿中国消费者的首选购物平台。"（徐翔，2021）。

4）政府管理部门和社会利益代表

政府管理部门是影响企业经营的一个重要任务环境。政府作为维护经济稳定、纠正市场失灵的部门，在考虑问题时势必会比企业组织具有更大的视角，它需要保障大多数人的利益不受侵犯，这一目标往往与企业组织自身的目标存在一定的偏差。因此，除了服务职能，政府不可避免地会对企业执行某些管理的职能，尤其是在发展中国家，政府起到的管理作用就更为明显。哪些能做，哪些不能做，都需要与政府部门进行深入的沟通。同样，社会利益代表也因为其目标与企业目标不完全一致而对企业的经营产生某些约束作用。

因此，企业在经营过程中必须正确地认识政府管理部门和社会利益代表对企业组织所产生的影响，并通过沟通和协调使这种影响更多地向积极的一面发展，而避免其消极的一面。实际上，这也正是企业公共关系职能中最为重要的一个部分。

## 5.1.3 外部环境分析

之前我们通过将外部环境分类，明确了对于企业来说其外部环境究竟包括哪些内容。这是一个对大多数企业都适用的普遍性理解，因为它们在经营过程中不可避免地会受到这些环境因素的影响。但是，对于一个特定的企业来说，虽然影响其经营的外部环境因素众多，但关键环境因素往往只有特定的几个。因此，它不可能时刻都把目光分散在每一个因素上，而必须对外部环境进行有所重点的认识。同时，企业的外部环境是在不断变化的。对于企业来说，它们所面临的环境具有不确定性。要具备持续的竞争能力，企业就必须适应这种不确定的外部环境，并跟随它的变化而不断调整。

所以，对于企业组织来说，单纯意识到自己的外部环境究竟包括哪些内容是远远不够的，必须更加深入地进行分析。

### 1. 外部环境的资源性分析

环境之于企业就如同环境之于人。人离开了身边的环境则无法生存，企业也一样如此。之所以对环境产生如此大的依赖性，是因为无论是人还是企业组织，都无时无刻不在从周边的环境中获取资源。人的生存需要从自然环境中吸收空气、水以及其他所有的营养物质，还需要从社会环境中吸收信息、知识等无形的营养；企业组织需要从外部环境中获取生产所必需的原材料、人力资源、信息资源等。外部环境对企业组织所产生的影响其实也都是以资源供给的形式体现出来的。以企业组织的一般环境为例，政治环境的影响多以企业所从事的产业是否能够获得政府的扶持表现出来，经济环境的影响多表现为企业能否获得更多的财务资源，社会环境会影响企业能否获取最终的顾客，而技术资源则关系企业所能得到的技术支持。因此，对外部环境进行分析的一个重要内容就是资源性分析，从而弄清楚企业需要从外部环境中获取什么资源，如何获取这些资源。

众所周知，企业的经营必须建立在获取资源的基础之上。但对于"资源"这一概念的内涵究竟有哪些，企业却经历了一个不断补充和完善的过程。资本主义建立的初期，企业对于资源的认识仅仅局限于自然资源，也就是生产所需的原材料、水、电以及财务支持等。随着管理理念的不断发展和产业环境的成熟，企业开始意识到，不应该局限在自然资源这一狭小的范围内。技术、知识甚至企业的管理都应当成为影响企业经营的重要资源。

为了更加清晰地认识企业的资源所包含的内容，企业资源观领域的著名学者杰恩·巴尼（Jay Barney）将其分为物质资源、人力资源和组织资源三类（杰恩·巴尼，2020），如图 5-3 所示。

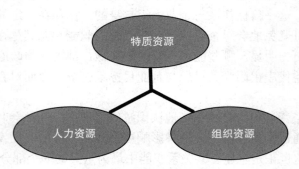

**图 5-3　企业资源的分类**

物质资源包括了企业生产所需要的所有事物形态的资源，如企业的厂房设备、地理位置以及生产的原材料等；人力资源是企业所有的管理者和员工所具备的知识、经验、关系以及判断能力等方面的综合；组织资源则是指企业的正式管理体系，正式和非正式的计划、控制和协调系统，以及它内部部门之间、组织与环境之间所存在的非正式关系。

对于上述的三类资源，企业都可以从外部环境中获取，而且对于每一类资源来说，企业都面临着若干种不同的选择，尽管有的资源获得比较容易，而有的资源获得则比较困难。例如人力资源，企业可以对员工所具备的知识、经验等综合素质有许多种选择：可以选择理论基础较为扎实的，也可以选择实践经验较为充分的；可以选择独立思考能力强的，也可以选择具有团队合作意识的。

面对外部环境中的这些资源，企业必须做出选择，确定哪些资源是企业必须要努力获取的，哪些资源则是企业不需要花费太大代价去争取的，哪些资源是企业可以放弃的。这些判断的标准只有一条：资源能否使企业获取持续的竞争优势。

通过实证的研究和分析，学者们基于这一判断标准构建了资源选取的特征模型（杰恩·巴尼，2020）。

按照这一模型，企业在选取外部资源时必须考察以下四个方面的特征。

（1）有用性。只有当资源有用时，才能够使企业获取持续的竞争优势。这里所谓的"有用"是指企业获取并应用这些资源之后，能够帮助企业形成和实施自身的战略，以提高企业组织的效率和效果。按照传统的优势—劣势—机会—威胁分析方法，即 SWOT 模型，有用性资源应当能够使企业充分地利用机会并且避免威胁。是否具备有用性是判断一种资源能否为企业带来持续竞争优势的基础，虽然模型中仍有其他三个特征，但如果离开了有用性，一切都谈不上。很明显，这种有用性是相对不同的企业来说的。石油对于石化企业来说是一种重要的有用性资源，但对于处于其他行业（如服务业）的企业来说，可能就会变得用处不大。

（2）稀缺性。一种资源如果能够被大多数企业轻易地获取，那么即使它对于企业组织来说是有用的，也难以帮助企业形成持续的竞争优势。企业只有在其竞争对手无法和它同时实施相同的战略时，才可能获取竞争优势。如果某种有用的资源被大量企业所拥有，那么这些企业就有可能用相同的方式去应用这些资源，其结果肯定是谁都不能获得竞争优势。例如经营者才能，可以设想如果社会上存在远大于需求的高素质管理人员，那么每个企业都会获取其中的一部分，最终每个企业都会表现出同质的特征。

（3）低模仿性。一般来说，当一种资源同时具备了有用性和稀缺性时，就能够为获取它的企业赢得竞争优势了。但是，这并不表示其优势可以一直保持下去，从而获得持续的竞争优势，因为其他企业仍有可能通过其他的方式获取同质的资源而后来居上。为了实现持续的竞争优势，企业所获取的资源应当具有低模仿性。所谓资源的低模仿性是指其他企业难以在短时期内模仿出同质的资源，或者根本就无法模仿。按照前文对于企业资源的分类，低模仿性的资源通常是一些非物质形态的资源，如品牌、文化等。

（4）不可替代性。不可替代性是除低模仿性之外的另一个使企业竞争优势持久化的资源特性。所谓不可替代性是指除了特定资源，企业难以找到其他与该种资源具有相同有用性、稀缺性和低模仿性的资源。如果其他企业能够很轻松就找到另一种资源来替代本企业赖以获取竞争优势的重要资源，而且能够获得相同的效果，那么本企业的竞争优势便难以持久。因此，当企业考察应当从外部环境获得的资源时，必须考虑是否有其他的资源可以完全或部分地替代。

通过上述特征模型的建立，我们可以对企业组织外部环境中所具有的资源进行分析和评价，确定组织需要从外部环境中获取哪些重要的资源以实现持续的竞争优势。下面关于2004年国美电器城与格力之间的争议生动地说明了关键性资源对于企业的重要作用。

2004年，在未征得格力同意的情况下，国美在成都的一场促销活动中把两款格力空调大幅度降价（在此之前，国美在深圳的一次促销广告——"震撼出击买威力送格力空调"，已深深地刺痛过格力）。格力立即要求国美"终止低价销售行为"。而国美的反应则让事件升级，国美反而通知各地连锁店"清理格力库存"，同时要求格力撤出其商品、广告及销售人员。格力的反应则是同样强硬，认为国美只是其一万多家经销商中的一家，如果国美不按格力的游戏规则处事，格力将把国美清除出自己的销售体系。

国美和格力的争议让我们看到，厂家（品牌）垄断市场的时代一去不复返了。渠道有了自己的话语权，而对渠道控制能力相对较大的国美也因此做出了与其地位相对称的上述举动。

国美之所以敢跟格力叫板，是基于其控制了家电行业的部分渠道。仅仅是控制了家电市场的4%～5%（如果家电市场整体规模为4000亿～5000亿元，国美电器的份额也就是5%左右），国美就已经拥有了极大的威力，如果要处于垄断地位，则其力量要更大。

让格力揪心的也正是国美力量的增长："格力和经销商合作的原则是忠诚、友善、合作，但绝不允许一家经销商利润通吃的局面存在。""格力决不能放弃自己固有的渠道，只依赖国美，否则只能受制于人。"换句话说，格力想极力避免的是国美对渠道的垄断。

与石油、牛奶相比，渠道不是自然资源，但在家电行业上演的这出大戏却能说明一个问题：谁能垄断渠道资源，财富的天平就会向谁倾斜。国美和格力在做的事情，不过是想让天平朝自己倾斜罢了。

明确组织应当从外部环境中获取哪些资源仅仅是完成了资源性分析的第一步，除此之外，企业还必须明白应当以什么方式获取这些资源。

通常来讲，企业组织为了获取某种资源，可以有两种方式，即自己生产和从外部获取。当资源不适合从内部生产获得时，企业必须从外部的环境中获取其所需要的各种资源，外部获取的方式一般可以有以下几种。

（1）购买。这是企业从外部环境获取资源的最直接方式，每个企业的采购部门日常所履行的职能大部分就是从外部购买资源。这种方式下资源的直接来源其实是企业的供应商，也就是企业任务环境中所述的资源供应者。在这种情况下，企业尤其需要注意与供应商保持恰当的联系，与供应商一同打造整条供应链的竞争能力。例如，2018 年凯莱英公告，公司控股子公司凯莱英制药与某新药研发公司签署了长期商业化订购合同。根据该合同约定，合同期限为 5 年，合同总金额不低于 3.5 亿元。合同生效后，凯莱英制药为某新药研发公司抗肿瘤疾病治疗领域创新药产品提供验证性批次的相关生产服务。某新药研发公司承诺在验证性批次生产结束后，从某新药研发公司新药符合药品法规之日起，至少连续 5 年由凯莱英制药提供该产品的相关生产服务。

（2）从合作伙伴处获得。并不是所有的资源都能够简单地从市场上买回，有些重要的资源没有企业会主动出售。但是，当该资源对企业组织具有战略性作用时，企业又必须获取它们。这种情况下，企业就只能从合作伙伴处获得，它们也就是我们通常所说的战略联盟。结成战略联盟的企业具有共同的利益，并且能从彼此身上获取其他从外部环境难以获取的资源，例如成立于 2017 年埃森哲-华为-SAP 战略联盟。埃森哲作为全球一流的咨询公司，以咨询服务、落地实施和在发达国家市场的稳步发展见长，而华为在 ICT（信息和通信技术）基础设施上拥有丰富的专业经验，以及多年深耕新兴市场积累了大量开拓市场经验，SAP 则专注于企业级软件产品，三者在各领域里形成了互补的产业分工，高度平衡了探索和应用活动（左钰泉、肖德云，2018）。

（3）从生态环境中获得。所谓从生态环境中获得资源并不是指通常意义上所说的从其他企业那里通过正当或非正当手段获取的资源，如核心人员、核心客户等，而是就双方更深层次的关系而言的。例如竞争者之间，从表面上看，它们是利益相互冲突关系，但是，如果从整个产业的发展角度来看，其实正是竞争者通过不断竞争的"合作"培育了整个市场，并使得市场规模一步步扩大，最终使得竞争的各方都获取了比以前更多的资源。整个产业的环境就如同一个生态圈，看似简单的表象背后其实往往蕴含着更为复杂的联系。许多企业熟知如何从生态环境中获取资源，因此，它们往往会在一定程度上采取积极的手段培养更多的竞争者。

企业对其外部环境进行资源性分析就是为了形成两点认识，即应当从环境中获得哪些关键性的资源、如何获得它们，并最终将这种认识贯彻到企业组织设计的原则中。

首先，认识到了应从环境中获得哪些关键性的资源，企业就应当在进行组织设计时尽可能地使组织向那些资源倾斜。管理学发展的浪潮正是体现了这种变化，从最初的单纯重视生产，发展到对顾客资源重要性的认识，从而强化客户服务部门，再到因为高质量生产资源的日益重要而重视供应链管理部门，企业正是在不断认识关键资源的同时使得组织向这些关键资源倾斜。

其次，认识到了应从哪里获取资源，企业就应当在组织设计时尽可能地完善与资源来源合作的渠道。例如通过组织设计更好地保证与供应链、战略联盟以及生态系统的其他组织的整合。关于这一方面的内容，本书将在第 5.2 节进行详细的论述。

2. 外部环境的不确定性分析

企业的外部环境并不是一成不变的，它无时无刻不在变化着。竞争的激烈和科学技术的迅猛发展已经使得这种不确定表现得越来越强烈，这已经成为理论界和实务界的共识。既然"变"是一定的，那么我们就需要弄清楚它究竟是怎么变的，不同环境的不确定性是否有所区别。这也就是我们需要对外部环境进行不确定性分析的根本原因。之所以要如此分析，是为了给处于特定外部环境中的企业进行组织设计提供一些指导性的原则以适应环境的不确定性。诚如彼得·德鲁克所说，在这个不确定性的时代，基于一些基本的趋势和原则制定战略和政策不一定意味着成功，但是不这样做肯定注定要失败（彼得·德鲁克，2014）。

对于外部环境不确定性领域研究影响最大的是罗伯特·邓肯（Robert Duncan）教授，以至于至今大部分对外部环境不确定性的研究还在沿用他的分析框架（杨洪兰、张晓蓉，1997；理查德·达夫特，2017）。邓肯教授于 20 世纪 70 年代对 22 个案例进行了研究，分析了环境不确定性的不同特性对企业组织决策影响程度的不同。在研究中，他确定了分析环境不确定性的两大维度——复杂程度和变化程度，从而构成了如图 5-4 所示的环境不确定性分析模型。

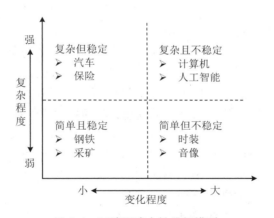

图 5-4　环境不确定性分析模型

需要指出的是，应用这一模型分析有一个隐含的前提条件，即组织内每个部门所面对的外部环境不尽相同。因此在分析外部环境的不确定性时，不应该笼统地分析企业组织整体的外部环境，而应该针对不同的部门分别考虑。

（1）复杂程度。所谓复杂程度，是指组织在进行决策时所需要考虑的因素多少。需要考虑的因素越多，其外部环境的复杂程度也就越高。也就是说，越多的环境因素影响组织的决策，环境就越复杂；反之，如果仅仅只有几个因素能够影响组织的决策，那么这个组织也就处于一个简单的环境之中。面对简单环境的组织今天已不多见，它们多为一些从事大批量生产的制造企业，例如那些为其他公司生产贴牌产品的制造企业。我们在日常生活中见到的更多的是面对复杂环境的企业组织。

（2）变化程度。变化程度是指企业组织外部的环境改变的频繁程度。若组织外部的环境一直以来很少变化，或仅仅有相当微弱的变化，则可以认为环境的变化程度较小，即稳定的；若组织的外部环境经常发生变化，则我们认为组织外部环境的变化程度较大，即不稳定的。

由复杂程度和变化程度两个维度所构成的分析模型将企业组织的外部环境分为四种类型：简单且稳定的环境、简单但不稳定的环境、复杂但稳定的环境以及复杂且不稳定的环境。四种不同的环境具有不同的特征，而且面对这四种外部环境，企业组织往往需要采用不同的组织结构，以保持最佳的适应能力。

（1）简单且稳定的环境。这种环境所包含的因素较少，而且不同的因素间相似性很强，同时，因素保持不变或者变化缓慢。钢铁、采矿、啤酒以及如肯德基、麦当劳之类的企业往往所面对的就是这种简单且稳定的环境。处于这种环境中的企业往往并不需要具备多大的灵活性以应付突如其来的变化。因此，它们一般采用强有力的组织结构形式，即机械式组织结构，这样更有利于组织效率的提高。

（2）简单但不稳定的环境。这种环境所包含的因素较少，或者因素间的相似性强，但这些要素经常变化，而且很难预见它们。时装企业是处于这种环境中的最典型的企业类型。处于这种环境中的企业往往会在企业内的一部分关键部门内采取较为灵活的组织结构形式，即有机式组织结构，将部分的决策权分散到直接面对环境的员工上，以便更加迅速地应对环境的变化。

（3）复杂但稳定的环境。这种环境所包含的因素较多，且不同因素间差异性较大，但是，这些因素比较稳定，并不经常变化。处于这种环境中的企业组织必须面对自己复杂的竞争对手、资源供应者、政府管理部门和顾客等。虽然这些环境因素的改变程度较小，但各种因素交织在一起仍可以形成复杂的局面。国际上的汽车生产商多处于这种环境中。这些企业也会在部分关键部门内采取较为灵活的组织结构形式。

（4）复杂且不稳定的环境。这种环境所包含的因素多，并且因素的变化程度较大，因而是不确定性程度最大的一种外部环境。高科技企业，如计算机企业、软件供应商都处于这种环境中。处于这种环境中的企业大多采用有机式组织结构。管理中更多地强调分权与合作，而集权的氛围则相对较弱。另外，由于高度分权，企业中还需要存在大量的协调和整合人员，以保持前进方向的高度一致。

从上述分类的不确定性分析中，我们可以得出以下两条最基本的结论。

（1）外部环境越是复杂，越是不稳定，其不确定性就越大；而外部环境越是简单，越是稳定，不确定性就越小。如图5-4所示，越向右上方移动，环境的不确定性就越大。

（2）环境的不确定性程度越强，企业越需要采用一种有机式的灵活性组织结构以适应环境；环境的不确定性程度越弱，企业则越需要采用机械式的组织结构以提高效率。

3. 外部环境的生态网络性分析

在经济全球化时代，全球统一市场的范围和领域进一步扩大，各区域组织之间的相互合作和优势互补的关系日益密切，生产要素在全球范围内自由流动和优化配置在进一步加速。企业的发展日益根植于相互联系以及由各种各样的联系构成的组织网络之中。在组织网络中，决定组织成败的关键是如何与其他组织相互协调，将资源集中起来创造出新的价值。这一新趋势无疑给组织带来新的机遇和挑战，组织的外部竞争环境、竞争规则发生了根本性变化。对组织而言发生了以下变化：从孤立走向合作，从单赢走向多赢；从只关心自身利益到开始关注组织存在的社会、生态、环境价值；从只关心拥有者的利益到开始关注利益相关者的全方位利益；从追求效率到挖掘潜力、协作创新。"合作"与"共赢"已成为全球化时代企业组织发展的主题。

在这样的时代背景下，企业与外部环境的各个主体必须形成相互联系、相互影响、相互制约的生态网络。该生态网络可以从以下三个方面理解。

第一，生态网络是企业与外部环境之间所形成的整体的一种形态，是各主体间高效的资源配置形式。它是指在一定的区域内，各行为主体之间在交互作用和协同创新的过程中建立起来的相对稳定的、能够促进创新的、根植于本地的各种正式关系与非正式关系的总和。

第二，生态网络是一种包含了一系列要素及其关系的概念性工具，用以阐明每个行为主体的战略逻辑。它描述了其所能为客户提供的价值以及组织的内部结构、合作伙伴网络和关系资本等借以实现（创造、推销和交付）这一价值并产生可持续发展的要素。

第三，生态网络的目标是共同进化。生态网络中共同进化是通过网内各成员组织或子系统之间的协同作用，使相互依存的各子系统交互运动、自我调节、协同进化，最后导致新的有序结构，这种新的有序结构即生态网络各成员共同进化的结果。

1）结构分析

从生态网络的结构来看，生态网络由两部分组成，分别为组成网络的主要节点、网络中各个节点之间联结而成的关系联结。在这一网络结构中，组织（包括不同类型的组织）是网络的节点；连线是网络的联结，表示信息、技术、人才、资金以及政策等资源的流动。至于网络的交流方式，有正式的，如契约贸易、展销会、商务洽谈、各种类型的研讨交流等，也有很多非正式的。这样，生态网络就提供了比等级组织更为广阔的联系和交流界面，使得创新活动可以在多个层面、多个环节中发生，具有比等级组织更灵活、比市场组织更稳定的双重优势，成为当前复杂多变的环境中，各行为主体所采取的新型组合和运作方式。

节点是生态网络的枢纽，它是指生态网络内能够产生和消耗创新要素、资源的行为主体，需要强调的是，这里的行为主体并不局限于同一类型的组织，例如大学、政府、企业均可以作为节点相互作用。行为主体节点在参与创新活动的过程中，通过自身的行为实现自身和外部的创新，最终促进整个网络的创新。行为主体节点的行为受到自身行为性质的限制，也就是说，不同类型的行为主体在创新网络中扮演不同的创新角色，从不同的角色出发产生各异的功能。在网络中，它们并不是随意聚集在一起的，而是靠显性或是隐性的利益关系联结起来，在与各利益相关成员相互利用、相互依赖的基础上形成的有机组合。

联结包括节点间正式关系和非正式关系的总和，以及在节点间起桥梁作用的各种中介机构。节点与节点的联接方式和渠道就是网络的联结，联结是资源、信息等流动的路径，它是各个组成网络节点的行为主体在参与创新的活动中，彼此之间通过产品、服务、资金等资源的交易以及知识、信息等的流动和扩散等而建立起来的联系。网络中各节点之间的关系联结，既是知识、信息和技术传递扩散的关键渠道，又是知识、信息、技术等在扩散过程中创造价值或知识增值的"价值链"。因此，网络中的关系联结也比较复杂，因为网络中的每一个节点都有可能与网络中的其他节点直接或间接地进行连接与合作。因此，从结构上看，生态网络不是固定的、不可改变的等级协议，而是开放的、动态的、平等互惠的、多渠道的、多层次的结构。它将整个生态系统的资源进行整合，各节点共同发展自己的能力和作用。

2）特征分析

（1）动态发展。网络中的各个行为主体及其相互之间的网络联系随时都在发展变化，网络中流动的生产要素以及知识、信息等也在不断更新，因而呈现出动态发展的特征。可以说生态网络的培育与形成，本质上就是一个发展变化的过程。这种动态性主要由两个方面的原因引起：一方面，由于网络结构变化引起网络的动态性，主要表现为节点位置变化和联结内容变化；另一方面，由于网络内行为主体数量变化引起的动态性。网络内行为主体的不断诞生、破产以及被兼并、迁入和迁出等，网络中行为主体的数量不断变化，而网络中的各种联系也随时发生变化，或更紧密，或更疏松，或消失等。

（2）协同进化。对于生态网络来说，协同进化是它的本质，也是该网络系统追求的目标。更详细地说，系统成员通过功能耦合形成超循环共同发展各自的管理能力、创新能力、技术水平、营销水平等。在此过程中，任何心存侥幸心理，期望"渔翁得利"的思想是绝对不可取的。如果某个成员试图"搭便车"，或是创新跟不上等，那么它将会被生态网络淘汰，取而代之的是生命力更强的成员。协同进化也不仅仅是相互交换产品和信息那么简单，它的核心思想是信息共享和共同创造价值。因此，企业与外部环境形成生态网络的目的在于构筑强大的信息和资源的共享能力，进而构筑强大的研发攻关能力。它强调相互合作，但并不排斥竞争。根据赫尔曼·哈肯（Hermann Haken）的协同论，竞争是系统演化最活跃的动力。竞争可能会造成生态网络在某一方面多样性的降低，但它为在更高水平上多样性的增加提供了平台。

（3）松散连接。生物生态系统的特征是，具有大量的松散联结的参与者，其中每个参与者都依赖其他的参与者，以取得各自良好的生存能力和效果。因此，生物生态系统中各物种的命运都彼此攸关。就像生物生态系统一样，生态网络也是由众多实体组成的一个大型的、松散联结的网络。生态网络内部的各个参与者，无论其规模、实力大小，都是完全平等、独立的，它们之间的关系不是传统组织结构中的垂直等级关系，它们之间没有确定的契约和组织结构，没有支配与依附，所有行为主体都以平等的身份与地位参加结网，各个参与者结网的目的都是希望通过合作实现在战略、利益、资源能力上的互补。因此，生态网络不是强制约束力形成的系统，而是相对松散的、非正式的、隐含的、可分解和重组的相互关系系统。

# 5.2　外部环境与组织设计

上文的外部环境资源性分析曾提到，企业将主要从供应商、合作伙伴以及生态环境这些外部环境因素中获取资源，本节将会进一步地分析企业组织与这些因素之间的相互关系。

## 5.2.1　供应链与组织设计

企业的生产离不开原材料的采购和产成品的销售。企业几乎每天都需要从供应商处获取原材料，再将生产好的产成品交给批发商或者零售商销售给最终的用户。于是从整个产业的角度来看，从原始的供应商到最终用户的消费，产品经过了一整条环环相扣的链条，这就是我们所称的供应链。

从资源观的角度来看，从原材料的投入到产成品最终被消费的过程，其实就是企业组织同外部环境购买资源的过程，这一购买过程是通过企业组织分别同上游的供应商和下游的经销商的合作完成的。在与上游供应商的合作中，企业通过直接支付现金或其他资产而获取各种原材料资源；在与下游经销商的合作中，企业通过让出部分产品利润而获取经销商的渠道资源。因此，供应链的存在实际上是本书前文中所提到的第一种资源获取方式——购买的具体表现形式。

供应链从商业规则建立时就已经存在，但真正把它看作一个整体进行研究是近几年才出现的。传统的观念往往将企业与供应链上的其他组织割裂开来看待，认为它们之间并不存在明显的合作关系，甚至存在利益冲突。很明显，在"蛋糕"一定的情况下，上下游企业分食得越多，本企业所能享受到的利润就越低。因此，企业曾经将供应链上的其他企业都看作与自己利益相冲突的利益分食者。进入 21 世纪以来，竞争日益激烈，企业意识到自己的盈利能力在一定程度上其实取决于整条供应链的竞争能力，独立企业间的竞争演变为供应链之间的竞争，于是企业逐渐改变了对供应链的态度，对上下游企业的看法由传统的利润分食者变成了利润共创者，企业的工作也从原来的尽量分得更大份额的"蛋糕"变为同其他企业一起创造更大的"蛋糕"。

此时，供应链管理才被纳入理论界和实务界的视野之中，企业也开始竭尽全力地打造供应链的竞争能力。通过对整条供应链进行管理，企业能够从以下两个方面提高其获取资源的质量。

（1）企业将提高从供应商处获取资源的质量。这里所说的资源的质量是指资源满足企业需求的能力，不仅包括原材料的质量，例如重量、强度、柔韧度等物理指标，而且包括原材料交付过程中对于企业生产需求的满足，如供货的及时性等指标。企业通过与供应商更紧密的合作，通过对供应链规范的管理，不仅可以保证所采购的原材料在性能上满足企业生产的需求，更可以使供应商完全按照生产部门的生产计划进行及时供货。这两个方面的改进都可以大大节省企业从外部获取资源的成本。

（2）企业将提高从销售商处获取资源的质量。实施供应链管理之前，企业从销售商处获取的资源仅仅是其面向顾客的销售渠道，但实施供应链管理之后，通过与经销商的适时信息共享，企业更能够获取商品销售的信息和其他更加丰富的市场信息。这些信息作为一种资源对企业的持续经营是极为重要的。它使得企业所追求的以市场和客户为导向这一理念真正地落到实处。

需要指出的是，能否成功地对供应链进行管理，很大程度上取决于整条供应链的信息共享程度。因此，供应链管理只有在信息化的前提下才可能得以实现，企业与上下游企业的合作很大程度上也表现为管理信息系统的渗透与整合。江苏物润船联网络股份有限公司（以下简称"物润船联"）目前正在投入建设数字供应链智慧物流研发运营中心，总建筑面积 33 600.30m$^2$，将建成便捷、开放的智慧供应链物流大数据应用平台、管理平台和存储平台，推动数据要素开放、流通和应用。该中心建成后，物润船联将依托数字孪生技术，使贸易场景、货运场景相互映射、虚实交互，并借助超级算力形成"数字大脑"，充分发挥数据要素的创新引擎作用，促进商品流通降本增效，壮大数字经济发展新动能（闫碧洁，2021）。

与此同时，对于供应链管理的重视也对企业组织的设计提出了许多新的要求。其中最为显著的变化是，对于供应链的协调往往需要专门部门和专门人员的负责。IBM 公司在刚进入 PC（个人计算机）行业时，为了迅速地打开市场，特意成立了一个高度独立、灵活的分部，授予该部领导 Don Estridge 很大的权力。他全权负责 PC 从研制到销售的全部过程，有权从 IBM 的任何部门挑选任何人员。IBM PC 联盟就是 Don Estridge 的得意之作。相应地，Intel 作为其重要供应商，成立了"特殊客户部"小组，专门为 IBM 提供服务（戴雪梅等，1999）。

## 5.2.2　战略联盟与组织设计

战略联盟是企业组织从外部环境中获取资源的又一个主要来源，同时也是企业成长的一种重要方式。美国管理咨询专家彼得·林奇（Peter Lynch）认为，企业具有三种成长的基本方式：内部扩张、实施并购、构建企业战略联盟。作为一种有效的战略发展途径，强调企业间合作的战略联盟是企业针对日益增强的竞争压力和知识爆发，对传统企业经营模式造成冲击的一种有益的响应或适应，它不仅使企业迅速取得了生存发展的空间，同时也因为提高了劳动生产率，推动了创新，以及刺激了新型市场或业务的出现，而加速了整个经济的健康发展和社会组织的不断进化。

因此，德鲁克在 1995 年指出，工商业正在发生的最伟大的变革不是以所有权为基础的企业关系的出现，而是以合作伙伴关系为基础的企业关系的加速增加。据悉，作为长三角一体化高质量发展和国家"十四五"规划重要组成部分，成立于 2016 年长三角 G60 科创走廊聚焦集成电路、人工智能、生物医药等先进制造业产业集群，建立了"1+7+$n$"产业联盟体系。目前，长三角地区九城市已建立了 14 个产业联盟和 11 个产业合作示范园区，集聚头部企业 1470 家，2020 年产值超过 3.2 万亿元。

从企业资源观的角度来说，企业组织面对战略联盟需要考虑的一个核心问题是，如何在保护住自身关键资源的前提下，尽可能多地从战略伙伴那里获取对自己有益的资源。这一根本的动机在不同的联盟中可能表现为不同的形式，学者们通过研究发现可以将它们归纳为以下五种。

（1）创造租金。所谓租金，是指资源拥有者在机会成本以外所获得的剩余回报，这种剩余回报往往是由企业资源的异质性所带来的。对于行业中某一个企业来说，要形成与竞争对手明显不同的资源并不容易，于是，企业通过与其他企业结成战略联盟，吸收对方的资源，并将其与自身资源相整合，就更能形成具有明显异质性的资源，进而获得更多的租金收入。这种动机下所促成的联盟常常表现为制造强势与渠道强势之间的合作，如 TCL 与法国汤姆逊之间的合作，通过获取汤姆逊的品牌优势，TCL 为自己的产品增加了差异性，从而增强了其竞争优势。

（2）资源使用的扩张。企业核心资源的获取往往需要付出巨大的代价，但技术进步的加快使资源的有效期限越来越短。为了最大可能地利用这些核心资源，进而分摊其固定成本，同时获取更大收益，在自身生产能力受限的情况下，企业不得不将核心资源扩张到其他企业中，或者说借助其他企业获取更多的核心资源。例如某项核心技术的研发，企业前期往往需要花费巨大的资金，一项技术的使用年限是有限的，企业就会在自己利用的同时寻找其他的合作伙伴，利用它们的生产能力一同生产，以获取更大的收益。通用汽车公司与上海汽车工业公司的合作便是资源使用扩张的最佳例证，通过结成联盟，通用汽车公司有效地扩大了自身的生产规模，并由此为前期的研发获取了更多的利润回报。

（3）资源使用的多元化。这种动机往往出现在企业组织面对某项投资时，虽然企业完全有能力单独完成投资，但出于分散风险的考虑，它们会寻找合作伙伴一同投资。在这种情况下，通过结成联盟，企业不仅可以规避投资的风险，而且能够从合作企业那里获取更多的稀缺资源。在金融危机、能源危机和气候变化等挑战叠加影响的情况下，全球汽车业版图被震得处处是裂痕。2010 年，雷诺—日产汽车联盟与德国戴姆勒汽车集团签署战略合作协议，三方联盟组成了全球第三大汽车集团。雷诺公司在结盟后发布的新闻公报中说，三家汽车公司将在小型车、电动车、发动机和环保技术等方面展开长期的优势互补合作（张红、杜琳，2010）。

（4）资源的模仿。一般情况下，公司是从外部模仿竞争对手的资源，而战略联盟将这种模仿由外部转移到内部，使模仿变得更加容易，成本也更加低。如一些大规模的合资需要合作双方人员的密切接触和充分交流，使得某个合作伙伴关系有机会学习其他企业的技术。联盟增加了成员企业间的边界渗透力，提供了更好的模仿机会。同样是通用汽车公司与上海汽车工业公司的合作，上海汽车工业公司结成联盟更大程度上是期待实现资源的模仿。它希望通过与国际知名汽车制造商的合作，为自己带来新的汽车制造理念，从而增强自身的竞争力。

（5）资源的配置。当企业为了集中于核心业务而放弃非核心业务，却没有成熟的环境将其出卖时，通常会选择与其他企业合资或合作经营准备放弃的业务。通过合资企业的运作，将资源逐渐整合进买方内部，同时与卖方分离，并由买方购得卖方在合资企业的剩余份额。一般来说，由于买方愿意为购买该业务支付的价格取决于投资收益，这种联盟的卖方很愿意帮助买方对业务进行控制。

与供应链管理相同，战略联盟同样需要企业组织在设计的过程中对联盟成员间的合作有所考虑。首先，企业的组织结构必须保持相当程度的灵活性，以适应联盟的动态特征；其次，通常联盟的企业会共同成立一个联合管理委员会，负责对联盟所涉及的内容进行管理；最后，企业还会在自身组织结构的各个部门预留好与联盟企业进行信息交流的接口，以便合作顺利开展。

VLSI 联盟成员包括五家公司（富士通、日立、三菱、日本电气和东芝）、三家研究机构（ETL、CDL、NTIS）、联盟新组建的联合实验室和日本电报电话公司。该联盟的组织结构分为四层：管理委员会、工作委员会、联合实验室和项目小组。

管理委员会包括五家公司及 ETL 的代表和一位通产省官员，由该官员任主任。

工作委员会由五家公司和 ETL 的杰出科学家组成，由 ETL 的科学家出任首席科学家，科学家的薪水由原单位发，绝大部分科学家工作两年之后返回原单位，这样既保证了合作研究高水平进行，又不影响科学家们在原单位的事业。

联合实验室由直属工作委员会的科学家管辖，主要从事应用研究。CDL 和 NTIS 维持原有管理体制，主要从事开发研究，由工作委员会负责其项目分配、协调和监督。

项目小组是根据对六个技术攻关领域进行项目分解后确定的子项目内容，由联合实验室、CDL 和 NTIS 组建。一般由相应领域的骨干科学家任项目组长，他有权在联合实验室、CDL 和 NTIS 选聘有关研究人员和辅助研究人员。项目小组分别为主导项目小组与辅助项目小组。前者是进行合作研究的主要单元，成员一般包括相应领域实力最强的公司和 8～10 位科学家与其余一两个公司的 3～4 位科学家，但五家公司将平等分享小组的研究成果。后者是进行合作研究的辅助单元，主要负责信息交流和小规模联合实验，成员包括每个公司派遣的 2～3 位科学家。

产品试制和生产由各公司执行。合作研究中产生的所有信息由成员单位共享。

## 5.2.3　商业生态系统与组织设计

生态系统是我们已经熟知的一个概念，它通常是指一定范围内的生物有机体（包括动物、植物、微生物等）及其生活的周围无生命环境（包括空气、水、土壤等）所组成的统一体。任何一种生物的生存都无法离开生态系统的支持和约束，并在这种支持和约束中不断地进化。通过研究学者们发现，不光生物个体的周围存在这样一种生态系统，在企业的周围也同样存在着这样一个类似的系统，我们称之为商业生态系统。企业也同样依赖于这个系统而存在，同时又受到系统诸多规律的制约。

商业生态系统所包含的范围要远远大于上文所提到的供应链或者战略联盟，许多不属于企业所在供应链或者战略联盟的组织都应当算作商业生态系统的成员。例如，企业组织的商业生态系统可能包括它的外包制造企业、提供财务支持的组织、提供技术支持的组织以及那些生产与本企业的产品配套产品的企业，甚至那些竞争者和顾客也是企业所在的商业生态系统的成员，因为他们的行动和反馈会在很大程度上影响自身产品或者流程的发展。同时，商业生态系统还包括政府机关和那些媒体组织，虽然它们不会在较短的时间内对企业造成影响，但影响的程度同样也是不容忽视的。

企业需要生存和发展，不可避免地需要和商业生态系统中的其他企业发生联系。当企业的成功依赖于影响产品创新能力和物流能力的整合性健康水平时，站在一边绝对是行不通的。要知道应该做些什么，需要理解生态系统以及你的组织在其中所扮演的角色。但要为商业生态系统给出一个严格的定义并不是一件容易的事情，甚至要把企业周围同属一个商业系统的企业划分出来也并不简单，因为它所包含的范围太广泛了。

首先，我们要意识到对企业组织的生存产生影响的企业原本不仅仅是那些供应链上的合作伙伴，它所包括的内容应当更多。以软件业龙头微软公司为例，其所在的商业生态系统所包括的企业已经达到了五万多家，其中既包括了我们所理解的传统供应链所包括的各类组织，如软件销售商等，更大程度上包括了供应链之外的许多组织，如商业咨询机构、计算机销售商、其他软件供应商等。因此，倘若企业在这个网络经济的时代仍旧固守着自身因为所有权而拥有的一点点资源而放弃外界大量的资源，甚至认为自身的好坏是决定成败的关键，那么它注定要面临失败。

其次，企业需要大力提升自身的资源整合能力。商业生态系统中的资源是极为丰富的，但是倘若不加以利用，那些资源就永远不会对企业组织产生丝毫的积极影响。在这方面，大型超市沃尔玛毫无疑问是我们需要学习的典范。通过构建一个销售平台，沃尔玛整合了无数企业的生产资源，使得这些资源被利用，实现了多方共同的发展。如今，由于影响力的进一步增强，生产企业甚至主动地着手建立与沃尔玛公司的紧密联系，宝洁公司就主动提出将自身的 ERP（企业资源计划）系统与沃尔玛整合在一起，以便实现更加便利的信息共享（马尔科·扬西蒂，2020）。

最后，企业需要重新认识竞争，树立竞合理念。所谓竞合理念是区别于传统的竞争理念所提出来的对于企业与竞争者关系的描述，强调竞争与合作的共存。传统上，企业视商业为零和博弈，如同战场一样，有赢家就有输家。它们一般不考虑互利或共生关系，总是希望独占所有的利润。在这场游戏里，赢家就是获取最大利润的企业。然而新产生的商业生态系统理论却颠覆了这一传统认识，它告诉我们企业之间不光存在竞争，而且应当存在大规模的合作。即使是在竞争者之间，也应当存在深层次的合作关系。例如著名快餐品牌麦当劳和肯德基之间，表面上看，两者之间是水火不容的激烈竞争关系，但是在中国，正是由于两者的共同努力才将美国的快餐文化移植到了东方，从而使双方甚至是其他更多的竞争者获取到了利润。

关于商业生态系统的知识，以及企业组织设计与商业生态系统的关系，本书还会在以后章节详细叙述。

## 小结

企业的外部环境会对组织设计产生极大的影响，因此，我们在进行具体的设计之前，需要先对组织的外部环境进行分析。

我们可以从一般环境和任务环境两个方面识别外部环境，明确对企业组织设计产生影响的外部环境内容。在明确内容的基础之上，我们可以对这些环境因素进行更深层次的分析。本书提供了三种分析维度，即资源性分析、不确定性分析和生态网络性分析。

对外部环境的资源性分析需要完成两个方面的工作：首先，明确企业需要从环境中获取哪些关键资源，这些资源应当是构成企业核心竞争力的关键因素；其次，确定如何从环境中获取关键资源。通过外部环境的资源性分析，企业能够明确在组织设计时应当向何种资源倾斜，并通过组织结构实现企业从供应链、战略联盟或者商业生态系统的资源获取。

对外部环境的不确定性分析通过提供系统的环境分析方法，帮助企业正确地评价企业的外部环境，并按照这种评价确定组织设计的某些原则，或者是偏重效率，或者是偏重灵活性。

## 思考题

1. 以熟悉的企业为例，分析企业的外部环境所包括的内容。

2. 从企业这一组织形式诞生到今天，企业核心竞争力所需的关键资源经历了哪些变化？

3. 选择两个不同的行业，运用外部环境的不确定性分析模型对它们进行不确定性的比较分析。

4. 如何理解企业组织与商业生态系统的关系？

## 案例讨论

### 飞鹤"形"变：将"遥遥领先"进行到底

摘要：中国飞鹤有限公司（以下简称"飞鹤"）以品质为根基，提出"更适合中国宝宝体质"的战略定位，从众多国外品牌包围中脱颖而出，逐步赢得竞争优势。随着国内市场竞争日趋激烈，飞鹤如何借助组织结构优化整合内部与外部创新资源，持续引领中国乳业未来发展方向，成为企业面临的现实挑战。本案例以飞鹤组织结构调整为主线，回顾了飞鹤的发展历程和现阶段所面临的环境变化，并着重描述了随着公司战略演化，飞鹤组织结构发生"形"变的全过程。本案例可以用于引导学生深入理解组织结构随着内部环境与外部环境变化和战略演化而优化的逻辑，并利用相关理论进行组织战略决策。

资料来源：秦伟平，陈效林，许亿伍，等. 飞鹤"形"变：将"遥遥领先"进行到底[DB/OL]. 中国管理案例共享中心，2020. http://www.cmcc-dlut.cn/Cases/Detail/4916.

## 经典书籍推荐

巴纳德. 组织与管理[M]. 曾琳，赵菁，译. 北京：机械工业出版社，2016.

该书的作者切斯特·巴纳德，开创了西方现代管理理论中的社会系统学派，被尊为现代管理理论的奠基人。切斯特·巴纳德从不同的角度讨论了组织管理中的基本概念、民主程序、人事管理、领导力、领导者的培训与教育、组织的规划、沟通制度、身份制度等问题，读者可以从中全面而系统地了解与组织管理有关的知识。同时，巴纳德没有把讨论的范畴局限于企业，他将讨论的范畴扩展到世界组织。阅读本书，读者的眼界将不再囿于书斋，也不再囿于狭小的组织，而是可以放眼世界，放眼天下。

## 参考文献

[1] 葛宝山，赵丽仪. 技术为王、创新为本：比亚迪的技术创新之路[DB/OL]. 中国管理案例库，2020. http://www.cmcc-dlut.cn/Cases/Detail/4427.

[2] 科斯. 企业、市场与法律[M]. 盛洪，陈郁，译. 上海：格致出版社，2014.

[3] 斯密. 亚当·斯密全集[M]. 石小竹，译. 上海：商务印书馆，2014.

[4] 吕峰，褚梦飞. 利他文化：友发钢管集团无边界伙伴关系养成之道[DB/OL]. 中国管理案例库，2016. http://www.cmcc-dlut.cn/Cases/Detail/3299.

[5] 达夫特. 组织理论与设计：第 12 版[M]. 王凤彬，石云鸣，张秀萍，等，译. 北京：清华大学出版社，2017.

[6] 杨洪兰，张晓蓉. 现代组织学[M]. 上海：复旦大学出版社，1997.

[7] 波特. 竞争战略[M]. 陈丽芳，译. 北京：中信出版社，2014.

[8] 徐翔. 拼多多觊觎电商平台市场第一宝座[J]. 中国储运，2021（5）：68-69.

[9] 左钰泉，肖德云. 基于情境双元视角双元战略联盟的内涵分析：以"埃森哲-华为-SAP 战略联盟"为例[C]. 2018:393-399.

[10] 德鲁克. 卓有成效的组织管理[M]. 杨剑，译. 北京：机械工业出版社，2014.

[11] 马永斌. 生态视角下网络组织合作的创新模式[J]. 商业研究，2010（9）：6-10.

[12] 闫碧洁. 物润船联：智慧物流与数字供应链并驾齐驱[N]. 期货日报，2021-11-19（7）.

[13] 戴雪梅. 动态联盟实例比较研究[J]. 工业工程与管理，1999（5）：11-15.

[14] 张红，杜琳. 后危机时代的全球汽车业[N]. 人民日报海外版，2010-04-10（8）.

[15] 李小玉，薛有志，牛建波. 企业战略转型研究述评与基本框架构建[J]. 外国经济与管理，2015，37（12）：3-15.

[16] 蓝海林. 企业战略管理：承诺、决策和行动[J]. 管理学报，2015，12（5）：664-667+678.

[17] 商迎秋. 企业战略管理理论演变与战略风险思想探析[J]. 技术经济与管理研究，2011（3）：65-69.

[18] 刘源,李雪灵. 数字经济背景下平台型组织的价值共创[J]. 人民论坛,2020( 17 ): 84-85.

[19] 王博. 信息时代企业组织变革发展方向[J]. 现代管理科学，2017（2）：106-108.

[20] BARNEY J B, HESTERLY W S. Strategic management and competitive advantage: Concepts and cases[M]. Chester: Pearson, 2015.

[21] BARNEY J B, KETCHEN D J, Wright M. The future of resource-based theory: revitalization or decline?[J]. Journal of management, 2011, 37(5): 1299-1315.

[22] BARNEY J B. Why resource - based theory's model of profit appropriation must incorporate a stakeholder perspective[J]. Strategic management journal, 2018, 39(13): 3305-3325.

[23] ALVAREZ S A, BARNEY J B. Resource - based theory and the entrepreneurial firm[J]. Strategic entrepreneurship: creating a new mindset, 2017: 87-105.

[24] ALVAREZ S A, ZANDER U, BARNEY J B, et al. Developing a theory of the firm for the 21st century[J]. Academy of management review, 2020, 45(4): 711-716.

[25] ZHU F, IANSITI M. Entry into platform-based markets[J]. Strategic management journal, 2012, 33(1): 88-106.

[26] IANSITI M, LAKHANI K R. Competing in the age of AI: strategy and leadership when algorithms and networks run the world[M]. Boston: Harvard Business Review Press, 2020.

[27] IANSITI M, LAKHANI K R. From disruption to collision: the new competitive dynamics[J]. MIT sloan management review, 2020, 61(3): 34-39.

# 第 6 章
# 企业组织设计的内部环境

## 本章学习目标

1. 识别影响企业组织设计的内部环境；
2. 明确内部环境与外部环境、内部环境与企业组织设计的关系；
3. 了解企业规模对企业组织设计的影响；
4. 了解生产性技术和信息技术对企业组织设计的影响；
5. 了解企业生命周期对企业组织设计的影响。

## 引例

乐视网成立于 2004 年，其发展主要经历了以下三个阶段：单业务阶段（2004—2009 年），主要向用户提供影视、娱乐、体育、生活等视频服务；多业务阶段（2010—2011 年），自 2010 年开始，乐视不再局限于购买视频卖给用户，开始尝试自制视频、卖视频版权、提供视频平台等新业务的发展；商业生态系统阶段（2012—2017 年），乐视致力于打造"平台+内容+终端+应用"的商业生态系统。

作为国内首家实现盈利并于 2010 年成功在创业板上市的视频网站，乐视网的发展一直为人所关注。其营业收入从 2010 年的 2.38 亿元飞速发展到 2016 年的 219.86 亿元，市值则从上市初的 43 亿元发展到 2015 年超 1500 亿元。2016 年，乐视陆续孵化了乐视云、乐视体育、乐视超级电视、乐视移动、乐视汽车、乐视金融。

然而伴随着"欠款门"的出现以及贾跃亭等大股东的频繁减持，关于乐视的各种负面消息开始源源不断地流出，逐渐引发了人们对乐视生态模式的思考。2020 年 7 月 21 日，乐视网被正式摘牌，总市值仅剩 7.18 亿元。乐视生态系统崩塌的原因在哪儿呢？

有学者认为，乐视网的崩塌源于其糟糕的内部环境。一是生产效率低。乐视采取"付费+免费"的盈利模式，收入来源主要有用户付费、广告收入、版权分销收入和终端产品收入。但在乐视生态系统中，除了视频业务，其他业务都没能实现盈利，收入远远不能满足支出的需要。二是盲目扩张。一方面，乐视花费大量资金购买视频版权，在营业成本中，影视版权占比较高，且其减值风险较大；另一方面，乐视规模急速扩张，融资成本非常高，资金周转速度慢，导致偿债能力不足，其 2017 年资产负债率达 103.72%，2020

年资产负债率达 541.79%，远高于国际通用警戒线 60%。三是内部生态缺乏协同性。在一个健康的商业生态系统中，各子生态之间通过用户、流量、数据等的流动，协同共创，但乐视生态系统内的业务各自为政，缺乏高效的协同性。乐视生态系统包括大屏生态、手机生态、汽车生态、内容生态、体育生态、互联网及云生态、互联网金融生态七大子生态，但缺乏导流的核心产品，各子生态之间的用户并不共享。例如，乐视体育的用户一般是高端用户，而乐视手机的定位却是低端用户，因此手机和体育两大子生态无法协同。另外，据 Wind 资讯显示，乐视汽车等七大子生态公司是独立融资的，先后通过 VC/PE 渠道累计融资 215 亿元，融资成本相对更高（王勇、刘晓晨，2021）。多数企业家希望他们所创办的企业能够成长壮大，然而，在采取扩张政策时，企业不仅要考虑外部环境，还要考虑存在企业内部的各种影响因素。要从企业的外部环境和内部条件出发，实事求是地考虑自己的发展。当公司规模增大，变得更加复杂时，管理者必须建立必要的制度和程序来辅助他们引导和控制整个组织，并根据变化后的内部情况和外部情况调整企业的组织设计。本章将对企业内部环境的构成及其对企业组织设计的影响进行详细解读。

## 6.1　内部环境的识别

### 6.1.1　内部环境的含义

权变理论认为，在企业管理中要根据企业所处的外部环境和内部条件随机应变，没有什么一成不变的、普遍适用的、"最好的"组织设计和管理方法。企业与外部环境和内部条件之间的关系是一种函数关系。所谓函数关系，就是作为因变量的组织设计、管理思想和管理方法会随着作为自变量的外部环境和内部条件的变化而变化。其目的是为了更有效地达到企业组织目标。所以这种函数关系可以解释为"如果—就要"的关系，即"如果"某种环境情况存在或发生，"就要"采用某种组织设计、管理思想和管理方法来更好地达到组织目标（郑海航，1991）。

外部环境作为一个重要的权变因素深刻地影响着企业组织设计，我们在第 5 章中已经做了详细的论述，所以，本章主要把目光集中在影响企业组织设计的内部条件之上。

所谓企业组织的内部条件，是指存在于企业组织边界之内的变量。对企业组织产生影响的、存在于企业内部的都可以算作企业组织的内部条件。它们通常是组织管理者在短期内无法控制的，并且对企业组织设计产生着深刻的影响。企业组织的内部条件的形成是历史的，在短期内，通常是无法控制和改变的。但从长期来看，它们会随着外部环境的变化而变化，也会受到企业发展战略、领导者偏好等因素的影响。但是，具体的企业组织设计实务一般都是以短期内既定的内部条件为背景，因此承认企业内部条件的相对稳定性，重视它们对企业组织设计的影响是非常必要的。

企业组织的内部条件与企业组织设计之间存在着函数关系。作为因变量的企业组织设计随着作为自变量的企业组织内部条件的变化而变化。企业组织的内部条件与外部环境共同影响着企业组织设计。

## 6.1.2　内部环境的要素

如果我们对在日常生活和工作中经常接触到的一些企业组织稍微分析一下，就不难得出结论：一个企业组织的规模可能对它的组织设计有一定的影响。例如，一个拥有 10 万名职工的首钢，就不可能被容纳在由一些管理人员监督下的一幢大楼里。我们很难想象，如果没有以一种高度复杂的方式来组织 10 万人的活动，首钢将会是什么样子。从另一方面看，一个只有 5 名职工的快照小店，每年盈利不到 20 万元人民币，对这样一个小型企业，大概就不需要分权的决策和很多的政策与规定的书面文件。

实践证明，一个企业组织所采用的技术与它的组织设计有密切的关系。美国的福特汽车公司（Ford Motor Company）和阿凡提汽车公司（Avanti Motor Company）都是制造汽车的公司。福特汽车公司采用流水线大批量的生产技术，它的生产线每小时能生产 40～50 辆汽车；而阿凡提汽车公司则没有生产流水线，它没有统一的汽车成批量生产，而只是根据客户的需求设计和生产各种型号的豪华型小轿车，它每月的产量为 30 辆。这两家公司都属于汽车制造公司，然而其生产工艺过程则大不相同。因此，这两家公司的组织设计也各不相同。就企业组织内员工的工作而言，福特汽车公司是高度专业化和规范化，而阿凡提汽车公司则比较松散和富有弹性。这说明一个企业组织将投入转化为产出的技术与它的组织设计有密切的关系（杨洪兰、张晓蓉，1997）。

企业人员素质也是组织设计的一个重要变量。一般来说，企业中层管理人员的业务水平较高，管理知识较全面，领导工作经验较丰富，则可以较多地下放管理权力；反之，则以较多集中为宜。如果管理人员的专业水平、领导经验、组织能力较强，就可以适当地扩大管理幅度；反之，则应该适当缩小管理幅度，以保证领导工作的有效性。

作为内部环境之一的企业文化，作为一种非正式的系统存在于企业之中，也深刻地影响着企业。无论组织设计如何进行，都是以组织文化为背景的（无论它是强势或弱势文化）。例如，在激励设计时，东方式的激励往往与群体挂钩。这种激励模式产生于东方的集体主义观点。而西方的激励模式则常常以个人为取向，这与西方的个人主义文化观正好相一致。

企业的成长需要经历不同的阶段，在每个阶段都具有不同的组织特征，会遇到不同的组织危机。企业的这种成长过程和阶段，称为企业生命周期。综合爱迪思等人的观点，企业生命周期大致可分为创业期、成长期、成熟期、衰退期四个阶段。随着企业生命周期各阶段的演进，企业组织设计必须不断发展，与其所处的企业生命周期的阶段相匹配，否则它的成长就要受到极大的限制，甚至要遭到惨败。

对于科技公司来说，企业生命周期正在变得越来越短。为了保持企业竞争力，诸如脸谱网、网飞公司、谷歌之类的科技型企业必须在企业生命周期各个阶段都取得比其他企业更快的进步。你或许很难相信，谷歌成立于 1998 年。然而更难以置信的是，谷歌目前已经达到了极度官僚化的状态。虽然从成立到现在只有二十多年的时间，但在互联网领域，其企业历史已经相当长了，可以算是"半个老人"了。公司联合创始人拉里·佩奇正在努力帮助谷歌渡过"中年危机"，使其恢复创业时的年轻状态。他重新组织了高层领导团队，为各个领域挑选了适合的人才，并且要求他们每天都去谷歌村（Googleplex）

的 1900 号大厦四楼的开放式办公室坐上一会儿。这一想法的灵感来源于前纽约市市长迈克尔·布隆伯格（Michael Bloomberg）。布隆伯格每天将大家聚在一起一段时间，从而加速了决策的制定进程。与此同时，佩奇砍掉了许多产品，将公司组织结构重组为 7 个事业部，集中精力发展最有前途的产品，并根据公司的整体绩效确定年终奖。过去，公司的决策需由佩奇、联合创始人谢尔盖·布林（Sergey Brin）以及行政总裁埃里克·施密特（Eric Schmidt）共同参与。而现在，佩奇希望公司能够更为快速地做决策，即使这个决策不完美也没有关系。他督促谷歌的管理者向小公司的领导学习，亲自解决各类争端，而不只是像现在这样，只是通过邮件来解决各类问题（理查德·达夫特，2017）。

由此可见，影响企业组织设计的内部条件众多，但在分析时，我们仅仅需要关注那些对企业组织产生重要影响的因素。在这里，我们主要阐述企业规模、企业技术、企业生命周期、企业文化和人员素质对企业组织设计的影响。

## 6.2 内部环境与企业组织设计

### 6.2.1 企业规模与企业组织设计

#### 1. 企业规模的界定

根据企业规模的大小，通常将企业分为大型企业、中型企业和小型企业。企业规模是一种整体观念的衡量，而不能仅凭企业的任何一面去衡量。要确定一家公司是大型还是小型，必须同时兼顾各项因素，包括员工人数、销货量、附加价值、产品和技术的复杂性及多角性、介入的市场数目等。在具体划分中，各国的标准并不一致，有的是以产品的产量为标准，有的是以销售额为标准，有的是以职工人数为标准，还有的是以固定资产价值为标准。2017 年我国国家统计局制定的《统计上大中小微型企业划分办法（2017）》，按照行业门类、大类、中类和组合类别，依据从业人员、营业收入、资产总额等指标或替代指标，将我国的企业划分为大型、中型、小型、微型四种类型，如表 6-1 所示。

表 6-1  统计上大中小微型企业划分标准

| 行 业 名 称 | 指标名称 | 计量单位 | 大 型 | 中 型 | 小 型 | 微 型 |
|---|---|---|---|---|---|---|
| 农、林、牧、渔业 | 营业收入（Y） | 万元 | $Y \geq 20\,000$ | $500 \leq Y < 20\,000$ | $50 \leq Y < 500$ | $Y < 50$ |
| 工业 | 从业人员（X） | 人 | $X \geq 1000$ | $300 \leq X < 1000$ | $20 \leq X < 300$ | $X < 20$ |
| | 营业收入（Y） | 万元 | $Y \geq 40\,000$ | $2000 \leq Y < 40\,000$ | $300 \leq Y < 2000$ | $Y < 300$ |
| 建筑业 | 营业收入（Y） | 万元 | $Y \geq 80\,000$ | $6000 \leq Y < 80\,000$ | $300 \leq Y < 6000$ | $Y < 300$ |
| | 资产总额（Z） | 万元 | $Z \geq 80\,000$ | $5000 \leq Z < 80\,000$ | $300 \leq Z < 5000$ | $Z < 300$ |
| 批发业 | 从业人员（X） | 人 | $X \geq 200$ | $20 \leq X < 200$ | $5 \leq X < 20$ | $X < 5$ |
| | 营业收入（Y） | 万元 | $Y \geq 40\,000$ | $5000 \leq Y < 40\,000$ | $1000 \leq Y < 5000$ | $Y < 1000$ |

续表

| 行业名称 | 指标名称 | 计量单位 | 大　型 | 中　型 | 小　型 | 微　型 |
|---|---|---|---|---|---|---|
| 零售业 | 从业人员（X） | 人 | $X \geq 300$ | $50 \leq X < 300$ | $10 \leq X < 50$ | $X < 10$ |
| | 营业收入（Y） | 万元 | $Y \geq 20\,000$ | $500 \leq Y < 20\,000$ | $100 \leq Y < 500$ | $Y < 100$ |
| 交通运输业 | 从业人员（X） | 人 | $X \geq 1000$ | $300 \leq X < 1000$ | $20 \leq X < 300$ | $X < 20$ |
| | 营业收入（Y） | 万元 | $Y \geq 30\,000$ | $3000 \leq Y < 30\,000$ | $200 \leq Y < 3000$ | $Y < 200$ |
| 仓储业 | 从业人员（X） | 人 | $X \geq 200$ | $100 \leq X < 200$ | $20 \leq X < 100$ | $X < 20$ |
| | 营业收入（Y） | 万元 | $Y \geq 30\,000$ | $1000 \leq Y < 30\,000$ | $100 \leq Y < 1000$ | $Y < 100$ |
| 邮政业 | 从业人员（X） | 人 | $X \geq 1000$ | $300 \leq X < 1000$ | $20 \leq X < 300$ | $X < 20$ |
| | 营业收入（Y） | 万元 | $Y \geq 30\,000$ | $2000 \leq Y < 30\,000$ | $100 \leq Y < 2000$ | $Y < 100$ |
| 住宿业 | 从业人员（X） | 人 | $X \geq 300$ | $100 \leq X < 300$ | $10 \leq X < 100$ | $X < 10$ |
| | 营业收入（Y） | 万元 | $Y \geq 10\,000$ | $2000 \leq Y < 10\,000$ | $100 \leq Y < 2000$ | $Y < 100$ |
| 餐饮业 | 从业人员（X） | 人 | $X \geq 300$ | $100 \leq X < 300$ | $10 \leq X < 100$ | $X < 10$ |
| | 营业收入（Y） | 万元 | $Y \geq 10\,000$ | $2000 \leq Y < 10\,000$ | $100 \leq Y < 2000$ | $Y < 100$ |
| 信息传输业 | 从业人员（X） | 人 | $X \geq 2000$ | $100 \leq X < 2000$ | $10 \leq X < 100$ | $X < 10$ |
| | 营业收入（Y） | 万元 | $Y \geq 100\,000$ | $1000 \leq Y < 100\,000$ | $100 \leq Y < 1000$ | $Y < 100$ |
| 软件和信息技术服务业 | 从业人员（X） | 人 | $X \geq 300$ | $100 \leq X < 300$ | $10 \leq X < 100$ | $X < 10$ |
| | 营业收入（Y） | 万元 | $Y \geq 10\,000$ | $1000 \leq Y < 10\,000$ | $50 \leq Y < 1000$ | $Y < 50$ |
| 房地产开发经营 | 营业收入（Y） | 万元 | $Y \geq 200\,000$ | $1000 \leq Y < 200\,000$ | $100 \leq Y < 1000$ | $Y < 100$ |
| | 资产总额（Z） | 万元 | $Z \geq 10\,000$ | $5000 \leq Z < 10\,000$ | $2000 \leq Z < 5000$ | $Z < 2000$ |
| 物业管理 | 从业人员（X） | 人 | $X \geq 1000$ | $300 \leq X < 1000$ | $100 \leq X < 300$ | $X < 100$ |
| | 营业收入（Y） | 万元 | $Y \geq 5000$ | $1000 \leq Y < 5000$ | $500 \leq Y < 1000$ | $Y < 500$ |
| 租赁和商务服务业 | 从业人员（X） | 人 | $X \geq 300$ | $100 \leq X < 300$ | $10 \leq X < 100$ | $X < 10$ |
| | 资产总额（Z） | 万元 | $Z \geq 120\,000$ | $8000 \leq Z < 120\,000$ | $100 \leq Z < 8000$ | $Z < 100$ |
| 其他未列明行业 | 从业人员（X） | 人 | $X \geq 300$ | $100 \leq X < 300$ | $10 \leq X < 100$ | $X < 10$ |

资料来源：国家统计局，2018 年 1 月。

从组织设计的角度来看，对于企业规模的衡量还应该探讨该企业组织的组织结构，有一项足以表现企业规模的因素就是公司的管理结构，如果一家企业至多只需要一个人来专任高层管理工作，那它便是一个小型企业。当然，这里指的是"应该"至多只需要一位真正的高层管理人员，而并非指"实际"只有一人。一个企业组织"实际"上只有一个人专任高层管理工作，并不一定是小型企业，可能是该企业的组织结构错误了，当年亨利·福特领导下的福特汽车公司便是一个例子；同样，一个企业组织"实际"上拥有庞大的高层管理，也不一定就是大型企业，而可能是一个小型企业，只是由于组织结构错误，这样的例子俯拾即是。所以，如果是一个小型企业，那么高层管理人员应当能知道组织内的少数重要人物，有关重要的成果该由谁负责，而不必查阅任何记录资料，也不必讯问他人。至于中型企业的高层负责人恐怕很难对组织内的每一位关键人物都认识和熟悉，在一般情况下，如果要问起一位中型企业负责人有关企业的重要业务，他可能要召集几位最密切的同事一起回答问题。在一个中型企业里，凡属对企业的绩效和成果负有关键性责任的人，通常要在 40～50 人。

以上对组织规模的界定各有千秋，在本书中我们将一个组织内拥有员工的总人数作为具体衡量组织规模的标准。这是因为既然组织是由人以及他们之间的相互作用为主体的，因此其人员数量应比其他任何方面的测量标准与组织结构有更紧密的关系。事实上，大量的实证研究也证明，许多的测算方法与组织的人是分不开的。换句话说，对组织人员总数来衡量规模与用其他方法来对规模进行衡量的方法有高度的相关关系。例如，有的研究表明，一个企业组织的员工总数与其净资产的相关性为 0.78；医院里总劳动力和平均为医治的病人之间的相关性为 0.96；大学里专职的教员数与学生的比例数为 0.94 以上。从这些研究中，我们可以得出这样的结论：一个组织的员工总数和其他通常的规模衡量方法是密切相关的。因此，用一个企业组织的总人数来衡量其规模是一个相当准确的方法。

然而，一个组织拥有的成员的总人数是如何计算出来的呢？例如，对于一个完全由专职人员组成的企业组织来说，对这个企业组织的成员总数是完全可以计算出来的。但是，如果这个企业组织有大量的兼职人员，那该怎么办？或者，这个企业组织是一个水果加工厂，是季节性企业，对其人员总数又如何进行测算呢？在不同类型的行业中，计算人员总数的办法也有所不同。例如，一个小型的美容院可能只有三四个员工，一个有着五十名员工的美容院已经算是规模非常大了。而在钢铁行业中，一个有两百多人的钢铁厂可能还只算一个小厂。因此，用企业组织的总人数来衡量规模是否还应该考虑行业因素呢？再者，既然把一个组织的总人数作为衡量其组织规模的标准，这是否模糊了组织规模与组织效率呢？如果一个企业组织内要求一百名员工从事五十人从事的工作，是否前者的规模为后者的两倍，而效率只有后者的 1/2 呢？显然，对这些问题做出回答并不是那么简单（杨洪兰、张晓蓉，1997）。

2. 大规模与小规模利弊分析

1）大规模

丰裕的资源和规模经济是许多参与全球化竞争的组织必备的条件。只有大型组织才有能力在阿拉斯加铺设大规模输油管道，也只有像波音公司这样的大企业才能制造出波音 747 飞机，并且只有像美国航空公司这样的大规模公司才能买得起这样的飞机。只有像强生公司这样的大企业才有实力投下数百万美元的资金开发出像双光镜片隐形眼镜和皮下节育器这样的新产品。

大企业往往以一种标准化甚至常常机械化的方式运作，并且呈现出高度的复杂性。复杂性组织拥有大量的职能专家，他们能完成复杂的任务，生产出复杂的产品。而且，大型组织一旦成为稳定运行的机构，能在市场上持续地存在多年。管理者会乐意加入这样的企业并预期自己获得像 20 世纪五六十年代的"组织者"那样的职业生涯。这样的组织可以为员工提供稳定的就业以及提薪和晋升等机会。

2）小规模

一种对立的观点认为，小的就是美好的。他们主张全球经济中成功的关键是，要能在瞬息万变的市场中保持灵活性和应变能力。虽然在美国经济生活中有许多大型组织，但有关研究表明，随着国际贸易速度的加快，小型组织已经成为范式。自 20 世纪 60 年代中期以来，大多数曾经辉煌的大公司在市场范围内普遍失去了其市场份额。现在足足有 96% 的出口商是那些小型企业。美国和其他世界上的绝大多数发达国家，其经济活力与中小型企业的发展有着直接的关联。尽管不少大企业在合并中变得更大了，但其数量也因为合并而减少了。无数的小企业在满足有着专门化需求的利基市场中发展起来，各自服务于所确立的目标市场。国际互联网的发展也为小企业的成长提供了肥沃的土壤。服务业的迅速发展促使组织的平均规模缩小了，因为绝大多数服务业企业力争在小规模经营中保持对顾客需要的更好的适应性。

在大型组织中就业的员工比例在不断地减少。在 20 世纪 80 年代和 90 年代，大公司缩减规模，许多工作岗位被削减，填补这些就业机会的是小企业中日益增多的工作岗位。目前，美国、德国和英国的企业平均人数都呈下降趋势。小型组织实行的是一种扁平化的结构和机动、灵活的管理风格，因而有助于激发创新精神和创造力。当今领先的生化药品几乎都是由小企业开发出来的，如 B 肝疫苗是由池若公司（Chiron）开发成功的，而不是像默克公司（Merck）那样的大型制药公司开发出来的。除此之外，员工在小企业经营中个人高度参与感也极大地激发了他们的工作积极性和对企业的全身心投入，这些员工已认同了公司的使命（理查德·达夫特，2017）。

3. 企业规模对企业组织设计的影响

在 20 世纪 70 年代后期和 80 年代初期，西方组织学界对规模与组织结构的关系进行了大量的研究，其中主要的研究如下。

美国的组织学家彼得·布劳（Peter Blau）在对美国政府代理机构、大学和百货商店进行了大量的研究的基础上，于 1971 年出版了《组织的结构》一书。布劳在总结分析组织规模对组织结构的影响时明确提出："规模是影响组织结构的最重要的因素。"布劳观察和研究了美国各州的安全就业机构，这些机构的主要职责包括提供就业服务和管理失业保险。布劳分析研究了该机构中的 350 个地区总部和 1200 个以上的地方代理机构。他发现组织规模的扩大促进了组织结构差异化程度的增加。但是，组织初期规模对其结构的影响要大于当组织规模达到一定程度后再扩大时对其组织结构的影响程度。例如，当一个组织的总人数从原来的 600 人增加到 700 人时，其对组织结构的影响程度就大于它从原来的 2600 人增加到 2700 人的影响，如图 6-1 所示。

英国阿斯顿大学的研究也发现组织规模是组织结构的决定因素。组织规模越大，工作的专业化程度越高，标准化程度和规章制度的健全程度就越高，分权的程度就越高。

美国的组织理论家马歇尔·迈耶（Marshall Meyer）在研究中发现，组织规模的扩大增加了组织活动中相同或类似事件的重复性和决策的重复性。这就使得采用标准化更为可取。他认为，组织规模和专业化、规范化成正相关关系，而与集权成负相关关系。他特别指出，规模影响组织结构无处不在，而这种影响是单向的，即规模决定结构，而不是结构决定规模。

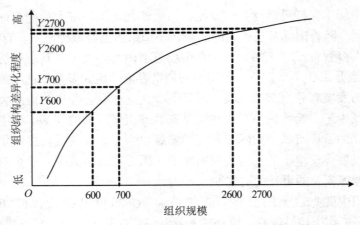

图 6-1　布劳关于规模影响组织结构程度分析图

布劳等人关于规模影响或决定结构的理论也受到了一些研究者的批评。

美国的克里斯·阿吉西斯（Chris Argysis）在分析了布劳的数据以后，对布劳提出的规模影响组织结构的理论提出了质疑。他提出，服务性组织具有其特性——它有预算的限制、明确的地理界限、预先决定的职工数等。他认为，规模与组织结构有关，但不能说是规模影响或决定了组织结构。

美国的另一些研究者，如梅休（Mayhew）和奥尔德里奇（Aldrich）等也对布劳等人的规模决定组织结构理论提出了质疑。他们认为，规模是结果，而非原因，技术决定组织结构，然后又决定规模（杨洪兰、张晓蓉，1997）。

我们认为，组织规模与组织结构有密切的关系。当然，我们不能说组织规模是支配组织设计的唯一因素，但是，组织规模确实是影响组织设计的一个重要因素。

1）企业组织规模与企业组织结构的复杂性

布劳的研究发现规模对于组织复杂化的影响是以一种递减的速度进行的。正如阿吉西斯指出的那样，布劳的这个结论可能只适合于政府的代理机构。因此，我们可以试探性地做出这样的结论：在政府部门的组织中，组织规模影响着组织结构的复杂化程度，但这种影响的速度是以递减型进行的。但是，布劳的这一结论是否也适合于企业组织呢？当然不能一概而论。如果企业组织的管理者有充分的独立决策权，他们在增加职工的同时会选择更复杂一些的组织结构。有证据说明规模产生差异化，而已差异化了的组织结构也导致了组织规模的扩大。我们有证据充分证明组织规模对组织垂直和水平差异性程度的影响。也就是说，组织规模越大，组织中的分工越多（速度递减）；组织规模越大，组织水平差异化的部门和垂直管理层也会越多（速度递减）。按常理来说，组织规模扩大，组织地区分布的差异也扩大，但在此同时，现代的通信技术又把区域的差异性缩小了。

2）企业组织规模与企业组织的正规化程度

在规模扩大和正规化程度增加之间可能存在着一种逻辑上的关系。组织规模扩大，管理者往往会通过采用两种方法来直接控制成员的活动和行为：一种是采用直接的监督，即增加管理人员和减小管理幅度；另一种是采用正规化的原则。在这两种方法中，一种方法采用多了，另一种方法采用就会减少。由于企业组织规模扩大时，监督的成本会增加很快，因此管理层在规模扩大时采用规范化来代替代价昂贵的直接监督是合理的、可取的。规范化和直接监督都属于控制的一个方面。用于规范化的规则是不受个人感情影响的，即非人格化的，而直接监督则要求管理者个人进行紧密的监督，如检查工作的质量和数量等。在小型组织中，通过人对人的直接监督可能问题不大，但对于规模庞大的组织，通过更高的规范化的规则来进行控制就可能变得更为有效了。因此，我们可以得出结论：组织越大，组织行为规范程度就越高；组织越大，行为自身的重要性就越大，这样就激发管理层通过标准化来更有效地解决这些问题，管理层就更注意通过对规则、过程和工作的描述以及其他规范化的技术来协调因规模扩大而带来的混乱问题。

3）企业组织规模与集权

研究表明，规模的扩大使得组织最高层难以直接控制下属的一切活动，故规模的扩大必然导致分权。对于一般的现代企业来说，规模扩大导致分权的理论是成立的。但是，对于业主管理者管理的企业组织来说，分权却受到业主管理者的反对。即使随着组织规模的扩大，业主管理者也不愿意失去自己对企业的直接控制。因此，在业主资信管理的企业组织里，规模的扩大并没有向决策分权方面转化（杨洪兰、张晓蓉，1997）。

4）企业组织规模与领导者素质

企业组织的规模不同，对企业领导人所必须具备的素质和能力的要求也就不同。一般来说，在初级、小型的企业中，企业领导人的技术能力占重要地位，随着企业规模的扩大、企业等级的提高，进行综合管理能力的相对重要性就提高了；对大型企业领导人来说，最主要的能力是管理统率能力。在日本新开业的小规模企业的经营者，80%以上是有技术知识的专门人才，对本行业的技术诀窍、专业知识、市场情报和销售对象比较熟悉。企业规模不仅对企业领导人的素质有影响，而且会影响企业领导人的决策方式。大企业的重大决策更多由经营者集体做出，所以，加尔布雷斯说，现代大企业的经营者是一批拥有现代技术知识和管理知识的专家组合；而小企业的决策一般由企业家个人做出，企业家个人和家族在企业的决策中占据主导地位。

根据吴培良《组织理论与设计》一书总结的企业组织规模对企业组织设计的影响如表 6-2 所示。

表 6-2 企业组织规模对企业组织设计的影响

| 组织设计要素 | 小 型 企 业 | 大 型 企 业 |
| --- | --- | --- |
| 管理层次的数目（纵向复杂性） | 少 | 多 |
| 部门和职务的数量（横向复杂性） | 少 | 多 |
| 分权程度 | 低 | 高 |
| 技术和职能的专业化 | 低 | 高 |
| 正规化程度 | 低 | 高 |
| 书面沟通和文件数量 | 少 | 多 |
| 专业人员比率 | 小 | 大 |
| 文书、办事人员比率 | 小 | 大 |
| 中高层行政领导人员比率 | 大 | 小 |

## 6.2.2 企业技术与企业组织设计

一个企业组织的技术是指其将输入资源转化为产出的整个过程中的信息决策与沟通系统、机器设备、工艺和流程的总和。它的核心是企业组织如何将输入转化为产出的整个过程的问题。技术在这里区分为两类：一类是通常所说的生产性技术，即组织用于转换生产资料的方法或设备；另一类是信息技术，即组织用于沟通和协调的手段。企业技术受到外部环境的影响，同时又影响着组织设计。由于一定的生产过程需要一定的组织设计来保证，因此企业组织设计必须适应所采用的技术。

1. 生产性技术

琼·伍德沃德（Joan Woodward）根据所调查的 100 个企业的实际发现，经营成功的企业，与其所属的技术类型有着相互对应的关系，如表 6-3 所示；而经营不成功的企业，通常其组织结构特征偏离了其相应的技术类型。

表 6-3　技术类型与组织结构特征间的相互关系

| 组织结构特征 | 技术类型 | | |
|---|---|---|---|
| | 单件小批量生产 | 大批量生产 | 连续生产 |
| 管理层次数目 | 3 | 4 | 6 |
| 高层领导的管理幅度 | 4 | 7 | 10 |
| 基层领导的管理幅度 | 23 | 48 | 15 |
| 基本工人与辅助工人的比例 | 9：1 | 4：1 | 1：1 |
| 大学毕业的管理人员所占比重 | 低 | 中等 | 高 |
| 经理人员与全体职员的比例 | 低 | 中等 | 高 |
| 技术工人的数量 | 高 | 低 | 高 |
| 规范化的程度 | 少 | 多 | 少 |
| 集权程度 | 低 | 高 | 低 |
| 口头沟通的数量 | 高 | 低 | 高 |
| 书面沟通的数量 | 低 | 高 | 低 |
| 整体结构类型 | 柔性的 | 刚性的 | 柔性的 |

资料来源：张玉利，程斌宏. 重新设计组织[M]. 天津：天津人民出版社，1997.
注：单件小批量生产，按满足客户特定需要的小批量订单进行加工和装配，生产主要依靠操作工人，因此机械化程度不高；大批量生产，是以标准化零配件的长时间生产为特征的一种制造过程，其产成品通常作为存货储备着，来了订单以后再从库房提货；连续生产，整个流程都是机械化的，生产过程连续不断，周而复始。

伍德沃德研究的主要是制造业企业，而当今企业组织发生的最大变化之一是服务业的比重日益增大。以美国为例，其服务业创造了 74% 的国内生产总值，从业人数占全部就业人数的 79%（Ronald Henkoff，1999），服务业技术不同于制造业技术，因此会要求一种不同的组织设计。产品与服务的差异如表 6-4 所示。

表 6-4　产品与服务的差异

| 维　度 | 产　品 | 服　务 |
|---|---|---|
| 感知性 | 有形、可感知 | 无形无质，不可感知，对服务质量难做客观评价；注重有形展示 |
| 分离性 | 生产、消费分离 | 生产、消费同时进行，时间上不可分离；注重分销渠道研究 |
| 差异性 | 产品标准化，无差异性 | 服务很难标准化，顾客对质量感知存在差异；注重树立企业形象 |
| 储存性 | 可储存 | 服务发生后即消失，无法储存；注重供求平衡，以达到供求同步 |
| 所有权 | 购买后所有权发生转让 | 服务发生交易后立即消失，缺乏所有权；注重质量管理与服务补救 |
| 参与性 | 顾客几乎不参与生产 | 顾客参与服务的生产；鼓励顾客参与，注重服务过程及顾客管理 |

资料来源：刘大忠，陈安，黄琨. 服务营销研究综述[J]. 内蒙古科技与经济，2006（9）：36-38.

考虑服务技术特点对企业组织设计和控制系统的独特影响是很有必要的。服务业组织与制造业组织在组织设计特征上是有明显差别的，具体如表 6-5 所示。

表 6-5　服务业组织与制造业组织的形态和结构特征对比

| 特　征　项 | | 服务业组织 | 制造业组织 |
|---|---|---|---|
| 结构 | 专设的边界联系人员 | 少 | 多 |
| | 空间上分散化程度 | 大 | 小 |
| | 决策 | 分权 | 集权 |
| | 正规化程度 | 较低 | 较高 |
| 人力资源 | 员工技术水平 | 较高 | 较低 |
| | 技能重点 | 人际技能 | 技术技能 |

资料来源：达夫特. 组织理论与设计：第 12 版[M]. 王凤彬，石云鸣，张秀萍，等，译. 北京：清华大学出版社，2017.

理解服务技术的特点有助于管理者更好地处理战略、结构和管理过程之间的匹配关系。这种匹配关系与传统的制造业技术是非常不相同的。要做好这类企业组织设计，必须考虑服务技术的特点与其所采用的技术相匹配。

以上考察的是组织级技术对企业组织设计的影响，现在，我们从另一个角度——部门级技术，来考察技术对组织设计的影响。企业组织内的任何一个部门都有其特定的生产过程，该过程也包含某种独特的技术。例如，通用汽车公司设置了技术、研究开发、人力资源、广告、质量管理、财务以及其他共计几十个的职能部门。在理解部门技术方面，一个最具影响力的框架是由查尔斯·佩罗（Charles Perrow）提出的（理查德·达夫特，2017）。

佩罗提出了考察与组织结构和过程有关部门活动的两个维度：第一个维度是工作中例外事件的数量。它被称为任务的多样性，反映转换过程中所发生的预料之外的新事件的频数。第二个维度是工作活动的可分析性。如果转化过程是可分析的，那么其工作就可以分解为机械步骤，这样操作者就可以遵循一个客观的、程序化的方式解决问题。佩罗以这两种因素为横轴和纵轴，在平面坐标体系中反映出四种不同的技术类型，如图6-2所示。

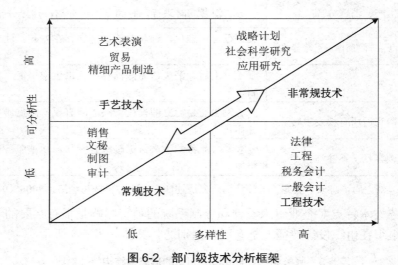

**图6-2　部门级技术分析框架**

资料来源：达夫特. 组织理论与设计：第12版[M]. 王凤彬，石云鸣，张秀萍，等，译. 北京：清华大学出版社，2017.

部门级技术的性质一旦识别出来，与之相适应的结构就可以确定了。部门所用的技术通常是与该部门的一系列结构特征相联系的，这些特征包括规范化程度、集权程度、管理人员管理幅度和协调与控制方式。表6-6概括了佩罗认为的技术对组织结构的影响。

**表6-6　佩罗的技术－组织结构分类表**

| 技 术 类 型 | 组织结构特征 | | | |
| --- | --- | --- | --- | --- |
| | 规范化程度 | 集 权 程 度 | 管理人员管理幅度 | 协调与控制方式 |
| 常规型 | 高 | 高 | 宽 | 计划与严格的规划 |
| 工程型 | 低 | 高 | 适中 | 报告与会议制度 |
| 手艺型 | 中等 | 低 | 略宽 | 培训与会议方式 |
| 非常规型 | 低 | 低 | 较小 | 小组间联络与小组会议形式 |

另外，部门间的相互依赖程度对组织设计也有一定的影响。一个部门在原材料、信息或其他资源方面对其他部门的依赖程度，决定了这些部门间协调的需要程度。也就是说，随着部门间相依程度的提高，组织对协调的需要也相应提高。因此，组织设计就必须要确保适当数量的信息沟通和协调，以便处理好部门之间的这种相互依赖关系。

**2. 信息技术**

信息技术的广泛使用将使各类组织中的信息处理、决策等一系列组织管理方法发生革命性的变化。组织与外部交流信息、组织内部信息流动方式的变革往往导致组织结构流程的变革，从而促进组织理念、组织设计思想、组织管理方式的全面创新。例如，信息技术使组织高层管理的控制能力大大增强，以信息传递和监督下层为主要任务的中层管理将逐渐萎缩，从而使组织的组织结构趋于扁平，面对直接市场目标的控制方式将得以发展和实现。另外，信息技术能帮助组织实现网络化的支撑结构，有利于各部门间的信息传递及整合。而且，网络化的构建能帮助组织突破组织界限，使组织与其供应商、分销商等合作伙伴形成更有效的价值网。信息技术还可通过改变组织的成本结构，直接影响着组织的规模大小。

信息技术的迅速发展及其在企业管理中的普及应用，在提高企业运行效率的同时，也对企业组织结构本身产生了深刻影响。深入分析这些影响，对于探讨企业组织结构的未来演变趋势以及发展企业组织设计理论都具有十分重要的意义。我们认为，当前企业信息化对企业组织设计的深刻影响主要体现在以下四个方面。

1）企业管理过程日益集成化

企业管理活动中除了对人员流、物资流、资金流的管理，还有一项越来越重要的内容，即对信息流的管理。随着信息技术的不断发展，企业的管理信息系统也逐渐完成了由初级向高级的演进，企业管理过程日益趋向集成化。这一变化趋势在自动化程度较高的科技型企业管理中表现得最为突出，并开始受到越来越多的理论工作者的重视。典型的企业管理集成化的发展演变可以分为以下三个阶段。

（1）物理集成阶段。这一阶段的信息集中是通过计算机管理信息系统实现的。这时的中央计算机只是把各个子系统的常规管理信息集中到一起，各个信息子系统之间虽然有数据交换，但相互间依赖性还不强。如果某一子系统出现故障，只要人工加以必要的干预和数据支持，其他子系统仍然能够维持正常工作。目前，我国企业的管理信息系统大多还停留在这一阶段。当它们的某个子系统出了问题时，只要控制者能承担起相应的替补功能，整个企业的管理信息系统仍能正常运行。

（2）管理集成阶段。随着管理信息系统的进一步发展，各个管理子系统间的信息交流更加频繁，形成了小规模的集成系统。这些小规模的集成系统使信息得以充分利用和快速传递，极大地提高了企业组织的管理效率。例如，企业的财务子系统可以直接从生产线上的各个工序点获得关于废品质量、修复费用、在制品增值的信息，并进行成本控制与核算。但是，这时企业的各个管理子系统相互依赖程度已大大加强，任何一个子系统的故障对其他子系统来说都是"无法修复"的。如果生产管理子系统瘫痪的话，财务子系统也将无法正常工作，因为人工几乎无法及时补充计算机所需的如此多的控制信息。

（3）信息综合集成阶段。它是在管理信息小规模集成的基础上进行全部信息——生产信息、技术信息及市场信息等方面的总集成，也就是将企业各个功能模块的相关信息进行集成。从计算机屏幕上通过信息流对企业的经营和生产进行控制，几乎达到"无人工厂"的境地，从而大大提高企业的劳动生产率和市场竞争力。近几年来，颇受世界各国青睐的 CIMS（Computer Integrated Manufacturing System，即计算机集成制造系统）技术的研究与开发便是这方面的典型例子。我国首批进行 CIMS 技术试点的沈阳鼓风机厂，在专家们的帮助下，实现了设计、调度、生产、计划等环节的联网，并与中央控制中心相连。过去该厂参与投标需要几个月才能报价，现在利用快速反应报价系统，从集成数据库中采集数据进行处理，只要一两天就能完成。

2）企业组织的结构趋向扁平化、分权化

企业组织理论告诉我们，企业组织等级结构形成的根本原因是有效管理幅度的限制，当组织规模扩大到一定程度时，必须通过增加管理层次来保证有效的领导。然而，在企业规模一定的条件下，管理幅度与管理层次呈反比关系。当管理幅度较小，管理层次较多时，企业组织趋向高耸式结构。而管理幅度较大，当管理层次较少时，则趋向扁平结构。自从 20 世纪初韦伯的理想的"行政管理体系"（或译为科层制）理论确立以来，企业中那种注重纵向分工、强调命令控制的高耸式等级体制一直受到青睐。这种组织结构虽然具有管理严密、分工细致明确的优点，但是随着管理层次的增加、信息沟通日益复杂，花在管理层次间协调的精力与费用剧增，"金字塔"底层的下级人员的工作积极性、创造性受到严重影响，尤其是在科技高速发展、时间作用日益明显、产品更新速度不断加快的今天，企业组织的灵活性、适应性等素质日益成为其求生的基本条件，过度的等级化已成为许多大企业的通病。如何克服这种使组织体活力衰退的"大企业病"，已成为困扰当今企业界和理论界的一大难题。简化组织结构的管理层次被认为是势在必行的举措，组织结构扁平化日益成为人们关注的焦点。然而，不应该忽略扁平化组织结构的高效运行需要现代信息技术来提供重要的功能支持。

信息技术的改进，使组织中的中层管理人员上通下达高层领导意图的"放大器"功能和收集加工大量底层信息的"过滤器"动能，在很大程度上可以被现代信息技术所提供的大容量通信技术所替代。管理人员可以更多地应用电子邮件、计算机会议、视频会议等形式支持组织成员之间、各部门之间或各组织之间的信息传递和意见交流。在这种情况下，许多原来由管理人员执行的任务交给了非人格化的"信息系统"去完成。因此，组织的等级层次数量减少了，上层和下层之间的通信节点和环节削减了，但每一通信渠道的信息传递量增加了，每一中层管理节点对下层的监控范围扩大了，企业高层领导与下层经理之间的合作与协调关系得到了加强。信息技术正神奇地影响着企业组织结构本身。许多管理大师惊呼：半个多世纪以来，组织理论和实践中著名的管理幅度原则正在被新的信息沟通幅度原则所取代。

实际上，组织结构日益扁平化已成为世界范围内企业组织模式演变的一大趋势。对此，早在 20 世纪 80 年代初，美国社会预测学家约翰·奈斯比特（John Naisbitt）就做出过著名的论断。目前，许多著名的大公司正逐渐减少其管理层次，不断拆除一些形形色色的纵向结构，以缩小其企业内部上下级之间的距离。据统计，美国近几年企业的中间管理层至少减少了 1/3，美国《幸福》杂志一份报告声称：全美国最大的 1000 家公司已制订了彻底改变传统命令控制型体制的计划。

信息技术的发展使组织可以减少管理的层次，并促使决策权下放。原来只有总部的高层管理者才掌握的信息，现在可以快速而便捷地传到整个组织，甚至可以让跨越巨大空间距离的人员共享。各个事业部和办公室的管理人员可以获得所需的信息，快速做出决策，而不需要等待公司总部做决策。信息技术促使有关人员能在线会谈和交流，从而加强了地理位置分散的自治工作团队成员间的沟通和决策。另外，电子通信技术使以前必须在办公室完成的工作，现在可以通过计算机在家里或其他遥远的地方完成。人们不需要在同一地点办公，就可以分享有关的信息。一个企业可以由若干小团体甚至个人构成，这些团队或个人具有高度的工作自主权，彼此间可通过电子化方式取得协调。虽然将信息技术用来实现企业信息和决策的分权化或者用来加强集权化的组织结构要受到管理哲学和公司文化的内在影响，但是，今天绝大多数的企业将信息技术用以实现组织的分权化。

3）企业规模由片面追求越大越好转为适度发展

长期以来，"规模经济"一直是决定企业规模的重要因素。人们坚信，只有产品产量足够大，企业才能更多使用专门化设备，更细致地进行劳动分工，从而降低单位产品的生产成本。在规模经济的作用下，凡是不能把生产规模扩展到充分大的企业，其生产成本难免较高，从而在竞争中处于不利地位。然而，以上这种正统的"规模经济"概念正受到严峻的挑战，企业越大越好的观念正日益显得陈旧。尤其是 20 世纪 90 年代以来，高科技的加速发展以及全球经济一体化趋势的日益强劲，顾客、竞争与变革成为影响企业发展的三大基本要素。在这种环境下，企业组织形态出现了一系列创新，企业规模由一味求大转为以符合企业战略、技术创新和市场需求为准则的适度发展。这些变化主要表现在：① 大批的中小企业以其灵活、机动、适应性强的优势在世界经济舞台上越来越引人注目，"小的是美好的"成为许多人的新的信条。② 许多大企业内部采取灵活的经营方式，实行高度分权，创造出一些崭新体制的自治分公司，以充分发挥来自组织下层的积极性和创新精神。如美国不少企业采取独立经营单位、机动的项目组织等形式；日本和瑞典的汽车组装行业中出现的团队工作形式等。③ 一些实力雄厚的大公司，如美国通用汽车公司、IBM 公司、杜邦公司等大企业，也在不断收缩其总部，消减官僚机构，并将各种后勤服务工作甩给日益完善的社会服务业。④ 企业之间组成"战略联盟"这一新型合作形式，成为企业谋求生存与发展的有效途径。在激烈的市场竞争中，多个企业为利用某一市场机会迅速联盟，利用联盟的协同作用，实现从产品开发到销售的纵向一体化，在保持企业自身规模的情况下拓展其经营能力。

以上趋势从根本上讲，是由国际竞争的压力以及企业自身的发展所决定的。但是，当代信息技术的发展及应用才是实现这一转变的重要物质基础。在信息社会里，计算机网络在企业内外的延伸与扩展以及信息库被各层管理人员所共享与使用，使生产的社会化和经营的国际化不再强求企业单位的大型化和职能的完整化。信息技术的功能在很大程度上抵消了单个企业规模经济的优势。在信息社会里，一个规模庞大的"金字塔"结构的企业可以分解为若干规模较小、可以独立从事经营活动的部门，只要各部门之间以及部门与最高管理部门之间能够通过纵横交错的信息渠道形成立体的网络结构，并不会影响公司总部的综合协调与规划能力。在信息社会里，一个小型企业只意味着人数较少，只要它加入社会信息网络，或者与其他企业结成战略联盟，从企业外获得足够的信息与技术支持，那么它同样可以干出大事业，发挥出大大超出传统小企业的作用。

4）组织成员的行为方式和人员构成发生重大转变

管理者是企业管理的主体，在大量应用先进信息技术进行管理活动的现代企业组织中，企业管理者的思想观念、行为方式、人员结构以及素质要求等都发生了重大变化。

企业高层领导者的领导方式和工作风格必须适应新的扁平式组织的要求，学会与环境进行有效沟通。在新的组织中，信息将取代权威而成为未来企业家的主要工具。掌握与运用信息的能力将成为衡量一个企业家领导水平的基本标志。高层管理者经常的活动不再是坐在"金字塔"顶层上发号施令，而是主要从事那些需要大量信息支持的战略规划和综合协调工作。欧洲的电子工程巨头 ABB 公司把它的数千种产品与服务部署在世界的五十多个作业区，每区设一个领导小组独立经营，而公司总裁则穿梭奔波于世界各区，如同一张大蛛网中的蜘蛛，最容易和他通话的场所是他座机上的"空中办公室"。

中层管理人员的职责和行为方式也发生了根本性变革。在不以信息为主导的传统组织中，整个中层管理层次既不做决策，也不起指导作用，他们的主要职能只是中转那些模糊而分散的信息。然而，扁平式组织削减了大量的中层组织，中层管理职能发生了很大分化，一些职能上升到组织的高层结构中，而更多的职能则下移到执行层次。

在现代技术条件下，一线的工人能够掌握其工作活动的有关信息，这使高度的参与和自我管理成为可能。尤其是在学习型组织中，企业的每位员工都与计算机网络相联，能充分掌握企业经营活动的各方面信息，这促使他们能全面地参与解决问题、制定决策及推进组织变革发展的各项活动。

另外，复杂的信息技术系统的应用意味着组织需要配备更多的具有专门技术和知识的人才来使用和维护该系统。随着组织技术变得愈加复杂，组织的复杂性也在相应提高。许多企业增设了首席信息官这一职务，有些还设立了一个专门的部门，以便能有效地管理信息技术并使组织跟上信息技术的快速变化。另外，当组织介入电子商务后，对专业人员的需求会极大地增加。企业成功地推行电子商务战略的唯一措施是成立一个分立专业机构或事业部来专门致力于电子商务业务（理查德·达夫特，2017）。

总体而言，信息技术对企业组织设计的影响是巨大的，信息技术的应用必将导致企业组织的重新设计，使其朝着内部组织结构扁平化和外部组织间的动态联盟方向发展，如表 6-7 所示。

表 6-7　信息技术对组织的影响

| 影　响　内　容 | 结　　果 |
| --- | --- |
| 工作方式：信息化办公 | 改变工作方式，提高工作效率，弱化工作地点的限制 |
| 信息传递 | 提高信息传递效率，配合、协作更加方便 |
| 空间分布 | 弱化工作场所与生活场所的边界 |
| 价值增值方式 | 业务流程再造、战略联盟、管理模式 |
| 组织规模、成本结构 | 组织规模小，更加依赖于组织间的合作 |

## 6.2.3　企业生命周期与企业组织设计

1. 企业组织生命周期的含义

"生命周期"这一概念为探讨企业的成长和变化提供了一条有益的思路。我们知道，有生命的有机体（植物、动物和人类）都会出生、长大、衰老和死亡，其实企业组织也是一样。企业和人一样，也有自己的婴儿期和成熟期，也有所谓的生老病死。当它们沿着其生命周期的轨迹发生变化时，系统遵从的是一种可预知的行为模式。在每一个阶段，这些系统都表现出某种挣扎（某种困难或暂时问题）而必须将它们加以克服。有些时候系统无法成功地解决自己的问题，这就需要外部力量的干预，借助具有不同禀赋的外部能量把系统从自己的困境中解脱出来。

所谓企业的生命周期（life cycle），是指一个企业的诞生、成长直至最后消亡的过程。随着企业向生命周期下一阶段的演进，其结构、领导风格及管理系统都会演变为一种相对可预见的模式。生命周期的各阶段在本质上是顺序演进的，它遵循的是一种规律性的进程（理查德·达夫特，2017）。

2. 企业生命周期各阶段的演进与组织特征

1972 年，美国哈佛大学的拉芮·格利纳教授（Larry Greiner）在《组织成长的演变和变革》一文中，第一次提出了企业生命周期的概念，他把企业生命周期划分为五个阶段，即创业阶段、集合阶段、正规化阶段、成熟阶段、再开展或衰退阶段。1983 年，美国的罗伯特·奎因（Robert Quinn）和克姆·卡麦尔森（Kim Cameron）在《组织的生命周期和效益标准》一文中，则把组织的生命周期简化为四个阶段，即创业阶段、集合阶段、规范化阶段和精细阶段。

理查德·达夫特在总结拉芮·格利纳、罗伯特·奎恩和克姆·卡麦尔森等人的理论基础上，提出组织发展经历的四个主要阶段，即创业阶段、集体化阶段、规范化阶段、精细化阶段，并从结构、产品或服务、奖酬与控制系统、创新力量、企业目标、高层管理风格六个方面对组织在这四个阶段的特点进行描述，如表 6-8 所示。

表 6-8　企业生命周期四个阶段的组织特征

| 特　征　项 | 创 业 阶 段 | 集体化阶段 | 规范化阶段 | 精细化阶段 |
|---|---|---|---|---|
| 结构 | 非正规的，一个人全权指挥 | 基本非正规，有一些程序 | 规范化的程序，劳动分工，增设职能专家 | 行政式机构内的团队工作，小企业式的思维 |
| 产品或服务 | 单一的产品或服务 | 以一主导产品为主，有些变异 | 形成一个系列的产品或服务 | 多个产品或服务系列 |
| 奖酬与控制系统 | 人治的，家长式的 | 人治的，但强调对组织成功所做的贡献 | 非人格化的，规范化的制度 | 广泛、多方面的，与产品或部门的情况相适应 |
| 创新力量 | 作为所有者兼管理者的个人 | 管理者和一般员工 | 独立的创新小组 | 制度化的研究开发部门 |
| 企业目标 | 生存 | 成长 | 内部的稳定和内部的扩张 | 声望，完善的组织 |
| 高层管理风格 | 个人主义的、创业 | 超凡魅力的、方向指引 | 控制之下的授权 | 团队式，抨击行政式机构 |

国内学者杨杜（1996）从规模与业务范围探讨企业成长理论，他认为企业的长期发展过程是一个由原始多元化、小规模生产到专业化大规模生产，再到多元化持续成长的过程。刘苹、蔡鹏（2012）认为企业生命周期可以划分为构想和发展阶段、商业化运作

阶段、成长阶段、稳定阶段。周三多、陈传明、刘子馨、贾定良（2018）将企业成长历程总结为专业化、多元化和归核化三个阶段。

不同企业生命周期阶段理论的对比如表6-9所示。

表6-9　不同企业生命周期阶段理论的对比

| 达夫特等人 | 爱迪思 | 钱德勒 | 刘苹、蔡鹏等国内学者 |
| --- | --- | --- | --- |
| 创业阶段 | 孕育期<br>婴儿期<br>学步期 | 个人企业 | 构想和发展阶段 |
| 集体化阶段 | 青春期 | 企业家或家族式企业 | 商业化运作阶段 |
| 规范化阶段 | 盛年期<br>稳定期 | 金融资本企业<br>经理式企业 | 成长阶段 |
| 精细化阶段 | 贵族期<br>官僚期<br>死亡期 | | 稳定阶段 |

资料来源：刘苹，蔡鹏. 基于企业生命周期的企业家社会网络研究[J]. 贵州社会科学，2012（9）：91-94.

关于企业生命周期的最新研究表明，它在组织发展中表现出四个阶段的不同特征，这些阶段以及各阶段面临的问题如图6-3所示。要解决每一个阶段的问题，需要将组织转变为下一个阶段的形态。成长并不是一件容易的事。每当组织演进到生命周期的下一个阶段时，它就进入一种全新的状态，需要一套全新的规则来规范组织内部的运行及处理与外部环境的关系（理查德·达夫特，2017）。

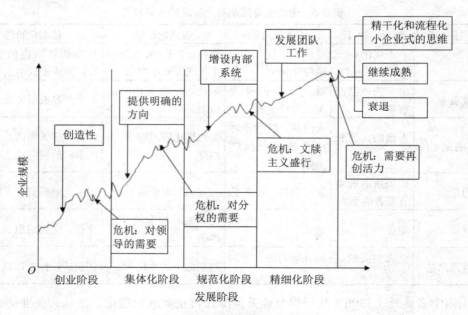

图6-3　企业组织的发展阶段

（1）处于创业阶段的企业，企业的创立者也是企业的所有者，组织是非规范化的，非常灵活，组织中层次较少，分工也不明确，主要由企业主本人行使监督、管理和控制的权力，产品或服务较为单一，组织内部的沟通和协调简单直接，决策效率高，企业的经营目标是立足于生存，企业的内外部环境均处于变动中，因此，企业缺乏长远规划。当史蒂夫·乔布斯（Steve Jobs）和斯蒂芬·沃曾耐克（Stephen Wozniak）于 1976 年在沃曾耐克父母家的车库里创建苹果计算机公司（Apple Computer）时，他们的组织也正处于创业阶段（entrepreneurial stage）。

创业阶段的危机：对领导的需要。组织开始成长后，日益增多的员工会带来许多问题。富有创造力的、精于技术的创业者面临着强化管理的问题，然而，他们可能更倾向于将精力投入产品的生产和销售中，或者开发新的产品和服务。当危机出现时，创业者要么调整组织的结构以适应成长的需要，要么引入能更胜任管理工作的得力职业管理者。当苹果计算机公司开始步入快速成长速度时，由于乔布斯和沃曾耐克两人都不胜任或不关注这一扩展中的公司的管理问题，因此，马可库勒（Markkula）被引进来成为他们公司的领导人。

（2）处于集体化的企业，组织逐步规范化，有一定的工作程序和规章制度，分工开始明细，组织内机构增加，内部沟通和协调也随之增加，产品或服务比较集中，开始引入职业经理人，出现经营权和所有权部分分离的现象，此时企业的主要目标是获得高速成长的市场机会，企业有强烈的创新愿望。

集体化阶段的危机：对分权的需要。如果新的管理层成功地进行了领导，低层级的员工们逐渐会发现他们受制于自上而下的强有力的控制。下层管理人员开始在自己的工作领域中获得一种自信，从而要求有更多的自主权。而凭借强有力的领导和愿景来激励从而取得成功的高层管理者可能不愿放弃其职责，这样就产生了自主危机。高层管理者希望确保组织的各个部分都协调运作并齐心协力。这时，组织需要找到一些方法能协调和控制各部门的活动，而又不需要高层管理者进行直接监督。

（3）处于规范化阶段的企业，组织内部管理制度化、程序化，科层组织机构开始健全，分工精细，有较为成熟的产品或服务线，能够提供多样化服务，内部环境稳定，由于经营领域的扩大、协调和沟通增多，专业化管理已成为主要管理方式，企业内部形成经理人队伍，企业的主要目标是扩大市场并寻找新的经济增长领域，呈现出多元化的趋向。苹果计算机公司在 20 世纪 80 年代中期就处于规范化阶段。

规范化阶段的危机：文牍主义盛行。在组织发展的这一时点上，制度和规划的广泛使用可能开始困扰中层管理人员。组织似乎过于行政机构化了。中层管理者可能会对参谋人员的介入表现出极大的不满。创新可能受到束缚。组织看起来过大、过于复杂了，以至于难以通过正规的计划来加以管理。苹果计算机公司正是在这一成长阶段时，乔布斯辞职离开了公司，新任首席执行官约翰·斯卡利（John Sculley）控制了这家公司后全力应付他所面临的管理难题。

（4）处于精细化阶段的企业，企业开始出现老化问题，逐渐丧失灵活性，组织内官僚作风兴起，沟通和决策速度减慢，由于内部推诿责任现象增多，因而缺乏创新，高层的控制力减弱。企业产品和服务多元化特征明显，企业的主要目标是如何摆脱衰退期，避免进入死亡期，因此，企业目标回到了生存上。苹果计算机公司目前正处于其生命周期的这一阶段。

精细化阶段的危机：需要再创活力。当组织成熟后，可能会步入暂时衰退的时期。可能每10～20年就需要对组织进行一次重建，使之获得新的活力。这时的组织可能不再适应环境，或者变得行动迟缓，过于行政化，因而必须经历一个重塑和创新的过程。在这一阶段，通常需要更换高层管理者（理查德·达夫特，2017）。

3．企业生命周期演进的原因

1）灵活性与可控性

企业的成长与衰退取决于两个重要因素：一个叫作弹性，即灵活性；另一个叫作控制力，即可控性。这两个因素控制着企业的竞争力，决定着企业的发展。随着生命周期的演进，灵活性下降，而企业的可控性一直增高，到官僚期达到顶峰，随后开始下降，则企业进入衰亡。

（1）企业的弹性。企业的弹性随着时间的流逝越来越小。企业成立之初的弹性很大，整个组织随时都在应变，此时的组织结构还没有成型，也没有规章制度。当企业渐趋成熟时，它的制度、规章、组织层次、控制系统就会越来越严谨，这时企业的弹性反而会变得很小。所以，一般来说，企业的弹性会随着时间的流逝越来越小。

（2）企业的控制力。企业的控制力是一个有起有落的过程。正如人一样，婴孩时期没有什么控制力，想哭就哭。伴随着成长的脚步，企业自我控制的力量会慢慢地增强。年老时，控制力也随之老化，最后走向衰亡。

企业的弹性和控制力会有一个交叉点，这个交叉点是弹性和控制力获得平衡的点，也是企业拥有最佳竞争力的时期，如图6-4所示。

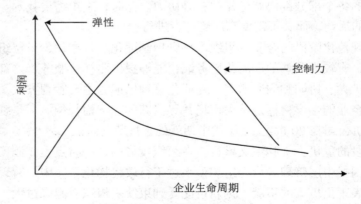

图6-4　企业的弹性与控制力

2）企业生命力的要素：PAEI

在企业发展的过程中存在着四个主要动力，这四个动力用英文符号表示就是PAEI：P表示企业的行动力（performance）；A表示规范能力（administration），即按照程序和步骤做事的能力；E表示创新和冒险能力（entreprenering）；I表示整合人际关系和横向协调的能力（integration）。

如果一个企业的行动力很强，它往往有很明确的目标，有极强的贯彻力，整个公司行动至上。其表现为公司说什么，员工就干什么，而且不畏辛苦，只求结果，但是缺乏耐性。这个要素能让企业在短期内产生效益。它代表着企业具有目的性的业绩表现。这是 P 的特性。

一个企业如果具备良好的 A，也就是企业重视规范和程序。其具体表现为企业的员工习惯于依照一定的步骤与程序来做事。整个企业都呈现出一种规规矩矩的状态，工作讲求方法，习惯于制定一定的标准。员工都主动遵循公司的规章制度，所有的共同规范都是由大家讨论决定的。A 要素使管理系统化、程序化和组织化，使得企业在短期内产生效率，它保证正确的事情在恰当的时间内发生，而且以恰当的强度，依照恰当的顺序。这就是行政管理。要做到这一点，管理上就要有条理，讲逻辑，而且要注重细节。在短期内，P 要素和 A 要素能够产生效益和效率。只要具备这两个要素，企业就能够在短期内盈利。

企业若是充满了 E 的力量，那就是充满了创新和学习的力量。企业重视构思新点子、发展新产品、开拓新市场、开办新事业、学习新事物和采用新方法。这是企业要取得长期效益至关重要的生命力要素。要想取得长期效益，企业家必须预测这一长期事件，并且在它到来时做好对其做出反应的准备。这就要求两个因素：创造力和承担风险。在预测明天的同时规划好今天要做的事情的能力，要求企业家不但要有创造力，还要有承担风险的能力。

而 I 则是整合的力量。整合意味着把企业的机械意识转变为有机意识。其表现为非常注重团队关系，经常进行各种系统的和跨部门的整合，经常开展维系关系的活动，这些都是属于 I 的力量。I 使得企业具有长期的效率。

以上四种力量，也就是 PAEI，对一个企业而言很重要，它们是企业的生命力要素。如果这四种力量都能够有效地发挥，那么企业就会既有效益又有效率，既有主动性又有有机性，它们在短期和长期都会有效益和效率。但是，这四种力量不仅是相互依赖的，而且会彼此伤害，这使得实现这些目标非常困难，在实践中要同时达到这些目标几乎是不可能的。在企业生命周期演进的各阶段中，这四种力量的发展有先有后，力度有强有弱。在它们合力的作用下，企业组织沿着生命周期的各阶段演进。所以，一定要协调好这四种力量，只有协调好它们，企业的运作才能非常的顺畅。如果协调失败，企业就会处于这四种要素的相互矛盾中，而难以生存（伊查克·爱迪思，2017）。

## 6.2.4　企业文化、人员素质与企业组织设计

1. 企业文化

1）企业文化的含义

企业文化的研究已经在世界范围内掀起了新一轮的热潮。什么是企业文化？要回答这个看似简单的问题却并非易事。对这个问题的答案，可谓仁者见仁，智者见智。企业界和学术界还没有形成一致的看法。目前，对企业文化大致有以下两种观点。

（1）狭义的，认为企业文化是意识范畴的，仅仅包括企业的思想、意识、习惯、感情等领域。

（2）广义的，认为企业文化是指企业在创业和发展的过程中所形成的物质文明和精神文明的总和，包括企业管理中的硬件与软件、外显文化与内隐文化（或表层文化与深层文化）两个部分（张德，2015；石伟，2020）。

但这两种观点似乎都不能十分清晰地阐述文化的含义。我们认为："文化是一个组织所有成员所共享的并且作为标准传承给新成员的一系列价值观、信念、看法和思维方式的总和。"（理查德·达夫特，2017）它不以成文的形式体现，却可以作为企业的一个重要的组成部分为人们所感受到。企业中的每个成员都受企业文化的影响，然而这种影响往往是潜移默化的，并不容易被人们感觉到。只有当企业推行一些与组织基本行为规范和价值观相悖的新的战略或方案时，文化的力量才会被人们真切地感受到。

2）企业文化的作用

企业文化使企业的成员对企业有了一种认同感，促使他们逐步形成与企业主流思想相同的信念和价值观。它不仅可以使企业成员知道如何彼此相处，实现企业的内部整合，而且可以提高企业的外部适应性。所谓内部整合，是指组织成员会发展出一种集体认同感，从而知道该如何有效地一起工作。正是文化引导了企业成员的日常工作关系，决定组织中人们相互沟通的方式，什么行为是可以接受的和不可以接受的，组织中的权力和地位是什么样的格局。所谓外部适应性，是指组织如何达成目标，如何处理与外部人的关系。文化不仅能指导企业成员的日常活动以实现既定的目标，而且能促进企业对顾客的需要或竞争对手的行为做出快速的反应（理查德·达夫特，2017）。

3）文化强度及企业中的亚文化

对组织文化的衡量一般有两个变量：① 内容，即组织所拥有的基本准则及其优先次序。组织文化的内容受到经济环境、行为本身、组织政策以及组织领导等多种因素的影响。② 强度，即企业成员就持有某种价值观的重要性所达到的认识上的一致程度。如果某种价值观在企业中获得广泛的共识，则该企业的文化就是有凝聚力的强文化。如果存在很低的共识，则该企业的文化就属于弱文化。一个企业文化的强弱会对其绩效产生很大的影响。

强文化通常与各种仪式、象征物、典故、英雄人物及口号的频繁使用有关。这些可见的文化因素会增强员工对组织价值观和战略的承诺。另外，为了建立和保持强文化，组织的管理者总是十分强调员工的挑选及使新员工融合进来的社会化过程。

应该指出，在一个企业内部，文化也并不总是统一的。即使是在具有强文化的组织内，特别是在大型企业内，也可能存在几类不同的文化。亚文化是在一个团队、部门或其他类型单位内形成的，是对其成员共同面对的问题、共享的目标及经营的反映。那些在地理上远离企业主体业务活动区域的下属单位、分支机构和办事处等，可能会拥有各具特色的亚文化。

亚文化通常是由占主要地位的组织文化中的基本价值观加上该单位成员所持有的独特的价值观而构成的。一个组织内拥有几种不同的亚文化，这时常可能导致部门间的冲突，尤其是在企业没有形成整体范围内很强的企业文化的情况下更是如此。当一种亚文化变得过强以致超过整个企业的文化时，组织的绩效就要受到影响。

4）企业文化对企业组织设计的影响

企业文化作为一种非正式的系统存在于企业之中，深刻地影响着企业。组织设计与组织文化是相互作用的：一方面，组织文化影响组织设计的思想、组织成员的行为和组织的运行，不管组织设计如何进行，都是以组织文化为背景的（无论它是强势文化还是弱势文化）；另一方面，组织设计的内容和组织结构又会影响组织文化的内容。

有关研究表明：在提倡适应性变革的组织文化中，管理者会关注环境变化并主动地变革组织设计，使企业与环境相适应，在长期内提高组织的绩效。另外，从企业的外部看，我们也能清楚地看到企业文化对企业组织设计的影响。通过对东、西方文化的研究，一些学者也发现东、西方人思维方式不同影响着企业组织。东、西方文化在企业管理中的差异性表现在"交流""人际关系""激励""决策""权力距离感""群体意识"这六个相互关联的方面。如人际关系，东方文化强调的是一种长期的、互惠式的人际关系，这种关系可以促使群体内部成员的和谐共处。而西方文化注重的是短期效果和合同式的雇佣关系。在东方，人际关系对市场管理的影响体现在，企业与客户的关系往往需要时间的建立，随着一位优秀的销售人员或者经理的离开，往往也会造成客户资源的流失。又如激励，东方式的激励往往与群体挂钩。这种激励模式产生于东方的集体主义观点，使得群体内部的成员希望回避由于内部竞争带来的矛盾。这种激励模式从另一个角度促进了群体内部成员间的工作关系和内部凝聚力。而西方式的激励则常常以个人为取向，这与西方的个人主义文化观正好相一致。东方式的激励内容常常包括房子、社会保险和相关福利等，注重报酬的稳定性。

企业文化与企业组织设计两者是一种错综复杂的互相关系，即组织设计的变化要求文化做出相应的变化，同时文化的变化也要求组织设计做出相应的调整，组织设计与文化之间的匹配，是企业组织有效运作的前提条件。企业文化是企业组织的"保护带"，没有企业文化的相应保证，企业组织的改革难以保证。作为一种"保护带"，原有的企业文化会以其固有的稳定性紧紧地保护原有的组织结构，抵制任何变化的发生，使新的组织结构难以获得。因此，如果要对企业组织进行重新构建，就必须完成企业组织的文化转型，使企业文化不会成为组织变革的阻碍，而成为组织变革的强大推动力。企业组织的文化转型是一个打破原有企业组织文化保护带，并建立一个新文化保护带的过程，这是一个动态的过程，它要打破现有企业文化的结构，剔除那些不适应新的组织设计要求的内容，通过一定的途径建立与组织设计相适应的新内涵，赋予企业组织文化新内容，通过一定的方式将其固定下来，形成一种新的、稳定的企业组织文化（施东，2003）。

组织文化具有易建不易变的特点，组织设计必须了解组织文化，以便组织设计能增强灵活性和适应性。

2. 人员素质

企业人员素质，包括各类员工（特别是领导层）的价值观念、工作作风、业务知识、管理技能、工作经验以及年龄结构等。企业人员素质也是组织设计的一个重要变量，它对组织有着多个方面的影响，主要表现在以下几个方面。

（1）集权与分权的程度。一般来说，企业中层管理人员的业务水平较高，管理知识较全面，领导工作经验较丰富，则可以较多地下放管理权力；反之，则以管理权力集中为宜。

（2）管理幅度的大小。如果管理人员的专业水平、领导经验、组织能力较强，就可以适当地扩大管理幅度；反之，则应该适当缩小管理幅度，以保证领导工作的有效性。

（3）部门设置的形式。例如，实行事业部制，一个重要条件是管理人员中要有比较全面领导能力的人选，才能取得较好的效果。又如，实行矩阵结构，则项目经理的人选也要求在职工中有较高的威信和良好的人际关系，以适应它的"多责少权"的特点。这就要求项目经理具有较多的专业知识和工作经验，具有较强的组织能力和人际关系技能。

（4）横向联系的效率。良好的协作风格，可在某种程度上弥补协调机制设计上的缺陷。两个部门之间，在同样的沟通和协调方式下，如果双方协作风格高，都从企业工作全局观察问题，则办事就顺当和迅速；反之，则工作效率低下。

（5）对组织变革的态度。组织设计不可能一劳永逸，组织的变革和调整总是不断发生的，而影响变革是否顺利的一大因素是企业的人员素质。如果企业的人员结构严重老化，管理知识陈旧，人员的改革意识淡薄，则必然思想趋向保守，形成组织变革的重大阻力，阻碍变革的顺利进行，甚至使各种变革方案屡屡失败。

## 小结

企业组织的内部条件是指存在于企业组织边界之内的变量。企业组织的内部条件的形成是历史的，在短期内，通常是无法控制和改变的。但从长期来看，它们会随着外部环境的变化而变化，也会受到企业发展战略、领导者偏好等因素的影响。企业组织的内部条件与企业组织设计之间存在着函数关系。企业组织的内部条件与外部环境共同影响着企业组织设计。影响企业组织设计的内部条件众多，在分析时，我们仅仅需要关注那些对企业组织产生重要影响的因素，其中包括企业规模、企业技术、企业生命周期、企业文化和人员素质。

在本书中我们将一个组织内拥有员工的总人数作为具体衡量组织规模的标准。大规模企业与小规模企业各有利弊。企业规模对组织设计有一定的影响。组织的规模影响着组织结构的复杂化程度。组织规模越大，组织中的分工越多（速度递减），组织水平差异化的部门和垂直管理层也会越多（速度递减），组织行为规范程度就越高。规模的扩大使得组织最高层难以直接控制下属的一切活动，做规模的扩大必然导致分权。

企业技术是影响组织及其管理的最重要的力量之一。技术分为两类：一类是通常所说的生产性技术，另一类是信息技术。经营成功的企业组织设计，与其所属的技术类型有着相互对应的关系。而经营不成功的企业，通常其组织结构特征偏离了其相应的技术类型。服务技术与制造技术有着系统的区别。服务业组织不具有制造业组织中所采用的那种固定的、以机器为基础的技术，因而服务业组织的设计也常常有不同的特点。在部门级技术的研究上，佩罗提出的分析框架通过考查部门技术的多样性和可分析性，将其分为常规技术和非常规技术。与常规技术相匹配的是一种机械式结构，非常规技术则与有机式结构相匹配。

企业信息化对企业组织结构的深刻影响主要体现在四个方面：企业管理过程日益集成化，企业组织的结构趋向扁平化、分权化，企业规模由片面追求越大越好转为适度发展，组织成员的行为方式和人员构成发生重大转变。

企业的生命周期（life cycle），是指一个企业的诞生、成长直至最后消亡的过程。随着企业向生命周期下一阶段的演进，其结构、领导风格及管理系统都会演变为一种相对可预见的模式。在每一个阶段，这些系统都表现出某种挣扎（某种困难或暂时问题）而必须将它们加以克服。有些时候系统无法成功地解决自己的问题，这就需要外部力量的干预，借助具有不同禀赋的外部能量把系统从自己的困境中解脱出来。

企业文化作为一种非正式的系统存在于企业之中，深刻地影响着企业。组织设计与组织文化是相互作用的：一方面，组织文化影响组织设计的思想、组织成员的行为和组织的运行，不管组织设计如何进行，都是以组织文化为背景的（无论它是强势文化还是弱势文化）；另一方面，组织设计的内容和组织结构又会影响组织文化的内容。

企业人员素质也是组织设计的一个重要变量。它会影响企业集权与分权的程度、管理幅度的大小、部门设置的形式、横向联系的效率、对组织变革的态度等。

 **思考题**

1. 企业的人员素质对企业组织设计有何影响？

2. 为什么规模大的组织通常更正规化？

3. 将"生命周期"概念应用于分析一个你所熟悉的组织，如一所大学或一家地方企业。该组织目前处于生命周期的哪个阶段？它怎样处理或渡过其生命周期中的危机？

4. 讨论大型组织与小型组织的主要区别。什么样的组织最适合按大型组织的方式运营？

5. 你认为企业信息化对企业组织设计的最大影响是什么？

 **案例讨论**

### G 公司内部控制体系建设中的组织结构问题

摘要：组织结构作为控制环境的重要组成部分，为控制活动的实施营造了基本的氛围。对于企业而言，搭建合理的组织结构，对于保障控制活动的有效实施以及控制目标的实现是极其重要的。本案例描述了 G 公司的发展战略、内外部环境、组织结构的现状，以情景再现的方式呈现了 G 公司存在的问题，旨在引导学生分析这些问题产生的根源，进而为 G 公司提出一套符合公司现实、内部控制要求和组织设计一般原则的组织结构优化方案。

资料来源：李宇立，王亚南. G 公司内部控制体系建设中的组织结构问题[DB/OL]. 中国管理案例共享中心，2017. http://www.cmcc-dlut.cn/Cases/Detail/2898.

 **经典书籍推荐**

爱迪思. 企业生命周期[M]. 王玥，译. 北京：中国人民大学出版社，2017.

伊查克·爱迪思以系统的方法巧妙地把一个企业的发展比作一个像人和生物那样的生命体，把企业生命周期分为十个阶段：孕育期、婴儿期、学步期、青春期、壮年期、稳定期、贵族期、官僚早期、官僚期、死亡。爱迪思生动、准确地描述了企业每个阶段的特征，并提出了相应的对策，揭示了企业发展的基本规律，告知企业管理者和创业者如何判断出现的问题，如何安排结构、人员和制度，以便让组织充满竞争力和活力。

## 参考文献

[1] 王勇，刘晓晨. 商业生态系统健康性研究，兼评"乐视生态"的崩塌[J]. 中国经济评论，2021（8）：45-51.

[2] 郑海航. 企业组织学导论[M]. 北京：中国劳动出版社，1990.

[3] 杨洪兰，张晓蓉. 现代组织学[M]. 上海：复旦大学出版社，1997.

[4] 吴培良. 工业企业组织设计 [M]. 北京：中国人民大学出版社，1993.

[5] 达夫特. 组织理论与设计：第 12 版[M]. 王凤彬，石云鸣，张秀萍，等，译. 北京：清华大学出版社，2017.

[6] 张玉利，程斌宏. 重新设计组织[M]. 天津：天津人民出版社，1997.

[7] 李巍，谈丽艳，张玉利. "借鸡生蛋"还是"引狼入室"?：新创企业战略联盟的效应机制研究[J]. 管理工程学报，2022（2）.

[8] 刘大忠，陈安，黄琨. 服务营销研究综述[J]. 内蒙古科技与经济，2006（9）：36-38.

[9] 爱迪思. 企业生命周期[M]. 王玥，译. 北京：中国人民大学出版社，2017.

[10] 刘苹，蔡鹏. 基于企业生命周期的企业家社会网络研究[J]. 贵州社会科学，2012（9）：91-94.

[11] 周三多，陈传明，刘子馨，等. 管理学[M]. 上海：复旦大学出版社，2018.

[12] 孙绪鑫. 基于企业生命周期的公司治理系统研究[J]. 特区经济，2017（4）：121-122.

[13] 周敏. 基于企业生命周期的公司治理结构对内部控制有效性影响[J]. 财会通讯，2014（36）：92-96.

[14] 张德. 企业文化建设[M]. 北京：清华大学出版社，2015.

[15] 石伟. 组织文化[M]. 上海：复旦大学出版社，2020.

[16] 施东. 本钢一建公司组织再造探讨[D]. 沈阳：东北大学，2003.

[17] 德鲁克，克里斯坦森，奎因. 哈佛商业评论：自我发现与重塑[M]. 刘铮筝等，万艳，蒋荟蓉，译. 北京：中信出版社，2015.

[18] 德鲁克，马恰列洛. 卓有成效管理者的实践[M]. 宋强，译. 北京：机械工业出版社，2020.

[19] 哈佛商学院教程研究工作室. 哈佛商学院 MBA 管理全书[M]. 北京：中央编译出版社，2012.

[20] 贾旭东. 现代企业战略管理：思想、方法与实务[M]. 北京：清华大学出版社，2018.

[21] 李孔岳. 私营企业关系运作组织变迁与家族制度研究[M]. 广州：中山大学出版社，2011.

[22] 张景峰. 法定公司组织机构规范研究[J]. 河南财经政法大学学报，2021，36（2）：101-112.

# 第 4 篇　企业组织设计的模块构建

　　本篇主要内容包括企业组织的结构设计、职权设计、流程设计、绩效评估设计和激励设计五大模块。第 7 章企业组织的结构设计介绍了组织结构的基本形式和组织结构设计的方法，回答了组织"由谁做"的问题。第 8 章企业组织的职权设计主要解决组织职权在组织中的合理分配和控制问题，涉及职权的概念、权力的来源及职权设计的方法，职权设计解决了"能做什么"的问题。第 9 章企业组织的流程设计阐述了企业流程的含义与分类、企业流程产生与发展的理论基础以及流程设计的方法，流程设计主要解决了企业中特定的业务"如何做"的问题。第 10 章企业组织的绩效评估设计包括绩效评估的方法和绩效评估设计的内容。第 11 章企业组织的激励设计分析了激励设计的过程以及设计的方法，目的是帮助企业组织制定各种类型的激励制度。绩效评估设计和激励设计解决了"我要做"的问题。

# 第 7 章

# 企业组织的结构设计

 **本章学习目标**

1. 定义组织结构；
2. 描述各种组织结构的特点；
3. 比较流程型结构与直线职能型结构；
4. 掌握结构设计的方法；
5. 解释管理幅度与管理层次的关系；
6. 确定职务特征模型的职务核心维度。

## 引例

微软公司越来越难以跟上苹果公司和谷歌公司的发展步伐了。当苹果公司和谷歌公司不断有新产品问世并获得热销时，微软公司却像底特律（Detroit）的汽车制造商们一样，开发的产品只是外表光鲜，而实际上却是将要下线的老旧产品。导致微软公司发展缓慢的一个重要原因是，公司各个部门之间相处不睦，长期处于交战状态。由于公司内部的各种明争暗斗和权力斗争，用于开发平板电脑和智能手机的技术创新被迫终止、延期或者偏离原来的方向。微软公司前任首席执行官史蒂芬·巴尔默（Steven Ballmer）说：“为了提升公司的行动力，我们要将多个微软变成一个微软。”微软公司调整了公司的组织结构，将现有的 8 个产品部门重组为 4 个业务单位，以更好地促进协作和团队工作。巴尔默说，组织重构的目标是“推动公司层团队工作的成功”。过去，每个事业部都有自己独立的财务部门和市场营销部门，现在微软将这些职能部门集中到了公司层面，所有的硬件、软件和服务工作也都在一起进行，以促进不同单位之间更加密切的合作，创造出更加有竞争力的产品。在新的组织结构下，对于任何重大的提议或行动，都会有一名高层人员专门负责，并直接向首席执行官汇报工作，以促进信息的流动，确保所有人朝着相同的方向努力。在某次电话采访中，微软必应（Bing）及其他互联网业务总裁陆奇（Qi Lu）说，微软公司之前的组织结构就像是棒球运动，每位员工都各自施展才华。而新型的组织结构则如足球运动，比赛开始之前，所有人都要先拥抱在一起，共同努力（理查德·达夫特，2017）。

美国著名的心理学家、诺贝尔经济学奖 1979 年获得者赫伯特·西蒙（Herbert Simon）

曾经说过："有效地开发社会资源的第一个条件是有效的组织结构。"组织结构是企业的基本架构，是企业生产经营活动有序化进行的支撑体系。组织结构设计的优劣直接影响着企业内部组织行为的效果和效率，继而影响着企业宗旨的实现。因此，组织结构是企业组织的重要组成部分，企业组织的结构设计对于企业的战略发展至关重要。本章将对组织结构的含义、基本形式以及设计的方法进行阐述。

# 7.1 组织结构的含义

## 7.1.1 组织结构的内涵

企业的组织结构，是企业全体员工为实现企业目标，在工作中进行分工协作，在职务范围、责任、权力方面所形成的结构体系。这一定义说明：① 组织结构的本质是员工的分工协作关系。② 设计组织结构的目的是实现企业的目标。所以，组织结构是实现企业目标的一种手段。③ 组织结构的内涵是人们在职、责、权方面的结构体系。所以，组织结构又可简称为权责结构（许玉林，2015）。从组织结构的定义可以看出，它包含以下几个关键要素。

（1）管理层次和管理幅度。管理层次是指职权层级的数目，即一个组织内部从最高管理者到最低层职工的职级、管理权力层次数量。企业管理层次的多少，表示企业组织结构的纵向复杂程度。管理幅度是指主管人员有效地监督、管理其直接下属的人数。组织中管理层次的多少，根据组织的任务量、组织规模的大小而定。管理层次与管理幅度这两个因素密切相关，管理层次与管理幅度成反比关系。也就是说，在组织规模给定的情况下，管理幅度增大，则组织层次减少；管理幅度减少，则组织层次增多。这样管理层次就构成了组织的纵向结构。

（2）部门的组合。部门是指组织中主管人员为完成规定的任务，将人员编成其有权管辖的一个特定的领域。各不同部门的组合构成了整个组织的方式。部门划分的目的是要按照某种方式划分业务，以起到最好地实现组织目标的作用。部门划分常用的方法有：按人数划分、按时间划分、按职能划分、按地区划分、按服务对象划分等。各部门的组合构成了组织的横向结构。

（3）组织的运行机制。对于组织来讲，只有基本结构是远远不够的，必须通过运行机制来强化基本结构，来保证基本结构意图的体现。所谓运行机制，指的是控制程序、信息系统、奖惩制度以及各种规范化的规章制度等。运行机制的建立和强化有助于更清楚地向职工表明企业对他们的要求和期望是什么。好的运行机制激励职工同心协力，为实现企业的目标而努力。也就是说，运行机制赋予企业基本结构以内容和活力（孙耀君，2007）。它确保了组织纵向、横向各有机要素按照统一的要求和标准进行配合和行动。其目的在于确定组织中各项任务的分配与责任的归属，以求分工合理、职责分明，有效地达到组织目标。

### 7.1.2　组织结构的外延

组织结构通常可以用组织结构图来表示。组织结构图是有关组织的正式职权和联系网络的描述图表。它是对组织关系的一种静态描述，或者说是一种抽象的模型。

托夫勒指出："每一个时代都有一种合乎其节拍的组织形式。农业文明时代，个人的生活步调是比较缓慢的，而且极少要求组织做出我们视为快速的决策，工业文明时代加快了个人和组织生活的节拍。事实上正是由于这一原因才需要科层制的形式。"（2018）各种组织形式各有优劣，企业采取什么样的组织形式应取决于企业所在行业及其所提供的产品、服务的特点。如果从社会历史发展的角度对其进行考察，伴随着环境变化、技术进步，组织结构经历了从简单到复杂、从无机到有机的发展历程。组织形式从职能型、事业部型，到矩阵型、立体多维型的演变历程，正是组织顺应时代潮流，对技术进步和环境变化的适应性变革。

职能型、事业部型、矩阵型、立体多维型，尽管组织形式各有不同，但是从总体上看，它们的共同特征是属于等级制组织，是以命令控制为主要特征，按照纵向职能为主、横向协调为辅的原则建立的。它们特别重视中心任务部门的工作和完整的预算体系的建立，强化人事管理和具体经营的职责。其理论基础是亚当·斯密的分工理论。斯密之后，尤其是 19 世纪末 20 世纪初，生产的分工和专业化的增进变得越来越明显，成为促进经济增长的主要原因。正如马克思所说："一个民族的生产力发展水平，最明显地表现在该民族分工的发展程度上。"

人类社会由简单向复杂的发展，使得层级制组织的出现成为历史的必然。结构稳定、责权明确、层级分明是层级组织的重要特征。相对于简单的、稳定的、变化不大的组织环境，层级制组织目标明确而持久，这对推进大量的复杂性工作任务的完成大有裨益。层级也是激励员工，使组织效率最大化的重要手段，不同层级的人具有不同地位、收入和评价，任何人要顺着层级的阶梯向上流动，必须为组织贡献自我的力量，对高层级地位的追求，激励着员工不断为组织奉献自我（王建斌，2012）。

今天组织所面临的环境瞬息万变，处于不稳定、不确定状态，组织目标也不仅仅单纯以利润为单一目标，而是呈现出多样化状态。固定的、僵死的层级化组织面对复杂的内外环境时显得十分笨拙。其内部分工的、等级的、结构的固定化难以适应纷繁复杂、变幻莫测的组织环境。现在的企业组织急需打破传统的层级制组织模式（王建斌，2012）。流程型组织结构、网络型组织结构、平台型组织结构代表了现代企业组织结构的最新发展趋势。

1990 年，美国麻省理工学院迈克尔·哈默（Michael Hammer）教授首先在《哈佛商业评论》上发表题为"企业再造：彻底改革"的文章，建议美国企业界重新审视自己的管理思想和经营过程，只有对目前的工作流程进行一次重新设计，才能拯救企业并使之焕发生机。1993 年哈默又与 CSC 管理顾问公司的董事长詹姆斯·钱匹（James Champy）提出了管理流程再造（business process reengineering，BPR）的概念。它强调以业务流程为改造对象和中心，以关心客户的需求和满意度为目标，对现有的业务流程进行根本的再思考和彻底的再设计，利用先进的制造技术、信息技术以及现代化的管理手段，最大限度地实现技术上的功能集成和管理上的职能集成，以打破传统的职能型组织结构（function-organization），建立全新的流程型组织结构（process-oriented organization），从而实现企业经营在成本、质量、服务和速度等方面的改善。

随着生产力水平的迅速提高和社会分工的日益细化，企业内各个部门之间、相关企业之间的协作与沟通越来越重要。进入21世纪，越来越多的企业经营者和学者开始意识到，传统的企业间与企业内组织形式已经难以适应知识经济这一新型经济形态的要求，对企业内与企业间协作与沟通问题的解决显得力不从心。网络组织的出现为这一问题的解决提供了有效的途径。

通过对组织模式的比较，可以看出，传统的企业管理模式注重的是组织结构和管理的角色，表现为以职能为中心的组织形式。现代的管理模式把中心投向对流程的支持、对顾客的关注，人们将工作在团队中，而非原来的职能部门中，将向最终的结果负责，而非向上司或活动负责。由此可见，组织结构的扁平化、组织规模的小型化、组织边界的开放化、组织结构的网络化、组织成员的团队化以及组织结构的平台化已经成为现代企业组织发展的必然趋势。

## 7.2  组织结构的基本形式

组织结构是随着组织内、外部要素的变化而变化的，企业发展的不同时期、具有不同特点的企业具有不同的组织结构。组织结构的形式多种多样，常见的组织形式包括以下几种。

### 7.2.1  直线职能型

职能型结构设计理论正式产生于19世纪末，主要代表人物有泰勒、法约尔、韦伯等。以研究科学管理理论为主的泰勒在组织理论上提出三点：设计计划部门，实行"职能制"，实行"例外原则"。法约尔在组织结构方面主张采取"金字塔"型的等级及设置参谋机构；韦伯主张权威结构理论，并依据权威关系来描述组织活动。在以上理论的指导下，以直线制、职能制为基础产生了直线职能型组织结构模式。

1）直线型

直线型是最简单，也是最早出现的集权式组织结构形式，又称为军队式结构。其基本特点是组织中的各种职位按垂直系统直线排列，不设专门的职能机构，如图7-1所示。

这种结构的优点是：机构简单，信息传递快，决策迅速，费用省，效率高，但要求领导者通晓各种业务。因此，这种组织形式只适用于规模较小、生产技术比较单一的企业。

2）职能型（亦称"U"形组织）

职能型是在直线型的基础上，为各职能领导者设置相应的职能机构和人员。在职能型模式下，下级行政负责人除了接受上级行政主管指令，还需接受上级职能机构部门的领导和监督，如图 7-2 所示。该模式带有分权制管理的特点。

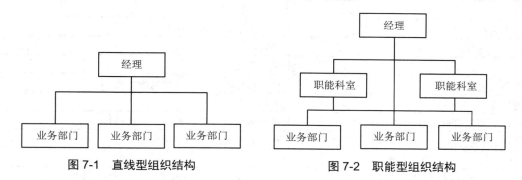

图 7-1　直线型组织结构　　　　图 7-2　职能型组织结构

职能型是在直线型形式的基础上，为各职能领导者设置相应的职能机构和人员。其优点是：将企业管理工作按职能分工，适应了现代企业生产技术比较复杂、管理工作分工较细的特点，提高了管理的专业化程度。但是，它容易形成"多头领导"，妨碍生产行政的统一指挥，不利于建立健全责任制。因此，这种组织形式在现代企业中很少采用。

　3）直线职能型

直线职能型又称为直线参谋型，或称为生产区域型。该模式综合上述两种模式的优点：一方面保持了直线型领导、统一指挥的优点；另一方面又吸收了职能管理专业化的长处，实行厂长统一指挥与职能部门参谋、指导相结合的组织结构形式，如图 7-3 所示。

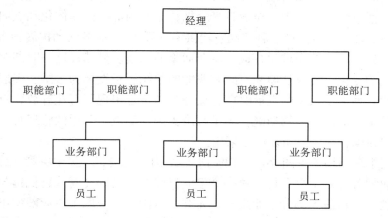

图 7-3　直线职能型组织结构

这种组织形式也存在明显的不足之处：权力集中在最高管理层，职能部门缺乏必要的自主权；各职能部门之间的横向协调性差；企业信息传递路线过长，容易造成信息丢失或失真，适应环境能力差，如表 7-1 所示。

表 7-1　直线职能型组织结构特征

| | 环　　境 |
|---|---|
| 产生年代或背景 | 19 世纪末 20 世纪初 |
| 技术环境 | 初级技术、常规技术 |

续表

| 环　　境 | |
|---|---|
| 适用企业范围 | 中小企业，应用较普遍 |
| 适用市场环境 | 稳定环境 |
| **管 理 特 点** | |
| 管理出发点 | 以部门效率和技术质量为出发点 |
| 管理难点 | 各部门的协调 |
| 管理层级与管理幅度（纵横管理链） | 纵向管理链较长，横向管理链较短 |
| 管理者职权特点 | 集权式管理，事务型管理 |
| **优　　点** | **缺　　点** |
| 1. 实现部门内部的规模经济 | 1. 对环境变化反应迟钝 |
| 2. 促进知识和技术的纵向发展 | 2. 可能导致决策堆积于高层，层级链超载 |
| 3. 促进组织实现职能目标 | 3. 导致部门间横向协调差 |
| 4. 最适于只有一种或少数几种产品的组织 | 4. 导致缺乏创新 |
| | 5. 对组织目标的认识有限 |

资料来源：达夫特. 组织理论与设计：第 12 版[M]. 王凤彬，石云鸣，张秀萍，等，译. 北京：清华大学出版社，2017.

### 7.2.2　事业部型

20 世纪 20 年代末到 30 年代，资本主义经济高速发展，企业规模急剧扩大，多层次的"金字塔"型组织结构使大型企业日显笨拙；企业内部横向一体化和纵向一体化同时得到发展，一个公司同时生产多种产品、提供多种服务， 业务活动扩展到多个国家；市场竞争加剧，如何在竞争中求生存成为企业面临的问题。显然，这一时期企业经营环境及其经营方式的变化，要求从原来直线和职能的组织思想发展为多维、多层次的系统组织思想。由此管理学步入新的发展时期，管理学理论也出现了百花齐放、百家争鸣的局面。经验主义学派的代表人物斯隆，为了解决美国通用汽车公司的管理难题，提出了事业部型的组织结构，在大公司被广泛采用。

事业部型组织结构（见图 7-4）亦称 M 形结构，是按照"集中决策、分散经营"的原则，将企业划分为若干事业群，每一个事业群建立自己的经营管理机构与队伍，独立核算，自负盈亏。目前大部分企业集团，尤其是跨国公司采取了事业部型组织结构，其组织架构是业务导向型的，从权力结构上讲是分权制，基本单位是半自主的利润中心，每个利润中心内部通常又按职能型组织结构设计。在利润中心之上的总部负责整个公司的重大投资，负责对利润中心的监督。因此总部的职能相对萎缩，一般情况下，总部仅设人事、财务等几个事关全局的职能部门。

事业部型组织结构具有以下特点：① 专业化分工是按照企业的产出将业务活动组合起来，成立专门的生产经营部门。② 生产规模较大、生产经营业务多样性。钱德勒指出：它"将许多单位置于其控制之下，经营于不同地点，通常进行不同类型的经济活动，处理不同类型的产品和服务"。③ 管理权和经营权相分离。在产权安排上实行所有权、经营权相分离，在内部分工与协作中实行事业部型是大型企业普遍采取的组织结构模式。

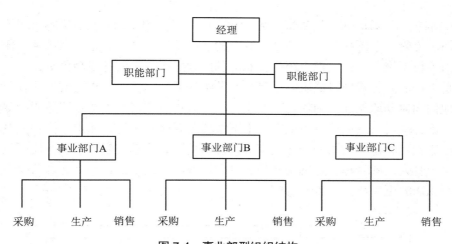

图 7-4  事业部型组织结构

④ 层级制管理。事业部型组织结构尽管增加了分权色彩，但在事业部内仍采用直线职能型组织结构，从总体上看，它仍属于等级制组织，管理层级制仍然是存在于现代企业组织的一个典型特征，如表 7-2 所示。

表 7-2  事业部型组织结构特征

| 环　　境 | |
| --- | --- |
| 产生年代或背景 | 20 世纪四五十年代，随着大型企业产生而出现 |
| 技术环境 | 复杂技术 |
| 适用企业范围 | 大型、复杂企业，应用较普遍 |
| 适用市场环境 | 环境不断变化 |
| 管　理　特　点 | |
| 管理出发点 | 以产品线和市场为出发点 |
| 管理难点 | 对各事业部的监控 |
| 管理层级与管理幅度（纵横管理链） | 纵向管理链变短，横向管理链较短 |
| 管理者职权特点 | 分权式管理，战略型管理 |
| 优　　点 | 缺　　点 |
| 1. 适应不确定环境中的快速变化 | 1. 失去了职能部门内部的规模经济 |
| 2. 产品责任和接触点明确，会使顾客满意 | 2. 导致产品线之间协调差 |
| 3. 实现跨职能的高度协调 | 3. 不利于能力的纵深发展和技术的专业化 |
| 4. 使各单位能适应不同的产品、地区或顾客 | 4. 使跨产品线的整合和标准变得困难 |
| 5. 最适于提供多种产品的大型组织 | |
| 6. 决策的分权化 | |

资料来源：达夫特. 组织理论与设计：第 12 版[M]. 王凤彬，石云鸣，张秀萍，等，译. 北京：清华大学出版社，2017.

### 7.2.3  矩阵型

矩阵型组织结构又称为规划目标结构组织。在矩阵形式中，有两条权力线：一条是从各职能经理那里来的垂直权力线，另一条是来自工程权力部门的水平权力线（弗里蒙特·E.卡斯特、詹姆斯·E. 罗森茨韦克，1988）。两条权力线的共存，决定了矩阵型组织结构纵横两套管理系统的共生：一套是纵向的职能系统，另一套是为完成某一任务而组成的横向项目系统。纵向组织系统是在职能部门领导指挥下的各职能科室，而横向组织系统则是以产品、工程项目或服务项目为对象组成的专门小组，小组成员从各职能部门抽调，他们同时受职能部门和项目组的领导。一旦项目完成，人员仍回原职能部门。由此可以看出，项目小组成员在组织中的上下隶属关系是永久的，而水平协调关系则是暂时的。毋庸置疑，这一结构的存在改变了传统的单一直线垂直领导系统，使一位员工同时受两位主管人员的管理，呈现交叉的领导和协作关系，从而达到企业内营销职能与设计、生产职能的更好结合，如图 7-5 所示。

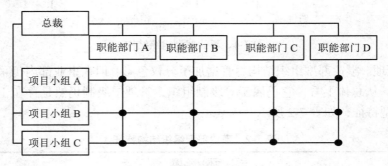

图 7-5 矩阵型组织结构

矩阵型组织结构兼有职能型组织结构和事业部型组织结构两种结构的优点，既能充分利用职能部门内的专业技术知识，又能促进职能部门之间的横向协作。然而，矩阵型组织与职能型组织在组织原则上又大不相同：职能型严格遵循统一指挥原则，矩阵型则从结构上形成了双头指挥的格局。但从设计逻辑上分析，二者又都以工作和任务为中心，组织的分工协作关系和权责的划分均以完成任务为目标。与事业部型组织结构相比，尽管它具有事业部型组织结构的灵活性，二阶结构拥有一定的权力，然而从设计逻辑上分析，事业部型组织结构更多的是以绩效为中心，上层关注的是结果而非过程，如表 7-3 所示。

表 7-3 矩阵型组织结构特征

| 环 境 | |
| --- | --- |
| 产生年代或背景 | 20 世纪六七十年代，随着大型企业产生而出现 |
| 技术环境 | 复杂技术 |
| 适用企业范围 | 中型企业，应用较少 |
| 适用市场环境 | 需求较多、较复杂环境 |
| 管 理 特 点 | |
| 管理出发点 | 以产品和技术为出发点 |
| 管理难点 | 多头领导，协调制度 |
| 管理层级与管理幅度（纵横管理链） | 纵向管理链变短，横向管理链较长（二维管理） |
| 管理者职权特点 | 分权式管理，协调型管理 |

续表

| 优　点 | 缺　点 |
| --- | --- |
| 1. 获得满足顾客双重需要所必需的协调 | 1. 导致员工面临双重的职权关系，容易产生无所适从和混乱感 |
| 2. 促使人力资源在多种产品线之间灵活地共享 | 2. 意味着员工需要有良好的人际技能并接受高强度的训练 |
| 3. 适应不确定性环境中频繁变化和复杂决策的需要 | 3. 耗费时间，需要频繁开会协调及讨论冲突解决方案 |
| 4. 为职能和产品两个方面技能的发展提供了机会 | 4. 除非员工理解这种模式，并采用像大学那样的而不是纵向的关系方式，否则难以奏效 |
| 5. 最适于拥有多种产品线的中等规模的组织 | 5. 需要做出很大努力来维持权力的平衡 |

　　资料来源：达夫特. 组织理论与设计：第 12 版[M]. 王凤彬，石云鸣，张秀萍，等，译. 北京：清华大学出版社，2017.

　　总之，矩阵型组织结构能使企业对外界环境的变化迅速地做出反应，满足市场的多样化需求，适合应用于因技术发展迅速而产品品种较多、管理活动复杂的企业，如军事工业、航天业、科研机构等多采用这种结构。

## 7.2.4　立体多维型

　　立体多维型组织结构是职能型组织结构、矩阵型组织结构和事业部型组织结构的综合发展，是为了适应新形势的发展需要而产生的组织结构形式。立体多维型组织结构就是一个企业的组织结构包括三类以上的管理机构。主要包括：① 按产品或服务项目划分的事业部，是产品利润中心；② 按职能划分的参谋机构，是专业成本中心；③ 按地区划分的管理机构，是地区利润中心。这样，企业内部的一个员工可能同时受到来自三个不同方面的部门或者组织的领导，如图 7-6 和表 7-4 所示。

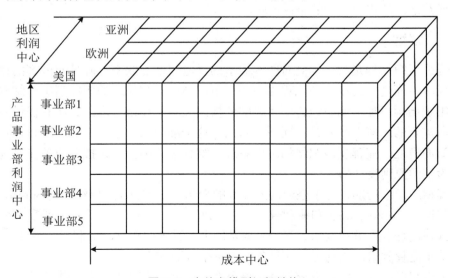

图 7-6　立体多维型组织结构

**表 7-4　立体多维型组织结构特征**

| 环　境 | |
|---|---|
| 产生年代或背景 | 20 世纪六七十年代，随着跨国公司产生而出现 |
| 技术环境 | 复杂技术、电信技术 |
| 适用企业范围 | 跨国公司 |
| 适用市场环境 | 多区域、多变化、多需求、较复杂环境 |
| **管 理 特 点** | |
| 管理出发点 | 以全球市场为出发点 |
| 管理难点 | 多头领导，综合协调 |
| 管理层级与管理幅度（纵横管理链） | 管理幅度较宽（三维管理） |
| 管理者职权特点 | 分权式管理，协调型管理 |

| 优　点 | 缺　点 |
|---|---|
| 1. 在分权的基础上，确保职能目标的实现 | 1. 导致员工面临三重职权关系，容易产生无所适从和混乱感 |
| 2. 能最大限度地满足顾客的需求 | 2. 意味着员工需要有良好的人际技能并接受高强度的训练 |
| 3. 促使人力资源在多种产品线之间灵活地共享 | 3. 耗费时间，需要频繁开会协调及讨论冲突解决方案 |
| 4. 适应不确定性环境中频繁变化和复杂决策的需要 | 4. 需要做出很大努力来维持权力的平衡 |
| 5. 最适于拥有多种产品线的大规模的跨国企业 | 5. 导致部门间横向协调差 |

通过立体多维型组织结构，可使这三个方面的机构协调一致，紧密配合，为实现组织的总目标服务。它的成功实现的前提是，必须在集团内部有效地建起决策、管理与制约、激励机制，并配置以完善而高效的网络体系。立体多维型组织结构适用于体制健全的跨国或跨地区的规模庞大的企业集团。

### 7.2.5　流程型

流程型组织结构是为了提高对顾客需求的反应速度与效率，降低对顾客的产品或服务供应成本，而建立的以业务流程为中心的组织结构。与传统的职能型组织结构相比，流程型组织结构更加强调组织各要素之间的横向关系。在组织内部，所有提供一种产品或服务所需要的职能人员安排在同一个部门，这个部门由一个通常的"流程负责人"来管理。简而言之，流程型组织结构是以系统、整合理论为指导，按照业务流程为主、职能服务为辅的原则设计的。

流程型组织结构形式由于企业内外环境的变化而千差万别，但结构的内涵是一致的。乔·佩帕德（Joe Peppard）和菲利普·罗兰（Philip Rowland）认为，几乎所有的企业组织都架构在流程、人员和技术这三个主要基座上（乔·佩帕德，菲利普·罗兰，1999）。因此，基于流程的组织结构也必须具备以下三个方面的内容。

（1）组织以流程维度为主干，每一流程由若干个子流程和团队组成。

（2）设置必要的职能服务中心来保障流程团队和业务流程的有效运行。

（3）团队之间、业务流程之间及其与职能中心之间的整合和协同工作需要信息技术的支持。

流程型组织结构如图 7-7 所示。

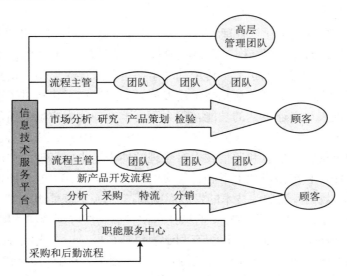

**图 7-7　流程型组织结构**

资料来源：达夫特. 组织理论与设计：第 12 版[M]. 王凤彬，石云鸣，张秀萍，等，译. 北京：清华大学出版社，2017.

从图 7-7 可知，与传统组织结构相比较，流程型组织结构具有以下几个特点。

（1）顾客或市场导向：企业的目的是实现自身的价值，而价值的实现取决于企业是否满足顾客的需求。流程型组织改变了传统职能组织对任务、对上司、对局部负责的局面，而是对整个流程、对最终目标、对顾客负责。"只有顾客才是关键的因素"，流程型组织把顾客的需求作为企业制定战略的出发点和归宿。图 7-8 和图 7-9 所示分别是波特的传统的价值链和斯莱沃茨基的基于流程的价值链。

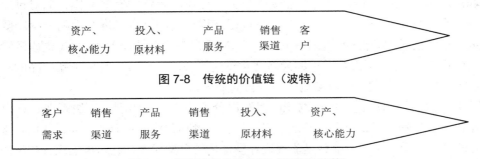

**图 7-8　传统的价值链（波特）**

**图 7-9　基于流程的价值链（斯莱沃茨基）**

（2）以流程为中心：业务流程是以产出（或服务）和顾客为中心，并决定着组织的运行效率。在传统劳动分工的影响下，作业流程被分割成各种简单的任务，并根据任务组成各个职能管理部门，经理们将精力集中于本部门个别任务效率的提高上，而忽视了企业整体目标。基于流程的组织是以业务流程为主干，以职能服务中心为辅助的一种扁平化的组织，在以流程为中心的组织中，流程团队代替了传统的职能部门，从而大大消除了原有各部门间的摩擦，降低了管理费用和管理成本，减少了无效劳动并提高了对顾客需求的反应速度。

（3）组织结构的扁平化：管理大师彼得·德鲁克曾预测："未来的企业组织将不再是一种'金字塔'式的等级制结构，而会逐步向扁平式结构演进。"组织结构扁平化是指管理层次的减少和管理幅度的扩大。传统的"金字塔"式层次繁多，信息传递速度缓慢，导致决策速度大大降低。现代信息技术的发展，为组织扁平化提供了重要的功能支持，使企业中层管理人员上通下达的功能在很大程度上被现代大容量的通信技术所替代。美国研究组织结构的专家郝马·巴拉密指出："减少层次和压缩规模趋势源于降低成本的需要，当然他们也反映了信息和通信技术对管理的冲击。中层管理的作用是监督别人以及采集、分析、评价和传播组织上下和各层次的信息。但是，它的功能正随着电子邮件、声音邮件、共享数据库资源等技术的发展而减弱。"可见，职能组织等级结构赖以形成的管理幅度正被信息沟通幅度所取代。信息技术使企业高层管理者和下层之间可直接沟通，实现组织结构的扁平化。扁平化组织有利于为包括基层员工在内的各方面人才提供充分发挥作用和能力的空间，使员工的潜能得到释放，使个人价值得以高度实现。

（4）流程团队：这是流程型组织的基本构件单位。它打破原有的职能边界，将员工以流程为中心组合起来直接面对顾客，并对公司总体目标负责，工作团队具有充分的自主权，规模小，工作效率高。团队成员通过电子计算机平台实现信息共享，每一个员工都能及时了解企业的整体规划和任务目标，对各自的工作进行独立分析、判断和决策。这样要求团队成员必须具备一定的学习、分析、决策能力。这种良性互动推动了组织素质的不断提高，成为一种学习型组织。团队的存在使企业能够对市场变化做出快速反应。

（5）灵活多变：为了适应不断变化的市场环境，从集权层级制到分权层级制再到扁平化的流程组织，组织结构的灵活性和适应性不断增强。传统组织为了开展经营活动，往往具有各方面（原材料供应、生产、销售等）的功能，按照分工原则，将其固定在各个"职能城堡"之中，结果使得企业规模过大，妨碍了企业的有效运作，面对迅速变化的市场，企业反应迟缓。流程型组织则是按照流程建立的具有高度柔性的流程团队，运用先进的信息技术[如流程型组织中 ERP、CRM（客户关系管理）、SCM（供应链管理）的广泛应用]，它能根据市场需求的最新变化迅速调整团队成员，有利于新产品的开发及顾客需求的满足，在激烈的市场竞争中获得商业先机。

（6）组织边界动态化：传统的职能组织以分工为指导，出现了等级森严、各自为政的企业边界。流程型组织打破了职能边界，以相关者利益作为企业的边界，从而带来了企业边界的日益渗透。虚拟企业就是流程边界模糊化的典型代表，它通过集成各成员的核心能力和资源，在管理、技术、资源等方面拥有得天独厚的竞争优势，通过分享市场机会和顾客，实现共赢的目标，以便在瞬息万变、竞争激烈的市场环境中有更大的获胜机会。

（7）整合性：流程型组织结构是以系统、整合理论为指导，按照业务流程为主、职能服务为辅的原则设计的。在传统的基于职能的组织中，生产经营与管理流程的片断化、片面追求局部效率优化而忽略了整个流程的效率。流程管理提出了要以首尾相接的、完整的整合性流程（integrating process）来取代碎片式的、不易见也难以管理的"割裂性职能实体"。流程重组实际上是系统思想在重组企业业务流程过程中的具体实施，然而它的失败又进一步证明了系统思想的重要性。如全良和董沛武认为业务流程重组失败的原因有：一是盲目追求激进式变革的重组方式；二是缺乏持续的管理投入和支持；三是忽视人的因素在流程重组中的作用；四是错误选择流程重组的时机；五是错误选择流程重组的环节（全良、董沛武，2004）。因此基于流程的组织是一种按照系统、整合的思路构建的组织结构，它把队伍建立于多种核心流程之上，例如产品研发、订单履行、销售跟进和顾客响应等，其中组织价值体系、流程责任体系、流程权力体系和流程利益分配体系的配合是流程化组织有效运行的条件。因此，系统思想强调整体全局最优而不是单个环节或作业任务的最优。

流程型组织结构特征如表 7-5 所示。

**表 7-5 流程型组织结构特征**

| 环 境 | |
| --- | --- |
| 产生年代或背景 | 20 世纪 90 年代，随着信息技术发展而出现 |
| 技术环境 | 信息技术、网络技术（如 ERP、CRM、SCM） |
| 适用企业范围 | 中型或大型组织 |
| 适用市场环境 | 变化快，竞争激烈环境 |
| **管 理 特 点** | |
| 管理出发点 | 以顾客为出发点 |
| 管理难点 | 流程链较长 |
| 管理层级与管理幅度（纵横管理链） | 纵向管理链较短，横向管理链较长 |
| 管理者职权特点 | 全程式管理 |
| **优 点** | **缺 点** |
| 1. 促进组织对顾客的变化做出灵活而快速的反应 | 1. 确定核心流程较为困难 |
| 2. 将员工的注意力转向顾客生产和提供价值 | 2. 要求对组织文化、工作设计、管理哲学、信息和奖酬系统做出变革 |
| 3. 每个员工都对组织目标负有宽广的认识 | 3. 传统的管理者可能有阻力，因为他们得放弃权力和职权 |
| 4. 促进员工注重团队工作和合作 | 4. 需要极大地加强员工培训，使他们能在流程型团队环境中有效地工作 |
| 5. 通过提供分享责任、制定决策及对结果负责任的机会提高员工的生活质量 | 5. 可能会制约技能的纵深发展 |

资料来源：达夫特. 组织理论与设计：第 12 版[M]. 王凤彬，石云鸣，张秀萍，等，译. 北京：清华大学出版社，2017.

## 7.2.6 网络型

网络型组织结构也称为虚拟组织结构，是指一家处于中心位置的企业负责统筹协调与外部企业间的关系与活动，利用现代信息技术手段，以契约关系的建立和维持为基础，将会计、设计、生产、营销和分销等经营活动外包给其他企业，最大限度地从市场需求出发，在核心企业或产品总体计划下组织生产、服务，通过统一的网络渠道并以卓越商誉的品牌销售为组织的结构形式，如图 7-10 所示（曹秀娟、刘卫东，2011）。根据组织成员的身份特征以及相互关系的不同，网络型组织可以分为四种基本类型，分别是内部网络、垂直网络、市场间网络和机会网络。

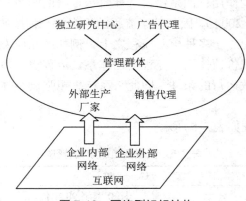

**图 7-10　网络型组织结构**

（1）内部网络。内部网络是指在组织内部通过减少管理层级，打破部门间的界限（但这并不意味着部门分工的消失），使企业成为一个扁平的、由多个部门界限不明显的员工组成的网状联合体，这样的企业内部信息流动快，部门间摩擦少，有助于企业及时、准确地识别顾客的需求特征，围绕特定顾客或顾客群配置资源，组建由设计、生产、营销、财务、服务等多方面专业人员组成的团队，为顾客提供全方位、定制化的服务，让顾客完全满意。流程型组织结构是内部网络的典型代表。

（2）垂直网络。垂直网络是在特定行业中由位于价值链不同环节的企业共同组成的企业间网络型组织，原材料供应商、零部件供应商、生产商、经销商等上下游企业之间不仅能进行产品和资金的交换，还能进行技术、信息等其他要素的交换和转移。联系垂直网络中各个企业的纽带是实现最终顾客价值这一共同使命。垂直网络的组织职能往往是由价值链中创造核心价值的企业来履行的，网络内企业通过紧密合作实现及时供应和制造，大大提高了效率、降低了成本（罗珉，2003）。

（3）市场间网络。市场间网络是指代表不同市场的企业之间的联系，这些企业之间发生着业务往来，在一定程度上相互依存。

（4）机会网络。机会网络是网络型组织中最先进的一种。它是由不同的组织为了实现一个共同目标暂时组成的一个联合体。一旦目标实现，这种网络结构也就解体。

由于存在四种网络形式，所以不同的组织网络化的程度也有很大的不同。组织的网络化有两个层次：一个是一般企业组织内部的网络化；另一个是多个企业之间关系的网络化。一般企业组织内部的网络化是以特定的项目或任务为导向而结成的任务团队，也就是流程组织中的动态流程团队。团队的成员来自同一企业的不同部门或同一企业集团的下属分公司。当项目结束或任务完成时，团队自动解体。这样的虚拟组织应用于多个企业之间则构成企业之间关系的网络化。由此可见，网络化组织突破了企业组织的有形边界，寻求相关者利益作为企业边界，强调通过对企业外部资源的有效整合，迎合某一快速出现的市场机遇。

网络型组织与一般流程型组织相比，具有以下特点：第一，它具有更大的灵活性，是一种"市场驱动型"组织；第二，流程的动态化特征更为明显，能够实现对市场的敏捷响应；第三，能够实现成本共担，从而降低生产成本；第四，企业之间是为了完成一定的目标而结成的一种短暂的动态联盟；第五，各企业的核心能力得到最大限度的发挥，从而拥有得天独厚的竞争优势；第六，企业规模小型化趋势更为明显；第七，要求有更为完善的网络技术。如果进一步通过它与传统企业的对比，能够更为准确地理解它的特性，如表 7-6 所示（解树江，2003）。

表 7-6　网络化企业与传统企业比较

| 项　　目 | 传 统 组 织 | 虚 拟 组 织 |
|---|---|---|
| 1. 核心能力 | 模糊性、多元性 | 突出 |
| 2. 反应速度 | 迟缓 | 迅速 |
| 3. 竞争关系 | 单赢（win-lose） | 共赢（win-win） |
| 4. 存在时间 | 不一定 | 短暂 |
| 5. 产品特点 | 大批量、同质性 | 小批量、个性化 |
| 6. 对信息技术和通信网络的依赖程度 | 相对较弱 | 极强 |
| 7. 组织结构 | 垂直化 | 扁平化 |
| 8. 管理模式 | 职能管理 | 流程管理 |
| 9. 工作地点 | 集中 | 离散 |
| 10. 员工组成 | 内部 | 内部和外部 |

（1）网络型组织具有自己突出的核心能力。每个成员企业将各自的商业活动减少到 1～2 个，即包括所谓的核心能力（core competency），成员公司只专注于自己最有竞争力的业务。网络型组织通过集成各成员的核心能力和资源，在管理、技术、资源等方面拥有得天独厚的竞争优势，通过分享市场机会和顾客，实现共赢的目标，以便在瞬息万变、竞争激烈的市场环境中有更大的获胜机会。而传统组织的核心能力则呈现模糊性和多元性的特点。

（2）快速反应。传统组织为了开展经营活动，往往具有各方面（原材料供应、生产、销售等）的功能，结果使得企业规模过大，面对迅速变化的市场，企业反应迟缓。网络型组织则是一个高度柔性的个体，它能根据市场需求的最新变化，迅速调整网络成员的构成，以有利于新产品的开发及顾客需求的满足。

（3）共赢关系。网络型组织是由几个有共同目标和合作协议的公司组成，成员之间可能是合作伙伴，也可能是竞争对手，它改变了过去组织之间完全你死我活的"单赢"（win-lose）关系，而代之以"共赢"（win-win）的关系。

（4）短暂的动态联盟。网络型组织本身在完成一项指定的工程后就会解散，而其成员企业将继续加入其他的网络组织。网络型组织是各个网络成员在各自整体战略的指导下，为达到一定的合作目的而临时组建起来的一种网络，一旦合作目的达到，组织立即解散。因此，与传统组织相比，它在组建时间上具有短暂性。当然，这种短暂性是从相对意义上而言的。有的传统组织存续时间可能更短，有的网络型组织存续时间也可能很长。但是，从整体看，网络型组织的存续时间要明显短于传统组织的存续时间。

（5）小批量与个性化的产品。网络型组织能够利用其成员调整容易、生产柔性较强的特性，充分考虑顾客的需求，为顾客提供小批量和个性化的产品。相比之下，传统组织是以大批量生产同质性的产品为主要特征的。

（6）对信息技术和通信网络的依赖。通过高度发达的信息技术和通信手段，网络型组织成员之间可以跨越空间界限进行便捷的信息沟通，能够依靠充分又完全的信息从足够多的备选组织中精选出合作伙伴，真正达到信息共享，从而保证了合作各方都能够较好地合作，并使资源配置最为有效，在时间、质量、成本、服务和环境方面达到最佳组合，具有最强的竞争力。

（7）组织结构的扁平化。网络型组织内部的管理层级将因对信息流的高度应变性而相应变得扁平化。传统组织由于职能的过分细化，中层管理人员过多，他们在上下层中的信息传送以及同级各职能部门之间都存在一定的隔阂。而在网络型组织中，企业的主管基于高效的信息传输能够直接与每一子任务块进行交互式沟通，并迅速采取应变措施。

（8）流程管理模式。前者阐释了网络型组织的控制问题，即由上而下的静态分割的职能管理转变到诸多以过程为主线的流程管理。

（9）工作地点的离散化。企业生产的时空观将发生根本变化。当一个时区的工作人员进入梦乡时，另一个时区的工作人员正在进行工作。异地设计，异地制造，异地装配，在网络型组织中是十分普遍的事情。

（10）充分利用外部人力资源。网络型组织的管理者根据市场信息和企业自身的人力资源状况与外部企业进行人力资源优势互补，并通过信息网络把来自不同企业的人员集成在一起，为一个共同的目标而协同工作，一旦目标完成，这些来自不同企业、职位和法律关系互不归属的人员的合作关系即告结束。

下面我们对其特征进一步归纳，如表7-7所示。

表 7-7　网络型组织结构特征

| 环　　境 | |
| --- | --- |
| 产生年代或背景 | 20 世纪 90 年代，随着信息技术发展而出现 |
| 技术环境 | 信息技术、网络技术 |
| 适用企业范围 | 规模小型化 |
| 适用市场环境 | 高度复杂和不确定的市场环境 |
| 管 理 特 点 | |
| 管理出发点 | 以顾客为出发点 |
| 管理难点 | 难以控制 |

续表

| 管 理 特 点 | |
|---|---|
| 管理层级与管理幅度（纵横管理链） | 纵向管理链较短，横向管理链较长 |
| 管理者职权特点 | 网络化管理 |
| 优　　点 | 缺　　点 |
| 1. 促进组织对顾客的变化做出灵活而快速的反应 | 1. 企业边界的不确定性使企业控制权丧失 |
| 2. 能够实现企业间的优势互补，实现组织资源的优化配置 | 2. 企业之间相互冲突的目标和组织文化，使企业之间的关系难以协调 |
| 3. "增值伙伴关系"的建立，使企业将资源转向顾客和市场需求 | 3. 企业潜在对手增加 |
| 4. 能够降低企业管理成本，并使一些小型企业迅速成长 | 4. 暴露成员组织的专有知识和技术 |
| 5. 促进每个成员组织都发展其核心竞争力 | 5. 企业成员的专业领域狭窄，相互依存性增强，信用问题成为企业合作的主要问题 |
| 6. 促进员工注重团队工作和合作 | |

## 7.2.7　平台型

平台型组织是指企业将自己变成提供资源支持的平台，通过开放的共享机制，赋予员工一定程度的财务权、人事权和决策权，使其能够通过灵活的项目形式（经营体、小微生态圈等）组织各类企业公共资源，提供满足用户的各类个性化需求的产品或服务（穆胜，2020）。随着互联网经济的日益渗透，市场权力中心日益倾向消费者，传统科层制对用户需求感知的滞后性越发限制企业的发展，直面用户的平台型组织成为当下互联网商业竞争模式下的一种开创性尝试。

互联网时代的管理需求对传统科层制组织的挑战主要体现在以下四个方面（胡国栋、王琪，2017）。

第一，消费者的话语权越来越大。传统官僚体制使得组织完全封闭，企业与消费者之间无法互动，企业难以利用多种资源生产真正满足消费者需求的个性化产品，消费者也缺少获得企业信息的渠道，只能被动接受大众产品。在互联网思维的影响下，企业越发重视其与消费者之间的互动，消费者拥有更多的话语权，更容易参与企业生产评估等一系列过程。传统的生产模式由大规模制造开始转向大规模定制。消费者及企业可以利用互联网平台获取彼此信息，改变了原有企业与消费者之间信息不对称和力量对比不均衡的状况。

第二，员工自我管理的要求及程度大大提高。原有的管理模式使得组织内各个部门被隔离，连贯的业务流程被分解成片段，既导致劳动者技能的单一化，又较少发挥成员本身的能动性，降低了员工自身的创造力和学习积极性，忽视了员工之间非正式的信息交流，不利于信息、技术及经验的自由流动。如今人与人之间凭感情、兴趣快速聚散，原先靠正式制度强制捆绑在一起的科层制形式受到冲击。组织内部员工与员工之间的自我管理、自我驱动、相互学习和经验共享的需求越发高涨，上下级之间也逐步从集中控制走向自主式管理。

第三，互联网思维的信息共享能力冲击原有组织单一方向的信息传递。传统科层制下管理层级繁多，造成信息传递困难，信息失真机会大，不利于组织对外部环境的变化做出快速反应，影响企业决策。在互联网时代，获取信息便利，人们变成信息的接收者、创造者和传播者，个人获取信息的数量增加，信息传播速度提高。这使得管理者对信息的控制权削弱，以往员工依赖从管理者处获得信息而形成的关系逐渐瓦解，原有的层级式单向交流方式被及时、平等、互动的多向交流方式取代，出现"去中心化"和"去组织化"的现象，从而能够使企业根据市场的需求迅速做出反应，更好地发展。

第四，互联网思维促使组织打破原有组织间的边界。在互联网时代，企业间的竞争不再只是企业个体间的竞争，更多的是商业系统间的竞争。企业不再是孤立封闭地存在于社会环境中，而是打破企业间边界共享可获得的一切资源，全方位融入市场中。互联网思维指导企业的眼光不应仅局限在企业内部，要充分整合外部资源为己所用，推动企业从内部挖掘资源转向从外部寻找资源，在商业系统中创造价值，获取利润。

因此，与传统的科层制组织相比，平台型组织具有以下特点：① 市场零距离，组织由企业为中心转向以用户为中心；② 管理无领导，组织角色由产品服务提供者转向价值创造服务者，组织只能由管控型转向支撑型；③ 组织无边界，组织模式由封闭式价值链转向开放式生态圈（韩沐野，2017）。具体的平台型组织结构如图 7-11 所示。

1）组织前台

前台是传统的利润中心，但是在平台型组织中，负责创收的销售部门被拆散为若干个小团队，同时还囊括了其他若干职能团队。前台是直接与用户接触的部分，是以项目负责人或部门为中心的紧密职能集合。这个集合分为内外圈：内圈是合伙关系，应纳入关键职能；外圈是外包关系，应纳入辅助职能。在这个集合中，项目负责人或者部门是关键：第一，避免一拥而上骚扰用户，这有利于优化用户体验；第二，必须有一个中心在"发声"，才能够高效组织各类职能进行协作。

2）组织后台

组织后台是传统的费用中心，也可以被称为职能部门或后勤部门。组织后台不直接产生效益，更多的是间接的、持续性的贡献，奠定了组织的基调。组织后台主要实现以下功能：一是市场规则设计。简单地说，就是业务做到什么程度，配置什么资源（人、财、物等），给予什么奖励和惩罚。二是宏观调控干预。即根据平台的风险设置红线，处罚越界行为。三是资源池的建设，也就是为平台累积更多的优势资源，便于被前台和中台调用。四是推动整体数据智能化，也就是让企业整体上云，将业务流、人流、财流整合到一个在线的数据化平台，并基于数据进行智能化决策。这是中台层面进行"全域数字化打通"的基础。

3）组织中台

组织中台是由财务、人力、战略等部门向前台派出的业务伙伴组成的团队，形成了组织前台与组织后台的连接器。一方面，它承接了来自公司高层对于某个项目的要求；另一方面，它将这种要求变成对项目的要求，并提供定向的支持。值得注意的是，这种对于战略目标的分解并不是单纯的"下目标，做考核"，而是通过运作战略投资平台的模式，提供定制化的激励政策和定制化的赋能方案，让前台主动"跑起来"，实现后台目标。组织中台的运用场景示例：投前评估与投后管理（穆胜，2020）。

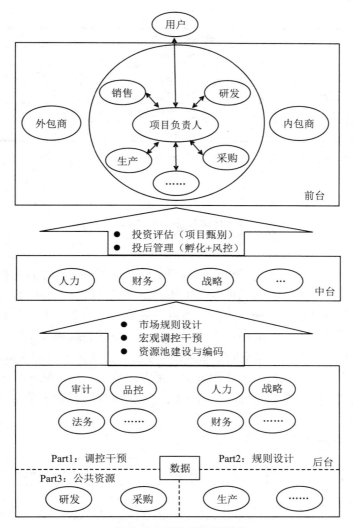

**图 7-11　平台型组织结构**

资料来源：穆胜. 平台型组织[M]. 北京：机械工业出版社，2020.

表 7-8 是对平台型组织结构特征的总结。

**表 7-8　平台型组织结构特征**

| 环　　境 | |
| --- | --- |
| 产生年代或背景 | 21 世纪 10 年代，随着互联网经济的发展而出现 |
| 技术环境 | 互联网、大数据、人工智能、物联网技术等 |
| 适用企业范围 | 大型企业 |
| 适用市场环境 | 用户个性化需求程度高 |
| 管理出发点 | 以用户为出发点 |
| 管理难点 | 员工追求自我管理 |
| 管理层级与管理幅度（纵横管理链） | 纵向管理链较短，横向管理链较长 |

续表

| 管 理 特 点 | |
| --- | --- |
| 管理者职权特点 | 领导权力弱化 |

| 优 点 | 缺 点 |
| --- | --- |
| 1. 能快速感知用户需求变化 | 1. 对员工自我管理能力要求强 |
| 2. 充分发挥员工能动性，增强组织学习能力 | 2. 适用场景针对性强，普适性不高 |
| 3. 打破组织边界，企业间共享资源 | 3. 运行机制尚不明晰，风险性高 |

平台型组织在互联网管理下非常重要，关于平台型组织的内容，在本书的后续章节还会继续进行讨论。

# 7.3　组织结构设计的方法

组织设计是一项复杂的系统工程，而组织结构设计是组织设计的重要组成部分。通过对传统组织形式的学习，我们不难发现传统组织形式具有一个共同特征，即属于等级制组织，其理论基础是亚当·斯密的分工理论。从组织结构图中也可以看出，它们是以命令控制为主要特征，按照纵向职能为主、横向协调为辅的原则建立的。它们更多地重视组织中心任务部门的工作和完整的预算体系的建立，强化人事管理和具体经营的职责。

传统组织结构相对于现代组织结构来说，更多地体现了组织职能特色的设计，因此我们称之为组织结构的职能化设计。一般来说，组织结构的职能化设计遵照以下步骤，如图 7-12 所示。

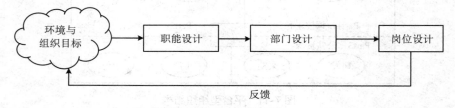

**图 7-12　组织结构的职能化设计步骤**

## 7.3.1　职能设计

职能是指作用和功能，职能设计是进行组织结构设计的首要步骤，是根据组织的目标来确定组织应该具备哪些基本的职能及其结构，包括企业的经营职能和管理职能的设计，如企业的市场研究、经营决策、产品开发、质量管理、营销管理、人事管理等职能的设计。

1. 职能设计的内容

职能设计过程包括职能分析、职能调整和职能分解三个方面的内容，其中职能分析是其核心内容。

（1）职能分析。职能分析是指根据特定企业的环境和条件，首先确定组织应该具备哪些基本的职能及其结构，包括企业的经营职能和管理职能的设计，然后在此基础上，对各子系统的职能进行总体设计。职能分析的目的是从宏观的角度确定组织需要的基本职能，明确企业的关键职能和基本职能。

（2）职能调整。对已经存在的老企业而言，随着企业经营环境的变化和企业战略目标的调整，需要对企业已经存在的职能结构进行调整。调整的方法包括增加新职能、充实已有职能、转移职能重心。

（3）职能分解。职能分解是将已经确定的职能逐步分解，细化为独立的、易于操作的具体业务活动。职能分解有利于各项职能的执行和落实，并为部门设计、岗位设计和职权设计提供有效的前提条件。

2. 职能设计的方法

职能设计是在职能分析的基础上进行的，包括基本职能设计和关键职能设计。

（1）基本职能设计。它是根据组织设计的权变因素，如环境、战略、规模、员工素质等因素，确定特定企业应具备的基本职能。而企业的行业特点、技术特点及外部环境特点制约并调整着基本职能的设计，例如企业的财务、研发、生产、销售及售后服务等职能设计。

（2）关键职能设计。在企业运作中，各项基本职能都是实现企业目标所不可缺少的，根据它们在实现企业战略任务和目标中所起的重要性不同，可分为基本职能和关键职能。美国管理学家德鲁克在《管理、任务、责任、实践》一书中阐述关键职能时，曾把企业组织结构比作一幢建筑物。他指出，各项管理职能如同建筑物的砖瓦材料和各种构件。而关键职能就好比建筑物中承担负荷量最大的那部分构件。关键职能是由企业的经营战略决定的。战略不同，关键职能则不同。在实际工作中，关键职能设计可以分为以下六种类型：质量管理（电器生产厂）、技术开发（电子、仪器）、市场营销（日常消费品）、生产管理（油田、电厂）、成本管理、资源管理。一个企业的关键职能设计的类型是相对稳定的，却不是一成不变的，而是动态的。随着外部环境和内部条件的变化，企业的战略会有所调整，整个结构也会调整，关键职能的设计也就随之改变。

## 7.3.2　部门设计概述

企业职能设计是组织部门设计的依据。部门设计是企业组织设计的主要部分，运用较多。简单来说，其内容就是纵向的分层次、横向的分部门。其纵向和横向的一般模式如图 7-13 和 7-14 所示。

1. 管理层次和管理幅度的设计

现代企业组织结构的发展，正如管理大师彼得·德鲁克所预测的：未来的企业组织将不再是一种"金字塔"式的等级制结构，而会逐步向扁平式结构演进。在今后 20 年里，大企业的管理层次将会下降到现有层次数的一半以下，管理人员不超过现在的 1/3。未来最成功的公司将是那些组织层次较少、管理跨度更大的公司。

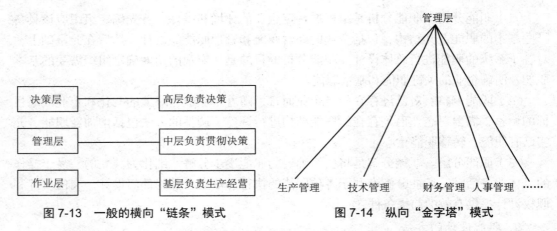

图 7-13　一般的横向"链条"模式　　　　　图 7-14　纵向"金字塔"模式

组织中管理层次的多少，根据组织的任务量、组织规模的大小、技术运用的状况等因素而定。管理层次是指职权层级的数目，即一个组织内部从最高管理者到最底层职工的职级、管理权力层次数量。企业管理层次的多少，表示企业组织结构的纵向复杂的程度。管理层次的设计代表了组织的纵向结构，纵向分工的目的是解决组织管理权限的问题，因为每个管理者的能力、精力与时间都是有限的，主管人员为了有效地领导下属，必须考虑能有效地管理直接下属的人数问题。这样就引出了管理幅度的概念。

管理幅度又称为管理跨度，是指主管人员有效地监督、管理其直接下属的人数。管理幅度的大小，意味着上级领导直接控制和协调的业务活动量的多少。因此，管理幅度既与人（包括领导和下属）的状况有关，也与业务活动的特点有关。

管理层次与管理幅度这两个因素密切相关。一方面，管理层次与管理幅度成反比关系。在组织规模给定的情况下，管理幅度增大，管理层次就减少；管理幅度减少，则管理层次增多。另一方面，管理幅度与管理层次之间存在相互制约的关系，因为管理层次的多少取决于主管人员有效管理直接下属的人数，所以在这一对矛盾变量中，管理幅度起主导作用。

1）管理幅度的设计

法国管理顾问格兰丘纳斯（V. A. Graicunas）于 1933 年的研究报告《组织中的关系》中，分析了上下级之间可能存在的关系，并从上下级关系对管理幅度的影响方面进行了深入研究。他指出：管理幅度以算术级数增加时，管理者和下属间可能存在相互交往的人际关系数，将以几何级数增加。因此，管理较多的下属人员会使管理工作复杂化。按照这一上下级关系理论进行组织设计，就应根据主管人员能够处理的人际关系数来确定具体的管理幅度。格兰丘纳斯认为，上下级关系可分为三种类型：一是支线的单一关系；二是直线的组合关系；三是交叉关系。例如，高层主管 A 的管理幅度为 3，即 B、C、D，如表 7-9 所示。

表 7-9　三类上下级关系

| 支线的单一关系 | 直线的组合关系 | 交　叉　关　系 |
|---|---|---|
| A－B<br>A－C<br>A－D | A－B 和 C<br>A－B 和 D<br>A－C 和 B<br>A－C 和 D<br>A－D 和 B<br>A－D 和 C<br>A－B 和 C 及 D<br>A－C 和 B 及 D<br>A－D 和 C 及 B | B－C<br>B－D<br>C－B<br>C－D<br>D－B<br>D－C |

由此得出各类相互关系总数的计算公式为

$$N = n \times \left(2^{n-1} + n - 1\right)$$

式中：$N$——人员之间的结构关系数；

　　　$n$——管理幅度。

由此公式可以看出，如果管理幅度为 2，就会有 6 组关系；如果管理幅度为 3，产生 18 组关系（与表 7-9 是一致的）；如果管理幅度为 4，则会产生 44 组关系。由此可见，在管理过程中，人际关系是很复杂的，为了避免高复杂的人际关系，必须减少管理幅度。管理幅度的有效设计至关重要。

（1）管理幅度的设计方法。管理幅度的设计方法有以下两种。

① 经验统计法。管理幅度的确定是通过对多个企业管理幅度进行抽样调查，以调查所得到的统计数据为依据，结合本企业的具体情况确定其管理幅度。例如，在抽样所得的数据中发现大多数与本企业具有相似性的企业，最高领导层的管理幅度为 6～7 人，那么就以 6～7 人为基准进行适当的调整来确定企业的管理幅度。可见，经验统计法是一种简单而易于操作的设计方法。但是如果只是简单搬用其他企业的管理幅度标准，难免会出现与本企业的实际情况不相符的情况，从而影响企业的经营效益。

② 变量测评法。这一设计方法是在 20 世纪 70 年代由美国洛克希德导弹与航天公司对管理中依据的变量与管理幅度的关系进行研究后提出的。该方法是把影响管理幅度的各种因素作为变量，采用定性分析与定量分析相结合的做法来确定组织幅度的一种方法（肖鸣政，2003）。

运用变量测评法，首先，必须找出影响管理幅度的主要变量；其次，分析各变量对管理者负荷的影响程度，求出权数；最后，将管理人员的总权数与管理幅度的标准值进行比较，以确定具体的管理幅度。以下我们通过洛克希德公司的具体操作对变量测评法进一步加强理解。

洛克希德公司通过研究分析与验证，锁定了六个主要变量，即职能的相似性、地区的临近性、职能的复杂性、指导与控制的工作量、协调的工作量和计划的工作量，并计算出各变量的权数，权数越大，表明对管理幅度的影响越大，如表 7-10 所示。

表 7-10　影响管理幅度的主要变量

| 级 别 变 量 | 级　　别 | | | | |
|---|---|---|---|---|---|
| | 1 | 2 | 3 | 4 | 5 |
| 职能的相似性 | 完全相同<br>1 | 基本相同<br>2 | 相似<br>3 | 存在差别<br>4 | 根本不同<br>5 |
| 地区的临近性 | 完全在一起<br>1 | 同一座大楼<br>2 | 同一厂区不同大楼里<br>3 | 处于同一地区的不同厂区<br>4 | 不同地区<br>5 |
| 职能的复杂性 | 简单<br>2 | 常规工作<br>4 | 稍有复杂<br>6 | 复杂多变<br>8 | 高度复杂多变<br>10 |
| 指导与控制的工作量 | 最少的监督指导<br>3 | 有限的监督指导<br>6 | 适当的监督指导<br>9 | 经常、持续的监督指导<br>12 | 始终严密的监督指导<br>15 |
| 协调的工作量 | 同他人联系极少<br>2 | 关系仅限于确定的项目<br>4 | 易于控制的相互关系 | 相当密切的关系<br>8 | 紧密广泛而又不重复的关系<br>10 |
| 计划的工作量 | 规模与复杂性很小<br>2 | 规模与复杂性有限<br>4 | 中等规模与复杂性<br>6 | 高度复杂政策指导<br>8 | 高度复杂且政策不明确<br>10 |

注：1～15 代表权数。

在此基础上对总权数进行修正，并用修正系数乘以总权数而得出各变量对管理幅度总的影响权数，再把管理人员的总分数与管理幅度的标准值相比较，从而确定具体的管理幅度，如表 7-11 所示。

表 7-11　各变量的分数总数对管理幅度的影响

| 影响管理幅度诸变量的分数总数 | 建议的标准管理幅度人数 |
|---|---|
| 40～42 | 4～5 |
| 37～39 | 4～6 |
| 34～36 | 4～7 |
| 31～33 | 5～8 |
| 28～30 | 6～9 |
| 25～27 | 7～10 |
| 22～24 | 8～11 |

以上两种调查方法各具特色，一个是简单而易于操作，另一个则体现为复杂而难以分析计算的特点，但两种方法都需要耗费较多的人力和物力，因此它们仅适用于中高层管理幅度的设计。对于企业基层管理幅度的设计，由于伸缩性很大，不必做太详细的分析。

（2）影响管理幅度的因素。尽管我们提供了两种管理幅度的设计方法，但是不同的企业或者同一企业处于不同的发展阶段，其组织幅度的设计就会有所不同。而管理幅度是影响组织层次的重要因素，所以影响管理幅度的因素也必将影响管理层次的设计。其影响因素大致有以下几个。

第一，工作的性质。从表 7-9 可以看出，影响管理幅度的分数越高，其管理幅度越窄；而影响管理幅度的分数越低，其管理幅度越宽。管理幅度分数的获取是与管理工作的复杂性、职能相似性、变化性密切相关的。简言之，工作的复杂程度越高，变化性越大，管理幅度越小；反之，则管理幅度越大。

第二，人员素质状况。如果领导具有较强的工作能力、组织能力、理解能力、协调能力，则可以适当加大管理幅度；反之，必须减少管理幅度。如果下级受过良好的训练，能够独立地完成工作任务，可以加大管理幅度；反之，应减少管理幅度。

第三，管理业务标准化程度。如果作业程序标准化程度越高，管理幅度可越大；如果作业程序标准化程度越低，则管理幅度可越小。

第四，授权的程度。对于善于分权的领导者，可以设置较宽的管理幅度；而对于善于集权的领导者，管理幅度就应该窄些。

第五，管理信息系统的先进程度。如果组织的管理信息系统越先进，则可以加大管理幅度；反之，则应减少管理幅度。

此外，组织的凝聚力、组织变革的速度、人员分布的相近性等，对管理幅度的设计也有很大的影响，在做部门设计时一定要加以重视。

2）管理层次的设计方法

为减少管理层次，美国通用电器公司实行了"零管理层"的改革，使组织机构大大精简。在一个拥有八千多个工人的发动机总装厂里，原来从董事长到基层员工一共有 24~26 个层次。实行"零管理层"后，只有厂长和工人，除此之外，不存在任何其他层级，生产过程中必需的管理职务由工人轮流担任，一些临时性的岗位，如招聘新员工等，由老员工临时抽调组成，任务完成后随即解散。

减少管理层次，设计扁平化的组织结构，是现代企业的共同要求。一般企业的管理层次设计可按以下步骤进行。

（1）按照企业的纵向职能分工，确定企业的管理层次。一般地，管理层次分为上、中、下三层，每个层次都应有明确的分工。上层也称为最高经营管理层或战略决策层，其主要职能是从整体利益出发，对组织实行统一指挥和综合管理，并制定组织目标和大政方针。中层也称为经营管理层，其主要职能是为达到组织总体的目标，为各职能部门制定具体的管理目标，拟订和选择计划的实施方案、步骤和程序，评价生产经营成果和制定纠正偏离目标的措施等。下层也称为执行管理层或操作层，其主要职能是按照规定的计划和程序协调基层组织的各项工作和实施计划。

（2）有效的管理幅度与管理层次成反比关系，因此我们在管理幅度确定的情况下，可以计算出具体的管理层次。例如，假定某企业共有职工 900 人，而且根据前面介绍的管理幅度的设计方法，首先确定高层管理的管理幅度为 4~5 人，中层管理的管理幅度为 5~6 人，基层管理的管理幅度为 10~12 人。那么我们分别用最小和最大的管理幅度测出从高层到基层的总人数，然后找出它与职工总人数的相近数，其对应的层级数就是组织的管理层次，如表 7-12 所示。

表 7-12　按照管理幅度推算管理层次表

| 管理层次 | 有效管理的人数 | |
| --- | --- | --- |
| | 最小管理幅度 | 最大管理幅度 |
| 第一层 | 4 | 5 |
| 第二层 | 4×5=20 | 5×6=30 |
| 第三层 | 20×5=100 | 30×6=180 |
| 第四层 | 100×10=1000 | 180×12=2160 |

（3）选择具体的管理层次。若按第三层管理幅度来看，它的管理幅度最大是 180 人，最小是 100 人，与职工人数相差很远，所以我们增加一个中层管理层之后，发现最小管理幅度是 1000 人，所以，这个企业的管理层次应该是 4 层。

（4）对个别管理层次做出调整。影响企业管理幅度的因素是调整管理层次的依据。例如科研机构，员工的素质较高，就可以增加管理幅度，适当减少管理层次。

3）高耸型组织与扁平型组织

由于管理层次与管理幅度成反比关系，因此如果一个组织采取较窄的管理幅度，则要求组织有较多的管理层次。该组织结构形似金字塔，因此我们称之为"宝塔式"结构或高耸型组织结构，如图 7-15（a）所示。与此相反，采取较宽的管理幅度，则要求组织有较少的管理层次，这种组织结构我们称之为扁平型组织结构，如图 7-15（b）所示。高耸型组织与扁平型组织特征如表 7-13 所示。

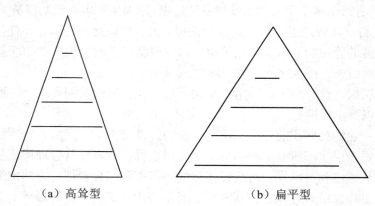

（a）高耸型　　　　　　　　　　（b）扁平型

图 7-15　高耸型与扁平型组织形态示意图

表 7-13　高耸型组织与扁平型组织的特征

| 组织名称 | 高耸型组织 | 扁平型组织 |
| --- | --- | --- |
| 特点 | 管理幅度窄，管理层次多<br>权力相对集中 | 管理幅度宽，管理层次少<br>权力相对分散 |
| 典型的组织结构 | 直线—职能型组织结构 | 流程型组织结构<br>网络型组织结构 |
| 发展趋势 | 由高耸型组织向扁平型组织过渡，扁平型组织将占据主导地位 | |

| 组 织 名 称 | 高耸型组织 | 扁平型组织 |
|---|---|---|
| 优点 | 1. 便于管理人员集中管理，并对下属实行严格控制<br>2. 组织成员间职责分明、等级森严，稳定性程度高<br>3. 组织层次多，为下属提供了更多的晋升机会 | 1. 能够对外部环境变化做出灵活的反应<br>2. 由于管理人员较少，信息传递快，失真少，并有利于高层领导对基层的了解<br>3. 由于管理人员少，所以管理费用低 |
| 缺点 | 1. 管理人员多，加大了管理费用<br>2. 管理层次多，信息传递慢，容易造成失真，管理难度加大<br>3. 对外部环境变化反应迟钝 | 1. 高层管理人员管理幅度大，造成管理人员工作负荷重，精力分散<br>2. 对管理人员及下属的素质要求较高<br>3. 同级之间的协调难度加大 |

**2. 部门设计**

管理层次设计解决了组织的纵向结构问题，而部门设计则要解决组织的横向结构问题。

伴随着组织规模的扩大，职能将不断增多，分工也日益精细。固定的层次很难满足企业自身向外发展的需求，因此就需要按照一定的标准将组织成员组合起来，在部门中挑选一个能力较强的人来管理，形成部门。部门是指组织中主管人员为完成规定的任务将人员编成其有权管辖的一个特定的领域。部门化是组织根据不同的标准，将组织活动分解成不同岗位和部门的过程。各不同部门的组合构成了整个组织的方式。部门划分不是目的，而是实现组织目标的手段。但是如果没有部门的划分，对直辖的下属人员的限额会限制企业的规模（哈罗德·孔茨等，2021）。

1）部门划分的方法

对部门划分的方法，我们从以下两个方面来分析。

首先，从组织总体的部门设计来看，组织部门设计有自上而下划分、自下而上划分和按业务流程划分三种方法。

（1）自上而下划分：以高层管理人员为出发点，把企业各项工作依次进行分解和细化，按照已经确定的管理层次，确定各部门（如职能处室），依次设计下一级的部门（职能科室），这样每项工作都落实到各部门，有利于组织目标的达成。传统企业大多采取这种方法设计部门。例如，总经理下设技术开发部，技术开发部再将职能细分，形成低层的产品设计处、工艺技术处、技术情报处、试验车间。

（2）自下而上划分：这是自上而下划分的逆流程。先将企业的任务进行分解，按照任务确定企业运行所需要的成员，然后按照一定的要求，将成员组织组合起来，设置部门（如科室或部处），再将各部门按一定的要求进行组合，设置更高一级的部门。例如，产品设计处、工艺技术处、技术情报处、试验车间这几个技术部门组合起来，由技术开发部门成员负责。技术开发部门与销售部、经营部、生产部组合起来，由它的上级负责。新型企业大多数采用这一方式进行部门划分。

（3）按业务流程划分：哈默指出，业务流程是把一个或多个输入转化为对顾客有价值的输出的活动。最古老的流程思想可以追溯到泰勒的科学管理。泰勒首先倡导对工作流程进行系统的分析，这种思想成为工业工程的主要思想。在工业工程领域，制造工作被分为设计、加工、装配和测试四种活动。管理学大师德鲁克（Peter F. Drucker）对此曾有高度的评价，他认为，"科学管理的出现开创了运用知识来研究工作流程的先河"。根据流程来设计部门也是部门设计的主要方法。传统的业务流程设计部门和今天我们大力提倡的流程管理有很大的不同。传统的流程设计方法是按照工作流程设计部门，各个部门负责做好自己职能范围内所应完成的任务，然后将其交给流程链条上的下一部门。这样，整体任务按照流程分解为各个独立的部门。这种划分方法突出了流程，但仍是以职能分工为主导。

其次，由于企业之间存在很大的差别，因此对于具体部门的划分，通常包括以下几种方法。

（1）按人数划分：这是按照组织中人数的多少来划分部门，即抽取一定数量的人在主管人员的指挥下去执行一定的任务。这是最原始、最简单的划分方法，军队中某一兵种的师、旅、团、营、连、班、排就是按这种方法划分的。在现代高度专业化的社会有逐渐被淘汰的趋势，特别是在现代企业中几乎被淘汰。

（2）按时序划分：这是最古老的划分部门的形式之一，是在正常的工作日不能满足工作需要时所采用的划分部门的方法。通常实行三班制，适用于医院、警察局、消防部门、电信部门等组织的基层部门设置。

（3）按产品划分：即按组织向社会提供的产品和服务的不同来划分。它是随着科学技术的发展，为了适应新产品的生产而产生的。这种划分方法有利于发挥专用设备效益，发挥个人的技能和专业知识，并有利于部门内的协调。但是它要求更多的人具有全面管理的能力，各产品部门独立性较强而整体性较差，从而增加了主管部门协调控制的困难。如海尔集团公司里的电冰箱本部、洗衣机本部等。

（4）按地区划分：这是按企业活动分布的地区为依据来划分部门的方法。这种划分方法能够调动地方、区域的积极性，能够因地制宜以谋取地方化经营的最佳经济效果。但是由于地域的分散性，这种方法增加了主管部门控制的困难，容易出现各自为政的局面，不利于企业总体目标的实现。这种划分方法多用于大的集团公司和跨国公司。

（5）按职能划分：它遵循专业化原则，以组织的经营职能为基础划分部门。按职能划分部门是企业组织广泛采用的方式，几乎所有企业组织结构的某些层次都存在职能分工的形式。这种方法有利于专业化分工，有利于各专业领域的最新思想和工具的引入，能够促进专业领域的深入发展。但是它容易导致所谓的"隧道视野"现象：形成经理导向，关注部门目标。这种部门主义或本位主义给部门之间的相互协调带来很大的困难。

（6）按顾客划分：顾客部门化越来越受到重视。它是基于顾客需求的一种划分方法，即按组织服务的对象类型来划分部门。这种划分能够满足顾客特殊而又多样化的需求。但是这一部门与其他部门的协调极为困难。

以上我们仅仅列举了组织在实现目标过程中划分部门的基本方法。在现实的管理活动中，企业部门的划分方法往往不是单一的，而是以上多种方法的结合，即常常使用混合的方法划分部门。

2）部门的组合方式

部门组合就是在部门划分的基础上，将各个部门组合起来，使其发挥最大效能，有效地实现组织目标。通过前面我们对企业经营组织结构的介绍，可以看出常见的部门组合方式有以下三种。

（1）职能组合：按照职能将提供相似知识或技术的人员组织起来。例如，职能型组织结构和直线职能型组织结构就是按照职能部门划分方法形成的部门组合方式。职能型组合方式适用于中小型企业和产品品种比较单一的企业。

（2）事业部组合：这种方式以职能组合为基础，按照公司的产品、地区或者顾客来组织公司各部门。它主要适用于规模较大的、产品品种较为多样化的企业。

（3）矩阵组合：职能组合与事业部组合的结合，即按照职能和产品两个维度来组织企业的各个部门。它适用于因技术发展迅速和产品品种较多、管理活动复杂的企业，如军事工业、航天业、科研机构等多采用这种结构。

## 7.3.3　岗位设计

岗位设计又称为职务设计，是在工作任务细分的基础上，给员工分配所要完成的任务，并规定员工的责任和职责。岗位设计的科学性直接决定着人力资源管理工作的有效性，决定着人力资源的管理工作作用的发挥。管理人员在岗位设计时，应有意识地为提高员工的积极性而改变岗位设计。

1. 岗位设计的方法

岗位设计的方法概括起来有以下几种。

1）岗位专业化

岗位专业化盛行于 20 世纪上半叶，它是以亚当·斯密的分工理论和弗雷德里克·泰勒的科学管理理论为前提而出现的。岗位专业化就是将工作进行细分，使其专业化，这样员工承担的工作往往是范围狭小和极其有限的。如建筑施工中的监工、电工、木工、装修工等。岗位专业化有利于员工专业技能的纵深发展。但是长期从事单调的工作，容易引起员工的不满情绪，导致组织效率下降。岗位专业化是岗位设计的最基本的方法，在对企业基层岗位设计中普遍采用。

2）岗位轮换制

为了暂时解决和缓和工人的不满情绪，企业实行了岗位轮换制。岗位轮换制是指工作任务的暂时性变化。通过这一方法，员工的活动得以多样化，拓宽了员工的工作领域，获得了新的技能，为员工在企业的进一步发展奠定了基础。

实际中有两种类型的岗位轮换（罗宾斯，2021）：纵向的和横向的。纵向的岗位轮换指的是升职和降职。横向的岗位轮换可以有计划地予以实施，如制定培训规划，让员工在一个岗位上从事两三个月时间的活动，然后再调到另一个岗位，以此作为培训手段，但通常我们所指的工作轮换是横向的岗位轮换。一般针对进入单位的新员工（如刚分配的大学生）和在工作中表现出色并予以提拔的员工。但是岗位轮换制只是一种权宜之计，并不能从根本上解决员工的不满情绪。

3）岗位丰富化

伴随着管理理论基础的发展和完善，继梅奥人际关系学说之后，20世纪40年代马斯洛的需求层次理论、50年代赫茨伯格的双因素理论等激励理论相继提出，可见，满足员工需求成为岗位设计的主导因素。岗位丰富化又称为垂直岗位承载，它充实了工作内容，增加了岗位深度，使岗位设计更具有挑战性、成熟感、责任感和自主性，从而提高了员工的满意度和工作积极性，有力地改善了岗位专业化的弊端，但是岗位丰富化在某些单位并没有提高劳动生产率。

岗位丰富化的具体办法：改变领导的控制程度，提高员工的自主性和独立性；赋予员工更多的责任，使员工拥有对工作更多的支配权；提供员工培训的机会，以满足他们个人发展的需要等。

4）岗位扩大化

岗位扩大化是指增加工作的范围，为员工提供更多的工作种类。相对于岗位丰富化来说，它主要是指员工的岗位范围增大，是工作范围的水平扩展，因此又称为水平岗位承载。岗位扩大化赋予员工更多的工作自主权，例如做出决策和更多的控制权。

2. 岗位设计的模型

上述各种方法并没有提出一种理论框架供分析岗位或指导管理者设计岗位使用，但岗位特征模型（job characteristics model，JCM）提供了这样一种框架。它确定了五种主要的岗位特征，分析了它们之间的关系以及对员工生产率、工作动力和满足感的影响。

1）核心维度

根据岗位特征模型，任何岗位都可以从以下五个核心维度进行描述。

（1）技能多样性（skill variety），是指某一岗位要求员工使用各种技术和才能从事多种不同的活动的程度。

（2）任务同一性（task identity），是指某一岗位要求完成一项完整的和具有同一性的任务的程度。

（3）任务重要性（task significance），是指某一岗位对其他人的工作和生活具有实质性影响的程度。

（4）自主性（autonomy），是指某一岗位给予任职者在安排工作进度和决定从事工作所使用的方法方面提供的实质性自由、独立和自主的程度。

（5）反馈（feedback），是指个人为从事岗位所要求的工作活动所需获得的有关其绩效信息的直接和清晰程度。

罗宾斯指出，技能多样性、任务同一性和任务重要性共同创造出有意义的工作。也就是说，一份岗位如果具有这三个特征，我们可以预期任职者会将他的岗位视为最重要的、有价值的和值得去做的。拥有自主性的岗位会给任职者带来一种对工作结果的个人责任感，而如果岗位能提供反馈，则员工就会知道他所进行的工作效果如何，如图7-16所示。

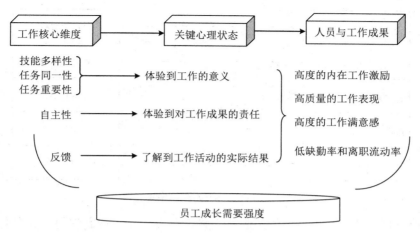

**图 7-16 岗位特征模型**

从激励的角度，岗位特征模型指出，要是一个人知道（对结果的了解）他个人（责任感的体验）在其关注（有意义的体验）的任务完成得很好，那么，他会获得一种内在激励。岗位越是具备这三个条件，员工的动机、绩效和满意感就会增强，而旷工和辞职的可能性就会越小。正如上述模型显示的，岗位维度与这些结果度量之间的联系，受到个人成长需要强度（员工对自尊和自我实现的需要强度）的中和与调整。也就是说，具有高度成长需要的员工，面对核心维度特征高的岗位，在心理状态上要比那些只有低度成长需要的员工有更高程度的体验。而当这种心理状态存在时，高成长需要的员工比低成长需要的员工能做出更为积极的反应。

2）模型的寓意

罗宾斯将岗位的核心维度综合为一项单一的指标，称为激励潜力得分计算（MPS），如下面公式所示。

$$激励潜力得分=\left(\frac{(技能多样性+任务同一性+任务重要性)\times 自主性\times 反馈}{3}\right)$$

从公式中可以看出，若使激励潜力得分较高，则必须在导致人们体验到岗位意义的三个要素上至少有一个取得高分，同时在自主性和反馈上都保持高分。根据岗位特征模型，激励潜力总分高的职务，可以预见其动机、绩效和满意感将会产生积极的影响，并使员工缺勤和离职流动的可能性降低。

3）对管理者的指导

岗位特征模型为管理者从事岗位设计提供了具体的指导，如图 7-17 所示。从该模型推导出如下建议，说明岗位设计中的一些变化将可能导致五个核心维度的改善。

建议：

（1）合并任务。管理者应当将现有的过细分割的任务组合起来，形成一项新的、内容广泛的工作。这将使技能多样性和任务同一性得到提高。

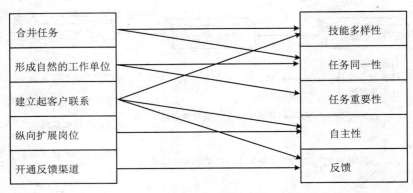

图 7-17　岗位设计指南

（2）形成自然的工作单位。管理者应当将任务设计成一种完整的、具有同一性的、有意义的工作。这可使员工产生这项工作"归属于我"的感觉，鼓励员工将他们的工作视为意义重大，而不是无关紧要甚至令人生厌。

（3）建立起客户关系。顾客是员工所做出的产品或服务的使用者。如果可能，管理者应该建立起员工与顾客之间的直接联系。这可以增加员工的技能多样性、自主性和绩效反馈。

（4）纵向扩展岗位。纵向扩展岗位可使员工产生责任感，并掌握以往保留在管理者手中的控制权。他将使一项岗位的"作业"与"控制"两个方面的分离得以部分的结合，从而增大员工的自主性。

（5）开通反馈渠道。通过增进反馈，员工不仅能了解他们所从事的工作做得如何，还能知道他们的绩效是改善、降低了，还是保持在一定的水平上。从理论的角度来说，员工应当在他们做工作时就得到直接的绩效反馈，而不是非经常性地从管理当局那里得到一些反馈。

## 小结

组织结构（organization structure）是为了完成组织目标而设计的，是指组织内各构成要素以及它们之间的相互关系。它是对组织复杂性、正规化和集权化程度的一种量度，也是企业生产经营活动有序化进行的支撑体系。本章具体介绍了组织结构、组织结构设计的主要内容及其设计方法。

首先，本章介绍了组织结构的含义。它包括组织结构的定义、传统的组织结构和组织结构的最新发展。可以看出，各种组织结构各有优劣，企业采取什么样的组织形式，一方面取决于企业所在行业及其所提供的产品、服务的特点，另一方面，生产力水平决定了企业组织结构模式的发展趋势。伴随着环境变化、技术进步，组织结构经历了从简单到复杂、从无机到有机的发展历程。从直线职能型、事业部型，到矩阵型、立体多维型，再到流程型结构、网络型结构、平台型结构的演变，正是组织顺应时代潮流，对技术进步和环境变化的适应性变革。

其次，本章介绍了组织结构设计的主要内容与方法。通过对组织结构设计方法的介绍，使企业的组织与管理更具可操作性。它包括职能设计、部门设计和岗位设计三个方面的内容。其中职能设计是进行组织结构设计的首要步骤，是根据组织的目标来确定组织应该具备哪些基本的职能及其结构，是对企业的管理业务进行总体设计。其设计内容包括职能分析、职能调整和职能分解。设计方法包括基本职能设计和关键职能设计。

部门设计是企业组织设计的主要部分，它以企业职能设计为依据。其内容包括纵向的管理层次、管理幅度的设计和横向的部门设计。管理幅度的设计方法包括经验统计法和变量测评法。管理层次则是在管理幅度确定的前提下，遵照"确定企业的管理层次、计算出具体的管理层次、选择具体的管理层次、对个别管理层次做出调整"这四个步骤来完成。部门设计的方法包括按人数划分、按时序划分、按产品划分、按地区划分、按职能划分和按顾客划分多种方法。通常企业划分部门并不是采用单一划分方法，而是采用混合划分方法，即将两种或多种划分方法结合起来。

岗位设计是在工作任务细分的基础上，给员工分配所要完成的任务，并规定员工的责任和职责。其设计方法包括岗位专业化、岗位轮换制、岗位丰富化和岗位扩大化等方法的选择。

## 思考题

1. 组织结构的定义是什么？影响组织结构的因素有哪些？
2. 你认为在什么情况下应选择职能型组织结构而不是事业部型组织结构？
3. 你认为在什么情况下应选择矩阵型组织结构而不是流程型组织结构或网络型组织结构？
4. 采用流程型组织结构通常要具备什么条件？
5. 组织职能设计的内容是什么？包括哪些方法？
6. 管理幅度设计有哪些方法？设计管理幅度应考虑哪些因素？
7. 管理者可以采用哪些方式进行部门划分？包括哪些组合方式？我国企业部门设计一般采用哪种组合方式？
8. 请比较高耸型组织结构和扁平型组织结构的优点和不足。
9. 岗位轮换对于激励员工有什么作用？
10. 以岗位特征模型来比较岗位扩大化与岗位丰富化。

### 案例讨论

LED 能否照亮思坎普的变革之路？

摘要：深圳市思坎普科技有限公司（简称"思坎普"）成立至今十余年，几经变革，成为一家专业从事 LED 灯条、灯具、控制系统、智能家居的研发、测试、生产和销售的国家级高新技术企业。从外贸企业到生产企业，从服务于产品多样化和市场扩张的直线职能型组织结构到服务于专业化研发生产和市场推广并进的事业部型组织结构，每一次变革均带来了新的机遇。在市场竞争加剧和利润急速下降的环境下，思坎普又面临是否建立自主品牌和销售渠道的选择。

资料来源：林海芬，尚任，苏敬勤，等.LED 能否照亮思坎普的变革之路？[DB/OL]. 中国管理案例共享中心，2018. http://www.cmcc-dlut.cn/Cases/Detail/3374.

 **经典书籍推荐**

吉布森，伊万切维奇，唐纳利. 组织：行为、结构和过程：第 14 版[M]. 王德禄，王坤，等，译. 北京：电子工业出版社，2015.

该书在保持组织行为学基本内容的前提下，提出新的框架分析方法，从行为、结构、过程三个层次进行分析，而非传统的个体行为、群体行为、组织行为分析的层次。该书强调组织行为与学习者职业生涯的关系，强调全球化、多样化及企业伦理观念，强调对最新思维、争论的阐述，有利于学习者在实践中理解和应用组织行为学的相关知识。本书不仅可以作为工商管理专业的本科生、MBA 学员以及与管理相关专业的研究生学习组织行为学这一课程的教材，同时可供企业管理人员作为实际工作的参考读物。

 **参考文献**

[1] 达夫特. 组织理论与设计：第 12 版[M]. 王凤彬，石云鸣，张秀萍，等，译. 北京：清华大学出版社，2017.

[2] 许玉林. 组织设计与管理[M]. 上海：复旦大学出版社，2015.

[3] 孙耀君. 西方管理学名著提要[M]. 南昌：江西人民出版社，2007.

[4] 托夫勒. 未来的冲击[M]. 黄明坚，译. 北京：中信出版社，2018.

[5] 王建斌. 层级制：存续抑或终结[J]. 晋阳学刊，2012（2）：33-36.

[6] 佩帕德，罗兰. 业务流程再造精要[M]. 高俊山，译. 北京：中信出版社，2003.

[7] 解树江. 虚拟企业的性质[J]. 海南大学学报(人文社会科学版),2003(4):430-435.

[8] 穆胜. 平台型组织[M]. 北京：机械工业出版社，2020.

[9] 胡国栋，王琪. 平台型企业：互联网思维与组织流程再造[J]. 河北大学学报（哲学社会科学版），2017，42（2）：110-117.

[10] 韩沐野. 传统科层制组织向平台型组织转型的演进路径研究：以海尔平台化变革为案例[J]. 中国人力资源开发，2017（3）：114-120.

[11] 肖鸣政. 组织建构与企业管理技术[M]. 北京：高等教育出版社，2003.

[12] 韦里克，坎尼斯，孔茨. 管理学：第 13 版[M]. 马春光，译. 北京：经济科学出版社，2021.

[13] 全良，董沛武. 业务流程重组失败的原因及对策研究[J]. 哈尔滨工业大学学报（社会科学版），2004（6）：77-79.

[14] 罗宾斯，库尔特. 管理学：第 13 版[M]. 刘刚，程熙金容，梁晗，等，译. 北京：中国人民大学出版社，2017.

[15] 周三多，陈传明，刘子馨，等. 管理学[M]. 上海：复旦大学出版社，2018.

[16] 相飞，杜同爱. 组织设计与工作分析[M]. 北京：中国人民大学出版社，2021.

[17] 李心怡. G 公司组织结构设计[D]. 成都：电子科技大学，2021.

[18] 曹秀娟，刘卫东. 网络型组织结构的特点[J]. 中国商贸，2011（26）：53-54.

[19] 岳彭，任浩，张军果. 现代企业组织的发展趋势：流程型组织浅析[J]. 工业技术经济，2006（11）：73-77.

[20] 李昱洁. 论企业现代管理体制的建设[J]. 商场现代化，2019（13）：97-98.

[21] 黎娅. 新常态下企业组织结构设计之研究[J]. 今日科苑，2015（4）：125.

[22] 殷文婷. 论影响企业组织结构设计的因素[J]. 现代经济信息，2014(6):100+112.

[23] 杨斌，张煜，莫河. 组织结构设计研究[J]. 中外企业家，2013（23）：23.

[24] 张远. 基于可视化的扁平化组织结构设计[J]. 科技资讯，2013（12）：169.

[25] 曹秀娟，刘卫东. 网络型组织结构的特点[J]. 中国商贸，2011（26）：53-54.

[26] 李丹. 企业组织结构设计浅析[J]. 企业改革与管理，2016（12）：26.

**本章学习目标**

1. 理解职权的基本含义、职权与权力的区别;
2. 理解职权分配的方式——分权与授权;
3. 了解权力的主要来源;
4. 了解职权控制的方式。

**引例** ────────────────────────────────────●

　　一位顾客向"北河"(成立于 1901 年的美国一家鞋店,如今已发展为美国时装业零售商的领头羊之一)的售货员说,她在"布鲁明谷"("北河"的竞争对手)买了一双鞋子,但是太小,她喜欢那双鞋子的样子,而"布鲁明谷"却没有适合她的尺码。在"北河"试过了款式相同且号码合适的鞋子之后,顾客正准备付钱,售货员却建议她只需带来那双太小的鞋子就可以换到这双新鞋。顾客提醒售货员说,先前的那双鞋并不是在"北河"买的,售货员却对她说:"假如我替你换下这双鞋,你就不必再回'布鲁明谷'了。"

　　"北河"对于员工管理政策的核心就是让员工拥有权力,从而能够以最迅速的方式对顾客需求做出反应,同时也使员工感受到自主权。然而要不要,以及在多大程度上给基层员工赋权牵涉企业管理的很多方面。在一个企业组织中,权力的来源有哪些? 权力与职位相联系便形成了职权,职权是如何进行分配与控制的? 这是本章所关注和阐述的主要内容。

# 8.1　企业组织职权的含义

## 8.1.1　职权的概念

**1. 职权的定义**

　　职权(authority)是管理岗位所固有的发布命令并且使下属遵从命令的权利,人们预计这种命令会被遵从和执行。为了促进相互之间的协作,每个管理岗位在指挥链中都有自己的位置。为了完成自己的工作职责，每位管理者都被授予一定的职权（斯蒂芬·罗宾斯、蒂莫西·贾奇，2016）。

关于职权的起源，有两种观点，如图 8-1 所示。

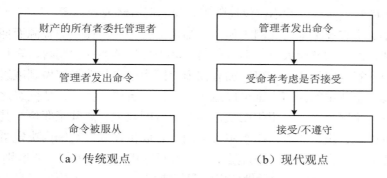

（a）传统观点　　　　　　　　（b）现代观点

**图 8-1　正式职权起源的两种观点**

资料来源：斯通纳. 管理学：第 6 版[M]. 刘学，祝晶，丁文正，等，译. 北京：华夏出版社，2001.

传统观点认为，职权是在较高一级的管理层面上产生的，然后合法地向下逐级传递（理查德·达夫特，2017）。在这个等级结构中，顶端就是企业的最高决策者或管理者。它的基本模式是管理者发出合法的命令，员工们有义务去遵守。对于个体来说，由于加入一个企业中，成为其中的一名员工，也就相应地具备了接受企业所有者及其管理者所发出指令的义务。

现代观点则是从被影响者一方，而不是从影响者一方去寻找的。有一个不可忽视的现象是，在企业中，并非所有合法的指令都会得到无条件的遵守，有些指令能被下属所接受，有些指令则不能被下属所接受，关键是看下属是否接受并服从指令，这种观点可以简单地概括为"接受观"。例如，一位生产主管在车间里怒气冲天地命令每个员工努力地工作，员工可能不会对主管如此发作的权力表示怀疑，但他们就是没有接受，而是选择了不遵守命令或"阳奉阴违"，此时，职权便失去了应有的效力。当然，企业组织中的多数正式职权还是会被员工所接受，否则，企业将处于混乱和无序状态，必须进行变革或者走向消亡。

"职权只有被接受才有效力"这一观点的强烈支持者切斯特·巴纳德（Chester Barnard）认为，管理者的指令（组织职权的一种行使方式）只有满足四个条件，企业的员工才愿意接受：① 员工能够理解而且确实领会了指令的含义；② 他认为这个指令与他已接受的企业总体发展目标没有冲突；③ 他相信该指令与他的个人利益没有矛盾；④ 他具有遵守该指令的能力。

同职权共存的是职责，职责是企业内某项职位应该承担的责任，任何职位上的责任与权力应是对等的、统一的。职权具有多种行使方式，如命令、规范、说服、奖励、惩罚、授权等。在企业内，最基本的信息沟通方式就是通过职权来实现的。通过职权的运用使下级按上级指令行事，上级得到及时反馈的信息，做出合理的决策，进行有效控制。

2. 职权与权力

组织职权是一种权力（power），但是它的内涵要小于权力。权力是指组织中的部门或个人影响他人实现某种目的、做某件事情的能力。它可以存在两个人或更多人之间，可以在纵向和横向上使用，并不仅仅局限于企业的所有者或管理者。

一个企业的所有员工都可能因为他们的知识、技巧及所控制的资源而拥有很大的权力。例如，销售部的普通人员也拥有权力，因为他们掌握并控制着与客户的关系，甚至在行政办公室管复印机的人也可以拥有权力，因为他实际上能够做到减缓或加快工作的速度。因此，企业中的任何人都可以运用权力达到希望的目标，如同级之间、下级对上级的建议权、说服权等。但组织职权是某个职位的权力，离开了职位，其职权也就消失了。因此可以说，组织职权是组织中各部门、各职位在职责范围内决定事务、支配和影响他人或者集体行为的权力。这就是企业组织职权和一般权力的本质区别。

一般而言，企业中的管理者凭借他们的职权或权力为企业中的员工制定并推行规则。正式职权作为权力的一种，经常与组织结构和管理层次联系在一起，但"职权"和"权力"这两个名词常常彼此相互交织。管理者如何能够有效地运用他的职权取决于他的理解力，而权力的实质内容就是向他人施加影响的能力。

3. 职权的特征

与一般权力相比，职权有以下几个特征。

（1）它总是与某一具体的职位相联系，而不是仅仅因为管理者的个人特性或品格。

（2）职权必须为下级所接受，这就有了一个下属必须认为职权具有合法性的前提，才服从这个管理者所发出的指令或要求。

（3）职权通过纵向层次自上而下流动，存在于正式的命令中。拥有高层职位的人就比低层职位的人拥有更大的职权。职权在企业组织中流动时，上级管理者与下级管理者之间还得学会不滥用职权。组织职权很容易制度化，当一个管理者出于对下级或员工的考虑不停地放松、变更程序时，员工往往会觉得管理者软弱、优柔寡断，而不是灵活、富有弹性，特别是管理者本人视规则如儿戏时，职权使用的效果将大打折扣。

## 8.1.2　职权的类型

企业组织的职权可以依据不同的标准划分为多种类型，这里主要从作用和层次上进行划分，并阐述各种职权之间的关系。

1. 按作用划分

按作用划分，可以将职权划分为直线职权、参谋职权、职能职权。

（1）直线职权。直线职权（line authority）是某个职位或部门所拥有的权力，包括决策、发布命令等，就是通常所说的指挥权。每一管理层的负责人都具有这种职权，只不过大小、范围不同而已。例如，总经理对部门经理、部门经理对业务人员有直线职权，这样就形成了一条权力线，称为指挥链或指挥系统。在权力线中，权力的指向由上到下，像金字塔。

拥有直线职权的管理者是指那些在企业中对目标负有直接责任的人，直线职权就是一条标准的命令链：从董事会开始向下扩展到企业中的各个层次，一直到指令得以实施的那个层面。因为直线职权是由企业的目标所确定的，所以直线职权在不同的企业有所不同。例如，一个生产型企业的管理者可以将直线职权的活动范围确定为生产和销售两个方面；而以购买行为为关键因素的零售企业的管理者，就会很自然地将购货与销货作为直线活动的两个方面；而在一个特别小的企业里，它的每个职位都有可能扮演直线角色。

（2）参谋职权。参谋职权（staff authority）是指那些向直线管理者提供建议和服务的个人或团体所拥有的职权，是某个职位或部门所拥有的辅助性权力，包括提供咨询、建议等。参谋职权的概念由来已久，来自军事系统，参谋的形式有个人及专业之分，前者是参谋人员，后者是一个独立的机构或部门，就是一般所说的智囊团或顾问班子。

参谋人员或智囊团向管理者提供各种类型的专业帮助和建议，参谋职权主要基于专家的理性思考和专业知识。通过调研、分析，提出不同的选择，参谋们能够向直线管理者提出计划和建议。参谋还可以在政策实施、法律和财务处理等方面提供积极的帮助。随着企业的扩大，参谋的角色通常会有所加强，以便能更好地实施开展直线管理的活动。

（3）职能职权。职能职权（functional authority）是指参谋人员或某部门的主管人员所拥有的原属直线主管的那部分权力。在纯粹参谋的情形下，参谋人员所具有的仅仅是辅助性职权，并无指挥权，但是，随着管理活动的日益复杂，主管人员仅依靠参谋的建议还很难做出最后的决定，为了改善和提高管理效率，主管人员就可能将职权关系做某些变动，把一部分原属自己的直线职权授予参谋人员或某个部门的主管人员，这便产生了职能职权。

职能职权如图8-2所示，部门A的财务经理依照管理链条要向部门A的总经理报告，但同时也要对整个公司财务的副总裁负责。图中的虚线即指参谋对于直线管理人员所负有的职能职权。

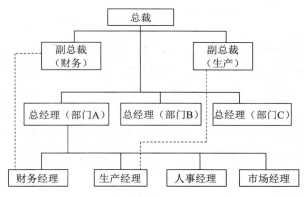

**图8-2  职能职权（虚线）**

资料来源：斯通纳. 管理学：第6版[M]. 刘学，祝晶，丁文正，等，译. 北京：华夏出版社，2001.

职能职权的产生经常由于某个主管人员缺乏某些方面的专业知识，而将部分职权授予参谋人员或另外一个部门的主管人员。如总经理拥有全面管理公司的职权，当他授予人事、会计、采购等顾问职权之后，让他们向企业组织发布命令时，这些顾问便具有了职能职权。职能职权是职权关系的一个特例，它介于直线职权和参谋职权之间。

在现代企业中，职能职权是很普遍的，这种职权建立在合法性和专家权威性的双重基础上。尽管职能职权很常见，但是操作起来很困难。

直线与参谋本质上是一种职权关系，而职能职权介于直线职权与参谋职权之间，在处理它们的关系时，应注意以下两点。

（1）发挥好参谋职权的作用。从直线主管与参谋人员的关系上看，参谋人员为直线主管提供信息，出谋划策，配合主管工作。参谋人员应独立提出建议，参谋人员多是某一方面的专家，应让他们根据客观情况提建议，而不应该左右他们的建议。直线主管也要不受参谋人员左右。参谋人员应多谋，直线主管应善断。直线主管可广泛听取参谋人员的意见，但要切记，直线主管才是企业组织的最终决策者。

（2）适当限制职能职权。职能职权的出现是为了有效地实施管理，但也带来了多头领导的问题。一般认为，限制职能职权的使用所得常常大于所失。首先，要限制职能职权的使用范围，它们的使用常限于解决"如何做""何时做"等方面的问题。如果扩大到"在哪做""谁来做""做什么"等问题时，就会取消直线主管的工作。其次，要限制级别，职能职权不应越过上级下属关系的第一级，例如财务科长或人事科长就不应越过车间主任直接指挥车间内的某个员工。职能职权应是组织中关系最接近直线职权的那一级。

参谋和直线之间的界限是模糊的，作为一名主管人员，他既可以是直线人员，又可以是参谋人员，这取决于他所起的作用及行使的职权。当他处在自己所领导的部门中，他行使直线职权；当他同上级或别的部门打交道时，他又成为参谋人员。

在企业组织中，参谋机构容易出现两种倾向：参谋职权超越界限，直接向下级组织发号施令，造成多头指挥；参谋工作倍受冷落，其建议似乎可听可不听，致使参谋机构形同虚设。因此，对于如何发挥参谋工作的作用，进行合理的职权设计，也是研究和探讨的重点内容。

### 2. 按层次划分

按层次划分，职权可以划分为经营决策权、专业管理权和作业管理权。

从层次上看，职权一般由高层的经营决策权、中层的专业管理权以及基层的作业管理权三个部分组成。将这三个组成部分联结起来，使之成为上下衔接、贯穿到底的纵向系统，靠的是决策权在各个层次的合理配置。由于决策权贯穿着职权的纵向结构，这就需要正确处理决策权的集中与分散的关系，包括从总体上确定企业决策权集中化或分散化的关系，以及决策权的具体配置，完成这一任务的工作就是集权与分权的设计工作，它是职权设计的一项基本内容。

## 8.2 权力的来源

企业组织的权力来源比较广泛，概括起来主要有正式的职位、个人的特质、专业的技能、可利用的资源、社会的影响力五个方面。

## 8.2.1 正式的职位

正式的职位可以赋予员工一种法定的、组织中员工通常会认可的权力。由于组织结构具有流动性、灵活性、鼓励试验、允许犯错、领导深入基层和权力下放的特点，所以组织行动迅速，能够快速适应环境变化（汤姆·皮特，罗伯特·沃特曼，2012）。如果权力过于集中于高层，将会降低组织的效率。高层职位所产生出相当的权力，高层管理者通常会运用一些象征性的语言和行为使其法定权力渗透到企业的各个层次，如重大场合的主题演讲和适度的宣传，让员工在不知不觉中接受其管理的理念和思想，并随之产生服从的意识。

从正式职位上产生的权力表现为权威性或影响力。当某一职位上的人员有机会与高层次上的人员接触时，其权力也得到增加。接近有权的人物，发展同他们的关系，是提高职权影响力的一个基础。很显然，在企业中，经常接触高层的秘书往往比一个部门的经理具有较大的权力，根本原因在于秘书在工作中能接触到权力的较高位置。

正式职位能产生权力的原因还在于它的合法性。当一个属下或被影响者承认其有权或由法律授权可以在一定范围内发挥影响时，这种权力就与正式的职位紧密联系在一起。管理者正是凭借他们合法的职位和职权，为企业的员工制定并推行各种规则，以此向他们施加影响。

权威意味着进入企业组织的人必须接受该权力体系，而影响力则指这样的一种状况：当权力拥有者发出一个指令时，他的愿望会有意识或无意识地得到满足。当某一劝说者的劝说已经制度化，也就是说，劝说者总是被人接受并被权力作用对象认为具有合法性时，这种影响力就变成权威（斯蒂芬·罗宾斯，2017）。在某些情况下，影响力可以增加一个人或一个职位的权威，也有可能遭到抵制。

他们当中的相当一部分人以"不按牌理出牌的人"为榜样。在他们的潜意识中，"牌理"是为芸芸众生而设的，天才如我，岂为此限。于是天马行空，百无禁忌。岂不知，如果人人都不按牌理出牌，那么还要牌理干什么？一个总是不按牌理出牌的人，还有谁愿意跟他玩牌？一个不按牌理出牌的人，他所获取的超额利润其实是以伤害大多数按牌理出牌的人的利益为前提的，是通过以破坏市场秩序为策略而乱中取胜。于是，在很多企业家落难之际，往往是冷眼旁观者多，挺身救险者少；落井下石者多，雪中送炭者少；冷嘲热讽者多，同情怜惜者少，这也就不足为奇了（吴晓波，2019）。因此，正式的职位固然可以产生相应的权力，但它同样需要理性地去维护和捍卫。

## 8.2.2 个人的特质

个人的特质常被理解为人格魅力，并由人格魅力产生出积极的感召力、影响力。一个人或一个团体都具有这个权力。例如，受欢迎且负责任的管理者可能因为员工被鼓励去模仿他的工作习惯而具有了影响力，实际上就是一种潜在的权力。这种影响力也可以在同级中产生作用，如在部门的交往中，有人格魅力的同事可以使他人转向接受其观点。

作为企业的各类管理人员，他应具备个人的某些特质。斯蒂芬·罗宾斯

（Stephen·Robbins）认为管理者的特质主要表现为以下六个方面。

（1）进取心：管理者应积极努力，表现出较高的成就渴望。他们的进取心强，精力充沛，对自己所从事的活动坚持不懈，并有高度的主动精神。

（2）领导愿望：管理者有强烈的愿望去影响和领导别人，表现出乐于承担责任。

（3）诚实与正直：管理者通过真诚、无私以及高度一致的言行，在他们与下属之间建立相互信任、依赖的关系。

（4）智慧：管理者需要具备足够的智慧来收集、整理和解释大量信息，并能够确立目标、解决问题和做出正确的判断。

（5）自信：下属觉得管理者从没缺乏自信，管理者为了使下属相信他的目标和决策的正确性，必须表现出高度的自信。

（6）相关的知识：管理者对于公司、行业和技术事项拥有较高的知识水平，广博的知识能够使他们做出富有远见的决策，并能够理解这种决策的意义。

然而，单纯的特质对于解释权力是不充分的，具备恰当的特质只能使个体有可能成为有效的管理者，但他还必须采取正确的行动。事实上，如果权力对象把某一行为理解为权力行为，那么他们就会对这一行为做出反应，而不管当权者是否打算使用权力。如果权力对象对权力行为没有什么反应，那么权力也就没得到运用。

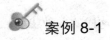 案例 8-1

海尔集团前总裁——张瑞敏

### 8.2.3 专业的技能

在企业组织中，能够承担关键职能的部门或个人往往具有较大的权力。一直关注企业中不同部门权力研究的美国学者佩罗（Perrow）指出，如果一个企业的主导职能是生产产品，那么生产部门就能够控制诸如计算机、库存及采购，同时，它能够明确销售部门在现有条件下可以做什么而不能做什么。在另一个企业里，类似的功能是由金融部门来承担的，这样，金融部门就比销售部门和生产部门拥有更大的权力。

在一些企业里，各部门之间难免会存在权力争夺，然而那些拥有一定专业技能的人，如企业的维修人员总是掌握着较大的权力。这是由于维修人员所掌握的设备维修技术是必不可少的，如果机器出现故障，生产线上的工人及生产主管就会束手无策，只能寄希望于维修人员完成其工作，这自然使得维修人员在企业中拥有了很大的权力。这个例子反映了权力中固有的依赖关系。如果不是因为维修人员具备必需的专业技能，生产工人及生产主管也不会对其如此依赖。

拥有专业技能的人员或部门具备较大的权力，一方面是因为其他的人员或部门对其产生的依赖性；另一方面，还在于这些专业人员或部门有能力处理不确定的问题。例如，如果企业关心的是金融问题，那么能够吸引投资的人员或部门往往就能获得较大的权力。一项研究表明，处理不确定问题的能力与两个因素相伴而行：一是该人员或部门是否处于企业组织的核心位置；二是它是否具备不可替代性。如果一个员工或部门既有应付不确定性的能力，又具有不可替代性，并且在企业组织的流程中处于中心地位，那么他必然能够使其权力得到扩大（理查德·达夫特，2017）。

低层次的员工也可以通过努力使自己掌握某方面的知识并成为专家，或者承担某些艰巨的任务以获取专业化的知识，从而成为上级管理者眼中不可或缺的人物，接近了企业组织的中心地带，增强了自身的权力。

一个企业必须以某种方式控制它的所有成员。但是，要对具有专业技能的人员进行控制是非常困难的。如果企业设法通过等级制度来建立合法性控制，那么，这些具有专业技能的人员就会对此反感并产生抵触情绪；如果通过一个专业人员对其他专业人员实行控制，那么对这个企业来说，不仅会失去控制，而且也不能确定专业人员是否会像企业所希望的那样进行工作。对于这样的两难困境，通常的解决办法是让专业人员自己管理自己，并让一个专业人员负责召集工作。一方面，这样做能使专业人员在没有直接监督的环境下工作；另一方面，能为企业提供一系列的责任保障，使事事有人负责。

对于专业人员的使用和管理，一直以来都是很多企业难以解决的问题之一。在我国很多大中型企业，大学毕业生不是没有，而是成百上千，甚至硕士、博士都数以百计，可企业的管理者总是感到"人难管，人难留"。这些企业实际上存在着人才的极大浪费，尽管浪费没有反映在会计报表上，但属于隐性的损失。其实，管理企业内拥有技术的人员的有效办法之一，就是应尽可能地使用好他们。在这方面，张瑞敏是这样认为的："作为企业的管理者，你的任务不是去发现人才，今天想着培养张三，明天又要考虑培养李四，你的职责应该是建立一个可以出人才的机制，这种机制就是一种有效的管理。"

### 8.2.4 可利用的资源

企业组织中可利用的资源包括奖惩、预算、人员安排、信息等，这些要素是组织中分配制度产生的结果，同时又会影响权力的运用及效果。

企业要分配大量的资源，通常采用每年一度的预算方式。这些资源是由高层管理者往下分配的。在大多数情况下，高层管理者控制着资源，因此，他们能决定资源的分配。资源可以用作奖惩，这是权力的重要来源，同时，资源分配也创造了一种依赖关系。下层的参与者依靠高层管理者提供完成任务所需的资金和物质资源，高层管理者可以运用诸如加薪、聘用、晋升及物质奖励等形式来换取下属顺从他们，实现他们所希望的结果。

奖赏是基于一个人（影响者）具有因某人（被影响者）执行命令或达到工作要求而对其进行奖赏的权力（理查德·达夫特，2017）。其中一个表现就是主管给员工分派工作的权力。惩罚是基于影响者惩罚没有达到工作要求的被影响者的权力，是奖赏的反面。

惩罚可以是一种责备，也可以是解除工作关系。

对信息的控制也成为权力的一种来源。当今企业组织中的管理者普遍认识到：信息是一种主要的经营资源，通过对收集什么样的信息以及如何解释信息、如何分配信息等进行控制，他们能够影响决策的制定。

很显然，高层管理者通常比其他员工能够获得更多的信息，这些信息可以按其影响其他人决策结果的需要而加以发布。在今天的很多企业中，尤其是在学习型组织中，信息是公开的，被广泛地分享，中层管理者和低层的员工也可以获取某种信息，也增强了企业中一般员工的权力。

## 8.2.5　社会的影响力

权力不仅来自企业的内部，还会来自企业的外部，即社会的影响力，并产生与之相伴的解决问题的能力。让我们从下面这个事例来理解组织权力来源于社会影响力的实际意义。

2003 年 8 月 11 日，微软公司正式宣布任命原摩托罗拉（中国）电子有限公司董事长兼总裁陈永正为微软公司副总裁兼微软大中华区首席执行官。

2003 年 10 月 18 日，微软中国公司召开了一个由高层参加的内部会议。会议主题是调整微软中国公司的管理架构，其中涉及职权划分和人事调整计划。现任微软中国公司总裁唐骏的权力被大大削弱。被称为微软中国公司有史以来的"强势总裁"唐骏上任仅仅半年不到，微软迅速发掘了一个比他更优秀、更适合推行中国区策略的经理人，经理人之间的竞争何其激烈。

高层管理者负责战略制定，中低层管理者负责制定管理规范、考核产品质量、接受市场反馈，从微观管理的角度，跨国公司高层管理者与基层管理者之间只有分工的不同，没有本质的差异——他们都是为市场而服务，为商业利益而服务。

随着微软中国公司按照微软总部的要求，在 2003 年年中进行了大规模的架构和人员调整，微软中国公司的内部竞争也将进一步加剧。担任过摩托罗拉中国董事长兼总裁的陈永正将相当部分的人脉资源移植到微软中国公司，从而迅速根植自己的力量。

微软公司高调挖走陈永正的原因恰恰在于陈永正在业内外良好的口碑和过硬的政府关系。陈永正加盟微软中国公司，为微软公司在 2003 年政府采购市场中带来了较大的收获，却让摩托罗拉中国市场的开发雪上加霜。

从本质上看，社会的影响力对于企业组织而言，也是一种可利用的资源，只不过它的使用具有一定的不确定性，而且成本也难以准确测算，因此，那些具备相当社会影响力并能够驾驭其运用的企业内部的部门或人员，无形中会形成一个权力区域。

从另一个角度看，拥有社会影响力的部门或个人，有利于化解企业外部环境的冲击，尤其是在外部环境不确定的情况下，或企业内部出现某种危机，需要借助外部力量时，这些部门或人员的权力作用将表现得更加凸显。

# 8.3　企业组织职权的设计

## 8.3.1　职权设计应符合的要求

职权设计应该保证企业组织内部管理指挥的集中统一，如果破坏这种统一性，就会出现多头领导、多头指挥，下级将无所适从，管理将不可避免出现混乱，而且会削弱下级对本部门工作的责任感，挫伤他们的积极性。因此，职权设计应符合以下几个要求。

（1）实行首脑负责制。企业及其每一个部门都必须也只能确定一个人负总责，并进行全权指挥。

（2）正职领导副职。企业及其各个部门的正职与副职的关系，不是共同分工负责的关系，而是上下级的领导关系，由正职确定副职分工管理的范围并授予相应的权力。

（3）直接上级是唯一的。每个部门和每个人都只接受一个直接上级的领导，并仅对该上级负责和报告工作，其他上级领导的指令对该部门和个人是无效的，只能通过该部门和个人的直接上级去实现自己的工作意图。

（4）一级管理一级，从企业最高领导起，按照领导与被领导的关系，逐级委任职权。在工作中，实行逐级指挥和逐级负责。

根据这样的要求，应把握好职权设计中的几个重要环节。在职权设计中，贯彻统一指挥的思想，难点在于对参谋职权和职能职权的设计。因为参谋职权和职能职权虽然适应了企业管理复杂化和专业化的要求，有利于正确行使直线权力，但同时也对直线人员产生了限制，要求他们在行使职权时，必须听取参谋人员的意见，尊重职能部门的职权。为了维护直线部门和人员自上而下的集中统一指挥，职权设计要采取相应的措施：直线部门负责人对本部门工作拥有决定权。必须明确职能部门行使参谋职权，其任务是提建议而不是指挥，他们只能推荐自己的意见，也应当充分陈述理由以说服对方，当然不能强加于人；反之，直线人员也应该认真听取参谋机构和参谋人员的咨询建议，但是，最后的决定必须由自己做出，并经过直线组织发出指示去贯彻执行。

把职能职权用于真正必要的业务活动上。所谓真正必要的业务活动包括以下两个方面。

（1）事关企业处理对外关系能否统一行动的那些业务活动。例如，企业为用户服务要恪守统一标准；与供货商打交道要执行统一策略。

（2）企业内部必须统一政策，协调一致那些业务活动。例如，为了加强企业管理基础工作，如定额、标准、信息、计量等工作，只有按照有关部门提出的统一要求去做，才能有效防止各行其是的现象发生。如果某些工作的职权配置一时难以确定归属于哪个部门为宜，处理的原则应该是限制职能职权，向直线主管人员倾斜，以便尽可能保证他们职权的完整性和责任的明确性，防止出现多头指挥的现象。

职能职权关系尽量不要超越直线主管人员下属的第一级组织结构，例如，人事部和公共关系部是公司总经理的两个职能管理部门，二者虽然拥有一定的职能职权，但只能延伸到事业部经理这一级，不能再向下延伸。这样做的目的就是将职能职权尽可能地集中在最为接近的那一层，以保证直线指挥系统的统一。

## 8.3.2　授权

授权是指把正式职权和实施某项特定任务的责任分派给另一个人。由于管理者不可能依靠自身力量独立完成或者完全监控企业组织的全部事务，因此他把职权委派给企业的员工，实际上委派给员工的是责任和职权，可以极大地提高员工的效率，加速决策的形成与完善，最终产生良好的效果。

显然，授权运用得当，是能够带来好处的，主要有管理者将任务授权给他人，他们从更高一级管理者那里得到和接受责任的机会也就越多。管理者向下属委派日常事务的同时，还应考虑委派那些需要发挥主观能动性的任务，这样的授权有助于训练并提高员工的工作能力、进取心和责任意识。授权还可以产生出一些好的决定或决策，因为由那些最接近第一线的员工参与决定，他们对于事实有清晰的观察，有利于决策的正确形成。最后，如果做到使授权的员工能够在现场做出决定的话，就可以减少汇报请示过程中的诸多环节，提高决策的效率。

在看到授权具有好处的同时，我们也应注意授权过程中存在着一些障碍。其中最大的障碍是管理者的思想过于僵化，可能不愿意授权，甚至担心授权会影响自己现有的职权，当看到普通员工表现优秀时，他们却感到了威胁。授权的另一个障碍是管理者不清楚将难度较大的任务委派给谁，自身又不愿意承担授权所带来的风险。

授权对于管理者和员工来说，都是一种机遇和挑战，这要求他们之间要紧密配合、相互信任，形成合理的授权，即委任和受任的关系。相应地，有效授权也要注意三个前提：一是管理者愿意给员工在完成所授任务时的自由，让他们选择不同于管理者自己喜好的方法和解决方案。其中，管理者要考虑给受任的员工犯错误的自由，使他们从错误中吸取教训，而当他们犯错误时，不能马上停止授权，除非确认其无力承担任务。二是管理者与员工之间进行没有芥蒂的沟通、交流，鼓励员工运用自己的能力完成任务，这将调动员工的积极性，并易于接受任务或责任。三是管理者应具备较强的分析能力，掌握所授权的内容、要求及员工的基本素质，做到"知人善任"。

在授权时，应考虑以合适的方式，按照规范的程序进行操作。

（1）明确哪些任务可以委派给下属。领导者向下授权，就意味着他必须承受由此而产生的各种风险。凡是授权给下属的领导人，都必须保留自己的责任（罗伯特·坦南鲍姆、沃伦·施密特，1958）。分权与授权是将人们从传统组织的严密控制中解脱出来的方法，这种方法给人们一定程度上的自由来支配他们自己的活动，并承担责任。更为重要的是，该方法可以满足他们自我实现的需要（道格拉斯·麦格雷戈，2017）。因此要选择与下属能力匹配且兼具挑战性的工作予以委派，保证任务完成度且能够培养他们的能力。

（2）决定将任务委派给哪些下属。在选择由谁来承担时，管理者应从下属的时间、能力、发展机遇等方面综合考察。

（3）给予受任者充足的资源。必须给予接受任务的下属充足的资金、时间和人员等资源，否则授权就变成一纸空文。在社会中，在向下属授权时，也会将优惠的政策作为一个有效的资源。

（4）实施委派的行为。管理者应明确告诉下属与任务相关的信息，提出工作的目标，而不必明确具体的工作方法，并与受任者建立一种良好的沟通渠道。

（5）做好必要时参与的准备。下属在接受任务后，可能面临资源不够充分，或是被委派的人遇到了来自其他方面的阻力，继续执行任务会陷入困境。此时，管理者有必要做适度的介入，以下属的工作为基础，为他们解决好所遇到的困难。

（6）建立反馈制度。管理者在授权，即委派任务之后，还应注意建立一套核查和反馈的机制，以便能及时了解他们的工作进度，必要时对他们提出建议或者进行调整。其中，尤其要注意两种倾向：第一，传统的"用人不疑，疑人不用"的误区，实际上，绝对的信任是没有的，在用人时必须建立可行的核查机制，通过机制而不仅仅是个人的判断或好恶决定一个人的使用；同样，对于在某一方面具有专长而其他能力值得怀疑的情况下，也可以委派合适的任务，总之，"用人要疑，疑人要用"。第二，我们也要看到，在核查和反馈时，如果想控制得越紧，真正意义上的授权也就越不可能。

企业组织的授权，其根本是要解决向哪些人授权以及授予哪些权力的问题。在这方面，被誉为"世界塑料大王"、台湾"经营之神"的王永庆有着独到的见解，他尤其强调授权要充分，避免股权对正常经营权的干扰，并取得了显著效果。

授权也是一种行使职权的艺术。正如前面分析的，适当的授权不仅能使管理者从纷繁的事务困扰中解脱出来，集中精力处理重大问题，抓全局，还能调动下级的积极性、主动性和才干，增强下级的信任感和责任感。适当的授权可以充分发挥下属的专长，补救管理者自身的不足，更能发挥管理者的专长。管理者从"事必躬亲"中解放出来，放了一些权，实际上意义正在于更好地、更全面地行使权力，授权的范围很广，有用人之权、做事之权等，对于管理者来讲，如果授权过分，就等于放弃权力；如果授权不足，管理者仍会被杂乱事物所困扰，下级就会事事谨慎，样样请示，事事报告。管理者要掌握和运用一些基本的授权技巧。

## 案例 8-2

台塑集团——王永庆

（1）"因事择人，视能授权"。管理者授予下级的权力、责任，要从工作任务出发，以被授权者的品德好坏、才能大小和知识水平高低为依据。授权前，应对被授权者进行严密的考察，力求将权力和责任授给最合适的人。凡被授权者，都应当受过专门的训练，有资格、有能力完成所授予的工作。因工作急需，而又一时看不准的，可以先试一段时间，以便在使用中继续考察。

（2）明确权力、责任范围。授权者必须向被授权者明确所授事项的任务、目标、权力和责任范围，使被授权者工作时有所遵循。没有明确目标的职务，必然是虚设的职务，被授权者在工作中摸不着边际，无所适从，整个组织必然失去战斗力。

（3）授权的责任要适度。授权者所授给下级的工作任务和权力、责任，既不要超出被授权者力所能及的范围，又要使其有紧迫感。授权者与被授权者应建立相互信赖的关系。授权者应当考虑所授的工作量不能超过被授权者的能力和体力所能承受的限度，应适当留有余地。

（4）授权而不放任。要对被授权者实行必要的监督和控制，以防止偏离工作目标，但不是事事干涉。授权者应当尽量支持被授权者的工作，并协助解决困难，被授权者能自己解决的问题，授权者不要过多地干涉。当被授权者在工作中发生疏忽或失误时，一方面上级管理者要勇于承担责任，并要善意地引导和启发，帮助其改正。如果被授权者确实不能履行其权力、责任时，管理者要采取果断措施，把权力、责任收回，派人接替，以防止事情发展到影响工作，甚至使事业受到损失的程度。所以授权不放任，授权要有必要的监督。凡涉及整个组织的全局性问题，如决定组织的目标、发展方向、人员的任命和升迁，以及重大政策等问题，不可轻易授权。一般应当交给政策研究机构或咨询机构提出可供抉择的方案，最后由高层管理人员直接决策。

（5）讲究授权中的方式、方法。管理者在授给下级权力时，应说明被授权者完成这次任务的优点和有利条件，要充分地激发被授权者的信心，同时指出被授权者的不足和不利条件，并指出在工作中应注意的问题。

（6）管理者只能对直接下属授权，绝对不能越级授权。越级授权必然造成中层领导的被动，增加管理层次和部门之间的矛盾。但是，如果中层领导职务是多余的，不利于开展工作，就应予以撤销。授权者不可将不属于自己权力范围内的事授给下属，否则必将造成机构混乱，争权夺利，导致严重后果。

### 8.3.3　集权与分权

为企业建立一个科学合理的职权结构，是职权设计的任务。企业职权及其相应的职权设计工作包括集权与分权。企业管理组织的不同层次承担着不同的职能，因此，按照以责定权的要求，职权就会相应形成纵向结构。职权的纵向结构一般由高层的经营决策权、中层的专业管理权以及基层的作业管理权三个部分组成。将这三个组成部分联结起来，使之成为上下衔接、贯穿到底的纵向系统，靠的是决策权在各个层次的合理配置。由于决策权贯穿着职权的纵向结构，这就需要正确处理决策权的集中与分散的关系，包括从总体上确定企业决策权集中化或分散化的关系，以及决策权的具体配置，完成这一任务的工作就是集权与分权的设计工作。

职权在企业组织里，是集中还是分散，不是职权的种类问题，而是职权的大小问题（杨文士，2009）。集权意味着职权集中到较高的管理层次；分权则表示职权分散到整个企业组织中。分权是不同于授权的，授权主要是权力的授予与责任的建立，仅指上级与下级之间的短期权责关系，而分权则是授权的一种延伸，是指在企业中有系统的授权，这种权力根据组织的规定可以较长时期地保留在中、下级主管人员的手中。

集权与分权是相对的概念，不存在绝对的集权与分权。职权的绝对分散意味着没有上层主管人员；而绝对的集中则表示没有下层主管人员。实际上，这两种企业组织都是不存在的。有层次的组织结构就已经存在着某种程度的分权。为使企业组织能够有效地运转，必须明确集权和分权的程度及影响因素。

按集权与分权的程度不同，可以形成两种领导方式：集权制和分权制。集权制是指企业组织的管理权限较多地集中在高层领导，具体特点有：经营决策权大多集中在高层领导，中、下层只有日常的决策权限；对下级的控制较多，导致下级在决策前后都要经过上级的审核；统一经营和核算。分权制就是把管理权限适当分散在组织的中下层，具体的特点是：中、下层有较多的决策权限；上级控制得较少，往往以完成规定的目标为限；在统一规划下可独立经营，实行独立核算，有一定的财力支配权。

集权和分权的程度是依据条件的变化而变化的。影响集权与分权的因素有以下几种。

（1）决策的代价。应同时考虑经济指标和其他一些无形的指标，如信誉、士气等。对于重要的决策或耗费较多的决策，应由较高的管理部门做出决策的可能性较大。这是由于基层主管人员的能力与信息的获取比较有限，制约了他们的决策。再者，重大决策的正确与否责任重大，因此往往不宜授权。

（2）政策统一性的要求和现代控制手段的使用情况。企业组织内部执行同一政策，集权的程度就会较高，如果组织内部具备良好的控制手段，企业可以进一步分权。实际上，现代通信技术的发展、统计方法和会计方法的完善都有助于适当分权，但是，由于计算机的普及和信息技术的发展，也出现了集权化的趋势。

（3）组织的规模和空间分布广度。企业组织的规模大，决策数目多，协调、沟通及控制不易，宜于分权。相反，组织规模小，决策数目少，分散程度较低，则宜于集权。

（4）组织的历史和管理者的情况。若组织是由小到大扩展而来的，则集权程度较高；若组织是经联合或合并而来的，则分权程度较高。管理人员的素质与数量也会影响职权的分散与集中。若管理人员数量充足，经验丰富，训练有素，管理能力较强，则可较多地分权；反之，则趋向于集权。

（5）企业组织的动态性与职权的稳定性。当组织正处于发展中，则要求分权；使老的、较完善的组织，趋于集权。有些问题的处理也会涉及分权和集权，如那些时间性很强、需要随机应变的事务，若权力过于集中，则容易贻误时机，处理此类事项的权力就应该适当分散，以便各管理环节能机动灵活地处理问题。

（6）外部环境的影响。客观地看，决定分权程度的因素大部分属于组织内部，但影响分权程度的还有一些外部因素，如政治、经济因素，这些外部因素不确定时，常会促使企业组织集权，在困难时期和竞争加剧的情况下，也会助长企业走向集权。

对于企业组织而言，管理者对分权的考虑将会逐渐成熟和理性，重要的已不再是一个组织该不该实行分权，而是应该分权到什么程度的问题。其中，最根本的参考依据就是，当分权有助于企业的员工达到他们的目的时，分权才有价值（詹姆斯·斯通纳，2001）。

随着组织的成长壮大会产生越来越多的部门和人员，决策的数量和规模会越来越大，这时每一项决策很难由最高层管理者做出，或者即便能够做出，高层管理者也会不堪重负。因此，关于组织规模的研究表明，组织规模越大，就越需要分权。大公司追求授权制（em-powerment），以尽量在较低的层次上做出决策，否则整个组织的决策就太慢。此外，较大的公司有许多规章，也为分权提供了条件（毛文静、唐丽颖，2013）。

日本松下公司早在1933年就采用事业部制，是日本最早实现事业部制的企业。松下幸之助用来平衡分权的主要手段有：实行严格的财务制度，财务主管直接向总公司汇报；实行公司银行，各部门的利润都要汇到该银行，然后再投资和贷款；人事管理权集中，把人看作公司最重要的资源；集中训练制度，灌输松下公司的价值观。公司内部门和人员拥有职权从大到小依次为董事会、董事长、社长和副社长。经营管理分两级：总公司级和事业部级。在松下公司发展的历程中，分权、集权循环出现。

第二次世界大战后初期，日本经济混乱，为了刺激消费者对未来的信心，松下幸之助一人独揽大权，解散部门式组织结构，亲自掌管广告部门。

1953—1955年，日本经济复苏，市场活跃，竞争激烈，松下公司采取分权，同时设立独立的产品群，增加营销、管理和研发的力度。

1955—1960年，日本经济高速发展，国内市场趋于稳定饱和，松下公司把目光转向海外，集中优势兵力，松下公司再度实行集权方式。

20世纪60年代初，日本经济陷入不景气状态，松下公司再度分权，每个事业部掌管自己的销售，以更好地贴近市场，渡过难关。

1973年，中东石油危机，为了应付危机，松下公司再次集权。

### 8.3.4　职权的控制

企业组织的职权通过合理的授权与分权，就进入了运作阶段。权力运作最经常的结果是服从，但不可避免地还会有冲突或不和谐，致使职权的运作发生偏差，这些将会一直存在于企业组织之中。它们可能发生在个人身上、个人之间或互相竞争的群体和联盟之间，也可能存在于组织的结构或具体的工作程序中。上述情况可能是公开的，也可能是隐蔽的。不管产生的原因是什么，有怎样的表现形式，它的根源一定是与现实利益的矛盾或分歧有关。就管理层而言，必然要考虑企业的职权分配之后，应如何进行监督并做到有效地控制。

1. 职权控制的步骤

职权控制的过程主要是要保证职权的运作能够实现既定目标，并尽可能地减少职权不适当的运用造成的不利影响。

具体而言，职权的控制过程可以分为以下四个步骤。

（1）确立职权运作的目标。制定的目标应该清楚明了，诸如"提高员工的素质"之类的目标只不过是一句空洞的口号而已。明确的目标应包括可以衡量的标准，如企业的生产主管，其目标可以包括产量目标、工人出勤率、废品率和返工率以及生产安全方面的记录等。

（2）衡量职权运作的结果。职权运作结果的衡量是一个不断重复的过程（芮明杰，2009）。有了具体的可以进行衡量的目标之后，衡量工作主要考虑衡量的频率，即多长时间应对职权运作的结果进行衡量。

（3）判断目标与结果是否一致。从某种程度上看，这是控制过程中最容易的一个步骤。大部分复杂的问题已经在前两个步骤中得到了处理。现在的问题只是把得到的结果与最初的目标加以比较。如果职权实际运作的结果与目标一致，可以认为"一切都控制得良好"，就不必采取行动干扰组织职权的运作了。

（4）采取纠正措施。经过判断，认为职权实际运作的结果没有达到当初设定的目标，就需要采取这一步骤了。纠正性措施可以包括对组织职权运作的某些活动或者职权的所有者直接进行调整，也可能发现原先的目标不合理，此时，纠正性措施是修订原来的目标，而不是改变职权的拥有者或职权活动。

2. 职权控制的方式

职权控制是指组织约束、支配、协调管理者拥有职权的方法和形式。组织职权控制的方式多种多样，这里主要从权力制约、场力控制和信息控制三个方面加以阐述。

（1）权力制约。任何权力都必须受到制约和限制，企业组织中的职权也一样。那么，如何制约和限制权力呢？

现代大型企业多采用事业部制，一个积极的作用就是分散企业的职权，特别是经营决策权。显然，一旦某一项决策失误时，其他的事业部不至于受到大的挫折，这就从职权的控制上消除了由于权力的失衡而导致对整个企业造成的重大影响。试想当年的史玉柱如果把巨人集团的组织职权设计成这样的话，即使巨人大厦出现问题，也不至于连累其他产业。

同样，权力的制约还要求在管理者之间进行制约，防止出现权力过大或权力过小，通过严明纪律、规章制度等方式实现这一目标。

先看看发生在海尔的一个真实的故事：有一次，张瑞敏去西安，集团营销中心西安分中心的经理向张瑞敏滔滔不绝地介绍西安市场的情况，他运用大量数据说明了海尔产品在当地的销售情况以及竞争对手的情况。对于分中心经理的"知己知彼"，其他集团领导投以赞许的目光。但是当问起另一个问题时，分中心经理却以一大堆"因为"为自己找借口。

在一旁听分中心经理介绍的张瑞敏打断了他的话。张瑞敏告诉大家，在美国的西点军校，遇到长官问话，下属只有四种回答，即"报告长官，是""报告长官，不是""报告长官，没有任何借口""报告长官，我不知道"。除此之外，不能多说一个字。如果回答"不知道"，下属会明白，自己马上要做的事情是必须尽快地"知道"……

在海尔集团，上司向下属布置任务后，下属无论办得如何，都需要向上司"报告完毕"。因为，只有在接到下属的这一信息后，上司才可以基于最新信息再做决策，也包括一些纠偏措施。最终在海尔就形成了这样的一个局面，每一个下属在接受上司的每一件任务后，都要通过自己的努力以"报告完毕"来回答。海尔正是通过这样的规定使企业的权力得以正常行使，即在可控制的范围内发挥职权的作用。

（2）场力控制。"场力"实质上就是影响力。它与物理学中的场力（如重力场中的吸引力、电磁场中的电磁力、核力场中的核力）极其相似。"场"的作用方式不同于力学中物体的直接接触的作用方式，"场"的作用可以发生在两个相隔一定距离的物体之间，而在两个物体之间并不需要有任何由原子、分子组成的物质作为媒介，这种作用就是通过"场"来实现的，如上抛的物体受重力场的吸引要落回地面，指南针受地磁场的作用而指向南北，部门主管受总经理的影响而自觉工作等。

场力是一种软约束力，作为一种支配力量，它是通过影响管理者的心理以实现其对组织权力行为的制约控制的，是对组织职权的软约束和软控制。

美国前总统尼克松的儿子于1974年曾拜访过毛泽东，此时的毛泽东已是一位连行走都有些困难的老人。当尼克松的儿子回国谈起自己对毛泽东的印象，他说，远隔大洋，都能感受到毛泽东的气息。这种气息就是场力的具体表现。今天在回顾这段历史时，对于当年毛泽东的巨大影响，多了一份理性的思考：场力控制比规则制约更加持久和深远。对于企业组织而言，场力也是控制职权的有效方式。

在企业里，如何进行场力控制？一个可行的办法就是将企业的要求化为无形的压力，使各层次的管理者直至普通员工都能感受到这种压力，进而逐渐形成约束自我的习惯，使组织职权在"看不见的地方"也能有效地行使（吴晓波，2001）。

王永庆在"台塑公司"就推行压力管理模式，他的压力管理无处不在。例如，台塑生产部的工人在没有实现五天工作制时，每周必须工作48小时，主管人员每周必须工作70小时，这种压力管理模式使各个部门的主管和员工都受到了极大的心理压力。王永庆每天中午都在公司吃简单的快餐，同时进行有名的"午餐汇报"。在"午餐汇报"上，听取各事业主管的汇报，然后提出尖锐细致的问题，为此有的主管患了胃病，于是有人称之为"台塑综合后遗症"。但是，经过一段时间之后，越来越多的人开始接受这种压力并形成了一种自觉的行动，还认为参加"午餐汇报"是一种荣誉，是一种精益求精的自我价值的衡量，也是今后自己要谋求发展的思想准备。

通过压力管理，结合相应的激励措施，王永庆成功地将人的潜能发挥出来，更重要的是，他将企业组织的职权运用效果控制在适当的范围之内。

（3）信息控制。现代企业管理要求决策和控制必须建立在客观科学的基础之上，而信息的及时、准确、全面是决策和控制科学化的前提。

在职权控制过程中，信息的作用不言而喻。信息是连通职权控制各个环节，实现职权控制的基础。任何一种控制方式都是在掌握和处理大量信息的基础上进行的。

信息是决策的前提。高层管理者通过对具体信息的筛选掌握了决策权。不同层次的管理人员拥有各自的信息来源渠道。

高层管理者通常比其他员工能够获得更多的信息。这些信息可以按其影响其他人决策结果的需要而加以发布（理查德·达夫特，2017）。例如，克拉克公司的自身管理者就是通过控制董事会的信息而影响了其关于购置一套大型计算机系统的决策。董事会拥有职权，由它决定该从哪家公司购买这一系统。它要求管理智囊团提议哪六家计算机制造商有资格接受这批订货的建议。吉姆·肯尼是该管理智囊团的负责人，他不同意其他经理人员的意见。这些经理人员不得不越过肯尼，如图 8-3 所示，直接向董事会表达自己的观点。肯尼则通过控制向董事会提供的信息左右了这些人的想法，从而使董事会最终选择了他所中意的那一套计算机系统。

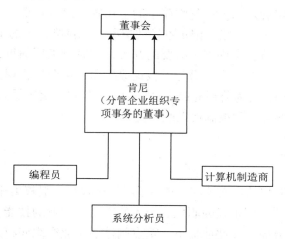

**图 8-3　克拉克公司购置计算机系统决策中的信息流**

资料来源：PETTIGREW A M. The politics of organization decision——making[M]. London: Tavistock, 1973.

### 3. 控制下属职权的艺术

在职权控制上，管理者不但自身受到制约，还要去制约权限之内的各种权力，消除干扰，以确保自己所应有的法定的权力、权威，从而为实现领导工作提供权力保证。这主要表现在对下属的制约与控制。而要实现良好的控制效果，还应该注意采取一些艺术性的手段，做到刚柔相济。

（1）"大棒"之下还应有"胡萝卜"。本章提及的台湾塑料大王——王永庆，在职权的控制运用过程中，采用压力管理模式，给各级管理者和员工制造一定的心理压力，使他们逐渐自觉地做到尽心尽责。但是，王永庆在使用压力管理这根"大棒"的同时，并没有忘记再加上"胡萝卜"。

王永庆深知金钱对于管理者和员工生活的重要性。他说："相信许多管理者都有这样的经验：某一系列的生产单位使用 100 人支付月薪方式，每月生产 100 件制品；后来改为论件计酬，工人为了追求更多的报酬，于是便发挥潜力全力以赴，于是人员从 100 人减少到 50 人，生产量却从 100 件增长到 200 件。由于金钱的魅力，使产量提高了三倍。在中国台湾的各大民营企业中，台塑的经营绩效是最好的，其秘诀在哪里？——自 1967年开始推动的绩效奖金制度，实绩来自基层工作人员，如果来自组织上层，而不是下层，那么这股力量就会很缓慢，所发挥的效能也不大。"

（2）"身教重于言传"。一名优秀的管理者不仅要具备很强的沟通能力，通过各种规章制度，将任务的性质、要求准确地传达给下属，使权力在组织内部的传递中不会发生偏差。同时，也要从自身做起，以自己的行动影响下属，达到"无声胜有声"的效果。

中国投资之父——李嘉诚先生，在刚刚创业时，就兢兢业业。每天一大清早，他就外出推销或采购。当他赶到办事的地方，别人正好上班。为了节省开支，他从不打的，距离远的就乘公共巴士，路途近的就步行。中午时，李嘉诚急如星火地赶回工厂，先检查工人上午的工作，然后跟工人一起吃简单的工作餐。没有餐桌，李嘉诚和大家一样蹲在地上吃饭。晚上，他还要做账，记录推销的情况，安排第二天的生产。

李嘉诚事必躬亲，节省了许多不必要的开支，同时对工厂的每一个环节的情况都了如指掌，便于管理。更重要的是，身为老板这般拼命，给全厂管理人员及普通员工起到了率先垂范的榜样作用，也为公司养成了良好的工作作风，奠定了企业管理坚实的基础，保证了企业组织职权的分配和控制得以顺利实施。

 **小结**

本章从企业组织职权的含义谈起，介绍了组织职权与一般权力相比较所具有的特征；分析了一般权力的来源，即正式的职位、个人的特质、专业的技能、可利用的资源和社会的影响力五个主要方面；在此前提下，重点阐述了企业组织职权的设计，把握职权设计的两个环节，即组织职权的分配和控制，其中，分配过程就是授权与分权的过程，职权的控制应是整个职权设计的核心，在总结职权控制的步骤之后，就是如何选择具体的控制方法和一些艺术化的手段。

本章总结了前人的一些观点，并结合现代企业内部管理部门和职位，对职权设计和控制的具体方法做了归纳和一定的提升。

 **思考题**

1. 职权的含义是什么？职权有哪些类型？

2. 职权与权力的区别是什么？一个拥有正式职权的人是否可能没有真正的权力？试讨论。

3. 权力的来源有哪些？你认为在现代企业组织中，权力的主要来源是什么？试讨论。

4. 说明组织职权设计的方法。

5. 组织职权设计中应考虑哪些因素？

6. 分权的标志有哪些？分权和集权应如何在组织中合理选用？试结合案例进行讨论。

7. 试述现代企业 CXO（电商企业首席惊喜官）设置的必要性，相应的职权应有哪些？

 **案例讨论**

### 李宁：改变正在发生

摘要：本案例描述了李宁公司自 2010 年实施品牌重塑计划以来发生的一系列人事动

荡事件，即设计师团队出走及高管大换血。直到 2012 年新的股东及管理团队入驻公司，一切风波才得到平息。这场风暴折射出的问题值得企业进行深入的探讨及研究：战略制定及执行过程中如何平衡各方利益，如何处理好内部员工与外部空降部队之间的冲突关系，如何恰到好处地实行集权与分权，管理层内部及各部门之间的权力如何分配，以及怎样处理职业经理人与股东之间的关系。

资料来源：贺俊，余艺. 李宁：改变正在发生[DB/OL]. 中国管理案例共享中心，2013. http://www.cmcc-dlut.cn/Cases/Detail/1125.

 **经典书籍推荐**

蓝海林. 企业战略管理[M]. 3 版. 北京：中国人民大学出版社，2021.

智能技术和数字技术的广泛应用，国内与国际"双循环"发展格局的形成等，凸显了中国企业经营环境的动态性、不确定性、复杂性和模糊性。基于这些特征影响，该书进一步完善了企业战略管理的逻辑体系、知识体系和相关的管理方法，更新了全部"导入性案例"，将逻辑、模式和方法论方面的创新与中国企业战略实践相结合，让"中国故事"帮助学生学习、理解和应用教材的相关理论和方法。

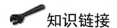 **知识链接**

CXO——企业新型职位的职权设计

 **参考文献**

[1] 罗宾斯，贾奇. 组织行为学：第 18 版[M]. 孙健敏，朱曦济，李原，译. 北京：中国人民大学出版社，2021.

[2] 斯通纳. 管理学：第 6 版[M]. 刘学，祝晶，丁文正，等，译. 北京：华夏出版社，2001.

[3] 达夫特. 组织理论与设计：第 12 版[M]. 王凤彬，石云鸣，张秀萍，等，译. 北京：清华大学出版社，2017.

[4] 彼得斯，沃特曼. 追求卓越[M]. 胡玮珊，译. 北京：中信出版社，2012.

[5] 吴晓波. 大败局[M]. 杭州：浙江大学出版社，2019.

[6] 麦格雷戈. 企业的人性面[M]. 韩卉，译. 杭州：浙江人民出版社，2017.

[7] 焦叔斌，杨文士. 管理学原理[M]. 北京：中国财政经济出版社，2019.

[8] 毛文静，唐丽颖. 管理学[M]. 2 版. 北京：北京理工大学出版社，2013.

[9] 蓝海林. 企业战略管理[M]. 3 版. 北京：中国人民大学出版社，2021.

[10] 霍尔. 组织：结构、过程及结果：第 8 版[M]. 张友星，刘五一，沈勇，译. 上海：上海财经大学出版社，2003.

[11] 罗宾斯，库尔特. 管理学：第 13 版[M]. 刘刚，程熙镕，梁晗，等，译. 北京：中国人民大学出版社，2017.

[12] 芮明杰. 管理学：现代的观点[M]. 3 版. 上海：上海人民出版社，2013.

[13] 王利平. 管理学原理[M]. 4 版. 北京：中国人民大学出版社，2017.

[14] 王关义，刘益，刘彤，等. 现代企业管理[M]. 5 版. 北京：清华大学出版社，2019.

[15] 凯斯勒，凯茨. 企业组织设计[M]. 江阮渊，张善依，译. 北京：电子工业出版社，2020.

[16] PETTIGREW A M. The politics of organization decision—making[M]. London: Tavistock, 1973.

[17] KOTTER J P. Power and influence[M]. New York: Free Press, 1983.

# 第 9 章
# 企业组织的流程设计

 **本章学习目标**

1. 掌握企业流程的含义与分类；
2. 了解企业流程产生与发展的理论基础；
3. 掌握流程设计的方法；
4. 领会电子商务环境下企业流程该如何设计。

## 引例

    从前，有一个人从魏国到楚国去。他带了很多的盘缠，雇了上好的马车，请了驾驶技术精湛的车夫，坐上马车就上路了。楚国本在魏国的南面，可这个人却让驾车人赶着马车一直向北走去。

    路上有人问他的车要往哪儿去，他大声回答说："去楚国。"路人告诉他说："到楚国去应往南走，你这是在往北走，方向不对。"那人满不在乎地说："没关系，我的马快着呢！"路人替他着急，拉住他的马，阻止他说："方向错了，你的马再快也到不了楚国呀！"那人依然毫不醒悟地说："不打紧，我带的路费多着呢！"路人极力劝阻他说："虽说你的路费多，可你走的不是那个方向，你的路费多也没用呀！"那个一心只想要到楚国去的人有些不耐烦地说："这有什么难的，我的车夫赶车的本领高着呢！"路人无奈，只好松开了拉住车把的手，眼睁睁看着那个盲目上路的魏人走了。

    这个故事叫"南辕北辙"，是指本来要向南前进的车却向北行驶。这个故事告诉人们：做事要选择正确的方向和道路。对于企业来说，设计正确的做事路径是十分重要的。本章要探讨的内容就是企业流程的设计问题。本章在介绍企业流程的含义、企业流程产生与发展的理论基础之后，将着重探讨企业流程设计的方法，最后还会对电子商务环境下企业流程该如何设计进行讨论。

    一般来说，企业组织业务流程管理的主要程序包括流程设计、流程执行、流程评估和流程改进。其中，流程设计是企业组织业务流程管理中最重要的一个环节，它直接影响未来流程实施中的效率和效果。在流程设计阶段，流程设计的方法，即企业组织的流程究竟如何设计的问题就显得尤为重要。本章将对以上问题进行详细阐述。

# 9.1 企业流程的含义与分类

## 9.1.1 企业流程的含义

《高级汉语大词典》对流程的定义是：① 水流的路程（course）；② 工艺程序（technological process），从原料到制成品的各项工序安排的程序。《简明汉英词典》将流程译为 flow。对于英文 process，中文译为过程或流程。《牛津英语大词典》(*Oxford English Dictionary*)将流程（process）定义为：一个或一系列联系有规律的行动，这些行动以确定的方式发生或执行，导致特定结果的实现；一个或一系列连续的操作（operation）。因此，我们可以认为流程是一组将输入转化为输出的相互关联或相互作用的活动。

企业管理中所指的"流程"一般对应于英文 process。达文波特（Davenport）认为企业流程是一系列结构化的可测量的活动集合，并为特定的市场或特定的顾客产生特定的输出（戚坚，2013）。李亚兵和宋丽娟（2013）从价值创造角度将企业流程定义为：企业为了满足特定顾客的需求，把输入转化为输出并增加输入价值的一系列相关活动。蒋志清（2002）将企业流程定义为：企业流程是为满足顾客的需求和实现企业自身目标，在企业的逻辑思维模式（企业与环境、企业内部等的逻辑关系）指导和现有的资源条件下实现产品或服务的一系列活动的实际过程。本书认为企业流程是指为完成企业目标而进行的一系列逻辑相关的业务活动。企业流程既包括企业内部的流程，也包括企业外部的流程。

企业的业务流程是流程导向型企业组织设计的关键因素。对于业务流程也有不同的定义。企业流程再造理论创始人迈克尔·哈默（2019）认为，业务流程是把一个或多个输入转化为对顾客有价值的输出的活动。ISO 9000 对业务流程的定义是：业务流程是一组将输入转化为输出的相互关联或相互作用的活动。本书认为企业的业务流程是众多企业流程中十分重要的流程，它以客户需求以及资源投入为起点，以满足顾客需求、为企业创造有价值的产品或服务为终点，它决定企业资源的运行效率和效果。业务流程是企业以输入各种原料和顾客需求为起点，到企业创出对顾客有价值的产品（或服务）为终点的一系列活动的集合。

## 9.1.2 企业流程的分类

企业流程按照不同的标准有不同的分类。哈佛商学院迈克尔·波特（Michael Porter）教授于 1980 年提出了价值链模型，如图 9-1 所示。他认为企业的活动分为主要活动和支持活动。主要活动是与生产产品直接相关的价值增值的活动，例如采购、生产、销售这些活动能直接为企业带来经济效益。支持活动虽然与生产产品和提供服务没有直接的联系，但是如果没有这些支持活动，就没有价值增值的活动。相应地，一个核心的流程就是由与企业的产品直接相联系的活动构成，并为企业创造价值。也就是说，核心流程是企业从事生产或提供服务的基本活动组成的流程，如订单完成流程、产品生产流程、库

| 支持活动 | 企业基础设施 | | | | | 边际 |
|---|---|---|---|---|---|---|
| | | 人力资源管理 | | | | |
| | | 技术开发 | | | | |
| | | 采购 | | | 利润 |
| 主要活动 | 原材料储运 | 生产制造 | 产成品储运 | 市场与销售 | 售后服务 | |

**图 9-1　波特的价值链**

资料来源：波特. 竞争优势[M]. 陈丽芳，译. 北京：中信出版社，2014.

存完成流程、原料采购流程、服务执行流程等。支持流程是由为企业基本生产活动提供支持的活动构成的流程，如研发开发流程、资金筹措流程、人事考评流程等。尽管从顾客的角度看，一个支持流程是由没有创造价值的活动所构成，但对于完成一个核心流程是必需的。核心流程与支持流程的边界是漂移的，因为相同的流程在不同的企业中可能是核心流程，也可能是支持流程。支持流程绝不意味着发挥很小的作用，只是支持流程不是与产品的生产或提供服务直接相联系而已。

佩帕德和罗兰（2003）将组织的高层流程分为战略流程、经营流程和保障流程，如图 9-2 所示。

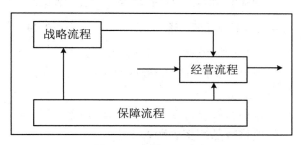

**图 9-2　高层组织流程**

资料来源：佩帕德，罗兰. 业务流程再造精要[M]. 高俊山，译. 北京：中信出版社，2003.

（1）战略流程（strategic progresses）：包括战略规划、产品服务开发以及新流程的开发等。

（2）经营流程（operational progresses）：组织管理其日常功能的流程，如"赢得"顾客、满足顾客、顾客支持、现金与收支管理、财务报告等。

（3）保障流程（enabling progresses）：为战略流程和经营流程的顺利实施提供保障的流程，如人力资源管理、管理会计、信息系统管理等。

按企业流程的范围，企业流程可以分为部门内部的流程、部门之间的流程和企业与企业之间的流程；按企业活动是否增值，企业流程又可以分为增值流程（核心流程）和非增值流程（辅助流程）。即便是企业业务流程，也有很多种类型，典型的业务流程包括采购、产品开发、生产、订单执行、配送、顾客支持等流程，如图 9-3 所示。以下为这些流程的具体含义。

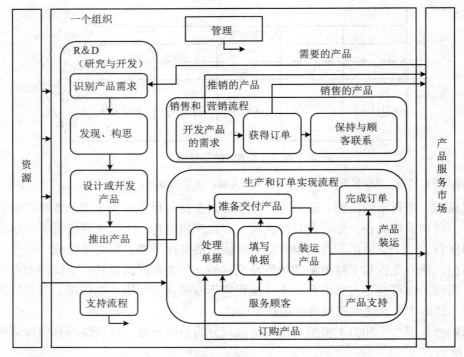

**图9-3 带有流程和子流程的一个组织框架**

资料来源：波特. 竞争优势[M]. 陈丽芳，译. 北京：中信出版社，2014.

（1）采购：获得生产产品或服务所需的材料和设备。

（2）产品开发：为顾客设计新产品、服务或改进已有产品。

（3）生产：生成产品或服务。

（4）订单执行：从顾客那里接收订单并保证订单完成。

（5）配送：保证平稳地将产品配送到顾客手中。

（6）顾客支持：顾客购买产品或服务以后，为他们提供帮助。

　　一个企业内部有各种各样的流程，不同企业的流程也不尽相同，但这些流程还是有一些共同的特点。一般来说，企业流程具有目标性、整体性、层次性、动态性和结构性。企业流程的目标性是指企业的流程是为完成某一目标而产生的。企业流程的整体性是指两个或两个以上的活动以一定的方式结合来实现流程目标所表现出来的特性。活动是构成流程的最基本的要素，活动与活动之间相互关联。企业流程的层次性是指流程可以细分的特性。例如，企业业务流程可以是研发、生产、销售等流程构成，而其中的每一个流程又可以细分为下一级流程，直至分到构成流程的活动。企业流程的动态性是指流程与流程之间、构成流程的要素（子流程）之间都处在运动之中。随着企业环境的变化，企业流程也要相应地发生变化。企业流程的结构性是指组成流程的各种活动之间的相互联系与相互作用方式。活动之间的关系主要有串行关系、并行关系和反馈关系，如图9-4所示。

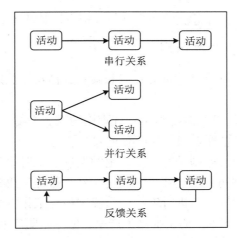

图 9-4 活动之间的关系

## 9.2 企业流程产生与发展的理论基础

一般认为，分工导致了流程的产生，分工使由一个人完成的工作变成由若干人共同完成。分工导致了流程的产生，但由于分工会受到一定的技术条件限制，所以不同的技术条件会导致不同的分工，形成不同的流程，从而注定流程要经历不同的发展阶段。可以说，技术的发展是企业流程发展的一个重要原因，从亚当·斯密分工理论的提出，到一百多年后，弗雷德里克·泰勒、亨利·法约尔、亨利·福特等人对分工理论的进一步发展和丰富，再到 20 世纪 90 年代迈克尔·哈默提出业务流程再造都证明了这一点。

### 9.2.1 亚当·斯密的分工理论

英国经济学家亚当·斯密（Adam Smith）在 1776 年发表了《国民财富的性质和原因的研究》一书，系统地阐述了劳动价值理论和劳动分工理论。他认为劳动分工可以使工人重复完成单项操作，有利于劳动熟练程度和劳动生产率的提高；可以减少因变换工作而损失的时间；可以使劳动者的注意力集中在特定的对象上，有利于劳动工具的创新和生产设备的改进。最为经典的是书中关于制针业的分工情况的描述。他在书中写道："第一个人抽丝，第二个人拉直，第三个人切断，第四个人削尖，第五个人磨光顶端以便安装针头；做针头要求有两三道不同的操作；装针头是一项专门的业务，把针刷白是另一项专门的业务，甚至将针装进纸盒中也是一项专门的职业。这样，制针这一重要的业务就分成了大约 18 道不同的工序……"（亚当·斯密，2014）。他见过一家 10 人的小厂，每天能制针 48 000 枚，即每个人每天制针 4800 枚。但如果他们全都独立工作，且没有受过专门业务的训练，他们每人一天可能制造不出 20 枚针，或许一枚也做不出来。专业化劳动分工对于企业劳动生产率的提高，促进经济的发展，确实起到了极大的推动作用。

但同时也应看到，亚当·斯密的劳动分工理论反映的是手工工场企业的现实及其需要。由于早期的企业规模小，人员少，员工相互关系比较密切，企业除制定少数的规章制度外，更多的方针政策、业务流程和行事方式都可以让非正式组织加以解决。

### 9.2.2　分工理论在企业中的运用

亚当·斯密的分工理论经巴贝奇的发展和泰勒、福特以及斯隆等人的管理实践被证明具有极大的经济效能。

泰勒是美国的发明家、工程师、科学管理理论的代表人物，被誉为"科学管理之父"。他首创的科学管理制度对管理思想的发展有重大的影响。

泰勒的工时研究和职能原则是对分工理论的发展。工时研究并非简单地对一个工人完成一件规定任务做出时间上的统计，而是把一件工作分解成各种基本的组成部分，并做测试，然后根据其合理性重新进行安排，以确定最佳工作方法。职能原则是泰勒针对当时工人的工作方法而提出的。为了提高生产率，他主张明确划分计划职能与执行职能。计划职能应设立专门的计划部门来承担，现场的工人和工头则从事执行的职能。把计划职能同执行职能分开，变原来的经验工作方法为科学工作方法，从而使管理工作从生产活动中独立出来，成为一个专门的职业，这对企业管理的发展有着深远的影响。

法约尔出生于法国，大学毕业后在一家煤矿公司工作直至退休。在漫长而卓有成绩的职业生涯中，他一直从事管理工作。他对组织管理进行了系统的、独创的研究，特别是关于管理组织和管理过程的职能划分理论，对后来的管理理论研究产生了深远影响。他还是一位概括阐述一般管理理论的先驱者，是伟大的管理教育家，被后人称为"管理过程理论之父"，其代表作是《工业管理和一般管理》。

法约尔（2007）认为："企业的全部活动可分为以下六组：① 技术活动（生产、制造、加工）；② 商业活动（购买、销售、交换）；③ 财务活动（筹集和最适当地利用资本）；④ 安全活动（保护财产和人员）；⑤ 会计活动（财产清点、资产负债表、成本、统计等）；⑥ 管理活动（计划、组织、指挥、协调和控制）。不论企业是大是小，是复杂还是简单，这六组活动（或者说基本职能）总是存在的"，如图9-5所示。

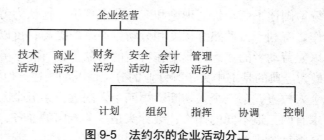

**图9-5　法约尔的企业活动分工**

资料来源：法约尔. 工业管理与一般管理[M]. 迟力耕，张璇，译. 北京：机械工业出版社，2007.

法约尔最大的贡献是给管理本身进行了明确的分工，他认为管理应包含计划、组织、指挥、协调和控制五大职能，这实际上形成了从计划到控制的"管理流程"，为现代管理过程学派打下了理论基础。

福特汽车公司的创始人享利·福特（Henry Ford）于1863年7月30日出生在美国密歇根州韦恩县斯浦林维尔镇。少年时代的亨利就对机械萌发了兴趣。1903年6月16日，福特先生参与组建了福特汽车公司。福特汽车公司于 1908 年 10 月 1 日推出了 T 型车，很快 T 型车令千百万美国人着迷。T 型车不仅为人们提供了独立的可能和更多的机遇，而且价格也很合理，最初售价 850 美元。随着设计和生产的不断改进，T 型车最终降到了 260 美元。

福特汽车公司的 T 型车不仅改变了世界，而且代表着至今仍推动福特汽车公司前进的、不断创新和客户至上的理念。T 型车的许多创新永远地改变了汽车制造业，其中尤其值得一提的是流水组装线。流水组装线是享利·福特于 1913 年在福特海兰公园工厂首创的。它为汽车制造业，乃至整个工业界带来了伟大的变革，以此带来的生产效率促使福特公司还利于客户。顾名思义，流水组装线就是指汽车装配的传送带系统好像一条条河流。福特的具体设计思想正是根据分工原理，将汽车装配工作拆成一系列毫不复杂的任务，使每个工人的工作都简单易学，而不是让某个熟练工把所有的零件拼凑起来，造出整车。这种生产方式使得 T 型车的生产效率大大提高，1908 年"全能"组装工一天也组装不出一辆 T 型车，可是到了 1925 年，福特汽车公司一天能造出 9109 辆 T 型车，平均每 10 秒就能生产出一辆车。

### 9.2.3　流程再造理论的提出

亚当·斯密的分工理论提出的社会经济背景是生产力水平比较低下，商品处于供不应求状态。分工理论及后人对分工理论的发展和应用实践的最终目的在于提高劳动生产率，当时企业追求的主要目标就是大批量生产商品。第三次技术革命的到来使市场环境发生了深刻的变化，随着包括福特的流水组装线在内的自动化生产线的应用，劳动生产率大大提高，由此带来的是商品的供大于求现象的出现。进入 20 世纪 80 年代，市场环境发生了进一步的变化，卖方市场在向买方市场转移，"顾客就是上帝"已不再是句口号。随着顾客地位的提升，他们的要求越来越高，甚至有些挑剔，他们不仅要求物美价廉，而且开始追求个性化。这样一来，企业所处的相对稳定的经营环境发生了巨大变化，企业经营环境中各种不确定性因素暴增，企业在关注产品质量的同时，更要关注产品的上市速度、产品的创新以及售后服务。对顾客个性化消费方式的满足已成为企业关注的焦点。在这种情况下，单纯地提高生产效率已经变得没有多大的意义，新的现代管理方法的出现已是必然。

企业流程再造理论正是在这样的背景下提出的，它突破了传统的劳动分工理论的思想体系，强调以"流程导向"替代传统的"职能导向"的企业组织形式，为企业经营管理提出了一个全新的思路。由于现行的组织是建立在亚当·斯密分工理论基础之上的，企业流程被组织机构所分割和掩盖，人们对部门、科室和班组十分熟悉，而对企业流程却视而不见。事实上，企业的流程才是企业的生命线，它决定着企业的运行效率。职能部门与业务流程的关系如图 9-6 所示。

1990 年美国麻省理工学院教授迈克尔·哈默（Michael Hammer）在《哈佛商业评论》（*Harvard Business Review*）的奠基性论文《再造工作：不要自动化改造——彻底铲除》中提出了业务流程再造（business process reengineering，简称 BPR）的概念。迈克尔·哈默

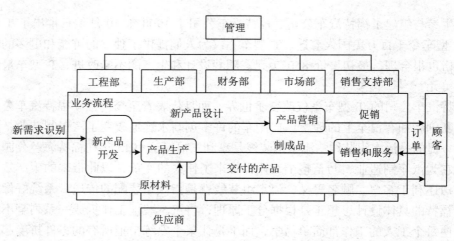

**图 9-6　职能部门与业务流程的关系**

在与詹姆斯·钱匹合著的《公司再造：企业革命的宣言》中为流程再造下了定义，"流程再造就是对企业的业务流程作根本性的（fundamental）思考和彻底的（radical）重建，其目的是在成本、质量、服务和速度等方面取得显著的（dramatic）改善，使得企业能最大程度地适应以顾客（custome r）、竞争（competition）、变化（change）为特征的现代企业经营环境"（迈克尔·哈默，詹姆斯·钱匹，2019）。在这里，BPR 强调以业务流程为中心，主张从根本上重新设计组织结构和业务流程，是一种跨职能的对全部业务流程的创新。

企业流程再造理论与基于分工理论的管理思想相比，有以下三个显著特点：一是更加强调顾客的需求。由于顾客已不再是厂家生产的产品的被动接收者，而是积极的决定者，因此企业必须考虑满足顾客的个性化需求。顾客的需求是企业进行流程再造的最根本的驱动力。二是注重整体最优。传统的组织结构是按功能进行划分的，各职能部门各司其职，但由于缺乏部门之间的合作与协调，所以很难达到企业的整体最优。流程再造理论就是要重新建立企业的运行机制和组织结构，以达到整体最优。三是追求企业性能的显著性提高。流程再造理论不是追求企业性能的渐进式提高，而是通过对流程新设计，以提高顾客的满意度为主要方向，追求企业性能的飞跃。可以说，流程再造是现代企业管理的一场革命。

流程再造理论提出之后，不少企业投入巨资进行业务流程再造。流程再造的高失败率迫使人们开始寻找流程再造以外的流程变革方式。流程改进、流程管理等理论的相继提出正是对流程再造理论反思的结果。虽然流程再造已成为过去，但是重新设计和改进流程却是一个永久的话题。特别是在互联网和电子商务的驱动下，企业的流程必须进行设计和改进。

## 9.3　流程设计的方法

流程再造可以看作一种组织变革模式，也就是从传统的基于分工理论建立的职能型组织转变为流程导向型的组织的变革过程。流程再造不仅包括对业务流程的重新设计，也包括其引发的一系列变革，当然流程设计是流程再造的核心内容。流程设计是指对组织内部或组织之间的工作流和流程进行分析和设计。流程设计既可以是现有流程的再设计，也可以是企业流程的全新设计。现有流程的再设计是指通过对现有流程的识别、描述和分析，设计出新的流程。企业流程的全新设计就是抛开原有流程的束缚，无须对原有流程进行分析和诊断，而是根据流程的目的重新设计能够满足目的要求的新流程。当然，企业流程再造追求的是企业流程的全新设计。

## 9.3.1 流程再设计的类型

流程再设计的模式分为两类：一类是基本的流程再设计模式，包括重组模式和不太激进的业务流程再设计模式，即简化、价值增值分析和任务整合；另一类是特殊的业务流程再设计模式，包括工作流自动化、ERP 驱动的再设计模式、供应链设计的模式等。在实际的应用当中，企业组织并不只是使用某一种模式，可能是几种模式的结合。为了简单的缘故，将它们单独列出，如表 9-1 所示。

表 9-1 基本的业务流程再设计模式的类型

| 模 式 | 驱 动 力 | 方 法 | 时 间 需 求 | 冲击和问题 |
|---|---|---|---|---|
| 重组 | 改组的渴望；主要的变化或新技术的引进 | 一切从头再来；怀疑所有的假设；使用最佳的做法 | 付出较大的努力；需要相当长的时间 | 可以实现生产和效率的较大突破。中断的可能性和失败率高 |
| 简化 | 消除流程中的冗余和重复 | 为信息系统流程建模，并在每一步询问我们是否真的需要这样做？对于相似的流程，要看它们是否可以合并 | 通常需要适中的努力 | 通常在生产和效率方面取得中等程度的增长，这在很大程度上取决于流程中冗余的数量 |
| 价值增值分析 | 消除非增值的活动 | 为信息系统流程建模，并在每一步询问这是增值活动，还是支持价值增值活动 | 通常需要适中的努力 | 通常在生产和效率方面取得中等程度的增长，这在很大程度上取决于流程中非增值活动的数量 |
| 任务整合 | 解决信息或物质在部门之间或职能小组之间传递时出现的问题 | 为信息系统流程建模，在信息或物质在部门之间通过的每一点时询问发生了什么或什么需要发生 | 通常需要适中的努力 | 通常在生产和效率方面取得中等程度的增长，这在很大程度上取决于部门之间问题的数量 |

资料来源：HARMON P. Business process change: a manager's guide to improving, redesigning, and automating processes[M]. San Francisco: Morgan Kaufmann Publishers，2003.

## 9.3.2 系统再设计

1. 系统再设计（systematic redesign）的含义

达文波特提出了系统再设计法，即分析理解现有的业务流程，并在现有流程基础上创建所需的新流程。系统再设计不是从一张白纸上开始设计，而是要考虑系统条件，即现有的条件和新流程的各种机遇与约束条件，在此基础上设计出能够实现的新流程。

系统再设计的方法在理论上具有合理性：首先，对现有流程的描述和分析是识别流程缺陷和流程改进的基础；其次，对现有流程的描述和分析可使流程设计的参与者对企业的当前状况有一个概括的了解；再次，对现有流程的描述和分析可以暴露出存在的技术或工具的缺陷；最后，对现有流程的描述和分析也可避免对流程优化时对相关方面的忽视。

系统再设计在实际操作中也会遇到一些困难：一是若考虑现有流程，就很可能陷入现有的框框，无法跳出窠臼；二是现有流程和重新设计的新流程如何融合的问题；三是分析现有流程花费了过多的时间和金钱；四是描述和分析现有流程可能会限制流程设计参与者的创造力的发挥。

2. 系统再设计的内容

系统再设计的重点就是清除非增值活动和调整核心增值活动。其主要内容可用 ESIA 来表示：清除（eliminate）、简化（simply）、整合（integrate）、自动化（automate）。具体内容如表 9-2 所示。

表 9-2　系统再设计的重点内容

| 清　　除 | 简　　化 | 整　　合 | 自　动　化 |
|---|---|---|---|
| 过量生产 | 表格 | 工作 | 脏活 |
| 等待时间 | 程序 | 团队 | 难活 |
| 运输 | 沟通 | 顾客 | 险活 |
| 加工 | 技术 | 供应商 | 乏味的工作 |
| 库存 | 流程 | | 数据采集 |
| 缺陷/失误 | 流程 | | 数据传送 |
| 重复 | 问题区域 | | 数据分析 |
| 重排格式 | | | |
| 检验 | | | |
| 协调 | | | |

资料来源：佩帕德，罗兰. 业务流程再造精要[M]. 高俊山，译. 北京：中信出版社，2003.

系统再设计必须遵循一定的程序和步骤，如图 9-7 所示。在这里有必要就理解流程与分析流程的关系做一个说明。一般来说，理解流程与分析流程既相互区别又相互联系。理解与分析的含义是不同的，理解流程是指对流程有一个整体性的把握，而分析流程是指对流程的各个方面都有深刻的了解。对于诸如"流程是什么""为什么是这样"等问题，属于理解流程的内容；对于现有流程是如何运作的问题，则是分析流程必须搞清的问题。具体来说，理解流程的内容包括流程的识别、流程的描述；分析流程则包括诊断流程、关键流程的选择、流程建模与仿真等内容。

把理解与分析截然分离并否定分析的作用的观点是不科学的，在实践中也是无法行得通的：第一，理解包含着分析。理解流程并不是凭空想象，只有在透彻分析的基础上

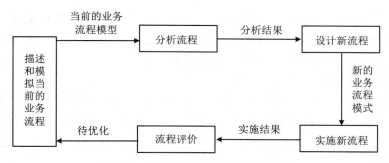

图 9-7 流程建模与流程设计的步骤

才能深刻理解和全面把握。第二，系统再设计离不开分析。系统再设计需要从其构成要素因素着手，通过对构成要素的分析，确定关键因素；再对关键因素进行分析寻找突破点，进而重新组合构成因素，获得全新的流程。分析在系统再设计中起着发现问题、剖析问题的重要作用。

1）流程的识别

在企业中，部门、科室和班组最为常见，而流程往往不被人们所熟悉，因此，识别流程就不是那么容易的一件事。事实上，企业组织就是由流程构成的，尽管流程被组织结构所分割和掩盖，但我们还是可以通过把握流程识别的一些要点来进行。一般来说，流程由一系列逻辑相关的活动构成，搞清楚活动之间的关系，找出起点活动和终点活动，便可发现一个流程。

对于流程的识别，还有一种逆行识别的方法。也就是说，先找出流程的结果，然后逆行寻找和识别相应的流程。

2）流程的描述

对流程的表示形式并不唯一，有文本法、表格法以及图形法等。为了得到对业务流程的直观印象，人们通常会采用图形法来表示流程。

理解现有流程的最有效的方法是将它画在图上。画流程图的目的是通过图示的方法使得流程易于阅读和理解。流程图就好像地图一样，当彼此在一张摊开的流程图上谈问题时，可以清楚地了解发问者的本意，不至于凭空想象，并且可以帮助与会者专注于发问者所谈论的问题。流程图还可以协助项目小组成员从全流程的观点来看问题，不至于仅从自己部门的观点来看问题，思维模式从部门的观点提升到全流程的系统观来看问题，有助于凝聚成员的共识，解决根本问题，拉近经营者和下属的距离。

流程图法（flow charts）遵循 ANSI（美国国家标准协会）标准，其优点是可理解性好，但同时存在不确定性太大，无法清楚界定流程界限等缺点，特别是在流程图中的输入、输出不能模型化，所以可能失去关于流程的细节信息。简单的流程图符号如图 9-8 所示。

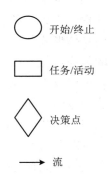

图 9-8 简单的流程图符号

角色行为图 RAD（role activity diagram）也是一种常见的流程图形化描述方法，它特别擅长强调流程中的角色职责。行为被表示为垂直的一串节点，水平线则表示人的参与。此方法的主要不足之处在于不具有模型分解的能力，这使其除了用于模型流程总览，无法支持深入的流程描述。

IDEF（集成计算器辅助制造）模型系列也是在流程描述领域很有影响力的方法，它包括美国空军 Armstrong 实验室研制的 IDEF0 以及由此改造而成的用于信息分析的 IDEF1、用于动态分析的 IDEF2、用于流程分析的 IDEF3，是一组具有较大影响和较广泛应用的模型系列。

Petri 网是完全从过程的角度出发，为复杂系统的描述与分析而设计的一种有效模型工具，它在描述并发、冲突、同步等行为现象上具有优势。虽然 Petri 网在复杂系统表达、可理解性与可实现性方面具有较好的表现，但如用来进行流程建模，还需要从组织因素表达、模型分析等方面进行必要的补充和探索。其核心概念在于：库所（代表条件）；变迁（代表事件）；库所中的托肯（代表可以使用的资源和数据）。

3）流程的分析

有了企业的流程图，流程的分析便有了基础。可是企业有许多的流程，应该分析哪些流程呢？事实上，流程分析应从关键流程的选择开始。

企业组织拥有众多的流程，从众多的流程中找出关键流程，是在流程识别后的又一项重要的工作。所谓关键流程是指对企业的运行效率有重大影响的流程，也可以说，是对满足顾客的需求有重要影响的流程。因为流程是为满足顾客的需要而存在的，所以关键流程的选择就是要了解顾客真正的要求是什么。

在对企业的流程进行分析并选择关键流程时，可以采用哈佛大学迈克尔·波特教授提出的价值链分析法。价值链分析法是辨别某种"价值活动"能否给本企业带来竞争力的方法，这一理论最早发表在波特的一篇关于如何将价值链分析与信息技术结合起来的论文中，后来被发展成为企业战略分析的重要手段，对企业信息化建设也有很重要的应用价值。波特认为，在一个企业中，可以将企业的活动分为主要活动与辅助活动两种。主要活动包括采购物流、生产制造、发货物流、市场营销、售后服务等，辅助活动包括高层管理、人事劳务、技术开发、后勤供应等方面的活动。以上各项活动因企业或行业不同而具体形式各异，但所有的企业都是从这些活动的链接和价值的积累中产生了面向顾客的最终价值。因此，将一个企业的活动分解开来，并分析每一个链条上的活动的价值，就可以发现究竟哪些活动是需要改造的。例如，可以按照某项业务将有关的活动细分为几个范围（如将产品销售分解成市场管理+广告+销售人员管理+……），从中发现可以实现差别化和产生成本优势的活动。

对企业现有业务流程的分析并提出改造的方案可以用计算机软件的方法来进行，这就是企业信息流程建模。目前已经有许多企业信息流程建模方法和相应的软件系统问世。ARIS（集成化信息系统架构）方法和工具是由德国萨尔大学企业管理研究所所长及 IDS-Scheer 公司总裁 Wilhelm Scheer 教授所提出。其设计理念是希望提出一个整合性的框架，将描述一个企业流程的重要观念尽量纳入模型之中。IDEF0 方法是 ICAM DEFinition

Method 的简称,是美国空军在 20 世纪 70 年代末、80 年代初在 ICAM( integrated computer aided manufacturing )基础上采用 SADT(自加速分解温度)等方法发展起来的一套建模和分析方法。1990 年代初期,IDEF 用户协会与美国国家标准与技术学会合作,建立了 IDEF0 标准,并在 1993 年公布为美国信息处理标准。目前 IDEF 是多种国际组织所承认的标准。为了减少项目的复杂性,使项目得以顺利进展,项目实施小组可以运用基于计算机软件的建模分析工具,如 BPWin 等来建模。使用这些方法对企业业务流程建模后,不但可以描述企业现行流程,进行流程诊断和设计新流程,还可以对企业业务流程进行有关成本、效益等方面的模拟和分析。

4)新流程的设计

新流程的设计包括建立未来流程模式和完成流程说明书。模式是介于创意与设计蓝图之间的产物,建立流程模式就是改变思考模式来建构可能的未来理想蓝图。利用创意思考,大胆假设可能的各种模式,再通过会议讨论的方式找到未来的流程模式,作为新流程设计的蓝图。

按照排序后的解决方案,重新设计新流程,这部分可能牵扯部门权责的重划、管理政策的调整、流程存废的问题,因此需要针对未来流程的模式、经营策略的走向、新的科技及工具重新设计新流程。

新流程图确定后,就可以接续完成流程说明书,作为流程建置与信息系统设计的蓝图。流程说明书的内容包括前面所提及的内容,具体如下:流程名称、流程范围、流程所有人、流程小组、流程目的、流程目标和流程图。

5)流程的实施和持续优化

流程在具体实施的过程中可能会出现这样或那样的问题,流程需要得到持续的优化。现有流程的设计是一个周而复始的过程,它没有起点,更没有终点。随着企业经营环境的变化,企业的流程也要随着改变,流程的再设计在所难免。

## 9.3.3　流程的全新设计

全新设计流程( clean sheet approach )就是抛开原有流程的束缚,无须对原有流程进行分析和诊断,而是根据流程的目的重新设计能够满足目的要求的新流程。流程的全新设计方法也称为白板设计法,按照哈默的观点,"业务流程从一张白纸开始进行彻底的再设计",要抛弃现有流程的一切框框,利用头脑风暴法、逆向思维等方法,发挥想象力,激发创造性和灵感,在一块"白板"上重建企业流程。

这种一切从零开始的"白板设计法"主要存在三个问题:一是许多公司不愿意花费大量的时间和资金来实施这种创新的流程;二是完全摒弃现有流程对企业正常运行干扰很大,企业难以接受;三是新旧流程差别大,员工难以适应。因此,"白板设计法"往往受到抵制,在实践中较少采用这种方法。

下面主要介绍与流程的全新设计方法密切相关的标杆瞄准法( benchmarking )、头脑风暴法( brainstorming )和改善心智模式( mental model )。当然,这些方法在系统再设计的程序中也同样有用。

### 1. 标杆瞄准法

所谓标杆瞄准，就是以同业中的优秀企业做法为标杆，创造性地加以改进，并依据优秀企业的业绩指标相应设置本企业的业绩目标，以获取企业绩效的巨大提高。经典的标杆瞄准法的实施步骤由施乐公司的罗伯特·开普首创，他是标杆瞄准法的先驱和最著名的倡导者。他将标杆瞄准活动划分为以下五个阶段，每阶段有2～3个步骤。

（1）计划：确认对哪个流程进行标杆管理；确定用作比较的公司；决定收集资料的方法并收集资料。

（2）分析：确定自己目前的做法与最好的做法之间的绩效差异；拟定未来的绩效水准。

（3）整合：就标杆瞄准过程中的发现进行交流并获得认同；确立部门目标。

（4）行动：制订行动计划；实施明确的行动并监测进展情况。

（5）完成：处于领先地位；全面整合各种活动；重新调整标杆。

流程标杆瞄准法就是以最佳工作流程为基准进行的标杆瞄准法，标杆瞄准是类似的工作流程，而不是某项业务与操作职能或实践，因此流程标杆瞄准法可以跨不同类型组织进行。流程标杆瞄准法在全新设计流程时是十分有用的方法。通过标杆瞄准可以审视竞争对手流程的优缺点，学习最佳典范流程的优点，并以此构思企业本身可能的理想流程。也就是说，通过比较彼此流程的优缺点，不仅可以取得企业最佳典范的绩效值，而且可以提供更多新的观点融入本身的流程，产生新的创意，为新流程设计做准备。

流程标杆瞄准虽然被认为有效，但也很难得到完全贯彻执行，因为它要求企业对整个工作流程和操作有很详细的了解。不过我们可以通过使用一些方法来进行流程标杆瞄准。例如，可以直接电话访问询问"标杆"主要的顾客及供货商，也可以收集相关的资料。标杆瞄准的资料收集方法可采取直接访问与调查问卷相结合的方法。直接访问就是通过直接参观现场和面对面的交流，可以获得可信的资料信息。为了能最大限度地利用直接访问收集到更多、更有价值的信息，访问前需要进行认真的计划和准备。调查问卷可以作为直接访问的一种补充，它是将需要了解的信息制成问卷，然后根据调查结果进行分析研究。

流程标杆瞄准的实施步骤如图9-9所示。

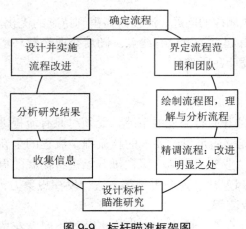

**图9-9 标杆瞄准框架图**

资料来源：佩帕德，罗兰. 业务流程再造精要[M]. 高俊山，译. 北京：中信出版社，2003.

### 2. 头脑风暴法

头脑风暴法（brainstorming）又称为集体思考法或智力激励法，它是由奥斯本于1939年首先提出的，并在1953年将此方法丰富和理论化。所谓的头脑风暴法是指采用会议的形式，如召集专家开座谈会征询他们的意见，把专家对过去历史资料的解释以及对未来的分析有条理地组织起来，最终由策划者做出统一的结论，在这个基础上，找出各种问题的症结所在，提出针对具体项目的策划创意。运用头脑风暴法有助于我们发现现有企业流程中的弊病，提出根本性的改造设想。

在进行会议时，策划者要充分地说明策划的主题，提供必要的相关信息，创造一个自由的空间，让各位专家充分表达自己的想法。为此，参加会议的专家的地位应当相当，以免产生权威效应，从而影响另一部分专家创造性思维的发挥。专家人数不应过多，应尽量适中，因为人数过多，策划成本会相应增大，一般 5～12 人比较合适。会议的时间也应当适中，时间过长，容易偏离策划案的主题，时间太短，策划者很难获取充分的信息。

利用头脑风暴法，针对问题互相激荡出可能的原因，原因列出得越多越好。在进行原因分析时，有以下几点需要注意。

（1）应提醒与会成员注意会议规则，例如，欢迎创意想法自由发挥，意见越多越好；不可批评别人的意见；大声说出自己的意见，不私下讨论；不做人身攻击；记录所有的意见；主持人不要发言，适度引导并综合意见；设定结束截止点；等等。

（2）注意不要偏离主题，针对所探讨的原因，担任主席之人不要发表意见，负责引导（facilitate）大家，发言主席应保持讨论的聚焦，适时拉回发言者所讨论的范围。

（3）发挥头脑风暴法的作用，成员之间随时对应问题与原因是否有关联性，针对每个原因追根究底，以共同探索背后的根本原因。

（4）显而易见的原因往往不是真正的原因，显而易见的答案往往不是真正的答案，因此不要骤下结论（jump to conclusion），特别是一些根深蒂固的问题。

3. 改善心智模式

彼得·圣吉（2018）在《第五项修炼》一书中提到心智模式（mental model）这一概念。"它是根深蒂固于心中，影响我们如何了解这个世界，以及如何采取行动的许多假设、成见，或甚至图像、印象。"心智模式形成后不仅会影响我们观察事物，而且会影响我们的行动。在这里改善心智模式是指在进行流程的全新设计时，参与流程设计的人员要打破既成的思维定式，解放思想，进行创造性思维的过程。如果流程设计人员"相信"他们对周遭的看法都是事实，而非一组假设，他们不会敞开心胸挑战自己的看法。如果他们缺乏探询自己和别人思考方式的技巧，他们将无法共同实验新的系统思考方式。因此，在对企业流程进行全新设计时必须改善心智模式进行创意思考。

## 9.4  电子商务环境下的流程设计

### 9.4.1  电子商务对企业流程设计的影响

所谓电子商务，是指借助于互联网进行的商业贸易活动。一般来说，电子商务分两个层次：一是企业与企业间的电子商务，即 B2B（business to business）层次，是指通过网络在自动交易平台上完成的企业间的商务活动；二是企业与消费者之间的电子商务，即 B2C（business to customer）层次，指企业通过互联网为消费者提供的完成订购商品或服务的活动。电子商务不仅影响了企业的流程模式，而且对业务流程再设计提出了要求。

### 1. 电子商务影响企业的流程模式

电子商务使企业的业务流程发生了很大的变化，原来必须在物质世界里完成的工作现在可以诉诸网络。企业需要将自己原有的业务迁移至互联网上，这往往促使企业业务流程的变化。以制造企业为例，其业务流程包括接受订单、制订计划、原材料采购、组织生产、产品检验、配送与销售。与此流程并行穿插的或相关的还有技术开发、产品开发、产品促销、库存管理、财务管理、人事管理、客户管理等环节和任务。该企业一旦实施电子商务，其业务流程不可避免地要进行相应调整。如果该企业通过互联网将产品直接卖给消费者，则消除了中介组织，不仅降低了交易成本，而且简化了流程。

### 2. 电子商务对业务流程再设计的要求

有人认为，企业实施电子商务的关键在于技术，只要平台搭好了，电子商务就接近成功了。事实上，搭好技术平台只是企业电子商务迈向成功的一小步，尤为重要的是企业业务流程再设计的问题。

一般来说，企业电子商务应用的不同层次对企业业务流程有不同的要求。在电子商务应用的第一层次，即展示层次，电子商务的作用主要表现为信息活动，所以对商务活动本身影响不大，即对业务流程没有要求。在电子商务应用的第二层次，即交易层次，已对企业后台的配合提出了新的要求，企业必须对原有的流程进行再设计，否则，僵化的业务流程将无法满足电子商务这一快速、及时的交易模式的要求。在电子商务应用的第三层次，即应用层次，则必须实现企业转型，即向电子商务企业的转变。在这一阶段企业的商务活动必须和信息技术实现高度集成，原来的业务流程必须进行重新设计。

## 9.4.2 企业流程设计的流程

在电子商务环境下，企业流程设计不仅要考虑单个企业的流程设计，还要考虑供应链上伙伴企业的流程设计问题。实务上和企业间伙伴共同设计企业流程有两种方式：一种方式是由供应链中主要地位的企业 CEO 聚在一起讨论流程设计的共识及愿景，再依据彼此达成的共识依次开展企业内流程设计工作，这种由上而下的设计方法可以快速得到未来供应链体系新的经营模式的架构，可明确建立企业内部流程设计的目标，加速流程变革的进行，但在执行上需要供应链中主要地位的企业支持，否则因为牵扯层面太大，难以协调，容易陷入冗长空泛的讨论。

另一种方式是先从单一企业内部开始进行企业流程设计，待获得初步变革的雏形后，再和供应链伙伴沟通未来的经营模式建议，并且进行后续的讨论及修正，此种先企业内流程设计牵动企业间的流程再设计，又回头牵动企业内流程再设计的阶段性改造方法，在实务建置上属于较容易成功的做法，但是所花费重新设计的时间较多。为了叙述的方便，我们先叙述企业内部的流程设计，再讨论企业间的流程设计问题。

### 1. 企业内部的流程设计

企业内部流程设计的指导思想是要摆脱传统分工理论的束缚，打破职能部门之间的界线，流程设计要以企业目标为导向，以企业产出为中心，而不是以任务为中心。只有内部的流程运转顺畅，才能保障企业之间的电子商务活动有效进行。企业内部流程再设计的流程一般从项目计划开始到新流程实现为止，如图 9-10 所示。

图 9-10　企业内部流程再设计的流程

项目的发起人一般应是企业分管变革工作的经理，该经理负责实际的流程分析和再设计的管理工作。计划阶段的主要工作包括设定流程变革的目标、限定变革的范围、组建设计团队、制订流程变革的计划和时间表等。其中，流程变革的目标和范围的确定与企业的目标和供应链上伙伴企业的流程密切相关。流程设计的团队成员一般应包括流程经理、与流程相关的雇员、IT 专家以及其他相关的人员。

分析阶段的主要任务是描述准备变革的流程，从中发现存在的问题并制订再设计的大致规划。本阶段的主要活动包括：将准备变革的流程用流程图的形式表达出来，如果流程复杂，可以将关键的子流程建模；就流程、子流程、输入、输出和活动的名称达成一致；识别出流程中存在的缺陷并记录分析的结果；就存在的不足展开交流，并在设计计划中加以总结。

再设计阶段的主要任务是设计新流程或改进流程。本阶段的主要活动包括：创造出几个可供选择的流程；在有经验的建模人员的帮助下，利用软件工具模拟新流程的运行；对备选的流程做出抉择。新设计的流程应该消除那些不合理和不需要的活动，优化活动、子流程和流程。

开发阶段的主要任务是为新设计的流程或改进的流程的实施做准备。在这一阶段，可能需要 IT（互联网技术）专家和人力资源专家的介入。IT 专家的工作包括硬件的获得、软件的开发和系统的整合。人力资源专家的工作包括：重新设计职位、工作环境和激励系统，对雇员进行培训或雇用新的员工。

转变阶段的主要任务是实施重新设计的流程，该阶段的活动包括：集成和测试新系统；保持流程，如果需要则修改流程。在变革阶段，有可能遇到阻力，因为大多数人不希望变革。克服变革的阻力并保证新流程的实施成为该阶段的一项重要任务。

2. 企业间的流程设计

詹姆斯·钱匹（James Champy）在《企业 X 再造》一书中指出，"一旦内部业务流程协调一致以后，企业便可以转向那些与外界组织和个人打交道的业务流程"。也就是说，企业不仅要针对自身的业务流程，而且还要针对客户、合作伙伴以及供应商的相关流程进行必要的协调。

在电子商务环境下，企业之间的竞争在很大程度上转变为整个企业供应链之间的竞争，而不是单个企业之间的竞争。企业必须与供应商、合作伙伴甚至竞争对手合作。要使他们的合作更有效率，企业内部业务流程的延伸已成为必然。供应链上或合作伙伴之间的业务流程集成则成为流程设计必须考虑的问题。

图 9-11 是一条相对简单的供应链模型。实际的情况是有好几个供应商、运输商、分

销商和零售商，生产商也可能有一些不同的生产厂址。要使供应链能够在协调各方利益的情况下实际运转起来，需要付出相当大的努力。供应链上的各方需要进行艰苦的谈判并订立合同，也需要类似于供应链管理团队这样的游离于企业之外的团队的参与。

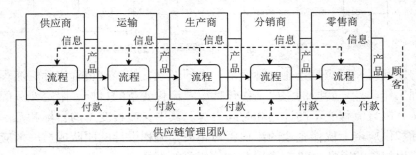

**图 9-11　一条集成的供应链**

资料来源：HARMON P. Business process change: a manager's guide to improving, redesigning, and automating processes[M]. San Francisco: Morgan Kaufmann Publishers, 2003.

　　电子商务的实施同样对企业间的流程设计提出了要求，但是企业间的流程设计不同于企业内部，很难给出企业间流程设计的流程。在现实的情况下，国内不少企业已开始进行内部的流程变革，为尽快实施电子商务做准备。例如，一些国内企业已经开始上 ERP（enterprise resource planning）项目，它们的内部流程势必做出调整。对于企业间的流程设计，特别是集成供应链的建立，大多数企业仍处于探索的阶段。

　　一般地说，企业有三种方式来设计它们的供应链系统：电子市场、公共流程和集成供应链程（Paul Harmon，2003），如图 9-12 所示。电子市场的功能就像股票市场，想购买商品或服务的企业招标，想提供商品和服务的企业根据招标的情况以他们能够承受的价格投标。供应链上的一个主导企业负责制定规则并维持市场。公共流程的方法是指两个或两个以上的企业将它们的内部流程通过共同的公共流程连接起来。该公共流程可以由它们自主开发，也可以从第三方购买并由某一个企业或所有的参与者维持。集成供应链的方法要求两个或两个以上的企业将它们的内部流程联起来，创造一个跨越企业的新流程。所有参与者的流程都被看作一个大的分布式流程的一部分。供应链上的企业都知道别的企业内部流程的运转情况。

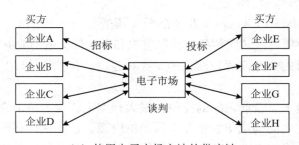

（a）使用电子市场方法的供应链

**图 9-12　三种基本的集成供应链的方法**

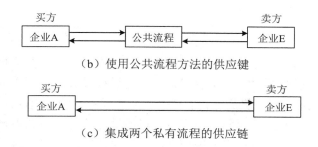

（b）使用公共流程方法的供应键

（c）集成两个私有流程的供应链

**图 9-12　三种基本的集成供应链的方法（续）**

资料来源：HARMON P. Business process change: a manager's guide to improving, redesigning, and automating processes[M]. San Francisco: Morgan Kaufmann Publishers, 2003.

### 9.4.3　企业流程设计的注意事项

**1. 注意发挥两者的综合效用**

国内许多企业在信息化建设时，存在着盲目迷信先进技术的现象。有些企业希望仅依靠实施电子商务来摆脱管理困境；某些开发商为了商业目的，在对企业基本流程都不太清楚的情况下，开始实施电子商务，由于流程不通顺，导致企业工作僵化。所以企业在分析业务流程的基础上，对原来的业务流程进行设计是成功实施电子商务的前提。在规划和建设电子商务系统时，应重新审视和设计整个作业流程，可以将原来分散在各个职能部门、被分割成许多工序的流程整合成单一流程，删除不能增值的过程和活动，使流程合理化、简单化；同时，将连续和平行式流程改为并行工程，使多道工序在互动的情况下同时进行。

**2. 避免急于求成**

电子商务环境下的流程设计，在考虑企业战略的前提下，还应考虑企业的人力、物力和财力。企业内部的流程设计最好能按照实施电子商务的要求分步实施。特别是对于企业间的流程设计，除了企业自身的因素，还会受到供应链上其他伙伴情况的制约，所以设计工作的难度要比内部流程设计大得多，如果急于求成，则"欲速则不达"，将会付出沉重的代价。各企业可以在各自企业内部流程优化的基础上，通过协商循序渐进地共同设计供应链上的流程。

**3. 注重人的因素**

随着信息经济、知识经济时代的到来，人们已经越来越清楚地认识到人是企业中最重要的资源。电子商务环境下企业内部的流程设计离不开企业领导的强有力的支持，企业之间的流程设计仍然是"一把手工程"，供应链上各企业领导的重视与否直接关系流程设计的成败。流程的创新设计，成功的关键因素在于人，因为人的思维模式决定了流程设计的品质，员工的接受程度关系流程设计后的执行效果。因此，在电子商务环境下进行流程设计时必须非常重视人的因素。

**小结**

本章我们首先介绍了企业流程的含义与分类，接着回顾了企业流程的产生与发展历程。在此基础上，我们主要讨论了企业组织流程再设计的方法，因为大多数企业组织面临的应是流程的再设计问题。最后，我们就电子商务环境下的流程设计问题进行了探讨。

关于流程再设计的方法，我们讨论了系统再设计和流程的全新设计。系统再设计主要探讨流程设计的过程，即从流程的识别开始，经过流程的描述、流程的分析、新流程的设计，最后实现新流程。当然，流程的设计是一个周而复始的过程，它没有起点，更没有终点。随着外部环境的变化和企业组织战略的调整，新一轮的流程再设计在所难免。流程的全新设计则着重介绍了标杆瞄准法、头脑风暴法和改善心智模式。这几种方法并不是流程全新设计的"专利"，但它们是最常用和最有效的方法。

电子商务的应用不仅能为企业增加销售额，而且可以降低成本，它必将成为国内企业的新宠。本章的最后主要从实务的角度讨论了电子商务环境下企业的流程如何设计的问题，对于企业间的流程设计不仅取决于企业自身的流程设计，更需要供应链上各企业的密切合作。

 **思考题**

1. 什么是流程？企业流程有哪些特点？
2. 流程再设计与流程重组的关系如何？
3. 流程再设计有哪些程序？
4. 流程全新设计的方法有哪些？
5. 在电子商务环境下，企业的内部流程应如何设计？

 **案例分析**

坐以待毙还是背水一战？——荣信公司业务流程再造之路

摘要：随着我国经济的高速发展，市场竞争日趋激烈，企业需要适应时代的发展，通过不断的自我革新，持续提升核心竞争力。流程再造思想正满足了诸多企业亟待变革的迫切需求。荣信公司是一家从事通信工程的小微企业，10 年来，公司致力于通信基础设施的施工和维护，取得了一定的成绩，但随着公司规模的扩大，企业的管理模式弊病凸显，已无法胜任业务增长的需要。本案例通过梳理荣信公司的发展历程，描述公司如何进行业务流程再造的过程，探讨公司在创业过程中对管理问题的解决，期望有助于学生理解流程再造对企业的重要价值，也可以为其他小微企业解决管理问题提供实践指导和借鉴。

资料来源：陈瑾瑜，周修方，雷康，等. 坐以待毙还是背水一战？：荣信公司业务流程再造之路[DB/OL]. 中国管理案例共享中心，2022. http://www.cmcc-dlut.cn/Cases/Detail/6170.

 **经典书籍推荐**

海姆. 重新定义流程管理[M]. 楚进伟，译. 北京：中国人民大学出版社，2017.

戴维·海姆热衷于帮助企业领导者和管理者建立他们的创新方法，并将其贯穿于整个企业组织，使企业尽可能地获得成功。该书将向您展示企业如何运作：① 直观描述工作流和构建从核心价值链到终端消费者的概念蓝图，来评估企业目前的运营能力；② 从产品生产前线构建丰富的反馈循环并积极管理客户流程，推动以客户为中心的业务流程改进；③ 运行一个功能强大的新系统，将流程管理实践嵌入其中，以确保每个流程都能提供最大的经济效益。

 **参考文献**

[1] 戚坚. 业务流程优化在企业的应用研究[J]. 价值工程，2013，32（5）：136-137.

[2] 李亚兵，宋丽娟. 业务流程再造理论研究评述及启示[J]. 商业时代，2012（18）：85-87.

[3] 蒋志青. 企业业务流程设计与管理[M]. 北京：电子工业出版社，2004.

[4] 哈默，钱匹. 企业再造[M]. 小草，译. 南昌：江西人民出版社，2019.

[5] 波特. 竞争优势[M]. 陈丽芳，译. 北京：中信出版社，2014.

[6] 佩帕德，罗兰. 业务流程再造精要[M]. 高俊山，译. 北京：中信出版社，2003.

[7] 斯密. 亚当·斯密全集[M]. 石小竹，译. 上海：商务印书馆，2014.

[8] 法约尔. 工业管理与一般管理[M]. 迟力耕，张璇，译. 北京：机械工业出版社，2007.

[9] 圣吉. 第五项修炼：终身学习者②[M]. 张成林，译. 北京：中信出版社，2018.

[10] 钱匹. 企业 X 再造[M]. 闫正茂，译. 北京：中信出版社，2002.

[11] 王玉荣，葛新红. 流程管理[M]. 北京：北京大学出版社，2016.

[12] 弗布克. 中·小微企业流程设计实务[M]. 北京：中国铁道出版社，2017.

[13] 孙克武. 电子商务物流与供应链管理[M]. 北京：中国铁道出版社，2017.

[14] 江毅，赵晶. 跨组织电子商务能力形成过程的实证研究[J]. 管理科学，2010，23（4）：95-103.

[15] 曹玉麒. 以业务流程为框架的企业组织设计[J]. 企业管理，2014（7）：100-102.

[16] 赫丽丹，蒋明青. 基于信息技术的企业物流流程再造[J]. 电子测试，2013（22）：245-246.

[17] 褚跃龙，王爽. 浅析企业应如何进行业务流程优化[J]. 辽宁工业大学学报（社会科学版），2012，14（2）：14-15+85.

[18] 郭忠金. 业务流程再造概念与内涵综述[J]. 江苏商论，2010（3）：101-103.

[19] HARMON P. Business process change: a manager's guide to improving, redesigning, and automating processes[M]. San Francisco: Morgan Kaufmann Publishers, 2003.

# 第 10 章
# 企业组织的绩效评估设计

 本章学习目标

1. 掌握企业组织绩效评估设计的要求与程序；
2. 掌握企业绩效评估的方法；
3. 了解如何做好员工的绩效评估工作；
4. 了解如何做好团队的绩效评估工作；
5. 把握流程绩效评估指标设计的思路。

## 引例

　　在人力资源管理方面，安利近来一直走在其他企业前面。亚洲"最佳雇主"、广州市"员工信得过企业"、国内 HR "最青睐的雇主"，荣誉接踵而至。据了解，安利（中国）员工队伍和谐稳定又保持活力，这在是很多企业中是少有的，近年来它的员工流动率只有 10%左右。值得关注的还有安利先进的绩效考评制度，由此产生的人才忠诚度使安利的全球化市场战略的宏伟目标得以实现，并成为财富 500 强排行榜里最长盛不衰的公司之一。安利（中国）人力资源总监认为，如果企业文化和组织动力是一家企业前进最重要因素的话，完善的绩效考评就是它的杠杆。

　　安利的绩效考评围绕"创新精神""程序管理"等 7 项能力和行为要求进行考核评分。公司对这 7 项要求做成标准化的明细表格，考量每一项能力时还设定了细致的问题，每一个问题又分 5 个等级进行评估。在经理级员工的绩效考评表里，共设计了16 大类 48 个问题。更为独特的是，绩效考核表中还要求所有主任级以上的员工在上一年度都要对下一年度工作订立 3～5 个目标，对一年中达成目标的情况进行考核评分，而这些评估表现的量化得分将决定加薪幅度、升职机会、浮动花红（奖金）的多少等，所有这些评估都客观、公平、公开。

　　安利绩效考评机制是建立在突出员工间的伙伴关系的企业文化和明晰的才能要素上。安利文化的独特之处在于强调诚信、个人价值、成就和个人责任的同时，突出员工间的伙伴关系。真诚的伙伴关系是安利公司最重要的企业文化。安利的绩效考评制度是对优秀员工激励制度的完美诠释。有研究销售人员绩效考评制度的专家认为，安利针对销售人员设计的绩效考评制度帮助销售人员相信自我、挑战自我和成就自我，提高了安利的顾客满意度和忠诚度。

绩效评估设计作为员工日常管理的主要制度和手段，对企业的经营绩效产生重大影响。本章将详细阐述企业绩效评估的基本方法和流程，以及企业、部门团队、员工、流程、目标、外部组织等各个层次上的绩效评估要点和绩效评估的最新方法。

# 10.1 绩效评估概述

## 10.1.1 绩效评估的概念

绩效评估是对执行任务产生效果的主体所进行的一种评价，这种评价要求采用特定的指标，对照统一的评估标准，按照一定的程序，通过定量、定性对比分析，对主体的业绩做出客观、公正和准确的综合评判。

在一个企业内部，可以从不同的层次和角度对绩效评估进行界定。对于员工来讲，绩效评估是一种正式的员工评估制度，它是通过系统的方法、原理来评定和测量员工在职务上的工作行为和工作成果。绩效评估是企业管理者与员工之间的一项管理沟通活动。主体换成一个部门或一个企业时，这种评估是对部门或企业业务活动效果的考察和评价，其结果将影响其所属全体员工和部门或企业的将来行为，并可能使部门或企业发生某种重大的变动。

## 10.1.2 绩效评估的目的

从员工绩效评估角度看，关于公司如何利用绩效评估的问题，有关研究表明，绩效评估的目的排序结果如下：① 工作反馈；② 报酬的管理；③ 晋升的决定；④ 确定管理发展的需要；⑤ 人员计划；⑥ 选拔程序的合法化（哈罗德·孔茨，海因茨·韦里克，1998）。

从下属企业或部门角度看，绩效评估的目的主要有：① 对集体进行激励提供依据；② 组织对集体的绩效考评的反馈；③ 评估集体对组织的贡献；④ 了解集体的潜力；⑤ 对集体战略策划执行效果的评估；⑥ 对以后的任务分派、战略发展提供信息。

从企业角度看，绩效评估的目的主要有：① 提供决策支持；② 对战略计划的结果进行监督；③ 企业诊断；④ 记录企业的发展，不断持续改善企业的管理。

由此可以看出，对于绩效评估的目的有着不同的倾向，同时也可以看到，不同目的之间的差异，可能是影响绩效评估的一个重要原因：在决定报酬，甚至在评估工作业绩方面，上级常常担任法官的角色；而当我们以发展和培养下属为目标时，绩效评估则成为顾问、助手和导师。

# 10.2 企业组织绩效评估设计的要求与程序

## 10.2.1 设计要求

为了实现绩效评估的目的，必须公平、合理、科学地进行绩效评估，在进行企业组织绩效评估设计过程中应注意遵守以下几条基本要求。

1. 明确性、公开性

明确性、公开性是指企业绩效评估的指标、程序、方法、结果的应用都要有明确的规定，而且在评估中应遵守这些规定，同时要求在企业内部对全体员工公开。只有高度的透明度才能使员工对绩效评估工作产生信任感，对评估结果也易持理解、接受的态度。

2. 相关性

相关性有两层含义：一是指绩效评估的内容要与工作有直接的关系；二是指绩效评估中评估者要与被评估者在工作上"密切相关"，评估者可以是直接领导、下级、工作中经常接触的同事、客户和供应商等。

3. 可行性和实用性

绩效评估体系的可行性应考虑：① 绩效目标的可实现性；② 与绩效标准相关的资料来源；③ 潜在问题的分析，预测在考评过程中的突发事件，准备应变措施。绩效评估体系的实用性应考虑：① 评估手段能否实现组织的目标；② 评估方法和手段能否与相应的岗位及评估目的相适应。

4. 参与性

一个设计科学、合理的绩效评估体系，需要高层领导、部门管理者和员工的参与，一方面能够增加他们对绩效评估体系的认同，减少日后推广过程中的可能阻力；另一方面，高层领导通过关注评估的内容和评估方案的设计，使绩效评估与企业战略、企业文化所倡导的目标相一致。

5. 沟通化

沟通化是指绩效标准的制定应当通过上级与下级之间沟通、协商的方式进行，同时绩效评估结果应和员工反馈沟通。绩效评估结果要特别注重反馈，而且提供给员工的任何反馈都应该是具体的，而不是笼统的，在事件行为或结果发生后，绩效反馈得越及时，收到的利益越大。

6. 差别化

差别化要求绩效评估结果的等级之间应该有鲜明的差别界限，绩效评估结果的应用方面也应该实现差别化，避免等量齐观。

## 10.2.2 设计程序

绩效评估体系在设计之初必须首先明确绩效评估体系的设计目标，即我们为什么要设计绩效评估体系，希望设计什么样的绩效评估体系，在设计过程中应遵循什么样的设计原则，这是进行绩效评估体系设计的基础。明确设计目标后，就可以对绩效评估体系的实体部分进行设计，包括评估模式、评估指标、评估频率等，这是绩效评估体系设计的关键内容。最后还需要明确绩效评估的操作流程、沟通和反馈流程的设计，最终形成方案或制度性文件。绩效评估体系的设计程序如图 10-1 所示。

1. 评估模式设计

1）评估模式的种类

评估模式一般有如下几种：① 直接上级评估；② 同级同事评估；③ 自我评估；④ 直接下级评估；⑤ 间接上级评估；⑥ 外部专家或顾问评估；⑦ 双向评估；⑧ 考评小组评估；⑨ 360 度评估及其延伸。每种评估模式都有其优缺点，适用于不同的评估对象和评估目的，在具体实施中可以单独使用每种评估模式，也可以综合使用几种评估模式。其中，应用比较广泛的是直接上级评估模式、双向评估模式和 360 度评估模式。

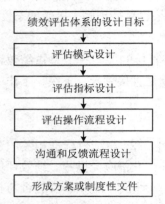

图 10-1　绩效评估体系的设计程序

2）评估模式的选择

选择什么样的评估模式取决于评估对象的性质，但同时也要注意：评估模式要与被评估者相关；评估模式要能取得全面准确的评估信息；评估模式的实施要符合成本—效益原则。

2. 评估指标设计

1）评估指标体系设计

评估指标体系设计大致需要五个步骤：① 确定评估对象；② 指标体系框架设计；③ 初步提炼指标；④ 指标筛选和确定；⑤ 指标修订和调整。在评估指标体系设计中要注意：指标体系要全面、客观；指标之间要有独立性；指标体系要符合成本—效益原则；指标体系要符合 SMART 原则。其中，SMART 原则要求绩效评估指标体系应具备这样几个特点：① 明确（specific），即绩效评估指标的描述要具体明确，切忌笼统含混；② 可衡量（measurable），绩效评估指标是可以衡量或评估的，同时评估的数据或者信息是可以获取的。③ 可实现（attainable），绩效目标在付出适当努力的情况下是可以实现的，不宜过低或过高。④ 相关（relative），绩效评估指标必须是与员工的具体工作密切相关的，同时其设立要符合企业战略要求；⑤ 限时（time-sensitive），绩效评估有明确的评估期间，员工必须在规定的限期内完成相应的绩效目标。

2）评估指标权重体系设计

权重体系的设计方法有直接判断法、排序法、德尔菲法、层次分析法、频数统计法、模糊协调决策法、权值因子判断表法等。下面对直接判断法、排序法、德尔菲法、层次分析法等做一些简单的介绍。

（1）直接判断法。直接判断法是指决策者个人根据自己的经验和对各项指标重要程度的认识，或从引导意图出发，对各项指标的权重直接进行分配。其优点是简便易行，省时省力，决策效率高；其缺点是权重分配主观性强。这种方法通常在规模小、绩效评估体系较为简单的企业内使用。

（2）排序法。排序法就是将评估指标按照其重要性依次排序，最终根据每个评估指标的重要程度得分在评估指标体系整体重要程度得分总和中所占比重来确定每个指标的权重。其优点是简便易行，在一定程度上可消除主观片面性。其缺点是指标打分过程仍存在主观判断的影响。

（3）德尔菲法。德尔菲法通过匿名的方式征求专家意见，首先由专项负责人将包含有指标的层次、指标的定义、所要确定的权重等内容的咨询表格以及其他有关的背景资料发送给各位专家，请他们提出个人意见，然后由专项负责人收回咨询表，对填写结果进行统计和综合处理，对初步统计结果添加进咨询表格中，再将咨询表格发还给各位专家，让各位专家根据反馈信息对自己的判断做出调整。如此循环反复多次，直至得出比较一致的意见，并对专家所做出的权重判断进行平均，以此作为权重最后判断结论。

（4）层次分析法。层次分析法将与决策有关的元素分解成目标、准则、方案等层次，在此基础上进行定性和定量分析的一种决策方法。采用层次分析法确定权重的基本步骤是：在指标层次划分模型的基础上，采用 1～9 比率标度进行层次两两因素间的相对比较，构造判断矩阵 *M*，求解判断矩阵的特征根，其解即为同一层次各指标的权重系数，然后进行一致性检验。

**3．评估操作流程设计**

绩效评估的操作流程一般分为纵向程序和横向程序两种。其中，纵向程序是指按照组织层级逐级进行绩效评估的程序，有面向企业层面、面向部门（团队）层面、面向个人层面的评估。而横向程序是指在纵向程序的每一层级中按绩效评估工作的先后顺序所形成的过程。主要包括如下三个环节：制订绩效评估计划、绩效评估的组织与实施以及绩效评估结果的反馈与运用。

1）制订绩效评估计划

绩效评估计划是实施绩效评估的可操作性方案。一个完整的绩效评估计划应包括以下内容：① 定义评估的内容；② 确定评估的标准和方法；③ 确定评估者；④ 制定评估流程图；⑤ 确定评估周期。

2）绩效评估的组织与实施

（1）绩效评估的组织。人力资源部是专职的绩效评估部门，其他部门的管理者也需要不同程度地进行有关绩效评估的管理，这样才能保证其他管理工作的顺利开展。因为"每一位经理都是一名人力资源经理"，高层领导也不能例外，高层领导更应从更高层次上关注评估的内容和评估方案的设计，使绩效评估与企业战略、企业文化所倡导的目标一致。

（2）绩效评估的实施。在绩效评估的实施过程中，要特别注意下面三个问题。

① 培训评估者。不同的评估者在理解力、观察力、判断力以及个性方面都存在一定的差异，对评估者进行全面而有效的培训是至关重要的。培训的内容主要有以下几个方面：认真讲解评估内容和标准，并进行适当的模拟评估训练；列举典型的评估错误；提高评估者的观察力和判断力；加强评估者对评估的重视和投入。

② 有计划的集中实施评估。要想保证全体员工都能认真对待评估，就必须事先充分做好计划和宣传，确定具体评估时间和地点，并由专人负责组织实施。许多开展绩效评估十分有效的公司经常采用"评估周"的形式来开展评估。

③ 认真收集数据和数据分析评估。收集与绩效评估有关的数据和资料，使得评估过

程有据可依，对相关数据和资料的收集通常由其他与被评估者有来往的人，包括主管、同事和该人员的服务对象等来进行。通过将收集的有关数据和资料与绩效评估指标体系进行对比，进行综合分析和评价，得出绩效评估结果。

（3）绩效评估结果的反馈与应用。得出绩效评估结果并不意味着绩效评估工作的结束。绩效评估结果要特别注重反馈，要明确提供给员工的任何反馈都应该是具体的，而不是笼统的，在事件行为或结果发生后，绩效反馈得越及时，收到的利益就越大。

绩效评估结果的运用：① 利用向员工反馈评估结果，帮助员工找到问题、明确方向，这对员工改进工作、提高绩效会有促进作用；② 为人事决策（如任用、晋级、加薪、奖励等）提供依据；③ 检查企业管理各项政策，如人员配置、员工培训等方面是否有失误，还存在哪些问题。

如何有效使用在绩效评估过程中获得的大量有用信息，做到绩效的持续改善？步骤如下：① 描述特定的绩效表现；② 说明期望的绩效表现，找出差异的原因，征询解决方案；③ 讨论解决方案；④ 决定明确的行动方案。

### 4. 沟通和反馈流程设计

在设计绩效评估体系时，要考虑建立沟通和反馈流程。我们在设计评估目标、评估指标和应用评估结果时都必然要和评估对象进行必要的沟通，对评估过程中存在的问题要有一个解决问题的畅通途径，使绩效评估系统有一定的活力。沟通和反馈流程设计如图 10-2 所示。

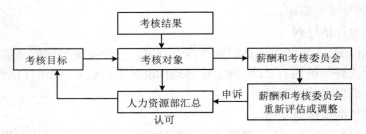

**图 10-2　沟通和反馈流程设计**

### 5. 绩效评估体系设计中应注意的问题

我们从绩效评估体系设计程序可以看出，企业在绩效评估设计及实施过程中容易出现以下问题。

（1）绩效评估体系设计目标不明确或缺乏严肃性。

（2）绩效评估模式或方法不当。

（3）绩效评估标准设置不当。

（4）缺乏沟通和反馈。

（5）评估结果和奖惩的关系不合理。

# 10.3　企业组织绩效评估设计的内容

## 10.3.1　面向企业的绩效评估设计

### 1. 面向企业整体的绩效评估

目前，对企业进行绩效评估的方法主要有基于财务指标的企业绩效评估、价值评估模式、平衡计分卡法以及关键指标测评法等。

1）基于财务指标的企业绩效评估

该方法的理论基础在于：企业是以利润最大化为目标的经济实体，企业的最终经济成果体现为利润增加和资产保值增值，因此资产保值增值率、净资产收益率等财务指标就反映了企业在一定时期的经营业绩。随着财务会计理论的发展，财务指标进一步细化，基于财务指标的业绩评价体系也越来越完善，利用企业提供的资产负债表、利润表和现金流量表不仅能够分析企业的盈利能力（净资产收益率等），还能够分析企业的资产营运能力（资产周转率等）和偿债能力（资产负债率、流动比率、速动比率等），分析企业资产、收益的结构和变动趋势。日本中小企业厅开发的综合财务比率图（雷达图）和美国杜邦化学公司开发的杜邦体系评价法等都是财务指标业绩评定的具体应用。这种方法的特点是：① 能充分利用现行的会计信息系统，随着财务会计理论的发展，各种比率分析已经较为成熟。② 会计信息是对过去已经发生结果的记录，财务指标是结果指标，财务评价也是一种结果评价。③ 以行业平均水平为评价比较的指标参照值或指标标准值，可以进行企业间的比较和分析。

基于财务指标的业绩评定方法，面临着以下一些问题。

（1）要准确地评价企业的经营业绩，不仅要对过去的经营成果进行评价，而且还要关注企业未来业绩的增长。现代管理理论认为，能预测未来业绩的往往是一些非财务指标。产品质量、消费者满意程度、市场份额和创新能力等能够反映企业经济状况和发展前景的指标组合，其实比单纯的财务指标更有用，更能揭示公司的未来。由于财务指标是结果指标，财务评价是结果评价，它只能被用作事后评价，这是它的局限性。

（2）财务指标不能反映外部环境变化，包括市场环境变化和竞争对手变化对企业经营造成的影响。如政府采取积极的财政和货币政策，会改善一些国有企业的资产负债状况和获利能力，但财务指标的改善并不是其管理水平、技术创新能力提高的结果。因此，科学的、客观的评估指标体系应当充分地考虑公司外部环境，而不能仅仅从企业本身着手来设计。

（3）规则具有导向性，财务指标体系是以利润指标为核心的，过分注重利润指标会使经理人员追求短期盈利而忽视企业长期发展能力的培养，导致经理人员行为短期化。

（4）财务指标不能衡量公司经营战略的完成情况。行业差异、技术成熟程度差异、同一企业在不同发展阶段的战略任务存在差别，难以通过财务指标进行衡量。基于财务指标的评价方法难以准确衡量处于初创阶段的企业效绩水平，也难以对于风险巨大的新兴产业经营绩效进行科学评估。

2）价值评估模式

价值评估模式是由美国麦肯锡公司的三位专家汤姆·科普兰（Tom Copeland）、蒂姆·科勒（Tim Koller）、杰克·默林（Jack Murrin）于20世纪80年代在《价值评估》一书中提出的。该模式的基本思想是："企业的价值等于该企业以适当的折现率所折现的预期现金流量现值。"（汤姆·科普兰，2002）价值评估形成了以现金流量折现为基础的两个基本框架：实体现金流量折现模式和经济利润模式。

（1）实体现金流量折现模式。其核心概念是实体自由现金流量。自由现金流量等于公司的息前税后营业利润加上折旧摊销等非付现费用，再减去营运资金、物业、厂房与设备及其他资产方面的投资。在给出投资资本回报率和投资率（价值驱动因素）的前提下，可以预测企业未来的自由现金流量，从而计算出其价值。其计算公式为

企业价值=预测期实体现金流贴现值+持续期实体现金流贴现值

或

企业价值=预测期实体现金流贴现值+转换期实体现金流贴现值+

持续期实体现金流贴现值

（2）经济利润模式。实证研究发现，现实中日益严重的代理问题，使经济利润（或经济增加值、附加经济价值、剩余收益等）成为越来越热门的理财思想。它的诱人之处在于把投资决策、业绩评价和奖金激励统一起来。它把企业的目标定位于增加经济利润，并把经济利润的增加作为投资决策和衡量经营业绩的尺度，奖金的发放也可以根据创造多少经济利润来确定。这就使得基于价值的管理变得简单、直接，具有了逻辑上的一致性。

经济利润=税后净利润-股权费用

=息前税后利润-全部资本费用

=投资资本×(投资资本报酬率-加权资本成本)

企业价值=投资资本+预计经济利润现值

其中：

投资资本=股本+全部付息债务

经济利润之所以受到重视，关键是它把投资决策必需的折现现金流量法与业绩评估必需的权责发生制统一起来。它的出现结束了投资决策用现金流量的净现值评价，业绩评估用权责发生制的利润评价，决策与业绩评估的标准分离，甚至冲突、混乱的局面。

价值评估模式的特点在于：① 与财务指标评价方法相比，用未来的获利能力取代了原来的结果评价，用价值评价代替财务评价，并考虑了时间、风险与企业价值最大化的关系，企业的价值就是对企业未来获利能力的衡量。② 引入了机会成本概念。在价值评估模式中，对公司的全部资本计算其费用，而不仅仅是债务利息，还包括股本成本，这就扩展了财务报表中的财务成本概念。③ 价值评估模式认为，企业价值等于债务价值加上股本价值，这样就将股东权益与企业价值联系起来。

由于上述特点，加上麦肯锡公司的积极倡导，价值评估模式得到了广泛的运用，特别是在企业的兼并与收购活动中，但运用此模式时也存在着以下一些问题。

（1）价值评估模式仍属于财务评价范围，具有财务评价模式的一般特点，不能反映

企业的技术创新能力、市场营销能力和内部管理水平，以及外部环境的变化。同时，从理论上看，价值评估模式只是将项目评估中的净现值法运用到企业的价值评估中，是一种投资选择理论，比较适合于企业的兼并和收购活动中的价值评估，因为企业的资本运作也是一种投资行为，但对企业生产经营活动的评估并不太理想。

（2）依赖于预期，主观成分较浓。无论是采用实体现金流量折现法，还是采用经济利润法，都必须先确定企业的价值推动因素：投资率和投资资本回报率。企业的投资率和投资资本回报率又基于公司现期绩效的预测，因此主观成分较浓。

（3）存在着短期价值和长期价值的冲突。在投资资本回报率一定的条件下，为了企业管理层可以通过降低投资率来提高短期的自由现金流量，致使企业长期的价值创造受到损失。

（4）成本太大。价值评估模式需要专业人士才能完成，如果要评估的企业较多时，采用此种方法成本太大。

3）平衡计分卡法（balanced score card）

平衡计分卡法是由美国学者罗伯特·卡普兰（Robert S. Kaplan）和大卫·诺顿（David Norton）在 20 世纪 90 年代创立的。它力图通过选择影响公司战略成功的主要因素来较为全面地反映企业的经营成果和发展潜力。一个完整的平衡计分卡将对企业的业绩评估分成四类指标：财务效益指标（资本利润率、项目盈利能力等）、内部经营管理指标（服务质量、安全／损失控制等）、外部指标（市场份额、客户满意度等）以及技术创新和学习指标（新产品收入比例、合理化建议的数量等）。上述四类指标分别对应着四个问题：① 我们怎样满足股东？② 我们必须擅长什么？③ 顾客如何看我们？④ 我们能否继续提高并创造价值？

这些指标既有成果指标，又有驱动指标；既有内部指标，又有外部指标；既有财务指标，又有非财务指标。由于平衡计分法具有明显的战略管理功能，在指标标准值的选择上，一般采用历史数据法或竞争对手同类指标值作为参照值。平衡计分卡框架如图 10-3 所示。

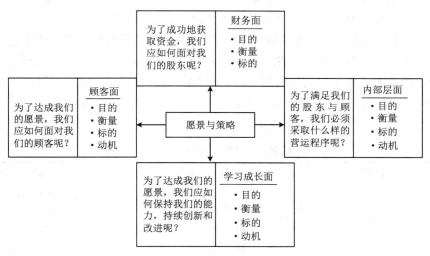

**图 10-3　平衡计分卡框架**

资料来源：KAPLAN R S, NORTON D P. The balanced scorecard: translating into action[M]. Boston, Massachusetts: Harvard Business School Press, 1996: 52.

平衡计分卡法的特点有：① 比较全面，不仅注重企业经营的财务结果，而且注重企业未来的成长性或企业的素质；从企业内部（创新能力、内部管理程序）和企业外部（股东、顾客）对企业进行评价。② 具备企业诊断功能，能从四个方面分析企业经营的缺陷所在。③ 将企业的发展战略转化成具体的指标，有利于上下级之间的沟通。④ 平衡计分卡法是一个开放式的结构，经典的平衡计分卡模型虽然只提出了上述四类指标的基本框架，但企业在运用过程中并不局限于这个框架，也可以依据企业的实际情况设置不同的指标，或对指标设置不同的权重。由于上述特点，平衡计分卡法得到了广泛的运用。

4）关键指标测评法（key performance indicators）

采用平衡计分卡法可能会导致评估指标过多，而评估指标太多会增加管理和评估的成本，企业管理者可能无法适应。关键指标测评法的基本思想是：公司必须明确自己在一定时期的战略范围，明确规定哪些客户、项目、投资或活动超出了组织的战略边界，经理人员应该将精力集中在与公司战略推进有关的项目上，以提高管理报酬率。选择绩效测评指标的目的只有一个，那就是保证公司内的所有人员（管理层和员工）的视线都盯住企业战略目标，因此，必须进一步简化评估指标体系。关键指标测评法认为，只有选择与战略推进密切相关的指标对相关人员进行评估就可以了，一般不要超过 7 个指标。关键指标测评法评估的重点是组织中的个人，而不是对企业经营绩效的评估。按照关键指标测评法的思路，只要企业明确自己的战略边界，个人围绕战略目标尽职尽责组织，就会达到自己的战略目标。因此，与其说关键指标测评是一种评价体系，还不如说它是一种战略管理手段。

通常来说，关键绩效指标主要有四种类型：数量、质量、成本和时限。在建立绩效指标时，我们可以试图回答以下问题，如果这些问题得到回答，那么关键指标也就设计出来了。

（1）在评估工作产出时，我们关心什么？（数量、质量、成本和时限）

（2）我们怎样来衡量这些产出的数量、质量、成本和时限？

（3）是否存在我们可以追踪的数量或百分比？如果存在这样的指标，就把它们列出来。

（4）如果没有数量化的指标来评估工作产出，那么谁可以评估工作结果完成得好不好？能否描述一下工作成果完成得好是什么样的状态？有哪些关键的衡量因素？

表 10-1 列出了常用的关键绩效指标的类型、一些典型的例子以及验证这些指标的证据来源。

表 10-1　关键绩效指标的类型

| 指 标 类 型 | 举　　例 | 证 据 来 源 |
| --- | --- | --- |
| 数量 | 产量 | 业绩记录 |
| | 销售额、利润 | 财务数据 |
| 质量 | 破损率 | 生产记录 |
| | 独特性 | 上级评估 |
| | 准确性 | 客户评估 |

续表

| 指 标 类 型 | 举 例 | 证 据 来 源 |
|---|---|---|
| 成本 | 单位产品的成本<br>投资回报率 | 财务数据 |
| 时限 | 及时性<br>到市场时间<br>供货周期 | 上级评估<br>客户评估 |

**2. 面向子公司的绩效评估**

1）子公司绩效评估的特点

子公司既是一个独立的企业法人，又是母公司下属的一个战略或战术实施单位。在许多情况下，母公司不仅是出资人，而且是管理者。实际上，母公司或集团利益最大化与子公司利益最大化之间存在或大或小的区别。但子公司的业绩评估有其特殊性，具体表现在以下几个方面。

（1）子公司既是一个独立的法人实体，也是集团公司实施其发展战略的战略单元，不同的战略定位可能会影响不同子公司的经营业绩。对单个企业的评价则不必考虑不同的战略定位差异，而子公司的考评则必须考虑这一点。

（2）在一个不完全的市场中，不同产业的投资收益率是不同的，在一个多元化的大型集团公司中，子公司的产业差异会影响其经营绩效。对单个企业的评价往往注重行业内比较，在价值评估模式中，这被看作投资选择的依据。

（3）在一个主业突出的经营性控股公司中，不同公司之间存在着密切的分工协作关系，这种分工协作关系无疑会影响不同子公司的财务绩效。而在对单个企业的评价中则不必考虑这种分工协作关系。

（4）大股东与小股东的差异（被评估的企业往往是集团的全资子公司或控股子公司）。在资本市场中，小股东随时都在进行投资收益与机会成本的比较，并通过"用脚投票"来完成投资选择和转移，而大股东则不容易完成这种转移，也就是说，大股东的退出成本要远远大于小股东，除非进行战略性调整，否则一家企业不会轻易进入或退出某一行业。因此，大股东比小股东更追求长期利益导向，更注重子公司的技术创新、营销能力、管理水平的提高。大股东比小股东有着更强的管理倾向，而公司的治理结构又提供了这一种可能性（可以避免小股东面临的非对称信息状态）。

（5）集团利益最大化与子公司利益最大化的冲突为集团公司提供了管理职能的空间。特别是在一个经营性控股公司中，子公司之间的分工协作关系本身就赋予了集团公司协调管理的职能。

（6）世界优秀企业的发展经验表明，一个企业必须执行统一的经营理念和企业文化，对子公司的评估应有利于形成集团公司统一的经营理念和企业文化。

2）适用子公司的绩效评估方法

价值评估理论在资本市场中被广泛运用，但在进行子公司绩效评估时，利用价值评估模式并不适合，其原因在于以下几个方面。

（1）评估主体不同。价值评估模式与财务评估模式一样，都是从投资者和债权人的角度出发的，强调企业的现金流量及投资价值。但对子公司而言，集团公司不仅是出资人，更是管理者。集团公司不仅要从集团利益最大化出发对不同子公司的利益冲突进行协调，还要推进统一的经营理念与企业文化。

（2）假定前提不同。对子公司的评估是在假定"现实的合理性"的前提下进行的。由于子公司的资产是给定的，评估子公司的经营业绩，主要是评估其在现行的资产条件下的进步程度，并引导子公司改进管理，提高效率。而价值评估模式只是一种投资选择理论，投资者在多种投资方案的比较中选择价值最大的方案和企业，投资者的投资选择是自由的，因此它适合于对企业进行资产并购时的价值评估。

（3）不具备企业诊断功能。一家经营较差的企业，利用价值评估理论并不能找到其症结所在。短期内自由现金流量较高的企业可能掩盖长期发展能力的不足，反之亦然。集团公司从推进管理的角度出发，对子公司的评估指标体系必须要具备这一分析功能。

从企业管理控制和长期发展的角度来看，对子公司的业绩进行测评与评估，运用平衡计分卡法更合适一些，因为集团公司对子公司的评估是一种内部评估，具有明确的战略导向性。平衡计分卡法提供了一种从公司外部全面地考察企业经营业绩和成长潜力的分析框架。由于平衡计分卡法的指标体系是针对单个独立的企业设计的，在运用此方法设计企业集团内部子公司的业绩评估指标体系时，还必须注意以下两点：① 对单个企业的评价注重的是对同一行业（或产业）内的不同企业进行比较，没有解决跨行业的比较问题。② 在一个实行多元化的企业集团中，产业差异对子公司业绩的影响是巨大的。因此，在对子公司进行业绩评估时，必须考虑不同子公司战略定位和产业选择的差异。

（4）对单个企业的评估不可能涉及企业之间的价值转移问题，而在一个实行垂直多元化的企业集团内部，存在着密切的分工协作和工序衔接关系的子公司之间就存在着价值转移问题。从集团利润最大化出发，有时实行价值转移是合理的，一些大的跨国公司就常常利用价值转移来逃税。因此，在对子公司进行业绩评估时，必须考虑子公司之间的价值转移对业绩的影响。

总之，对单个企业进行绩效评估的主要功能是进行企业评价和企业诊断，而对子公司的评估则具有明显的战略导向功能，是集团公司进行战略管理的一部分，这种差异是我们在设计子公司评估指标体系时应该注意的。

3）国外企业对子公司（产品分部）的绩效评估

目前大多数外国公司在对子公司的业绩评定和评估中已经放弃了单一的财务指标体系，采用较为全面的评估指标。在林格、席曼（1996）的研究中，76%的公司将财务业绩、经营效率、顾客满意度指标包括在个人的管理检查中，36%的公司将革新的变化指标纳入正式的检查中。经营者报酬也与上述评估指标挂钩，如表 10-2 所示。

表 10-2　企业的评估实践：评估指标与经营者报酬

| 指　标 | 和报酬相关的指标 | 指　标 | 和报酬相关的指标 |
|---|---|---|---|
| 财务业绩 | 94% | 员工状况 | 20% |
| 经营效率 | 54% | 革新/变化 | 12% |
| 顾客满意度 | 37% | | |

表 10-2 显示，虽然财务指标是决定公司经营者报酬的主要指标，但在接受调查的公司中，有 37%的公司采用顾客满意度指标，有 20%的公司采用员工状况的变化指标来影响经营者报酬的决定。

4）国有大型企业集团对子公司的业绩评估实践

集团公司对子公司的评价是一种内部评价，不仅站在出资人的角度，而且站在管理者的角度。对集团公司而言，子公司不仅是集团公司产权意义上的投资企业，而且是整个集团发展战略中的一枚棋子。不同的子公司有着不同的行业选择和战略任务，因此，对于公司评估与评价，不能简单地照搬国家主管部门对国有企业的资本金评估体系和资本市场对上市公司的绩效评价方法。

（1）指标体系设计。深圳赛格集团、三九集团、深圳建设控股公司、广钢集团、首钢集团等大型国有企业集团管理与评估的实践和有关研究表明，我国国有大中型集团对于公司的评估指标体系已经开始突破单纯的财务指标评估，将技术创新、基础管理、精神文明建设纳入评估指标体系，并将评估结果与经营者收入挂钩。总结起来，其指标体系如下。

① 评估指标。财务指标，包括财务效益指标，如国有资产保值增值率、净资产收益率等；资产质量指标，如资产负债率、存货周转率和应收账款周转率（有的公司是应收账款净额上限、产品库存下限）；所有者权益指标，包括上缴利润、上缴管理费、对集团公司贡献率等；基础管理指标，包括财务、投资、统计、人事、安全环保等各项行政管理制度、ISO 9000 系列标准验收、产品（工程）优良品率等；技术创新指标，包括新产品开发、新产品销售利润率；精神文明建设指标，包括班子建设、廉政建设、民主管理等，这是一个具有中国特色的指标，也有的企业将精神文明建设指标与基础管理指标合而为一；生产协作指标，如果不同的子公司之间存在着工序分工和生产协作关系，则应设立此项指标。

② 权重设置。权重设置在每个公司都不相同，但一般以财务指标为主。在深圳赛格集团，考评总分为 1000 分，其中，财务指标和所有者权益指标占 600 分，管理指标占 200 分，技术创新指标占 100 分，精神文明指标占 100 分。在深物业集团，考评总分为 200 分，其中物质文明指标（主要是财务和所有者权益指标）占 100 分，精神文明指标（含基础管理指标）也占 100 分。在广钢集团，考评总分为 1000 分，其中，财务效益类指标占 400 分，专业基础管理占 150 分，精神文明管理规范占 150 分。

③ 标准值确定。一般采用历史数据法，即以上一年（或前几年）为基准确定增加或减少的比例，并采用一企一议的办法。

（2）特点分析。

① 在对子公司的业绩评估中已开始注重企业创新和发展能力。在我们调查的样本公司中，技术创新和基础管理指标都占有一定的份额，但对子公司的评估仍以财务指标为主，这一点不仅在指标体系的权重安排中是如此，而且在与收入挂钩的奖惩机制中，也主要与财务效益指标和所有者权益指标挂钩。在三九集团，对于公司经理层的奖励金就来自公司上缴利润的一定比例的返还，没有上缴利润就没有奖励。

② 主要是从企业内部而不是从企业外部对公司进行评价，缺乏市场占有率、顾客满意度等外部指标，因此从上述评价指标体系中看不出不同子公司在市场中的地位。产生这一现象的原因可能是因为缺乏完善的中介服务市场，相应指标的数据不容易得到，随着中介市场的逐步发育完善，这一现象有可能得到解决。

③ 对技术创新的评估在指标、权重设计上都显得很薄弱。如深圳赛格集团的技术创新和新产品开发指标只占 100 分，深物业公司的创新指标为加分指标；广钢集团对子公司的评估中不存在创新指标等。而对我国的国有企业来说，技术创新能力低下是竞争力不强的主要原因之一。

④ 难以反映不同子公司之间战略定位的差异。在以财务指标为核心的评估体系中，不同子公司之间的差异主要体现在通过一企一议的办法产生的不同的指标值上，而不同的指标值更多地取决于谈判能力，并不能准确地反映不同子公司的产业定位、资产质量的差异。

⑤ 企业内部多元化模式的差异，即子公司之间关联程度的不同会影响评估指标的选择，如广钢集团和首钢集团就围绕主体公司的生产经营设计了生产协作指标，其他公司则没有类似的指标。不仅如此，采取经营性控股公司形式的公司（广钢、首钢）与采用纯粹控股公司形式（深赛格、深物业）的公司在评估指标的设计上也有区别。前者注重产品经营，强调技术发展、管理水平、营销能力和内部协作，后者因注重产权管理和投资管理，偏向于财务评估。深圳赛格集团与广钢集团的评估指标就存在着这方面的差异。

⑥ 将企业的精神文明建设纳入了评估指标，这是国有企业的特点。

5）国内、外对子公司绩效评估实践的启示

（1）放弃传统的、单纯的财务指标测评已成为企业管理的趋势。企业绩效评估的理念从注重企业短期利润向注重企业长期发展转变，从注重财务效益向财务效益与竞争能力并重转变。

（2）子公司业绩评估的目的。业绩评估的目的在于辅助战略的实施，保证集团公司利益的最大化。评估的出发点应是集团利益最大化，而不是子公司利益最大化。无论是通用电器对产品分部长期与短期平衡的要求，还是广钢和首钢对主要子公司生产经营协作的要求，都是从整个公司的长期利益最大化出发的。因此，在制定子公司评估指标体系时，要处理好市场内部化和内部市场化之间的关系，考虑生产协作对公司经营绩效的影响。

（3）评估指标应有利于推广整个集团统一的经营理念，这是通用电器公司给我们的启示。为达成集团利益最大化，对子公司的评估应服从和服务于公司统一的经营理念和企业文化。我们对子公司的评估也应遵循这一出发点，要利用评估指标推进原宝钢集团已形成的先进的管理理念和管理方法。

（4）必须明确政府主管部门对国有企业资本金绩效评估、资本市场对上市公司的评价与集团公司对子公司评估的差异。集团公司对子公司而言，既是投资人，又是管理者，子公司是集团公司的战略单元。因此，对集团公司而言，对子公司的评估具有明确的战略导向功能。指标体系应反映集团公司对不同子公司的战略定位的差异，不同子公司的战略任务应转化成具体的目标和评估指标。对于实行水平多元化的企业集团，要明确不同子公司的战略目标；对于处于不同发展阶段的子公司，应根据其战略任务的不同确定不同的评估重点。

（5）构建一个合适的子公司评估指标体系，还必须与各个公司的不同的具体情况结合起来，必须考察不同子公司的行业特征、历史背景、管理模式，不同子公司之间的关联程度，等等；不仅要考虑不同国家的制度差异，还要考虑不同的治理结构和管理模式对评估指标的影响。集团公司与子公司之间不同的集权、分权模式，决定着集团公司对子公司的管理方式和管理深度，必然会影响评估指标选择。

## 10.3.2　面向部门的绩效评估设计

### 1. 部门的分类

根据决策权力和评估方式的不同，可将企业内部不同的部门划分为成本中心、收入中心、利润中心和投资中心。

1）成本中心

一个责任中心，如果不形成或者不评估其收入，而着重评估其所发生的成本和费用，这类中心称为成本中心。成本中心往往是没有收入的，有的成本中心可能有少量收入，但不能成为评估的主要内容。成本中心有两种类型：标准成本中心和费用中心。

（1）标准成本中心，必须是所生产的产品稳定而明确，并且已经知道单位产品所需要投入量的责任中心。通常，标准成本中心的典型代表是制造业工厂、车间、工段、班组等。在生产制造活动中，每个产品都可以有明确的原材料、人工和间接制造费用的数量标准和价格标准。实际上，任何一种重复性的活动都可以建立标准成本中心，只要这种活动能够计量产出的实际数量，并且能够说明投入和产出之间可望达到的函数关系。因此，各种行业都可以建立标准成本中心。

（2）费用中心，适合于那些产出物不能用财务指标来衡量，或者投入和产出之间没有密切联系的单位。这些单位包括：一般行政管理部门，如会计、人事、劳资、计划等；研究开发部门，如设备改造、新产品研制等；某些销售部门，如广告、宣传、仓储等。一般行政部门的产出难以度量，研究开发和销售活动的投入量与产出量之间没有密切的联系。对于费用中心，唯一可以准确计量的是实际费用，无法通过投入和产出的比较来评价其效果和效率，从而限制无效费用的支出，因此，有人称之为"无限制的费用中心"。

2）收入中心

收入中心不承担利润责任，其主要责任是扩大销售量，争取更多的订单。

3）利润中心

一个责任中心，如果能同时控制生产和销售，既要对成本负责，又要对收入负责，但没有责任或没有权力决定该中心资产投资的水平，因而可以根据其利润的多少来评估该中心的业绩，那么该中心称为利润中心。

利润中心有两种类型：一种是自然的利润中心，它直接向企业外部出售产品，在市场上进行购销业务。例如，某些公司采用事业部制，每个事业部均有销售、生产、采购的职能，有很大的独立性，这些事业部就是自然的利润中心。另一种就是人为的利润中心，它主要在企业内部按照内部转移价格出售产品。例如，大型钢铁公司分成采矿、炼铁、炼钢、轧钢等几个部门，这些生产部门的产品主要在公司内部转移，它们只有少量对外销售，或者全部由专门的销售机构完成，这些生产部门可视为人为的利润中心。

4）投资中心

当利润中心具备了投资选择权时，利润中心就变成了投资中心。利润中心没有投资选择权，只能在现有资产的基础上寻求利润最大化，而投资中心则有投资选择权。投资中心通常包括多个利润中心。在一个实行产品事业部制的大型企业，每个产品事业部都具有投资中心的职能。并不是所有的公司在内部都存在着投资中心。

2．部门的绩效评估方法

在实际操作过程中，收入中心往往被纳入利润中心，费用中心往往被纳入成本中心。下面我们介绍对成本中心、利润中心和投资中心的主要评估指标与方法。

1）成本中心的绩效评估

成本中心的评估核心是效率，对成本中心的业绩评估经常使用目标成本和标准成本概念。目标成本是按照一定的消耗数量定额，剔除多余的环节和浪费而生产出一定数量、质量的产品，从而计算出单位产品的生产消耗，然后以此为标准进行管理，从而达到降低产品成本、提高经济效益的目的。目前很多国内企业对成本中心实行目标成本管理。

一般来说，标准成本中心的评估指标是既定产品数量和质量条件下的标准成本。值得强调的是，如果标准成本中心的产品没有达到规定的质量，或没有按计划生产，则会对其他单位产生不利的影响。因此，标准成本中心必须按规定的质量、时间标准和计划产量进行生产。这个要求是"硬性"的，很少有伸缩余地。完不成上述要求，成本中心就要受到批评甚至惩罚。过高的产量，提前产出造成积压，超产以后销售不出去，同样会给企业带来损失，也应视为未完成计划进行生产。

在标准成本系统中，广泛使用正常标准成本。正常标准成本是指在效率良好的条件下，根据下期一般应该发生的生产要素消耗量、预计价格和预计生产能力利用程度制定出来的标准成本。它的特点是：它是用科学方法根据客观经验和过去实践充分研究后制定出来的，具有客观性和科学性；它排除了各种偶然性和意外情况，又保留了目前条件下难以避免的损失，代表正常情况下的消耗水平，具有现实性；它是应该发生的成本，可以作为评价业绩的尺度，成为监督职工去努力争取的目标，具有激励性；它可以在工艺技术水平和管理有效性水平变化不大时持续使用，不需要经常修订，具有稳定性。

单位产品标准成本的内容如表 10-3 所示。

表 10-3　单位产品标准成本的内容

| 成 本 项 目 | 用 量 标 准 | 价 格 标 准 |
| --- | --- | --- |
| 直接材料标准成本 | 直接材料标准消耗量 | 单位材料标准价格 |
| 直接人工标准成本 | 单位产品标准工时 | 标准工资率 |
| 变动制造费用标准成本 | 单位产品标准工时 | 变动制造费用标准分配率 |
| 固定制造费用标准成本 | 单位产品标准工时 | 固定制造费用标准分配率 |

确定费用中心的评估指标是一件困难的工作。由于缺少度量其产出的标准，以及投

入和产出的关系不密切，运用传统的财务技术来评估这些中心的业绩非常困难。费用中心的业绩涉及预算、工作质量和服务水平。工作质量和服务水平的量化很困难，并且与费用支出关系密切。这正是费用中心与标准成本中心的主要差别，一个费用中心的支出没有超过预算，不一定说明该中心业绩良好，可能该中心的工作质量和服务水平低于计划的要求。

通常，使用费用预算来评价费用中心的成本控制业绩。由于很难依据一个费用中心的工作质量和服务水平来确定预算数额，一个解决办法是考察同行业类似职能的支出水平。例如，公司根据销售收入的一定百分比来制定研究开发费用预算，百分比可使人们在同行业之间进行比较。另外一个解决办法是零基预算法，即详尽分析支出的必要性及其取得的效果，确定预算标准，避免依据历史经验编制费用预算的弊端。从根本上说，决定费用中心预算水平有赖于了解情况的专业人员的判断，在评估预算完成情况时，要利用有经验的专业人员对该费用中心的工作质量和服务水平做出有根据的判断，才能对费用中心的控制业绩做出客观的评价。

2）利润中心的绩效评估

建立利润中心的真正目的是激励下级制定有利于整个公司的决策并努力工作。对利润中心进行评估的指标主要是利润，部门利润的计算需要解决两个问题：第一，选择一个利润指标，包括如何分配成本到该中心；第二，为在利润中心之间转移的产品或劳务规定价格。在评估利润中心业绩时，我们至少有四种选择：边际贡献、可控边际贡献、部门边际贡献和部门税前利润，它们的关系为

收入-变动成本=边际贡献

边际贡献-可控固定成本=可控边际贡献

可控边际贡献-不可控固定成本=部门边际贡献

部门边际贡献-公司管理费用=部门税前利润

其中，以边际贡献作为业绩评估不够全面，因为部门经理至少可以控制某些固定成本，并且在固定成本和变动成本的划分上有一定的选择余地，因此，业绩评估至少应包括可控固定成本。以可控边际贡献作为业绩评估依据可能是最好的，它反映了部门经理在其权限和控制的范围内有效使用资源的能力。以部门边际贡献作为业绩评估依据，可能更适合评估该部门对企业利润和管理费用的贡献，而不适合部门经理的评估，如果决定该部门的取舍，部门边际贡献是具有重要意义的信息。以部门税前利润作为业绩评估的依据通常是不合适的，因为由于分配公司管理费用而引起的部门利润的不利变化，不能由部门经理负责。不仅如此，分配给各部门的管理费用的计算方法常常是任意的，部门本身的活动和分配来的管理费用高低并无因果关系。

3）投资中心的绩效评估

评估投资中心业绩的指标通常有以下三种选择。

（1）投资报酬率=部门边际贡献/总资产。该指标的优点是：它是根据现有的会计资料计算的，比较客观，可用于部门之间，以及不同行业之间的比较。该指标的缺点是：部门经理会放弃高于资本成本而低于目前部门投资报酬率的机会，或者减少现有的投资报

酬率而高于资本成本的某些资产，使部门的业绩获得较好评估，却伤害了企业整体的利益。从引导部门经理采取与企业整体利益一致的决策来看，投资报酬率并不是一个很好的指标。

（2）剩余收益。为了克服由于使用比率来衡量部门业绩带来的次优化问题，可以采取绝对值指标来实现利润与投资之间的关系，这就是剩余收益指标。

$$剩余收益=部门边际贡献-部门资产×资本成本$$

剩余收益指标还有一个好处，就是允许使用不同的风险调整资本成本。可以对不同部门或者不同资产规定不同的资本成本，使剩余收益更加灵活。

（3）现金回收率和剩余现金流量。这是以现金流量为基础的业绩评估指标。其中

$$现金回收率=营业现金流量/总资产$$

实际经验表明，尽管计算现金回收率未遵循权责发生制，从长期来看，现金回收率与净利率相关程度很高，因而可以作为业绩评估的标准。由于现金回收率是一个相对数指标，也会引起部门经理投资决策次优化，为了克服这个缺点，可以使用剩余现金流量来评估部门业绩。其计算公式为

$$剩余现金流量= 经营现金流量-部门资产×资金成本率$$

4）各责任中心的决策权力与绩效评估指标（见表10-4）

**表 10-4　各责任中心的决策权力与绩效评估指标**

| 种　类 | 决 策 权 力 | 业 绩 指 标 | 适 用 条 件 |
|---|---|---|---|
| 成本中心 | 要素组合（人力、原材料、其他投入品） | 在给定产量的前提下总成本最低；<br>在给定预算的情况下，产量最高；<br>标准成本和单位产品的目标成本 | 中心经理可以测量产量，了解相应产品的成本函数，能确定最优的产量和合理的奖励；<br>中心经理可以观察产品的质量；<br>中心经理具有最优要素投入组合的知识 |
| 费用中心 | 要素组合（人力、原材料、其他投入品） | 在给定服务水平的情况下总成本最低；<br>在给定预算的情况下服务最多 | 产量很难观察和计量 |
| 收入中心 | 要素组合（人力、原材料、其他投入品） | 在给定价格（产量）的前提下，使销售收入最大；<br>市场占有率 | 中心经理具有选择最优要素投入组合所需的知识；<br>中心经理具有选择正确的价格和产量所需的知识；<br>中心经理了解本领域顾客的需求曲线 |
| 利润中心 | 要素组合；<br>产品组合；<br>销售价格（产量） | 实际利润；<br>与目标利润比较的实际利润 | 中心经理有选择正确的价格和产量组合的知识；<br>中心经理有选择最优产品组合的知识 |
| 投资中心 | 要素组合；<br>产品组合；<br>销售价格（产量）；<br>资本投资水平 | 投资回报率；<br>净收入；<br>EVA | 中心经理有选择正确的价格和产量组合的知识；<br>中心经理有选择正确的产品组合的知识；<br>中心经理充分了解面临的投资机会 |

资料来源：布里克利，史密斯，齐默尔曼. 管理经济学与组织架构：第4版[M]. 张志强，王春香，张彩玲，译. 北京：人民邮电出版社，2014.

### 10.3.3　面向团队的绩效评估设计

1. 团队的定义及其特征

1）团队的定义

斯蒂芬·罗宾斯（2017）认为，团队是一种为了实现某一目标而由相互协作的个体所组成的正式群体。这一定义突出了团队与群体的不同，所有的团队都是群体，但只有正式群体才能是团队。他对团队的理解主要是团队的协作效应。麦肯锡顾问（卡曾巴赫，1993）则从团队的任务角度提出团队的含义："团队就是由少数有互补技能、愿意为了共同的目的和业绩目标而相互承担责任的人们组成的群体。"他对团队的理解则侧重于团队的构成要素。

对于团队概念的理解，我们认为：团队是由两个或两个以上相互依赖、承诺共同的规则、具有共同愿景、愿意为共同的目标而努力的互补技能成员组成的群体，通过相互的沟通、信任、合作和承担责任，产生群体的协作效应，从而获得比个体成员绩效总和大得多的团队绩效。

2）团队绩效曲线

乔恩·卡曾巴赫和道格拉斯·史密斯（1993）在《团队的智慧》一书中提出了团队绩效曲线模型，如图 10-4 所示。

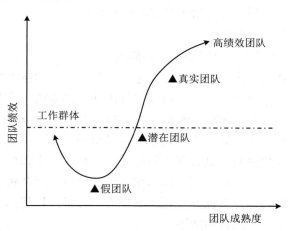

图 10-4　团队绩效曲线

资料来源：Katzenbach and Smith (1993)

（1）工作群体：它没有特殊的发展与扩大其绩效的需要。它侧重于个人的作用和责任，关注个人业绩，个人之间存在竞争，虽然也交流意见和看法，但不必对其他人的成果承担责任。

（2）假团队：从工作群体转变为真实团队的过程中，会有成为假团队的危险。假团队是团队成员自称它具有成为团队的潜力，但并不真正试图协调他们的工作或形成共同的责任，只是按个人方式行事。如图 10-4 所示，假团队比工作群体的效率要低。

（3）潜在团队：它是介于工作群体与真实团队之间的一种状态。团队成员由于对共同的目标缺乏了解，也由于强调个人工作责任的实践而难以形成真正的协调运作，但在正确的领导与管理下，它能够真正进行行为改善，成为真正的团队。

（4）真实团队：这是少数成员为了实现某一目标而相互协作组成的群体。它是由不同背景、不同技能及不同知识层次的人员组成，这些人在一起工作能够取得比按个人的方式或按工作群体的方式大得多的成就。

（5）高绩效团队：高绩效团队是对团队潜力的高度认识，其成员具有极高的责任感，不仅对整个团队的成功负责，而且对成员间的个人成长和发展负责，能够产生非常高的绩效成果，经常能够达到组织原以为不可能达到的目标。

3）高绩效团队的主要特征

作为一支高绩效团队，斯蒂芬·罗宾斯（2017）认为它具有以下八个基本特征：一是明确的目标。团队成员清楚地了解所要达到的目标，以及目标所包含的重大现实意义。二是相关的技能。团队成员具备实现目标所需要的基本技能，并能够良好合作。三是相互之间信任。每个人对团队内其他人的品行和能力都确信不疑。四是共同的诺言。这是团队成员对完成目标的奉献精神。五是良好的沟通。团队成员间拥有畅通的信息交流。六是谈判的技能。高效的团队内部成员间角色是经常发生变化的，这要求团队成员具有充分的谈判技能。七是合适的领导。高绩效团队的领导往往担任的是教练或后盾的角色，他们对团队提供指导和支持，而不是试图去控制下属。八是内部与外部的支持。既包括内部合理的基础结构，也包括外部给予必要的资源条件。

2. 团队绩效评估体系的设计

1）团队绩效评估体系设计时需要关注的问题

（1）绩效评估客体：是团队成员，还是整个团队？进行团队的绩效评估时，评估的客体是团队成员，还是整个团队？如果仅仅测评团队的结果或行为和能力的话，由于个体的努力没有得到认同，因此很有可能造成社会懒散（social loafing）现象出现，即个体由于参与团队工作而使其在团队的工作效率比自己单独工作时的效率大大降低。社会懒散会像流感一样在组织里盛行，并毒害组织的文化。然而，个体层面的绩效评估却会很容易忽视优秀团队的互动和协同效应。团队绩效评估给整个团队传达这样一个信息，即必须认识到团队里的问题以及共同开发团队的能力，并且可以提高团队的自豪感和所有感，并不断地提高团队成员的认同感等。

（2）绩效评估时的数据来源：是单向，还是多向？目前很多人认为360度绩效评估所提供的信息最具有效性，而且据最新调查，在《财富》排出的全球1000家大公司中，超过90%的公司在职业开发和绩效评估过程中应用了360度绩效评估系统。然而，自20世纪90年代以来，360度绩效评估也不断地遭到来自不同方面的批评。其中比较多的批评是针对360度绩效评估的效度、实施的过程以及最终的反馈等环节上面，主要是因为对这些方面并没有太多的实证数据加以说明。在对组织团队的绩效评估设计时，我们也需要思考：到底评估时的数据应该从哪里来？是否对所有类型的组织团队进行绩效评估时，都要遵守同样的获得数据来源的信息？这些问题都是我们必须要思考的。

（3）究竟评估什么：是结果、行为，还是能力？绩效评估大致经历了基于结果、基于行为以及基于能力的评估发展过程。基于结果的绩效评估在组织所下达的目标非常清晰的情况下是最为有效的。而基于行为的绩效评估是过去三十多年中用得最为普遍的一种，主要是通过观察个体在完成某项工作过程中的相关角色行为来完成。基于能力的绩效评估体系，即评估个体所拥有的完成某项工作所具备的知识和能力的方式。

一般的绩效评估都是评估结果的。然而不论是哪种绩效评估都强调的是特定工作的具体要求。随着团队工作和员工参与以及 TQM（全面质量管理）等的引进，员工在工作中的角色也在进行着拓展。以下几个方面就是目前所经常强调的：任务绩效（即关注服务的质量、数量等）、周边绩效（作为一个优秀的组织公民，组织过程的不断改进、职业生涯中的个人自我发展以及持续学习等）以及团队绩效（在问题解决和冲突处理过程中的相互配合、公开沟通、目标设定以及绩效评估中团队成员之间的合作等）。

员工的任务绩效主要对组织的核心技术过程有贡献；而周边绩效和团队绩效则对任务绩效发生所处的组织的、社会的以及心理的背景有贡献。一般的绩效评估仅仅评估员工的任务绩效，而对员工的周边绩效和团队绩效关注得比较少。如果要使整个绩效评估导向战略性，仅仅评估结果是不行的，还应该注重对行为和能力等的评估，并且要注意评估的结果、行为和能力等都要与组织战略和发展方向一致。

（4）评估的操作过程如何：谁参与评估以及如何具体评估？在评估过程中谁参与评估以及如何评估问题将直接影响员工对绩效评估的公平感。虽然有研究发现，在进行绩效评估时，如果被评估的客体本身就是一个绩效优秀者，则自我评估此时会显得比较有用；但如果是一个绩效比较差劲者，则选择自我评估的方式就会显得非常不恰当，因为此时他们往往会有意对自己本来差劲的绩效进行夸大，但是很多时候我们还必须应该让员工参与对自己的评估过程，尤其是在对评估结果进行调整过程中，更应该鼓励被评估人员参与。

（5）绩效评估体系设计过程中的伦理道德问题。整个绩效评估体系的设计还应注重有关的伦理和道德问题，避免发生伦理道德方面的冲突事件等。例如，在收集信息数据时，是否具有作假行为；是否具有冒犯他人的隐私行为；是否具有向被评估人员做出的承诺没有兑现的情况，等等。

2）团队类型与绩效评估体系设计

（1）团队的类型。我们根据苏珊娜·斯科特、沃尔特·爱因斯坦（2001）关于团队分类的划分标准将组织团队类型分为三种，即工作团队、项目团队以及虚拟团队等，并对这三种组织中的常见团队从两个维度上进行分析，即成员构成和任务复杂程度，如图 10-5 所示。

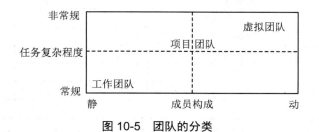

**图 10-5 团队的分类**

从图 10-5 可以看出，整个组织团队分类框架中有两个主要维度：一是成员构成维度。

成员构成是指团队预期的存在时间、成员的稳定性、成员工作时间的分配等。这个维度可以从静态到动态来衡量其两个极端情况。静态团队通常是指那些全职的团队成员，在团队存在的时间里，所有成员都保持不变，并全程参与团队存在时间里的一切事务。动态团队则是指这些团队里的成员经常要依据任务需要等发生变动，这些成员一般都同时在其他团队中也进行参与。二是任务复杂程度。常规任务是指完成这项任务通常不需要进行太大的变动就能完成。完成这些任务的时间周期一般都可以提前确定，并且一般都相对比较短，而且任务一旦完成，其结果就可以比较容易地估算出来。而非常规任务则是指这些任务一般都比较偶然，完成这些任务的方法以及完成后的结果一般都不可能提前预测到。完成这些任务的时间周期一般也都比常规任务的时间要长。

（2）基于团队的战略性绩效评估体系设计。由于团队类型有很多种，而每种团队类型的自身特征也不同，我们在设计一个有效的团队绩效评估体系时，要使其有利于员工进一步的绩效（任务绩效、周边绩效以及团队绩效）发挥。我们就上述三种团队类型如何进行战略性绩效评估体系设计，提供了一个范例，如表 10-5 所示，仅供参考。

**表 10-5　不同类型团队的战略性绩效评估方法和工作重点参考**

| 团 队 类 型 | 评 估 谁 | 谁 来 评 估 | 评 估 什 么 | | | |
|---|---|---|---|---|---|---|
| | | | 结　果 | 行　为 | 能　力 | 提　高 |
| 工作团队 | 团队成员 | 管理者 | ✓ | ✓ | ✓ | ✓ |
| | | 其他团队成员 | | ✓ | | ✓ |
| | | 顾客 | | ✓ | | ✓ |
| | | 自己 | ✓ | ✓ | | ✓ |
| | 整个团队 | 管理者 | ✓ | | ✓ | ✓ |
| | | 其他团队成员 | | | | ✓ |
| | | 顾客 | ✓ | | | ✓ |
| | | 自己 | ✓ | | | ✓ |
| 项目团队 | 团队成员 | 管理者 | ✓ | | ✓ | ✓ |
| | | 项目领导者 | | ✓ | ✓ | ✓ |
| | | 其他团队成员 | | ✓ | | ✓ |
| | | 顾客 | | ✓ | | ✓ |
| | | 自己 | ✓ | ✓ | ✓ | ✓ |
| | 整个团队 | 顾客 | ✓ | | | ✓ |
| | | 自己 | ✓ | ✓ | | ✓ |
| 虚拟团队 | 团队成员 | 管理者 | | ✓ | ✓ | ✓ |
| | | 团队领导者 | | ✓ | ✓ | ✓ |
| | | 同事 | | ✓ | | ✓ |
| | | 其他团队成员 | | ✓ | | ✓ |
| | | 顾客 | | ✓ | | ✓ |
| | | 自己 | ✓ | ✓ | | ✓ |
| | 整个团队 | 顾客 | ✓ | | | |

资料来源：SCOTT S G, EINSTEIN W O，Strategic Performnance appraisal in team-based organizations：one sized does not fit all[D].Academy of Management Executive，2001.

从表 10-5 可以看出：

（1）不同类型的团队评估侧重点不同。国际最新的研究成果表明，对团队绩效的测评可以遵循一个固定的流程，即首先要确定对团队层面绩效评估和对个人层面绩效评估的维度，然后，划分团队和个人绩效所占的权重比例，在此基础上，分解评估的关键要素，最后再考虑如何用具体的评估指标来衡量这些要素。在团队绩效的测评维度的确定中，当团队主要是为了要满足客户的需求时，最常采用的方法是客户关系图法，这张图能够显示出团队提供服务的内外客户的类型，以及客户需要从团队获得的产品和服务；当团队主要是为了帮助组织改进绩效目标时，最常采用的方法是支持组织绩效的业绩方法，把能够支持组织目标实现而团队需要做出的业绩作为评估维度；当团队和组织之间的联系很重要，但团队和组织之间的关系却不甚明了时，最常采用的方法是团队业绩"金字塔"法，把团队业绩和组织绩效紧密联系起来就能保证团队的成功，将会有利于整个组织；当团队的工作具有清楚明确的工作流程时，最常采用的方法是工作流程图法。

（2）业绩评估与素质评估相结合。无论是对整个团队，还是对团队成员，都要既有业绩评估，又有素质评估。业绩评估不仅是指那些可以用经济指标衡量的业绩结果，还包括工作进展或完成业务情况。素质评估是对团队和成员的职业道德、个人品德、理论知识、管理能力、团队协作精神等素质方面的评价。业绩评估引导团队重实效、重实绩；素质评估则引导人们注重个人的全面发展和团体协作，二者均有其积极意义。应当在业绩和素质之间安排好恰当的比例。

## 10.3.4　面向员工的绩效评估设计

### 1. 相对评估法

相对评估法也被称为雇员比较法。这类方法的最大优点是简便和综合性，但往往有主观随意的倾向。为了克服人比人的主观偏见，可做一些"技术上"的修正，使之能够运用于企业的绩效评估中。

#### 1）交替排序法

交替排序法是根据绩效考评要素，将员工从绩效最好到最差进行交替排序，最后根据序列值来计算得分的一种考评方法。这是绝对评估（即按工作标准进行评估）的辅助性手段；或作为一种调整手段，"调整"部门内评估结果以达到平衡的手段。通常来说，由于从员工中挑选出最好的和最差的要比绝对地对他们的绩效进行评估容易得多，因此，交替排序法是一种运用得非常普遍的工作绩效评估方法。

其操作方法是：① 将需要进行评估的所有下属人员名单列举出来，然后将不是很熟悉因而无法对其进行评估的人的名字划去；② 运用一定的表格来显示，在被评估的某一特点上，哪位员工的表现是最好的，哪位员工的表现是最差的；③ 在剩下的员工中挑选出最好的和最差的。以此类推，直到所有必须被评估的员工都被排列到表格中为止。

#### 2）配对比较法

配对比较法使得排序型的工作绩效评估法变得更为有效。其基本做法是，将每一位员工按照所有的评估要素（"工作质量""创造性"等）与所有其他员工进行比较。

假定需要对 5 位员工进行工作绩效评估。那么在运用配对比较法时，首先应当列出一张如表 10-6 那样的表格，其中要表明所有需要被评估的员工姓名以及需要评估的所有工作要素。然后，将所有员工根据某一类要素进行配对比较，再用"+"（好）和"−"（差）标明谁好一些、谁差一些。最后，将每一位员工得到的"好"的次数相加。

在表 10-6 中，员工乙的工作质量是最高的，而员工甲的创造性却是最强的。

表 10-6　运用配对比较法对员工工作绩效进行评估

| 就"工作质量"要素所做的评估 | | | | | 就"创造性"要素所做的评估 | | | | |
|---|---|---|---|---|---|---|---|---|---|
| 被评估员工姓名 | | | | | 被评估员工姓名 | | | | |
| 比较对象 | 甲 | 乙 | 丙 | 丁 | 戊 | 比较对象 | 甲 | 乙 | 丙 | 丁 | 戊 |
| 甲 | | + | | | | 甲 | | − | | − | − |
| 乙 | − | | − | | − | 乙 | + | | | + | + |
| 丙 | − | + | | | + | 丙 | | + | | − | + |
| 丁 | | | | | + | 丁 | + | | + | | |
| 戊 | + | + | + | − | | 戊 | + | | | | |

**3）标杆比较法**

标杆比较法就是以标准选择人，确定标准人，再以标准人的工作表现与工作能力为基准，对其他人进行评估。

标杆比较法有两种：一种是综合标杆比较法。具体做法就是，从上一期评估结果中寻找一位评估者最为熟悉，并且综合评价得分"居中"的被评估者，作为评估的"基准人物"，拿这位基准人物与其他人相比，如果被评估者与这位基准人物一样好或近似，则评估档次为"B"（相同、相似），略好或略差于基准人物，则分别为"A"（比较优异）和"C"（比较差），大大好于或大大差于基准人物，则分别为"S"（更为优异）和"D"（更差）。另一种是分析标杆比较，在对被评估者进行分项计分要素评估时，选出一位基准人物，以他的表现作为标准，分别对其他被评估者进行逐项要素评估。评估档次的确定同上。

**2. 绝对评估法**

绝对评估法就是按事先规定的"评估标准"进行评估的方法。应该指出，这里讲的绝对评估法侧重于评估档次的确定，以及评分方法等。不同的评估档次确定方法，不同的评分方法，形成了形形色色的"评估用表"。

**1）尺度评估法**

所谓尺度评估就是用示意图表示评估档次（尺度）以及相应的评分标准或评估档次的含义、评语等。

尺度评估法是最简单和运用最普遍的工作绩效评估技术之一。表就是一种典型的尺度评估表，如表 10-7 所示。它列举出了一些绩效构成要素（如"质量"和"数量"），还列举出了跨越范围很宽的工作绩效等级（从"不令人满意"到"非常优异"）。在进行工作绩效评估时，首先针对每一位下属员工从每一项评价要素中找出最能符合其绩效状况的分数，然后将每一位员工所得到的所有分值进行加总，即得到其最终的工作绩效评估结果。

当然，许多企业不仅仅停留在对一般性工作绩效因素（如"数量"和"质量"）的评估上，它们还将作为评估标准的工作职责进行进一步分解。

**表 10-7　工作绩效尺度评估表**

评价等级说明

O（outstanding）：杰出。在所有各方面的绩效都十分突出，并且明显地比其他人的绩效优异得多。

V（very good）：很好。工作绩效的大多数方面明显超出职位的要求。工作绩效是高质量的，并且在评估期间一贯如此。

G（good）：好。这是一种称职的和可信赖的工作绩效水平，达到了工作绩效标准的要求。

I（improvement needed）：需要改进。在绩效的某一方面存在缺陷，需要进行改进。

U（unsatisfactory）：不令人满意。总的来说，工作绩效水平无法让人接受，必须立即加以改进。绩效评估等级在这一水平上的员工不能增加工资。

N（not rated）：不做评价。在绩效等级表中，没有可以利用的标准或因时间太短无法得出结论。

| 一般性工作绩效评估要素 | 评 估 等 级 | 评 估 尺 度 | 评估事实依据或评语 |
|---|---|---|---|
| 1. 质量：所完成工作的精确度、彻底性和可接受性 | O□ | 100～90 | |
| | V□ | 90～80 | |
| | G□ | 80～70 | |
| | I□ | 70～60 | |
| | U□ | 60 以下 | |
| 2. 生产率：在某一特定的时间段所生产的产品数量和效率 | O□ | 100～90 | |
| | V□ | 90～80 | |
| | G□ | 80～70 | |
| | I□ | 70～60 | |
| | U□ | 60 以下 | |
| 3. 工作知识：实践经验和技术能力以及在工作中所运用的信息 | O□ | 100～90 | |
| | V□ | 90～80 | |
| | G□ | 80～70 | |
| | I□ | 70～60 | |
| | U□ | 60 以下 | |
| 4. 可信度：某一员工在完成任务和听从指挥方面的可信任程度 | O□ | 100～90 | |
| | V□ | 90～80 | |
| | G□ | 80～70 | |
| | I□ | 70～60 | |
| | U□ | 60 以下 | |
| 5. 勤勉性：员工上下班的准时程度、遵守规定的工间休息/用餐时间的情况以及总体的出勤率 | O□ | 100～90 | |
| | V□ | 90～80 | |
| | G□ | 80～70 | |
| | I□ | 70～60 | |
| | U□ | 60 以下 | |

2）目标管理法

目标管理法也是使用非常普遍的绩效测评方法。一般而言，目标管理法是一个设置和评估目标的过程，在这个过程中要制定组织、部门、部门经理和员工个人的目标。

美国学者麦康基在研究了许多目标管理专家的文献之后，给出了一个有关目标管理的一般定义："目标管理是一种管理过程，在这一过程中通过使主管人员和下属共同参与追求双方同意的目标、目的，从而使组织的目的得到确定和满足。这些目标是详细的、可测量的，并受时间控制，而且结合于一个行动计划中。在以双方确定的客观绩效标准为中心的绩效测评期间，每一进步的取得和目标的实现是可以测量和监控的"（麦康基，1979）。

目标管理法主要包括以下两个方面的重要内容：① 必须与每一位员工共同制定一套便于衡量的工作目标；② 定期与员工讨论他或她的目标完成情况。不过，尽管你可以通过与员工一起制定目标并定期提供反馈来使用目标管理法，但要运用这种工作绩效评估法，就必须在建立工作绩效评估体系时，同时也要考虑整个组织的目标。

目标管理法主要有以下六个实施步骤：① 确定组织目标。制定整个组织下一年的工作计划，并确定相应的组织目标。② 确定部门目标。由各部门领导和他们的上级共同制定本部门的目标。③ 讨论部门目标。部门领导就本部门目标与部门下属人员展开讨论（一般是在部门的全体会议上），并要求他们分别制定自己的个人工作计划。换言之，在这一步骤上需要明确的是：本部门的每一位员工如何才能为部门目标的实现做出贡献。④ 对预期成果的界定（确定个人目标）。在这里，部门领导与他们的下属人员共同确定短期的绩效目标。⑤ 工作绩效评价。对工作结果进行审查，部门领导就每一位员工的实际工作成绩与他们事前商定的预期目标加以比较。⑥ 提供反馈。部门领导定期召开绩效评价会议，与下属人员展开讨论，一起对后者的目标达成和进度进行讨论。

在使用目标管理法时，应当注意避免以下几个问题：① 在设置目标时可能会出现几个方面的问题，即目标不够明确、不具有可衡量性。② 目标管理法比较费时间，订立目标、对进展情况进行评估以及提供反馈都是十分耗时的，评估人每年在每一位员工身上至少要花费数小时的时间，这比一次性地对每个人的工作绩效进行评估要费时得多。③ 与下属员工共同确定目标的过程有时会演变成为一场"舌战"，因为上级总想将目标定得高一些，而下属人员却千方百计地要把目标定得低一些。因此，了解工作要求以及下属的能力是十分重要的。因为要想使目标对员工的工作绩效真正有推动作用，就必须使其不仅是公平的，而且是员工能够达到的。你对工作和下属人员的能力了解得越透彻，那么你对制定出来的目标就会越有信心。

3）要素评语法

所谓要素评语法，就是赋予"评估内容"和"评估要素"以具体的内涵（即评语），使之更加直观、具体和明确。要素评语也称作"评估要点""评估着重点""评估着眼点"等。例如，表 10-8 "绩效改善计划表"就是一家跨国企业用于对员工进步与开发情况进行评估的评价表。

该表要求员工的主管人员做两件事：① 根据工作绩效评估标准对手下员工的工作绩

效进行评估；② 列举关键性的绩效实例，制订帮助员工达到并超过标准工作绩效的绩效改善计划。在这种绩效评估法中所展开的所有与工作绩效评估有关的讨论，其主要目的都是在于求得问题的解决。

表 10-8　绩效改善计划表

| 工作绩效评估要素/技能 | 工作绩效评估 | 工作绩效分析和实例 | 工作绩效改善计划 |
|---|---|---|---|
| 计划能力：进行预测、确定目标、制定战略和行动方案、编制预算、制定日程安排表、制定和描绘工作程序的能力 | □强<br>□令人满意<br>□需要改进<br>□不适用 | | |
| 组织能力：组织各种活动达到预定目标、进行授权、完成人员配备以及利用各种可能资源的能力 | □强<br>□令人满意<br>□需要改进<br>□不适用 | | |
| 指导能力：指挥和监督能力。主要是进行激励、沟通和领导的能力 | □强<br>□令人满意<br>□需要改进<br>□不适用 | | |
| 控制能力：建立工作绩效标准、进行工作绩效评估并采取适当行动的能力 | □强<br>□令人满意<br>□需要改进<br>□不适用 | | |
| 人员开发潜力：评估人员的工作绩效和潜力，提供培训和技能开发，指导、咨询并协助解决认识方面的问题 | □强<br>□令人满意<br>□需要改进<br>□不适用 | | |
| 分析问题的能力：获取相关信息，将显著相关事实从大量不相关事实中区分出来，辨明事情的内在关系并得出实用性解决办法的能力 | □强<br>□令人满意<br>□需要改进<br>□不适用 | | |
| 决策能力：迅速而准确地对多种备选行动方案进行评估并做出最终决定的能力 | □强<br>□令人满意<br>□需要改进<br>□不适用 | | |
| 信息沟通能力：以一种清晰、具有说服力的方式坚持某种想法的能力 | □强<br>□令人满意<br>□需要改进<br>□不适用 | | |
| 人际关系能力：与组织各层次的人进行有效联系的能力；对其他人的需要的敏感性程度 | □强<br>□令人满意<br>□需要改进<br>□不适用 | | |

4）等级择一法

所谓等级择一法，就是赋予评估档次 A、B、C、D、E 以相应的等级内涵，如工作成绩：

A=工作成绩非常出色，从未出现过任何差错；

B=工作成绩优秀，几乎不曾出过差错；

C=工作成绩没达到标准，略有差错；

D=工作成绩较差，差错比较多；

E=工作成绩特别差，经常出错。

再如服务态度：

A=工作热情极高，责任心极强；

B=工作热情较高，责任心较强；

C=责任心还可以，但很难说是认真负责的；

D=有时表现出不负责任；

E=缺乏工作热情，凡事不负责任。

根据这些规定的"等级内涵"做出单项选择，如表 10-9 所示。

表 10-9　等级择一法示例

| 评估内容 | 评 估 要 点 | A 非常优异 | B 比较优秀 | C 一般 | D 稍微不佳 | E 非常不佳 |
|---|---|---|---|---|---|---|
| 工作成果 | 是否按计划、要求完成预定的目标或任务 | | | | | |
| 工作质量 | 是否能够正确有效地工作，并取得高质量、高水平的成果 | | | | | |
| 成本意识 | 工作过程中是否有成本观念，工作力求一次做好 | | | | | |
| 服务态度 | 与他人的协作、服从纪律方面有无不良表现 | | | | | |

5）行为锚定评估法

行为锚定评估法（behaviorally anchored rating scales，BARS）的目的在于，通过一定的等级评估表，将关于特别优良或特别劣等绩效的叙述加以等级量化，从而将描述性关键事件评估法和量化等级评估法的优点结合起来。其倡导者宣称，它比我们所讨论过的所有其他种类的工作绩效评估工具具有更好和更公平的评估效果。

建立行为锚定评估法通常要按照以下五个步骤进行：

（1）获取关键事件。首先要求对工作较为了解的人（通常是工作承担者及其主管人员）对一些代表优良绩效和劣等绩效的关键事件进行描述。

（2）建立绩效评估等级。由这些人将关键事件合并为几个绩效要素，并对绩效要素的内容加以界定。

（3）对关键事件重新加以分配。本工作是由另外一组同样对工作比较了解的人来对原始的关键事件进行重新排列，即将所有这些关键事件分别放入他们自己认为最合适的绩效要素中去。通常的情况是，如果就同一关键事件而言，第二组中某一比例以上（通常是 50%～80%）的人将其放入的绩效要素与第一组人将其放入的绩效要素是相同的，那么，这一关键事件的最后位置就可以确定了。

（4）对关键事件进行评定。第二组人会被要求对关键事件中所描述的行为进行评定，以判断它们能否有效地代表某一工作绩效要素所要求的绩效水平。

（5）建立最终的工作绩效评估体系。对于每一个工作绩效要素来说，都将会有一组关键事件（通常每组中有 6～7 个关键事件）作为其"行为锚"。

使用行为锚定评估法比使用其他的工作绩效评估法要花费更多的时间。但是许多人认为，行为锚定评估法有以下一些非常重要的优点。

（1）对工作绩效的计量更为精确。由于那些对工作最为熟悉的人编制了行为锚定等级体系，因此行为锚定评估法应当能够比其他评估法更准确地对工作绩效进行评价。

（2）工作绩效评估标准更为明确。等级尺度上所附带的关键事件有利于评估者更清楚地理解"非常好"和"一般"等各种绩效上的工作绩效到底有什么差别。

（3）具有良好的反馈功能。关键事件可以使评估人更为有效地向被评估人提供反馈。

（4）各种工作绩效评估要素之间有着较强的相互独立性。将众多的关键事件归纳为 5～6 种绩效要素，使得各绩效要素之间的相对独立性很强。例如，在这种评估方法下，一位评估者很少有可能仅仅因为某人的"知觉能力"所得到的评估等级高，就将此人的其他所有绩效要素等级都评定为高级。

（5）具有较好的连贯性。相对来说，行为锚定评估法具有较好的连贯性和较高的信度。这是因为，在运用不同评估者对同一个人进行评估时，其结果基本上都是类似的。

**3. 个人绩效评估方法的比较**

以上介绍的个人组织绩效评估方法都是企业在日常进行绩效评估工作时惯用的方法。各种方法各具优势和不足，如表 10-10 所示，企业应根据自身的实际情况和评估目标选择合适的方法。

表 10-10　几种常见绩效评估方法的比较

| 评 估 方 法 | 成　　本 | 实 用 性 | 指 导 行 为 | 监 控 行 为 | 雇 用 决 策 | 合 法 性 |
|---|---|---|---|---|---|---|
| 相对评估法 | + | + | − | − | +/− | − |
| 尺度评估法 | + | + | − | − | − | − |
| 目标管理法 | +/− | +/− | + | + | +/− | +/− |
| 要素评语法 | + | + | +/− | − | − | − |
| 行为锚定评估法 | − | − | + | + | − | − |

## 10.3.5　面向流程的绩效评估设计

**1. 面向流程的绩效评估内容分析**

企业的流程可以看作一个转化过程，即把人、财、物和信息等资源输入企业，通过生产服务等流程产生出满足客户需求的产品和服务。这一过程如图 10-6 所示（罗伯特·卡普兰、戴维·诺顿，1998）。

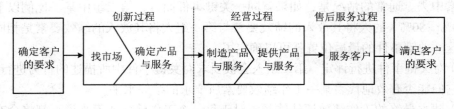

图 10-6　业务流程图

资料来源：KAPLAN R S, NORTON D P. The balanced scorecard：translating strategy into action[M]. Boston, Massachusetts：Harvard Business School press, 1996: 96.

从图 10-6 可以看出企业业务流程包括售后服务，因为售后服务是企业提高其生产经营管理水平的一个重要方面，也是提高客户满意度的一项重要举措，它是企业生产过程在销售领域的延伸。售后服务构成了产品的一个重要附加值。

每个企业组织都要对流程进行仔细的量化分析，通过量化分析将其结果与相应的指标体系进行比较，从而定性或定量地评估和判断流程的效率和可能的改进空间。

2. 面向流程的绩效评估指标的设计

1）明确企业流程的层级结构

一般来说，对于大型的复杂企业，其基本业务流程往往包含一系列子流程，子流程又包含多个要素流程，要素流程还包含活动流程和任务流程，一个任务流程可能由一个或多个职位担当。建立面向流程的绩效考评体系，首先要摆脱原有的部门结构，以流程的观点重新审视企业，对企业的业务流程体系进行抽象，概括出企业的基本流程体系，作为进一步分解和建立绩效考评体系的依据。

2）明确企业流程的绩效属性

一个流程的绩效可从四个方面得到体现：① 可靠性（reliability），即流程产出的质量和一致性，即持续一贯地将正确的产品或服务，附带正确的数据和文档，以正确的数量，在正确的时间，交付给正确的顾客并使之满意。② 响应性（responsiveness），即流程响应顾客需求的速度以及适应市场变化的灵敏性。③ 成本/效率（cost/efficiency），即流程运作的相关成本和费用以及资源的投入产出率和周转率。④ 贡献效果（effectiveness），即流程对所支持的业务领域目标或公司整体目标的贡献效果。

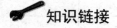 知识链接

流程绩效衡量指标

3）流程绩效评估重点指标的确定

在企业流程层级结构的基础上，结合流程绩效属性可以建立每一流程的绩效度量指标。在众多的各个层级指标中，哪些指标是我们关注的重点？这些重点指标是如何设计呢？我们认为流程绩效评估的重点指标应由企业的战略层指标决定。一个企业建立重点流程指标需要遵循指标开发的三阶段模式：首先明确企业应具备哪些战略能力，其次识别企业内各流程需要具备哪些能力以支持战略能力，最后针对这些流程能力提出流程重点指标。

 案例

### 上海德意达电子电器设备有限公司流程绩效评估重点指标的确定

## 10.3.6　面向目标的绩效评估设计

### 1. OKR 的起源和定义

1974 年，英特尔的 CEO 安迪·格鲁夫受到彼得·德鲁克在 1954 年提出的目标管理概念的启发，发明了英特尔自己的目标管理工具——OKR（objectives key results），在英特尔内部做推广。后来这一工具被打上了英特尔的标签，改名为 iMBO（intel management by objectives，intel 的目标管理），并作为 MBP（management by planning，计划管理，实际上是个中长期的管理计划）的一个执行工具。

安迪·格鲁夫在 *High Output Management*（国内翻译为《格鲁夫给经理人的第一课》）中对 OKR 的定义为：一个成功的目标管理系统仅仅需要回答两个问题：一是我要去哪儿？（这个答案提供了"目标"）；二是我如何调整自己的节奏，去看清我有没有到达哪里？（这个答案告诉了我们"里程碑"，或者是"关键成果"）。所谓的 OKR，在他的眼中就是"目标管理"工具，而且是不需要用大量篇幅去论证的工具。

1999 年，另一个英特尔前雇员、后来从事风险投资的约翰·道尔来到了创建不久的谷歌公司，作为辅助谷歌成长的一个举措，约翰·道尔就把 OKR 介绍给了年轻谷歌的管理层，后来的领英、西尔斯、推特也使用了 OKR。

OKR 全称为 objectives and key results，即目标及关键成果法，是一套明确和跟踪目标及其完成情况的管理工具和方法，能够有效地帮助企业进行目标管理。

如图 10-7 所示，OKR 在组织层面、团队层面、个人层面上，层层细分、相互结合，将组织和团队的目标紧密相连，其在每一层次上的数量和内容根据具体的总目标而定。"金字塔"图向我们呈现了 OKR 由企业最顶层的观念向下分解到实处的路径，也体现了底层 OKR 不断向上汇聚对于企业的意义。

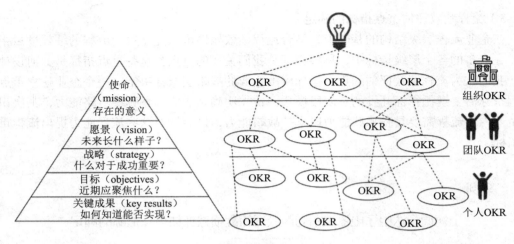

图 10-7　OKR 实施层级示意图

**2. OKR 的适用条件和基本原则**

（1）基础需求，包括信任、公开和公平等，这是 OKR 能够长久推行的保障，从更深层次阐释了企业文化的一方面。

美国组织行为专家奎因（Quinn）和卡梅伦（Cameron）教授构建的 OCAI（组织文化评价量表）模型将文化类型分为四种模式：团队文化、创新文化、市场文化与层级文化。其中，最有活力的是"创新文化"。"创新文化"培育出开放、透明、充满活力的工作环境和氛围，鼓励个体的主动性和自主性，因此员工可以自下而上设定目标；"创新文化"鼓励冒险、包容失败，因此员工敢于设定挑战型目标；"创新文化"激发员工的力量，促进组织不断实验和革新，员工能够感受到来自工作本身的乐趣，从而为自己的成就感和成长而主动挑战和担责，这与 OKR 理念是高度一致的。

（2）应用需求，包括业务、员工和管理者三个层面的需求。

① 业务层面：相比于 KPI，OKR 更适用于需要通过创新或流程改造来提高人效的业务领域。

华为的 OKR 实践经验显示：研发和管理这类偏后台的业务是通过创新带来提升人效的，更适用于 OKR；经营、生产这类偏运营的业务是通过时效控制带来提升人效的，更适用于 KPI。

② 员工层面：选择 OKR 的执行者时，需要选择基本物质需求已得到满足的员工和有主动做事的热情的员工。

③ 管理者层面：OKR 适用于变革型领导，而不适用于交易型领导，引入 OKR 时要选择变革型领导带队或者培养原有领导者转型。

谷歌公司是成功使用 OKR 的标杆，其重要原因是 OKR 理念与谷歌文化要素的高度一致性。谷歌的企业文化有三个根本元素：使命、透明和发声的权利。对公司使命的认同让谷歌员工有内在的驱动力开展工作，主动设定具有挑战性的目标。"透明""发声"的文化让员工乐于分享自己的 OKR，并与同事主动协同，OKR 在全员当中敏捷运行和追踪，实现持续的上下一致、左右对齐。

3. OKR 的基本原则

OKR 要遵循"SMART"原则（S=specific；M=measurable；A=attainable；R=relevant；T=time-bound）。

（1）OKRs 在时间和数量层面都应该是具体的、可量化的、具有时间效应的。例如，不能说"使某个项目实现成功"，应详细描述为"在一年内增长一百万用户"。

（2）OKRs 在时间和数量层面都应该是能够达到的，并在具备可行性的基础上兼具一定程度的挑战性。这样既能够起到激励作用，不至于在截止期限到来之前过早完成任务，也可以保证创造出目标价值。

（3）OKRs 在时间和数量层面应该是与企业价值相关的，并且个人及团队的 OKRs 在企业中应当是公开透明的，包括目标的内容、执行的进度、完成的评分等，将企业的总体目标与个人和团队的小目标联系起来。

曹仰峰、王永贵（2018）提出 OKR 的四大基本准则：① 聚焦重大和有挑战性的目标；② 将团队目标和个人目标紧密连接在一起；③ 定性目标与定量目标相结合；④ 更加注重长期目标。此外，需要强调一点，OKR 倡导更加透明的管理。

4. OKR 的引入和实施

OKR 实施的步骤具体如下。

1）设定目标

设定企业战略目标，参考公司战略地图和平衡计分卡，据此确定年度目标和季度目标等。

设定部门目标，将以往数据作为基础，并进行计算、统计、预测，确定新阶段部门目标。OKR 强调基层员工的创造力，部门目标确定的前提是员工目标、部门目标，再汇总公司目标，这是一个自下而上的过程；随后再进行自上而下的目标分解。

设定员工目标，OKR 认为 60%的 O 最初应当来源于底层，通过与部门内部成员和领导的交流，按照岗位分解部门目标，每个组织层级的 O 最多有 5 个，每个 O 最多对应 4 个 KRs，每个周期按照 KRs 检验目标的完成情况。

2）明确 KRs

将设定好的目标分解为关键成果，即 KRs，KRs 必须能直接实现目标，需要具有一定的挑战性，必须以产出或者结果为基础、可衡量，可以设定评分标准，数量一般为每个目标不超过 4 个，关键成果的产出必须规定时间。在此要注意，KRs 可以在实施过程中不断改进完善，但是目标不能调整。

3）推进执行

关键成果到具体行动这个过程，需要将每项关键成果分解为具体的行动任务，关键成果的负责人作为项目经理，负责调度资源、协调项目组内部的工作，这个过程可以参考项目管理方面的内容。

4）定期回顾

企业、部门和个人每个周期都需要对 KRs 的完成质量进行评估打分，分数的范围为

0～1 分，而最理想的得分范围是 0.6～0.7。企业每半年应进行一次整体的公开透明的成果公示总结，并据此进行薪酬和职位的调整，这种公开透明的考核方式旨在推动员工间、部门间、全公司内部的互相学习和激励。

5. OKR 与 KPI 的比较

（1）OKR 与 KPI 的制定思路不同，OKR 的思路有助于实现目标。OKR 先确定目标，然后将目标分解成实现目标的结果，再对结果进行量化，考核结果的完成情况；KPI 先确定组织目标，然后对组织目标进行分解至个人目标，最后对个人目标进行量化。

（2）OKR 与 KPI 的考核方式不同，KRs 确保始终服务于目标 O。OKR 与绩效考核分离，不直接与薪酬、晋升相关，强调 KRs 的量化，而不是目标的量化，在执行过程中可以改变 KRs 以确保目标的实现，可以有效改善 KPI 考核与目标偏离的问题。

（3）OKR 与 KPI 的激励手段不同，OKR 利于具有挑战性的目标。有一种说法是 OKR 是"监控我要做的事"，KPI 是"要我做的事"，这体现了 OKR 期望发挥员工的自主性和创造力，有助于在公开透明的环境中实现创新的突破。

（4）OKR 与 KPI 的适用组织不同，OKR 更适合项目驱动型组织。与 KPI 相比，OKR 更偏向于一个指导性工具，引导实施者实现目标，而 KPI 则侧重于考核，更适用于高效重复性工作的组织；OKR 追求实现挑战性的目标，而 KPI 则催促工作者保质保量且高效地完成既定任务。

## 10.3.7　面向外部组织的绩效评估设计

在前面的章节中我们提到，现在企业管理的趋势是从内部管理走向外部管理，越来越注重企业间关系管理，因此企业有必要将合作密切的外部组织纳入绩效评估的范围。在面向外部组织的绩效评估设计中，主要考虑供应链上与企业存在密切合作关系的供应商、仓储商、运输商、经销商等。接下来将对企业面向外部组织的绩效评估设计进行讨论。

学界对于企业外部组织的绩效评估设计源于 20 世纪 70 年代对供应商的绩效考核，由美国学者迪克森（Dickson）提出。他通过分析 170 名采购代理人和采购经理的调查结果，提炼出 23 项供应商绩效评估准则，再根据其重要性对得出的 23 个供应商选择标准进行排名。结果表明，供应商质量属于至关重要的指标，是影响客户选择的关键指标（霍佳震、雷星晖、隋明刚，2002）。

1. 外部组织绩效管理的内容

对企业外部组织进行绩效管理，主要包括外部组织绩效评估、外部组织绩效分析、外部组织绩效决策等方面（曹玉龙，2020）。

（1）外部组织绩效评估。外部组织绩效评估是指通过构建一系列的定性或定量绩效指标，用来反馈外部组织的绩效表现，并对绩效指标进行统计、计算。绩效评估是整个外部组织绩效管理活动的基础，直接决定了外部组织绩效管理的成败，需遵循准确性、合理性和全面性。此外，绩效评估的方法是绩效测量的关键，应当具备灵活性和可操作性。

（2）外部组织绩效分析。基于外部组织的绩效测量后，进行外部组织的综合绩效、单项绩效指标分析，用来对外部组织在一段时间内的绩效表现进行评价。

（3）外部组织绩效决策。外部组织绩效的测量、监控、分析都是用来支持外部组织的绩效决策的。根据外部组织的绩效表现和过程问题，指出外部组织改进的方向，还可以根据绩效评估结果平衡外部组织订单资源、规划与合作方向等。

2. 外部组织的差异化识别

企业资源都是有限的，需集中力量分配恰当的资源以管理和监督重要的外部组织。因此，对不同类型的外部组织进行科学合理的分类，同时对同类型外部组织的不同个体进行差异化识别，将有助于提高企业外部组织的绩效管理效率。由于企业外部组织的绩效评估主要体现在对供应商的管理，因此接下来以供应商的分类为例，讨论企业外部组织的差异化识别。

最经典的供应商分类模型是卡拉杰克矩阵。彼得·卡拉杰克（Peter Karajack）在《采购必须纳入供应管理》一文当中首次提出这种战略构想模型。该模型认为，对供应商的采购涉及两个重要维度：一是利润影响，主要指物料对公司产品的生产、质量、成本等影响的大小，包括采购金额占总金额的比率、占产品总成本的比率、对产品质量的影响程度等。二是供应风险，包括外部市场的不确定性、技术创新所带来的成本降低或产业结构的调整，原材料更新换代所造成的产品变革和技术迭代，市场准入政策的变化而造成的行业门槛降低或升高，外部成本的增加、物流发展的复杂性，对产品质量、产品流通、产品销售造成的影响，或者市场垄断以及短缺引发的市场消费者观念的变化，等等。根据不同供应商的利润影响和供应风险程度，可将供应商划分为瓶颈性供应商、战略性供应商、杠杆性供应商、非关键性供应商，具体如图 10-8 所示（谢晓文，2014；王秀耘，2020）。

图 10-8　卡拉杰克矩阵

（1）瓶颈性供应商：指企业需要的零件只能由特殊指定的供应商提供，且这一产品运输的难度较大。整个购买环节受财务、实力的影响比较大，一般卖方会比较主动，企业对其供应产品和服务的依赖性很高，买家需要在保障库存的同时，不断在市场上寻找潜在的供应商。

（2）战略性供应商：在这里双方的力量较为均衡，但相互之间由于需求性比较强，形成了高度的依赖性关系。战略性供应商直接影响买家的生产运营，同时买家的购买量也会对供应商的当年销售额造成非常明显的影响。

（3）杠杆性供应商：在这里买卖双方所处的主动性程度不同，一般来说，买方较为主动，买方对卖方的依赖性比较强。市场可选择的商品供应者数量较多，且商品的质量较高，买家可以按照自己的需求灵活地采购项目，获得较为理想化的预期，同时整体市场的标准化程度比较高，在这里制定的采购策略就是按照标准化、合同化的管理方法，签订相关订单，形成科学的一揽子计划，对于目标进行系统协调与制定。

（4）非关键性供应商：双方主动性相当，彼此之间处于一种松散联系、依赖度比较低的状态。这类供应商最容易更换，其产品和服务对于利润影响而言是非关键性的，也不存在供应风险。在这种情况下，企业不需要对其基于过多关注，主要集中关注运营效率，而不需要过多考虑绩效管理（刘镇，2021）。

**3. 外部组织绩效评估的方法**

外部组织绩效评估是外部组织绩效管理的重点，其内容包括评估指标、指标权重、评分标准和评估办法。经过多年的外部组织绩效管理的发展，国内外学者对于外部组织的绩效管理，从绩效指标的确定、指标的评分到综合绩效的评估，已经形成了完善的理论和丰富的绩效评估方法。这些评估方法中既有定性判断，又有通过定量计算、分析进行综合评估（曹玉龙，2020；赵丽，2019）。外部组织绩效评估中通常有以下几种方法，如表 10-11 所示。

表 10-11　外部组织绩效评估方法

| 评 估 方 法 | 介　　绍 | 特　　点 | 应 用 场 景 |
|---|---|---|---|
| 直观判断法 | 根据征询和调查所得的资料并结合相关员工的分析判断，对外部组织进行分析、评估 | 直观，简单，但评估指标无法量化，主观性强，评估结果可靠性不足 | 定性指标的评估 |
| 平衡计分卡法 | 从内部流程、财务、顾客、学习与成长四个维度评估外部组织的绩效 | 评估指标全面，综合性强，评估全面，能有效提高决策质量，但管理成本高 | 外部组织绩效的长期监测、管理 |
| 线性权重法 | 给每个指标分配一个权重，将外部组织各项的得分与权重相乘求和 | 计算简单，但容易忽视权重低的高风险问题 | 外部组织绩效综合评价 |
| 层次分析法 | 把研究对象作为一个系统，按照分解、比较判断、综合的思维方式进行 | 简洁实用，系统性强，但指标过多时数据统计量大 | 外部组织绩效指标权重划分 |
| 关键业绩指标法 | 通过对组织内部流程的输入端、输出端的关键参数进行设置、取样、计算、分析，衡量流程绩效的一种目标式量化管理指标 | 评估结果衡量简单，但指标体系的确定是难点，且容易导致外部组织片面追求短期利益 | 外部组织绩效指标设定 |
| 模糊综合评估法 | 对指标之间、事物之间关系不清晰所采用的一种评估方法，经常结合层次分析法进行评估 | 关系之间的确定有比较强的主观性 | 外部组织绩效综合评估 |

（1）直观判断法。直观判断法是通过对企业与外部组织的合作情况的基础调查，经过相关专家讨论意见，主观地对外部组织的绩效表现进行判断和评估，属于定性评估方法。由于该方法基于主观评估，未进行系统的数据分析和严密的体系测算，容易受到评

估者的经验、能力甚至喜好的影响，致使评估结果不客观，不能有效地反映出真实的外部组织绩效表现。该方法可用于对单一的、简单的定性评估指标进行评价。

（2）平衡计分卡法。平衡计分卡法是基于外部组织视角对外部组织的内部流程、财务、顾客、学习与成长四个方面建立评估体系。虽然平衡计分卡最初主要是用来衡量企业自身的绩效指标，但它体现了一种管理思想和手段。平衡计分卡最核心的价值在于摒弃了传统的绩效评估只看财务的片面性，引入了非财务的指标，并对这些考核的指标进行量化，与财务指标一起互为补充，形成因果关系，倡导多维度、多层次，注重长期且面向未来进行综合评估。在外部组织绩效评估的方法中，也应当摒弃传统的短期或单一考核指标，如成本，而应该将外部组织作为成长伙伴，在外部组织的不同阶段，如搜寻、选择、评估等阶段，关注长期和多元指标，如满意度、技术、风险，寻求共同发展和长期共赢。

（3）线性权重法。线性权重法是一种运用最基本的数学加权计算方法，是先通过计算外部组织的各项评估指标占总体指标的比率（即占总体指标的权重），然后对每项指标进行评分，最后计算总指标的加权总分，通过总分或总分排名来评估外部组织的绩效表现。线性权重法是最常用的外部组织绩效评估方法之一，多用于一般性、评估指标相对简单的外部组织绩效评估。

（4）层次分析法。层次分析法是衡量权重和选择方案的重要方法。它是在 20 世纪 70 年代由美国托马斯·塞蒂（Thomas Satty）基于运筹学而提出的，这种方法避免了单独定性或者定量的分析的局限性，将定性和定量相结合并做了系统化和层次化的分析，比较两两因素的相对重要性，提供了一个客观的方法，帮助决策者在系列问题的解决方案中选择其中最为恰当的。

（5）关键业绩指标法。关键业绩指标法是指通过分解企业战略目标得出影响企业目标达成的下级组织目标，并逐层进行分解。对于外部组织绩效管理就是要对影响企业目标的外部组织关键业绩指标进行管理，以保障企业目标的实现。

（6）模糊综合评估法。模糊综合评估法是对有多个关系模糊因素的总体评估。该方法是将建立各评估模糊集，分析每个因素在评估模糊集中的隶属度，通过系统计算得到目标层在评估模糊集中的隶属度，然后根据隶属度最大原则得出总体评估。在外部组织绩效评估中一般结合层次分析法，通过层次分析法构建多层次绩效指标之间的权重。

基于上述讨论，我们将外部组织绩效管理的流程大致分为以下几个步骤。

第一，明确战略和目标，囊括外部组织绩效管理的组织准备。

第二，建立外部组织绩效管理项目团队，构架评估流程，制订项目计划。

第三，根据绩效的目标分解外部组织绩效指标，选择绩效评估方法，确定评估频次，利用技术进行外部组织评估。

第四，设计或者改进外部组织绩效管理流程。

第五，衡量并管理外部组织绩效，与外部组织进行绩效反馈。

第六，对绩效优等的外部组织予以表彰和奖励，纠正或停止与绩效劣等的外部组织的合作等。

**小结**

  对绩效的追求永远是组织的最高目标之一。本章对企业组织绩效评估体系从程序和方法上进行了设计，从程序上要注意明确绩效评估的目标，在明确目标的基础上对绩效评估模式设计、评估指标设计、评估操作流程设计、沟通和反馈流程设计进行了一定的剖析，并重点从七个层面阐述了绩效评估的内容：面向企业的绩效评估、面向部门的绩效评估、面向团队的绩效评估、面向员工的绩效评估、面向流程的绩效评估、面向目标的绩效评估、面向外部组织的绩效评估。

  无疑，以上内容对我们实际工作中设计企业绩效评估体系会有一定的借鉴和参考价值。

 **思考题**

  1. 谈谈你对国有企业资本金绩效评估指标体系的认识。

  1992年国家主管部门颁布了国有大中型企业经济效益评估的六项指标，重点评估我国工业经济运行效益。1995年国家财政部又颁布了工业企业经济效益评估指标体系，包括10项指标。1999年6月，国家财政部等部委联合颁布了《国有资本金效绩评价规则》〔财统字1999（3）号〕，规则包括24项定量化指标和8项非定量化指标，用以反映企业的盈利能力、资产营运能力、偿债能力和发展能力，并第一次按行业、企业规模发布全国标准值系列，如表10-12所示。2002年进行修订。

表10-12　工商类竞争性企业绩效评价指标体系

| 评价内容 | 基本指标 | 修正指标 | 评议指标 |
|---|---|---|---|
| 财务效益指标 | 净资产收益率<br>总资产收益率 | 资本保值率<br>销售利润率<br>成本费用利润率 | 1. 领导班子素质<br>2. 产品市场占有能力<br>3. 基础管理比较水平<br>4. 在岗员工素质状况<br>5. 技术装备更新水平<br>6. 行业或区域影响力<br>7. 行业经营发展战略<br>8. 长期发展能力预测 |
| 资产营运指标 | 总资产周转率<br>流动资产周转率 | 存货周转率<br>应收账款周转率<br>不良资产比率<br>资产损失比率 | |
| 偿债能力指标 | 资产负债率<br>已获利息倍数 | 流动比率<br>速动比率<br>现金流动负债比率<br>长期资产适合率<br>经营亏损挂账比率 | |
| 发展能力指标 | 销售/营业增长率<br>资本积累率 | 总资产增长率<br>固定资产成新率<br>三年利润平均增长率<br>三年资本平均增长率 | |

  2. 什么是平衡计分卡？其特点有哪些？请你结合实际谈谈其应用范围。

3．如何做好当前企业中日益增加的团队组织的绩效评估工作？

4．目前许多企业在进行流程再造，请你从绩效角度谈谈对流程再造的认识。

 **案例讨论**

**化目标为动力：BE 通信公司的 OKR 应用之路**

摘要：本案例主要描述了 BE 通信公司推行 OKR（目标和关键成果管理法，objectives and key results）管理的全过程和遇到的问题。OKR 作为目标管理导向的绩效管理工具，有效激发了员工的工作动机，提高了员工对目标的聚焦效果和工作效率，从整体上提升了项目团队的协同性与执行力，进而提升了项目执行的时效性。在运行 OKR 两年后，企业初步达到了项目保质保量、按期交付的效果，最终扭亏为盈。但随着 OKR 的进一步推行与实施，这一管理体系又开始面临着新的问题与挑战。

资料来源：马琳，张依，杨青，等. 化目标为动力：BE 通信公司的 OKR 应用之路[DB/OL]. 中国管理案例共享中心，2021. http://www.cmcc-dlut.cn/Cases/Detail/5520.

 **经典书籍推荐**

付亚和，许玉林. 绩效管理[M]. 3 版. 上海：复旦大学出版社，2014.

《绩效管理》（第 3 版）以绩效管理的理论、体系设计和技术方法为主线，为读者呈现绩效管理全貌。从绩效计划与指标体系构建、绩效管理的过程控制、绩效考核与控制、绩效反馈和绩效考核结果应用五个方面讲述了绩效管理的基本流程。同时，本书从实际操作角度介绍绩效考核的技术支撑，其中包括基于目标管理的绩效考核、基于关键绩效指标的绩效考核、基于平衡计分卡的绩效考核、以素质为基础的绩效考核等。

 **参考文献**

[1] 孔茨，韦里克. 管理学：第 10 版[M]. 张晓君，译. 北京：经济科学出版社，1998.

[2] 布里克利，史密斯，齐默尔曼. 管理经济学与组织架构：第 4 版[M]. 张志强，王春香，张彩玲，译. 北京：人民邮电出版社，2014.

[3] 罗宾斯，库尔特. 管理学：第 13 版[M]. 刘刚，程熙鎔，梁晗，等，译. 北京：中国人民大学出版社，2017.

[4] 拉齐尔. 人事管理经济学[M]. 刘昕，译. 北京：北京大学出版社，1999.

[5] 卡普兰，诺顿. 综合记分卡：一种革命性的评估和管理工具[M]. 王丙飞，温新年，

尹宏义，译. 北京：新华出版社，1998.

[6] 科普兰. 价值评估：公司价值的衡量与管理：第 3 版[M]. 郝绍伦，译. 北京：电子工业出版社，2002.

[7] 蒙克斯，等. 企业价值评估[M]. 秦丹萍，译. 北京：中国人民大学出版社，2015.

[8] 韦斯特. 卓有成效的团队管理[M]. 蔡地，侯瑞鹏，姚倩，译. 北京：机械工业出版社，2018.

[9] 姚裕群，许晓青. 团队建设与管理[M]. 4 版. 北京：首都经济贸易大学出版社，2015.

[10] 罗宾斯，贾奇. 组织行为学：第 18 版[M]. 孙健敏，朱曦济，李原，译. 北京：中国人民大学出版社，2021.

[11] 许玉林，付亚和，宋洪峰. 绩效管理[M]. 3 版. 上海：复旦大学出版社，2014.

[12] 杨伟国，唐鑛. 人事管理经济学[M]. 上海：复旦大学出版社，2012.

[13] 高斯蒂克，埃尔顿. 高绩效团队[M]. 陈召强，译. 北京：中信出版社，2019.

[14] 曹仰锋，王永贵. OKR：绩效管理创新实践[J]. 中国管理会计，2019（4）：52-57.

[15] 西楠，彭剑锋，曹毅，等. OKR 是什么及为什么能提升团队绩效？：柔性导向绩效管理实践案例研究[J]. 科学学与科学技术管理，2020，41（7）：116-138.

[16] 陈春花，刘超. 数字化生存与管理价值重构（五）平衡个体与组织目标：共生人力资源下的 OKR 探索[J]. 企业管理，2020（10）：100-102.

[17] 霍佳震，雷星晖，隋明刚. 基于供应链的供应商绩效评价体系研究[J]. 上海大学学报（自然科学版），2002（2）：177-182+188.

[18] 曹玉龙. H 公司供应商绩效管理的研究[D]. 南京：东南大学，2020.

[19] 谢晓文. 基于卡拉杰克模型的物资供应商关系分类[J]. 中国电力企业管理，2014（15）：78-79.

[20] 王秀耘. 供应商绩效管理研究[D]. 南京：东南大学，2020.

[21] KAPLAN R S, NORTON D P. The balanced scorecard: translating strategy into action[M]. Boston, Massachusetts: Harvard Business School Press, 1996: 96.

[22] KATZENBACH J R, SMITH D K. The discipline of teams[J]. Harvard Business Review, March—April, 1993, PP111-120.

[23] SCOTT S G, EINSTEIN W O. Strategic performnance appraisal in team-based organizations: one sized does not fit all[J]. Academy of Management Executive, 2001.

# 第 11 章
# 企业组织的激励设计

 本章学习目标

1. 了解一般激励理论的内容和发展过程；
2. 理解激励的含义、分类及其对组织的重要作用；
3. 描述激励的具体内容；
4. 明确激励设计的各项要求和设计步骤；
5. 关注在激励设计和运作过程中极易陷入的误区；
6. 分别从多个角度来理解激励方法的设计；
7. 熟悉许多特定激励措施的含义和实施方法。

## 引例

上海贝岭公司是我国上市公司中最早推行股票期权计划的公司之一，并且其计划方案独具创意：对高级管理人员采用年薪制、奖金和股票期权的组合模式。对高级科技人员采用年薪、奖金、股票期权及营业收入提成的组合模式。

该公司早在 20 世纪 90 年代开始在企业内部试行"虚拟股票赠予与持有"计划，计划的授予对象主要为公司的高级管理人员与技术骨干。该计划的总体构思是将每年的员工奖励基金转换为公司的"虚拟股票"并由授予对象持有，在规定的期限后按照公司的真实股票市场价格以现金形式分期兑现。其大致操作程序如下：① 设立一个专门的奖励基金作为进行"虚拟股票"奖励的基础；② 确定每年提取奖励基金的总额；③ 确定公司虚拟股票的初始价格；④ 确定公司每年发放虚拟股票的总股数；⑤ 对授予对象进行综合考核，确定其评价系数及虚拟股票的分配比例系数；⑥ 根据计划收益人的评价系数与单位系数的分配数量确定其所获虚拟股票奖励的数量；⑦ 虚拟股票的兑现，授予对象在持有虚拟股票规定期限后可将其转换成现金予以兑现，虚拟股票的转换价格以公司真实股票的市场价格为基础。

虽然推行股票期权计划在当前看来已经稀松平常，但在 20 世纪 90 年代能推行该计划对高管进行激励，非常难能可贵。股票期权一直以来被称为企业留住员工的"金手铐"，它将员工的努力与公司成长相捆绑，具有周期长、获益空间大、针对性强的特点，也在一定程度上满足了个体想成为企业所有者的心理，具有较大的激励效果。但员工激励不仅仅只有股票期权，它是由一揽子的薪酬组合构成，而且除了薪酬激励，非薪酬激励也具有非常丰富的内容。只有对薪酬和非薪酬的激励手段进行了有效的整合，才能起到最佳的激励效果。本章将对以上内容进行详细阐述。

# 11.1　激 励 概 述

## 11.1.1　激励理论的发展

行为科学理论是研究企业组织激励理论的基础。长期以来，西方各国的许多心理学家和管理学家从不同的角度来研究人的激励问题，提出了很多对激励设计具有指导意义的激励理论。这些理论主要包括以下几种。

（1）内容型激励理论。该理论主要研究对人的行为起关键作用的一些决定性因素，也就是激励的诱因，并希望在此基础上能达到满足人的需要，从而控制他们行为的目的。主要包括：马斯洛的"需要层次理论"、赫茨伯格的"双因素理论"、奥德弗的"ERG 理论"以及麦克利兰的"激励需要理论"等。内容型激励理论中的四种理论对比，如图 11-1 所示。

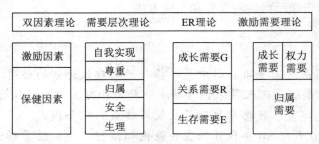

图 11-1　内容型激励理论中的四种理论对比

（2）过程型激励理论。该理论主要研究关键因素影响人的行为的过程以及它们之间的相互关系，也就是从诱因到采取具体行动的心理过程，并试图分析人们对付出努力与所获奖酬价值的认识来达到合理激励的目的，主要包括佛隆的"期望理论"、亚当斯的"公平理论"等。"期望理论"将动机激发的力量 $F$ 描述为效价 $V$ 和期望 $E$ 的乘积，因此个人所受激励的程度就受到个体对这一目标的偏爱程度和采取的行动会实现该目标可能性的主观估计的共同影响。"公平理论"则指出个体在组织中更加注意的不是他所获得报酬的绝对值，而是与别人相比较的相对值，只有在报酬相当的情况下，员工才会感到公平。

（3）强化型激励理论。该理论主要研究如何改造和修正人的行为，也就是要达到激励目的的方法，主要包括斯金纳（B. F. Skinner）的"强化理论"等。哈佛大学教授斯金纳的强化型激励理论以操作性条件反射论为基础，提出当某个行为有利于个人时，该行为就会重复出现；反之，该行为就会削弱或消退。这也就是在心理学中所谓的"强化"，因此在激励中就出现了正强化、负强化、自然消退和惩罚等手段。

将以上各种激励理论进行概括与综合后便形成了一系列综合型激励理论，可以更为系统和全面地结合人的行为过程探讨激励问题。学习和研究激励理论的目的是找出人的行为规律，从而能够为企业组织的激励设计指明科学的方向和脉络，同样，也为人们能够深刻理解激励的真正含义做好铺垫。

## 11.1.2　激励的含义

早在我国汉朝司马迁所著的《史记·范雎蔡泽列传》中，便有"欲以激励应侯"之语，意思即为激发使其振作。可见，"激励"一词由来已久，但直到近现代"激励"才在心理学中被广泛运用。从心理学的角度分析，激励是指人的动机系统被激发后，处于一种活跃的状态，对行为有着强大的激发、推动和加强的作用，促使人们向希望和目标进发。

之后随着管理学的发展，人们越来越认识到了人力资源因素对企业发展的重要作用，激励被逐渐运用到管理学中。在最初的科学管理理论时期，激励被定义为"A 使 B 做 A 希望 B 做的事"，这种定义带有明显的使役性质。而发展至今，激励是指通过高水平的努力实现组织目标的意愿，而这种努力以能够满足个体的某种需要为条件（斯蒂芬·罗宾斯，2017）。从行为科学的角度来看，其实本质上激励就是可以满足人们某种需要的动机，它有鼓励行为、形成动力的意义。

在本书中，我们可以从企业组织设计这个实务操作的层面来提出一个更为完整的定义：所谓激励，就是在组织中根据不同的内外环境条件，设计适当的奖酬形式和福利组合以及一定的行为规范和惩罚性措施等方式来激发和引导组织成员的行为，从而达到组织成员目标和组织整体目标的和谐统一。激励对企业员工而言是一种催人奋进的精神力量或状态，并且可以引导其行为向组织目标的方向推进。

## 11.1.3　激励的分类

激励是为了更好地实现组织目标而对组织员工所采取的一系列行为。为了能够更好地理解这些行为和措施的本质，我们可以从不同的角度对激励进行分类。

### 1．长期激励与短期激励

这是根据激励作用所能覆盖的时间长短来划分激励方式的。一般比较长期的激励方式包括股票期权计划、员工持股计划、对员工的关爱、帮助员工进行职业生涯设计等；而短期的激励方式则有年终奖、口头表扬、带薪旅游等。

### 2．物质激励与精神激励

这是根据被激励者获得激励内容是否为货币性质来划分激励方式的。提到员工激励，人们往往想到的就是物质激励。许多管理者认为，员工上班就是为了挣钱。但在实践中，不少企业在使用物质激励的过程中，耗费不少，而预期的目的并未达到。事实上，人不但有物质上的需要，还有精神方面的追求。美国的一项有关激励因素的调查表明，员工把管理者对其工作的赞扬列为最重要的激励因素，而这又恰恰是许多管理者忽视的一个方面。可见企业不能仅用物质来激励员工，精神激励也有其不可替代的作用。

### 3．正激励与负激励

这是以强化激励理论为背景而产生的一种根据激励内容对被激励者所产生作用的性

质来划分激励方式的方法。所谓正激励就是对员工符合组织目标的期望行为进行奖励，使得这种行为更多地出现；所谓负激励就是对员工违背组织目标的非期望行为进行惩罚，防止这种行为再发生。负激励的方式主要运用于泰勒的科学管理时期，那时人被看作消极被动的、机械的、只有物质方面的需求，因此采用比较多的是那些控制、惩罚和威胁的手段。之后随着管理学对人类认识的发展，正激励所采用的赞赏、鼓励和奖励的手段被广泛运用，而负激励手段仅起到一些辅助和约束的作用。

#### 4．制度激励与非制度激励

这是根据激励方式的运用方法来对其进行分类的一种方法。制度激励是指以规章制度的形式对激励进行严格而明确的规定，并以文本的形式呈现出来。这种激励方式使管理更为规范，员工行为也比较容易达到预期的效果，但其行为僵化，无法满足组织成员的个性化需要，不能达到真正意义上对员工产生激励的作用。于是，非制度激励也就逐渐形成，这种激励方式没有形式和内容的限制，完全由管理者根据组织和员工的具体发展状况做出决定，能够从实际出发满足员工的需要。与制度激励方式相比，它认识到了人们需求的多样性，同时也提高了激励的有效性。

### 11.1.4　激励的内容

在前述定义中，我们所指出的激励是用于引导组织成员行为的一些规范和措施，因此，在这里所要明确的这些规范和措施的具体内容就组成了企业激励的内容。由于各个企业针对各自特定的情况在不同的发展阶段所采取的激励内容可以是千变万化的，所以以下仅列出一般企业所用的主要激励方法和措施。

#### 1．薪酬制度

薪酬是企业对员工给企业所做的贡献，包括他们实现的绩效，付出的努力、时间、学识、技能、经验与创造所付给的相应的回报。目前所指的薪酬在企业中应包括基本工资、附加工资、奖金和福利等。

基本工资也简称工资，是以员工工作的复杂程度、责任大小、劳动强度和劳动熟练程度为基准，按员工的实际劳动消耗而计付的薪资。它是薪酬中相对固定和稳定的主要部分，并且一般作为计算薪酬其他部分的基础，这是一般员工赖以生存的物质来源，因此也是他们最重视的部分。附加工资又叫作津贴，是为了补偿和鼓励员工在恶劣的工作环境下的劳动而计付的薪资。奖金一般是用于奖励超额完成任务或工作成绩优异的员工而计付的薪资，可以与个人、部门绩效挂钩，这一部分由于其机动性及其与绩效的密切关系，可以起到比较好的激励作用。福利是一种企业给予员工的保障性、补充性报酬，它往往不以货币形式直接支付，而多以实物或服务的形式直接支付，如带薪休假、住房分配、保险、节假日津贴、免费体检等。从支付的对象看，福利可分为全员性福利和只提供给某一特殊群体享受的特种福利与特困补助。

从企业组织形式产生开始薪酬就已经出现了，企业薪酬制度的基本思路也随着企业组织发展的不同阶段而进行调整。企业薪酬制度的发展历程如表 11-1 所示。

表 11-1  企业薪酬制度的发展历程

| 发 展 阶 段 | 主 要 特 点 | 主 要 方 法 | 管 理 核 心 |
|---|---|---|---|
| 早期工厂制度 | 把工资水平降低到最低限度 | 以家族制简单的计件付酬方法为主，辅以利润分享计划和小组计件计划 | 培养"工业习惯"和工厂纪律，留住熟练技术工人 |
| 科学管理阶段 | 实行以工作标准和成本节约为主线的薪酬政策，希望用"高工资"换取低成本 | 以泰勒、甘特为首的差别计件工资制度为主，利润分享制度逐步趋于完善 | 主要目的在于减少工人的"偷懒"行为，降低成本，通过对工作和职位价值的衡量来确定薪酬 |
| 行为科学阶段 | 薪酬必须适应员工的心理需求 | 林肯的个人刺激计划、工资权益理论等获得广泛认可 | 强调员工对薪酬的心理感受，以此提高工作效率 |
| 现代管理阶段 | 采用与业绩紧密挂钩的薪酬政策 | 与股票价值相联系的权益分享制度进一步成熟，对员工采用以技能、业绩为基础的柔性薪酬制度 | 强调解决经理人的长期激励问题，重视员工的主动性、协作性和创新性 |

资料来源：苏东斌，钟若愚. 激励：高技术中收入分配考察[M]. 北京：北京大学出版社，2003.

从表 11-1 可知，目前阶段在薪酬制度中寻找的激励方法主要集中在奖金和福利这两部分，或者说是利润分享计划这一部分，主要包括：普通的绩效奖金、年终奖，长期激励计划中的股票期权、虚拟股票、特定目标奖金、账面价值股票、员工持股计划，柔性自助福利计划，等等。万科公司通过给予员工各种各样的福利，为员工创造了良好的物质文化环境和制度文化环境。例如，万科公司每年为员工提供体质、体检测试，以保证员工的身心健康和良好的工作状态；万科公司还为员工提供内部购房福利，在正常折扣比例上享有额外优惠；万科公司员工还定期享有医疗、保险等补贴。

2. 目标

心理学上把目标称为诱因。激励的过程正是由诱因诱发动机，再由动机到达成目标的过程。目标会使人的行为具有方向性，引导人们去达到某种特定的结果，而不是其他的结果。德鲁克（Peter Drucker）于 1954 年在其名著《管理实践》中最先提出了目标管理的思想，管理者可以通过目标对企业进行管理，同样也可以通过目标来有效激励员工。通过推行目标责任制，使企业经济指标层层落实，每个员工既有目标又有压力，产生强烈的动力，努力完成任务。在制定各层级组织目标时必须注意与个人目标的统一性，并且要切实可行，具有接受的可能性，时间跨度也要适宜。在目标推行的过程中，还必须使员工能够及时、客观、不断地反馈信息，这样才能对行动进行适时调整以保证目标的实现。例如，在日本索尼公司，提倡每一位主管、开发人员乃至每个员工能够及时找到并逐步调整自己的近期目标，从内部创业，在岗位上革新，把多层次的创意发挥到每一个具体环节。

3. 授权

授权是企业领导工作中不可缺少的一部分，同时也是激励员工的一种重要的方式。授权首先表现为领导对于员工目前工作能力和业绩的一种认可，其次又对员工未来工作提出了更高的挑战和要求。因此，一方面，这是对员工的一种非正式的晋升，另一方面，也可以激励员工尽快成长，这是让员工得到磨炼成长和测试其发展潜力的很好方式，同时也会使员工因感受到自己在企业中受到上级的器重和信任而产生很大的激励效果。

### 4. 荣誉与地位

在马斯洛的需要层次理论中，自我实现是比较高层次的需求，同时也是获得满足感最为巨大的需求。在现代市场经济条件下，对企业员工，尤其是中高层员工的声誉与地位激励，能够激发其潜力巨大的工作热情。其具体激励方式包括以下几种。

（1）职业美誉激励。这是一种提高被激励者社会地位的长效激励方式。有调查表明，85%的经营者对其社会地位不满意。而提高社会地位的一种有效方式是宣传其工作业绩，以提高其职业美誉度和社会知名度。

（2）参与决策激励。建立员工参与管理、提出合理化建议的制度，提高员工的主人翁参与意识。员工参与制意味着企业员工享有根据法律或合同的规定，推选代表参加公司经营管理的权利，他们参与管理的方式主要是咨询、谈判和参与生产经营目标的制定。这种制度在20世纪初就已经在西方国家兴起，目前已成为法定的公司管理形式。

（3）荣誉激励。对员工劳动态度和贡献予以精神上的奖励，如会议表彰、张贴光荣榜、在公司内外媒体上的宣传报道、家访慰问、评选星级标兵、授予先进人物称号等，同时通过这种激励的方式在企业内部树立了学习的典型人物和事例，有利于营造典型的示范效应。美国马萨诸塞州巴尔的戴蒙德国际工厂在20世纪80年代正是利用了让员工加入"100分俱乐部"的荣誉激励措施——为工作绩效高于平均水平积分达到100分的员工送出印有公司标志的浅蓝色夹克衫和表明"100分俱乐部"的臂章，这使得公司与质量有关的差错减少了40%，工人的不满意见减少了72%，承受住了新式集装箱面市的竞争压力。

（4）晋升激励。晋升是提高员工在企业内部地位的最直接的方法，但职务等级的提高需要的是相匹配的知识和技能，因此晋升需要合理的机制与方法。比较常见的晋升模式包括按年资晋升、按工作业绩晋升、按工作努力程度晋升等。

### 5. 尊重与支持

企业要想让员工为其忠诚地工作，从情感的角度来讲，有一个重要的前提，就是企业必须给予员工必要的尊重和支持。

事实上，每一个员工都希望自己的意见、想法被主管重视，都希望自己的能力得到主管的认可。一旦他们感觉到自己是被重视的、被尊重的，他们的工作热情就会高涨，潜在的创造力就会发挥出来。摩托罗拉公司的创始人高尔文曾说："对每一个人都要保持不变的尊重。"这已成为摩托罗拉公司的宗旨。在具体的运用过程中，管理者可以采用对下属用建议的口吻下达命令、找相关员工协商的工作作风、正确处理业绩成果的归属等方式。在IBM公司中，有25年工龄的员工在业务名片上会被印上蓝色金边盾牌，这是一种工龄的荣誉表现，同时也告诉人们25年来员工们的优秀工作，这无疑是一种员工最乐意的激励机制（赵颖，2004）。

尊重员工的另一个重要方面是对员工个人工作方式的支持，爱护其积极性和创造性：当员工工作遇到困难时，主动为其排忧解难，增加其安全感和信任感；当员工在工作中出现差错时，要勇于承担管理者应该承担的责任。

### 6. 关爱

花时间来记住一些有关员工的个人事情，管理者可以借此来表明每个个体对于公司来说有多么重要，而这是对员工关爱的开始。关爱—业务模型如图 11-2 所示。

图 11-2 关爱—业务模型

从图 11-2 对关爱—业务模型的简单描述中，我们不难发现关爱激励对于企业业务具有一种水乳交融的重要影响。从情感角度出发的关爱主要形式有：公开而直率的沟通方式；真诚的赞赏；了解员工的喜好，关心员工的困难；举办各种庆祝活动，如庆祝节日、举行竞赛、举办临行前的欢送仪式；对员工工作和生活的关心，如建立员工生日情况表、总经理签发员工生日贺卡并赠送小礼物、探望生病住院的员工等。

其实这项激励措施在实践中获得成功运用的例子是很多的。IBM 公司就有个惯例，为工作成绩列入 85% 以内的销售人员举行隆重的庆祝活动，而排在 3% 的人员还将荣获"金圈奖"。为了表示活动的重要性，公司还特地将庆祝活动的地点选择在有异国情调的百慕大。在摩托罗拉中国分公司，他们每年都举办一次"摩托罗拉中国公司家庭活动月"，将七百多名公司员工和家属全都接到公司欢聚一堂，参观厂房和工作环境，听取公司介绍，还设下丰盛的宴席招待好每一位家属。许多员工在参加家庭活动月后，心情非常激动，纷纷表示要在公司努力干好工作。某体育用品公司的员工每周二下午 4:30 就停止工作，他们可以先喝啤酒或汽水，然后参加划皮艇、自行车比赛或进行 600 米赛跑。通过这种方式，员工的工作压力可以得到充分的缓解，同时也为团队成员的相互了解提供了很好的机会，有利于他们在工作中更好地合作。

### 7. 文化

由于当前企业组织结构已经从僵化的机械模式逐步转变为更具有灵活性和适应性的有机模式，传统的"命令式"领导方式已经不适应对新型员工的管理。因此，用企业文化的大环境来塑造和影响人成为激励员工的一个根本方法。只有当企业文化能够真正融入每个员工的个人价值观时，他们才能把组织的目标当成自己的奋斗目标。通过培养集体意识，使员工为自己能在这样优秀的组织为荣，从而形成一种自觉维护组织生存和发展的奋斗力量。只有用这种员工认可的文化来管理，才可以增加员工和企业的亲和力，才可以在危难时唤起员工的精神力量，才可以为企业的长远发展提供动力。

### 8. 职业生涯管理

如果没有目的地，飞机是不会起飞的，然而员工对自己的生活方向明白到什么程度，人们常常不能准确地说明，因为选定一个目标就意味着放弃追求其他目标的机会。通过研究考评与制定目标的关系，我们发现帮助员工制定其个人的职业发展规划，对于企业组织激励具有十分重要的意义，因为长期目标与眼前行动的结合是减轻制定目标阻力的因素。例如，树立了做医生的目标，就比较容易去学那些为获取医学学位所必需学习的枯燥课程。

员工职业生涯管理的最重要方面是确定员工的职业生涯发展规划。如何帮助员工制订其职业生涯发展规划呢？其主要步骤包括：员工的自我评估，这是进行职业选择的基础；员工职业目标的设定，这是进行职业规划的核心；采取行动，这是职业生涯发展的关键所在。在这一过程中，企业可以协助员工制定职业生涯手册、进行相关评估和培训、采取一定的跟踪辅导等方式。当员工的个人目标能够与组织目标相和谐，同时让员工有计划、有步骤地为其职业生涯目标做出不懈努力时，员工个人能力的发挥将是充分而无限的，对组织发展的推动作用也将是充分而无限的。

9. 工作环境

给员工提供一种较为宽松的自主管理的工作环境，有利于知识型员工的创新发挥。新时代的员工更喜欢工作的自由和富有挑战的竞争以及具有个性特点的工作环境，可以让这些员工尽可能体现他们的这种自主意愿。有时，给予他们合理的自由度才是能够留住优秀人才的法宝。例如，可以自己动手布置办公室使其符合个人的工作习惯；上班的穿着也正在越来越个性化和舒适化。

10. 学习和培训

如果说薪酬制度是物质激励的主要体现，那么学习和培训的机会则是精神激励的最为直接的体现。出于对个人兴趣培养的学习是给予员工精神方面放松和个人素养提升的一种方式，但大多数的学习和培训还是针对员工的职业生涯发展所进行的。后者可以针对不同职业发展阶段的员工制订具体的计划，作为一种与绩效挂钩的奖励方式来推行。具体可以采取的方式包括：有计划的专业培训课程、定期的行业发展讲座、互动的员工交流和讨论、各种新的户外与户内培训方式的锻炼等。

## 11.1.5　激励的作用

哈佛大学教授威廉·詹姆斯在研究中发现：按时计酬的员工一般仅发挥 20%～30% 的能力，如果他们受到充分的激励，则可以发挥出 80%～90%的能力。由此可见，激励对于企业经营目标——利润最大化的实现具有十分重要的意义和作用。

1. 吸引更多的优秀人才

由于目前人才流动的范围越来越广，速度越来越快，如何吸引和留住企业的优秀员工已经成为管理者一个十分关注的问题。对于一些竞争力强、实力雄厚的企业，可以通过各种鼓励发展的政策、丰厚的福利待遇、快速的晋升通道来吸引企业所需的人才。而一般企业也可以结合本行业和本企业的特点，适时推出一些灵活多变的激励方式来突显自己的优势。

2. 提高企业的凝聚力

物以类聚，人以群分。管理是群体组织产生以后的需要，激励也是为推动群体发展的需要。一项针对全体员工的激励措施在其推行过程中引导了群体的行为方向，同时也增强了企业的凝聚力，强化了企业文化的形成。

3. 协调企业和个人目标的统一

在实际中，个人目标和组织目标既有矛盾冲突的一面，也有其一致的一面。企业运用一些激励措施可以使个人目标与组织目标合而为一，例如通过激励组织所期望的行为来引导个人目标的方向。

**4. 唤醒员工内心的激情**

激情的力量是伟大的，它可以促使人们坚持不懈地勇往直前，克服重重困难和阻碍。最大限度地发挥员工的激情，是企业管理最理想的效果，也是企业最强劲的发展动力。但是唤醒人们内心的激情必须从精神和情感的层面入手，而只有激励涉及这方面的内容。接着在激情产生以后，如何运用它来促使员工进一步提高自身素质，鼓舞员工提高在组织中的工作绩效以实现组织目标，也需要不断地采取各种适合的激励方法。

## 11.2 激励过程的设计

激励可以提高员工对工作的积极性，对企业发展能够起到很好的促进作用，那么究竟如何来设计某个具体企业的整套激励机制呢？这个问题的答案就是有关激励过程设计的内容。首先必须明确的是激励设计的基本要求，其次则是在这些要求的指导下完成整个设计过程的具体步骤，最后还提出了在激励设计过程中比较容易犯的一些错误，希望能够引起重视并引以为戒。

### 11.2.1 激励设计的要求

激励设计的要求是对企业激励机制的总体规划，也是激励理论与实践结合的桥梁，更是对许多企业实际操作经验的升华和总结。唯有循此去激励员工，才能最大限度地激发员工的积极性和热情，从而达到最佳的激励效果。

**1. 目标统一**

激励的最终目的是通过激发员工的深层工作激情来更好地实现组织目标。因此，用于唤醒员工工作热情的个人目标必须要与组织目标一致，才能达到良好的激励效果。这是一个方向性的前提，否则激励的力度越大，其结果也只能是偏离目标甚至是背道而驰的速度越快而已。于是在激励过程中，必须要层层分解组织的目标，并最终将分解的目标融入每一个员工的目标当中。由于员工的需求是多样的，与组织的目标可能并不一致，因此在分解组织目标之前，首先要做的就是了解员工的真正需求，在此基础上再进行目标分解，尽量使分解后的目标与员工需求能够很好地结合起来，或者至少没有很大的影响和冲突。只有这样，在大家努力实现组织目标的同时也就满足了员工的需求。

**2. 公平公正**

这一要求是亚当斯公平理论的直接体现。只有比较的相对报酬相等时，员工才会产生公平感，就能心情舒畅，从而积极性高涨；否则，就会导致不满情绪的产生，开始有怨气和牢骚直至出现消极怠工的行为。因此在激励的过程中，首先要树立激励机制前人人平等的观念，在实际操作中必须做到铁面无私、一视同仁，千万不能因个人偏好而有任何不公的言语和行为。其次，激励的程度必须与被激励者的功过相匹配，其前提是对员工行为要有客观的估价和评判，只有当一个人感到自己所受奖励或惩罚与他所做贡献或造成的损害比值相当时，这种激励才能产生积极或约束的作用。最后，激励过程要做到民主化和公开化，俗话说："群众的眼睛是雪亮的"，任何事情只要让群众参与评估和监督，就能从根本上保证其正确性，也会自然形成公平和公正的作风和机制。除了一些较轻的惩戒措施，如警戒性谈话不必过于透明外，我们主张其他措施应尽量公开和透明。值得一提的是，在这里所说的公平公正的要求决不能偏向于绝对的平均主义，因为平均主义只会产生消极的保健作用，使激励失去应有的内涵。

### 3. 及时适度

"机不可失，时不再来"，把握好时机对于激励工作也同样重要。现代心理学研究表明，及时激励的有效率可达到80%，而迟延激励的有效率仅为7%。员工是有思想、有感情的个体，因此管理者对其激励的时机要及时，最好是员工一旦出色地完成了工作，马上就给予实质性的奖励；一旦犯下错误，也马上就进行相应的惩罚。当然，这里的及时并不是单指时间上的迅速，主要还是体现一种不拖泥带水，遇事能果断的雷厉风行的工作作风。无论是对被激励者本人，还是对企业的其他员工，及时适度地激励能够产生比较明显的震慑和示范效应，那种认为什么事都放到年终算账的想法和做法完全是贻误和浪费时机。

### 4. 奖惩并用

每一个员工在工作中总会有所长，也会有所短，既会有优点，也会有缺点，这是完全正常的。而激励就是通过一定的奖惩要求人们能够扬长避短。奖励和惩罚虽然是激励的两种不同手段，但在实施时常常是密切相连、不可分割的。虽然人们经过了长期的、一系列的研究证明，奖励总比惩罚的效果好，但是惩罚作为一种负强化的手段也是必不可少的。对于企业的一系列规章制度，只有赏罚分明才能保证严格实施。当然，考虑到惩罚毕竟是一种大家避讳的负面信息，原则上还是以奖为主，能够鼓舞人心、激发士气，惩罚应该作为一种必要的辅助手段存在。而且在进行奖赏时，也应该尽量考虑到被奖励者自身的需要，物质奖励无疑是十分重要的，但精神奖励也同样不可忽视。

### 5. 按需激励

根据马斯洛的需要层次理论，在一个企业中，因为年龄、个性、性别、职位、经历、教育程度等各方面的不同，员工正处于不同的需要层次中，他们对不同方面的需要都会有所差别。就算是同一个人，由于所处时间和地位的变化，对于各方面的需要也始终处于变化的状态。这一直都是管理者在激励员工时所要面对的一个重要的问题，那就是如何正确把握员工需要的变化来制定相应的激励措施，也就是这里所说的按需激励的原则。

目前很多企业在实施激励措施时，并没有对员工的需要进行仔细的分析，"一刀切"地对所有人采用同样的激励方法，效果往往很不理想。其实对企业内众多员工进行个别需求分析的做法是不太现实的，就算能够做到，也肯定会因为成本过高而无法长期延续，为解决这个问题最好的办法是在实施奖励制度时，能够建立起让员工自己选择的制度，而目前这种制度的一个典型实例就是柔性福利制度。当然，要全面推行起这样的激励制度，还需要有一定的缓冲发展阶段。在当前，管理者可以采用比较简单的分层次激励的方法。从事简单劳动的员工创造的价值较低，替代成本也不大，他们的需要比较适用和经济，对于他们可以采用以物质激励为主，辅以相配套的优惠福利政策的做法。而一些知识型的技术人员和管理人员是企业价值的主要创造者，他们对于内在荣誉和成就的需要更多些，企业希望能尽量留住他们，就必须在物质激励之外还要特别重视精神激励，可以为他们提供宽松舒适的工作环境以及富有挑战性的工作来满足这些人的需要。

**6. 能力匹配**

管理者的一项重要职能是为企业中的每一个岗位找到有能力胜任的员工，并充分运用他们的特长、能力和才干来为企业整体服务。但是许多管理者恰恰在激励这个环节中经常会遗忘能力与岗位必须相匹配的要求，而这样导致激励失败甚至产生负面作用的例子不胜枚举，最有名的当属春秋战国时纸上谈兵的赵括了。赵括本无将帅之才，赵王却一意孤行要他带兵抗秦，从某种意义上讲，这对赵括是一种很大的激励，但赵括毕竟没有能力与将军这个职位相匹配，最终葬送了四十万赵军的性命。因此，在对企业员工进行有关晋升、授权等精神激励时，首先要考虑的是他本人是否有这个能力，不可因一时的疏忽而使激励产生了反作用，毁了员工的职业前途，甚至影响整个企业的发展。

**7. 与时俱进**

对于员工来讲，在其职业生涯或者说是人生的不同发展阶段，他的需求和偏好是会随着内外环境的变化而发生变化的，例如随着经济收入的提高，物质方面的激励对人们的作用会有所降低，此时精神方面的追求才是他们的需求。因此，管理者必须就员工需求的变化及时改变相关的激励措施。对企业来讲，处于不同的发展阶段的企业的激励机制也不是一成不变的，在必要的情况下要适时做出相应的调整，做到因时因势而异，以收到更好的激励效果。

## 11.2.2 激励设计的过程

在明确了以上激励设计的要求之后，接下来就要进入激励机制的设计过程阶段，这个阶段所包括的内容如图 11-3 所示。

**图 11-3 激励设计的过程**

**1. 需求分析**

需求分析是贯彻按需激励这一要求的前提，是在为企业进行激励设计之前的一项重要的准备工作。只有能够满足员工需求的激励能够获得最大的收益，因此我们首先要了解该地区、该行业员工的普遍需求水平，可以重点调查几家重要的竞争对手对员工的激励情况；然后对企业内部员工的需求进行一次摸底调查，与其他企业的情况进行对比分析，看是否具有一定的普遍性，是否能够对他们的需求进行简单的分组归类。

### 2. 选择激励方法

在激励的内容部分我们已经列举了许多不同的激励措施和方法，而在实际中正在运用或者被开发马上要运用的激励措施还远远不止这些。对于同一个人的同一件事，可以选择的激励措施肯定是不止一项的，那么如何进行合理的选择呢？在前一阶段需求分析的基础上，我们目前已经掌握了企业员工需求的基本情况，此时可以采用借鉴其他企业的激励方法，或者在此基础上进行相关调整的方式，这样做风险比较小，一些操作的细节问题也比较容易掌握，但难免会带来横向比较是否公平的问题，如果处理不好可能会引起双方的恶性比较和竞争。换一种思路，也可以根据需要自己进行全新的选择，不过这就需要一个不断比较和摸索的过程，在此期间企业的激励机制完全处于不稳定状态，因此事先必须要与全体员工做好沟通工作。

### 3. 优化组合

对于一个企业的整个激励机制的制定，按照内部各影响因素相互联系、相互制约的系统理论，必须要进行策略上的优化组合才能使若干项激励措施同步配套实施。这样做可以将各项激励措施的侧重点结合起来，兼顾到不同员工的不同需求，减少各种激励方法的相互抵消作用。

虽然进行激励方法优化组合的具体措施会因不同企业、不同管理者等因素的存在而截然不同，但除奖罚并用的基本要求外，还有几个实践原则是必须要遵循的。首先是物质激励与精神激励要并重，其实这两种激励方式大多数是相互交融，无法绝对区分的，但两者对人们需求的满足有很大的不同，不可偏废。其次是内在激励与外在激励要并重，外在激励是与工作本身不相关的一些激励措施，这是对于员工劳动的一种补偿，而内在激励则是人们从工作本身所获得的乐趣，这种激励的作用是长效和根本的。目前大家对于这种激励的作用还不太重视。再次是竞争与协作要并重，企业有竞争产生的优胜劣汰才有活力，企业也必须要有通力协作的努力才能提高效率，因此激励是要寻求竞争与协作的动态平衡状态。最后是严格管理与情感关怀要并重，管理企业对规章制度、工作标准和流程要求等的遵循必须要严格，但是对员工的尊重和关爱也是激励的一个重要的组成部分，有时后者才是唤醒员工工作热情和忠诚的关键。

### 4. 具体实施

激励措施的组合选定以后，接下来的步骤就是实施了。在此期间可能会遇到许多的阻力和问题，因此首先必须要取得企业高层领导的全力支持，然后针对不同的激励方法采用不同的推行步骤。建议如果一步到位风险比较大的话，可以采用先选择部门或分公司进行试点的方法。有些措施可能是大家比较乐于接受的，那就可以增加试行的范围，缩短试行的时间，使之早日得到全面推行。有些措施则相反，必须有耐心地跟大家不断地沟通，对于一些反馈意见也要谨慎处理，要等到试点推行比较有起色时再适时全面推广。若是有些激励措施仅覆盖一部分员工，那么必须要公开其合理的归类标准和缘由解释。

### 5. 评价调整

企业的激励机制在实施后需要对其效果进行一些评价，借此可以判断该企业的激励设计是否成功，同时也是对现有激励机制进行修正的标准。在这一步骤中所发现的问题，应该回到需求分析的环节中进行局部或是全面的重新设计和调整，这样整个激励设计过程也就形成了一个比较有效的循环系统。在这里，需要提出一些评价指标及其改善的方法，主要包括以下几种。

1）激励的广度

激励的广度是否适宜可用三个标准来衡量：是否能调动真正优秀者的积极性；是否能调动大多数人的积极性；是否打击未受奖励者的积极性（余兴安，2004）。其实这在很多时候是很难兼顾的。主要的改善方法有：① 将激励的精神尽可能多地贯彻到所有的规章制度和管理过程中，让组织中的所有人在时刻感受到制度力量的同时也能被激励前进；② 注意贯彻按需激励的原则，对不同的员工采用差异化的激励方式；③ 把握好各项激励措施所覆盖的宽度，要避免平均主义，这样一方面可以降低激励的成本，另一方面可以让人看到奖励的价值；④ 合理运用典型的示范力量，一般来讲，榜样的力量是巨大的，但这种制度的运用也必须适度，因为众人的眼光一直集中在几个人身上，难免会影响其他人的积极性。

2）激励的深度

激励的深度，或者说是强度，也是管理者需要适度把握的一个衡量指标。激励的深度不够容易产生大范围的牢骚和不满的情绪，若是太大也会过分刺激员工的欲望，并且使企业内机会主义和短期行为盛行。主要的改善方法有：① 增强激励的成本收益观念，管理成本的投入是需要有相应回报产生，并不是高投入必然就有高产出的；② 尽量与员工的期望值相符，期望值是员工的主观评价标准，因此是员工能够获得最大激励的基准点，在条件允许时，与期望一致的激励将会是最有效的。

3）激励的频度

激励的频度是指在一定的时间内激励次数的多寡及其真正实现的快慢。激励次数的掌握必须适宜：激励次数过多会使人形成一种习惯，只要有一点成绩就会要求奖励，否则就会产生不满情绪；激励次数过少就会使员工感受不到激励的力量，失去在企业长期发展的信心。激励实现的快慢就是及时适度基本要求的运用。关于激励频度的改善因不同企业、不同行业会有区别，可以在实践中逐渐摸索寻找到最适合本企业的激励频度。

4）激励的透明度

公平公正这一基本要求已经提到了激励要透明的问题。改善企业激励透明度的方法有：① 公开制定激励的标准，对各项指标可以尽可能地量化，减少人为操作的可能；② 选择受奖对象必须充分尊重民意，最好让全体员工都参与这个过程；③ 对受奖者要进行公开表扬，使之充分感受到荣耀和成就感。

### 11.2.3 激励设计的误区

#### 1. 士气低落才激励

管理者有时会专注于企业日常的繁杂事务而忽略了激励，或者认为激励是常规性的一项事务，不需要花太多的精力。因此，平时从不想到激励，而在企业发生一些变故或大家士气低落时才想到激励，但这时往往已经来不及了。因为激励是一项需要长期坚持的工程，它所要花费的时间、财力也是很大的，而此时"紧急激励"的作用是有限的。因此，管理者必须要像关心日常生产一样经常关心员工激励的问题，只有这样，细水长流的激励才能充分调动员工的内在积极性。

**2. 激励的马太效应**

"马太效应"来自圣经《新约·马太福音》中的一则寓言，指"好的愈好，坏的愈坏""富的愈富，贫的愈贫"等两极分化的现象。激励的马太效应体现在，当被激励者拥有太多荣誉和光环之后，增加了许多形式性的工作，反而没有时间和精力专注于本来的事务了。国家某部机关曾经有一位学者，一开始他默默无闻，但一直非常勤奋地干着自己的科研工作。终于有一天，他在科研上取得了突破性的成果并一举成名，于是各种奖励和荣誉接踵而至。后来他被任命为局长，必须参加许多会议，发表许多演说，再也没有充裕的时间来搞科研了，从此以后再无建树，他一直为此懊恼不已。

**3. 勿以一事之成败论英雄**

一般来说，管理者对有过失记录的员工都会存有一些偏见，这对企业激励员工而言是非常有害的。古人云："人非圣贤，孰能无过"，有过错误是事实，但就此给一个员工的未来下结论未免有失偏颇，因此而影响对这个员工未来的激励是毫无道理的。作为一个管理者，站在客观的角度看待企业中的每一个员工，要尽量保证对组织中的每一个成员激励的正确性。

**4. 不科学的评估标准**

准确的绩效评估在很大程度上是激励的前提，系统科学的评估标准也成为激励正确性的重要影响因素。如果评估标准不够科学，那么越完善的激励机制就会越放大组织中这种不公平性的存在，除了抑制和削减员工的努力水平，无任何益处。

**5. 高工资是一种最好的激励**

工资是薪酬制度的主要组成部分，而薪酬一直以来被认为是激励的最为重要的手段，因为薪酬不仅为员工提供了生活资料的来源，也在一定程度上体现了一个人的社会价值。这样，许多人就认为高工资是一种最好的激励方法，其实不尽然，高工资不仅在当前会让企业负担沉重的成本，而且未来增长的余地也比较小，这可能会引起员工的不满。从另一个角度来讲，物质激励根本就不是人们工作的全部中心，因此高工资对吸引和留住人才的作用也是有限的，并且会提前使工资跨入保健因素的行列。

**6. 不与下属知交**

有人曾经调查了三百多位男女职员，当他们被问及"你对公司有什么希望"时，有70%的人回答"希望能与上司合得来"，但实际情况往往事与愿违，有些管理者为了保持领导的尊严，既不与下属谈笑，也从来不关心下属的生活。这其实是在增加管理者与员工之间的疏离感，这样的情况对于员工的情感激励是十分贫乏的，甚至有负面作用。员工会因此而感到在企业工作非常烦躁和苦闷，而管理者也会觉得无法带动下属同心协力、团结合作，工作情绪会陷入低谷。

# 11.3 激励方法的设计

激励的多种措施和方法在前文已经介绍过了，如何设计激励机制的过程，我们也已经了解了，但涉及对具体激励方法的选择和组合仍然还是整个体系中最为关键的环节。下面我们就将从员工职能类型、员工个人特点和企业生命周期三个不同的角度来阐述激励措施的具体选择和运用过程。

## 11.3.1 针对员工职能类型的激励方法设计

### 1. 生产人员

一线生产人员是企业生产经营目标的直接完成者，是企业员工的主体部分。他们一般文化层次不高，工作内容具体而单一，体力劳动的比重比较大，工作环境相对较差。他们主要以安全需要为主，往往把工资和奖金的价值看得很重，对尊重和自我实现的需要看得很轻。选择适合的工作岗位并享受由此而带来的物质保障的需要，成了他们的主导需要。这就决定了企业对他们的激励措施主要包括以下几种。

1）与收入相联系的工作目标

通过工作目标的设置来激发员工的工作积极性，由于一线员工的工作指标量化比较容易，这是一种比较科学和可行的方法。一方面，企业的目标通过层层分解，最终还是要落实到基层员工身上；另一方面，也可以借此将企业效益的提高与个人奖金、收益的增加挂钩，使个人的需要、期望与企业的目标一致，调动员工的积极性。例如，海尔对一线员工采取计点到位、绩效联酬的全额计点工资制，这种计酬方式使一线员工的收入与其劳动数量和质量挂钩，激发了员工的工作热情，避免了相互扯皮现象的发生。

目前有些学者对实行得非常普遍的计件工资制度提出了质疑，并提出了"岗次工资"的激励制度。所谓岗次工资是对每个员工按生产量的排名来确定不同的计件单价，再由所定单价和实际生产量的乘积来确定其工资。从原理上讲这种激励制度与计件工资制是具有一致性的，只是使得员工之间的收入差距进一步拉大，并体现了边际收入递增的趋势，对一线生产人员的生产效率可以产生更好的促进作用。

2）补充金钱奖励

在基本薪酬之外，可以为生产人员设立各种名目繁多的补充奖励。例如"计件工作超额奖""全勤奖""精神文明建设奖"等。这是对他们在基本工作之外各方面良好表现的鼓励，也是对他们经济上比较实在的补助，对于物质需要比较迫切的生产人员而言是尤为可贵的。

3）赞扬和荣誉

赞扬和荣誉能够引发员工内心的激情，有时激励的效果能够更胜于金钱。具体的方式是多种多样的，可以是简单的口头表扬，也可以正式地授予荣誉称号并颁发奖状和奖品，或者是在企业内部贴出光荣榜、利用厂内的广播进行宣传报道等。

4）改善工作条件

这里所指的工作条件包括硬件和软件两个方面。所谓的硬件是指企业内部的劳动条件。由于生产人员长期在车间工作，劳动强度大，改善车间环境和搞好劳动保护可以增强员工的安全感，激励他们提高工作效率。所谓的软件则是指工作的技术高低和枯燥程度。生产人员的工作简单而具体，因此学习工作技能和工作轮换、工作丰富化、工作扩大化等措施的开展一定会受到他们的广泛欢迎。这样不仅可以提高他们对枯燥工作本身的兴趣，对整个企业而言也能够形成一种努力学习的氛围，提高企业整体的能级水平。

5）员工持股计划

员工持股计划适用于企业的全体员工，但对于生产人员而言，这是他们能够参与企业利润分享的一种特殊的激励方式，是他们从雇员到所有者的角色转变的基础，具有更为重要的意义。

员工持股计划是指为了吸引、保留和激励公司员工，通过让员工持有股票，使员工享有剩余索取权的利益分享机制和拥有经营决策权的参与机制，属于一种特殊的报酬计划。实施时可采用员工自有资金购买股票或由企业全面担保贷款认购股票两种方式。推行员工持股计划的目的不在于筹集资金，而在于使普通职工广泛享有资本，同时获得劳动收入和资本收入，从而增强员工的参与意识和主人翁意识，调动其积极性。在美国，目前因其推行的员工持股计划有着显著的福利性质而被归为众多福利计划的一种。与其他福利计划不同的是，它不保证向员工提供定期固定的收益或福利，而是将员工的收益与其对本公司的股票投资相联系，从而将员工与企业的经营状况直接联系起来。跃居全球 500 强企业第一位的沃尔玛就采取了雇员购股计划，让员工通过交现金或工资扣除的方式，以低于市价 15% 的价格购买股票，这样就能使沃尔玛的员工能像合伙人一样关心和参与公司的业务。目前，沃尔玛 80% 的员工享有公司的股票，真正成为公司的股东。

2. 销售人员

对于许多公司来说，销售部门是其利润中心，而部门中的销售人员是指直接与客户接触，促成业务交易和货款回收，同时在谈判中也代表着本企业形象的人。销售人员的工作内容重复性很高，比较缺乏安全感和对企业的忠诚感，因此大多数公司对这类员工采取物质刺激和严密监控的激励手段。其实这是不全面的，虽然对于销售人员物质激励是很重要的，但近年来也有一些美国公司采用了员工生活品质活动（QWL），与传统做法形成了鲜明对比。

1）薪酬制度

基本工资加上销售佣金制度是企业针对销售人员所特设的一项薪酬制度，也就是说，个人月薪=固定工资+(总工资-总固定工资)×(个人月贡献/全体月贡献)。在实行这项制度时，需要注意的问题是基本工资和销售佣金比例如何确定，一般来说，在市场开拓期采用高额佣金制可以激发员工的干劲儿，而在市场成熟期由于客户关系的维护是销售人员的主要工作，因此采用较高的基本工资制比较好。然而，对于销售产品性质不同的企业，两者的比例也会有很大的差别，因为商品的不同所要求的客户服务也是不同的。例如，在实行小时工资加销售佣金制度的美国梅西百货公司，家具、男士定做服饰、鞋类等业绩与员工努力程度相关性很强的商品销售一直实行纯粹的销售额提成制度，而其他商品则实行小时固定工资制。

2）QWL 活动

员工生活品质活动（QWL）在实践中的运用使得销售工作的流程运转和销售人员的工作态度都得到了很大的改善，相信再配合其他激励方法的运用，可以为企业培养一支高绩效的销售人员队伍。QWL 与传统激励方法的比较如表 11-2 所示。

表 11-2　QWL 与传统激励方法的比较

| 价值/项目 | 传 统 做 法 | QWL 做 法 |
| --- | --- | --- |
| 控制 | 由经理做决策 | 最接近客户的员工做决策或建议经理做决策 |
| 团队合作 | 员工独立工作是很重要的 | 每位员工都是团队中的一员，没有哪位员工可以完全独立工作 |
| 沟通 | 由公司管理当局决定以何种方式来服务客户 | 让全体员工共同讨论如何满足客户的需求及服务 |
| 工作表现评价 | 由经理追踪考核及记录 | 每位员工自我评价如何改善对客户服务及提升客户满意程度 |
| 预算控制及成本观念 | 经理人员是负责预算成本及成本控制的人 | 每位员工都有责任了解预算，重视成本，了解附加价值 |
| 工作环境 | 只要有适当的工具就可以，组织气氛应以工作为导向，公平合理 | 员工共同塑造良好和谐的组织气氛，除了工具，还应改进工作方法 |
| 尊重个人 | 高级经理人员及资深员工是公司不可或缺的人才，应受到特别尊重 | 每位员工在他的工作上都是专家，每位员工都很重要 |
| 工作挑战性 | 只有高阶层人员需要挑战性工作 | 每位员工都需要工作具有挑战性，来激发他们的工作意愿 |
| 个人成长 | 员工的成长就是将其担任的工作做得更完善 | 不断提供学习机会是成长的要素，灌输员工新观念、新做法 |
| 工作热忱 | 工作热忱不是必要的，只要工作方法正确就可以了 | 没有工作热忱的员工，无法期待其有创意性、自发性的举动 |
| 工作与生活的平衡 | 个人休闲应在工作时间外考虑 | 员工自行调适工作与休闲生活，说出自己的想法与期望 |
| 奖赏 | 加薪与升迁是员工希望从工作中获得的两项最重要的奖赏 | 奖赏的方式有很多，有金钱性和非金钱性的，以即时、有效为主 |
| 对业务及组织的掌握和了解 | 仅限公司最高当局有权规划公司未来的远景 | 每位员工都有权了解 |
| 工作与社会的关系 | 公司最高执行主管有责任将公司的工作与社会连在一起 | 每位员工应该知道他们销售的服务对社会大众会产生什么影响 |
| 信任 | 经主管所认同的诚实、可信 | 对每位员工，除非有证据证明不诚实，均应给予充分的信任 |

资料来源：高巧依. 零售终端一线员工的激励问题[J]. 中国人力资源开发，2003（5）.

### 3. 研发人员

研发人员是企业中直接从事科学技术活动或为之提供服务的各类专业技术人员，他们通过不断优化、革新为企业创造利润。研发人员期望自身的研究成果能够被社会，尤其是同行理解和认可，他们对于尊重和成就感的心理需要尤为迫切。对关系的需要则主要表现在知识交流上，对人际交往需要和组织的归属感淡泊。在物质生活基本得到保障后，他们对金钱和权力的需要倾向就不显著了。因此，美国学者布朗认为，对研发人员还是以精神激励为主，具体措施主要包括以下几种。

#### 1）尊重和支持

尊重和支持是对研发人员激励的一大特点。由于所从事的研究工作压力大、时间长、耗费多，还存在一定的失败风险，面对如此变化莫测的发展前景，研发人员需要企业全体员工，尤其是高层管理者全心的尊重和支持。只有这样才能为他们增加努力研究的信心，对于大家全心的信任也产生一定的责任感，从而增强整个研发小组的凝聚力，使他们感到工作本身就是一种体现自己人生价值的途径，激发出更高的创造力。

#### 2）研发生涯路径

多重职业生涯路径，是发达国家企业组织中激励和留住研发人员的一种普遍方法。若是将优秀的专业技术人员作为晋升提拔到管理层，先不说管理岗位本身的数量是有限的，一方面他不一定能胜任这项管理工作，另一方面他无法再专心从事擅长的科研工作，使他多年来积累的技术和经验再无用武之地，对企业来讲，这是一种双重损失。因此，为了解决研发人员的晋升问题，企业应该给他们提供一条不同于一般行政管理人员的职业生涯路径——研发生涯路径。例如，研发员—工程师—高级工程师—副总工程师—总工程师（首席科学家）。研发生涯路径与行政管理路径的等级结构是相等的，每一个等级的地位和报酬也必须公平一致。这样就解决了研发人员职业地位上升与继续从事研究工作的愿望之间存在的矛盾。

#### 3）工作的环境和时间

研发人员的工作多为脑力劳动，对环境的要求比较严格，对外界资源有很大的依赖性，为他们能够安心工作而创建良好的环境、配置先进的科研设备，是企业支持他们工作的表现之一，同时也能够激励他们提高工作效率，感受到自己的工作在企业内是受到大家重视和理解的。另外，研发人员的工作特点是自主性比较强，工作时间有时自己也很难控制，灵活的弹性工作时间对于他们顺利工作和保持创新思维是有好处的。

#### 4）培训和学习的机会

在知识经济时代，信息更新的速度非常快，对研发人员而言，能够及时了解和掌握行业内的动态知识和信息变化是工作，也是自己本身兴趣的需要。因此，各种学习、指导及培训的机会对于研发人员是一种有效的激励方式。这种激励可以更新他们的知识结构、保持他们的核心能力、激发他们的工作兴趣，是企业对未来发展的一种投资。在运用这项措施时，尤其要注意的是公平公正的原则，以免挫伤研发人员的工作积极性，甚至是对未来的进取心。

5）股权分享

在股份制企业，采用股权分享的方法来激励研发人员是目前激励发展的一种趋势。由于研发人员掌握和控制了较多的研发过程和结果的关键信息，对于这样不确定性较高的活动采用股权分享的方法减轻委托—代理关系的风险是十分必要的。具体的方式包括赠送股权、优先配置股权和技术入股等。一般企业会对有突出贡献的研发人员采用技术入股激励的方式。这样研发人员可以通过技术创新获得对企业的永久收益，对于长期激励研发人员有十分重要的作用。目前，在国外这种激励方法的实施已经非常普遍了。

### 4. 管理层

管理层是为企业进行战略性和事务性决策并对企业经营活动和经济效益负责的人员的组合。他们不同于一般意义上的企业员工，除了一些基本需要，他们还具有更高层次的需要，主要包括经济收入需要、职业安全需要、社会交往需要和权力需要等。其中的高级管理层与董事会之间存在非常典型的委托代理关系，因此大家都很重视高级管理层的收入结构设计，希望能利用高级管理层的个人利益和企业利益的一致性来尽量消弭代理成本的出现。同时，收入在另一方面也体现了一位管理者的个人能力和价值，著名管理学家张维迎曾指出："一个意愿企业家的经营能力是他们个人财富的一个增（非减）函数。"因此，我们在此重点讨论有关管理层经济收入的激励措施，主要包括以下几种。

1）年薪制

年薪又称为年工资收入，是指以企业会计年度为时间单位、以年度为考核周期发放的工资收入，主要用于公司经理、企业高级职员的收入发放，成为经营者年薪制，通常包括基本收入（基薪）和效益收入（风险收入）两部分。一般来说，管理层的年薪构成包括：基本工资，这与普通员工一样，是管理人员最基本的物质保障；奖金，一种与短期绩效挂钩的奖励，一般在期末一次付清；津贴，为管理人员提供舒适的工作环境的需要；福利，与普通员工一样的一种保障待遇；长期奖励，这部分是高级管理层的特殊收入，一般与企业的长期绩效挂钩，典型代表是股票期权，目前这部分收入在年薪收入总额中的比例正在逐渐加大。

2）股票期权（ESO）

ESO（executive stock option）即高级管理人员股票期权激励，是公司股东或董事会给予企业高级管理人员的一种权利,持有 ESO 的高级管理人员可以在规定的时期内行权,以事先确定的行权价格购买公司的股票，这些股票在一定时期后可以在市场上出售，但期权本身不可转让。这种激励方式将高级管理层的个人利益与企业利益联系在一起，以激发他们通过提升企业价值来增加自己的财富，可以避免他们追求企业的短期利益，并且企业不用支付现金。股票期权计划的构成要素如表 11-3 所示。

表 11-3　股票期权计划的构成要素

| 构 成 要 素 | 特　　　点 |
| --- | --- |
| 授予时机 | 受聘、升职和年度业绩评定，以前两者居多 |
| 类型 | 根据授予目的可分为普通期权、重置期权和替换期权；根据避税效果可分为非法定期权和激励期权 |

| 构 成 要 素 | 特　　点 |
|---|---|
| 执行价格 | 一般为期权授予时的市场价，但也有一些采取折价、溢价、随时间递增以及和指数挂钩的方式 |
| 年限 | 一般为 10 年 |
| 执行时间 | 期权授予 2～4 年后 |
| 股利收益 | 不享有股利收益 |
| 股票来源 | 发行新股、市场回购形成的库存股票 |
| 执行条件 | 以股价作为唯一评价指标，也有部分企业采用盈利增长率、市场份额等指标，或者股价指数，才能行使 ESO |
| 执行方式 | 现金行权、无现金行权、无现金行权并立即出售 |

1952 年美国辉瑞制药公司推出了历史上第一个股票期权计划，激励管理人员的股票期权计划在 20 世纪 90 年代得到了很大的发展。根据调查，全美最大的 500 家上市公司中有超过 78%的公司实行了股票期权计划。作为有效激励的手段之一，股票期权一直以来被称为企业留住员工的"金手铐"，是国外一些新兴的高科技企业惯用的薪酬奖励制度，如美国第四大电信运营商 Qwest 公司、网络设备市场的垄断商思科公司以及计算机软件行业的领袖微软公司等。高技术企业向员工大量授予股票期权，一是为了吸引高质量的人力资本；二是为了规避企业的支付风险和提升利润。与固定工资、奖金、福利等其他薪酬形式相比，期权激励具有周期长、获益空间大、针对性强的特点。

但是，伴随着近年来很多股票的缩水，期权制的弊端被日益放大。期权持有者获得的只是股票上涨部分的盈利，可如果股票暴跌，高级管理人员所持有期权的执行价格高于股票当前的股价，那么，期权就会变得一文不值。在持续上升的牛市中，股票期权的价值闪闪发光，的确很能吸引、激励人才。但在熊市中，由于人力资本所有者无法通过投资组合来分散他们的报酬风险，股票期权的弱点就开始暴露：期权持有人将无利可图，人才将开始流失。

从另一个方面看，我国目前的股票市场还不完善，各项法律和政策还存在一定的问题，同时对高级管理者的选聘和淘汰机制也没有真正建立起来。因此，虽然有一些公司已经做了不少成功的尝试，如上海贝岭、中石化、用友软件和中远发展等，但要在我国全面实施股票期权计划所要解决的问题还是比较多的。

3）经济增加值（EVA）

经济增加值（economic value added，EVA）源于诺贝尔经济学奖获得者米勒和莫迪格莱尼关于公司价值的模型，是由美国著名的思腾思特咨询公司于 1982 年提出并发展的一套以经济增加值理念为基础的财务管理系统、决策机制及激励报酬制度。经济增加值的提出是为了克服传统财务指标在评估企业整体绩效方面的缺点，旨在准确反映企业经营价值。经过四十年的发展，经济增加值越来越受到企业界的青睐，国外著名的大公司，如可口可乐、西门子、戴尔、沃尔玛等，均使用 EVA 管理体系，2010 年 1 月，国务院国有资产监督管理委员会正式公布修订后的《中央企业负责人经营业绩考核暂行办法》，其中经济增加值指标占整个业绩考核权重的 40%，在央企中正式推行经济增加值管理体系。

经济增加值是指企业可持续的投资收益超过资本成本的盈利能力，即税后净营业利润大于资本成本的净值。经济增加值是全面考核企业经营者有效使用资本和为股东创造价值的重要工具，也是企业价值管理的基础和核心。与传统计算公司利润的财务方法不同，经济增加值是包括资本成本在内所有成本被扣除后的剩余收入，是对真正利润的评价。提高经济增加值水平，既要靠增加净利润，又要靠降低资本成本。

根据思腾思特咨询公司对经济增加值给出的计算公式为

经济增加值=税后净营业利润-资本总额×加权平均资本成本

其中，税后净营业利润=营业利润+财务费用+投资收益-EVA税收调整。思腾思特咨询公司主要针对会计信息失真列出了一百多项调整项目，从而将会计账面价值调整为经济账面价值。

经济增加值在企业整体绩效评估中的优点有以下几项。

（1）更准确衡量企业经营者为股东创造的价值。传统财务指标在衡量企业创造的价值时，只考虑了投资者投入资本的产出，但没有考虑资本的投入规模和机会成本。经济增加值是在会计利润的基础上减去了权益资本的成本，它衡量的是"增量利润"，而不是传统意义上的"全部利润"，而只有获得了"增量利润"，才真正意义上为股东创造了价值。

（2）加大对会计造假的打击力度。在计算EVA的过程中，需要对财务报表进行调整，这一过程加强了审计与监督的力度，为核算的准确性提供了一层保障。利润的核算可以是实际的现金收入，也可以是非现金收入，而价值的计算则只承认实际的现金收入。会计核算遵循的是谨慎性原则，它要求对将来可能发生、金额可以合理预计的损失和支出，通过计提准备金和担保金的形式提前计入成本费用，准备金等项目的计提可以挤掉一部分财务报表的"水分"，提高财务报表和资产的质量，但是准备金和担保金的计提完全是凭借企业财务人员的专业判断，容易被企业管理当局利用，成为调节利润的渠道。

（3）避免管理层的短期化行为。在传统财务指标评价体系下，管理层往往为了当年经营利润，放弃投资建设周期长且风险较大的项目，青睐于见效快的项目，为了前期高额收益不惜选择总体净现值很低的项目。此外，管理层还倾向于减少研究费用的支出以避免利润减少，但是经济增加值的计算将研发费用资本化，使当期费用为零。在央企的实践中，第一，为鼓励加大研发投入，对研究开发费用视同利润来计算考核得分；第二，为鼓励获取战略资源进行的风险投入，对企业投入较大的勘探费用，按一定比例视同研究开发费用；第三，为鼓励可持续发展投入，对符合主业的在建工程，从资本成本中予以扣除。

经济增加值也存在一定的缺点：增加企业管理成本，涉及大量会计调整事项，需要专业人士完成；难以合理确定加权平均资本成本。本质上还是以传统财务指标为基础，无法跳出财务层面分析企业的业绩情况（曹中，2011；刘义鹃，张雨朦，2020）。

4）虚拟股票

虚拟股票也是一种长期激励的方法。它只是一种账面上存在的股票，不需要高级管理者支付现金，可以说是一个授予高级管理者的非真实的股票期权。当约定的兑现时间和条件满足时，高级管理者就可以获得这部分股票在账面上的增值部分。在实施这项激励措施时，首先由公司董事会和高级管理者在计划实施前签订合同，明确给予（获得）股票的数量、兑现时间和条件；其次，企业可以定期聘请专家，选择一定的标准为虚拟股票定价；最后，在兑现的时间和条件符合后，高级管理者就可以获得股票的增值部分，可以是溢价或股利的形式，这也是在最初的合同中约定好的。

5）分红配股制度

员工分红配股制度（profit sharing and stock ownership），起源于 1842 年法国的福查奈斯油漆公司，随后即为企业界所效仿采用。分红配股制度的基本思想是，在企业中，股东、管理者和员工对企业发展的作用同样重要，应该具有同等的地位。因此，最好能让企业的管理者和员工都成为合伙人，增加企业对他们的吸引力和凝聚力，让他们真正能够为企业的发展而努力。沃尔玛早在 1971 年就已经开始实施这种独特的合伙关系了：这是一项由所有员工参与的利润分享计划。计划规定，每一名在公司待了一年以上，并且每年至少工作 1000 小时以上的员工都有资格分享公司当年的利润。这对员工的积极性是一个极大的促进，也使员工的工作热情空前高涨。

这项激励措施的范围是可以面向全体员工的，但由于其本身调整的空间很大，而且有很大的变通性，考虑控制范围和力度的问题，与偏向整体的员工持股计划相比，作为管理层的一项长期激励措施更为合适。

分红配股制度与股票期权计划的区别在于，它是一种无偿配股制度，并且在拿到股票后管理者可以马上在市场上卖掉，但必须是在公司获利的前提下才会有，此时公司就不会像股票期权制度那样需要承担一定的资金压力。另外，分红配股对管理者而言就如同可以马上兑现的支票一般有很大的吸引力，但对于保持公司的控制权和留住企业关键员工而言却是不利的。因此，带有一定筹资功能的股票期权制度对于在公司创业期吸引人才是十分有利的，但对处于相对稳定阶段的企业来说，用分红配股制度这样直接的现金收益可以达到更为充分的激励效果。微软公司在 2003 年就宣布取消员工的股票期权制度，而改以发放带有限制性的实际股票给员工。这一做法也从一个侧面显示了微软公司在公司发展上已脱离了只求成长的创业期，而步入想办法留住人才的成熟期了。

5. 董事

董事的本质是股东，因此也就是企业的所有者，但是由于人数有限，一般全体董事也仅仅是股东的子集。董事在公司以及社会中扮演着独特而又关键的角色。当前，关于董事激励计划的设计与指导是十分缺乏的，因此我们在这里也仅仅主要谈一下关于董事薪酬制度建设的一些思考。

1）一般董事的薪酬制度

从理论上讲，董事的薪酬应该由全体股东决定，但是由于目前许多公司股权非常分散，这一点往往很难做到，因此董事的薪酬一般由董事会决定。为了尽可能显示客观和公正，要对外披露董事薪酬确定的全过程和基本影响因素。董事将有价值的技能与经验运用到工作中，花费的时间和精力通常具有很高的机会成本，因此在设计董事薪酬时，非常重要的是要考虑董事的替代机会和执行董事义务需要花费的时间（林泽炎，2004）。

　　董事的薪酬构成方法通常有两种：一种是先确定现金薪酬——通常是雇员费与会议费，然后逐渐加上其他薪酬的组成部分，例如授予股票以及退休金等；另一种是确定适合的总薪酬水平，然后再按各薪酬组成进行最优化分配。由于能更好地确定薪酬总额并能更好地使用预期花费的总资金，第二种方法被认为比较科学。要确定董事的薪酬水平，一种方法是进行董事薪酬的整体和行业市场调查，包括股票给付价格和福利状况等，从中确定本企业的适当标准来得出理想薪酬总价值；另一种方法是估计董事的总时间价值，从董事从事各种工作花费的时间来确定薪酬。实际上大公司通常采用第一种方式，而小公司则可能会同时采用两种方式。为了激励董事的行为，并使其薪酬制度能够与全体股东的利益一致，可以让董事持股的同时适当限制股票再销售，或者说采用设立目标股权的方式。据统计，董事持股额超过 10 万美元能够保证董事的有效性，如果超过 20 万美元，则效果更加显著。

　　2）独立董事的薪酬制度

　　独立董事是指独立于公司股东且不在公司内部任职，并与公司或公司经营管理者没有重要的业务联系或专业联系，并对公司事务做出独立判断的董事。独立董事制度最早起源于 20 世纪 30 年代，1940 年美国颁布的《投资公司法》标志其正式产生，制度设计的目的在于防止控制股东及管理层的内部控制损害公司整体利益。中国证券监督管理委员会在《关于在上市公司建立独立董事制度的指导意见》中指出："上市公司独立董事是指不在上市公司担任除董事外的其他职务，并与其所受聘的上市公司及其主要股东不存在可能妨碍其进行独立客观判断关系的董事。"

　　关于独立董事是否应该从上市公司领取报酬以及领取多少报酬的问题，一直是许多学者争论的焦点。有人说对独立董事采取声誉激励更好，可以通过对其资格进行认证，然后发放注册资格证书，让社会把这一职业看作具有较高社会地位的高尚职业的办法来对其进行激励。也有人说独立董事应以外部人的身份参与公司事务，领取间接薪酬，由非营利性的行业组织发放，提高决策科学性，保护中小股东和其他利益相关者的利益。这里的中介行业组织可以称为"独立董事协会"，协会可以定期向上市公司收取年费。据调查，在关于独立董事的薪酬支付方式上，有 41% 的被调查者认为将来会采用间接薪酬制度。

　　2021 年 11 月 12 日，广州市中级人民法院对全国首例证券集体诉讼案做出一审判决，责令康美药业股份有限公司（以下简称"康美药业"）因年报等虚假陈述侵权赔偿证券投资者损失 24.59 亿元，原董事长、总经理马兴田及 5 名直接责任人员、正中珠江会计师事务所及直接责任人员承担全部连带赔偿责任，13 名相关责任人员按过错程度分别承担 20%、10%、5% 的部分连带赔偿责任，其中就包括康美药业的 5 名独立董事。据披露，康美药业的独立董事承担了比薪酬高两百多倍的连带责任。自此，康美药业事件在 A 股市场掀起了一阵独立董事辞职潮。一方面，人们认为独立董事应当保护中小投资者的利益，企业连年造假，独立董事视若无睹实属渎职；另一方面，也有人认为独立董事的专业水平、信息获取无法与内部人士相比，且薪酬不高、精力有限，以内部人士的标准来对待独立董事并不合理。康美药业的事件给独立董事敲响了警钟，国内公司独立董事制度流于形式，部分独立董事没有守住诚信的底线，中国的独立董事制度走到了亟待改革的关键节点。

## 11.3.2 针对员工个人特点的激励方法设计

企业员工首先是有自己的思想情感的独立个体，因此在设计对员工激励的方法时，如果将基本的物质奖励和一些硬性的规章制度摒除在外，我们就不得不考虑的一个重要的影响因素，那就是员工本身的个人特点。如果从这个更为人性的角度出发，我们能够更为清晰地了解对于不同个人特点的员工比较适合采用哪一类的激励方法。

对于员工的个人特点，其实主要还是职业生涯动力的特点，在表 11-4 中做了一个简单归纳，并针对这些特点重点提出了一些简单的有关良好沟通和其他提高绩效的激励建议。

**表 11-4　员工个人特点及其激励方法**

| 类　　型 | 特　　点 | 激 励 方 法 | |
| --- | --- | --- | --- |
| | | 沟 通 方 法 | 其他激励方法 |
| 技术型 | 渴望能在自己选择从事的工作中脱颖而出，在工作中解决问题获得的乐趣比金钱和地位更能够吸引他们 | 把他们当成专家，有问题尽量去寻求他们的帮助；对于他们专业领域的热门话题，可以在交谈时提及，但千万不要不懂装懂 | 让他们去参加专业人士聚集的集会和活动，给他们机会磨炼自己的技能并了解专业最新动态 |
| 管理型 | 希望学习行使多项职责，掌握多渠道信息以及熟练运用人际交流技巧，渴望地位和金钱的不断攀升 | 可以与他们讨论一些比较务实的工作成果，并就一些管理问题询问他们的意见 | 提高薪水；晋升职位；管理大的项目；出席重要的会议；进行荣誉方面的激励；等等 |
| 服务型 | 追求稳定的工作环境、清晰明了的责任与和谐的社会价值观，对组织比较忠诚，金钱不是最重要的，却是最令人心安的 | 经常与他们沟通，他们会需要求证一些事情，并向其强调终身学习的重要性，阐明工作与某些更高理想之间的关系 | 表示对其忠诚的欣赏；组织部门聚餐；给他们带薪旅游；送他们小礼物等 |
| 创业型 | 喜欢按自己的规则和程序办事，想开创自己的事业，不惧风险和困难，勇于向前，但遇到挫折后有些人会产生厌倦感 | 鼓励他们提出新的创意，经常询问他们乐于承担哪些项目，必要时为他们选择解决的方案提供咨询 | 对他们的工作不要干预太多；给予公开的表彰，私下给予批评意见；为他们提供创业的机会或有挑战性的任务 |

## 11.3.3 针对企业生命周期的激励方法设计

企业作为一个组织系统，就像生命体一样，也要经历从出生、成长、成熟直至死亡的不同阶段，这就是企业的生命周期。一般而言，企业的生命周期可分为四个阶段（见图 11-4）：初创阶段、成长阶段、成熟阶段、衰退阶段。

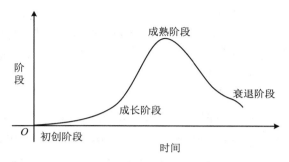

**图 11-4 企业的生命周期**

在企业的生命周期里，各个发展阶段具有较为明显的企业特征及其与外部环境的差异性，也就是说，每个阶段都有它的发展特点，而企业针对这些特点采用不同的发展战略。对于激励的部分，当然也要求设计不同的策略。

1. 初创阶段

刚刚开始起步的企业一般销售和利润都比较小，甚至有可能是亏损经营的，因此现金流比较紧张。而此时的企业正在急于开发新产品进入某一市场，是否拥有关键性的技术、管理和营销人才是其成功的关键所在。由于企业资金有限，又要实行快速扩张的战略，此时只能实施一种低水平的薪酬制度以降低成本。那么，在薪资水平低于市场平均水平的情况下，如何吸引和留住优秀的员工在企业工作呢？一方面，可以选择对关键人才进行相关的股权激励计划，使员工和企业形成利益共同体，从而使员工目标和企业目标相统一以增加员工的积极性和创造性。另一方面，应该利用此时组织结构简单扁平的优势为员工营造融洽的工作气氛和宽松的工作环境，让这些人才能够在这里得到自我发展，满足其创造性以激发其工作热情。

下面具体介绍初创企业的股权设计。

1）股权设计的重要作用

（1）有助于初创企业稳定发展。通常情况下，企业的创始人基本都是亲戚、朋友、同学等。在创立初期，大家都本着共同的兴趣爱好，同舟共济，一起为企业发展出谋划策。但是随着企业的发展，大家的管理能力差异逐渐被放大，导致对企业的贡献也会存在差异。如果企业股权设计不合理，极易导致成员之间产生矛盾。

（2）明确创始人之间的权利与义务。股权设计的出发点就是明确创始人之间的权利与义务。取得相应回报，是创始人合伙创业的最终目的。股权设计可以明确每一位成员的股权比例，使得大家在企业的发展中清楚自己的权利，预测未来能够获得的利益，主动承担相应的义务，为企业的成长做出自己的贡献。

（3）引入外部投资者时控制权不被稀释。一家企业的发展壮大，必须依靠资金的支撑。因此，初创企业在发展过程中借助外部投资者的资金是不可避免的。在股权设计之初将外部投资者因素考虑进去，预留合适的股权，谨防创始团队的股权过分稀释而丧失对企业的控制权。实施股权融资的企业在签订投资协议前，和投资方充分协商交易结构，全面考虑相关协议条款。

（4）解决股东和员工之间的利益分配关系。企业发展需要人才。企业为了吸引和激励人才，股权激励机制应运而生。当今时代已经从雇佣时代进入合伙人时代。股权在股东和企业高管、核心员工之间进行科学合理的分配，才能吸引和留住核心人才，激发员工的潜力和创造力，为企业的经营发展发挥重要作用。

2）股权比例的关键节点

（1）绝对控制权（67%）。根据《中华人民共和国公司法》（以下简称《公司法》）相关规定，修改公司章程、增加或者减少注册资本的决议，以及公司合并、分立、解散或者变更公司形式的决议等重大事项，必须经代表三分之二以上表决权的股东通过。因此，如果在公司中持股比例达到或超过 67%，意味着对公司拥有绝对控制权。

（2）相对控制权（51%）。除了上述重大事项需要经代表三分之二以上表决权的股东同意，公司一般性事项只需拥有半数以上表决权的股东同意即可。因此，持有公司 51% 股权的股东实现了对公司的相对控制。

（3）一票否决权（34%）。股东持股 34%，虽然无法单独决策公司的重大事项，但若在表决中投了反对票，则公司重大事项就无法通过，相当于拥有重大事项决策的一票否决权。其他股东要表决重大事项时，一定要征求该股东的意见。

3）股权结构的类型

股权结构的类型有以下三种：高度集中型、高度分散型、适度集中型。不同类型的股权结构有不同的特点。

（1）高度集中型股权结构。高度集中型股权结构是指公司存在一名股东持有的股权比例达到 50% 以上，对公司拥有相对控制权。

高度集中型股权结构的优点是：控股股东在公司拥有最大控制权，可在一定程度上保证公司的决策效率；控股股东在拥有公司控制权的同时，还拥有公司的经营决策权，控股股东可以直接参与公司的经营；控股股东可以有效地对管理层进行监督，提高工作效率。

高度集中型股权结构的缺点是：控股股东对公司拥有相对控制权，极易导致公司股东会、董事会等团体权力被架空；可能会存在控股股东利用自身的控股地位从公司转移财产和利润，从而侵害小股东的权益。

（2）高度分散型股权结构。高度分散型股权结构是指公司不存在单个大股东，所有股东的持股比例都在 10% 以下。

高度分散型股权结构的优点是：有利于各股东发挥自己的主观能动性，各抒己见；对项目决策能形成制衡机制，保障民主决策。

高度分散型股权结构的缺点是：股权结构过于分散，意见不一致时，容易降低公司的运作效率；公司凝聚力不强，不愿意主动为公司的日常经营和公司治理做出努力和贡献；整个公司缺乏对管理层的监督，出现内部人控制的现象。

（3）适度集中型股权结构。适度集中型股权结构是指公司同时拥有几个较大股权的控股股东，所持有的股份比例在 10%～50%。

适度集中型股权结构的优点是：由于存在多个持股比例较大的股东，有动力去监督公司的经营与管理情况；大股东之间形成制衡机制，不会出现一股独大从而损害中小股东权益的情况。

适度集中型股权结构的缺点是：可能会出现各大股东争夺控制权的情况，从而影响公司的运作；对重大事项的预期与看法不一致时，导致决策困难等。

4）股权设计的内容

（1）股权设计的基础。股权设计是一个系统性的工程，需要同时考虑以下关键要素：商业模式设计、合伙人人选及角色定位、静态股权分配模型、动态股权分割模型、股东持股模式设计、股权分期成熟机制、退出机制等。股权设计一定要有对企业未来发展的清晰规划，清楚股权设计的根本目的，从股权设计的底层逻辑出发，为企业发展的蓝图提供保障。

（2）控制权的设计。此项内容须明确企业以哪种类型的形式存在，不同类型的企业会存在不同的法律规定。常见的控制权设计方法有投票委托权、一致行动人、持股平台、AB 股模式、董事会、股东会、公司章程、股东协议等。

（3）退出机制的设计。凡事预则立，不预则废。股权设计是一种动态平衡，受到多种不确定因素的影响，有股东选择退出是正常的，为了避免纠纷以及影响企业生产经营，应提前设计好股权退出机制。通常情况下，退出机制需考虑以下方面：约定退出时间、设置限制条件、约定退出情境、约定回购价格、设置违约条款、设计缓冲机制等。

（4）利润分配机制的设计。如果将企业比喻为蛋糕，把蛋糕做出来之后，如何分蛋糕同样至关重要。根据我国相关法律法规的规定，企业利润的分配需遵循以下顺序：弥补以前年度亏损、缴纳所得税、提取法定公积金、提取任意公积金、支付股利／分配利润。利润分配直接关系股东的收益，为了避免引起股东间的纠纷，利润分配方案需制定合理，体现公平原则，使利润真正发挥激励作用，同时也应立足公司长远发展，为公司未来发展保留资金。

（5）股权激励计划的设计。股权激励是一种以公司股票为标的，对其董事、高级管理人员、核心员工及其他人员进行长期激励的方式。股权激励的核心宗旨是通过激励对象与企业利润共享、风险共担，使激励对象有动力按照股东利益最大化的原则经营公司，减少或消除短期行为。股权激励设计需考虑下列因素。

① 股权激励对象：董事、高级管理人员、核心员工及其他人员。

② 股权激励模式：业绩股票、虚拟股票、股票期权、延期支付等。

③ 持股方式：直接持股、通过持股平台间接持股。

④ 股权激励价格：注册资本法、净资产法、当期估值法。

此外，股权激励设计还需考虑股权激励的数量、时间、来源、条件。

2. 成长阶段

处于高速成长阶段的企业营业收入和利润持续增长，盈利能力增强，财务状况比较好，但由于需要投资来促进企业的进一步成长，现金净流量仍然处于低水平。随着企业规模的扩张，需要补充大量的新员工，一方面会强化人力资源职能作用，另一方面则会在企业内部增加许多管理职位，这样就为创业期的许多优秀的员工提供了晋升的机会。

由于企业此时的经营业务已经有一定的发展规模，竞争对手的薪酬水平对企业员工公平感的影响很大，因此在财力允许的条件下，企业可以实施接近或等于市场平均水平的薪酬制度。其中，对于中高层管理人员和其他关键人员还必须要坚持采取将股权作为一种长期激励措施。另外，由于新员工的增加对于企业文化的影响整合以及上下级之间情感纽带的形成也是这一阶段的重点工作。

3. 成熟阶段

在成熟阶段，企业的盈利达到最大，业务水平呈现先增后减的趋势，现金流充足。此时企业规模较大，部门较多，工作岗位也是多种多样的，因此对员工可实施工作轮换、工作扩大化和工作丰富化等激励措施以减少他们对工作的枯燥感，使他们所完成的工作更为完整，从而降低员工的流动率。由于企业已经具有一定的市场竞争优势，因此可实施略高于市场平均水平的薪酬制度以提高员工的工作积极性，增加对社会上优秀人才的吸引力。同时，还可以实施员工持股、员工参与分红配股制度等一些利润分享计划，从而使员工对企业目标增加进一步的认同感，提高其工作效率。在精神激励方面，许多有关措施，如荣誉激励、关爱激励、尊重和支持激励等活动都可以在日常工作中展开。

4. 衰退阶段

进入衰退阶段后，企业将逐渐陷入危机中，利润和销售呈负增长，财务状况变坏，员工流动率增加。此时企业的原有市场萎缩，需要转移到新的投资点，往往会通过减员来降低企业的生产成本，这会导致员工对企业前途感到茫然甚至失去了信心。激励策略必须以稳住核心员工队伍，最大限度地激发员工的创造力为重点。因此，虽然企业盈利情况不好，还是应当实行不低于中等水平的基本工资和标准的福利水平，再配以中低档的短期激励和以股票赠予等非现金形式出现的长期激励方式，但必须注意这些激励措施一定要与相应的成本控制措施联系在一起。同时，在以前阶段所形成的企业文化氛围和企业内部团结一致的情感激励活动也必然会在此时发挥巨大的作用，对于这些方面的努力是需要继续不懈坚持的。

## 11.3.4　针对平台组织形态的激励方法设计

本节介绍的内容是平台型组织的激励方案和在数字化管理的背景下的绩效考核和激励方法设计。

1. 方法一：实施三段式薪酬

在平台型组织中应当降低员工的固定薪酬，并由员工买单决定浮动的薪酬发放，对员工薪酬进行三段式改造。

（1）基本酬：发放不低于《劳动法》限制范畴内的最低工资，保证员工的基本生活水平。

（2）对赌酬：员工拿出自己应发工资的一部分与企业对赌，如果达到对赌的业绩，就可以拿回这部分甚至更高的报酬；如果没有达到对赌的业绩，就无法拿回这部分甚至更高的报酬。对赌酬也被称为"风险工资"。

（3）超利分享：员工参与对赌后有资格加入企业超额利润分享，分享的额度来自用户价值的实现。这体现了典型的共担风险、共享收益的合伙关系（穆胜，2020）。

这种薪酬调整可以使有能力的人收入大幅增加，而剩余的人则慢慢落入下游。企业采用这种方式应当注意推行的步骤，避免一次性推行，并限制对赌范围，减轻员工的压力。

**2. 方法二：从项目到个人的漏斗式分配**

在平台型组织中，员工发展到最后的角色应当是合伙人，而收入的来源主要应是超利（实际业绩减去公司业绩的增量），因此从前台到中台再到后台的利润分配应当是逐层被切分，最后落到个人的身上，如图 11-5 所示。

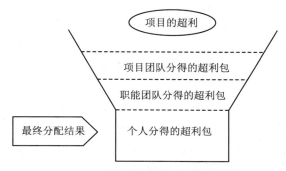

**图 11-5　平台型组织利润分配漏斗模型**

资料来源：穆胜. 平台型组织：释放个体与组织的潜能[M]. 北京：机械工业出版社，2020.

（1）两个条件：一是存在来自上一层的超额利润；二是参与者达成基本的业绩要求。没有前者就没有利润可供分享，没有后者就无法避免"搭便车"的现象，如此一来，更能促进组织中公平且积极的激励。

（2）两类目标：一是表内损益，超额利润体现在财务报表中，即经营业绩；二是表外损益，指未体现在财务报表中的效益，如活跃用户数量增加，也可以表明团队的贡献。

项目的最终目标是经营业绩，体现在表内损益之上，而表外损益是实现经营业绩的驱动因素，如互联网公司的表外损益要素可以是在线用户数、月活跃用户数（MAU）、付费用户数等。企业在财务损益表之外应当搭建战略损益表，其衡量维度随战略的变化而更迭，确保包含表外损益的要素。要想完成从项目到个人的漏斗式分配，战略损益表的落地实施是一项必要的前期工作（穆胜，2020）。

**3. 方法三：调整参与者的分配比例**

首先，应当通过评估参与者的重要性形成一个基本的"初始分配比例"，评估要素包括所需能力门槛、实际能力、职责范畴、工作绩效等。

其次，企业应当在"初始分配比例"的基础上考虑其他因素，进行项目内的调节，以确保分配公平。参考因素有认领业绩、投入对赌额度、对公司的战略损益等。

最后，企业还要形成分配的递进层次，确保分配公平。有时一个表现平平的参与者或许因为加入了一个较强的团队而坐收渔利，为避免此类现象搅乱团队"军心"，应当在项目团队的比例之下再细分到个人的比例（穆胜，2020）。

未来，平台化的绩效管理将逐渐走向基于数字化业务运营的生态体系，员工所有维度的工作内容都可用数字化智能信息系统进行定量分析，进行精确和精细化的绩效评估。这种数字化智能信息系统可以大量引入非经营性数据，利用数字化智能信息系统对员工行为做大量的观察、计量、监督和考核。考核的范围扩大、深度加强、透明度更高，这使得绩效管理系统更加科学和完善（忻榕、陈威如等，2019），针对平台化的绩效管理，平台型组织的激励设计也应当产生相应的变化。

如今，绩效管理系统的研发变得极为重要。企业可以通过数字化建模进行行为和结果的相关性分析，研究行为与结果的因果关系。绩效管理系统通过数字化建模对相关性和因果关系进行分析，可以清楚地了解什么样的行为可以改善运营和客户服务的过程，提升组织能力，改善产品和服务质量。模块化的绩效管理体系可以有效地对组织能力进行新陈代谢、自我更新。例如，销售人员应对不同客户的互动方式、销售话术，销售团队的管理方式与培训内容，经过数字化建模与分析后，更能适应各种场景和客户的需求，从而提高销售绩效。

数字时代的绩效考核会更加及时。绩效和行为反馈不用等到一个月、一个季度、半年或者一年以后再进行，数字智能化的信息系统可以实时同步。考核者每天都可以看到员工绩效目标完成情况，及时反馈给员工，持续改善员工的行为以提升绩效。传统绩效考核根据历史对考核目标的完成情况进行评价，在数字时代，数字化智能信息系统可以从过程介入，持续改善过程而影响绩效结果。数字化智能信息系统使得绩效管理可以做到持续观察、及时反馈、改善行为、影响结果。平台型企业绩效考核呈现典型的绩效维度颗粒化的技术特点。

绩效维度的颗粒化，就是将绩效管理视角从传统的宏观定性观察，深入聚焦到微观领域（如人的行为）进行多维解析，而后沉淀丰富的绩效数据。这样的绩效考核机制会把组织延展到个人和个人行为，所需收集的绩效数据不仅包括组织和个人的绩效结果，还涉及员工个人的工作行为、工作过程和工作结果，并且沿着业务流程时间轴进行更精密、更全面的信息采集，以及基于模型算法的快速处理和多个体的及时反馈。这种对绩效解析度的处理技术，我们称之为绩效维度的颗粒化（忻榕、陈威如等，2019）。

（1）绩效维度的颗粒化，使得绩效维度更具有针对性、客观性和即时性，极大地提升绩效维度的透明度，为更精准的管理改进提供决策依据。

（2）绩效维度的颗粒化，不仅包括对业务流程与环节的高度细分、全过程绩效数据的采集、绩效指标的甄选与权重分配等，还包括大数据的积累以及数据算法的构建与检验等大量技术性的信息处理。这些技术处理有益于绩效管理的透明、公正、多元，以及系统性和即时性。这给员工带来自主性和积极性，给组织带来好绩效。

平台化绩效管理应该具有公平性、实时性、多元性以及系统性等多样特色（忻榕、陈威如等，2019），不同的管理机制给予员工更加个性化、精准化、实时化的激励。

（1）公平性：数字化管理智能信息系统能将工作成果的数量和质量，以及员工的能力、技能、资历和学历与给企业或组织产生的价值进行综合建模分析，利用算法计算出产生价值的权重比，进而进行绩效标准设定和考核，降低评定人的主观差异，使得员工激励体现在价值输出上，增加员工的公平感。

（2）实时性：不同于传统绩效考核缺乏反馈的及时性，数字科技的发展使得企业能够借助人工智能设备以分秒为单位进行考核和反馈，更好地应对动态的环境，不断缩短绩效管理的闭环。如"钉钉考勤"智能移动考勤、自动汇总报表，即时进行分析，并且即时决策、反思总结，大幅缩减人力资源管理部门每月的考勤统计天数，降低管理成本。

（3）多元性：不同于工业生产时代企业内全部都是自己的员工，企业和员工是雇佣关系，如今的企业在数字革命的席卷之下，日益丰富组织的人员结构，"只求所用，不求所有"的观念流行，员工对"斜杠人生"的追求也很普遍。多元性应当体现在企业数据的多元化，组织或团队的整体数据，员工的个人成果、能力、态度、团队精神、自我追求等都可以作为一个维度的数据被记录。相应地，激励方式也要多元化，如某打车平台"按劳付酬"，利用用户平台评价对司机进行绩效考核；零售企业"按业绩付酬"，利用全渠道销售转化率对品牌合伙人进行绩效考核。此外，还有按交易量付酬、按交易率付酬、按点击量付酬以及按服务时长付酬等。

（4）系统性：数字化绩效管理可以利用数字化业务运营系统的人工智能和大数据技术，通过建模分析历史时期的投入和产出比，清楚了解不同岗位员工的哪些行为会增加企业价值。如今企业需要有创造力的员工带来更大的智能化价值，绩效管理体系不应该只停留在奖励员工简单的工作时间和重复劳动上，而应该引导员工提高工作效率，创造更大的价值。

## 11.3.5　针对企业外部组织的激励方法设计

在企业与外部组织的关系中，企业与企业之间存在着直接或间接的利益关系，如何使企业与外部组织间众多的成员维持良好的运作，是一个重要且具有难度的问题。而制定一个有效的激励机制，将直接关系供应链企业成员的利益和积极性，关系供应链运作的效率、效益和竞争力。对此，下面着重探讨对供应商实施激励的方式。

1. 通过价格调整进行激励

有竞争力的价格可以增强企业的积极性，不合理的低价可能会挫伤企业的积极性，所以供应链上要进行合理的分配，不要一味压低供应商的价格，这有利于供应链企业间的稳定和顺畅运行。对于传统的企业管理，价格激励主要存在于有直接供求关系的企业之间，激励的操作单一陈旧。在供应链管理环境下，价格激励除了用于有直接供求关系的节点企业之间，同时还得在整条供应链上实现价格激励，因此，供应链管理环境下的价格激励在实务操作上具有较高的难度。通过价格调整激励供应商需要考虑激励的范围，企业需要综合短期需求和长远目标进行选择。

1）局部的供需企业之间的价格激励

单纯的点对点的价格激励通常是需求方要求供应方给予价格优惠，以取得比竞争对手更有优势（或持平）的价格成本，在这种思维定式下，需求方有可能追求最低的价格成本而牺牲产品质量和其他方面的服务质量，使具有高的产品质量和综合服务质量的企业因价格偏高而被排除在供应链大门之外。

事实上，供应链中需求方企业的这种价格追求，虽然短期可获得更高的效益，从长远看，可能会因供应链的运作质量（产品的和服务的）的下降而最终导致供应链整体的利益损失更大。因此，在供应链环境下，追求低价的策略必须是在满足综合质量要求的条件下才能实施。

2）供应链整体的价格激励

在供应链环境下，点对点的价格激励机制一般能够解决大部分情况下的价格激励问题，但在某些情况下，例如供应链运作的优化所获得的额外收益或供应链自身不可控的外部因素所造成的损失，如果这种额外收益或损失仅由供应链上个别企业承担，显然有失公允，它必然影响供应链战略联盟的利益共享和风险共担原则。为了解决这一问题，供应链就必须建立一个利益协调机制，它通过供应链全程的价格重整来驱动。

**2. 通过订单调整进行激励**

在供应链管理环境下，制造商可能面临多个同质产品的供应商，企业采购部门可以给多个供应商订单，这对企业来说可以分散供应端的风险，同时也会在供应商群体内部形成竞争的局面，从而起到激励的作用。

供应方如果在产品质量、交货期和提供的各种服务上表现优秀，企业可以考虑在提供订单的同时，通过其他方式对其进行激励，如利用增加订单的方式进行激励。作为供应方，若能获得需求方的更多订单，这就意味着有更多的利润，也体现了己方在需求方中的地位的提升。因此，获得更多的订单对供应方而言能够取得立竿见影的激励效果。即使是单个供应商而不存在内部竞争，这种订单的激励同样是有效的。

**3. 通过实时评估进行激励**

对供应商的细节管理一般有三个方面：进度管理、品质管理、成本管理。

（1）进度管理：实施进度管理，要了解供应商每天的生产进度。传统的做法是让供应商把报表发给需求方企业，或者在系统中录入生产数据，用传真或者电子邮件等方式进行报备。现在越来越多的公司逐步建立起了供应链管理系统，将供应商的数据连接到需求企业的数据库中，这样就可以对进度进行实时监控，而不是等供应商不能按时交货才去询问事由。

（2）品质管理：品质管理包括在送货时进行检测，在生产的过程中进行巡检，在出货时，在供应商的生产现场对品质状况进行抽检，这样可以在很大程度上避免供应商材料品质出现问题。

（3）成本管理：企业的技术团队应当了解供应商的工艺，当需求方企业在做某些产品设计时，要供应商配合，一起进行模具的改良，可减少事后修正的成本，发挥协同共享的价值。这对于供应商来说可以节省很大的成本，对需求方企业来说可以保障工艺的细节符合既定的预期。

**4. 通过契约管理进行激励**

对供应商要进行规范的契约管理。在供应商管理中，契约管理就是品质的契约、交期的契约、成本的契约以及过程当中服务配合的契约，同时激励规定、处罚规定等都需要在与供应商签订的供应合同里陈述清楚。供应链上的核心企业应当与各个节点企业签订契约，还要培养与供应商的契约意识、合作精神，将供应商当作企业的团队进行培养与合作。

**5. 通过处罚机制进行激励**

通过处罚进行激励的方式，包括在供应链系统内部设计一套惩罚的标识，如亮黄牌（警告）、处罚及清除出供应链等。成员企业偶然的、一般性的失误，可通过警告或处罚的方式处理，并限期整改，如果限期整改后还不能达到供应链协议所规定的要求，则应考虑对其进行淘汰，对于严重的或重复性的失误，则应立即启动淘汰机制。

**6. 通过商业信用进行激励**

在供应链管理环境下，采用商业信用的激励方式是行之有效的办法。商业信用的激励可以采用以下几种方式。

1）供应链内部的商业信用激励

在供应链系统内，必须建立供应链内部的商业信用激励机制，通过供应链的信息平台，对注重商业信用、信守合同、赢得交易伙伴赞誉的企业进行公开宣传，从而为表现优秀的企业赢得社会的尊敬和更多的市场机会。

在实际的操作层面上，供应链管理信息系统需要有一个能够评价各成员企业在一定时期各种商业信用指标的子系统，由子系统在一定的间隔期客观地给出各成员企业的商业信用状况，并依据事先确定的等级标准给予商业信用等级评定，由此确定进行商业信用激励的对象。

2）社会化的商业信用激励

供应链内部的商业信用激励虽然能够较好地解决对表现优秀的企业的部分激励问题，但激励所涉及的范围不够广泛，未能最大限度地发挥商业信用激励的作用。因此，利用更广泛的、具有社会影响力的商业信用激励方式，对于目前我国大部分企业存在信用危机的情形下更显得迫切。

作为单个的供应链要完成对成员企业的社会化商业信用激励，明显是力不从心，因此，只有通过政府部门或相应的社会组织（如银行等）才能完成对优秀企业的商业信用激励。政府相关部门或相应社会组织在对各企业的商业信用进行评价时，供应链的管理信息系统将能够提供很大的帮助。

**7. 通过信息共享进行激励**

在信息时代，信息对企业来说意味着生存。信息共享是供应链管理优于传统管理的一个很重要的方面。在传统管理模式中，各关联企业之间由于信息的壁垒而造成信息的流动阻塞，形成信息不对称。获得信息少的企业，往往因为机会不能及时把握而降低了自身的竞争能力，另外，信息的不对称也必然造成企业之间配合的不协调和库存居高等现象，这是造成传统管理企业经营成本高的很重要的原因。所以，供应链的成员企业之间如果能够向对方提供及时、有效的信息，那就意味着各自企业捕捉市场机会的能力提升和经营成本的下降，同时也强化了供应链的竞争力。因此，供应链成员企业对有效信息的追求，客观上就形成了信息激励的基础，信息共享激励机制的建立对于提高供应链管理的绩效起着举足轻重的作用（Tang CS，2010）。

然而，由于供应链参与企业间合作与竞争的关系，使得现实供应链中普遍存在着信息不对称的现象（如供应商掌握更多关于生产方面的信息，销售商拥有更多关于市场的信息），并产生逆向选择和道德风险问题，进而破坏了信息共享激励机制运行的效果。因此，目前有学者提出信息结构是影响供应链效率的关键因素之一，信息结构包括信息成本、信息风险、信息披露的质量和先验信息质量四个方面（晏艳阳、周志，2014），分析不同信息结构对于供应链信息共享激励机制的作用的发挥具有重要的理论意义和现实价值（黄梅萍、汪贤裕，2015）。技术方面，区块链正在为数据的传输和存储构建信任基石，能够实现跨主体所需数据的确权和真实性证明（李勇建、陈婷，2021）。

### 8. 通过打造团队进行激励

供应链是以核心企业为中心，由多个企业构成的一个横向一体化的团队。在一个较好的供应链团队环境下，企业之间的合作会愉快，供应商的运作也通畅，与供应商保持长期的合作关系，也是企业使用组织激励的主要措施。在这个团队中，如果成员企业仅仅听命于核心企业，则成员企业仅仅是服从核心企业的各种业务安排而已，只能在供应方面尽量满足核心企业的需要，成员企业的主观能动性不可能真正意义上得到发挥。

企业不要将供应商仅仅当作供应商，还应将其视为核心企业团队的重要成员，要把供应商管理纳入企业管理的范畴中。在供应链管理中，核心企业可通过持续不断地尊重与承认成员企业的作用，让成员企业参与核心企业的供应链战略制定过程及新产品和新技术的开发过程，让供应商全面掌握新产品的开发信息，这有利于开拓供应商的市场，满足成员企业的成就和自身成长的需要，从而最大限度地激发成员企业的积极性。

### 9. 通过社会责任进行激励

现有研究试图探索供应链通过提升透明度促进企业履行其社会责任，而现如今不断发展的区块链技术正是提升供应链信息透明度的一大助力。区块链在透明度、数据资源分布式管理、循环经济激励等方面的应用可以在供应链管理方面发挥重要的作用，可以通过信息追溯实现通过责任、信任对供应商进行激励（李勇建、陈婷，2021）。

Behnke（2020）等考虑业务、供应链流程、监管、质量保证和可追溯性五个元素，确定区块链技术会增加食品供应链中的可追溯性。食品供应链只是一个典型的例子，其他产业的供应链也是如此。当企业提高了信息的透明度，用户能够通过信息的追溯了解到产品的供应商、物流等信息时，不仅终端企业，还有整条供应链上的企业都会面临着用户的监督，由此通过社会责任对自己进行约束和激励。Kalkanci 等（2020）研究了企业通过公布其供应商名单这一方式，从而激励潜在供应商提升自身的社会责任能力。

对供应商实施激励要注意如下几个问题。

（1）激励要制定切实的依据，保证公平、公正、公开。供应链核心企业要在供应链协议中建立激励的政策性框架，规定节点企业在什么样的业绩和表现下可以获得何种激励；建立一个透明化的供应链利益分享和激励措施的决策机构。

（2）激励要重视信用的提升，营造供应链的合作守信之风。在激励时要着重强调准时交货和无差错性，满意的产品质量，按协议准时、足额付款，提供满意的售前、售中和售后服务。

（3）激励要有助于供应链整体竞争力的提升，维护供应链的稳定进步。供应链上的合作企业之间并不存在强制的约束力，因此要特别注意激励的效果，要在维持供应链稳定的基础之上起到正向的引导作用，形成良性竞争局面。激励一旦把握不当，很容易造成供应链危机。所以，供应链激励要有助于整体竞争力的提升，努力消除可能削弱供应链整体竞争力的不利因素。

## 小结

　　本章主要讨论了企业组织设计中的激励模块设计。所谓激励，就是在组织中根据不同的内外环境条件，设计适当的奖酬形式和福利组合以及一定的行为规范和惩罚性措施等方式来激发和引导组织成员的行为，从而达到组织成员目标和组织整体目标的和谐统一。本章阐述了激励的理论、含义和分类等一些相关基本内容，并提出了激励过程的整体设计思路，最后还从三个不同的角度考虑了激励方法的组合设计问题。

　　激励理论是理解激励内涵的基础，主要包括内容型激励理论、过程型激励理论、强化型激励理论和综合型激励理论。激励还可以从多个角度来进行分类，主要的类别有长期激励与短期激励、物质激励与精神激励、正激励与负激励、制度激励与非制度激励等。其中，制度激励是指以规章制度的形式对激励进行严格而明确的规定，并以文本的形式呈现出来。

　　激励的各种具体形式就构成了它的内容，可以说激励的内容十分复杂，而且在不断地推陈出新，这里仅仅举出其中一些有代表性的部分，例如薪酬制度、目标、授权、荣誉与地位、尊重与支持、关爱、文化、职业生涯管理、工作环境、学习和培训等。激励对于企业来说是其组织设计的重要组成部分，具有提高企业凝聚力、激发员工激情等作用。

　　站在企业的角度对于激励过程的设计是一个非常实务的过程。首先，提出了目标统一、公平公正、及时适度、奖惩并用、按需激励、能力匹配和与时俱进等七项基本的设计要求；其次，把整个设计过程划分为需求分析、选择激励方法、优化组合、具体实施和评价调整五个循环往复的部分；最后，对激励在设计和运作过程中的一些误区也做了分析。

　　激励的整个过程设计体系已经明确，然而涉及对具体激励方法的选择和组合仍然是其中最为关键的环节。我们仅就员工职能类型（分为生产人员、销售人员、研发人员、管理层和董事）、员工个人特点（分为技术型、管理型、服务型和创业型）、企业生命周期（分为初创阶段、成长阶段、成熟阶段、衰退阶段）这三个不同的角度简单介绍了激励措施的具体选择和运用过程，可以说为企业的具体运用提供了一种分析思路。

## 思考题

　　1. 对内容型激励理论的代表观点进行详细的比较和归纳，简要地说明其区别和共同点。

　　2. 在管理学的发展史中对激励的定义还有很多，你能找到一些有代表性的观点吗？你能比较它们之间的不同侧重点吗？

3. 从关爱—业务模型中体现的是关爱激励对业务层面点点滴滴的影响，你认为具体的体现方式有哪些？这些方式与一些物质激励手段相比较，在推行时应该注意些什么？

4. 在激励设计过程中的五个步骤中，你认为哪一步骤最难以实现？为什么？

5. 激励设计极易陷入"马太效应"的误区，可以采取哪些措施来避免和补救？可以具体举出一个例子吗？

6. 什么是年薪制？为什么要对高级管理层采用年薪制的激励方式？

7. 股票期权激励的优势和劣势分别是什么？与分红配股制度有什么区别？

8. 什么是企业生命周期？如果你现在是一个处于衰退期企业的人力资源经理，你会对总经理提出一个与环境相适应的激励计划吗？

9. 清朝诗人顾嗣协有一首《杂兴》诗，言简意赅地说明了如何恰当用人的道理：

> 骏马能历险，犁田不如牛。
>
> 坚车能载重，渡河不如舟。
>
> 舍长以避短，资高难为谋。
>
> 生材贵适用，勿复多苛求。

你能从中引申出哪些激励的原则和方法？

 **案例讨论**

### "以众人之私　成众人之公"：华为基于为奋斗者买单的股权激励

摘要：作为中国最富有特色的高科技企业，华为三十多年来通过实施股权激励，并根据自身实际情况不断改革股权激励方案，克服重重困难，完成了企业各个发展阶段的完美蜕变。本案例通过对华为五次股权激励——融资性的股权激励制度、虚拟股票激励制度、高强度配额虚拟股票激励方案、饱和制虚拟股票激励方案和 TUP（time unit plan）时间单位计划的回顾和具体描述，介绍了不同阶段华为股权激励的运作以及对企业的影响，从而发现股权激励推动华为走向成功的规律，并为其他企业在不同发展阶段制订股权激励方案提供借鉴。

资料来源：杨昌辉，胡自然．"以众人之私　成众人之公"：华为基于为奋斗者买单的股权激励[DB/OL]．中国管理案例共享中心，2021. http://www.cmcc-dlut.cn/Cases/Detail/5304.

### 📄 经典书籍推荐

劳勒三世．组织中的激励[M]．陈剑芬，译．北京：中国人民大学出版社，2011.

激励对于企业的重要性毋庸置疑。爱德华·劳勒三世长期致力于有关激励的研究，在《组织中的激励》中，他既总结了与激励相关的理论研究，包括驱力、需求和结果，激励和行为，满意度和行为，在组织中工作的决定，等等，又关注了激励在组织变革与管理实践中发挥的重要作用，包括外在激励与工作绩效、工作设计与工作绩效、人际关系的影响等。

## 参考文献

[1] 罗宾斯，贾奇. 组织行为学：第 18 版[M]. 孙健敏，朱曦济，李原，译. 北京：中国人民大学出版社，2021.

[2] 苏东斌,钟若愚. 激励:高技术中收入分配考察[M]. 北京:北京大学出版社,2003.

[3] 赵颖. 世界知名企业的薪酬激励[J]. 中国人才，2003（7）.

[4] 余兴安. 激励的广度、深度、频度、平衡度与透明度[J]. 中国人才，2004（3）：76-77.

[5] 高巧依. 零售终端一线员工的激励问题[J]. 中国人力资源开发，2003（5）：31-32.

[6] 穆胜. 平台型组织：释放个体与组织的潜能[M]. 北京：机械工业出版社，2020.

[7] 忻榕，陈威如，侯正宇. 平台化管理：数字时代企业转型升维之道[M]. 北京：机械工业出版社，2019.

[8] 晏艳阳,周志. 引入信息成本的信息结构与股权融资成本[J]. 中国管理科学,2014，22（9）：10 -17.

[9] 李勇建，陈婷. 区块链赋能供应链：挑战、实施路径与展望[J]. 南开管理评论，2021，24（5）：192-203+212.

[10] 黄梅萍，汪贤裕. 基于信息结构的供应链双向激励[J]. 软科学，2015，29（7）：125-130.

[11] 宋良荣，江红. 基于经济增加值的企业全面预算管理研究[J]. 技术经济与管理研究，2014（1）：59-63.

[12] 曹中. 论经济增加值及其在企业价值评估中的应用[J]. 会计之友，2011（6）：16-17.

[13] 刘义鹃，张雨朦. 经济增加值法：解读与应用案例[J]. 会计之友，2020（20）：151-156.

[14] 马永斌. 公司治理之道：控制权争夺与股权激励 [M]. 2 版. 北京：清华大学出版社，2018.

[15] 朱忆琳. 中国员工持股计划改革与经济后果研究[M]. 上海：中国财政经济出版社，2020.

[16] 查兰，凯利，尤西姆. 董事会领导力：变革时代重新定义公司的管理逻辑[M]. 强薇，译. 北京：机械工业出版社，2018.

[17] 米尔科维奇，纽曼，格哈特. 薪酬管理：第 11 版[M]. 成得礼，译. 北京：中国人民大学出版社，2014.

[18] 罗丹程. 国际金融学[M]. 北京：北京大学出版社，2021.

[19] 王关义，刘益，刘彤，等. 现代企业管理[M]. 5 版. 北京：清华大学出版社，2019.

[20] 汪瑞. 国有企业管理层激励调整机制研究[M]. 成都：西南财经大学出版社，2017.

[21] 苏东斌，钟若愚. 激励：高技术中收入分配考察[M]. 北京：北京大学出版社，2003.

[22] 格兰兹. 留住你的金员工[M]. 迟文成，译. 北京：中信出版社，2004.

[23] 郭璟，吴宁. 论建立独立董事间接薪酬制度[J]. 管理评论，2004（2）.

[24] TANG C S. A review of marketing-operations interface models: from co-existence to coordination and collaboration[J]. International journal of production economics, 2010, 125(1): 22-40.

[25] BEHNKE K, JANSSEN M F W H A. Boundary conditions for traceability in food supply chains using blockchain technology[J]. International journal of information management, 2020, 52(3).

[26] KALKANCI B, PLAMBECK E L. Reveal the supplier list? a trade-off in capacity vs. responsibility[J]. Manufacturing & service operations management, 2020, 22(6): 1251-1267.

# 第 5 篇　企业组织设计的整合

组织设计的五大模块——结构设计、流程设计、职权设计、绩效评估设计和激励设计，可以看作组织设计系统的五个基本要素。内部要素、要素之间的联系和外部环境是系统存在和发展的三大条件。前面几章主要针对组织设计系统的内部要素（即五大模块本身）如何有效地构建进行了详细的分析；在随后的三章中，我们将着重介绍如何进行组织设计的整合，即组织设计系统如何保持内部一致性（即模块间如何有效匹配），并如何与组织内外的其他因素相适应（即模块与环境如何有效匹配）。由于组织设计系统面对的影响因素是极其复杂的，我们仅从中选取了三个比较典型和重要的权变因素——企业战略、生态环境和组织类型作为组织设计模块整合的着眼点。

# 第 12 章
# 基于战略的企业组织设计整合

 **本章学习目标**

1. 掌握战略的含义及其分类模型；
2. 了解组织设计模块之间及其与战略之间整合的目的和原则；
3. 阐明战略与组织设计之间的作用机理；
4. 描述战略与组织设计之间的对应模式。

## 引例

　　1998 年，标路管理顾问有限公司（以下简称"标路"）在广州成立，创办者是 3 位已经在商场上征战了几年的不同背景的人士，他们当时将目光瞄准了在中国刚刚大规模兴起的国际标准管理体系。依赖为顾客创造价值的理念和公司技术实力，到 2000 年年初，"标路"已经从成立时的 3 人发展到 41 人，聚集了博士、教授、上市公司总经理等一批人才，为包括三菱、ICI、本田、美的、华凌、欧文斯科宁、全球通等著名企业在内的 300 多个顾客提供了咨询服务，完成了公司的原始积累，成为行业的领导者。但是，严峻的考验很快到来了，2000 年成为中国 ISO 灾难性的一年，当年全国通过认证的企业数量在全球位居第一，在珠江三角洲的高速公路广告牌上甚至出现了"ISO 9000、ISO 14000 认证，一个电话就搞掂"的宣传，只要企业申请，基本可以通过。人们对 ISO 的认识成为只要花钱就能买来。这样，当然是价格低者得利，从事 ISO 咨询的公司如同雨后春笋，仅仅珠江三角洲就有数百上千家。怎么办？如果认可这种局面，就意味着急功近利，接着和行业一同告别舞台；如果不屈服，就意味着必须放弃不能为顾客创造价值的东西。在抉择的十字路口，"标路"董事会的成员们开始严肃地思考自己公司的战略问题——这家经常为别人提供战略咨询的顾问机构如今要把自己当作客户了。

　　基于大量数据分析和定性分析的结果，"标路"董事会正式制定了公司的发展战略，其主要内容如下。

　　（1）发扬"信用和知识的结合"，实行战略转移，组建股份制的标路投资管理有限公司，集中优势力量于流程、战略和组织设计服务，并在时机成熟时提供资本运作服务。

　　（2）在公司定位上，追求"适度规模，最好绩效，成为行业领袖"；在市场定位上，追求"占领高端，放弃低端"的策略；在产品定位上，追求"只提供能为顾客创造重大价值的服务"。

（3）采取明确的细分市场战略，仅为自身有潜力的高端顾客服务。

（4）高层管理团队中 70%的成员转移到新公司，除已有核心技术成员外，另行招聘一批具备实践经验和业绩的博士、硕士充实队伍。

（5）和软件业的优秀企业建立战略联盟，投资开发基于"标路"管理思想的软件系统。

（6）将 ISO 业务留在标路管理顾问有限公司，但放弃低端市场，以提供附加价值为服务宗旨。

围绕新的战略，"标路"对公司进行了重组，成立了以流程、战略、组织设计和投资管理为核心业务的标路投资管理有限公司，实行董事会之下的总裁负责制，其内部组织设计的基本内容如下。

（1）每个核心流程尽可能由一个部门负责，以使流程负责和部门责任统一起来。

（2）追求部门责任最大化和部门关系最小化二者之间的平衡。减少部门设置和清楚界定核心流程的目的就是为了实现这一平衡原则。

（3）不因人设岗——公司经营的目的是实现股东价值最大化（不是简单的利润最大化），充分体现顾客、股东、员工和社会利益，不能为了个别人利益而牺牲公司大局；也不完全因岗设人——因为一个理想化的岗位如果无人能胜任，则这个岗位是无效的，必须考虑公司人力资源。

（4）所有岗位的设置应能衡量其绩效，并且符合公司整体利益。

（5）在纵向上体现完整的命令链，明确职能、职责和权限；在横向上体现流程绩效和流程责任，以制度的形式规定相关内容。

（6）总经理之下仅设置总经理办公室、行政人事部、项目管理部和客户服务部四个部门。

（7）编制部门职能和岗位说明，其中不仅明确命令链，而且规定流程，使部门、岗位职能和流程责任完全结合。

此外，对原标路管理顾问有限公司实行股权结构优化，即由标路投资管理有限公司拥有 40%的股份，将 30%的股权出售给某上市公司，剩余的 30%股权作为期权股份分售给优秀员工，而为了 ISO 咨询工作的连续性，在组织上仅剥离企业管理业务相关部门，调整公司和部门领导人。以上的组织重组表面上削弱了企业管理和 ISO 之间的联系，但由于二者在市场定位上的巨大差距，事实上有利于公司主体精力的集中和业务的深化。新的战略和组织运行半年的结果证明了决策的及时和正确，而今，"标路"的投资管理、流程、战略和组织设计业务已经在高端市场上具备了很强的竞争能力，经营业绩也大大超出了预期目标，使"标路"清楚地明确了自己的核心竞争力，面对这种局面，对战略的又一次调整已是必然。

评价一个组织设计方案首要的，也是最基本的标准，就是看其是否符合企业的战略。战略与组织设计的有效结合是企业生存和发展的关键因素。一个企业若想取得成功，就需要制定适当的战略以达到其目标，同时进行适当的组织设计以贯彻其战略，两者需要保持动态的契合。"标路"公司就是在这样的动态中努力保持着战略与组织结构的平衡。

但是，在目前实际的经营管理中，战略与组织设计的不协调仍然是限制许多企业发展的重要因素。这些企业虽然也很重视战略的制定和组织的设计，却往往忽略两者之间的协调配合，从而使经营陷入困境。本章将从战略视角入手，详细分析组织设计五大模块的整合思路和方法。

## 12.1　战 略 概 述

### 12.1.1　战略的概念

商家常言："商场的竞争，即战略的竞争"，足见战略对组织取胜的重要。但对于战略的定义，不同的学者则有不同的诠释，亨利·明茨伯格在其《战略历程》一书中详细阐述了十个学派对战略的理解。鉴于本章研究的是战略与组织设计之间的关系，我们采用理查德·达夫特的观点，即战略是指组织在与竞争性环境相互作用中实现预定目标的计划——目标是确定组织所要到达的目的地，而战略则确定组织如何达到那里（理查德·达夫特，2017）。因此，战略决定的是一个方法论的问题。那么，究竟什么样的方法才能使组织达到既定的目标呢？

在《什么是战略》一文中，波特认为战略所指的方法特指企业如何界定独特的定位、如何做出明确的取舍、如何加强各项活动之间的配称性。这里读者应首先明确：实施战略的目的是为了使组织获得有别于其他组织的持久核心竞争力，而不是使组织仅仅获得好的收益（迈克尔·波特，2014）。

1. 战略不同于运营效益

运营效益意味着相似的运营活动能比竞争对手做得更好，其不仅局限于运营效率，还包括任何一种可以使公司更好地利用其投入的实践，例如降低次品率或以更快的速度开发更好的产品。为了获得丰厚的利润，不断地提高运营效益是很有必要的，但是仅仅做到这一点还不够，因为随着信息技术的日益发达，竞争对手可以迅速模仿组织在管理技巧、新技术、增进投入以及满足客户需求等方面所采取的实践。组织由该实践所获得的相对优势会因此而逐渐丧失。

日益趋同的现状要求组织必须想方设法创造差异，即有目的地选择一整套运营活动以创造一种独特的价值组合——或运营活动有别于竞争对手，或虽然相似，但其实施方式有别于竞争对手，这才是我们所指的竞争战略。也只有这样，组织才能获得持久的差异性优势。

2. 好的战略使企业能够为自己界定独特的定位

企业战略定位的原点选择并非仅局限于顾客需求，波特提出了以下三个建议。

（1）基于种类的定位（variety-based positioning），即基于产品或服务种类的选择，而不是基于客户细分市场进行的战略定位。只有当公司通过其独特的运营活动提供最好的特定产品或服务时，基于种类的定位才具有经济意义。

（2）基于需求的定位（needs-based positioning），这与我们常说的目标客户定位的观念比较接近，如果客户群各有需求，而某些特定的运营活动能够最大程度地满足这些需求时，企业就可以采用这种定位方式。

（3）基于接触途径的定位（access-based positioning），由于企业接触客户的途径会因地理位置或客户规模的变化而变化，因此企业要相应设计出一套不同的运营活动，以便以最有效的方式接触到客户。

3．组织制定的战略往往不止一项

当根据战略定位确定战略之后，还要考虑的就是各战略之间的配称，即企业的各项运营活动之间的配称，它是创造竞争优势最核心的因素，可以分为以下三类。

（1）保持各运营活动或各职能部门与总体战略之间的简单一致性。

（2）各项活动之间的相互加强。

（3）投入最优化，即各项活动之间的协调和信息交流。

4．任何一种战略定位都不可能持久，当各种运营活动互不兼容时，取舍便在所难免

虽然在自己辛辛苦苦制定出的战略中加以选择，绝非易事；但是当组织面对如下三种情况时，就不得不摒弃不再适宜组织运行的战略，以助组织摆脱困境，重筑优势壁垒。

（1）企业在形象或名誉方面出现了前后不一致。

（2）不同的运营活动要求不同的产品配置、不同的设备、不同的员工行为、不同的技能和不同的管理体系。企业在此方面具有不可变通性。

（3）取舍还可能来自对内部协调管理的限制。

## 12.1.2　战略的分类

根据不同的角度，战略有不同的分类。例如，从企业经营领域的宽窄来分，企业经营战略可区分为单一经营战略和多种经营战略；从战略的层次性划分，战略可分为公司层战略、业务层战略和职能层战略。目前在管理学界，为广大学者所普遍接受的战略分类方法主要有两种：一是波特的竞争战略模型；二是迈尔斯和斯诺的战略分类模型。在此，本章将对这两种模型重点加以介绍，同时这也为后面讨论战略的选择如何影响组织设计做好了铺垫。

1．波特的竞争战略模型

波特在其《竞争战略》《竞争优势》《国家竞争优势》中对使组织获得竞争优势的战略加以研究，将其归为三类，即成本领先战略、差异化战略和集中化战略，统称为一般性战略（generic strategies，又称为通用战略）（迈克尔·波特，2014）。其中，集中化战略又可进一步细分为集中低成本战略和集中差异化战略。运用这一模型，管理者要评价两方面因素：一是竞争优势，二是竞争范围。从优势方面看，管理者要确定是以更低的成本竞争，还是以提供特别的或独特的产品和服务，并由此可收取更高的价格这样一种能力来竞争。同时，管理者要确定组织是在较宽广的市场还是较狭窄的市场中竞争，前

者是指在多个顾客细分市场中进行竞争，后者则是指在一个选定的顾客细分市场或者一组细分市场中进行竞争。这两方面因素的选择决定了战略的选择，如图 12-1 所示。

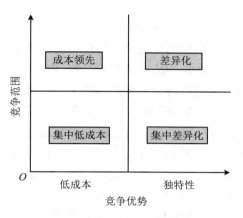

图 12-1　波特的竞争战略模型

（1）成本领先（low-cost leadership）战略，又称为低成本战略，是指试图通过依靠比竞争对手更低的成本来增加市场份额的战略。若市场中存在很多对价格敏感的用户，实现产品差异化的途径很少，购买者不太在意品牌间的差别，存在大量讨价还价的购买者时，可使用该战略。该战略可使组织通过高效率的设施、低廉的成本以及严密控制的方法，使产品的生产效率高于竞争对手，进而提高市场份额和销售额，将一些竞争者彻底逐出市场。由于这种战略主要关心的是稳定性，而不是冒险或为创新、成长寻求新机会，与此相适应的组织结构设计应更强调的是企业内部的效率，而不是企业的外部适应性。

（2）差异化（differentiation）战略，即组织试图使其产品或服务与同行业中其他组织的产品或服务相区别的战略。成功的差异化意味着更大的产品灵活性、更大的兼容性、更低的成本、更高水平的服务、更少的维护需求、更大的方便性或更多的特性。使用该战略的组织以较高的价格出售产品，并通过用户高度依赖产品的差异化特征而得到用户的忠诚。由于该战略要求企业必须具有技术领先优势，并敢于冒险和创新，因此其内部应有宽松、和谐的气氛及部门间的密切配合，对研究开发和市场营销功能有强有力的协调。

（3）集中化（focus）战略，即组织仅将目标集中在某个特殊的顾客群、某产品线的一个细分区段或某一地区市场。实施该战略的组织要能够以高效率、更好的效果为某一狭窄的战略对象服务，从而超过在较广范围内竞争的对手们。波特认为这样做的结果是，公司或者通过满足特殊对象的需要而实现了差别化，或者在为这一对象服务时实现了低成本，或者二者兼得。这样的公司可以使其盈利的潜力超过产业的普遍水平，以保护公司，抵御各种竞争力量的威胁。

2. 迈尔斯和斯诺的战略分类模型

雷德曼·迈尔斯和查尔斯·斯诺在企业战略研究中对战略做了另一角度的分类。他们的分类模型是建立在这样的认识基础上，即管理者都试图制定出与外部环境相匹配的企业战略。组织要设法保持内部组织特征、战略和外部环境的适应。基于该视角，他们将战略分为防御型战略、探索型战略、分析型战略和反应型战略（雷蒙德·迈尔斯、查尔斯·斯诺，1978）。

（1）防御型（defender）战略适用于管理者认为组织面临的环境是稳定的，需求也不再有大的增长与变化的情况。组织的主要目标为保持已有的市场份额，维持现有的顾客群，降低被攻击的风险。虽然防御型战略通常不会提高公司的竞争优势，但是有助于加强公司的竞争地位，捍卫公司最有价值的资源和能力不被模仿，维护公司已有的竞争优势。因此，其主要精力应放于提高内部效率、加强控制上，"低成本战略"适用于此。在防御型战略下，组织形式也多采用控制严格的职能制形式。

（2）探索型（prospector）战略适用于动态、成长中的环境。即管理者认为当前环境复杂多变，随时会有新的竞争者介入，需求高速增长。此时组织的目标应为创新、冒险、寻求新的机会以及成长。其主要精力被放在不断开发出新产品、开拓新市场、实施新的经营管理方法上，此时多采用"差异化战略"。战略的要求决定了组织形式应为强调和谐创新的柔性组织形式。

（3）分析型（analyzer）战略介于探索型战略和防御型战略之间，其采用者试图维持一个稳定的企业，同时在周边领域创新。这是由企业的产品组合决定的：有些产品面向的是一种稳定的环境，对此应采取追求效率的战略，以保持现有顾客；其他产品则处于新的、更为动态的且具有成长性的环境中。采取该战略就是试图在两者之间保持平衡，进而要求组织设计也具有双重性，一方面拥有防御型战略的刚性，另一方面拥有探索型战略的柔性。

（4）反应型（reactor）战略实际上并不能称作战略，因为反应者只是以一种随机的方式对环境的机会和威胁做出被动的反应。采取这一战略时，高层管理者既没有制定长期的计划，也不明确指出组织的使命和目标，因而组织所采取的行动似乎都是为了满足眼前的需要。虽然采取反应型战略的企业有时也能成功，但更经常的情况是，它导致了企业的失败。

### 12.1.3 战略的选择

上述的两个战略模型从宏观的角度对战略进行了划分，但落实到操作层面和具体实务中，企业还有多种战略可以选择，常用的战略如表 12-1 所示（弗雷德·大卫，2018）。

表 12-1　具体的战略选择

| 战　略　分　类 | | 定　　义 | 举　　例 |
| --- | --- | --- | --- |
| 一体化战略 | 前向一体化 | 获得分销商或零售商的所有权或对其加强控制 | 老虎机制造商阿兰斯游艺公司收购经营娱乐赌场的保利游艺公司 |
| | 后向一体化 | 获得供方公司的所有权或对其加强控制 | 汽车旅馆业的汽车旅馆公司收购家具制造厂 |
| | 横向一体化 | 获得竞争者的所有权或对其加强控制 | 第一联合银行收购第一忠诚银行 |

续表

| 战 略 分 类 | | 定 义 | 举 例 |
|---|---|---|---|
| 加强型战略 | 市场渗透 | 通过更大的营销努力提高现有产品或服务的市场份额 | 约翰逊保险公司将其在墨西哥的代理商数量增加了一倍 |
| | 市场开发 | 将现有产品或服务打入新的地区市场 | 沃尔玛公司向中国扩张 |
| | 产品开发 | 通过改造现有产品（服务）或开发新产品（服务）而增加销售 | 上海大众公司开发 2000 型汽车；通用汽车公司改变原秋季推出的新车型 |
| 多元型战略 | 集中化多元经营 | 增加新的，但与原业务相关的产品或服务 | MCI 通信公司将业务范围扩大到咨询、传呼、软件、上网和无线通信 |
| | 横向多元经营 | 为现有用户增加新的不相关的产品或服务 | 上海 1000 家东方书亭增加开奖、购票业务；康弗斯公司的收购失败 |
| | 混合式多元经营 | 增加新的、与原业务不相关的产品或服务 | 海尔公司生产家庭用计算机 |
| 防御型战略 | 合资经营 | 两家或更多的发起公司为合作目的组成独立的企业 | 通用汽车公司与上海汽车集团在浦东投资 10 亿美元建立 SGE；通用与丰田的合作 |
| | 收缩 | 通过减少成本与资产对企业进行重组，以扭转销售额和利润下降 | 上海纺织局下属企业大量关停，在职员工由 55 万削减到 30 万 |
| | 剥离 | 将公司或企业的一部分售出 | 上海新扬实业集团将与家禽业主业无关的企业全部剥离 |
| | 清算 | 为实现其有形资产价值而将公司资产全部分块售出 | 南德公司的破产 |

不可否认，随着市场竞争的日益激烈，企业越来越关注战略的选择，战略的种类也变得更加纷繁多样。在此，我们无法列举穷尽，读者可结合实践中的具体案例加以充实完善。

## 12.2　整合的目的及其原则

### 12.2.1　模块间整合的目的

前面几章所论述的组织设计的五大模块——结构设计、流程设计、职权设计、绩效评估设计和激励设计，为我们在进行单独某个模块的设计时提供了思路和方法。但应注意到，这些模块之间存在着很强的内在逻辑性，并不是相互孤立的。在通过结构设计划分了各个部门之后，需要针对部门内部以及各部门之间如何有效运行进行合理的流程设计，然后在此基础上通过职权设计赋予各个部门、岗位、人员相应的职权以实现组织的运行，最后在利用绩效评估设计对组织运行效果进行评估和控制的同时，还应为使组织更加有效地运行进行相应的激励设计。（注：在现实的组织设计中，五大模块之间一般不会在时间上体现如此明显的先后顺序。此处表述的仅仅是它们之间的一种逻辑关系。）更为形象一点地说，结构设计回答了"做什么"的问题，流程设计回答了"怎么做"的问题，职权设计解决了"要我做"的问题，而绩效评估设计和激励设计则解决了"我要做"的问题。

各个模块之间紧密联系、彼此影响、互为依托。任何一个模块存在缺陷或与其他模块不协调，都会削弱其他模块功用的发挥，进而对整个组织设计效果产生不利的影响。这就好比一台 PC 机，各部分硬件条件都不错，但由于相互之间不兼容，结果导致整体效能不佳。

所以，在进行单独某个模块的设计时，我们还要考虑其他模块对它的作用和影响；而在进行一个全新的组织设计时，我们更要兼顾五大组织设计模块之间的兼容性和匹配性。

我们对组织设计模块进行整合的目的就是使它们共同构成一个有机的系统，为组织的有效运行更好地服务。

### 12.2.2  模块与战略间整合的目的

企业的组织设计是为企业战略服务的，战略的制定和调整会对五大组织设计模块产生直接的影响。而是否有助于企业战略的实现，也是考察组织设计模块整合效果的重要标准之一。

如果说五大组织设计模块共同构成了一个系统的话，那么，在保持系统内部一致性的同时，还应使其与外部环境达到吻合，才能保证系统的存在和发展。组织设计系统面对的外部环境无疑是复杂多变的。企业战略、生态环境、组织类型、员工素质、企业文化等各种权变因素都在影响着企业的组织设计，而现如今，技术、市场等环境因素的瞬息万变也使得组织设计变更的频度明显加快，组织设计必须适应这些权变因素。

在本书中，我们选取了企业战略、生态环境和组织类型这三个比较典型和重要的权变因素作为五大组织设计模块整合的着眼点。在这一章中，我们将着重分析基于战略的组织设计模块的整合。基于生态和基于类型的组织设计模块的整合将分别在随后的两章中予以论述。

### 12.2.3  整合的原则

从系统论的角度出发，组织设计模块的整合应遵循以下三个基本原则。

**1. 一致性（或匹配性）原则**

组织设计的各个模块——结构设计、流程设计、职权设计、绩效评估设计和激励设计，不应该被随意地挑选和拼凑；相反，应该按照有内部逻辑联系的一些特定聚合来整合它们，并且这种聚合应该与组织设计系统的外部环境（企业战略、生态环境、组织类型等）保持一致。当它们被不恰当地匹配时，组织便不会有效运行，无法达到自然的协调。管理者要想进行有效的组织设计，就必须注意匹配问题。

**2. 动态性原则**

组织设计系统面对的外部环境因素是不断变化的。生态的进化、战略的调整、类型的转变等都要求组织设计应随之发生相应变化，由此促使组织设计的各个模块进行更新和重组，最终达到新的适配。当权变因素发生新的变化时，新一轮的整合又随即展开。组织设计系统的内部及内、外部之间就是在这种不断的动态匹配中趋于一致的。没有一成不变的外部环境，也没有一成不变的组织设计。

**3. 开放性原则**

对组织的设计应是开放性的设计，不要囿于局部，而应着眼全局。"闭门造车"只会使组织丧失活力。在针对某个模块进行设计时，应兼顾与其他模块之间的相互作用；在对组织设计模块进行整合时，应注意与外部环境相适应；而在基于某个环境因素对组织进行设计时，也不应忽视其他环境因素的存在和影响。只有在这种开放性的思维中，组织设计模块才能得到有效的整合。

## 12.3　整合的模式

组织战略的形成依赖于对组织内、外部环境的评价。环境的变化促使战略随之发生转变，并进而要求组织设计做出相应调整。可以说，内、外部环境是企业进行组织设计的基础，环境的变化是导致企业进行组织再设计的根源。而战略作为环境与组织之间的桥梁，则更为直接地影响着企业组织设计。图 12-2 体现了环境、战略和组织设计三者之间的关系。

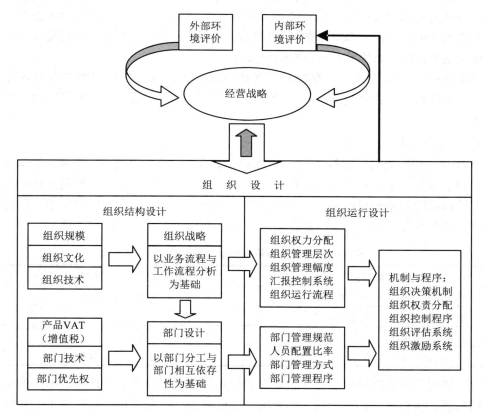

**图 12-2　环境、战略和组织设计三者之间的关系**

如图 12-2 所示，组织设计可以划分为两个方面：一是组织结构设计，二是组织运行设计。对组织结构设计来说，它主要受到组织的规模、文化，以及组织所采用的产品技术和管理技术等的影响；而组织运行设计则是在组织结构设计的基础上，对组织的决策、权责、控制、评估、激励，以及在流程基础上形成的运作规范的设计。组织设计五大模块中的流程设计、职权设计、绩效评估设计和激励设计都可划归到组织运行设计的范畴中。其中，流程设计明确了运行的方式，职权设计和绩效评估设计提供了运行的保证，而激励设计则使得运行更为有效。

从图 12-2 中我们还可以看到，企业组织设计在跟随战略的同时，也在对组织战略的实施和形成施加影响。下面我们将具体分析战略与组织设计之间的关系，并对它们的对应模式进行描述。

### 12.3.1　作用机理

企业战略需要通过组织设计来实现，组织设计服务于企业战略。企业应根据其战略进行组织设计，战略的变化要求组织设计随之做出相应的调整。

当然，组织设计在受到组织战略控制的同时，也在对组织战略施加影响。这种影响不仅仅在战略的实施方面得以体现，还会波及组织战略的形成。众所周知，组织外部环境和自身能力是组织战略制定的重要参考要素。而组织设计是组织能力形成的重要来源之一，进而影响组织对外部环境的反应速度和准确度。所以，优秀的组织设计会使企业更可能做出正确的战略决策并予以有效地执行。

企业战略与组织设计之间存在着相互作用的关系，但这种作用的内在机理是什么呢？本书前面将组织设计划分为结构设计和运行设计两大方面，接下来将以此为基础进行论述。

1. 企业战略决定结构设计

1962 年，美国著名学者钱德勒（A. D. Chandler）发表了《战略与结构：美国工业企业史上的篇章》一书，在书中他根据对大约一百家美国最大工业企业的调查研究，提出了组织结构应因战略而异的观点。书中指出，美国许多大企业在发展过程中，经历了战略发展的四个阶段，每一个阶段都有与之相适应的组织结构，如表 12-2 所示。

表 12-2　战略发展阶段与组织结构的对应关系

| 战略发展阶段 | 主要的组织结构形式 |
| --- | --- |
| 第一阶段：数量扩大战略阶段 | 直线型的简单结构 |
| 第二阶段：地域扩散战略阶段 | 职能型结构 |
| 第三阶段：纵向一体化战略阶段 | 集权的职能型结构 |
| 第四阶段：多种经营战略阶段 | 分权的事业部型结构 |

（1）数量扩大战略阶段。许多企业在创建初期，往往只是某个地区的单一的生产厂家或销售者，执行单纯的生产或销售职能。这段时期，企业采用的是数量扩大战略，即在一个地区内扩大企业的产品或服务的数量。企业的组织结构也比较简单，常见的是直线型的简单结构。

（2）地域扩散战略阶段。随着自身规模的扩大，企业要求将产品或服务扩散到其他地区去，由此提出了地域扩散战略。这时，对各部门之间的协调和专业化要求明显提高，具有分工协调和技术管理等作用的职能型结构便应运而生。

（3）纵向一体化战略阶段。为了应对竞争、扩充实力，企业要求自己拥有部分原材料的生产能力或产品的销售渠道，于是产生了纵向一体化战略。与此相应，在企业中出现了中心办公机构及众多职能部门，而由于各生产单位之间有很强的技术联系，管理权力集中在高层，形成了集权的职能型结构。

（4）多种经营战略阶段。为了进一步增强自身实力、减少经营风险、保证均衡的投资利润率，企业开始推行产品多样化和多角化经营战略。这时，企业的经营跨越多种行业，与此相适应建立了分权的事业部型组织结构。

不难看出，"战略决定结构，结构跟随战略"的观点是符合大量企业发展的历史事实的。下面的案例是对国内知名企业——美的集团的发展历史的简要描述。

 案例

美　的　集　团

1977 年，钱德勒在其发表的《看得见的手：美国企业的管理革命》一书中重申："经营战略与组织结构关系的基本原则是组织的结构要服从于组织的战略。这就是说，企业的经营战略决定着企业组织结构类型的变化。这一原则表明企业不能从现有的组织结构的角度去考虑经营战略，而应根据外部环境的变化去制定相应的战略，然后根据新制定的战略来调整企业原有的组织结构。"

那么，企业是如何根据其战略调整组织结构的呢？这主要表现在以下两个方面。

（1）不同的战略要求不同的业务活动，从而影响着部门和职务等方面的设计。例如，企业在实施扩张或收缩战略时，往往会带来业务部门的增减。由于战略种类的复杂多样，在此，我们将仅站在企业经营领域宽窄的角度，针对分类的各个具体战略进行说明。

（2）战略中心的转移会引起组织工作重点的改变，从而导致各部门与职务在企业中重要程度的改变，并最终导致各管理职务以及部门之间关系的相应调整。

下面对这两个方面进行详细阐述（吴培良，1998）。

1）单一经营战略和多种经营战略

从企业经营领域的宽窄来分，企业经营战略可区分为单一经营战略和多种经营战略。它们要求不同的组织结构与其适应。

（1）单一经营战略。由于企业自身的特点，企业的经营范围只局限于某一行业或某一行业内的某种产品。这或者是因为企业规模较小，集中生产某种产品，有利于扩大该种产品的生产规模，降低成本；或者是因为企业属于上游产业，其生产技术和管理经验较难跨行业应用。与这种战略相适应的组织结构是通常的集权的职能型结构。这一方面是由于经营的产品品种单一，管理比较简单；另一方面，实行集权的职能型结构，比起实行事业部型及矩阵型结构等结构形式，有利于减少管理人员，降低成本。

（2）多种经营战略，即企业经营领域发展到行业内的多类产品或跨行业经营。这又可细分为多种情况，分别要求不同的组织结构与之相适应。

① 副产品型多种经营。企业在生产主要产品时，为了充分利用资源、提高经济效益、减少环境污染等，还同时生产经营某些副产品，而这些副产品已超出了本行业的范围。例如，钢铁厂炼焦车间生产各种化工产品；有色金属冶炼厂利用尾气制取硫酸；机械制造企业利用边角余料生产日用小商品；等等。这类企业看上去已成为多种经营，但经营重心仍是原来的主业，副产品的生产经营不过是附属性的。这类企业的经营范围虽已跨出单一经营，但它与单一经营企业的差别不大，副产品生产经营的比重不大，所以它所采用的组织结构与单一经营很相似，也是相当集权的职能型结构。不同的是企业对副产品的生产经营应当有单独的经济核算，以便体现副产品生产经营对公司的经济效益。

② 相关型多种经营，又称作横向一体化。这或者是为了发挥同类技术特长横向地扩大生产经营范围，例如，电子计算机企业利用其电子技术优势，兼生产电视机、办公自动化机械、雷达设备、医疗电子仪器等产品；或者是为了发挥企业现有销售渠道的优势，如电冰箱厂兼从事其他各类大小家用电器的生产和营销。这类企业，其经营重心通常属于下游产业范围，如最终产品的加工装配、批发、零售等。实行这种战略的企业，宜采用分权的事业部型结构。当然，分权并不是彻底的。在公司一级仍有颇为庞大的行政队伍，许多工作诸如市场营销、研究开发等，可能仍由公司一级的职能部门来负责进行。

③ 非相关型多种经营，又称作多角化经营。例如，电器企业同时又经营旅游业和食品行业。这些行业之间在生产技术和经营管理上都有很大差别。企业这样做主要是为了减少经营风险，保持均衡的投资利润率。我国企业中为了解决就业问题而建立的劳动服务公司和第三产业也可归入这一类。对于这类企业，在组织结构上应实行较为彻底的分权，实行母公司制，即总公司对各经营部门只起一个持股公司的作用，子公司具有独立的法人地位。总公司一级的行政机构十分精干，从事各项生产经营职能的部门都放在子公司进行，以保证子公司有足够的独立性，根据本行业的特点来从事经营管理。总公司对这些公司的管理，只是在必要时对不称职的子公司经理进行更换，更换后又放手由新任经理去经营。各子公司严格独立，以便衡量各自的经营效益，并做出增加或减少投资的决定。特大型的公司，由于下属子公司的数目太多，不可能由总公司一一直接管理，也可以对一组子公司设置联合经理，其作用相当于这些子公司的董事会，由他来履行总公司对子公司的人事、财务决策。

④ 相连型多种经营，又称作纵向一体化。这是指在生产技术上有一定联系的纵向的跨行业多种经营。例如，一家印染企业发展前向一体化从事服装业的生产和销售，造纸企业发展后向一体化从事木材采伐和纸浆生产，等等。这类企业各经营领域之间的联系，比起非相关型多种经营来说较为紧密，但又不如相关型多种经营。因此，其组织结构的

特征是介于相关型多种经营与非相关型多种经营之间，采用混合型组织结构。这类企业的有些经营部门受到总公司较多的制约；有些经营部门比较独立，实行母公司制；还有一些经营部门，可联合为一组，设立联合的管理机构。

以上各类经营战略与组织结构间的对应关系可归纳如表 12-3 所示。

表 12-3　经营战略与组织结构间的对应关系

| 经 营 战 略 | 组 织 结 构 |
|---|---|
| 单一经营 | 职能型 |
| 副产品型多种经营 | 附有单独核算单位的职能型 |
| 相关型多种经营 | 事业部型 |
| 相连型多种经营 | 混合结构 |
| 非相关型多种经营 | 子公司型 |

2）不同战略中心

企业经营管理中的各项基本职能，如生产、销售、开发、财务、人事等，都是为了实现企业目标所不可缺少的。因此，几乎每一个工业企业都具有这些职能管理部门。但它们在企业管理系统中的地位和作用则可以是不同的，可能某一职能处于中心地位。由于处于中心地位的职能不同，从而形成不同类型的组织结构，例如以质量管理为中心的组织结构、以技术开发为中心的组织结构等。美国的德鲁克在《管理：任务、责任、实务》一书中打了一个形象的比喻。他说，整个企业组织结构如同一栋建筑物，各项管理职能如同建筑物的各种构件和砖瓦材料，而关键性的职能就好比是建筑物中负荷量最大的那部分构件。因此，任何一家卓有成效的公司，其关键职能总是设置于企业组织结构的中心地位。那么，哪一项基本职能是关键职能呢？这主要是由企业经营战略的中心所决定的。有的企业把质量放在中心地位，实行以优质取胜的战略；有的企业则把技术开发放在中心地位，实行以品种规格齐全、不断推出新产品取胜的战略；等等。不同的战略中心，要求有不同类型的组织结构。常见的大致有质量型、开发型、营销型、生产型等结构类型，它们根据不同的战略中心的要求，分别把有关的管理职能置于组织结构的中心地位。表 12-4 是米歇尔·罗伯特关于企业战略决定关键职能的研究成果。

表 12-4　企业战略与关键职能的对应关系

| 企 业 战 略 | 关 键 职 能 |
|---|---|
| 产品驱动型战略 | 产品的改进、销售/服务 |
| 客户/市场驱动型战略 | 市场调研、提高客户忠诚度 |
| 技术驱动型战略 | 研发、应用推广 |
| 生产驱动型战略 | 生产效率、营销 |
| 销售/营销驱动型战略 | 招聘销售人员、销售 |
| 物流驱动型战略 | 系统结构、系统效率改进 |
| 资源驱动型战略 | 开采、加工 |
| 成长驱动型战略 | 资产管理、投资 |
| 利润驱动型战略 | 投资组合管理、信息系统 |

应当指出，在实际工作中，有些企业的组织设计，在各项基本职能的关系上，并没有突出地以某一种基本职能为中心，而是一种并列的结构。这种结构的存在可能有两种情况：一是企业的发展战略还没有明确，或各项基本职能的重要性相似，不存在某一特别重要的关键性职能；二是组织设计存在缺陷，没有把关键职能放在组织结构的中心地位。

以上我们分析了企业发展各个阶段的战略和组织结构的变化，以及战略在两个方面对组织结构的影响。但是在实际的企业经营管理中，组织结构并不是完全由战略决定，跟随战略的；反过来，组织结构还在一定程度上对战略的制定和实施起着限制作用。

首先，当一个企业的组织结构已经确立、人员已经配备、规章已经制定时，企业往往会力图避免过多地更改企业的组织结构，因为它会损失组织效率，分散企业的资源，甚至造成企业运行的停顿。因此，企业在制定战略时会或多或少地考虑组织结构的因素。一个完全与现有组织结构脱节的战略不会是一个好战略。

其次，在一个大企业中，重要的知识和决策能力是分散在整个公司之中的，而并非集中于高层管理人员。"一个企业的结构将决定低层的决策者们以什么样的方式和顺序把信息汇集在一起为公司战略决策服务——它（结构）为高层管理人员制定战略决策设定了一个议程。"

最后，"企业的结构还会影响那些到达高层管理人员的有关战略实施的信息"，从而影响高层管理人员对战略实施的评价，进而影响他们（高层管理人员）对企业战略的修正。

通过上述对企业战略和组织结构之间相互作用的分析，我们可以得出以下四条使企业战略与组织结构有效结合的措施。

（1）对于各种组织结构类型的优点、缺点进行认真分析比较，然后根据企业战略决策的特点选择一种最合适的组织结构类型与企业战略相匹配。例如，地区分部结构适合于其战略需要适应不同地区用户的不同特性与需求。它可以使管理者参与决策制定并改善区域内的协调。所以，业务范围广泛的 ABB 公司就将其管理结构按欧洲、美洲和亚太三个地域重新进行了设置，并取得了显著的成果。而产品分部结构是需要对特殊产品或服务给予特殊关注时的最有效的战略实施方式。此外，当企业的产品或服务有很大差异时，这种组织结构也被广泛应用。所以，这种组织结构就被通用汽车公司、杜邦公司和宝洁公司所采用。

（2）对企业的价值链（见图 12-3）进行认真考察分析，指出在企业战略中具有关键战略意义的组织单位，并使得这些单位成为企业组织的核心单位，以获得必要的资源、组织影响力及决策影响力，促进企业战略的实施。另外，考虑企业的非核心业务——对企业战略实施意义不大的活动和能力，是否应采取外购的方式从企业外部获得，以在降低组织运作成本的同时，使企业的组织结构更有利于企业战略的实施和核心战略能力的培养。

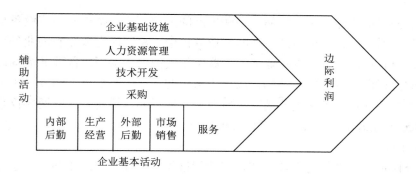

**图 12-3　企业的价值链**

（3）如果企业的一项具有关键战略意义的核心业务不能够安排在一个组织单位内完成，那么就需要加强分管这项业务不同方面的几个组织单位间的沟通和联系。在这种情况下，企业通常需要设立一个战略管理单位，对这几个组织单位的业务活动进行统一管理，以促进企业战略的顺利实施。

（4）当企业出现经营管理问题，组织绩效下降，需要制定新战略并改变组织结构与之相适应时，应尽量避免企业组织结构剧烈的、过大的变动，而采取一种平稳的、渐进的方式去对组织结构进行改革，以减少变革过程中组织效率的损失。

2. 结构设计需要相应的运行设计与之匹配

如前所述，结构设计和运行设计是企业组织设计的两大方面，前者生成了组织运行的载体，后者提供了组织运行的动力。这两者只有有效结合，才能满足企业经营战略对组织设计的基本要求。组织结构设计需要相应的组织运行设计与之匹配，采用职能型结构和采用横向型结构的组织，在流程、职权、绩效评估和激励方面的设计就有明显的不同；反过来，组织结构也受到组织运行设计的影响，例如由于企业流程再造而带来的一些部门的删减等。

所以，仅仅使组织结构与组织战略达到适配，仍无法保证战略的顺利实现，还需要组织运行设计予以有效的支撑。我们常常看到许多企业具有类似的组织结构，而在实际的企业运营中却发挥出差异很大的组织效率。下面来看引例。

相关研究表明，目前我国国企在进行分权化的过程中，相当数量的企业遭遇到了类似的发展困境。

20 世纪 30 年代以前，企业采用的全部是集权型管理体制；30 年代以后，以斯隆在通用汽车公司进行事业部制改革开始，分权化管理开始逐渐成为一种潮流。90 年代以后，分权化的程度进一步加深，国际上许多优秀企业基本采用的都是分权型管理体制，ABB公司是其中的典型，其分布于全球的五百多个业务部门，都是独立的作战单元。

分权型管理体制本是企业组织变革中的趋势性做法，但是，我国许多企业之所以遭遇困境，其主要原因并不是组织结构设计不符合企业战略要求，而在于组织运行设计方面存在缺陷。下面我们从三个方面对此进行分析。

1）在流程设计方面

在环保和安全业务市场上，"设备总承包"逐渐成为主要业务形式，南京固宁公司原来由各个子公司单独进行单个产品营销和生产的组织模式，根本不适应设备总承包业务的开展，为了抓住设备总承包这一战略性业务机会，总部决定成立新的业务部门——设备承包部，由它负责设备总承包业务的开展工作。但由于部门内部业务流程以及与其他部门之间的流程设计方面内在缺陷，以至于部门的运作效率低下，与其他子公司之间的联系不足，最终导致设备承包部的总承包业务开展得非常尴尬：成立两年仅拿了两个单值不足5000万元的项目，而且全部以亏损告终。

2）在职权设计方面

很多分权企业在进行组织转型和管理转型过程中，处理得过于简单：总部权力下放过大，功能一次性弱化；对子公司或业务部门的功能完善和管理完善工作毫不过问，并认为这才符合分权管理的要求。这种把转型工作当作"移交"工作，缺乏明确的组织转型督导和过渡性管理安排的简单化做法，结果导致组织形式的退化（从原来较为高级的直线职能制退化为作坊式的联合体）和管理的粗放——子公司或业务部门从分权体制开始，就基本上处于自生自灭、放任自流的状态，这无论是对子公司或业务部门，还是对总公司或总部，都是极其不利的。

3）在绩效评估和激励设计方面

上海申力在组织变革之后，总公司对业务部门的管理主要是定经营指标和定提存比例，这种短期性激励模式使得业务部门关心的只是当期的业务完成情况，以及在此基础上的利润提存。而对于建设性的工作，则做得很少，如即使是战略性项目，若当期利润不高，则事业部也不愿意接；事业部也不愿意开发新市场、引进人才和进行技术开发投入。这在本质上限制了事业部资源增长和能力的提升，事业部在资源的单向消耗中度日。

组织运行设计存在缺陷的表现形式是多种多样的，由此引发的问题及影响程度也各有不同。以上只是对这些表现形式和问题的一些列举，但组织运行设计不当对企业造成的严重危害可见一斑。所以，在进行组织设计时，应对组织运行设计予以充分重视。在选取正确的方法对流程、职权、绩效评估和激励进行设计的同时，还应注意彼此间的搭配，并与组织结构设计有效结合，从而达到组织设计系统的内部一致，而这正是组织战略顺利实现的基础。

## 12.3.2　对应模式

如前所述，组织战略决定结构设计，结构设计需要相应的运行设计与之匹配。这为我们基于战略进行组织设计模块整合提供了思路。下面我们以两个经典的战略分类模型为基础，讨论战略的选择究竟是如何影响组织设计的。

组织战略需要通过组织设计来实现，组织设计服务于组织战略。企业应根据其战略进行组织设计，战略的变化要求组织设计随之做出相应的调整。有唯一"最好的"组织设计的观点是值得怀疑的。实际上，企业最好的组织设计依赖于它所奉行的战略。例如，考虑一家相片洗印公司其组织与战略之间的关系。大多数相片洗印公司是以低成本和规模化洗印来竞争，而高档次的相片洗印公司却通过提供高质量的定制化相片洗印服务并收取相应的高价格来占据不同的细分市场。一个典型的规模化相片洗印公司的组织与一个典型的高质量相片洗印公司的组织不同。在规模化相片洗印公司中，销售部门与生产部门通常分开，生产部门要尽可能高效率地洗印标准化的产品，而销售人员主要是为这些标准化的产品争取订单。而在高档次相片洗印公司，销售人员必须与生产人员开展更密切的合作来调动顾客需求，并就从产品到顾客的反馈进行沟通。因此，这些公司雇用的销售人员比规模化相片洗印公司雇用的销售人员更懂得摄影知识。但是，高质量相片洗印公司也要在企业内部建立协商常规，以便生产人员和销售人员进行沟通，并为建立顾客关系提供资源支持。规模化相片洗印公司不需要这些常规，也不需要花费资源来认识特定顾客。而且，规模化相片洗印公司的激励政策是在可接受的质量水平上与维持高产量相联系，而高档次相片洗印公司的报酬与顾客满意度紧密联系。

当然，组织设计在受到组织战略控制的同时，也在对组织战略施加影响。这种影响不仅仅在战略的实施方面得以体现，还会波及组织战略的形成。众所周知，组织外部环境和自身能力是组织战略制定的重要参考要素，而组织设计是组织能力形成的重要来源之一，进而影响着组织对外部环境的反应速度和准确度。所以，优秀的组织设计会使得企业更可能做出正确的战略决策并予以有效地执行。

通过对上述两个战略分类模型的研究，我们可以发现，战略的选择要求组织设计应具有某种倾向性——或是"效率"至上，或是强调"学习"，或是两者兼顾。采用成本领先战略的管理者是从提高效率的角度设计组织，而差异化战略则要求考虑学习能力。探索型战略对组织设计的要求类似差异化战略。防御型战略则与成本领先战略类似，都采取以效率为中心的组织设计。分析型战略的采用者，一方面要在稳定的产品线经营中求得效率，另一方面又要在新产品领域保持灵活性和学习能力。而在反应型战略之下，管理者既没有给组织指明方向，也没有一种明确的组织设计思路，无明显倾向可言。

在战略的导向下，这种倾向性及其程度直接影响企业的组织设计，并使其呈现出相异的特征。例如，力求成长和开发新产品的强调学习的公司，看起来或者"感觉"起来，就与旨在维持早就投放市场的产品在一个稳定行业中的市场份额的讲求效率的这类企业有所不同。

图 12-4 对照了从效率角度出发和从学习角度出发进行的两种组织设计，前者是以高效率作为绩效目标，后者则是以持续的学习作为目标。我们从以下五个方面对它们进行比较描述（理查德·达夫特，2017）。

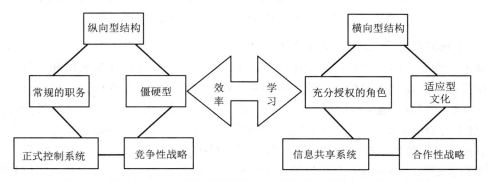

**图 12-4 从效率角度出发和从学习角度出发进行的两种组织设计的对比**

### 1. 纵向型结构与横向型结构

传统上，最常见的组织结构一直是从下层到上层，都是按照工作的相似性而将组织所要进行的活动加以归并和分组的。这样的组织一般很少能形成跨职能部门的合作，整个组织的协调和控制是通过纵向的层级链，且决策制定权集中在高层管理者手中。从促进高效率的生产和技能的纵深发展角度看，这种结构可能是相当有效的。职权层级链为大型组织中的监督和控制提供了一种有力的手段。然而，在迅速变化的环境中，不仅层级链负荷过重，而且仅仅依靠高层经理人员很难对问题或机会做出足够快速的反应。

从学习角度出发的组织摈弃了造成组织高层管理者与技术核心层工人间巨大隔离的纵向结构。它是围绕横向的流程或过程，而不是职能部门来创新的结构。纵向的层级链得到明显缩短，而且或许仅保留很少量的资深经理人员从事传统支持性的职能，如财务和人力资源管理。自我管理团队成为学习型组织的基本工作单位。团队包含了来自各职能领域的人员，因此，职能界限实际上消失了。有些时候，组织还取消了部门设置。例如，奥迪康控股公司（Oticon Holding A/S）是丹麦一家推出了世界第一架数码助听器的公司，它既没有组织图，也不设部门、职能和职务头衔，组织层级的所有痕迹都在这里消失了。公司全部 150 名员工不断地组成或重组为自我管理团队，为特定的项目开展工作。

图 12-5 以一个简化的连续流显示了结构设计由于在效率和学习之间的倾向程度不同而呈现的不同模式。

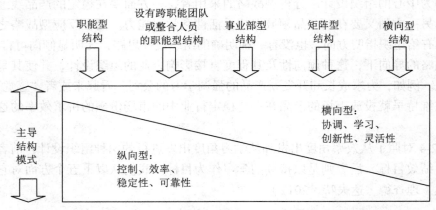

**图 12-5　以效率为中心和以学习为中心的组织结构的关系**

### 2. 常规的职务与充分授权的角色

倾向于效率与倾向于学习的组织的另一个区别表现在结构的正规程度和对员工开展工作的控制上。前者提倡精细地确定每一项工作，并规定这项工作应该如何执行。所谓职务（task），就是分配给一个人的范围狭小的工作。在传统的组织中，任务被分解为各个独立的专门化的部分，就像一台机器中的零件一样。有关任务的知识和控制集中在组织的高层，员工被要求按照命令做事。与之形成对照，角色（role）则是动态的社会系统的基本构成部分。角色具有自我处置问题的权力和责任，允许员工运用其自主权和能力取得某种结果或实现某一目标。在从学习角度出发的组织中，员工在团队或部门中扮演了一个角色，而角色的任务可能会不断地调整或者重新设定。很少有规则程序存在，对任务的知识和控制的掌握，是在员工的手中，而不是在主管人员或高层经理人员的手中，而且这样的组织鼓励员工在彼此之间及与顾客之间的共同工作中解决问题。

### 3. 正式控制系统与信息共享系统

在创办时间不长或规模较小的组织中，沟通通常是非正式的、面对面的，很少设有正式的控制与信息系统。这是因为公司的高层领导者常常在日常的业务经营活动中与员工们并肩工作。但是，当组织规模扩大和变得复杂以后，高层领导者与技术核心层工人们的距离拉大了，从而需要设立正式的系统来处理日益增多的庞大信息，并鉴别出实际成绩与既定标准和目标的偏差。

在从学习角度出发的组织中，信息则服务于另一种完全不同的目的，即通过信息的广泛共享而使组织保持一种最佳的运行状态。组织力求恢复到那种小型的创业型公司的状态，这样，所有的员工都掌握了关于公司的全部信息，他们能够快速地采取行动。管理者工作的重要部分不是利用信息来控制员工，而是设法开通沟通的渠道，使各种思想能向各方面传递。此外，为了增强学习的能力，组织还维持着与顾客、供应商甚至竞争者之间的开放式沟通，而信息技术就是保持人们之间接触的一种手段。例如，巴克曼实验室公司（Buckman Laboratories）设立了一个称作"K' Netix"的计算机化知识网络，使分布在 80 个国家中的 1200 名员工能互相沟通，动用公司所有的脑力来为每一个顾客服务。

### 4. 竞争性战略与合作性战略

在为高效率的绩效目标而设计的传统组织中，战略是由高层管理者制定，而后在整个组织中推行的；高层经理人员动脑思考组织如何面对竞争而做出最好的反应，如何有效地使用资源和应对环境的变化。与之对照，在以持续的学习作为目标的组织中，是那些拥有充分信息并得到充分授权的员工以其日积月累的行动在为公司战略的发展做出贡献。由于所有员工都与顾客、供应商保持着接触并了解新的技术，因而他们能帮助鉴别顾客的需要及其解决方案，这样也就能参与战略的制定。另外，战略还产生于与供应商、顾客甚至竞争者的合伙关系中。最终，组织变成既是竞争者又是合作者，探索着寻找出学习与适应的最佳方式。约翰·利德格恩（Johan Liedgren）不仅是霍克沃姆国际公司（Honkworm International，一家在线娱乐代理商）的首席执行官，同时还是其他 7 家电子商务公司的董事会成员，而其中一些公司中的首席执行官也同时在霍克沃姆国际公司中担任董事。他们互相了解各公司的预测、营销计划和新产品的研发，甚至还互通各自公司的财务情况。

### 5. 僵硬型文化与适应型文化

组织要保持健康的状态，就需要一种能鼓励员工适应外部环境变化的一种文化。然而，目前许多组织面临的一个危险是，它的文化变成了一种僵硬式的文化，组织中的各种行为就像被混凝土凝固了似的。在稳定环境中取得非凡成功的组织，往往在环境开始急剧变化时成为其过去成功的牺牲品。曾经使公司获得成功的文化价值观、思想和行动，在迅速变化的环境中，逐渐成为这家公司取得好绩效的障碍。

而从学习角度出发的组织中的文化提倡开放、平等、持续的改进和变革。组织的成员对整个系统了如指掌，知道各方面如何配合在一起，组织的各部分之间以及组织与环境之间如何相互作用。整个组织的思想观念放在了弱化组织内的边界以及与其他组织的边界方面。另外，这些组织停止了制造地位差距的活动，抛弃了显示地位差别的标志物，如特设的经理人员餐厅和预留的车位等。每个成员都是对组织有益的贡献者，而组织则成为提供关系网络的场所，使人们能够充分地发展其潜能。强调给予每个人关心和尊敬，这就创造了一种促使人们大胆去尝试、敢冒风险甚至犯错误的组织氛围，而所有这些则又促进了学习。

综上所述，我们可以得到一个普适化的结论，成本领先战略和防御型战略是与高强度的集权、严密的控制、标准化的操作程序以及高效率的采购和分销系统相联系的。员工通常是在紧密的监督和控制下执行常规的任务，不能自主做决策或采取行动。与之相反，差异化战略和探索型战略要求员工不断尝试和学习，因而采取一种灵活而有弹性的结构，强化横向之间的协调。员工得到充分的授权，直接与顾客一起工作，并会因其创造力和敢于冒风险而受到奖励。这类组织对研究、创造性和创新性的重视超过了对效率和标准程序的关注。而分析型战略为了取得效率与学习之间的平衡，往往表现为一种混合式的组织特征。表 12-5 概括了与波特及迈尔斯和斯诺的战略相对应的组织设计特征（理查德·达夫特，2017）。

表 12-5  与战略相对应的组织设计特征

| 波特的竞争战略 | 迈尔斯和斯诺的战略分类 |
| --- | --- |
| 差异化战略 | 探索型战略 |
| ● 学习导向；灵活、宽松的行为，强有力的横向协调 | ● 学习导向；灵活、机动、分权的结构 |
| | ● 强大的研究开发能力 |
| ● 强大的研究开发能力 | 防御型战略 |
| ● 密切联系顾客的价值观和行动机制 | ● 效率导向；集权和严格的成本控制 |
| ● 鼓励员工发挥创造性、冒险性和创新性 | ● 强调生产效率和降低管理费用 |
| 成本领先战略 | ● 严密的监督；很少向员工授权 |
| ● 效率导向；较强的集权、严格的成本控制、频繁详细的控制报告 | 分析型战略 |
| ● 标准化操作程序 | ● 效率和学习相平衡；在进行严格的成本控制的同时，保持灵活性和适应性 |
| ● 高效率的采购和分销系统 | ● 产品的高效率生产，同时强调创造性 |
| ● 严密的监督；常规任务、很少向员工授权 | ● 研究及冒风险的创新行为 |
| 集中化战略 | 反应型战略 |
| ● 专一导向：主攻特定的客户群、产品线或地区市场 | ● 没有明确的组织形式；根据现实情况的变化，组织设计特征会发生急剧的改变 |
| ● 评价竞争市场和竞争优势 | |
| ● 围绕细分市场制定方针策略，选择性放弃整体市场 | |
| ● 通过满足特殊对象的需求实现差异化和低成本 | |

当然，这些组织设计特征的实现离不开组织结构设计和组织运行设计的有效结合，它们是我们基于战略进行组织设计的标杆和依据。但事实上，现实中许多公司的战略无法用上述的某一种战略简单地描述，它可能是一种或多种战略演变、结合的产物。另外，除战略之外的其他权变因素的影响也会使实际中的组织设计要复杂得多，并呈现出各自的特殊性。而本章所描述的整合模式只是在大量实证和理论分析的基础上得出的一般性结论，更多的是为基于战略进行组织设计整合提供思路和方向。所以，在实际操作中，组织设计者不应将其机械地套用，而应根据具体情况有所变通。

## 小结

系统理论和大量的实证告诉我们，组织设计模块之间及组织与战略之间应相互匹配，才能确保组织良好的运行效果。组织设计模块的整合应在一致性、动态性和开放性的原则下进行。

战略是指组织在与竞争性环境相互作用中实现预定目标的计划。战略不同于运营效益，它应有独特的定位，要求做出明确的取舍并需加强各项活动之间的配称性。

制定战略有两个模型：一个是波特的竞争战略模型，另一个是迈尔斯和斯诺的战略分类模型。前者将使企业获得竞争优势的战略归为成本领先战略、差异化战略和集中化战略，后者则将战略分为探索型战略、防御型战略、分析型战略和反应型战略。在具体实务中，企业还有多种战略操作可以选择，如一体化战略和多元型战略等。

组织战略决定着组织设计的形式。组织设计包括组织结构设计和组织运行设计两个方面。前者生成了组织运行的载体，后者提供了组织运行的动力，这两者只有有效结合，才能满足企业经营战略对组织设计的基本要求。流程设计、职权设计、绩效评估设计和激励设计都可划归到组织运行设计的范畴中。组织设计不仅影响着战略的实施，也左右着战略的制定。

战略的选择要求组织设计应具有某种倾向性——或"效率"至上，或强调"学习"，或两者兼顾。这种倾向性及其程度直接影响企业的组织设计并使其呈现出相异的特征。这些组织设计特征是我们进行组织设计的标杆和依据。

## 思考题

1. 以身边的一些组织（如班委会、校办工厂等）为例，讨论：组织设计五大模块之间是如何联系的？对它们的整合又应遵循哪些原则呢？

2. 组织设计系统面对的权变因素有哪些？它们对组织设计的影响程度一样吗？

3. 你认为什么是战略？简要地说明它的几个要点。

4. 企业战略与组织结构之间有怎样的关系？这对管理者的意义是什么？

5. 为高效率的绩效目标而设计的组织，与为学习和变革这样的目标而设计的组织相比较，两者有哪些不同？按照你的观点，哪一类的组织更易于设计和管理？请讨论。

6. 波特的竞争战略模型与迈尔斯和斯诺的战略分类模型所描述的战略有何异同？简

要地描述一下与之对应的组织设计特征。

 **案例讨论**

### Gorenje "命悬一线"：新东家海信能否助其"渡劫"成功?

摘要：由于面临着成本压力和激烈的市场竞争，有着 70 年历史的欧洲白色家电巨头 Gorenje 公司 2017 年利润大幅下滑 84%，随后开始寻求战略合作伙伴。2018 年 7 月，海信完成了对 Gorenje 95.42%股权的收购。这无疑能为海信进一步扩展欧洲家电市场打下坚实基础。然而令海信措手不及的是，刚办完交接手续，Gorenje 就因资金链断裂等各种新老问题，站在了生与死的边缘。要想"盘活"它，海信必须立即启动对 Gorenje 整个公司的变革方案，重新进行组织设计，以达到提高竞争力的目的。一旦要进行变革，就会直接影响 1 万多名 Gorenje 欧洲员工的切身利益。人生地不熟的海信一来就要给习惯了科层制管理体系的 Gorenje 动"大手术"，是过度自信，还是迫于无奈？海信的组织变革方案能得到欧洲员工的认同吗？海信真有能力帮助 Gorenje "渡劫"成功吗？一场中西合璧的组织大变革正在上演。

资料来源：刘素，刘海玲，陈志军. Gorenje "命悬一线"：新东家海信能否助其"渡劫"成功？（A）（B）（C）[DB/OL]. 中国管理案例共享中心，2021. http://www.cmcc-dlut.cn/Cases/Detail/5566.

**经典书籍推荐**

达夫特. 组织理论与设计：第 12 版[M]. 王凤彬，石云鸣，张秀萍，等，译. 北京：清华大学出版社，2017.

《组织理论与设计（第 12 版）》从对现实社会中各类组织的观察和分析入手，以理论与实践密切结合的方式，通过对组织的结构设计及相关影响因素进行由浅入深、循序渐进、生动有趣和富有逻辑性的介绍与阐述，使读者对西方组织理论的概貌、组织模式的历史演变与新发展，以及组织设计的实务和方法等方面，获得一个真正"组织学"角度的框架性认识。这不仅是对"组织"的一种宏观考察，具有独到的研究角度和理论体系，同时又与考察微观层面的组织行为学构成重要的互补关系。

**参考文献**

[1] 特劳特. 什么是战略[M]. 火华强，译. 北京：机械工业出版社，2017.
[2] 达夫特. 组织理论与设计：第 12 版[M]. 王凤彬，石云鸣，张秀萍，等，译. 北

京：清华大学出版社，2017.

[3] 波特. 竞争优势[M]. 陈丽芳，译. 北京：中信出版社，2014.

[4] 弗雷德·戴维，福里斯特·戴维. 战略管理：概念与案例：第 16 版[M]. 北京：清华大学出版社，2018.

[5] 吴培良. 组织理论与设计[M]. 北京：中国人民大学出版社，1998.

[6] 希特，爱尔兰，霍斯. 战略管理：概念与案例：第 12 版[M]. 刘刚，译. 北京：中国人民大学出版社，2017.

[7] 弗雷德·戴维，福里斯特·戴维，梅雷迪思. 战略管理：建立持续竞争优势：第 17 版[M]. 徐飞，译. 北京：中国人民大学出版社，2021.

[8] 拉克尔，泰安. 公司治理：组织视角：第 2 版[M]. 严若森，钱晶晶，陈静，译. 北京：中国人民大学出版社，2018.

[9] 梯若尔. 产业组织理论[M]. 张维迎，译. 北京：中国人民大学出版社，2018.

[10] 斯科特，戴维斯. 组织理论：理性、自然与开放系统的视角[M]. 高俊山，译. 北京：中国人民大学出版社，2011.

[11] MILES R E，SNOW C C. Organizational strategy, structure, and process[M]. New York: McGraw-Hill, 1978.

[12] PORTER M E. What is strategy? [M]. Boston: Harvard Business Review Press, 1996.

[13] PORTER M E. Competitive strategy: Techniques for analyzing industries and competitors[M]. New York: Free Press, 1980.

# 基于边界的企业组织设计整合

**本章学习目标**

1. 理解有关平台型组织的概念和分类；
2. 理解平台型组织的组织设计整合方式；
3. 理解有关商业生态系统的概念和构成；
4. 理解商业生态系统内企业进行组织设计整合的方式；
5. 了解商业生态系统中骨干型企业和缝隙型企业的地位及作用。

**引例**

"苹果公司如何维持较高利润率的问题，答案并不在于下一款大尺寸的 iPhone 或智能手表等产品，而是在于苹果能继续为其生态体系再增添多少价值。"长时间以来，关于苹果是一家硬件公司还是软件公司的问题，有着层出不穷的讨论，2014 年《福布斯》评论文指出："苹果公司实际上是一家生态系统公司。"

苹果公司的生态体现在多方面。iPod 和 iTunes 的结合，使得随着购买 iPod 的消费者越多，唱片公司通过 iTunes 盈利越多，商店开始设计与 iPod 搭配使用的配件，电子产品厂商生产可与之匹配的音响系统。iPhone 智能手机的进步，使得 App Store 有了更大的发展空间，有数据显示，截至 2016 年年中，应用安装数量已达 1300 亿，每年增长幅度大于 300 亿，相应的开发者报酬也在逐年增长。苹果产品硬件和传输的互联互通同样维系着生态系统的交织，硬件设备有 MacBook、iPhone、iPad、Apple Watch、AirPods、Homepod 等，传输体现在方便快捷的 Apple ID、AirDrop、iCloud，全面的软硬件配套设施深受用户的喜爱和追捧。

苹果公司的商业生态系统拥有数以千计的企业和数以百万计的员工，整个系统的规模比公司本身要大上很多个数量级，并且与规模较小的竞争对手的生态系统相比，它们更具优势。但是，在微软 Windows 生态系统依旧稳健强势、华为鸿蒙生态系统破土而出，以及其他公司源源不断的整合和创新的背景之下，苹果公司也采取了一系列开拓市场版图、构筑隔离机制的措施。那么，究竟什么是商业生态系统？什么是平台型组织？平台型组织和商业生态系统应如何进行组织设计整合？这些将是本章所要阐述的主要内容。

# 13.1　平台型组织的基本介绍

## 13.1.1　平台型组织的概念

平台型组织（platform organization）是指"一种能在新兴的商业机会和挑战中构建灵活的资源、惯例和结构组合的组织形态（Ciborra，1996）"，"当拥有超越当前的业务运营或产品技术规格的愿景时，平台领导者可以创建一个比其各个部分总和更大的行业生态系统"（Michael A. Cusumano & Annabelle Gawer，2002）。

## 13.1.2　平台型组织的分类

平台型组织可以分为企业内部平台和企业外部平台。

企业内部平台（internal platform）是企业在自己内部打造的平台，平台型企业推行平台化的管理模式，将企业内部的资源开放共享，赋予项目团队和员工在创新、人事等多方面的自主权，使其能够积极主动地满足各类用户的需求。打造企业内部平台是一种通过组织设计为企业赋能的方式。当企业转型成为平台型企业后，下一步或许就是转变为"云组织"。

这类平台的代表是海尔公司，它将所有员工培育为"创客"，从而形成"创客平台"，企业内部形成了一个平台。在这个平台中，创业者可以灵活感知到客户的需求，海尔公司则负责为他们的灵感提供支持，从而更快地响应不同用户场景的需求，将每个人的潜力发挥到极致。

企业外部平台（external platform）是一个聚集了供应商、消费者等主体的现实或虚拟的场所，平台可以为供需双方提供交易环境，并在发展的过程中构建架构和规则，随着供需双方的规模不断扩大，平台的边界不断延伸，平台的网络效应逐渐扩大，平台生态逐渐优化，促进各主体间的互利共赢。

企业外部平台的典型代表如阿里巴巴、美团等。企业外部平台在某种程度上可以被认为是商业生态系统（business ecosystem）的一部分，这部分内容将在13.4节具体介绍。

除了企业内、外部的分类方法，平台型组织也可以划分为双边市场平台和产业创新平台（张小宁、赵剑波，2015）。双边市场是指两组参与者需要通过中间层或平台进行交易，而且一组参与者加入平台的收益取决于加入该平台另一组参与者的数量（Armstrong，2004），这个交易平台即是双边市场平台，可以称之为企业外部平台。在产业创新平台中，系统的成员可以利用公共技术平台、工具平台或服务平台的能力提升自身的创新绩效水平（Michael A. Cusumano & Annabelle Gawer，2002），产业创新平台可以看作企业内部平台。

## 13.2 企业内部平台的组织设计整合

### 13.2.1 企业内部平台的构成

搭建企业内部平台的过程是企业整合内部资源、促进企业创新、实现平台化发展的过程。企业内部平台的构成体现为企业的能力要素，它可以有各种各样的组织方式，可以形成各种各样的组织形态，组织设计整合的目的正是使企业内部的能力要素形成适合企业自身的组织架构，更好地发挥相互支持的作用，赋能企业的创新发展。

搭建企业内部平台应具备如下四个构件（穆胜，2020），当企业具备这些能力要素时，可以考虑通过资源的整合和机制的设计打造企业内部平台，如图13-1所示。

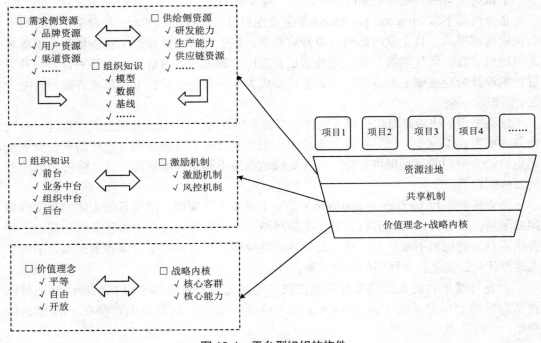

**图 13-1　平台型组织的构件**

资料来源：穆胜. 平台型组织：释放个体与组织的潜能[M]. 北京：机械工业出版社，2020.

（1）资源洼地：在平台上，创客可以获得比外部更多的共享资源，且资源的单价低于外部。如果创客选择在某一个平台上创业，可能看中的是需求侧的资源——品牌资源、用户资源、渠道资源等，或是供给侧资源——研发能力、生产能力、供应链资源等。平台上的资源共享越多，裂变出的创新红利就越多，越来越多的资源上云后，"平台"变成"云平台"，企业的业务逐渐以数据的形式实现在线化、网络化、智能化，组织中的知识得到沉淀，传统的制度、流程转化为模型、数据、基线等，成为企业的宝贵资源，吸引创客的加入。

（2）共享机制：创客在平台上的贡献能够获得相对外部其他平台和内部"金字塔"更为合理的回报。组织结构方面，前台、业务中台、组织中台、后台的组织结构切出了"分配利益的单位"。前台接触用户，组织资源，实现交付；业务中台提供功能模块，确保资源即插即用；组织中台充当政策的传递者和专业赋能者；后台规划战略、制定政策、塑造文化，搭建底层逻辑，奠定发展基调。激励机制方面，要有广义的激励机制，包括激励机制，界定平台和创客"分配利益的规则"，还有风控机制，及时调整项目投资的策略。

（3）价值理念：平台要有共同的使命、愿景、价值观，不同企业的使命和愿景各不相同，但平台型组织的价值观都有共性，即平等、自由、开放。这种价值观是契约之外的共识，发挥了"非正式治理"的作用。

（4）战略内核：战略内核是企业成长最核心的动力源，一要明确企业的核心客群（核心流量），二要明确企业的核心能力，将资源投入战略内核的建立和维护上，推动企业的可持续发展。

华为在 2010 年调整为多核架构划分运营商 BG（business group，业务组）、企业 BG、终端 BG 和其他 BG，研究和开发职能在组织层面分开，各 BG 下面有产品线，研究单独设立，成立 2012 实验室。分散的开发资源，让华为的研发团队和资源不能共享，产品重复开发愈演愈烈，2014 年，华为重新回归大平台组织策略。市场体系重新确立区域为主维度，运营商和企业 BG 研发组织重新回归产品和解决方案体系，BG 只有市场职能，是专门的经营组织，华为由此重新回归研发大平台（产品与解决方案、2012 实验室）、市场大平台（BG 和地区部）、职能大平台、供应链大平台（供应链、采购、制造）的平台组织策略，最终实现了市场深度挖掘、技术共享优势（张小峰，2019）。

有时企业在具备优越的能力要素时建设企业内部平台，这有利于企业高效分配资源、调动员工积极性、激发创造性活动。但有时，因为企业遇到员工、物资等资源储备情况与企业发展情况不匹配的情况，才选择通过平台化发展战略转型，配置紧缺有限的资源。例如，制造业企业可以建设企业内部的工程平台，将传统的劳动合同关系转变为平台合同关系，即工人与平台签约，根据工程的完成数量和质量向工人支付薪酬的主要部分，缓解企业的人力成本。与此同时，工人可以在完成本企业平台的工程的前提下，承接其他平台的工程，这样一来，既能帮助企业渡过难关，又让员工的收益获得了保障。因此，需要注意，我们所说的搭建企业内部平台需要的能力要素，并不是大企业在发展良好时才有的，创业企业、中小企业和企业在遇到发展瓶颈时，也可以采取这种方式进行转型升级。

## 13.2.2　企业内部平台的组织设计

企业内部平台是企业用于整合内外部资源以保持和提高核心竞争力的一种组织形式（王谢宁，2012），改变传统的纵向一体化的组织形式，面向客户需求进行组织设计的改造，可以使得组织能够更加灵活、有创造力。

1. 企业内部平台组织设计原则

进行企业内部平台组织设计有四条原则：第一，模块化的组织设计，将企业原有的各项职能要素和项目组能力要素进行模块化改造，使得能力模块、项目组模块等既可以独立应战，也可以组合出拳，根据客户需要进行模块的组织和整合；第二，灵活化的组织设计，可以快速配置企业内部能力模块和项目组模块等资源，确保模块的"即插即用"，从而及时捕获市场机遇和客户需求；第三，开放化的组织设计，环境的多变性要求企业具备较高的开放性，面向市场和客户，与其他企业进行合作；第四，隐蔽化的组织设计，业务的复杂性要求企业具有独特的技术创新优势或其他核心竞争力，而在模块化的设计中，这些竞争优势将落实到每个模块的能力，由此每个模块内部的信息应被妥善封装。

2. 企业内部平台组织结构模型

1）"组织细胞"模型

王谢宁（2012）提出基于面向对象方法论的虚拟平台企业的"组织细胞"模型。首先，设计好企业的"组织细胞"，这相当于企业模块化的能力。然后根据临时任务需要，建立不同虚拟平台企业组织的动态联盟，在完成任务所需要的虚拟平台能力团队及内部网络基础上，对"组织细胞"进行组合，形成临时的"组织器官"，应对不同客户群体的需要。"组织器官"和外部合作网络相连，形成实际的合作关系，在协调控制中心的协调下完成具体任务。任务完成之后，"组织器官"便解散，各个"组织细胞"再次处于预备的游离状态，随着新任务的出现，再形成新的"组织器官"。协调控制中心负责整个虚拟平台企业的组织管理和"组织细胞"、"组织器官"的协调、监控等管理性工作。另外，协调控制中心作为虚拟平台企业的象征性代表，负责对外业务联系，这样共同形成了虚拟平台企业组织结构的流程设计和整体框架。

Baldwin 和 Clark（1997）定义了产品平台的三个特征，即模块化结构、界面（模块相互作用和交流的接口）、标准（模块遵循的设计原则）。模块化创新是产品创新平台的主要方式，"组织细胞"模型突出了企业内部平台的模块化能力。

2）"小前端+大平台+智慧型总部"模型

"小前端"是众多的小微公司，它们位于组织的最前端，与用户和市场直接相连；"大平台"是各职能平台，位于小微公司之后，处于组织中端；"智慧型总部"位于组织末端。在前端—中端—末端方向上，所有组织后端皆为其前端提供服务，最终指向用户和市场（何翘楚，2017）。"后台—中台—前端"的思想也是如此，形成的组织结构与之类似。大企业内部平台主要是管理赋能平台，通过功能性平台的打造，赋能市场前端，内部平台以"后台—中台—前端"的运行方式，后台主要为职能管理平台，负责整合资源，打造开放管理体系，构建内部生态；中台主要为业务赋能平台，负责匹配、赋能，分析市场前端的需求和特征，快速有效地满足业务、资源、技术、数据等方面的需求；前端则围绕客户，挖掘并及时响应客户需求，实现商业成功（张小峰，2019）。

海尔公司的平台结构基本符合这个模型，海尔公司的内部平台型组织的基本单元是小微，分为创业小微、转型小微和生态小微三类，小微的终极目标是完全市场化的创业小微。小微是自主经营体的演进和升级，是由创客在海尔的孵化平台上自主注册而成的。小微是全流程的，能够直接创造用户资源、用户价值，能够自驱动、自优化、自演进，可以利用社会化的资源、社会化的资金来进行创业，小微自优化；小微成员开放自抢人，按单聚散，而不再是固定的组织、固定的人，从而最大化地保证组织的柔性化和灵活度（纪婷琪、张颖，2015）。通过搭建企业的内部平台，海尔公司逐渐从制造业企业转型为一个聚散资源的平台，实现企业的平台化、员工的创客化、用户的个性化。

3）"小组+平台"模型

"小组+平台"组织模型应用的典型案例是韩都衣舍（罗仲伟、李先军等，2017）。

小组：① 工作职能方面，产品小组负责产品选款、发布销售信息、联系外部生产工厂、处理仓储物流事务、资金计划及支付等。② 人员分工方面，买手和产品设计师、页面设计及销售人员、货品管理及内部运营人员组成"三元结构"基础组织。各个小组按照自身对市场需求的理解和判断，自行确定销售任务，包括销售额、毛利率和库存周转，以及确定款式、尺码、库存深度、基准售价、打折节奏和程度、是否参加平台上的促销活动等，同时按照企业确定的比例从所创造的毛利中提成。

小组+平台：韩都衣舍的企划部、生产中心、仓储中心不断整合并形成较强的后台支持能力，共同支持和服务小组的赋能平台。小组负责创意性和非标准化的工作，平台负责标准化的活动。"小组+平台"的组织机制设计改变了组织与员工的关系，也就改变了传统组织设计中"以岗定权、定人"的基本逻辑，小组员工"回归"为组织的中心，他们可以在扁平的、透明的组织架构中根据自己的特长自主选择和自由搭配，以使自身因创造自我价值而产生的效能最大化，构建"以产品小组为核心的单品全程运营体系"。

4）"超模块化"模型

王凤彬等（2019）指出现在大多数的研究是基于"核心—边缘"的框架进行分析的，将平台"核心"视为整体或集成化的子系统，其内部各部分紧密联结，而平台"边缘"的子系统则以模块形式存在。多数学者认为平台本身是核心，它是不可分解的，而平台使用者处于该系统的边缘，需要借助标准化的接口界面才能与平台核心连接，针对平台核心解构的"多平台"较少。企业不仅需要"模块化"，还需要在平台发展的过程中建立"超模块化"的复杂自适应系统，不仅要对平台非核心部分进行模块化结构，还应从平台"边缘"到"核心"部分进行全面的模块化解构，一家企业内部可以有多个平台。

"超模块化"的思想在海尔公司内部平台不断发展的实践中也有所体现。对于海尔公司来说，个性化、情境化的用户，与创客化的员工、小微化的创新创业单元，以及来自全社会的四千多家创业、创新孵化资源方，一起作为海尔公司创业平台的主要使用者，构成了平台组织的"边缘"部分。小微企业作为海尔公司创业平台的主要使用者，是处于平台组织"边缘"部分的模块单元，是个性化、多样化的，它们与平台"核心"之间的网络化联结方式是否具有对称性（是"多对一"的非对称关系，还是"多对多"的对称关系），决定了平台"核心"部分的结构形态。由此，海尔公司将平台核心解构为多样化的子平台，每个子平台与其服务使用者的关系明确地贯彻"按单聚散"原则，并把原来的职能部门转变为"两个平台"：一个是驱动平台；另一个是共享平台。驱动平台的目标是"事前算赢"，共享平台则做到"活而不乱"，前者是作为驱动各类小微"三自"（即自创业、自组织、自驱动）运转的管理平台，通过融入业务，为各类小微提供管理上的支持，而后者是作为事务性的后勤服务资源，独立剥离出来，在集团层统一设置，成为"大共享平台"。

# 13.3 企业外部平台的组织设计整合

## 13.3.1 企业外部平台的构成

企业外部平台的实质是一种交易空间或场所，既可存在于实体经济中，亦可存在于虚拟经济中，该空间或场所有助于促成双方或多方交易的完成（陈晋、张祥建，2006）。平台经济集成了全球化、信息化和网络化三大趋势（李允尧、刘海运等，2103），平台型企业相比于传统企业的资源配置集聚、整合，具有很大优势，平台化的管理模式便于企业开展基于平台技术与数字技术跨组织边界、跨时间边界以及跨国家边界开展社会生产、分配、交换与消费活动，传统的单边市场逐步扩展为双边或多边市场（阳镇、陈劲，2021）。

企业外部平台包含三种角色：一是平台所有者（platform owners），推动全行业创新，以形成一个由单独开发的技术组成的不断发展的系统的行业领军企业，它在外部平台中也充当着管理者的角色，更有利于占据领导者的地位；二是互补者（complementors），制造辅助产品，为平台增强吸附用户的能力；三是用户（users），主要指供给商品和服务的商家。为了使它们的组织处于最佳竞争地位，平台所有者需要协调扮演一个或多个角色的内部单位，以及与扮演这些角色的外部人员有效互动（Michael A. Cusumano & Annabelle Gawer，2002）。

淘宝和京东等购物平台能够很好地诠释上述关系。对于淘宝来说，它建构了一个交易平台，成了平台的所有者；而在平台上注册的商户则是互补者，没有互补者提供交易产品，这个平台也就无法运作起来；在平台上购买商品的消费者是用户。淘宝和京东互为竞争者，同时它们还受到拼多多等其他竞争者的挑战。

2001年，英特尔为个人计算机提供了近85%的微处理器。虽然英特尔掌握了关键技术，但是它不仅要依赖于更广泛的经济力量，而且要依赖于合作伙伴的研究和发展活动。俄勒冈州希尔斯伯勒的英特尔架构实验室（Intel Architecture Labs，IAL）的主管之一戴维·约翰逊（David Johnson）甚至称这种现实令人绝望，"我们与他人的创新联系在一起，使我们的创新有价值。如果我们在处理器上进行创新，而微软或独立软件方不做相应的创新，我们的创新将毫无价值。所以这对我们来说真的是一个绝望的处境。"

对英特尔来说，微处理器本身几乎不能做任何有用的事情，它是更广泛的平台或系统中的一个组件。如果没有其他公司的产品——操作系统、软件应用程序、软件开发工具和硬件（显示器、键盘、存储设备、内存芯片等），微处理器是没有价值的，这些互补产品推动了个人计算机市场的增长。当时，英特尔认为自己的处境十分危急，因为它无法确定自己的关键互补企业是否会像自己一样，继续以同样快的速度推出扩大市场的创新产品，也不能确定它的目标平台——个人计算机，是否会以兼容的方式发展。

英特尔和微软同时是个人计算机的平台所有者和互补者。从个人计算机制造商需要它们来制造关键部件的意义上说，它们是互补品。但总的来说，它们又都是平台的所有者。这样的情况会面临三个问题：一是面对未来的技术创新和其他企业的自主产品战略，如何保持平台的完整性（与互补产品的兼容性）；二是如何让平台在技术上发展（因为它们必须发展，或者会过时），同时保持与过去的补充的兼容性；三是如何保持平台所有者的领导地位。

## 13.3.2　企业外部平台的组织设计

企业外部平台被视为"双边市场"，它会随着用户量逐渐增长将凸显出更明显的双边网络效应（two-side network effect）。平台企业是双边市场中重要的微观经济主体，研究企业外部平台如何设计，应当先从平台企业入手，探究平台所有者如何进行自我设计，以及如何对平台进行组织设计。

1. 企业外部平台组织设计的内容

企业外部平台的组织设计应当考虑平台发展阶段及阶段重点。张小宁、赵剑波（2015）提出平台的建构特征和治理水平决定了其创新绩效，而平台管理能力和平台创新体系的构建则构成了平台治理机制的主要内容，即企业外部平台的设计应当包含平台的构建和平台的治理两部分内容，通过构建和治理使平台实现开放式创新。

1）平台的构建

企业外部平台的构建应当考虑两个方面：一是平台的规模，二是平台的结构。平台型企业的构建应该注重适当的规模和多层次的结构（张小宁、赵剑波，2015）。

小米公司平台的构建策略分为三个部分：① 在供给侧创建 MIUI 产业平台。发展自有品牌，在 Web 2.0 和移动互联网技术支撑下，小米公司利用产业平台吸引互补厂商加入，形成企业间便捷、自洽和广泛的生产协作与资源共享的平台生态体系。② 在需求侧搭建销售平台。为下游互补产品企业群落创建小米商城，进一步高效吸收和整合互补资源。通过依附于销售平台的米聊汇总用户偏好信息和各种意见，使得用户参与产品设计生产过程，增强用户自身的成就感和满足感，提高用户黏性和加深用户社群深度，并强化用户对小米品牌的认知度。③ 形成双核联动的类生态系统式产业链。小米公司通过创建产业平台和销售平台，培育互补厂商和消费者群落，形成完整开放的类生态系统的产业链架构体系（田洪刚，2016）。

通常大家会认为平台的规模越大，平台所创造的价值就越高，但这样的认识还不够全面，小米公司在构建供给侧产品平台之外，还搭建了需求侧销售平台，加强与用户的联系，践行了小米公司"为发烧而生"的理念，达到了提升平台价值和网络效应的效果。

2）平台的治理

在创业外部平台的建设和发展过程中，平台所有者具备一定的优势，但这种优势并不是永久的、无条件的，为了维护自己的统治地位、保持议价能力，平台所有者企业通常会保持互补者企业之间的竞争态势。除此之外，处于平台所有者地位的企业也可能会高度依赖互补企业的供应和创新，这也是平台所有者难以避免的挑战。但是平台所有者一味依赖自己的地位，保持自己对平台的管理和自身的竞争优势，并不是长久之计，应当提升对平台的治理能力，提升平台的整体价值。

平台的治理主要包括平台管理能力的形成和平台创新体系的构建。平台管理能力并非完全体现在经济学意义上的定价、进入和包围策略，管理能力体现在企业对于平台结构和管理行为的影响，例如平台的结构设计等。平台企业的协调能力也会最终影响网络效应的产生，而网络效应产生的条件却并不是规模优先。平台企业的本质特征是利用网络经济中的外部性创造价值，而不是利用规模经济效应创造价值。平台创新模式具有开放性的特征，平台企业创新战略成功的关键在于能否整合外部资源与市场需求，把研发变成一个开放的创新平台和生态系统。随着创新资源的社会化，平台企业可以把全球资源整合到创新体系中，围绕用户需求进行价值创造（张小宁、赵剑波，2015）。

2. 企业外部平台组织设计的原则

与企业内部平台相比，整个行业平台的目标应当是促进第三方公司的互补和创新。因此，平台所有者需要建立一套对平台参与者互惠互利的商业模式，既避免自身陷入创新的两难境地（innovation dilemma），也促进整个平台和生态系统的互利共生（Michael A. Cusumano & Annabelle Gawer，2014）。根据对 Michael A. Cusumano 和 Annabelle Gawer（2002）的观点理解和延伸，提出以下企业外部平台设计时应关注的四个要素。

1）范围规模

范围包括公司在内部进行的创新量以及鼓励外部人员进行的创新量。作为平台所有者，企业的管理者必须权衡是发展广泛的内部能力来创造自己的互补品，让市场产生互补品，还是走中间道路更好。平台的网络效应与平台的规模有关，平台所有者应当考虑和设计平台的规模，但规模并不是越大越好，在规模发展到一定阶段时，应当转向诸如平台创造力等能创造更高质量网络价值的要素。

2）产品技术

平台所有者和互补者需要就产品的架构和更广泛的平台做出决定。特别是，它们需要决定它们想要多少模块化，它们的接口应该有多开放，以及有多少关于平台和接口的信息要透露给可能成为互补者或竞争者的外部人员。

3）与互补者的关系

管理者必须确定他们希望的平台上所有者和互补者之间如何竞争和协作的关系。平台所有者还需要努力达成共识并处理潜在的利益冲突，例如，当向互补市场的转移将前合作者变成竞争对手时如何应对。

4）内部组织

正确的内部结构可以帮助平台所有者管理外部和内部的利益冲突。 组织选择包括：第一，将目标相似的团队置于一名高管之下，或者如果他们有外部支持者或潜在的冲突目标，则将他们置于不同的部门；第二，处理组织文化和流程；第三，加强公司战略的内部沟通。由于创新、模块化行业的模糊性，鼓励发言和辩论的公司文化可以在需要时加速战略重新制定。

企业外部平台应当允许企业管理创新劳动分工，这种分工起源于企业或其供应链的边界之外，行业平台可以通过挖掘外部参与者的创新能力，促进潜在的大量互补创新的产生，并为创新商业生态系统的核心提供技术基础。企业外部平台需要构建一个足够开放或模块化的架构，以促进第三方创新。他们需要围绕自己的平台建立一个充满活力的联盟，并关注管理对参与者有利的平台关系。

**3. 企业外部平台组织设计的路径**

胡国栋、王琪等（2017）认为，平台型企业要建立平台应先打造适应互联网时代的组织架构，通过去中心化、去中介化、去边界化构建打通企业、消费者与平台内的其他组织的交互型平台。

**1）去中心化**

去中心化阶段强调员工自我管理，在这个阶段，平台型企业需要将组织结构转变为柔性化的扁平的组织结构，赋予员工权力，最大程度地发挥员工的主观能动性。将原有的"金字塔"组织结构倒置，将权力下放，赋予普通员工权力，原有的底端基层人员转变为最顶端，将原有的职能部门分散为针对不同客户需求的多个小团队，直接服务于客户。每个团队甚至每个人都可以成为直面市场的自组织，发挥主观能动性，创造最大的价值。原来处于"金字塔"顶端的高层管理者倒置为底端，扮演企业愿景的描绘者及战略制定者等角色。中层管理者仍处于中间的位置，但职能有所改变，他们不应该仅仅传达高层管理者的决策，而是应当增强资源配置能力、行政管理能力和问题分析能力，支撑顶端基层员工的需要。

**2）去中介化**

去中介化阶段强调促进消费者参与，在这个阶段平台型企业重视加强与消费者之间的直接沟通和联系，满足消费者的需求，消费者评定企业的业绩。在整个平台化运作模式初步构建后，平台型企业应当吸收能够支撑这个平台运作的基础，即多元化的消费者，扩大双边市场的规模，并且注重价值创造与顾客的密切关系，保障平台内部的畅通交流。平台型企业的关键在于企业与消费者之间的对话与沟通，要在组织内部建立与消费者沟通的平台，更要通过整合全球资源满足消费者的个性化需求，依据消费者的需求进行定制。

**3）去边界化**

去边界化阶段强调通过开放式资源整合，实现企业间资源共享，不断创造用户价值。

在互联网时代，平台型企业不仅应对组织内部进行转变，适应并助力平台的发展，更是应投放在组织外部的资源整合上。根据经济发展呈现出的快捷性、高渗透性以及外部经济性等特征，突破传统经营理念，采用业务外包、战略联盟等多种形式，树立开放融合的新理念，吸收优势资源，把工业化时代分离的内、外部系统整合为以消费者为中心的价值网络，使得企业与员工甚至竞争者等利益相关者成为利益共同体，实现企业的协同共赢发展，最终形成一个无组织边界的聚散资源平台（刘旭、柳卸林等，2015）。

白景坤、王健等（2017）等以淘宝网为例对平台型企业网络自组织形成的机理进行探究，为我们提供了平台发展阶段视角的平台组织设计路径的参考。

**1）自创生阶段**

淘宝创立阶段，面对 eBay 的打压，淘宝发现部分网民表现出网商工作和商务的需要，于是提出免费开店的价值主张，同时为避免与 eBay 展开正面竞争，在营销上另辟捷径，即在广大中小网站、公交站台、分众传媒和电视等投放大量广告。这种策略对广大中小企业和个人产生了极大的吸引力，使得一部分人迅速"触网"，自创生为网商，开始在淘宝网上尝试一种新的生活方式。

2）自成长阶段

这一阶段，淘宝的措施之一是成立卖家培训部，针对新进入淘宝网的中小企业不熟悉网络运营这一现象，培训部采用"小二制"，对各中小企业进行全方位的培训和引导。"小二"从"术业有专攻"的各卖家中挑选其团队成员，让他们在货源管理、商品拍照、推广运营、物流管理、客户服务、交易安全等方面和大家分享，并给予奖惩措施。另一主要措施是建立淘宝论坛和社区，倡导沟通与交流有助于自身发展的价值主张，以期提高用户的活跃度和归属感。在淘宝的强力引导下，中小企业间尝试进行合作（如网店链接、共同营销等），对淘宝网的归属感及黏性有所增强。

3）自放大阶段

自放大阶段，淘宝网的网商数量急剧增加，发展开始进入新阶段。网商数量的增加也催生出新的物种——网商服务商，如银行、保险、物流、第三方软件开发商、营销机构等，越来越多的行业和企业开始围绕淘宝进行生态化聚集，整个系统的物种丰富度不断提高。小前端、大平台、富生态的平台生态系统（平台生态圈）逐步构建起来。在这种情况下，淘宝逐渐调整引导中小企业的策略，从台前牵引转向后台推动，将舞台交给中小企业，并通过构建增值服务来实现从免费向收费的转变。例如，淘宝一方面将 C2C 电子商务平台的 API（应用程序接口）、开发环境以及商务应用环境等开放给各中小企业，让它们自主发展；另一方面构建"淘宝指数"，免费向中小企业提供搜索指数、热销指数、倾向指数、喜好度等指标。再如，在淘宝论坛等虚拟社区，也呈现出扁平化和去中心化的倾向，原来由"小二"担任的版主，现在逐渐让位给中小企业，"小二"的角色也从原来的"领导者"转变为"参谋"。

4）自适应阶段

淘宝的快速发展伴随着假货丛生、知识产权、信用炒作等问题。针对此情况，淘宝将目光放到体系构建方面，先后建立金融、菜鸟物流、信用等一系列体系，营造健康的环境。在信用体系上，淘宝现已形成由用户认证、业务流程保障、信用等级评价、惩恶、扬善、平台外开放合作、大数据底层信息七大体系组成的诚信体系。淘宝对网络制度体系的完善，使得以中小企业为主体的各参与者能够在虚拟环境下实现社会化协作，并且基于不同的市场机会和利益动态地选择合作伙伴，各参与者不断地聚与散，组织间关系也不断重构。

**4. 企业外部平台的发展和演化**

企业外部平台不断发展和演化，组织设计要在不同的情境下进行调整。图 13-2 中的框架可以揭示创新和竞争是如何沿着组织连续体相互作用的。随着平台范围从内部扩展到供应链再到行业平台，界面逐渐开放，可访问的能力逐渐由公司内部扩展到整个行业内部，治理能力由企业内部的管理到通过契约关系维系供应链，再到行业平台，难以长期固定维系一种关系。这意味着，从内部到供应链再到行业平台，竞争合作的关系会更加复杂，协同创新的潜力也会逐渐增加。

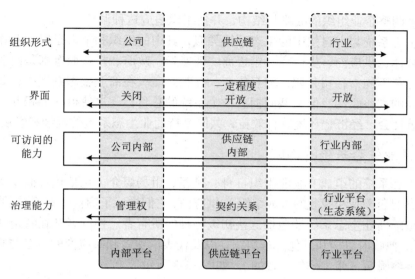

图 13-2　平台演化

资料来源：CHEN L, TONG T W, Tang S, et al. Governance and design of digital platforms: a review and future research directions on a meta-organization[J]. Journal of Management, 2022, 48(1): 147-184.

　　企业外部平台还需要保持其稳定性，组织设计要考虑到平台的可持续发展。阿里巴巴、京东、美团等企业搭建的平台，从某种意义上来说，是一种企业间的联盟，随着互联网经济不断发展壮大，涉及的消费者、供应商、合作方和竞争者之间的关系日益复杂，已经成为社会正常运转不可缺少的一部分。在这种情况下，完善治理平台型企业和平台的规制显得尤为重要。区块链具有去中心化、防伪溯源、信任机制等技术特征，可为电子商务平台信用风险管控体系、监管体系等的构建提供支撑，实现电子商务信用生态的良性发展（张云起、冯漪，2019），有关区块链技术规制互联网平台型企业联盟风险的研究恰合时宜，以互联网经济这一重点领域的应用示范为依托，加强区块链监管与治理，构建规制互联网平台型企业联盟风险的联盟链体系，将成为未来平台型企业发展完善的趋势之一（张夏恒，2021）。

## 13.4　商业生态系统的组织设计整合

### 13.4.1　商业生态系统的概念

　　商业生态系统是指以组织和个人的相互作用为基础的经济联合体，即由若干企业组织和个人组成的有机经济系统（詹姆斯·弗·穆尔，1993）。现在有学者认为，企业外部平台在某种程度上可以被认为是商业生态系统，这与近年来平台型组织的研究热点有所贴近、不谋而合。

　　商业生态系统中的任何一个企业都与其他企业密切相关，一般而言，随着时间的推移，系统内的企业组织在按照自身特点发展的同时，会逐渐以某一个或几个中心企业的发展方向来调整企业组织的战略与结构，并使组织适应这种调整。

商业生态系统与大自然中的生态系统类似，其中的组织和个人是以相互作用为基础的经济联合体，供应商、生产商、销售商、消费者、政府、投资商等都是商业生态系统的成员，分工不同，各司其职，相互依存，互利共赢。在商业生态系统中，每个成员或许会受不同的利益驱动，但又共同拥有一个系统的总目标，这使得它们相互合作、资源共享，注重社会、经济、环境综合效益，共同维持商业生态系统的延续和发展。

## 13.4.2 商业生态系统的构成

商业生态系统的组成有企业组织自身、顾客、市场媒介（包括代理商、提供商业渠道以及提供配套产品和服务的人或组织）、供应商，它们构成了商业生态系统的初级物种。此外，完整的商业生态系统还包括这些初级物种的所有者、控制者和在特定情况下相关的"物种"，如政府机构和其他管理组织，以及代表消费者和供应商的协会与它们制定的各类标准（詹姆斯·弗·穆尔，1999），如图 13-3 所示。

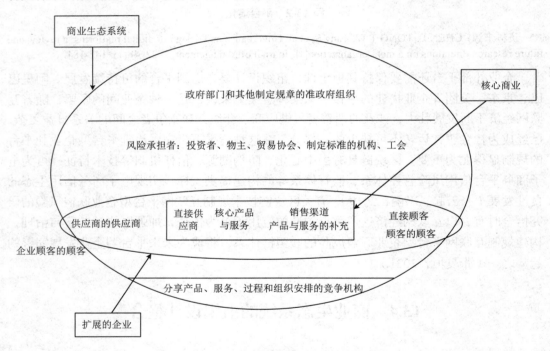

**图 13-3 商业生态系统的构成**

资料来源：穆尔. 竞争的衰亡：商业生态系统时代的领导与战略[M]. 梁骏，杨飞雪，李丽娜，译. 北京：北京出版社，1999.

通过一个实例分析一下商业生态系统的组成内容。如拥有世界上最大建筑物的波音公司，提供的产品包括商务喷气式飞机、直升机、人造卫星、导弹等，因此，以波音公司为核心的商业生态系统涵盖了为波音公司提供职能外包服务的公司、提供资金服务的金融机构、提供企业运作所需技术的科技类公司，以及与这些最终产品相配套的产品制造商，甚至还包括了类似空中客车制造公司的竞争对手和不同航空公司这样的客户，因为它们的行为和反馈的信息将对波音公司的产品与生产流程产生影响。此外，商业生态系统还包含诸如监管机构和媒体这样的组织，它们对公司业务虽然并无直接影响，但有着密不可分的间接联系。

商业生态系统的范围是个相对的概念，无所谓大小：以一家著名餐馆为核心，和另外一些小餐馆，再加上其他类型的组织，如餐饮业的管理机构、税务局等，就可以构成一个完整的商业生态系统；而以微软和 IBM 为核心所组成的商业生态系统则要庞大得多。同样，每个生态系统可以包括一个业务领域，如以波音公司为核心的生态系统，但通常包含多个业务领域，这些领域可能与其他生态系统共享。如一个以操作软件为核心的商业生态系统，则涵盖了电力部门、硬件和软件的制造商、销售商，而电力输送要依靠数十个组织跨行业通力合作，才能将电力输送到千家万户；制造和销售一台个人计算机也需要数百家企业同心协力；各种丰富的应用软件更是在数千家公司协调配合之下的成果。显然，它涉及多个业务领域，即多个较小的生态系统是一个更大的生态系统正常运行的必要基础。因此，商业生态系统的划分与传统的行业划分之间没有必然的关系，它可以在传统的行业界线内，也可以在界线之外。

最早提出商业生态系统理论的詹姆斯·弗·穆尔认为，企业要发展，仅仅依靠自身的完善还不够，它必须还承担着塑造整个商业生态系统发展的使命，因为其所处生态系统的前景制约着各个企业组织的发展。随后，穆尔在《竞争的衰亡》一书中，将商业生态系统的理论归纳为两点：① 用商业生态系统的概念来表示企业与其周围环境之间的关系。② 任何一个企业都应与其所处的商业生态系统"共同进化"，而不单纯是企业之间的竞争或合作。显然，"共同进化"是该理论的核心，这种观点超越了关于企业之间"竞争合作"的认识，将企业与企业之间的关系提升到一个新的思考角度。

### 13.4.3 商业生态系统的发展

**1. 商业生态系统是"共同进化时代"的必然要求**

根据人类学家的解释，"共同进化"是相互依存的物种在无限循环的互惠环境中进化的过程。例如，生物群体中的猫捕食老鼠，不仅限制了老鼠的数量，也使老鼠增强了逃生能力，这样一来，为了继续捕食老鼠，猫必须变得更加敏锐和强壮，这就是"共同进化"的过程。同样，"共同进化"的道理也适用于企业之间，有密切关系的企业群体会形成一个企业共同体，这些企业无论是以竞争、合作还是以竞争合作的形式存在，都要在相互作用中发展进化。

应该看到，今天的企业组织正处于"共同进化"的时代，一个企业相对于另一个企业来说，可以扮演不同的角色。例如，美国航空公司和美国联合航空公司会因为争夺顾客而视对方为竞争对手，但当它们想要从波音公司购买飞机时，却成为互补者。因为波音公司只有在足够多的航空公司购买飞机时，才会降低设计新飞机的费用，即费用可由两家航空公司共同承担。此时，美国航空公司和美国联合航空公司之间就不再只是竞争或合作的关系，而是以波音公司为核心的商业生态系统中的两个有机体（马尔科·扬西蒂、罗伊·莱维恩，2006）。

由此看出，"共同进化"的观点已经超出了单个企业的发展，它是从企业赖以生存的环境角度考察企业之间的关系，正如艾德里安·瑞安斯（Adrian Ryans）等在其所著的《市场领先》中指出，"成功者常常是那些能有效而且成功发展企业内外关系的公司"。这都要求企业组织不能仅仅囿于自我，而必须投到整个生态环境中。不同企业相互配合，生产消费者所需要的商品和服务成为一种趋势。"共同进化"就是这个趋势的结果，企业之间以互利的方式"共同进化"，它的核心是相互关系的"共同进化"，而不只是企业组织形式的"共同进化"。它更强调的是生态系统内企业之间相互作用的方式和相互作用的结果（吴建材、谢永平，2003）。

随着经济全球化的发展和互联网时代的风生水起，传统的行业很难框住企业的内外部环境。随着新技术的发展、消费者行为的改变、企业的创新，原有的行业界限逐渐模糊，取而代之的是生态系统的概念，这个轮廓或许能够为商业生态系统内的企业领导者提供更宽阔的事业和战略空间。正如13.4.2节所描述的，商业生态系统与传统的行业界线已经没有必然的关系。例如，AT&T为适应新的竞争要求，就从传统的市区电话和长途电话服务拓展到计算机、银行的存贷业务等。

就目前企业的生存环境而言，组建一个企业或建立市场所需的各种资源变得越来越随手可得：全球资本市场能提供现成的支持技术和管理方面的知识广泛传播。公司要想发展，无论就扩大自己的能力而言，还是就开发新市场而言，资源本身已不再特别重要，决定企业成败的关键是如何与其他企业相互协调，将资源有效配置起来，为消费者创造新价值，而这正是商业生态系统理论的核心——企业之间良好的、互动式的发展，即"共同进化"。

越来越多的企业开始有意识地营造和扩大自己在商业生态系统中的价值链网，并促进以价值链网为基础的商业环境的发展，给自己设置生态化的生存条件。正是从这种意义上分析，由于企业间竞争的方式发生了很大的变化，企业必须有意识地塑造商业生态系统的框架，使之达到有序状态，促进"共同进化"。从另一个角度理解，商业生态系统就是"共同进化"时代的必然要求。

2. 商业生态系统是现代企业组织核心竞争力的具体表现

与自然生态系统中的单个物种一样，商业生态系统中的每一个成员，不管其表面上有多么强大，最终将与整个网络共命运。例如，沃尔玛、微软、苹果等企业，它们采取的战略不仅关注企业内部的发展，还具有前瞻性地构建或改善自身所处的生态系统。沃尔玛能够采取低价的营销策略，得益于其对供应链和商业生态系统的有效管理，通过信息的共享和管理的协同，实现平衡的供求、高效的生产和快捷的响应。

随着价值创造的轨迹从单个企业转移到了"创新生态系统"，企业的绩效也会直接受到"创新生态系统"的整体创新能力的影响。作为"创新生态系统"的一员，企业的创新活动嵌入关系网络中，其创新产出也仅仅是网络创新产出的"部件"，只有与系统其他部件进行有效的交互组合，才能最终获得最优的创新产出。因此，处于系统中的企业需要时刻关注自己的创新"部件"与其他成员产出的"互补性"和"互依性"，企业的战略重点也从单纯的"利己主义"转向打造共生、共存以及再生的"健康生态系统"（宋华、陈思洁，2021）。不同企业在同一商业生态系统中的地位和影响力是不同的，不同的地位和影响力又折射出该企业的竞争力，甚至是核心竞争力。下面从两个方面进行分析。

1）良性发展的商业生态系统是企业参与竞争的有力武器

（1）由于系统内成员（即各个企业）的相互支持，新产品或新服务可以在较短时间内达到巨大的产销量，实现具有影响力的规模效益，从而构成较高的进入壁垒，在一定程度上限制了其他企业组织的介入。

（2）由于系统内成员的相互支持，消费者对新产品的体验能更快、更准确地实现。这种体验不仅要依靠核心产品和服务，而且依靠各种辅助的、旨在加强消费者体验的方法。正是由于 Netscape 和微软等其他公司提供了核心软件产品及其服务，从而使电子商业能够出现在国际互联网上。

（3）整个系统从核心产品和服务中获得的利润，被再次投资，用于进一步补充企业流失的能量，提供未来产品和服务拓展所需的条件，从而降低价格和扩展性能的这条不断"创新轨道"能够建立起来。最终，使系统内成员和顾客都会相信，除了现在他们获得利益，核心企业还会给他们带来美好的前程。

（4）来自核心企业的回报也被投资于支持着整个生态系统的发展本身：为了"共同体联合发展"的活动——标准的建立、监督和研究，核心企业会与有关成员组成共同的生态系统，并让系统内成员感觉到，构成生态系统的共同体能很好地由核心企业领导着，从而强化了它的领导者地位和竞争力。

2）组建由自己领导的良性商业生态系统是企业组织核心竞争力的表现

（1）在一个良性商业生态系统中处于领导地位的企业，同时也具有核心竞争力的大部分特征，如价值创造、可延展、难以模仿和自学习性等。

（2）商业生态系统的有效循环一旦建立起来，就很难受到攻击，或者在地位不断受到攻击时，可以找到无数站稳阵脚的方法。

（3）系统的领导者在创建商业生态系统过程中所积累起来的丰富经验和最终摸索成功的商业模式是强大的资源，没有一家企业可以在短时间内达到如此程度。

（4）维护系统领导者地位的是系统内其他成员，它们已经在这个系统内获得了利益，因此也不会轻易地转到另一个新的生态系统（吴建材、谢永平，2003）。

在商业生态系统内部，存在着很多的超循环组织，超循环组织既存在于一个组织内部，如 A 公司的技术部门、管理部门、营销部门等，也存在于不同的组织之间，所有这些超循环在一个更高的层次上相互耦合形成更高一级的超循环，从而推动着商业生态系统整体向前进化，这就是协同进化。

21 世纪的世界经济是在一对矛盾的支配下运行的：一方是以生产、贸易、投资越来越自由的全球性流动为代表的全球化；另一方则是以特定的地理边境和民族利益息息相关的本地化。但无论哪一种，一个不争的事实是组织间的联系越来越紧密。也就是说，未来的企业不再是独立的个体，而是作为某一网络的部分而存在，企业网络成为一种趋势（吴建材、王安民，2012）。

企业共生互利的关系不仅可以使消费者受益，也可以使整个生态系统形成群体优势胜过其他竞争网络。

### 13.4.4　商业生态系统的组织设计

在商业生态系统背景下，企业不仅顺应潮流，从观念上、战略上进行调整，还要在组织设计整合上快速进化以迎合新技术的发展，以达到组织结构有机化、组织职能专业化、组织部门开放化。为此，从迈克尔·波特的价值链出发，寻求企业的基本结构元素——能力要素，在信息技术的支持下，这些能力要素被灵活、有效地进行网络化组合，既能获取和不断加强企业的核心竞争力，又能将它向其他企业扩展。与此同时，企业 X 再造着眼于公司向外部拓展的流程再造——"X"在这里代表跨越组织之间的各种界限，将相关企业的业务流程链合在一起，来实现商业生态系统的稳定性和强大生命力。

1. 企业能力要素的含义及分类

1）企业能力要素的含义

现代信息技术的发展，使我们能透过企业的业务层面，在一个更深的层次上去认识业务背后更为基础的结构要素，即能力要素。就像基因是按遗传法则决定人类个体的体貌及性格特征的 DNA 一样，企业的每个能力要素就是价值链中对业务产出有独立价值贡献的一个基本组成部分，企业的这种能力要素就是"企业基因"（约翰·奥瑞克、吉利斯·琼克等，2003）。当把企业带入一个能力要素层面后，可以集中精力于单个能力要素，并最大限度地挖掘这些能力要素的价值潜力。沃尔特·迪士尼公司专注于发挥它的品牌效应，与可口可乐公司达成了长期协议，可口可乐公司能够以迪士尼为品牌在全球销售饮料；宝洁公司能够将市场营销上的诀窍有偿地提供给其他企业。

另外，企业可以基于价值链的能力要素战略，创建最具竞争力的能力要素组合以创造最优质的产品和服务。贝纳通服装公司将它的品牌和市场营销能力要素与 Imagica 公司涂料调和方面的专长进行了整合，创造了一系列在其他地方很难找到的、具有独特色彩和质地的纺织品。

作为商业生态系统中的企业，它要稳固自己的位置，就必须具有某项核心竞争能力，而在能力要素水平上构建业务，显然是提高竞争优势的强大源泉。一些企业也许可以借助一时的举措而成功地提高企业某方面的能力，要持续永久地提升企业竞争能力水平的关键，就在于调动公司的所有资源去培育公司的能力要素。能力要素是将公司进行更为细致的划分的结果，可以最大限度地挖掘它们所拥有的最佳资产的价值潜力，从这个角度上看，企业能力要素的建设是商业生态系统内企业组织设计整合的一个理想的、可行的手段。

2）企业能力要素的分类

基于商业生态系统的企业组织设计整合，首先需要找到生态意义上的"企业基因"，即具体的能力要素是什么。企业的能力要素体现在价值链上，一个商业生态系统中的价值链可以剖解成三个特征分明的层面：由所有主要生产流程组成的物质价值链；由所有交易流程组成的交易价值链，这些交易流程中包括了像订货、计划、发货确认和工作程序辅助这样的信息流程；知识价值链，它包含了更多的创新元素，如产品设计、品牌管理和产品分类管理。

（1）存在于物质价值链层面的业务能力要素，可以包括原材料供应、部件制造、产品装配、分销和仓储等中的一个或几个，它们的活动都与有形物质相关。物质价值链中的业务能力要素不仅存在于工业企业，如企业的生产能力或质量控制，同样，也存在于零售业，它可以包括厂家将商品送达商店以及商店将商品摆放到货架上的物流配送活动；在传统银行业，该类能力要素包括了收款、存款和现金交付等环节。

让我们分析只包含单一领域的生态系统，假如要判断某企业的生产能力能否成为物质价值链中的一项能力要素，就是分析它有没有使企业达到具备相当竞争力的经济规模。根据测算，一个专业化的手机生产商（与销售和市场营销过程相分离）要实现其生产的高效率，它的市场份额至少应该占全球市场的 30%。这是构建一个有效的平台的最小规模，如果小于这个规模，将损害企业的竞争力。

同样，如果达不到规模经济，在一些关键环节上进行结构变革，以提高资产效率也是可行的。一般来说，进行适当的外包，即企业借助外部的能力与资源来提高企业自身的效率。很多企业已经将其物流业务（甚至包括仓储和分销）外包，而把精力集中于自己的核心业务，不断强化自身某方面的能力要素建设，并进行大规模专业化的生产，享受由此带来的成本下降。这是物质价值链中能力要素形成的有效手段。

（2）存在于交易价值链层面上的能力要素，它们属于信息范畴，而信息实际上也成为企业组织的一个业务能力要素。例如，大企业负担着复杂的 ERP 系统，银行、保险公司或出版商采用数据处理技术生产它们的产品，使得信息技术资本化。

无论是制造业，还是服务业，其业务活动中的交易和控制过程都蕴涵着"交易流"。在工业企业，下订单、制订生产计划、发货、收款等都是交易过程。而在保险业，交易包括索赔处理、付款过程和客户数据的采集等。

互联网的便捷性使传统的劳动密集型的工作实现了自动化，从采购到销售都在实现数字化管理。如书商亚马逊公司在线的"零售服务"是自身的一个资产，当它将零售服务出售给其他企业后，亚马逊公司会进一步发挥诸如订单管理一类的能力要素的效用，这种能力要素可以有效地决定有多少件货物被送走，送到哪个仓库，用的是什么条码。此后，亚马逊公司实现了订单管理的自动化，并因此得到了进一步的优化。其他企业可以把订单管理外包给亚马逊公司，直接享用亚马逊公司的订单管理能力的优势，从而确保这些公司能专注于自己的更有增值能力的能力要素，如客户管理。

（3）存在于知识价值链层面上的能力要素，它们具有很强的专有性，并且在现代企业创造新价值中的地位越来越重要。企业将信息与物质产品打包在一起销售给顾客，以实现企业经营的差异化。品牌建设、产品设计、研发和产品细分等能力要素都是潜在而有力的实现差异化的手段，它们也是知识价值链的组成成分。

知识能力要素的表现形式很多，如航空运输业就是依靠数据管理系统，抓住了突飞猛进的增长机会；第三代移动电话发展至今，芯片容量提高；食品行业的创新在很大程度上与香料的改进和能够用于预测农产品价格的天气预报有密切关系。因此，知识能力要素意味着可以吸纳其他行业的能力要素，它不仅创造了一流的产品和服务，还保持了不断的创新。

商业生态系统注重企业组织的整体生存发展能力，而淡化单个企业的全面发展能力，换言之，单个企业组织应选择适合自己，同时又与整个生态相吻合的能力，要着眼于将竞争优势建立于能力要素层面，要分清其中对价值起"决定性"作用的一些能力要素，也就是要找准"企业基因"。如专业化工公司的产品专利、名牌产品制造商的品牌，而其他一些能力要素则是"有益的"或"必要的"，它们对价值所起的作用就不是决定性的了。对这些能力要素而言，无论绩效表现多么出色，未必会给企业带来新的优势，但是，如果绩效表现水平不佳，则肯定会削弱企业的竞争力。

在理解了能力要素之后，我们还要充分理解如何将各种各样的能力要素进行优化。物质价值链优化的主要目标是规模效应、资本使用效率、柔性和减少产品向市场流动的复杂性。企业可以用外包或剥离的方式来优化有形能力要素。

交易价值链也正在越出企业的边界去追求规模效应。网络市场的飞速发展说明交易流程怎样成为一些独立业务的核心。如联合包裹服务公司，过去需要花14天的时间才能获得关于一件包裹的所有信息，当它把与包裹相关的信息处理流程外包给一家位于达拉斯的服务提供商以后，获得信息只需要24小时。

知识资产优化将带来巨大的回报。创造性地将知识能力予以有效利用，企业能扩大它的市场份额或收取产品的溢价，占据有利的竞争地位，且知识带来的优势是难以复制的。如Ralph Lauren通过与众不同的广告方式来创造性地建立"美国式生活方式"这一概念，进而培育了一系列在全球广为人知的消费品牌。

2. 商业生态系统内企业组织设计的手段：能力要素下的组织管理维度

商业生态系统内企业组织设计的手段之一，就是企业组织内部能力要素的建设。不同类型的企业（骨干型和缝隙型）组织设计时，必须考虑能力要素的选取及如何围绕能力要素的建设。能力要素的建设对商业生态系统内企业组织设计的影响是多方面的，其中，最主要的就是对企业管理维度的影响。

在能力要素驱动型企业中存在着两个管理维度：一个是业务开发主管维度，指的是对一系列能力要素进行有效的整合去生产最好的产品；另一个是业务能力要素主管维度，指的是致力于将能力要素在市场中进行充分的价值放大，如图13-4所示。这两个维度互不排斥，企业可以侧重于前者，也可以侧重于后者。骨干型企业通常是双管齐下，公司基于自身的优势能力要素而建立，并通过业务开发主管去挖掘

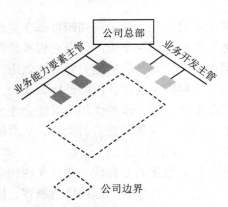

图 13-4　能力驱动型组织的两个管理维度

资料来源：奥瑞克，琼克，威伦. 企业基因重组：释放公司的价值潜力[M]. 高远洋，译. 北京：电子工业出版社，2003.

这些能力要素的价值潜力。业务开发主管的任务就是保证利用最好的能力要素生产最好

的产品来最好地满足市场的需要。企业首先会设法在公司内部获取这些能力要素，但是如果需要在公司外部获取的话，它们也会毫不犹豫地寻找外部提供者。业务开发单元将决定哪些能力要素是需要有差异性的，而能力要素也会选择那些最能给它们带来价值的业务开发单元，以便获得最好的价值回报。

在这两个明显的业务维度之下，业务能力要素主管维度可以将单个要素产出出售给公司内部的业务开发部门，或者出售给其他企业，业务开发主管维度致力于整合公司内外部的能力要素，创造能力要素组合产出。

在新的组织结构中，特别是基于商业生态系统的企业组织结构，其单线汇报关系加上几个"合同"或服务协议，将有效地取代原先的多线汇报关系。业务开发主管和业务能力要素主管都关注于优化自己的业务。业务单元为了保持其创新性就会寻求公司的支持，要求排他性地享用公司的"技术开发"能力要素。当业务能力要素部门和业务开发部门的发展落后时，企业需要做出取舍的选择。在企业剔除了劣势能力要素后，也许它就能培育一系列最佳的能力要素，而这些能力要素本身的价值可能会大于企业用它来直接进行产品开发的价值。例如耐克保留其品牌作为核心的能力要素，而将产品的生产散布到世界各地，被称为最早的"没有工厂的工业企业"。

与此相反，如果公司的某项能力要素自身价值足够大，以至于超过了将能力要素应用于自身业务开发而获得的利益，公司总部可能就会下令转变公司战略，停止业务开发，而将精力集中于该能力要素的经营。

骨干型和缝隙型企业，在能力要素驱动下，其管理维度的侧重点是不同的。于是，在组织设计整合中，表现出相当的差异性，这是 13.4.4 节第三部分重点阐述的内容。

3. 能力要素驱动下的商业生态系统内企业组织设计概述

1）能力要素驱动下的商业生态系统内企业组织设计

在业务能力要素主管和业务开发主管将各自的资源及需求进行排列时，一个由最重要的能力要素和业务开发组成的组织结构也就出现了，如图 13-5 所示。能力要素可以通过合同或者协议方式出售给外部的公司，这意味着能力要素已成功地转变成了独立的业务单元，供求双方可以进行交易（约翰·奥瑞克、吉利斯·琼克等，2003）。

通过把公司中最重要的能力要素转变成为独立的业务，并在公司内部及公司外部出售这些业务所提供的服务，从而使业务单元组织逐渐转化为能力要素驱动型组织。在能力要素驱动型组织中，业务开发部门可以将第三方的能力要素整合进来，以生产出更好的产品。

业务能力要素主管可以寻求资本为培育更具有竞争力的能力要素而投资，以确保满足企业对资产和资源的未来需要。如果企业形态要向能力要素而投资，首先要做的就是使企业的组织架构围绕最关键的能力要素及业务开发而建立，不能为了迎合这一转变而简单化地将能力要素都变成独立的业务。可以说，将人力资源管理、会计、IT 及其他服务归为共享服务的趋势虽然大大地降低了企业管理成本，但它对于企业核心能力要素的培育和发挥，对于提升企业的竞争能力却贡献甚微。

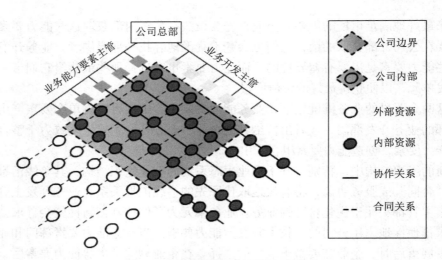

图 13-5　能力要素驱动下的组织结构

　　骨干型和缝隙型企业在能力要素的选取，进而在内部的组织设计上存在着较大的差异性。由于骨干型企业在同一生态系统中位于核心地位，它的责任和能力要素建设方面比一般缝隙型企业更重要。图 13-5 中所示的业务能力和业务开发都可以作为它建设的重点，与此对应的部门设计上，更加全面和专业化，除去相当多的业务开发能力建设，对其他类型的企业产生引导作用。因而，应有跟踪生态系统业务发展、开发的部门，此外，还对缝隙型企业的能力建设给予必要的指导，以保证一个完整的商业生态系统运转的可靠性和高效率。当然，对于大量的缝隙型企业，它们可以选择业务能力培养和业务开发中的某一个，但大多将转向选择业务能力主管，原因就在于商业生态系统最终输出产品的职责由骨干型企业承担，缝隙型企业在业务开发上难以独自建设，而一般的业务能力方面，它们可以选取某一个或几个，并在此基础上深化和提炼。

　　2）能力要素驱动下的商业生态系统内企业与传统企业在组织设计上的区别

　　（1）部门设置上——有重点：能力要素驱动下的企业组织的设计注重选择具有比较优势的个别能力，并针对企业组织的重点能力要素设置相应的部门加以培育和强化。

　　在商业生态系统内，企业的业务能力要素主管承担着能力要素选取和培育的任务，除此之外，他还要去研究如果将生产作为一个业务，并适合商业生态系统发展的话，怎样使它变得更有效率。这就包括了向其他公司出售该能力要素所带来的市场机会进行评估，例如，说出售给哪些企业，以避免直接的利益冲突，还必须保证整个生态系统不至于受到破坏。

　　以大型洗衣机、电冰箱或厨房设备的生产厂家为例，一般来说，这些企业的产品部分靠自己生产，部分通过合同制造商生产。通常由市场营销部门与产品开发部门共同进行产品设计，然后由生产部门去寻找生产产品的最佳途径，以确定多少由自己生产，多少由合同制造商生产，或多少由可以提供更多规模效应的 OEM（原始设备制造商）生产。此时，该企业为自己保留的是比较核心的能力要素，如销售能力或产品设计能力，反映在组织设计上，也应加强相关部门的建设。

（2）流程设计上——更灵活：能力要素驱动下的企业组织在边界的设定上更具灵活性，如图 13-6 所示。在这一组织形态中，企业不再局限于自己拥有的能力要素，而会通过跨企业的能力要素的整合来建立新的业务。它们会组建联盟、合资企业或者合伙企业。如果企业认为自己某一特定的能力要素不能为自己提供最好的支持，就会转而考虑将该能力要素外包，通过外包或售让，使生态系统内的企业之间具有更强的链合性，企业之间的边界变得更加模糊和不确定，彼此的关联性更强。企业组织边界的灵活性和不确定性也可以应用到企业组织的内部设计上，使组织部门更加开放，业务流程更加灵活。

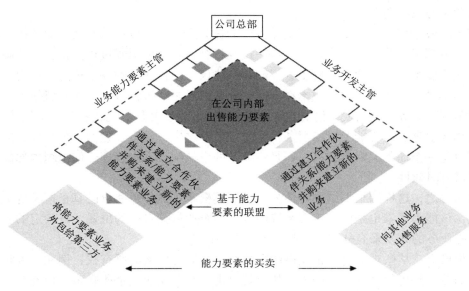

图 13-6　能力要素驱动下组织边界的动态性

将流程设计上的灵活性延伸到企业组织之间，就是如何营造一个和谐的、可持续发展的外部环境，这就涉及了企业 X 再造。从这个角度看，能力要素建设和企业之间的 X 再造对企业组织设计的影响可谓异曲同工。

（3）组织形式上——更合理：能力要素驱动下的企业组织设计摈弃了传统的矩阵型组织形式，而追求整个生态系统的合理性和完整性。当企业开始建立基于能力要素的业务时，它们会发现企业的某些能力要素已经强大到可以在市场中具有领导地位了。如果某个能力要素令它的客户（那些由过去的业务单元转变而成的业务开发单元）感到失望，那么它将会采取外包策略。同时，它还会找到通过组建合资企业或者建立联盟的方式，将自己的能力要素与其他企业的能力要素进行部分有机结合的机会，体现出生态的特点。无论其结构方式如何，企业关注的能力要素的数目将会减少，而不是增多。实际上，企业往往只会保留那些它真正擅长，而且可以在一个或几个关键的业务开发部门得以充分利用的能力要素。相应地，在业务开发维度上，如果企业不具备实现某项业务产出所需的特定的关键能力要素，就会与那些拥有相关能力要素的企业建立联盟来合作生产。这与基于商业生态系统的组织设计能完全地结合起来，即视整个商业生态系统内的企业为一个整体，而不必注重各个组织的完整性。

（4）职权设计上——明权责：能力要素驱动下企业组织管理的领导力更加集中和更有责任感。由于能力要素驱动下的组织是一个更具针对性的组织，所以其管理者的领导力也更为集中，业务开发主管会集中精力于相关能力要素的整合，从几个能力要素主管那里购买服务。他们还需对企业内部和企业外部的能力要素进行优势比较和评估。业务开发主管依然要对业务风险负责，不过他更像一个协调者，在每一步都要对可得到的能力要素进行评估，并有机会从外面的公司购买所需要的能力要素，无论是内部能力要素的挖掘，还是外部能力要素的购买，管理者都须遵循一个基本的原则：该能力要素适合整个商业生态系统的发展。

（5）绩效考核上——重时效：企业内部的业务开发部门可以从其他企业的内部能力要素供应者那里"购买"能力要素，这一过程将会使企业的运营过程变得更加清晰。通过业务能力要素主管和业务开发主管"购买"协议，使得成本的发生情况可以得到及时反映，而不是等到年底时再将成本在不同的业务部门之间进行分摊。在此背景下，有利于及时掌握各业务部门的成本情况，并可进行成本控制。然后，比较各部门的经营成果，考核其绩效。这一过程能及时将财务核算融于考核之中，具有公正性、公平性，同时，它也不只是一个简单的财务核算，而是将绩效的考核纳入常态管理，使组织内部的绩效考核更富有时效性。

总而言之，这样的组织结构将使公司回到其根本：抓住那些自己真正擅长的关键能力要素，该能力要素也是商业生态系统内各类型企业依据自己的位置予以确定的，组织通过核心业务的开发来充分挖掘这些能力要素的价值潜力。

在规模上，从微观上讲，企业可能会放弃一些能力要素的所有权，例如，说将自己非核心的业务外包给其他企业去做。从宏观上讲，当企业建立企业联盟、合资企业、合伙企业或者签订企业合约时，它越来越多地参与了相关业务，这会使其规模不断壮大。

企业要走在竞争对手的前面，就必须不断提高能力要素的关注程度，否则，那些更新、更敏锐的对手们就会把我们打败，而且告诉我们应该如何去做。随着交易成本的下降，企业可以克服那种将公司视为固有的整体而进行内部妥协的倾向，而将单个的能力要素分离出来，以得到其独立的业务优化。随着战略业务单元模式逐步让位于能力要素模式，商业生态系统内的企业将不可避免地调整其内部的组织形式。

商业生态系统内的企业会被越来越多地建立在更基础的业务构成层面，这会改变大多数企业的结构形态。这意味着要自己企业和其他企业的某些部分进行重组，并创建更有竞争性的实体——将单个能力要素进行重新排列以形成新的、更有效力的组合。

 小结

平台型组织可以分为企业内部平台和企业外部平台，也可以划分为双边市场平台和产业创新平台。企业内部平台是企业在自己内部打造的平台，平台型企业推行平台化的管理模式，将企业内部的资源开放共享，赋予项目团队和员工在创新、人事等多方面的自主权，使其能够积极主动地满足各类用户的需求。企业外部平台是一个聚集了供应商、消费者等主体的现实或虚拟的场所，平台可以为供需双方提供交易环境，并在发展的过程中构建架构和规则，随着供需双方的规模不断扩大，平台的边界不断延伸，平台的网络效应逐渐扩大，平台生态逐渐优化，促进各主体间的互利共赢。

搭建企业内部平台的过程是企业整合内部资源、促进企业创新、实现平台化发展的过程。企业内部平台的构成体现为企业的能力要素，它可以有各种各样的组织方式，可以形成各种各样的组织形态，组织设计整合的目的正是使企业内部的能力要素形成适合企业自身的组织架构，更好地发挥相互支持的作用，赋能企业的创新发展。企业外部平台被视为"双边市场"，企业外部平台随着用户量逐渐增长将凸显出更为明显的双边网络效应。平台企业是双边市场中重要的微观经济主体，研究企业外部平台如何设计，应当先从平台企业入手，探究平台所有者如何进行自我设计，以及如何对平台进行组织设计。企业外部平台的组织设计还应当考虑平台发展阶段及阶段重点。

现代企业组织面临的环境越来越复杂，将企业组织放在一个生态的背景下进行考察，就需要对商业生态系统进行分析。商业生态系统是指以组织和个人的相互作用为基础的经济联合体，即由若干企业组织和个人组成的有机经济系统。它的理论核心就是"共同进化"。

根据生物种类、地位，相应地，将企业主要划分为骨干型企业和缝隙型企业，对这些企业进行组织设计整合的具体目标是组织机构的有机化、组织职能的专业化、组织部门的开放化。为达到这样的目标，应采用由内到外的企业自身能力要素建设。通过组织设计整合，企业组织在商业生态系统中能更好地发展、培育内部能力要素，并协调好与企业外部相互依存的关系，使整个商业生态系统处于良性发展状态，实现系统内企业"共同进化"。

## 思考题

1. 如何理解平台型组织？平台型组织有哪些分类和特征？
2. 试列举出平台型企业的例子，并说出它们所建立的平台。
3. 平台型组织的组织设计应该如何去做？涉及哪些方面？
4. 如何理解商业生态系统？商业生态系统理论主张什么观点？
5. 试论述在商业生态系统背景下，企业组织进行设计整合的目标。
6. 为什么说未来的竞争不是企业与企业之间的竞争，而是商业生态系统之间的竞争？
7. 商业生态系统中存在哪几类企业？试讨论它们的地位和作用。
8. 商业生态系统内的企业如何利用能力要素建设实现企业组织设计整合的目标？

## 案例讨论

### 产品制胜还是生态为王：小米的智能硬件生态蝶变之路

摘要：本案例以小米公司的生态链布局、发展与壮大为主线，展现了万物互联时代小米公司如何跨界经营，通过整合自身供应链和营销资源与能力，对外投资培育初创或成长型企业构建智能硬件生态链，实现从单一智能手机制造向智能硬件生态链运营转型的历程。本案例适用于战略管理课程，帮助学生综合运用战略转型、跨界创业与商业生态系统、复合基础观等多理论视角探讨具有中国特色的互联网与制造深度融合特色路径，从而给制造企业突破业务增长瓶颈带来启示与借鉴。

资料来源：吴俊，程垚. 产品制胜还是生态为王：小米的智能硬件生态蝶变之路[DB/OL]. 中国管理案例共享中心，2019. http://www.cmcc-dlua.cn/Cases/Detail/4258.

## 经典书籍推荐

朱恒源. 管理的常识：商业生态系统运行的底层逻辑[M].杭州：浙江大学出版社,2021.

本书是清华大学经济管理学院教授、清华大学全球产业研究院副院长朱恒源博士多年的研究成果，通过3大视角、10大关键词搭建关于企业经营和管理的底层逻辑。在行业层面，本书讲述了一家企业如何通过自己的战略来影响整个企业的发展，以及整个行业的进步。组织是战略实施的工具，本书在组织层面先静态分析了企业这种组织和它运转的流程，接着又从如何避免被淘汰的角度来看企业是如何进行组织变革的。进行组织变革是领导者的重要使命。在领导力层面，本书解析了领导者的概念，领导者如何行使权力、发挥影响力，以及怎样领导团队和组织向前发展、达到目标。

## 参考文献

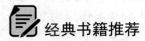

[1] 张小宁，赵剑波. 新工业革命背景下的平台战略与创新：海尔平台战略案例研究[J]. 科学学与科学技术管理，2015（3）.

[2] 穆胜. 平台型组织：释放个体与组织的潜能[M]. 北京：机械工业出版社，2020.

[3] 王谢宁. 虚拟平台企业的组织设计模型：面向对象方法论视角下的考察[J]. 财经问题研究，2012（5）：18-25.

[4] 何翘楚. 包容性治理：平台模式下传统企业的转型路径[J]. 生产力研究，2017（8）.

[5] 纪婷琪，张颖，孙中元. 打造孵化小微创客的平台型组织[J]. 中国人力资源开发，2015（10）：11-18.

[6] 罗仲伟，李先军，宋翔，等. 从"赋权"到"赋能"的企业组织结构演进：基于韩都衣舍案例的研究[J]. 中国工业经济，2017（9）.

[7] 王凤彬，王骁鹏，张驰. 超模块平台组织结构与客制化创业支持：基于海尔向平台组织转型的嵌入式案例研究[J]. 管理世界，2019，35（2）：121-150+199-200.

[8] 徐晋，张祥建. 平台经济学初探[J]. 中国工业经济，2006（5）：40-47.

[9] 李允尧，刘海运，黄少坚. 平台经济理论研究动态[J]. 经济学动态，2013（7）：123-129.

[10] 阳镇，陈劲. 互联网平台型企业社会责任创新及其治理：一个文献综述[J]. 科学学与科学技术管理，2021（10）.

[11] 田洪刚. 供给侧结构性改革情境下企业的平台策略行为：以小米和海尔为例[J]. 现代经济探讨，2016（6）.

[12] 胡国栋，王琪. 平台型企业：互联网思维与组织流程再造[J]. 河北大学学报（哲学社会科学版），2017，42（2）：110-117.

[13] 刘旭，柳卸林，韩燕妮. 海尔的组织创新：无边界企业行动[J]. 科学学与科学技术管理，2015（6）：126-137.

[14] 白景坤，王健，张贞贞. 平台企业网络自组织形成机理研究：以淘宝网为例[J]. 中国软科学，2017（5）：171-180.

[15] 张云起，冯漪. 基于区块链的电商信用生态治理研究[J]. 中央财经大学学报，2019（5）：102-108+128.

[16] 张夏恒. 基于区块链的互联网平台型企业联盟风险规制机制与框架[J]. 中国流通经济，2021（5）：52-61.

[17] 穆尔. 竞争的衰亡：商业生态系统时代的领导与战略[M]. 梁骏，等，译. 北京：北京出版社，1999.

[18] 扬西蒂，莱维恩. 共赢：商业生态系统对企业战略、创新和可持续性的影响[M]. 王凤彬，译. 上海：商务印书馆，2006.

[19] 吴建材，谢永平. 商业生态系统演化发展及其动力学分析：基于自组织理论的视角[J]. 企业经济，2017，36（11）：96-101.

[20] 宋华，陈思洁. 高新技术产业如何打造健康的创新生态系统：基于核心能力的观点[J]. 管理评论，2021，33（6）：76-84.

[21] 吴建材，王安民. 商业生态系统进化模式探讨[J]. 商业时代，2012（33）：16-18.

[22] 奥瑞克，琼克，威伦. 企业基因重组：释放公司的价值潜力[M]. 高远洋，译. 北京：电子工业出版社，2003.

[23] 穆胜. 平台型组织：释放个体与组织的潜能[M]. 北京：机械工业出版社，2020.

[24] 钱匹. 企业 X 再造[M]. 闫正茂，译. 北京：中信出版社，2002.

[25] 莫塞德，约翰逊. 平台垄断：主导 21 世纪经济的力量[M]. 杨菲，译. 北京：机械工业出版社，2018.

[26] 供应链管理专业协会，桑德斯. 供应链运营管理：流程协同，打造高绩效、强竞争供应链体系[M]. 荣岩，译. 北京：人民邮电出版社，2020.

[27] 乔普拉. 供应链管理：第 7 版[M]. 杨依依，译. 北京：中国人民大学出版社，2021.

[28] 王明兰. 敏捷转型打造 VUCA 时代的高效能组织[M]. 北京：人民邮电出版社，

2018.

[29] 吕文栋. 公司战略与风险管理[M]. 北京：中国人民大学出版社，2020.

[30] 哈默，钱匹. 企业再造[M]. 小草，译. 南昌：江西人民出版社，2019.

[31] 吴建材，谢永平. 共同进化时代的企业核心竞争力策略[J]. 西安电子科技大学学报（社会科学版），2003（1）：53-58.

[32] 杨忠直. 企业生态学引论[M]. 上海：科学出版社，2003.

[33] 刘东. 企业网络论[M]. 北京：中国人民大学出版社，2003.

[34] 魏江. 产业集群：创新系统与技术学习[M]. 上海：科学出版社，2003.

[35] 陈剑，冯蔚. 虚拟企业构建与管理[M]. 北京：清华大学出版社，2002.

[36] 科利斯. 公司战略[M]. 北京：中国人民大学出版社，哈佛商业学院出版社，2001.

[37] 里恩斯. 市场领先：技术密集型企业的战略性市场策划[M]. 徐蔚，李梅梅，译. 上海：上海交通大学出版社，1970.

[38] CIBORRA C U. Teams, markets and systems: business innovation and information technology[M]. Cambridge: Cambridge University Press, 1996.

[39] CUSUMANO M A, GAWER A. The elements of platform leadership[J]. MIT sloan management review, 2002, 43(3): 51.

[40] ARMSTRONG, MARK. Competition in two-sided markets[M]. London: Mimeo, University College, 2004.

[41] BALDWIN C Y, CLARK K B, CLARK K B. Design rules: the power of modularity[M]. Cambridge: MIT press, 2000.

[42] GAWER A, CUSUMANO M A. Industry platforms and ecosystem innovation[J]. Journal of product innovation management, 2014, 31(3): 417-433.

[43] CHEN L, TONG T W, TANG S, et al. Governance and design of digital platforms: a review and future research directions on a meta-organization[J]. Journal of management, 2022, 48(1): 147-184.

[44] LANSITI M, LEVIEN R. Strategy as ecology[M]. Boston: Harvard Business Review, 2004（3）.

[45] PELTONIEMI M, VUORI E. Business ecosystem as the new approach to complex adaptive business environments[J]. Proceedings of e-Business research forum. 2004, 2(22): 267-281.

# 第 14 章
# 基于类型的企业组织设计整合

 **本章学习目标**

1. 掌握企业集团的组织特征与组织模式；
2. 了解我国企业集团的组织结构类型；
3. 掌握上市公司治理结构的基础知识；
4. 阐明我国上市公司治理结构的优化设计；
5. 描述中小企业组织结构设计的特点；
6. 掌握中小企业绩效评估的方法。

## 引例

广东（恒业）宝丽雅实业有限公司发展至今已有近三十年的历史，它经历了从简单五金产品加工过渡到功能性产品生产、自动化配套生产、多品类产品发展的不同阶段，成长为一家集家居用品、电子电器产品生产、销售、进出口贸易，以及互联网电子商务为一体的多元化综合性的集团公司。

在长期的发展历程中，广东（恒业）宝丽雅实业有限公司经历了多次企业战略转折，其中标志性事件之一是推行事业部制，当时董事长和公司六大事业部的负责人签下"军令状"，从此这六个事业部走上了独立核算、自主经营的道路。

广东（恒业）宝丽雅有限公司董事长叶中平谈起自己成立事业部想法的由来：在顺德有一家著名的大酒楼，无论是菜式还是待客风格都相当有特色、有个性，吸引了包括港澳客人在内的大批捧场者。但这家酒楼只此一家，并无分店，为什么？因为酒楼老板是唯一的核心，分店只能复制硬件，却复制不了老板跟客人的交流风格和个人魅力。

董事长从这件事中得到了启发。他认为，一家企业在刚刚起步时，确实需要依靠企业领头人的能力、情感与人格的处理方式、员工的忠诚来进行企业的营运与发展，这个阶段体现为对极少数人的依赖，而非制度化的管理。但小企业发展到一定规模，如果希望进一步拓展空间，制度化的管理就不可或缺，规范化、标准化、流程化、数据化成为必需。

企业组织规模不同，类型各异。组织设计应针对不同规模和类型组织的特点，有的放矢地进行组织设计，而不可无视企业的发展和壮大，固守单一模式。因此，在组织设计过程中，我们不可避免地需要通过一系列的活动来增强组织设计方案与企业类型特征之间的匹配性，我们把这种匹配性称为基于类型的组织设计整合。

由于企业集团、上市公司和中小企业是我们常见的典型的组织形态，本章将分别对企业集团的组织结构设计、上市公司的治理结构设计和中小企业的组织结构及绩效评估设计做出重点阐述，以体现三种不同组织的特色，从而方便读者与第 4 篇的组织模块设计相结合，把握基于类型的组织设计整合的框架。

# 14.1　企业集团组织设计整合

## 14.1.1　企业集团的组织特征和组织模式

### 1. 企业集团的组织特征

企业集团的概念源于 20 世纪 50 年代的日本，但对于究竟什么是企业集团，怎样去精确界定这个概念，业界尚无定论。我们认为，企业集团是在伴随着市场的压力下产生的，它形成的目的是通过利用集团内部的结构关系以实现协同效应和规模效应，从而降低运营成本、增加盈利。以下为企业集团的基本特征。

（1）大型化、巨型化。企业集团首先是表现在规模的大型化、巨型化，这不仅体现在其拥有的资本量上，而且体现在其纵横的跨度上。在西方发达国家，各企业集团的规模之大，十分惊人。如日本的企业集团，尤其是三菱、三井、住友、芙蓉、第一劝银、三和等六大企业集团，都已发展成为无所不经营的巨型企业，成为横跨众多产业部门的独立的"企业王国"。

（2）多法人结构。企业集团本身不是一级法人，而是由多个法人企业组成的经济联合体，是以经济利益为纽带结合起来的经济组织，而不是行政组织，不存在行政概念上的上下级关系，或者一级法人、二级法人之类的区分，而是平等互利的经济关系，但在企业联合体中有一个核心企业起主导作用。

（3）多层次结构。企业集团各个法人之间按资金联合不同程度而表现为不同的层圈结构，即具有强大的经济实力，处于投资中心地位和控股中心的核心层，核心层对成员企业的资产占有达到控股程度的紧密层和具有资产参股的半紧密层。除此之外，是仅有生产合同联合，没有资金联合的松散层，这样就形成了核心层、紧密层、半紧密层和松散层的层圈结构。

（4）多种联结方式。企业集团的联结方式体现出以资产联结为主导的多种经济联结方式，其层圈结构是与多种经济联结方式相对应的，也就是说，它们既有以资金联合或者称以资产联合为纽带的联结，也有以生产联系为纽带的契约式联结。

（5）多单位特点。企业集团形成的根本原因，就是"当管理上的协调比市场机制的协调能带来更大的生产力、较低的成本和较高的利润时，现代多单位的工商企业就会取代传统分公司"。这种多单位活动内部化所带来的利益的实现要与管理的层级制相适应。

这种管理的层级制落实了企业高层的内部化,简明了中小企业之间繁多的市场高层领导,节约了多层成本,单位越多,企业规模越大,越能享受规模经济和速度经济。

(6)多角化经营。多角化经营包括经营环节和产品经营两个方面。经营环节多样化,不但有生产环节,而且一般还包括销售、产品研制等环节,形成研制、原料供应、生产销售综合体。产品经营多样化,也即产品横向跨度大,既有相关产品,也有非相关产品。

(7)多种功能。综合上述特点,企业集团必然是一种多功能的经济联合体,包括生产、科研、技术、开发、投资、贸易等多种功能。

企业集团有多方面的特征,最有特点的是反映在其组织结构上的独特性,即企业集团是一个巨型的、有着核心企业的企业法人群体组合。正因如此,这种独特的组织结构成为本节企业集团组织设计整合研究的重点。

2. 企业集团的组织模式

1)西方企业集团组织结构模式演变

在长期实践探索的基础上,20 世纪 70 年代以来,一些西方管理学家对现代企业集团的组织结构进行了一系列研究,将其归纳为以下四种基本结构类型。

(1)U 型组织结构(unitary structure)。这种组织结构的主要特点是高度集权,多运用于产品(业务)比较单一的中、小型企业。采用 U 型组织结构的公司(U 型组织结构图可见第 7 章内容),内部按职能划分为开发、生产、销售、供应等部门,由公司高级领导人员直接领导,并实行一元化的集中统一管理。许多西方著名公司,如通用汽车、通用电气、杜邦等,在它们成立之初,或规模比较小的阶段时,一般均采用 U 型组织结构。但是,当公司规模逐步扩大,产品和市场多样化达到一定程度时,这种高度集中的组织结构就显露出不相适应的弊端,高层领导忙于处理日常经营业务,没有精力研究公司长远发展的战略问题,容易发生重大经营失误。另外,随着业务范围和业务量的扩大,公司行政管理部门的机构、人员不断膨胀,导致信息和管理成本上升。而由于行政部门增多,部门之间协调一致的难度越来越大。进入 21 世纪以后,西方许多企业集团相继放弃了 U 型组织结构,而实行了事业部制的管理体制。

(2)H 型组织结构。这种组织结构与 U 型组织结构相反,是高度分权的组织结构,多用于以资本经营为主的纯粹控股公司,或涉猎很多经营领域。H 型公司主要靠持有子公司的全部或部分股权,并通过子公司的股东大会和董事会支配子公司的重大决策和生产经营活动,通过评估各子公司的财务绩效进行资金调配,通过买进卖出股票来调整总体业务规模和实现资本经营的目的。在 H 型组织结构之下,各子公司是相对独立的企业法人,因而在法律上具有经营独立性,控股公司只以出资额为限承担有限责任。子公司可分布在完全不同的行业,有利于分散控股公司的财产和经营风险。控股公司若对子公司部分控股,还可以充分利用社会上其他投资者的资金,放大自己的资本控制范围和支配能力,因此采用这种结构的大公司也曾风行一时。20 世纪 70 年代以后,在以突出核心业务和提高竞争能力为主调的新一轮企业重组中,H 型组织结构在大公司中的主导地位逐渐被 M 型组织结构所取代。

案例

皇家荷兰/壳牌（集团）公司

（3）M 型组织结构（multidivisional structure）。这是介于高度集权的 U 型组织结构与高度分权的 H 型组织结构之间，适度集权与适度分权相结合的组织结构方式。采用这种组织结构的都是规模巨大的公司，内部按产品、服务、客户或地区划分为事业部。M 型组织结构（其结构图可见第 7 章内容）下的事业部拥有很大的经营自主权，实行相对独立的核算，事业部之下还设有自己的职能管理部门，公司总部除事业部门外，还设有战略计划、财务审计、人事等职能部门，其任务主要是为事业部下面的职能部门提供指导、服务、咨询等。按其性质，事业部一般作为利润中心，要向公司总部承担盈利责任。M 型组织结构的最大特点是在坚持按企业组织功能统一配置资源（即集权）的同时，试图把市场机制引入公司内部（即通过事业部实行部分分权），从而将组织和市场这两种资源配置方式的优点结合起来。

（4）N 型组织结构（network structure）。所谓 N 型组织结构又称为网络型组织结构，是一种由小型自主、创新的经营单位组成的网络化组织形态。规模不经济的存在是导致 M 型组织结构失效的原因之一，也是促使企业选择 N 型组织结构、行为选择趋向于价值链的一个重要原因。未来的网络化企业集团（即 N 型组织）的主要特点是：第一，组织的扁平化。其组织结构是一个尽可能"平面"的组织结构，信息技术的迅猛发展使企业内大量中间层面得以删除，管理层次的减少有助于增强组织的反应能力。第二，组织的网络化。网络化组织的中心有个由关键人物组成的小规模内核，他们为组织提供持久的核心能力。第三，组织的无边界化。无边界化并不是说企业不需要边界了，而是不需要僵硬的边界，是使企业具有可渗透性和灵活性的边界，以柔性组织结构模式替代刚性组织结构模式，以可持续变化的组织结构代替原先那种相对固定的组织结构。第四，组织的多元化。企业内部不同部门、不同地域的组织结构不再是统一的模式，而是根据具体环境及组织目标来构建不同的组织结构。N 型组织详细内容可以参考第 7 章。

2）我国母子公司体制的企业集团

《国务院批转国家计委、国家经贸委、国家体改委关于深化大型企业集团试点工作意见的通知》（国发〔1997〕15 号）对试点企业集团提出"建立以资本为主要联结纽带的母子公司体制"。所谓母子公司体制，是指企业集团内部母公司与子公司的组织结构和制度规范。母子公司体制的企业集团是母公司通过出资设立、投资入股、兼并收购等形式持有其他公司的产权或股份，形成母公司对子公司的控制权，从而结合为企业集团。国有企业之间的控股持股关系还可以通过由政府行政划拨的方式建立。由于母公司处于控股地位，可以通过对子公司行使股东权利来进行指挥和协调，建立集团内的运行秩序。母子公司体制是我国企业集团试点中推行的组织模式，有以下几个特点。

（1）母子公司之间的关系完全依据《公司法》建立，组织机构既严密，又规范，直接受到法律保护。除母公司和子公司各自的公司章程外，一般不需要另外制定规则约定其相互之间的责权利，因而容易组建，容易规范化管理和运行。

（2）母公司凭借产权关系在集团内处于决策中心的地位，有利于实行集约经营，有利于从集团全局出发实施产业结构调整和优化重组，有利于组织集团内的协作配合，充分发挥整体优势，实现 1+1>2 的集团效应。

（3）母公司与子公司各自都是独立的企业法人，分别实行独立核算，这有利于落实资产经营责任和控制经营风险。母公司对子公司一般只在考核、监督、任免经营者，审批重大经营决策和决定收益分配等方面行使股东权力，子公司必须根据母公司确定的经营方针和发展方向从事生产经营活动，但在经营活动中可以发挥相当大的自主权和灵活性。

（4）母子公司体制的主要缺陷是集团内的决策指挥权高度集中于母公司，因而对母公司决策层的经营素质和决策水平要求极高。首先，集团母公司在重大决策上如果发生失误，很难通过集团内部的组织程序予以纠正。其次，对母公司高层领导人的监督、约束机制也难以从内部产生。

根据母公司对子公司的投资管理关系，母子公司体制下的企业集团可以分为两类：第一类是资本型企业集团，母公司对子公司主要体现出资功能，即对子公司实行投资、监督投资的使用和调整对外投资结构；第二类是混合型企业集团，主要是以产业为主的企业集团，母公司除出资功能外，增加了统一购进、统一销售、统一研发等功能。这两类企业集团的对比如表 14-1 所示。

表 14-1　资本型企业集团和混合型企业集团对比一览表

| 类　　型 | 资本型企业集团 | 混合型企业集团 |
| --- | --- | --- |
| 组建动力 | 资本实力与资本衍生能力 | 借助集团优势来发挥产品优势 |
| 目的 | 资本增值保值 | 对外表现为产品的市场占有；对内表现为产供销一体化，节约成本 |
| 母公司职能 | 资本投资规划,确定被控企业的买进与卖出 | 规划产品的开发、生产和销售，协调附属公司与母公司的购销关系，对投资进行权益管理 |
| 附属企业与母公司的关系 | 资本—薪酬关系,被控公司没有薪酬 | 选择优势互补企业作为集团成员；产品或销售网络的相关性；考虑进退出壁垒 |
| 附属企业经营范围与母公司的关系 | 没有太多的相关性,母公司只选择收益率高的行业或企业 | 产品相关或区域相关，附属企业的生产和经营具有协调性，借助集团发挥规模和专业化优势 |

## 14.1.2　企业集团组织结构设计

### 1. 企业集团组织结构设计的内容

企业集团组织结构设计的内容一般包括企业集团组织架构的设计、企业集团高层领导机构的设计、企业集团职能机构的设计以及企业集团内部各成员企业之间关系的分析等多项内容。这里以我国母子公司体制下的企业集团为对象谈谈其组织结构的设计。

1）企业集团组织架构的设计

以资本为主要联结纽带的母子公司体制的企业集团，其典型组织按照产权关系和生产经营协作关系演变成母公司、子公司（控股成员）、参股成员、协作成员四个层次。

（1）母公司。它是企业集团中起主导作用的企业，是子公司和参股成员企业的出资人，是居于控制地位的控股公司。

（2）子公司（控股成员）。母公司所持股份达到控股程度的子公司，包括以下企事业单位：全部资本由母公司投入的；由母公司依据原有行政隶属关系或行政划转关系管理的，国家授权承担资本经营和管理责任的；母公司持有的股份达到控股程度的；以上成员单位的全资、控股子公司。

（3）参股成员。母公司或控股成员所持股份未达到控股程度，承认企业集团章程的企事业法人。

（4）协作成员。它与母子公司有长期较稳定生产经营协作或配套关系，承认企业集团章程的企事业法人。

由母公司长期承包、租赁的企事业法人，是特殊的集团成员，按照承包、租赁协议确定其在集团的地位。

从整体构架上看，企业集团的组织结构带有明显的层次性，但成员企业都是平等的法人身份。并不是所有的企业集团都要包括这四个层次，如资本型企业集团一般没有协作成员。

企业集团组织结构构造为上面四个层次的意义在于：① 它以企业的产权关系或股权关系为基础，赋予企业集团核心层、控股层、参股层、协作层等概念较明确的含义及内容。② 它明确了企业集团各层次成员的法律地位和自主经营的程度。这种划分给每个希望加入企业集团的企业以选择进入哪个层次的灵活性，也使集团公司根据经营需要调整内部各层次关系具有明确的衡量界线。

2）企业集团高层领导机构的设计

按严格的定义来说，企业集团的高层领导机构不同于单体企业的高层领导机构，企业集团的高层领导机构事实上是一种协商议事机构。企业集团的高层应由集团内一些重要企业的经理组成，可以组建集团经理办公会议，一则可作最高决策机构，二则也是高层协调机构。其职能设计可以参照日本企业集团组织中的高层领导机构——经理会。经理会的职能主要有：调整组合各成员企业；召集集团成员企业组成共同投资公司；决定集团的对外活动，包括与其他集团的关系或对集团外企业的投资；决定成员公司领导层的人事问题。然而，我国由于推行母子公司体制的企业集团，企业集团内部垂直持股，所以企业集团的高层组织结构普遍采用了集团公司的高层组织结构的形式，即董事会领导下的总经理负责制、总经理负责制、管理委员会主任负责制。

我国企业集团组织结构可以借鉴日本的决策、执行、监督一体化模式，并不一定是决策机构、执行机构和监督机构三机构分立。在集团内，拟组建董事会和经理层一体化的决策机构，以大股东为主，形成对董事会和经理层的监督，以经理会为最高决策机构，经理会以核心企业为核心，核心企业的董事长和总经理为经理会的天然成员。

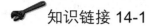 **知识链接 14-1**

### 日本企业集团的机构

3）企业集团职能机构的设计

企业集团的职能机构是指集团总部设置的各种职能机构。职能部门设置要考虑不同的集团类型、集权与分权的程度有目的地设置，还要从功能角度考虑设置一些部门，如要设置财务、审计、人事、法律等一些必须由企业集团直接控制的部门，要设置一些与外界联系沟通的部门或工作岗位。从企业长远发展的角度考虑，要设置相应的发展部、研究室等部门。

在我国企业的实践中，企业集团的职能机构设置通常有以下三种形式。

（1）依托型的职能机构，也称为依附型的职能机构，就是由一户实力雄厚的主体企业的职能机构兼任企业集团总部的职能机构，就是所谓"两块牌子，一套管理人员"的管理体制。

（2）独立型的职能机构，就是在各成员企业之上，建立一套独立的专门的企业集团的职能机构，负责集团的管理工作，指导协调各成员企业的生产经营活动。

（3）智囊机构及专业公司和专业中心。无论是依托型的企业集团，还是独立型的企业集团，都可根据需要设立智囊机构及必要的专业公司和专业中心。除了上述常设职能机构，还可根据某种特别需要，从集团总部的有关职能部门或有关成员企业抽调若干人员，组成临时性的工作机构，直接归集团的负责人指挥，开展工作。

4）企业集团内部各成员企业之间关系的分析

企业集团是由若干独立企业组成的联合体，能否协调好集团内部各成员企业之间的关系，是企业集团组织能否持续下去的关键。必须处理好以下两个方面的关系。

（1）确立核心企业在集团中的主导地位与尊重成员企业独立法人地位的关系。就企业集团内部经营管理上的地位来说，核心企业在生产经营中处于主导地位，与其关系极为密切的成员企业可组成企业集团核心层，与核心企业生产经营有一定联系但不必实行紧密控制的成员企业可组成骨干层，其他与核心企业只有协作配套关系的成员企业可组成松散层。但是必须强调，企业集团的成员企业都是法人企业，都是市场竞争的主体，各成员企业的法律地位是平等的，各自依法享有民事权利并承担相应的民事责任。要警惕在企业集团内部取消成员企业法人地位的现象，致使多法人的联合体在核心企业的"领导"下，又变成了单体企业。

（2）核心企业与成员企业之间的微观产权管理关系。合理的企业集团组织结构应该是不削弱成员企业的独立法人地位，便于调动其生产经营积极性，又能实现企业集团统一的发展规划，形成统一协调的组织行为的一种结构。在母子公司体制下，企业集团内部母公司与子公司之间的产权管理关系表现在以下几个方面。

① 人事控制。母公司向全资子公司或控股子公司委派董事会成员或股东代表，选聘总经理，以保证子公司按照母公司的统一战略实施经营管理。

② 财务控制。子公司在法律上是一个独立法人，但重大投资行为、经营方向调整、利润分配等重大决策须经董事会或股东大会批准，因此必须服从于母公司的经营战略。

③ 计划考核。由母公司对子公司的资产经营效果进行考核、评价，对子公司的领导人员进行相应的奖罚，确保母公司的投资安全。

④ 母公司与子公司之间建立合理的生产、销售、科研或其他方面的专业化分工协作体系。

母公司对子公司的管理关系是基于产权基础，它的主要功能是投资中心和决策中心，并不截留子公司的经营自有权。对于一般未达到控股条件的参股企业，母公司只有与所持股份相当的有限控制权，而无决定权，母公司只能通过生产经营协作关系来进一步协调参股企业的关系。

2. 资本型企业集团组织结构设计

资本型企业集团一般为大型企业集团，而且各业务单元相对独立性比较强，以资产投资收益来对各公司进行考核，一般对子公司管理采用分权式的管理方式。

资本型企业集团母公司对子公司主要体现在投资功能。其投资层次为控股公司对下级子公司进行控股，形成多个二级控股公司，同时二级控股公司又对下一级的经营实体进行控股，形成第三级控股公司，这样由于资本控制的传递性，就自动形成了第一级控股公司对底层的资本控制。资本型企业集团组织结构如图14-1所示。

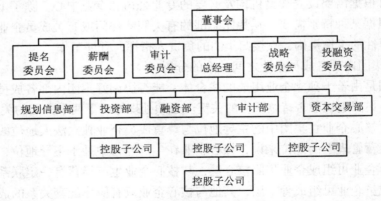

图14-1 资本型企业集团组织结构

资本型企业集团组织结构的特点有以下几项。

（1）集团公司主要履行投资监管和存量资本结构调整的基本职能，其主要部门设置为投资部、融资部、审计部、资本交易部、信息规划部等相关部门。

（2）专业委员会的设置要体现母公司资产控股管理思想，母公司定位于投资中心和决策中心，因而董事会下设提名委员会、薪酬委员会、审计委员会、战略委员会和投融资委员会。

（3）资本型企业集团子公司定位于以利润为中心的法人实体，其组织结构设计要根据子公司所在行业特征、公司规模、发展周期、市场竞争状况等相关因素进行综合考虑。

3. 混合型企业集团组织结构设计

混合型企业集团根据集权与分权的程度，分为集权管理的混合型企业集团和分权管理的混合型企业集团。

1）集权管理的混合型企业集团组织结构

集权管理的混合型企业集团的特点是：母公司与子公司在法律地位上是独立的，但实行统一经营、两级核算、共负盈亏；从母公司的高层到子公司的最低管理层采取垂直系统进行管理；子公司一般不设立专门的职能部门。这种集团管理方式的优点是结构简单、决策迅速、命令统一、责任明确。其缺点是母公司与子公司间缺乏合理的分工和横向协调关系，这种集团管理方式适用于业务和产品单一、规模小的企业集团。

从总体上看，集权管理的混合型企业集团组织结构属于直线职能型组织结构，子公司的重要权利都集中在母公司，例如投资决策权、管理权。该类型的企业集团组织结构如图 14-2 所示。

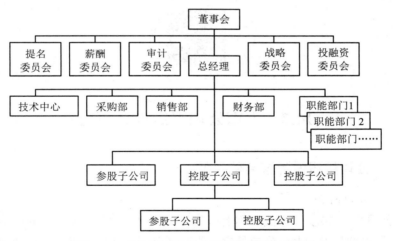

**图 14-2　集权管理的混合型企业集团组织结构**

2）分权管理的混合型企业集团组织结构

分权管理的混合型企业集团的特点是：母公司成为决策中心、投资中心和战略发展中心，子公司一般为利润中心、经营中心。这类集团的优点是：能充分调动子公司的积极性、创造性；有利于培养管理人才；对子公司的考核明确。其缺点是：分权度很难把握，有可能造成管理失控。这类集团适合多品种、多业务产业的大中型母子公司。

从总体上看，分权管理的混合型企业集团组织结构属于事业部型组织结构。该类型的企业集团组织结构如图 14-3 所示。

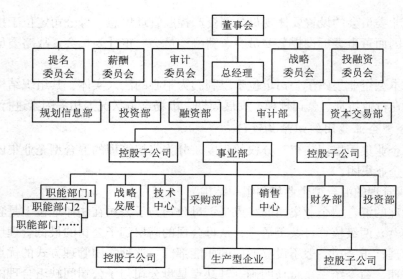

图 14-3　分权管理的混合型企业集团组织结构

知识链接 14-2

企业集团：欧美模式和日韩模式

# 14.2　上市公司组织设计整合

## 14.2.1　上市公司组织设计整合的目的

### 1. 上市公司的内涵

我国《公司法》界定："本法所称上市公司，是指其股票在证券交易所上市交易的股份有限公司。"也就是说，上市公司是指其股票可以在证券交易所公开挂牌交易的股份有限公司。

所谓股份有限公司是指注册资本由等额股份构成并通过发行股票筹集资本，股东以其所认购的股份对公司承担有限责任，公司以其全部资产对公司债务承担责任的企业法人。上市公司一定是股份有限公司，而股份有限公司不一定是上市公司。

### 2. 上市公司组织设计整合的目的

从提高企业绩效的角度来考虑，上市公司的组织设计整合所要研究、解决的问题，大体可以划分为以下两大类：第一类是上市公司法人治理结构问题，主要解决上市公司与其外部投资者之间的利益分配和控制关系，既包括委托代理关系中经常涉及的一些基本问题（如信息不对称、代理成本、道德风险等），也包括对上市公司高层管理人员的激励与控制等问题；第二类是上市公司组织的设计问题，主要包括上市公司的组织结构如何合理构造及其有效运行等问题。

1）上市公司法人治理结构设计的目的

所谓上市公司法人治理结构设计，是指在委托代理理论的指导下，以上市公司法人治理结构的合理构筑和运行为主要内容的企业组织决策系统的设计工作，是一项操作性和应用性都很强的工作。

公司法人治理结构是现代企业制度中最重要的组织架构，其产生是与股份有限公司的出现联系在一起的。上市公司法人治理问题的根源是，由于所有权和经营权的分离、所有者与经营者的利益不一致而产生的委托代理关系。怎样处理好这一关系，使所有者不干预公司的日常经营活动，同时又使公司管理层能以股东利益和公司利润最大化为目标，是上市公司法人治理问题的核心，也是对上市公司法人治理结构进行设计的主要内容和目的所在。

2）上市公司内部组织管理体系设计的目的

进行上市公司内部组织管理体系设计的主要目的之一就是为上市公司的组织创新服务；另一个主要目的就是要想方设法提高上市公司组织的运行效率和效益，使每个组织成员都对组织有归属感，并都能够发挥其最大的潜能，同时保证组织能够以最小的投入换取最大的产出。

上市公司的质量是证券市场的根本，是证券市场稳定发展的基石，而建立与完善上市公司治理结构是提升上市公司质量、规范证券市场发展的必由之路，也是保护投资者利益的重要措施。因此，本章的研究重心放在如何设计和建立上市公司治理结构问题上，突出上市公司组织设计的特色。对上市公司内部组织管理体系设计可参考本书第 3 篇的相关内容。

## 14.2.2 上市公司治理结构的一般内容

### 1. 上市公司治理结构的概念

公司治理结构的提出可追溯到 20 世纪 30 年代。当时美国企业出现了两权分离的经营模式，使公司治理结构开始引起世人关注。20 世纪 90 年代，全球兴起了公司治理运动。合理配置公司剩余索取权与管理控制权，约束公司管理层的机会主义倾向，最大限度地降低"代理成本"，实现股东价值和股东财富的最大化，提高单个公司的竞争力与整体经济的运行质量，成为公司治理结构改进的基本目标。

公司治理结构（corporate governance），也称为法人治理结构、企业治理机制和公司管制等，研究的是各国企业制度的微观安排。狭义的公司治理结构指的是在所有权和经营权分离的条件下，投资者与上市公司之间的利益分配和控制关系（Schleifer and Vishny，1996），指有关公司董事会的功能、结构、股东的权利等方面的制度安排，形成公司治理的内部监控系统，界定企业与其所有者（shareholders）之间的关系。广义的公司治理结构则可理解为关于企业组织方式、控制机制、利益分配的所有法律、机构、文化和制度安排，包括公司治理的内、外部监控系统，界定企业与所有者及其他所有利益相关者（雇员、顾客、供应商、所在社区等统称为利益相关者）之间的关系。

国内著名学者吴敬琏教授认为，公司治理结构是指由所有者、董事会和高级执行人员（即高级经理）三者组成的一种组织结构。

根据写作目的，本书局限在公司的内部治理结构上，并把公司治理结构定义为：以实现股东价值最大化为目标，由股东大会、董事会、经理层和监事会构成，通过指挥、控制和激励活动，而协调股东、债权人、职工、政府、顾客和供应商以及社会公众等利益相关者之间关系的一种制度安排，它的本质是公司与其他组成人员之间的一种合约关系。

2. 上市公司治理结构的特征

我国上市公司是典型的公司制企业，一般的组织结构如图 14-4 所示。

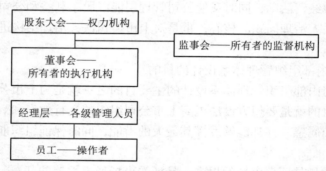

**图 14-4　上市公司的组织结构**

上市公司的组织结构是一种分权与制衡的组织结构。这种组织结构下的公司治理特征有以下几项。

（1）权责分明，各司其职。公司的股东大会是最高权力机构，对所属公司拥有最终控制权和决策权；董事会是公司的经营决策机构，它对股东大会负责，执行股东大会的决议；监事会是公司的自我监督机构，它对股东大会负责，依法对董事会和经理行为进行监督；经理是公司决策的执行者，对董事会负责，在公司章程和董事会授权范围内行使职权。

（2）委托代理，纵向授权。股东大会推选出董事会，把公司财产交给董事会来管理，股东大会和董事会之间就构成了出资者对公司一级控制权的配置和行使；董事会聘任经理人员来管理公司的日常经营，经理人员在授权范围内履行管理工作，对董事会负责，董事会和经理人员之间就构成了公司生产经营活动的二级控制权的配置和行使。

（3）激励与制衡并存。公司主要由委托人通过一套激励机制促使代理人采取适当的行为，最大限度地实现委托人的期望目标。同时，委托人还通过一整套制衡关系对代理者的行为加以制约。

知识链接 14-3

## 两种公司治理模式：英美模式和德日模式

### 3. 有效公司治理结构的标准

1999 年 5 月，经济合作与发展组织正式发表《公司治理原则》后，国际上对公司治理的基本原则、要求和框架方面达成了一些基本共识，认为比较好的公司治理结构应具备以下几个方面的因素：① 问责机制和责任（accountability and responsibility），包括明确董事会的职责，强化董事的诚信和勤勉义务，确保董事会对经理层的有效监督，建立健全绩效评价与激励约束机制。② 公平性原则（fairness）。平等对待所有股东，如果他们的权利受到损害，他们应有机会得到补偿，同时公司治理结构的框架应确认公司利益相关者（债权人、雇员、供应商、客户）的合法权利。③ 透明性原则（transparency）。一个强有力的信息披露制度是公司进行有效市场监督的保证，也是影响公司行为和保护投资者利益的有力工具。良好的公司治理结构要求在信息披露时采用高质量的会计标准——《国际会计准则》，以提高国家之间信息的可比性，这就要求有可靠的信息审计以确保信息披露的真实性和准确性，因此，公司内部的审计委员会应由独立董事组成。

### 4. 上市公司治理结构设计的主要内容

一般来讲，上市公司治理结构设计的主要内容包括以下三个方面。

#### 1）如何降低代理成本

为了使所有者和经营者目标分歧的偏离程度不至于过大，所有者必须对经营者实施监督和控制，为此要付出一定的成本。因前者对后者进行控制而产生的费用称为代理成本。代理成本一般包括三个部分：委托人的监督费用、代理人的担保费用、剩余损失（委托人因代理人替他决策而可能受到的损失）。可以说，如何尽可能地降低代理成本是上市公司治理结构设计的一个主要内容。

#### 2）如何有效控制经营者

所有者对经营者的控制方式主要有两种：一是股权控制，也叫作内部控制；二是通过市场控制，也叫作外部控制。内部控制即通过股东大会选出董事会，在任命董事会成员的过程中体现所有者的意志，当经营者的行为偏离企业获得最大利润的目标时，所有者通过任免程序罢免经理人员。一般来讲，股权越是集中，所有者监督管理者的决策以及执行财富最大化的成本就越低，控制的效率就越高。当股权极其分散时，由于内部监督成本过高，经营者很容易用其他目标代替企业利润最大化目标，这时，所有者对经营者的控制只能通过市场来进行（外部控制），即：① 通过经理市场来制约；② 通过资本市场来约束；③ 来自产品市场的约束。然而，任何所有权对经营权的监控都不是完美的，都存在着许多难以解决的漏洞，如何有效地控制经营者是上市公司治理结构设计的另一个重要内容。本文的重心放在内部控制上。

3）如何有效激励经营者

经理人员进行管理活动，投入的是其人力资本。由于人力资本是一种特殊资本，对它的有效利用不仅需要监督，更需要激励。为了使经营者主动释放出他的人力资本，所有者在监控的同时必须采用激励。如何有效地激励经营者，使其人力资本得到最大程度的开发和利用，是上市公司治理结构设计的又一个重要内容。

## 14.2.3　我国上市公司治理结构的优化设计

### 1. 我国上市公司治理结构存在的问题

1）股权结构不合理，所有者缺位

股权结构是指上市公司总股本中不同性质股份所占的比例，它是公司治理结构的基础。我国上市公司大多为国有企业经重组后以募集方式设立，国有股股权相对集中，这种"一股独大"的股权结构，不仅与股份公司产权主体多元化的趋势相背离，而且使产权多元化的股东制衡机制大大削弱，不利于形成规范的公司治理结构，从而也会影响企业的经营绩效。由于国有产权无法克服所有者的缺位问题，使国有股股东的利益非但不能得到保证，反而常常会出现实际控制人侵害少数股东权益的现象。

2）内部人控制现象较为普遍，难以形成有效的制衡机制

内部人控制即公司内部管理层控制董事会，进而控制整个上市公司。上市公司国有股股权缺乏具体的人格化代表，所有者虚位，导致内部人控制严重，并且中小股东无能力，又无意愿参与公司治理，因而无法形成有效的公司权力相互约束、相互牵制的机制，其直接表现是股东大会流于形式。

3）董事会独立性丧失，监事会形同虚设

国有股权占主导地位，大股东利用自己拥有的控股权推荐自己的代表出任董事，把持董事会，董事会的独立性受到干扰。具体表现为：一是内部董事比例过高，从而妨碍了董事会对经理的监督和评价；二是董事长与总经理的职位合而为一，导致董事会监督职能的丧失。在当前股东利益至上的大背景下，监事会的作用往往被忽视，目前监事会的职能仅限于事后监督检查，无控制权和战略决策权，更无董事和高管的任免权。监事会因行使监督权而聘请律师、会计师等专业人员协助，其费用得不到保证，故形同虚设。

4）激励约束机制不健全

在"两权分离"的情况下，上市公司必须设置有效的激励与约束机制来激发经营者的积极性和降低代理人的"道德风险"和"逆向选择"。我国上市公司对经营者的激励存在两个问题：一是激励不足，使部分经营者的收入偏低，导致一部分人去追求合法报酬之外的"灰色收入"，以补充人力资本的收入不足；二是激励不当，缺乏约束机制，例如，一些上市公司存在经营者"职位消费"水平过高的问题。

### 2. 现阶段我国上市公司治理结构模式的优化设计

我国上市公司治理结构模式的优化设计方法或手段有以下几个。

1）优化股权结构，完善股东大会的制衡功能

其中，优化股权结构的方法有以下几种。

（1）解决国有股权所有者虚位问题。在政府与国有上市公司之间设置一个"隔离带"来割断政府与国有上市公司之间的行政性关系，"隔离带"是国有资产经营机构，它对政府机关是行政性关系，对国有企业是经济性关系，如图14-5所示。

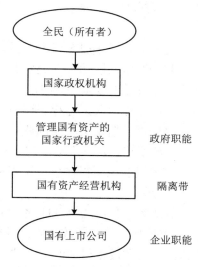

**图14-5 国有上市公司经营委托与代理结构**

（2）国有和国有控股企业持股。国有或国有控股企业之间相互持股，有利于形成稳定的协作关系和股权多元化。通过相互持股，股东企业的法人代表——经营者就可以形成一个经营者集团，这些企业的经营者就会带着各自独立的经济利益相互参与、相互制约、相互促进。这样就可以强化经营者集团的作用，淡化行政主管部门的作用，促进政企分开。

（3）经营者持股。经营者持股就是让经营者持有公司的一定股份。这样做的结果，一方面可以把经营者的个人利益同公司的利益结合起来，大大加强经营者的责任，建立对企业经营者有效的约束和激励机制；另一方面，经营者为了个人的利益就有可能抵制大股东的违法和不轨行为，形成对大股东的制约，以此建立有效的约束和制衡机制。一般情况下，经营者持股份额占总股本的10%左右即可。

（4）管理层收购。管理层收购是指由公司的管理方而非第二方投资者对公司进行收购，以确保管理者留在公司中并能实现利润，通过这种交易方式向管理人员提供一定比例的公司股份。这种做法可以将管理层与上市公司的利益捆绑在一起，在股权结构优化、外部约束、强化债权治理等措施的配合下，有利于公司治理结构的完善和抑制"内部人控制"现象，有利于经理人员市场的培育。同时，管理层收购也是完善公司激励机制的一种新的形式。

（5）其他投资主体持股。在上市公司设立过程中，积极发展机构投资者，引进社会保障基金、金融资产管理公司、中外证券投资基金等机构投资者，允许和引导基金、保险、养老金机构持股，适当分散过于集中的股权，起到制约大股东的作用，同时，国有

股及法人股不宜绝对控股，以免形成一言堂的局面。

完善股东大会的制衡功能的手段有以下几种。

（1）建立利害关系股东表决回避制，防止大股东滥用权力。我国《公司法》未设条款规定利害关系股东表决回避制，只在《上市公司章程指引》和经修订的《上市公司股东大会规范意见》中确立了关联交易利害股东表决回避制，适应范围过于狭小。我们认为应把表决回避制的适用范围进一步扩大，从而给权力过大的大股东一定的约束，抑制其滥用权力的冲动。

（2）建立类别股东大会决议制，伸张中小股东权力。类别股，是指在公司的股权设置中存在两类或两类以上不同权利的股份。既然存在类别股，那么必然存在类别权利，因而对涉及类别股权权益的事项应当由类别股东大会决议。

（3）限制控股股东的权力。为防止控股股东专权，还应对控股股东的权力作适当的限制，如规定上市公司董事长、总经理、监事会主席的职位不能均由控股股东的代表出任；控股股东推荐的董事、监事人数不能超过董事会法定人数的 30%；上市公司子公司负责人不能全部由控股股东委派；控股股东不得在公司章程和股东大会决议中写进扩大其权益而缩小其他股东权益的内容；等等。

（4）建立股东诉讼制度。一般认为，公司法第 111 条规定即是对股东直接诉讼的概括规定："股东大会、董事会的决议违反法律、行政法规，侵犯股东合法权益的，股东有权向人民法院提起要求停止该违法行为和侵害行为的诉讼。"

2）建立以董事会为中心的治理结构，强化董事会职权

（1）合理确定内、外部董事比例。在董事会成员构成中，外部董事应占到三分之一以上比例，以保证董事会决策的公正性，避免合谋行为的产生。

（2）设立独立董事制度。妥善解决独立董事的提名、如何产生、如何保证独立董事有真正的权力、如何保证独立董事真正履行职责、如何保证独立董事敢于监督公司内部董事经理的行为等问题。

（3）设立董事会专门委员会。成立由独立董事为主组成的薪酬、审计、提名委员会，由独立董事担任各专门委员会的主席，以充分发挥独立董事的作用。设立董事会办公室或董事会秘书办公室，处理董事会日常事务，随时了解公司运作情况，为董事提供有关信息和资料，督查董事会决议的执行、落实情况，并负责协调董事之间，董事与股东、经理之间的关系及办理相关事务等。

（4）董事会与经理层分开。为避免"内部人控制"，充分发挥董事会和经理层的作用，董事会与经理层应严格分开，不能交叉重叠，责任和义务区分明确。不能将股东对董事的信托责任与董事会对经理层的委托代理关系混为一谈，尽量避免由于二者职责不分而产生的"内部人控制"问题。

（5）对股东大会和董事会之间的权力配置原则做出明确的法律界定，即股东大会只能行使《公司法》明确规定的股东大会职权，对此外的其他职权，均由董事会行使，公司章程另有规定的除外。

（6）董事会设置债权人代表和职工代表。允许债权人代表进入董事会，使其在公司

重大决策上拥有参与权，有权否决损害债权人利益的董事会决议，可以保障债权人利益，有利于形成共同治理机制。债权人对企业的控制通常是通过法律保护的破产程序来进行的，所以债权人控制比股东控制更加有力。在董事会中引入债权人代表，银行可以有效规避信用风险。建议在董事会中至少增设一名职工代表董事，推出职工持股办法，使职工增强归属感和责任感，激发其积极性和创造性。

3）加大监事会职权，建立多层次问责机制

（1）扩充监事会的权力，建立名副其实的监事会制度。扩充监事会的权力可以从以下几个方面着手：对董事的候选人进行资格审查并行使一票否决权的权力；在股东大会上质询董事、经理的权力；代表公司起诉违法董事和高级管理人员的权力；等等。

（2）改变监事会组成状况，建立外部监事或独立监事制度，增加职工监事比重。规定上市公司应聘请与公司无利害关系的社会名流，或从审计机关、会计机构、律师事务所聘请专业人士担任监事，其比例应达到50%以上，80%以上的监事应由职工代表监事、外部监事、独立监事担任，这样才能确保监事会与大股东的利益拉开距离，并保持其工作的独立性和专业性，从而对董事会形成真正意义上的制衡，充分维护中小股东和职工的利益。职工代表监事应由职工代表大会选举产生，外部监事或独立监事应由独立董事组成的提名委员会考察提名，经股东大会选举产生。

（3）建立多层次的问责机制和处罚机制，加大制约与监督力度：建立股东对董事会和监事会的问责机制；建立董事会、监事会对经理的问责机制，从而对经理层构成有效的监督；建立监事会对董事会、经理层的问责机制，赋予监事会更多的积极的权力，使其在决定董事、经理任免、薪酬等方面拥有否决权。

（4）建立监事会专门工作机构和监事会基金，为监事会履行职责创造条件。

（5）监事会引入债权人代表和中小股东代表。在新的公司治理结构模式中，引入债权人代表和中小股东代表，限制大股东和党组干部比例，可以比较有效地监督董事会决策的正当性，即决策的制定程序和执行结果不应对除控股股东外的其他利害相关者的正当利益造成损害。

4）建立经理层激励与约束机制

现代企业理论的研究表明，设计合理的激励与约束机制，是规范经理人员行为、缓解代理风险的有效途径，继续强化上市公司及其高管人员的诚信责任，提出有关诚信评价制度和诚信记录。建立健全约束机制和激励机制的重点对象是公司的经营管理者，有效的约束机制包括：① 完善包括政府在内的所有者与经营者之间的委托代理契约关系；② 规范上市公司治理结构和治理行为，强化董事会和监事会对经营者的监督；③ 通过科学、规范的公司治理结构，增强对经理人员的监督能力，提高监督质量。有效的激励机制包括：① 确立以年薪制为主体的激励性报酬体制，以公司全年经营效益作为经营管理者获取报酬的依据；② 建立以股票期权为主的长期激励机制；③ 通过适度合理的"在职消费"对经营管理者进行激励；④ 注重发挥精神激励的作用，给予经营管理者较高的荣誉、地位和待遇。

经过上述方法的执行，我们认为现阶段国有上市公司治理结构应是多元化治理机制的内部控制模式，如图14-6所示。

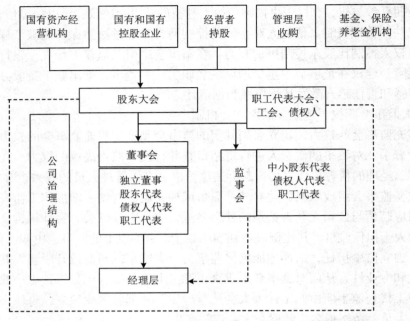

图 14-6　上市公司治理结构组织结构关系

## 14.3　中小企业组织设计整合

由于中小企业组织形态具有多样性，其组织结构富有弹性，并考虑到许多中小企业是科技型企业，知识技术密集程度高，对中小企业的评估须涉及知识资本的评估，所以本节重点关注中小企业组织结构设计和中小企业组织绩效评估设计这两方面的内容。

### 14.3.1　中小企业的界定及其组织结构类型

1. 中小企业的界定

2002 年 6 月通过，2017 年 9 月 1 日修订，2018 年 1 月 1 日正式施行的《中华人民共和国中小企业促进法》第二条规定：本法所称中小企业，是指在中华人民共和国境内依法设立的，人员规模、经营规模相对较小的企业，包括中型企业、小型企业和微型企业。中型企业、小型企业和微型企业划分标准由国务院负责中小企业促进工作综合管理的部门会同国务院有关部门，根据企业从业人员、营业收入、资产总额等指标，结合行业特点制定，报国务院批准。

2011 年 6 月 18 日，为贯彻落实《中华人民共和国中小企业促进法》和《国务院关于进一步促进中小企业发展的若干意见》（国发〔2009〕36 号），工业和信息化部、国家统计局、发展和改革委员会、财政部研究制定了《中小企业划型标准规定》。本标准以外其他行业的中小企业标准另行制定。以下为中小企业的具体标准。

（1）农、林、牧、渔业。营业收入 20 000 万元以下的企业为中小微型企业。其中，营业收入 500 万元及以上的企业为中型企业；营业收入 50 万元及以上的企业为小型企业；

营业收入 50 万元以下的企业为微型企业。

（2）工业。从业人员 1000 人以下或营业收入 40 000 万元以下的企业为中小微型企业。其中，从业人员 300 人及以上，且营业收入 2000 万元及以上的企业为中型企业；从业人员 20 人及以上，且营业收入 300 万元及以上的企业为小型企业；从业人员 20 人以下或营业收入 300 万元以下的企业为微型企业。

（3）建筑业。营业收入 80 000 万元以下或资产总额 80 000 万元以下的企业为中小微型企业。其中，营业收入 6000 万元及以上，且资产总额 5000 万元及以上的企业为中型企业；营业收入 300 万元及以上，且资产总额 300 万元及以上的企业为小型企业；营业收入 300 万元以下或资产总额 300 万元以下的企业为微型企业。

（4）批发业。从业人员 200 人以下或营业收入 40 000 万元以下的企业为中小微型企业。其中，从业人员 20 人及以上，且营业收入 5000 万元及以上的企业为中型企业；从业人员 5 人及以上，且营业收入 1000 万元及以上的企业为小型企业；从业人员 5 人以下或营业收入 1000 万元以下的企业为微型企业。

（5）零售业。从业人员 300 人以下或营业收入 20 000 万元以下的企业为中小微型企业。其中，从业人员 50 人及以上，且营业收入 500 万元及以上的企业为中型企业；从业人员 10 人及以上，且营业收入 100 万元及以上的企业为小型企业；从业人员 10 人以下或营业收入 100 万元以下的企业为微型企业。

（6）交通运输业。从业人员 1000 人以下或营业收入 30 000 万元以下的企业为中小型微型企业。其中，从业人员 300 人及以上，且营业收入 3000 万元及以上的企业为中型企业；从业人员 20 人及以上，且营业收入 200 万元及以上的企业为小型企业；从业人员 20 人以下或营业收入 200 万元以下的企业为微型企业。

（7）仓储业。从业人员 200 人以下或营业收入 30 000 万元以下的企业为中小微型企业。其中，从业人员 100 人及以上，且营业收入 1000 万元及以上的企业为中型企业；从业人员 20 人及以上，且营业收入 100 万元及以上的企业为小型企业；从业人员 20 以下或营业收入 100 万元以下的企业为微型企业。

（8）邮政业。从业人员 1000 人以下或营业收入 30 000 万元以下的企业为中小微型企业。其中，从业人员 300 人及以上，且营业收入 2000 万元及以上的企业为中型企业；从业人员 20 人及以上，且营业收入 100 万元及以上的企业为小型企业；从业人员 20 人以下或营业收入 100 万元以下的企业为微型企业。

（9）住宿业。从业人员 300 人以下或营业收入 10 000 万元以下的为中小微型企业。其中，从业人员 100 人及以上，且营业收入 2000 万元及以上的企业为中型企业。

（资料有删节，其他行业略。）

2. 中小企业的组织结构类型

由于中小企业的组织形式可以采用公司制、独资企业和合伙企业，各类中小企业的规模、行业、地区等特征差异也很大，在中小企业中可以采用多种类型的组织结构模式。

1）传统组织结构类型

传统组织结构类型包括直线型组织结构、职能型组织结构、直线职能型组织结构、事业部型组织结构、矩阵型组织结构等，这些组织结构的设计、优点、缺点和适用范围可参考本书第 7 章的相关内容。

2）创新的组织结构类型

中小企业与大企业相比较，具有组织结构简单、管理灵活的特点，在组织结构创新方面具有优势。在激烈的市场竞争中，国外中小企业近年来形成了多种新的组织结构类型，其中具有代表性的有以下几种。

（1）柔性化组织。此种结构模式的具体做法是：企业根据需要建立研发、生产、销售及财务等一体化的跨部门横向组织，此类组织以临时团体或项目小组的形式存在，不同部门的人员在小组里相互协作、同步地进行工作。这种形式一般效率很高，能迅速解决难题，而且能极大地发挥个人的创造力，从而保证企业快速、灵活地决策和管理。

（2）战略联盟。战略联盟是指两个或两个以上的企业，为了某种战略目的通过一定的方式组成的网络式的联合体。战略联盟的特征主要体现在：当其达成共同利益目标时，可以快速组合，作为一个整体参与市场竞争；当其共同目标不存在时，各成员企业可迅速散伙，且不会带来太大的损失和风险。同时，可以减少企业间的恶性竞争，起到优化和规范市场竞争秩序的作用。其实现形式有以下两种。

① 集群化组合。对那些分散在城市居民区内的同行业中小企业，为有效解决工厂拥挤和环境污染等问题，可联合起来购地另建组成新的工业区或商业区。

② 联盟组合。这是一种由不同行业的中小企业组织起来的联合经营体，主要就生产、销售、订货、技术开发等关键问题进行有机结合，使人才、资金、技术、信息均不充足的中小企业能互享彼此的优势资源，取长补短。

（3）虚拟企业。企业通过与学校、科研机构的紧密合作，掌握高新技术和科研成果，然后与其他企业合作进行外协加工。在此模式下，企业只把知识和技术依赖性强的高增值部分掌握在自己的手里，即只掌握核心功能，而把低增值部分虚拟化，达到内部机构精简、外部协作强化的目的，从而使企业内部资源得到合理的整合与利用。它常常只有 1～2 人负责联系业务，但一旦需要，都可在短时间内招募众多的员工，待业务完成以后，公司恢复到 1～2 人的常态。它是一种能够变大、变小的技术先进的组织形态。

## 14.3.2　中小企业组织结构设计

在新经济时代，中小企业组织结构模式的设计必须遵循精简、高效、务实、灵活的原则。按照这一原则构建的中小企业组织，一般具有较强的环境适应能力、畅通的信息流通渠道和卓越的创新能力。它是一种能够有效激励员工创新意识、增强员工凝聚力的灵活开放的柔性组织。

1. 中小企业组织结构模式设计

由于中小企业组织结构类型多样，我们从传统组织结构类型和创新组织结构类型中分别选取直线职能型组织结构和虚拟企业组织结构来说明中小企业组织结构的设计。

1）直线职能型组织结构模式设计

不同的中小型企业，企业管理的重心不同，如果以企业强调的关键职能为红线，可对中小企业的直线职能型组织结构进行如下设计。

（1）以质量管理为关键职能。有的企业，其外部环境和内部条件决定了该企业实行以优质取胜的经营战略，质量管理便成为关键职能，从而形成以质量为中心的组织结构。例如，大多数电视机厂就运用这种类型的组织结构，这是因为电视机的生产技术已经成熟，生产上已经是大批量流水线生产，关键是电视机的质量要好，才能在竞争中立于不败之地。图 14-7 是这种以质量为中心的组织结构模式。

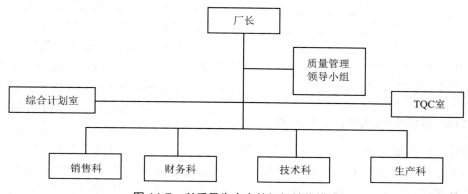

**图 14-7　以质量为中心的组织结构模式**

图 14-7 中，建立有以厂长为首的质量管理领导小组，下设质量管理办公室（TQC 室），其地位比其他职能部门（销售科、财务科、技术科、生产科等）要高一层次，是直属厂长的决策机构。这一机构帮助厂长制定质量规划和组织、协调、综合、督促企业各部门、各级的质量管理活动；把质量保证体系各方面的工作纳入经营规划轨道，提高质量管理的计划性；它是全厂质量保证体系的两个反馈（厂内反馈和厂外反馈）的中心。

（2）以生产管理为关键职能。油田、煤矿、发电厂等能源工业企业，其产品在国民经济中属于短线产品，供不应求。这类企业的战略重点是搞好生产、大力提高产量。其关键职能是生产管理，其他各项基本职能要围绕生产管理来开展工作。图 14-8 是一种以生产为中心的组织结构模式。

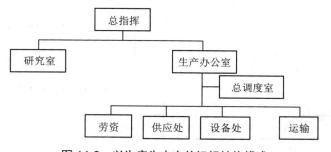

**图 14-8　以生产为中心的组织结构模式**

从图 14-8 中可以看出，为了大力组织生产，在企业高层（总指挥部一级），由抓生产的副总指挥为首，那些与生产密切相关的各主要部门负责人参加，共同组成生产办公室，统一组织和指挥生产。生产办公室和总调度室在整个油田的生产上拥有最高权威，能够指挥与生产有密切关系的各个职能部门。

（3）以技术开发为关键职能。生产电子计算机、精密电子仪器等高科技产品的企业，其市场开拓和市场占有率的保持和提高，主要取决于企业能否开发出技术上更先进的换代产品和具有潜在需求的新产品，这在很大程度上关系企业的兴衰成败。

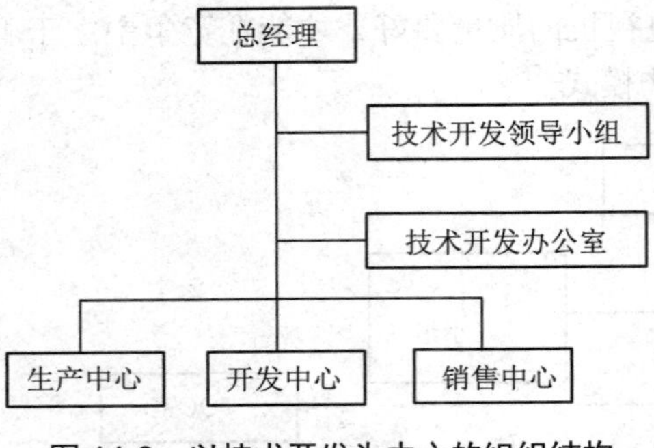

这种企业实行的是以新技术、新产品取胜的战略，技术开发成为关键职能，组织结构以技术开发为中心，如图 14-9 所示。

在这种组织结构中，技术开发领导小组及其日常办事机构（技术开发办公室）处于经营决策层，其任务主要是：研究制定企业技术开发的目标、发展战略的发展计划，并组织监督其实施；大力加强开发部门，不仅设有独立的开发中心（研究院、研究所），而且在人员配备和资金分配上处于优先地位。

**图 14-9 以技术开发为中心的组织结构**

（4）以市场营销为关键职能。许多日常消费品以及小五金之类简单工具的生产，运用的是常规技术，容易掌握，生产厂家多，市场经常处于供过于求的状况，各生产厂家在竞争中不容易建立质量和价格优势。这就需要把市场营销放在关键位置上，形成以市场营销为中心的组织结构。

在这类组织结构中，市场营销的地位被提升到决策性的管理层次，并通常把经营决策与计划的职能同销售职能紧密结合在一起成立计划销售科（部）或经营科（部）。这样有利于更好地从市场需要出发来制定企业的经营战略和经营计划，组织开发与生产新产品。以市场营销为中心的组织结构模式如图 14-10 所示。

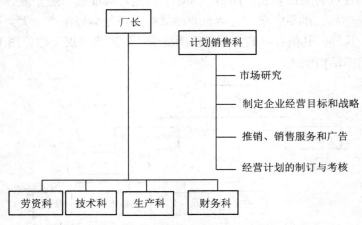

**图 14-10 以市场营销为中心的组织结构模式**

2）虚拟企业组织结构模式设计

面向中小企业的虚拟企业可以设计成如下四种组织模式。

（1）盟主型组织结构模式，也叫作星形模式，它一般是指由一个占主导地位的企业（盟主）和一些从属合作伙伴（如供应商）组成虚拟企业的组织模式。在这类虚拟企业中，一般由掌握市场机遇（如订单、关键技术或资产）的企业充当盟主角色，盟主负责虚拟企业的创建操作，制定虚拟企业的运行规则，并负责协调各个伙伴之间的关系，负责在伙伴之间出现冲突时做出合理仲裁。盟主与从属之间是一对多的关系，具有一定的等级区别。该组织模式的优点是容易实现，容易保证系统资源的一致性，有利于核心能力统领整个虚拟企业，但缺点是延时较长。著名的耐克公司就是采用该组织模式的典型代表。盟主型组织结构模式如图 14-11 所示。

（2）平行型组织结构模式，也叫作民主模式。所谓民主或平行，是指几个实力较强且较均衡的优势互补企业进行合作，组成虚拟企业的组织模式。这种虚拟企业内的各个成员企业没有明显的主从关系，各企业有高度的自主权，协调中心由市场或实际需要确定，它的设立只是为了有利于联盟竞争及资源的统一计划、管理、调度和成员企业之间的协调。各成员企业共同参与决策，共享联盟内的各种资源和利益，共担风险，通过协商，共同完成任务。平行型组织比较适用于基于市场机会的面向产品的联合开发，以及出于长远考虑的企业间战略合作，但该组织结构模式较难保证系统资源的一致性，较难提供不同层次的共享。可以说，绝对意义上的平行型组织结构模式在实际中很难实现。平行型组织结构模式如图 14-12 所示。

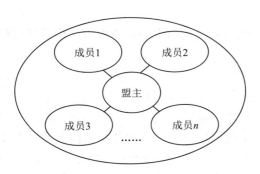

图 14-11　盟主型组织结构模式

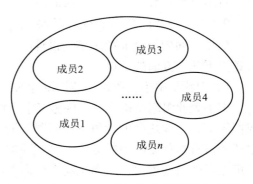

图 14-12　平行型组织结构模式

（3）多层次—盟主型组织结构模式。在一个盟主型的虚拟企业中，由多个中小企业构成的子虚拟企业充当其中一个下属成员，从而形成一个具有两层结构的虚拟企业组织模式。依此类推，如果子虚拟企业中还含有下一级的子虚拟企业，则呈现一个以盟主为中心的多层嵌套的组织结构形态，具备这种特征的组织结构就叫作多层次—盟主型组织结构模式。多层次—盟主型组织结构模式如图 14-13 所示。

（4）多层次—平行型组织结构模式。在一个平行型虚拟企业中，由多个中小企业构成的子虚拟企业作为一个平等的合作成员，从而形成一个具有两层结构的虚拟企业组织模式。依此类推，如果子虚拟企业中还含有更小的子虚拟企业，则形成一个总体是平行型，成员中又内含多层嵌套的组织结构形态，具备这种特征的组织结构就叫作多层次—平行型组织结构模式。多层次—平行型组织结构模式如图 14-14 所示。

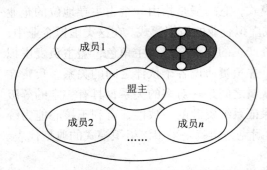
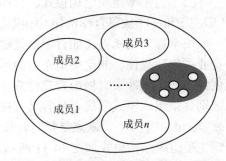

图 14-13　多层次—盟主型组织结构模式　　　图 14-14　多层次—平行型组织结构模式

在后两类虚拟企业中，之所以存在子虚拟企业，就是因为单个中小企业无法独自提供母虚拟企业所需的"核心能力"，同时，单个中小企业没有与其他成员相称的实力，无法与之共同组建平行型虚拟企业，所以，多个中小企业只有通过组建子虚拟企业才能形成这种"核心能力"，并以一个实力较强的整体形象去获得参加母虚拟企业的机会。这种组织模式可以实现数家中小企业通过核心资源的整合去参与独自难以介入的虚拟企业。同时，在虚拟企业的主层面上，因成员伙伴个数的减少降低了联盟内协调的复杂程度和管理成本，而为盟主或其他成员所接受。在该组织结构模式的虚拟企业中，通过不同层内的自治管理，有利于有效传递信息及明确责任，大大减少了协调管理的复杂性。

**2. 中小企业组织结构设计的特点**

根据上面中小企业组织结构设计的举例，我们可以得出中小企业组织结构设计应该具备以下几个方面的特点。

1）创新是中小企业组织结构设计的核心

中小企业组织结构设计需要做多个方面的配套工作，但必须围绕创新这一核心因素。我们知道，企业之间的竞争不仅局限于资本、技术和市场的竞争，归根结底，是知识的生产、占有和创新能力的竞争。这就要求中小企业的组织结构能够使组织内各要素在质和量上发生新的重组，从而推动企业向更高、更深层次发展。为此，中小企业在设置组织结构时要重视创新领导小组、技术开发部等部门的建立。

2）组织结构简单化是中小企业组织结构设计的基础平台

组织结构简单化，是指企业内部部门的设置要尽可能的简单，实现纵向的扁平化和横向的合并精简。纵向的扁平化要求中小企业在设置组织结构时应尽可能压缩层次，上下级指挥权限的划分清晰明了。横向的合并精简要求企业组织系统的构成，在横向联系的层次上应尽可能的少，部门职责明确。

3）信息管理、人本管理、知识管理是中小企业组织结构设计的辅助手段

信息管理是指中小企业要利用组织结构简单、信息传递快的优势，建立快速、先进、智能化的信息传输和处理系统，努力缩短信息收集、整理、沟通、反馈及更新的时间。

人本管理是指通过企业管理活动，使人的积极性、主动性和创造性得到充分发挥，从而使个性化的人得到全面发展。中小企业要设置和完善人力资源开发部门，并建立完整的衡量职工绩效的激励约束机制和职工培训机制，给员工提供发展的机会和获利的空间。知识管理就是对企业生产和经营所依赖的知识，通过收集、加工、利用和开发等一系列过程的管理。

最终，一个创新的中小企业组织结构标准是：① 集权与分权相结合的决策体制；② 流畅的信息网络；③ 灵活性和适应性；④ 自主管理和全员参与；⑤ 较强的评价、监控与防范功能。

### 14.3.3　中小企业组织绩效评估设计

本节主要介绍中小企业整体综合绩效评估的方法。企业综合评估有多种称法，如"企业经济效益评估""企业活力评估""企业综合评估""企业素质评估""企业竞争力综合评估""企业实力评估""企业财务社会评估"等，这些综合评估的基本目标乃至核心指标大体相同。由于绩效评估体系中最重要的是指标的设置问题，这里介绍两种中小企业综合绩效评估指标体系供读者参考，而对于中小企业其他层次的绩效评估可参考第 10 章的相关内容。

#### 1. 中小企业 GEP 评估法指标体系

2000 年年初，原国家经济贸易委员会中小企业司、国家统计局工业交通统计司和中国企业评价协会，共同发起设立了《中小企业发展问题研究》课题，重点研究我国中小企业，特别是成长型中小企业的发展状况与变动趋势。课题组联合首次发布了《中国成长型中小企业发展报告》，并提出了一种专门评估成长型中小企业的 GEP 评估法。在此之后，课题组又联合了国家工商总局个体经济监管司、全国工商联经济部。在认真总结首次实际评估效果、广泛征询专家意见和连续开展了两年的企业个案研究的基础上，按国家新发布的中小企业划分标准，重新对"成长型中小企业评价方法"提出了修订方案，并最终完成《中国（非公经济）成长型中小企业发展报告》。

所谓成长型企业，是指那些在一定时期（如 3～5 年）内，具有持续挖掘未利用资源能力，不同程度地呈现整体扩张态势，未来发展预期良好的企业。

衡量企业的成长性应当包括综合考察企业的定量（量化）指标测评系统（A 系统）、定性（非量化）指标测评系统（B 系统）和未来成长预期测评系统（C 系统）三个子系统。鉴于目前对企业未来成长预测指标的设定和实际测算方法尚乏共识，而且人为因素会在较大程度上左右预期指标标值，造成评估结果的人为偏差等原因，修订方案暂不考虑未来成长预期测评系统，待条件成熟时再作补充修订。

经充分分析和广泛论证，"成长型中小企业评价方法"的综合指标体系和层次结构（A系统指标体系和 B 系统指标体系）确定如表 14-2 所示。

**表 14-2　中小企业 GEP 评估指标体系**

| 定量（财务）指标体系（A 系统） | | 定性指标体系（B 系统） | |
| --- | --- | --- | --- |
| A1 发展状况 | A11 销售收入增长率 | B1 管理能力 | B11 企业质量管理 |

续表

| 定量（财务）指标体系（A系统） | | 定性指标体系（B系统） | |
|---|---|---|---|
| A1 发展状况 | A12 净利润增长率 | | B12 企业产销网络和销售率 |
| | A13 净资产增长率 | | B13 企业对市场的熟知程度 |
| | | | B14 企业信息化水平 |
| | | | B15 企业战略实施 |
| A2 盈利水平 | A21 内在投资价值 | B2 人力资源状况 | B21 企业员工素质水平 |
| | A22 总资产报酬率 | | B22 企业员工绩效考核 |
| | | | B23 企业中高层管理人员的构成 |
| A3 经济效率 | A31 销售净利润率 | B3 创新能力 | B31 研发机构的设立 |
| | A32 工资增加值率 | | B32 研发人员的构成 |
| | A33 资本收益率 | | B33 产品研发周期 |
| A4 偿债能力 | A41 资产负债率 | B4 融资能力 | B41 企业的融资渠道 |
| | | | B42 企业的融资方式 |
| | | | B43 企业的信用等级 |
| A5 行业成长性 | A51 行业销售收入增长率 | B5 成长环境 | B51 企业融资的信用担保机构 |
| | | | B52 企业生存和发展的外部环境 |
| | | | B53 企业享有国家相关的优惠政策 |
| | | | B54 企业关键技术模仿难易程度 |

注：销售收入增长率=(本期销售收入-上期销售收入)/上期销售收入×100%
　　净利润增长率=(本期净利润额-上期净利润额)/上期净利润额×100%
　　净资产增长率=(本期净资产额-上期净资产额)/上期净资产额×100%
　　内在投资价值=本期净利润额/平均净资产×100%-同期银行存款利率
　　总资产报酬率=(利润总额+利息支出)/平均资产总额×100%
　　销售净利润率=本期净利润额/本期销售收入×100%
　　工资增加值率=本期工业增加值/支付工资总额×100%
　　资本收益率=本期税后利润/资产总额×100%
　　资产负债率=本期资产负债总额/本期资产总额×100%
行业销售收入增长率=(本期行业销售收入总额-上期行业销售收入总额)/上期行业销售收入总额×100%

### 知识链接 14-4

浙江成长型中小企业评价方法

**2. 基于知识资本的科技型中小企业绩效评估**

1）知识资本的内涵

国外由加尔布雷斯（Galbrainth）第一个提出了"知识资本"的概念后，先后有斯图尔特、埃德文森、沙利文、斯维比等对知识资本概念进行了研究。但是，业界尚未形成一个明确、统一的概念。

美国《幸福》杂志认为："知识资本是你摸不着但能使你致富的某种东西。"斯堪地亚财团的 AFS 公司将知识资本定义为"知识、实用经验、组织技术、顾客关系和专业技能的拥有，这使公司在市场上有竞争优势"。AFS 公司用如下公式定义知识资本：

人力资本+结构资本=知识资本

本书认为，知识资本是企业所拥有或控制的，能为企业带来收益，并投入企业生产运营中的具有知识含量的无形资产及其载体。知识资本是指能够转化为市场价值的知识，即企业所有能够带来利润的知识和技能。

按照企业获得知识资本的途径不同，知识资本可以划分为人力资本、组织资本、技术资本、市场资本和社会资本五类。

人力资本是指企业所能够利用的、存在于企业内部员工头脑中的、可以利用的各类知识和创造性地运用这些知识研究和解决问题的能力及其拥有者。人力资本包括企业的领导者和职员所具有的技术专长、管理能力、技术能力、协作能力及个人所具有的良好素质及其拥有者。

组织资本是指企业通过长期创造和拥有的能够使企业正常运转且稳定、秩序、高效的知识资本，是保证企业正常运转的基本知识因素，它使企业能够运转自如。如企业的组织结构、治理结构、企业制度、流程、企业精神、企业文化、管理模式与方法、信息系统等。

技术资本是指企业创造和拥有的以技术及其载体为成果的知识资本，如企业的专利、专有技术、版权、技术开发成果、新产品、新工艺、技术资料、技术标准、实验室、中试基地、高科技含量制造系统等。

市场资本是企业知识资本的第一要素，是指企业创造和拥有的、与市场有关的、能给企业带来可能的竞争优势和利益的知识资本，如品牌名称及标识、品牌文化含量、品牌信赖、品牌知名度、客户忠诚度、营销网络结构、营销数据库、产品公众认知、商业模式、战略联盟、营销策略路径等。

社会资本是指企业所拥有或控制的、与企业市场外部的公共关系有关的知识资本，如良好的融资关系、和谐有利的战略伙伴、政府的支持等。

2）基于知识资本的科技型中小企业绩效评估指标体系（见表 14-3）

**表 14-3　知识资本评估指标体系**

| 层　　次 | 要素系统 | 指标系统 | 指标内容 |
|---|---|---|---|
| 人力资本 | 人力资本投资 | 人力资本投入水平 | 公司每年投入招聘、培训等费用/销售收入×100% |
| | | 人力资本维持 | 公司每年在员工报酬、福利方面的花费/销售收入×100% |
| | 人力资本素质 | 企业家的洞察力 | 正确的企业投资决策/每年投资决策数×100% |
| | | 专业技能 | 企业拥有高超专业技能的人数/员工人数×100% |
| | | 教育 | 公司中符合各个特定工作的教育背景的人数/员工人数×100% |

续表

| 层　　次 | 要素系统 | 指标系统 | 指标内容 |
|---|---|---|---|
| 人力资本 | 人力资本管理 | 专业资格 | 公司对雇员进行专业评估、心理测试并制订相应个人职业发展计划的人数/员工人数×100% |
| | | 员工满意 | 满意人数/抽样调查总数×100% |
| | 人力资本效率 | 人均市场价值 | 市场价值/员工人数×100% |
| | | 劳动生产率 | 销售额/员工人数×100% |
| | | 员工保持率 | (1−辞职人员数/员工人数)×100% |
| 组织资本 | 投入比率 | AD/AA 指数 | 行政管理花费/管理资产×100% |
| | | IS/AD 指数 | 信息技术花费/行政管理花费×100% |
| | 信息系统 | 信息技术先进度 | 公司在采用新信息技术曲线上的位置（革新者—落伍者 5 等分） |
| | | 外部网络系统 | 公司通过电子商务实现的销售额/销售总额×100% |
| | | 内部网络系统 | 与数据库联结的个人计算机终端数 |
| | 管理结构 | 企业制度 | 员工行为规范、管理标准、操作程序的情况 |
| | | 治理结构 | 企业经营者的激励与约束机制的完善度 |
| | | 界面管理 | 跨业务多功能项目团队的数目 |
| | | 母合关系 | 总部对子部的协调能力、部门间的合作关系 |
| | | 战略联盟 | 战略联盟数目 |
| | 文化资本 | 经营理念 | 企业使命及其符合环境、市场变化的程度 |
| | | 公司文化 | 公司文化及其促进公司目标实现的程度 |
| | | 内部文化整合 | 母公司下各子公司（尤其是购并公司）间的文化融合程度 |
| | | 沟通与合理化建议 | 参加技术革新和合理化建议活动的员工数/员工人数×100% |
| | 组织效率 | 订单周转 | 8 h/每份订单的平均处理时间 |
| | | 投入产出 | 劳动生产率（产值/员工人数×100%） |
| 技术资本 | 投入 | R&D 研究与开发投入水平 | R&D 基金/销售总额×100% |
| | 知识产权 | 专利份额（PS） | 企业每一个技术领域的专利数/34（个技术领域）×100% |
| | | 显在技术优势（RTA） | 企业每一个技术领域的专利份额/企业在 34 个技术领域获得的总专利数占这些技术领域专利总数的份额×100% |
| | | 版权与计算机软件 | 企业所拥有的版权与计算机软件的数目 |
| | | 设计权 | 注册了的企业设计专利数目 |
| | | 商标 | 企业注册商标的数目（含服务商标） |
| | | 商业秘密 | 企业内部签订商业秘密的数目 |
| | 自主开发能力 | 开发数目 | 正在开发新产品的数目 |
| | | 开发速度 | (本期新产品、新技术数−上期新产品、新技术数)/上期新产品、新技术数×100% |

续表

| 层　　次 | 要素系统 | 指标系统 | 指　标　内　容 |
|---|---|---|---|
| 技术资本 | 自主开发能力 | 投产率 | 能够达到市场的新产品数/所开发产品总数×100% |
| | | 新产品比重 | 新产品销售额/全部产品销售额×100% |
| | | 新产品寿命 | 历史上新产品的平均寿命年数 |
| | | 技术附加值率 | 产品中先进技术的含量,商品化技术为顾客创造的价值 |
| | 技术吸收 | 吸收能力 | 成功项目数/引进项目总数×100% |
| | | 国产化率 | 1-(进口 CKD 离岸价/全部 CKD 离岸价×100%) |
| 市场资本 | 营销投入 | 销售渠道 | 销售渠道投资/销售收入×100% |
| | | 客户投资 | 为客户开展新的服务或培训方面的花费/销售收入×100% |
| | 品牌 | 品牌价值 | 方法评估 |
| | | 品牌信赖度 | 信赖人数/抽样调查总人数×100% |
| | | 品牌知名度 | 知晓人数/抽样调查总人数×100% |
| | 企业形象 | 公众美誉度 | 美誉人数/抽样调查总人数×100% |
| | | 优质产品率 | 优质产品销售收入/销售总收入×100% |
| | | 客户满意度 | 满意人数/抽样调查总人数×100% |
| | 客户 | 销售额增长率 | (本期销售额-上期销售额)/上期销售额×100% |
| | | 市场份额 | 主导产品销售收入/同行业产品销售收入×100% |
| | | 忠实客户比例 | 中长期客户/总客户数×100% |
| | 合作 | 商业合作 | 前向一体化成功合作数/商业合作总数（含特许经营）×100% |
| 社会资本 | 投资 | 公共关系花费 | 企业公共关系花费/销售总额×100% |
| | 社会网络 | 金融关系 | 公司在金融界的信誉 |
| | | 利税增长率 | (本期利税总额-上期利税总额)/上期利税总额×100% |
| | | 股东投资回报率 | 每股股息/业主股权总额×100% |
| | | 宏观政策环境 | 宏观政治、经济及社区环境对企业生存发展的影响 |
| | | 守法经营度 | 在生产经营活动中遵纪守法、信誉好、合同履约率高 |
| | | 与供应商的关系 | 原材料供需状况及市场秩序状况 |
| | | 有利合同 | 靠特殊社会关系获得的合同数目 |

资料来源：范徵. 知识资本评价指标体系与定量评价模型[J]. 中国工业经济，2000（9）：63-66.

 小结

　　本章根据常见的典型的组织形态，分别对企业集团、上市公司和中小企业的组织设计五个方面的内容（组织结构、组织权力、组织流程、组织绩效评估体系和组织激励机制）中各自最具有特色的方面，如企业集团组织结构设计、上市公司治理结构设计和中小企业组织结构及绩效评估设计做出详细的阐述。

企业集团组织结构设计的内容包括企业集团组织架构的设计、企业集团高层领导机构的设计、企业集团职能机构的设计以及企业集团内部各成员企业之间关系的分析等多项内容。在母子公司体制下资本型集团组织结构是分权管理的，而混合型集团的组织结构则有集权和分权两种情形。

上市公司的组织设计重点研究的是上市公司法人治理结构问题。上市公司法人治理结构设计的主要内容包括以下三个方面：① 如何降低代理成本；② 如何有效控制经营者；③ 如何有效激励经营者。我国上市公司治理结构模式的优化设计方法或手段有：① 优化股权结构，完善股东大会的制衡功能；② 建立以董事会为中心的治理结构，强化董事会的职权；③ 加大监事会职权，建立多层次问责机制；④ 建立经理层激励与约束机制。

中小企业组织设计的目标是要建立有弹性的组织，因此要注意组织结构的创新问题，例如柔性化组织、战略联盟和虚拟企业。本章以中小企业直线职能型组织结构模式设计和虚拟企业组织结构模式设计来说明中小企业组织结构设计问题，并阐述了两种中小企业整体绩效评估指标体系，这无疑会给有关管理人员提供借鉴。

 **思考题**

1. 我国企业集团的现状如何？存在哪些方面的问题？如何构建企业集团的组织结构？

2. 比较西方国家企业集团模式和我国企业集团模式，前者在哪些方面值得我们借鉴？

3. 上市公司治理结构存在缺陷的原因有哪些？怎样解决存在的问题？

4. 比较西方国家公司和我国公司的治理结构模式，前者在哪些方面值得我们借鉴？

5. 我国中小企业组织结构有哪些类型？如何做好中小企业的绩效评估？

**案例讨论**

### 必比登"革新"记——MQL 组织变革之路

摘要：创建于 1889 年的 MQL，在经历一百多年的风云变幻后，现已在 17 个国家下辖 68 家工厂，拥有来自不同文化背景的 12 万多名员工。1995 年年底，MQL 有限公司成立，成为 MQL 集团在中国的第一家合资公司。MQL 投产后，在工艺质量与生产规模都稳定的前提下，紧跟集团倡导的授权方针指引，拉开了授权式组织变革大幕。本案例以 MQL 公司变革中团队建设为主线，展示其授权式组织变革的全过程。在此基础之上，本案例引导学生正确认识组织变革的过程与程序，了解组织变革的阻力及应对措施，明晰授权的必要性、原则及注意事项等，据此对组织变革理论、授权理论等有更深层次的理解。此外，本案例也可为其他企业的组织变革提供有价值的参考。

资料来源：王世权，张玉莹，黄玮强. 必比登"革新"记：MQL 组织变革之路[DB/OL]. 中国管理案例共享中心，2019. http://www.cmcc-dlut.cn/Cases/Detail/3994.

 **经典书籍推荐**

1. 布里克利，史密斯，齐默尔曼. 管理经济学与组织架构：第 4 版[M]. 张志强，王春香，张彩玲，译. 北京：人民邮电出版社，2014.

《管理经济学与组织架构》（第 4 版）译自 Brickley、Smith 和 Zimmerman 所著的 *Managerial Economics and Organizational Architecture* 的第 4 版。本书利用微观经济学分析工具（需求、生产和成本、定价、博弈论等）来分析和解决有关公司治理、激励冲突、经理人薪酬以及公司并购等管理问题，其视角是公司内部结构而非外部市场。本书大量借鉴了有关组织的研究去探讨改进组织的治理状况。

2. 帝瓦纳. 平台生态系统：架构策划、治理与策略[M]. 侯赟慧，赵驰，译. 北京：北京大学出版社，2018.

《平台生态系统：架构策划、治理与策略》分为五个部分：第一部分描述平台生态系统的兴起，平台产业区别于其他产品和服务行业的原因；同时从平台所有者、应用程序开发者和终端用户的角度介绍其价值主张。第二部分介绍平台演化发动机的两个"齿轮"：平台架构和管理。第三部分为理解平台市场的演化提供基础：介绍跨越不同时间的具有可操作性、战略性的演化指标；描述五个离散的、为发展平台和应用程序提供的入门业务操作。第四部分介绍生态系统演化的两个"齿轮"，即架构和管理，两者是相互匹配的：讲述技术架构和管理的相互作用是如何引导平台、应用程序以及整个生态系统发展的；描述平台和应用程序是如何随着时间的推移而逐渐发展并保持竞争优势的。第五部分总结和扩展核心思想，论述在各种非技术行业如何经营商业生态系统。

 **参考文献**

[1] 德鲁克. 管理：使命、责任、实践[M]. 陈驯，译. 北京：机械工业出版社，2019.

[2] 王关义，刘益，刘彤，等. 现代企业管理[M]. 5 版. 北京：清华大学出版社，2019.

[3] 朱颖俊. 组织设计与工作分析[M]. 北京：北京大学出版社，2018.

[4] 朱勇国. 组织设计与岗位管理[M]. 2 版. 北京：首都经济贸易大学出版社，2019.

[5] 姚宇峰. 股权资本：企业股权设计与运作实战方案[M]. 北京：中国经济出版社，2019.

[6] 中国电子信息产业发展研究院，刘文强. 2019—2020 年中国中小企业发展蓝皮书[M]. 北京：电子工业出版社，2020.

[7] 刘健. 精益变革：中小企业逆境求生之路[M]. 北京：机械工业出版社，2020.

[8] 徐炜. 企业组织结构[M]. 北京：经济管理出版社，2008.

[9] 刘海建. 企业组织结构刚性与战略变革：理论与实证研究[M]. 上海：商务印书馆，2013.

[10] 韩笑妍，李矗，周丽莎. 国有企业中长期激励实操与案例研究[M]. 北京：中国经济出版社，2020.

[11] 韦伯. 社会组织与经济组织理论[M]// 世界管理经典著作精选. 北京：企业管理出版社，1995.

[12] 德鲁克. 今日企业组织的新样板 M]// 哈佛管理论文集. 北京：中国社会科学出版社，1985.

[13] 范徵. 知识资本评价指标体系与定量评价模型[J]. 中国工业经济，2000（9）：63-66.

[14] MARSCHAK J. Efficient and viable organizational forms[M]// Modern organization theory. New York: John Wiley & Sons, 1959: 307-320.

# 第 6 篇　企业组织设计的发展

设计好组织方案并进行整合之后，如何将这种新的设计方案应用到组织当中，并积极地关注企业组织设计的新发展，是企业所面临的问题。在前面的章节中，我们讨论了组织系统五大模块的设计，并对企业组织设计的内外要素应如何匹配进行了详尽的阐述。在本篇中，我们首先探讨了企业组织设计的实现，即如何将企业组织设计方案应用到企业当中的过程，包括企业组织设计实现的步骤和控制实现阻力的方法。然后，我们介绍了一些企业组织设计的新发展。由于最近出现的组织类型很多，限于篇幅，难以尽述，我们便选取了较典型、对企业影响较大的组织类型（横向型企业、网络型企业和学习型企业）的组织设计问题进行了探讨。

# 第 15 章
# 企业组织设计的实现

 **本章学习目标**

1. 了解企业组织设计实现的特征和前提条件；
2. 掌握企业组织设计实现的过程；
3. 掌握企业组织设计实现效果的评价方法；
4. 了解企业组织设计实现的阻力；
5. 掌握克服阻力的方法。

## 引例

2016 年年底，一份关于组织结构的改革方案在平安银行内部引起了激烈的争论。该方案旨在应对数字化转型与智能化对银行的挑战，用若干年的时间把平安银行打造成"领先的智能化零售银行"。首先，从总行到分行进行"扁平化、去行政化"的瘦身，采用"总—分—支—前线"的垂直管控体系，将原来的各大条线精简为大对公、大零售、大内控、大行政四大条线；然后，将支行的对公业务全部集中到分行，逐步将支行改造为纯零售网点。同时加大信贷资源向零售业务线的倾斜，从原来的零售信贷额度占总信贷额的 30%上升至 50%以上，大力推动零售业务转型（付永刚、邹雅璇、胡烽春，2022）。

其实，这一幕只是这个充满剧变时代的一个缩影。"不改革，毋宁死"，杰克·韦尔奇的话犹然在耳，今天的企业主管们，无论是愿意还是不愿意，都要面对不确定性和永恒的变化。新经济给工商企业带来了无限商机，也带来了巨大的挑战。为了生存和发展，许多企业致力于设计和实现创新的组织方案，以提高组织的整体绩效和增强组织的反应速度。因此，现在的关键问题不是是否实现新的组织设计方案的问题，而是如何实现的问题。但在现实生活中，虽然可以举出许多成功实现新的组织设计方案的案例，然而，失败的案例更多。因此，如何将这种新的组织设计方案成功地应用到组织当中，如何克服企业组织设计实现过程中的阻力，是本章将要探讨的主要问题。

# 15.1 企业组织设计实现概述

## 15.1.1 企业组织设计实现的含义

组织在设计好组织方案并进行整合之后，所面临的问题是如何将这种新的组织设计方案应用到组织当中，使之能够起到提高企业绩效的作用。组织设计的实现是指组织在系统思想的指导下，将纸上的方案应用到组织当中，促使组织发生一些变化，本文将这一转变的过程称作组织设计的实现。

组织设计的实现所指的"在系统思想的指导下发生一些变化"，是说由组织加以指导的这一活动是有计划展开的，而不是随意发生的。组织设计的具体含义可以从下面两个方面来理解。

（1）组织设计实现所依据的计划应能具体地制订出来。这个计划的每个阶段都是连续发生的，最终实现组织的目标；要制定出实现阶段目标的工作程序；每个阶段的目标要有相应的标准，说明阶段目标实现的程度有多大。在实际工作当中，这三个部分都要结合起来考虑。一般来说，我们将实现的步骤分为准备阶段、实施阶段和评估阶段，三个阶段相互联系、相互支持，最终实现组织设计的目标。

（2）要根据组织设计实现的目标确定"计划"与"实现过程"的关系。有些目标比较具体，可以事先进行计划，然后按计划的步骤和程序一步步地实现新的组织设计方案，这种实现可以称为"计划指导下的变化"；但有些目标不那么具体，就要增加计划的变通性，先选取一个比较具体的目标，试着推行新的组织设计方案，再在实现过程中不断规划和修正总体方案，逐渐向目标状态过渡。在实践过程中，应根据具体情况确定"计划"和"实现过程"的关系。

组织设计的实现在一定意义上等同于变革，但又不同于变革。组织设计的实现是变革理论在组织设计领域的应用，是对变革理论的新发展，是将组织设计方案应用到企业当中的过程。它的目标主要体现在两个方面：一方面，通过组织设计的实现使组织有效运作，实现与环境的适应，在不断发展的环境中求得生存和发展。任何组织都生存于复杂的社会环境中，离不开与环境进行能量、物质和信息的交流与互动，组织不可能完全控制外部环境，只有不断调整自身，才能适应环境的变化。另一方面，实现组织成员之间、群体之间、人—机系统之间的心理和行为上的协调，提高组织效能，促进个人发展，使个人发展和组织目标达到最佳配合。

## 15.1.2 企业组织设计实现的特征

### 1. 组织设计的实现具有系统性的特征

组织设计实现是一项复杂的系统工程。在实现过程中，有时可能主要针对其中的某一模块，有时是对组织系统中的五个模块同时进行转变，这就要求不能孤立地、简单地、片面地看待组织设计的实现，必须以组织的整体改变为基础。例如，一家人寿保险公司想要利用计算机技术处理索赔，它就必须调整组织结构，将工作人员分成5～7人的小组，才能很好地达到目的。又如，一个制造企业要引入机器人与高级制造技术，那么它就必须对员工进行这方面的培训，而员工技能的升级又会引起薪资系统的改变。总之，组织是由互相联系、互相影响的系统组成的，某个部分的改变必然会引起其他部分的变动。很显然，组织的结构、流程、职权以及激励制度这些组织的特征之间密切相关，相互补充与支持，很难对它们分别进行调整，它们应同时进行调整并相互协调，以便相互支持，形成新的组织体系。因此，组织设计的实现必须注意系统配套，整体推进，不可只抓一点，不顾其余。

2. 组织设计的实现客观上要求一个变革历程

组织设计的实现可以看作一种管理变革的过程。这是因为组织设计的新方案可能会完全打破企业原有的组织结构，对企业组织进行全新的设计，进而构造整个企业组织模式。企业组织的变化将引起管理模式的相应改变，这一过程客观上要求一个变革历程。

3. 组织设计的实现要求不断地学习和变化

组织转变在实现过程中会遇到许多未知的东西，成员必须学会用不同的方式感知、思考和做事。组织成员必须学习新的行为方式以适应组织变化，必要时还需要进行修改。因此学习是一个连续的过程，而且学习应该在组织的每一个层次展开，从高级经理到底层的雇员都应进行学习。

企业组织本身是一种动态系统，而所处的环境又不断变化，因此，企业组织设计实现的过程不是一劳永逸，相反，它是一个长期的动态过程。企业组织设计实现很难有一个时间界限，应随着企业的需要不断调整，学习如何用一贯的方式去管理变化，可以帮助组织与动态的环境保持一致，这也为组织长期适应环境提供动力。

## 15.1.3　企业组织设计实现的前提条件

组织设计的实施是组织设计不可缺少的一个环节，是促进企业发展的必经之路。借鉴国内外众多企业组织设计实现成败的经验教训，我们总结出了企业组织设计实现的前提条件，即3P4S实施原则。

我们认为，企业组织要成功地将组织方案应用到组织当中，就必须遵循领导带头执行、上级领导支持、全体员工认可、与战略紧密相连、科学的管理制度、有力的执行制度和有效的激励机制七个原则。这七个原则归纳起来即三项软工作、三项硬制度、一个目标。前三项是直接对人的软工作，是做好任何工作的前提，可以用三个P（person）来表示；后三项是保证人员有效工作的制度，是成功实施组织设计方案的基础，可以用三个S（system）来表示；最后全部工作都是围绕着正确的战略规划来运作，这是工作的目标和指南，也可以用 S（strategy）来表示。为方便记忆，我们将上述七个方面的工作简称为企业组织设计实现的3P4S原则，如图15-1所示。

1. 领导带头执行

任何组织设计方案能得到有效实施，莫不起源于一个强有力的领导班子对它坚决推广和执行，特别是一把手一定要思想明确、态度坚决、狠下决心、带头执行。组织的最高领导者居于组织结构的核心地位，掌握资源的最终分配权，是各种信息的交汇点。如

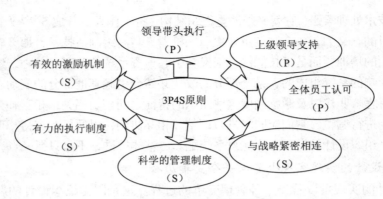

**图15-1　组织设计实现的原则**

果他（或他们）对新组织设计方案的实现不够热心或者说不够坚定的话，这种情绪很快就会传递到整个组织中去，从而导致组织设计实现的失败。

2．上级领导支持

促进组织设计的实现要牵扯许多的部门，所利用资源的范围往往会突破组织自身。如果不和上级领导进行必要的沟通，不能得到他们的理解和支持，就会为组织设计的实现设下障碍。因此，组织设计实现部门的领导人首先应当和相关部门的领导进行沟通，向他们陈述部门组织设计实现的必要性，以获得上级领导的支持。即使在无法获得上级领导支持的情况下，组织的领导人也应当尽量获得上级领导的默许，避免在实施的中途受到上级领导的干涉。其次，组织的领导人应当尽量和上级领导探讨实施的方法和步骤，借用上级的力量调用更大范围的资源，以促进组织设计的实现。

3．全体员工认同

组织设计实现的一个基本原则是：主张组织设计的实现必须得到公司全体员工的认同和拥护，必须改变人的行为和思想。只有改变了组织中的个人，组织设计的实现才有可能取得深入持久的效果。如果把组织设计的实现比作一辆车，那么个人行为的改变就是路面。车要靠轮子接触地面才能获得向前的推力。如果路面打滑，那么车再好、发动机功率再大，车也不可能前进。《孙子兵法》中曾指出："上下同欲者胜"，在组织设计实现过程中，应给人以足够的重视和关怀，不断地就新方案与员工进行沟通，使其得到全体员工的认同，才能更好地实现组织目标。

4．与战略紧密相连

任何组织设计的实现都必须配合公司战略规划，在进行组织设计实现时，应该将组织战略作为指导设计实现方向的旗帜。因为组织战略在综合考虑内外环境的基础上提出的组织奋斗目标，也恰恰正是组织设计实现所要达到的结果，两者之间是一致的。有些企业在新方案实施过程中常常陷于人事纠纷而忽略了最基本的战略要求，导致组织设计的实现失败。因此，企业组织设计的实现应该用正确的战略规划来指导。

5．科学的管理制度

科学的组织结构要有科学的管理规章制度的配合，才能有效运行。优秀的公司组织架构就像一辆性能良好的汽车，而好的管理规章制度就是开车的方法，不懂驾驶技术，再好的车也开不起来。所以，对企业来讲，有一套配合新的组织结构的科学管理制度是组织有效运行的前提。

### 6. 有力的执行制度

科学的管理制度并不能保证自动实施，就像有了优秀的驾驶技术和科学的交通规则，但如果执行中不严格按照标准程序去执行，再好的车也不能顺利行驶，所以，科学的管理制度还要有效的执行制度来保障其有效执行。一个有效的执行制度，首先，强调可操作性，也就是要有明确的分解到组织每一层次、每一岗位的操作性绩效指标。在指标的制定中，既要强调具有挑战性，又要注重现实性。其次，有效的执行制度一定要有明确的奖惩条例，而且一定要让每一位员工清楚地了解违反制度的后果。

### 7. 有效的激励机制

不言而喻，优秀的制度要靠优秀的人来执行，所以优质的人力资源是组织有效运行的保障，而有效吸引、留住人才的绩效评估体系和相应的激励机制的建设工作是吸引、留住优秀人才并使之发挥作用的前提。如果没有一套有效的激励机制的支持，再好的企业也不可能有相应的人才为之服务，就像一辆性能优良的汽车没有司机驾驶一样，所以，有效的激励机制是成功实施组织设计的实现，乃至做好一切企业管理工作的基础。

总之，企业是一个系统整体，任何一项组织设计的实现都必须有很多其他的子系统的配合，或为前提，或为基础。企业组织有效运行的前提和基础就是这七个方面，如果这七个方面的工作不能很好地做好，组织设计的实现将困难重重。

## 15.2　企业组织设计实现的过程

对企业来说，组织设计的实现是极具挑战性的。因为实现的成功与否，在很大程度上取决于对实现过程中基本原则和实施方法的把握，实现的过程所针对的不仅仅是实现对象本身的硬环境，还要涉及环境营造、企业价值观重塑、沟通体系重建等方面的辅助工程，没有这些软环境的同步改造，组织设计的实现就会寸步难行。组织设计的实现不能想到哪做到哪，也不能就事论事，而必须进行全面的规划和管理，制定出科学的程序，一步一步地完成组织设计实现的过程。

### 15.2.1　企业组织设计实现的过程模型

按照 15.1 节的实施原则，借鉴组织变革的一般程序，本书概括出来了组织设计实现的过程模型，如图 15-2 所示。我们将组织设计的实现过程分为三个阶段，实际上，这三个阶段相互作用，相互合并。下面对这三个阶段进行描述。

图 15-2　企业组织设计实现的过程模型

在准备阶段，必须创造出组织设计实现的动力，必须在组织成员中创造出一种乐于接受新的组织设计的气氛。因此，在准备阶段，一是为员工提供面对现实的机会，让其感到变革的压力，让人们对组织设计的实现做出生理上和心理上的承诺；二是需要创造出一种愿景，它描述了新的组织方案所创造的美好未来，并为组织设计的实施和评估提供一个价值导向。

在实施阶段，组织要领导和管理组织设计实现的进程，组织设计实现的推动者需要对势力和政治活动给予更多的关注，推动尽可能多的组织成员和部门参与实施过程，寻求资源支持；为了实现成功，组织设计实现的推动机构还必须建立协调机制，确保组织各部分尽可能同时发生转变，并确保组织的正常工作和实现活动同时进行。

在评估阶段，我们要收集有关实施进展情况和新设计方案运行情况的信息，分析设计和实施的问题，做出必要的调整，这种评估不仅在实施后进行，而且在实施过程中也应进行评估。图15-2所示的反馈环节显示了实施和评估能回过头来影响准备阶段和实施阶段。在评估阶段主要的工作是根据组织的现实状况选择合适的实施效果评估方法。

这三个阶段对于组织设计的实现来说都是很重要的，组织领导者在准备阶段必须认真加以对待，除非激励人们投入组织设计的实现之中，否则要想打破现状是极其困难的；如果缺乏愿景，组织设计的实现可能会变得无序且失控；如果没有强有力的个体和团队的支持，组织设计的实现就会受阻甚至遭到破坏；如果实现过程得不到精心管理，组织就很难从当前状态向期望状态过渡；如果不对组织设计实现的结构进行评估，无法衡量组织设计实现的效果，很难将组织设计实现的过程进行到底。因此，组织设计实现要想成功，就必须对这三个阶段进行有效管理。本节的以后篇幅，我们将对这三个阶段进行更充分的论述。

## 15.2.2　企业组织设计实现的步骤

### 1. 准备阶段

组织和个人一般都倾向于维持现状，只有在对现状十分不满，并确切地了解将要到来的组织设计实现的程度和方向以及为其带来的好处后，组织和个人才会投入精力支持组织设计的实现。因此，产生实现动力的第一步是为公司各级员工提供面对现实的机会，使他们对现状产生不满意的感觉。准备阶段的下一步是清楚地表述组织的未来，即明确公司的愿景，为组织成员提供组织设计实现的正面预期。

1）面对现实

（1）确定基准。为了了解当前的现状，组织必须积极地依据顾客的期望、竞争者的优势以及本行业和其他行业的领先者来确定它们自己的基准，根据这些目标和衡量标准，组织就可以与之进行对比，发现自己的不足之处，并朝着有竞争力的更高标准努力。有些公司常常因为公司状况在不断地改进而沾沾自喜，如果没有主要竞争对手和同行业中最优秀公司的准确的、最近的基准资料，这些不断改进的公司或许很晚才会意识到，它们的进步速度和绩效水平已远远落后于具有竞争力的水平。

（2）分析组织的优势与弱点。所有的组织都有与特定的绩效状况或系列战略目标相关联的优势和劣势。企业的优势和劣势的最初分析，是检查实现企业愿景所需要的有关的潜能、竞争能力和文化。人们在收集组织运营现状，并与期望的状况进行对比的过程中，可以发现企业已经到了必须进行巨大改革的程度，这样会产生支持改革的动力。另外，领导者应较早地将大量的企业目前或潜在的缺陷的原因和结果的信息披露给组织的多数员工，不要等到企业发生危机或公司绩效持续下降时才这样做。企业需要设计和安排一些事件，让人们能够亲身感受到他们自己也需要这种组织设计的实现，这样会将支持组织设计实现的巨大能量释放到公司改制的过程中。

2）创造组织愿景

在准备阶段的第二项工作就是要创造一个组织愿景，传递组织设计实现带来的正面预期。根据科林斯（James C. Collins）和帕里斯（Jerry I. Porras）的研究表明，愿景可以由两部分组成：一是组织的核心意识形态，包括核心价值观和使命，它为建立愿景提供依据；二是一个生动的未来前景，它是我们渴望变成、渴望实现、渴望创造的东西——那些需要经过明显的改变和发展才能达到的东西，包括一个大胆的目标和一个对实现目标后将是什么样子的生动描述。

（1）描述组织的核心意识形态。组织设计的实现是为了创造渴望中的将来，但它必须承认组织的历史渊源，必须正视组织内部固有的并将继续存在的有益的核心价值观和原则。组织愿景的基础就是组织的核心意识形态，它描述了组织的核心价值观和目的，并且在较长时期内是相对稳定的。核心价值观是一个组织的重要的和永恒的信条，它是一小部分不随时间流逝而改变的指导原则。核心价值观无须外界的评判，它对于企业内部成员有着内在的价值和重要性。使命就是企业存在的理由，而不是具体的目标和企业战略。你可以达到目标或实现战略，但不可能彻底地实现使命，它就好像地平线上的启明星——是一种永远的追求，但永远达不到。不过虽然使命本身不变化，它却激励着变化。核心意识形态能够为实施方案选择提供终极目标，并且表明哪些方案可行、哪些方案不可行。尽量使实施方案的设置同组织的核心价值观和使命一致，并为其提供支持，这样会让员工产生很强的情感动力，去支持组织设计的实现。

（2）构建可见的未来。典型可见的未来包括以下几个基本要素（卡明斯，2003）：第一，有价值且鼓舞人心的目标，对可见未来的描绘通常包括组织和单位想象的具体绩效和个人产出。这些价值化的产出能够作为组织设计实现过程的目标，也能作为评价成绩的标准。这个目标应该是清晰而又鼓舞人心的，能为组织设计的实现提供动力支持。第二，渴望的未来状态。此要素以生动的细节具体地描绘新的组织设计方案如何实现上述大胆的有价值的成果，组织看起来应该像什么。它寻求以词语来形成一幅图画，而这幅图画从成员的感情方面激励他们支持组织设计的实现。另外，组织设计的实现人员必须将愿景与全体员工进行充分沟通。因为员工除非确信改革有可能成功，否则即使对现状不满，也未必肯投入改革。沟通包括言语与行为两个方面，后者通常是最有力的形式。

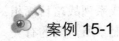

## 案例 15-1

### 平安银行的改革

资料来源：付永刚，邹雅璇，胡烽春.零售业务数字化转型：平安银行的组织变革[DB/OL].中国管理案例共享中心，2022.http://www.cmcc-dlut.cn/Cases/Detail/6238

**2. 实施阶段**

组织设计的实现不会自动发生，需要投入大量的精力和行动。许多实践表明，实施能否成功，在很大程度上取决于企业拥有的资源，也就是说，在明确了所要实施的方案并做好实施准备之后，管理者必须清楚需要多少资源来完成组织设计的实施：资金是否充足，能够使用的时间是多少，是否拥有执行新任务的人员。在实施阶段，高层管理人员还要弄清楚谁掌握着这些资源，以便综合调度使用。另外，组织设计的实现要遵循一定的实施步骤，要按"图纸"的要求精心组织实施。

1）获取资源支持

由于组织设计实施的执行机构很少拥有实施所需的全部资源，而那些对实施持反对态度的单位和个人可能会拒绝提供实施所需要的信息、时间、人员、资金等资源，因此，为了获得所需的资源，实现执行机构常常采用政治战略。这一阶段要努力辨别关键的利益相关者，并对其进行影响，使其支持组织设计的实施。

（1）辨别利益相关者。组织设计实施的推动者应努力发现那些从组织设计的实现中获益或受损的重要个体和团队，包括职能部门、部门经理和高层经理等。这些重要的利益群体可能阻碍新方案的实施，也可能支持新方案的实施。辨别工作可从"谁将因组织设计的实现而获益或受损"开始，然后辨别出利益各方之间的相互关系，谁对谁有影响，各方的利益是什么（卡明斯，2003）。获得这些信息能使实施的推动者知道应该对哪些人和哪些集团施加影响，使他们接受并支持新的设计方案。

（2）影响利益相关者。所谓影响利益相关者，指的是获得关键利益相关者，以及那些具有决定性意义的人们的支持。有一个"二六二原则"讲得很好：对任何组织设计的实现来说，都有大约 20% 的人支持，20% 的人反对，剩下 60% 的人观望。组织设计实现的关键是要使 20% 的支持力量更加强大，以这 20% 的强大力量去影响和争取 60% 的中间派。如果变革者能够与 60% 持观望态度的人和 20% 坚定支持变革的人联结成功，就能够波及 80% 以上的人，那么组织设计实施成功的可能性就会大大增加。常用的影响利益相关者的策略有：① 确定特定利益相关者的需要，并提供新方案给他们带来的好处的信息。② 与别的有势力的个体和集团形成联盟或联合，直接与关键利益相关者交往，以及通过各种正式或非正式的渠道影响关键利益相关者，使其支持实施活动。

2）管理组织设计的实现过程

（1）制订行动计划。推行组织设计的实施，必然要求组织从现有的状态转化到渴望的将来状态。这种转化不会立即发生，需要一个过渡状态，在这个过程中，组织逐步满足实现渴望状态所需要的条件。为此组织要制订一个行动计划，这个计划应当包括如何帮助企业每个人从自己目前的位置走向目标点的机制，应当涵盖情感、认知及行为等多个维度。计划也必须包括时间表、责任人、预算、资源、进度报告、沟通流程等内容。由于组织设计的实现大多是跨部门的，这个计划应该成为多部门整合的总体框架，将各个分散环节连接在一起，同时给出兼顾轻重缓急的安排。这个计划还应该获得高层的批准，并且在实现过程中可随时根据反馈信息进行调整。

在制订活动计划时应填充一些中间目标作为计划的一部分，它们为组织设计的实现提供更具体、更可控的措施和标准。通过设置短期目标可以创造出短期的效果，为领导者提供必要的反馈，使他们更清晰地了解新方案的实施情况。另外，使参与者得到激励，使旁观者对变革产生信心，并投入进来；还可以使那些反对者和批评者暂时缄口不言，甚至改变主意（科特，2013）。

（2）建立协调机制。如前所述，组织设计实施的过程是一个系统工程，它要求组织整体的转变。在实施过程中，除保证企业运营的各种组织和机制外，还需要建立协调机制以协调企业各部分同时发生的转变。协调机制的另一个作用是使组织结构方面的调整尽量不要影响正在向客户提供的产品和服务，否则，组织设计的实施也就失去了其本意。

一般而言，对于大规模的组织设计实施来讲，为了保证实施过程的协调性，公司要设立一个指导委员会或支持团队。这个团体通常由以下人员组成：资深的一线人员、全体经理人员和由公司改制专家担任的管理顾问（迈尔斯，2001）。有时，这种指导委员会或支持团队会分成两个部分：一个团队由专业人员和顾问组成，他们利用相当多的时间来关注公司实施过程的设计、评价和适应性；另一个团体由一些高级经理人员组成，这些高级经理人员除了必须成功地协调多项组织设计的实施，还有重要的经营责任。因为在实施过程中，一定要注意处理好组织改革与保证开展正常的组织运行活动的关系，要保持组织运行活动的连续性，不要齐上齐下，不要为了实施而实施，不要把组织设计的实施当成最终的目的而本末倒置。

在组织设计实现的程序结构中，其他重要的协调机制是跨业务部门、跨职能部门的委员会和"实践团队"（迈尔斯，2001）。这些委员会及其"实践团队"可以是围绕一个经营的核心过程（如生产过程），也可以是围绕一个重要的组织层次（如中间管理机构）来组织和运作。他们能够在自己的层级或领域内帮助说明公司的组织设计的实施，消除不切实际的想法，更好地支持组织愿景，并将这一愿景运用于组织的某一方面，以及共同在企业改革议程所规定的范围内率先进行它们领域内的改革实践，所以他们在组织设计的实施过程中发挥着很大的作用。

3. 评估阶段

企业在组织设计方案实施时投入了大量的人力、物力、资金和时间，那么，耗资巨大的组织设计实施到底是否按照既定的规划进行？其对企业产生了怎样的影响？为了回答上述问题，有必要对组织设计的实施进行评估。

传统的观点认为，组织设计实施的评估应该发生在组织设计实施之后，然而这种观念是有误导作用的。因为实施过程通常要花费相当多的时间，我们应该在组织实施过程中就清楚地知道实施过程的利弊得失，发现未达到目标的不足之处，及时采取补救措施，尽可能地减少其对企业可能造成的消极影响。对于成功之处，及时给予肯定，进一步鼓舞员工的士气；同时，通过评估总结的经验教训是企业最宝贵的财富，为企业后面的实施提供了最具针对性的借鉴和指导。最后，通过评估工作我们可以知道为了更有效地配合组织设计的实现，企业仍需做出哪些改进和变化。因此我们提出，一旦组织设计方案开始实施，就应对其进行评估，从而考察实施措施是否产生了预期的效果。我们应将评估的观点扩大化，它不但包括实施完成后对实施效果的评估，还包括实施过程中的评估。为了有效地进行组织的实施，我们首先应选择合适的评估方法。

组织设计的实现是将设计方案有效地应用到组织中，其目的是提高组织的效能，使其能更好地适应不断变化的内外环境。因此，能否提高组织的效能，成为衡量组织设计实现效果的标准。

1）对组织设计实现的效果评估

对组织设计新方案的总体效果是很难全面衡量的，组织通常从事多种活动，追求多重目标，并产生多个结果，其中有些结果可以预先想到，而有些结果则不能预先想到。因此，我们要决定以何种指标作为衡量实施新方案是否达到了提高组织效果的标准。为了能够准确测度公司的效果，人们开发出两种效果评估方法：一种是效果的权变评估法，另一种是效果的平衡评估法（理查德·达夫特，2017）。管理者可以选择合适的指标来衡量组织设计的效果，如果新的组织设计方案的实施达到了评估的标准，我们认为组织设计的实现是成功的；反之，当达不到评估标准时，我们就需要对新方案的设计和实施重新进行考虑、修正。下面对一些评估方法做简要的介绍。

（1）效果的权变评估法。组织的效果测评的方法注重考察组织的各个不同的部分，如图 15-3 所示，组织从环境中取得资源投入，然后将这些资源转换为产出，再输出到环境中去。目标评估法就是考察其中的输出端，看组织是否达到了它在预期产出水平方面的目标；资源评估法则是考察转换过程的输入端，通过测评组织是否获得其实现高绩效所需要的资源来评估组织的效果；内部过程评估法则是考察组织的内部活动，通过内部的健康状态和效率等指标来进行效果评估。

**图 15-3　衡量组织效果的权变方法**

① 目标评估法。效果的目标评估法包括识别组织的产出目标以及测评组织在何种程度上实现了这些目标。产出目标多采用营利性、市场份额、成长、产品质量和服务投资回报率等指标来衡量。

这种评估方法的优点是产出目标易于衡量；其缺点是组织的目标是多重的，有些目标还可能是相互冲突的，因而不能用单一的产出目标来测量效果。在产出目标中，有些是难以定量的主观指标，如员工福利、社会责任等。在考虑这些指标时，不仅需要从顾客竞争者、员工、供应商处获取信息，还需要依靠管理者的直觉判断。因此，衡量这些目标完成程度的客观性问题是这一评估方法需要注意的。

② 资源评估法。通过考察组织获取转换过程所需资源并成功加以整合和管理的能力来衡量组织的效能。资源评估法所用的效果衡量指标包括以下几个方面。

- 讨价还价的能力。
- 组织决策者认知并准确理解外部真实特点的能力。
- 从环境中获取资源的能力。
- 组织对环境变化做出反应的能力。

这种评估方法的优点是，当效果从其他方面的评估指标中难以取得时，这种方法就非常有用；其缺点是对组织与外部环境中顾客需要的联系考虑不清，因为只有在资源和能力被用于提供满足环境中的某一种需要时，组织拥有获得和使用资源的能力才是重要的。资源评估法最适合在目标达成情况难以衡量时使用。

③ 内部过程评估法。这种评估方法通过组织内部的健康状况和效率来衡量组织效果。内部过程评估法认为，衡量组织内部健康的指标包括以下几个方面。

- 浓厚的公司文化和积极的工作范围。
- 团队精神、群体忠诚度和团队工作。
- 工人与管理者之间的信心、信任和沟通。
- 在靠近信息源处做出决策，而不管这一信息源处于组织中的什么位置。
- 非扭曲的横向和纵向沟通，共享相关知识和资料。
- 对管理者的奖赏是依据组织的绩效和成长、对下属的发展培训以及创设有效的工作团队等。
- 组织及其组织部分之间存在密切的相互作用，在某些项目上的冲突能从组织的整体利益出发加以解决。

这种评估方法的优点是，同时考虑资源利用率与内部功能的协调性；其缺点是没有评估总产出和组织与外部环境的关系，另外，对内部健康和运行状态的评估往往带有主观性。

（2）效果的平衡评估法。权变评估法都是从组织的某一部分或方面出发，对组织效能进行评估，这些评估方法都有一定价值，但这样获得的信息是不完整的，只能说明问题的一部分。近年来又提出了一些新的方法，试图关注组织的各个部分，将效果的各方面的评估指标总和到一个统一的框架中，主要有利益相关者评估法和冲突价值观评估法。

① 利益相关者评估法。这是一种综合考虑组织的各种不同活动的评估方法，把利益相关者的满意程度作为评估组织绩效的尺度。因为每个利益相关者有不同的评估标准，并按照它们各自的要求和看法来评估这个组织的效果，如表 15-1 所示。

表 15-1  利益相关者的效果评估标准

| 利益相关者 | 效果评估标准 |
| --- | --- |
| 1. 所有者 | 财务回报 |
| 2. 员工 | 工作满足感、薪金、监督 |
| 3. 顾客 | 产品和服务质量 |
| 4. 债权人 | 信用的可靠性 |
| 5. 社区 | 对社区服务的贡献 |
| 6. 供应商 | 满意的交易 |
| 7. 政府部门 | 法律和条例的遵循 |

对企业来说，同时满足所有利益相关者的要求是困难的，但是基于利益相关者的效能衡量要比衡量单方面的效能更为准确。

这种评估方法的优点是，它能够全面地反映组织的效果，特别是适应性方面，既考虑了组织内部因素，也考虑了环境因素，并且把对社会的责任考虑了进去；其缺点是，有些指标难以衡量，如员工的满足、社区服务等，只能采取主观方法进行评估，这无疑影响了评估结果的准确性。

② 冲突价值评估法。这是由奎因（Robert Quinn）和罗尔博（John Rohrbauch）提出的一种评估组织效果的方法，它综合考虑了管理人员和研究人员所采用的各种不同的绩效标准，总结出能反映组织中持有相互冲突的管理价值观的人们对效果评估标准的各自不同的侧重（理查德·达夫特，2017）。

价值观标准的第一个维度是组织的关心点（focus），指的是组织的主导价值观是关注内部因素，还是关注外部因素。内部关心点表明管理当局关注的是员工的利益和效率；外部关心点则表明管理当局更关注外部环境及组织本身的前景。价值观标准的第二个维度是组织的结构，指结构设计的主要注重面是稳定性还是灵活性。稳定性反映管理价值观是朝向效率和自上而下的控制；灵活性则反映倾向学习和组织设计实现这样一个价值观。

关心点和结构这两个维度可以用图 15-4 中的横轴和纵轴来表示。将这两个维度结合起来，就形成了组织效果评估的四种模式。这四种模式看似各不相同，但它们是密切关联的，现实组织中这些相互冲突的价值观可能也经常并存。每种模式都反映了组织设计方案在关心点和结构这两个维度上的不同侧重点。

开放系统模式反映外部关心点和灵活性结构的结合。管理当局的主要目标是组织的成长和资源的获得。这些主要目标是通过灵活性、敏感性和积极的外部评估等分目标来实现的。这种模式的主导价值观是：同环境建立良好的关系，以便获得资源，促进成长。从某种意义上说，这个模式与前面述及的资源评估法相似。

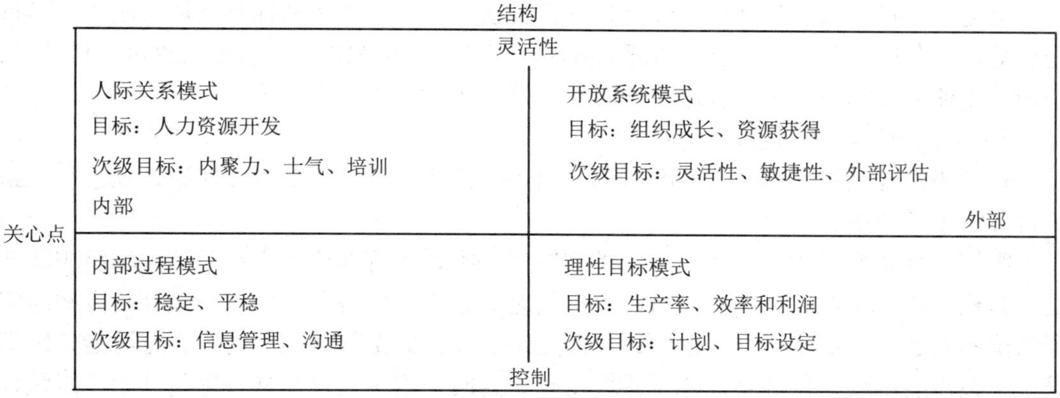

结构

灵活性

| | |
|---|---|
| **人际关系模式**<br>目标：人力资源开发<br>次级目标：内聚力、士气、培训 | **开放系统模式**<br>目标：组织成长、资源获得<br>次级目标：灵活性、敏捷性、外部评估 |
| **内部过程模式**<br>目标：稳定、平稳<br>次级目标：信息管理、沟通 | **理性目标模式**<br>目标：生产率、效率和利润<br>次级目标：计划、目标设定 |

关心点　　内部　　　　　　　　　　　　　　　　　　外部

控制

**图 15-4　组织效果评估的四种模型**

资料来源：达夫特. 组织理论与设计：第 12 版[M]. 王凤彬，石云鸣，张秀萍，等，译. 北京：清华大学出版社，2017.

理性目标模式反映了结构上的控制和外部关心点的结合的管理价值观。其主要目标是生产率、效率和利润。组织希望通过受控的方法实现产出目标。有利于达成这些成果的分目标就是内部的计划和目标设定，这些实施理性管理的工具。在一定意义上，理性目标模式类似于前面的产出评估法。

内部过程模式反映了内部关心点和结构上的控制相结合的价值观。其主要目标是保持一种稳定的情境，使组织有条不紊地进行。在环境中站稳脚跟，但只希望保持现有地位的组织适合采取这种模式。这一模式下的分目标包括建立有效沟通、信息管理和决策等方面的机制。

人际关系模式是将内部关心点和灵活性结构这两维价值观结合起来。在这一模式下，管理当局关心的是人力资源开发。组织为员工提供自我管理和自我发展的机会。管理当局为实现内聚力、士气和培训等分目标而努力，采用这一模式的组织关心员工甚于关心环境。

图 15-4 所示的四种模式代表了组织的四种不同的价值观。管理者必须确定，在他们的组织中，哪一种目标价值观居于首要的地位，并以此为标准来衡量组织的效果。例如，组织 A 可能是新创办不久的年轻企业，它关心的是在外部环境中找到一个合适的经营位置，以便站稳脚跟。因此，它主要强调灵活性、创新、从环境取得资源以及满足外部相关利益团体的要求。能否有效率地完成这些目标就成为衡量组织设计实现是否成功的标准。相反，组织 B 是一个早就创设的企业，其主导价值观是生产率和利润。这一组织的特点是，非常强调计划工作和目标制定。因为它已成为大型的企业，在环境中已经站稳脚跟，现在关心的主要是成功生产和获得利润。这时利润率最和生产率可能成为评估标准。

这种评估方法的主要贡献是：一是它将效果的几个方面的不同认识有机地结合到一个模式中，它综合了产出目标、资源获取、人力资源开发等思想，把这些作为组织将要力图实现的目标；二是这种方法将效果标准提高到了价值观的高度来认识，并说明了各种看似对立的价值观是如何可能并存的。

总之，无论是权变评估法，还是平衡评估法，每一种方法都拥有其他方法所不具备的优势，不存在适合于所有组织的评估方法，因此在对组织设计实现的效果进行评估时，应根据企业的实际情况选用合适的评估方法。

2）组织设计实现的过程评估

对组织设计的评估应包含两个方面：组织设计实现的过程是否按照原计划进行；组织设计实现的效率和效果。

组织设计实现过程中可能出现两类问题：一类是执行偏离原方案，即推动组织改革的执行机构没有按照原定方案进行；另一类是方案与实际脱节，即组织设计的方案与实际情况不符合，造成这种现象的原因可能是组织设计方案存在重大缺陷，也可能是组织设计方案没有问题，但环境发生了重大变化，这时，组织设计要从头重新开始。组织设计的实施执行机构应该区分不同的问题，采取不同的办法解决这类问题。

组织设计实现过程的效率和效果可以从三个方面进行评估：组织设计实现的成本、组织设计实现的速度、未预料到的行动和事件。

组织设计实现是否按照实施时间表进行，对组织设计的实施结果具有重要影响。分析新方案实施的失败案例显示，有些组织改革失败是因为没有按预定的时间表进行，以致某些计划失败。

组织设计实现的成本包括组织成本和个人成本。组织成本包括资金、时间等，组织成本的评估，首先看这些成本是否得到了充分估计；其次看有没有超出预算；最后看是否按原计划执行。对组织成本的评估有助于企业在未来进行组织设计和实施时，对改革所需要的资源做出更准确的估计。个人成本是指组织成员的心理或情感上的付出，如紧张、焦虑、自信心下降、人际关系受到损害等。与组织成本相比，虽然这些成本是隐性的，但同样是重要的，因为它最终反映在员工的工作绩效上。通常情况下，个人成本往往被忽视，而这种忽视容易导致企业对新方案收益的高估，只有当新方案的收益大于组织成本和个人成本的总和时，新的组织设计方案实施才是成功的。因此，企业应尽量降低组织成本和个人成本。

未预料到的事件和事件的数量是衡量管理组织设计实现过程水平高低的重要指标。当组织设计的实现过程中很少出现预料之外的行动和事件时，我们认为组织设计的实现过程是成功的。

3）评估中应注意的问题

我们经常看到，有很多好的组织设计思路，由于受到类似的评估问题的阻碍，最终没有付诸实施。组织设计的实现活动开始后不久，一些人就希望看到经营业绩有所提高，但现实中常会出现严重的时间滞后现象，采取了新的经营措施以后，可能要过几个月，甚至要过几年，才能看到这种经营措施带来的明显效果。这种期待中的效果与实际效果之间的"效果差距"会在团队内部引起负面评估。人们对此关注的态度是各不相同的，有些人很有耐心，他们看到经营方式确实发生了变化，并确信最终会见成效，但是另外一些人就缺乏耐心，很快就对效果差距提出了质疑，他们的负面评估会破坏整个组织设计的可信度。

　　鉴于这种情况，下面提出了几个在评估过程中应注意的问题。

　　（1）要正确对待组织设计实现中的"滞后"现象。不要在看到先期结果后就匆匆做出判断，匆匆认定自己的努力最终是成功了或是失败了（彼得·圣吉，2018）。另外，一线管理者应能作为榜样，领导者尽量不要对情况做出过于乐观的许诺，因为这样会使人们误认为很快能够看到成效，但是重大组织设计的实现过程需要一定的时间。管理人员应该告诉人们，任何变化都要经过一定的时间才能看到成效。

　　（2）与高层领导人建立协作关系，共同探讨评估体系。前福特公司质量监控官爱德华·贝克曾指出，传统的测量标准就是一个"陷阱"，它要求人们把结果向上级汇报，而这样做的后果是会扼杀改革和学习活动，扼杀以后的创新。评估可以帮助我们了解新方案的实施情况，但它到了上级领导那里以后，就失去了这一作用，而往往成了一个结论性的评估了（彼得·圣吉，2018）。如果成本较高，客户的投诉增加了，或者产值下降了，那么那些高层管理者就会当即做出结论：这个新的组织设计方案效果很差。

　　传统的评估标准是由高层管理者制定的，其他人员无权对其进行改变，这种情况可能降低评估的客观性与科学性。为了解决这一问题，在组织设计实现的评估当中，我们建议有关评估的指标与体系应由各级各类领导者共同探讨，共同协商制定，以使它不再妨碍组织设计的实现。另外，一些重要的高层管理者鼓励人们对传统的评估标准及管理体制提出修改意见，使评估体系更加完善。

　　（3）要善于发现进步，正确评估进步。宜家前首席执行官高兰·卡斯特德曾经讲过："对于任何一个希望组织转变成功的领导者来说，最重要的任务之一就是要让人们感到自己确实正在进步。"帮助人们正确评估自己的进展情况，可从如下几步入手。

　　① 制定一些阶段性目标，以帮助人们逐步进行评估。取得重大突破可能要花几年的时间，但是制定一些短期目标可以使人们对长期目标更容易有耐心。

　　② 留意那些未预料到的成果。有时会出现一些大家未曾想到的重要成果，而且它们出现时也没有引起人们的重视。公司的高层管理者应当善于发现这些未被注意的进步，并对这些成果采取适当的方式进行庆祝，鼓励人们继续前进。

　　③ 要提醒大家，并非所有的评估都会显示有进步，都会让人高兴。创新就意味着会犯错误。在组织设计的实现过程中会有很多失败，实施者不应忽视或掩盖问题，而应对自己的努力反复进行评估，并做出调整。

　　**4. 建立有效的反馈机制**

　　在整个组织设计实现的三个阶段当中，为了获得有关实现进程的信息，组织需要建立超越日常经营所需的多种反馈机制。这种反馈机制能够以一种连续、及时和可靠的方式从高层领导者、中层管理人员、一线管理人员、雇员、顾客和主要的利益相关者那里获得设计实现情况的信息。企业应在各个层次设立情报收集中心和信息评审机制，以便对在向目标状态过渡的过程中出现的变化有充分的了解并做出及时的反应。

　　获得追踪公司实现状况所需要的高质量的和足够的反馈信息有许多种办法，其中最重要的一点是，领导者本人必须保持与内部成员和外部利益相关者的密切联系和对话。领导者可以说明组织设计实现的各方面问题，请对方提出改进的建议和其他问题。通过这种联系，领导者可以获得许多未曾过滤的信息。各式各样的会见和调查方法在获得来自员工和外部利益相关者的系统的、可靠的反馈信息方面是很有用的补充。在这一过程中，可以和重要的客户进行深入的合作，了解和控制公司主要的群体，与外部利益相关者建立公开的、双向的反馈机制。最后，在组织不同环节设立情报收集中心，能够增强对组织设计实现的认知过程。前面提到的许多协调机构，如指导委员会、支持团队、咨询团队等，同样可以兼作情报收集中心。

# 15.3  企业组织设计实现的阻力及控制

## 15.3.1  企业组织设计实现的阻力

组织设计实现客观上要求一个变革历程，它意味着旧规则的破除和新规则的建立，已有的组织设计实现的研究已经充分说明这一过程会不可避免地引发阻力。阻力可能来自旧规则的既得利益者，也可能来自组织本身所具有的惯性。为了便于分析，我们将组织设计实现的阻力分为个体的阻力和组织的阻力两个方面，实际上，两者常常是重叠的。

1. 个体的阻力

1）担心失败的风险性造成的阻力

组织设计实现需要一定的投资，而组织设计实现的结果常常具有很大的不确定性和风险性。我们经常听到企业领导人和员工无可奈何地说，进行组织转变是找死，不转变是等死。此话虽然偏激，却也反映出企业领导人和员工对组织设计实现结果风险的恐惧和对组织设计实现未来前途的担忧。事实上，据国外研究，组织设计实现的风险和失败的概率的确相当大。20 世纪 90 年代初期，由麦肯锡公司开展的一项研究的结果表明，在其所调查的几百家企业进行的全面质量管理措施中，有 2/3 的尝试"由于没有产生出预期的效果而全部下马"。再造工程的情况也差不多，失败率为 70%左右。显而易见，企业组织设计实现有很大的不确定性，这也是客观上造成组织设计实现的阻力的原因之一。

2）经济因素造成的阻力

经济收入在人们心目中有着举足轻重的地位，如果组织设计的实现会使个人的直接或间接收入降低的话，必然会受到抵制。组织设计的实现带来的常常是资源的重新分配、利益的重新调整、权力的重新安排，涉及每个人的切身利益。底层员工担心失业、失去经济来源而抵制组织设计的实现，中层干部担心因层级减少，组织机构精简，会使自己的地位、职权被"剥夺"，因而产生抵制情绪；高层领导也会因组织设计实现的前途未卜、组织设计实现的复杂性有可能带来的混乱而犹豫不决，这些都造成了组织实现的阻力。

3）心理因素造成的阻力

组织设计的实现首先会打破原有的稳定格局，使现有已知的东西变得模糊不清和不确定，这意味着组织要打破原有的心理平衡，破坏某些人的事业认同感、依赖性，使他们产生某忠诚度的不安全感，因而抵制组织设计的实现。美国著名的管理大师德鲁克认为，阻碍组织转变的关键在于经理人员理智上可能知道组织转变的需要，但是感情上跟不上，不能做出相应的转变。有时又为了面子问题，认为今天的变革意味着他们过去决策的失误，从而抵制转变。这些也造成了组织设计实现的阻力。总之，任何重大转变在微观上都是一点点实现的，人的思想和行为尤其如此，操之过急，只会欲速则不达。因此，组织设计的实现必须要正视人员的心理承受力，做好心态的调整与转换工作。

2. 组织的阻力

在某种程度上，组织的性质是抗拒组织转变的。这样，为了保证操作的效率和效果，组织可能强烈地反对组织设计的实现。此外，部门、团队和正式群体长时间以来已经建立和接受了区域权力和决策特权，组织设计的实现会破坏既定利益和打破原有的这些权力。对组织设计实现的阻力主要有以下三个方面的来源。

1）组织惯性

组织惯性，一种是组织结构层面上的惯性行为。随着企业的不断发展，组织规模的不断膨胀扩大，工作复杂性的提高，往往会相应生出各种有关的结构系统，此类结构和系统的不断生成并相互缠结，最终使组织又不得不依靠它生存。于是，内化于组织结构上的惯性开始出现，使组织设计的实现变得成本昂贵，困难重重。这种结构层面上的惯性行为根植于组织中的内在结构系统、操作流程中，受组织内在结构系统的模式、复杂性、相互依存关系的影响。另一种是组织的思维惯性，是指在长期的运作中，组织形成的对一定事物的习惯性反应。一旦对新情况做出了反应，组织对以后出现的类似现象就会习惯性地采取相同的做法。组织的思维惯性可以帮助组织稳定现状，但对于组织的进一步发展却会产生阻碍。这种现象在大企业中表现得尤为明显。

2）资源限制

除了一些组织想保持现状，有些组织也很想进行转变，却没有足够的资源。组织设计的实现需要资本、时间、许多能胜任工作的个体。在任何特定时间里，组织和员工可能确定了应做的转变，但由于资源限制，它们不得不延期或放弃某些所希望的组织设计方案的实现。并不是没有足够资产的组织才有资源限制的问题。许多企业拥有大量的固定资产，也可能完全否定一套设计方案。现存的基础设施，如体系、技术、设备及组织结构往往是组织以前斥巨额投资建成的，如果要进行转变，这些基础设施就可能难以支持新的工作方式，企业可能根本无法获得改变所需的大量资金和时间。

3）组织文化

移山填海易，移风易俗难。文化支撑着企业的长远发展。企业文化一旦形成传统，就认为员工的行为是理所当然的，无论这种文化的力量是强还是弱，它都会在整个企业中拥有深刻的影响。在正常的经营活动中，人们可能感觉不到它的存在，甚至忽视它的存在，而一旦进行组织的转变，文化就会在深层左右人们的行为。落后的企业文化会束缚组织前进的脚步，成为阻碍组织设计实现的力量。

4）组织间的协议

组织间的协议给人们规定了道义上、法律上的责任，这种协议可以约束人们的行为，如终身雇佣制度，可能导致减少劳动力需求的改变难以进行。与另一组织签订了某种合同，要改变组织的目标就不那么容易；所做的变革如波及一些其他组织的成员的情绪，那些组织也会通过某种方式进行干预。

### 15.3.2 控制阻力的方法

要使组织设计的实现获得成功，尽可能地不让那些反对改革的因素发生作用，因此要注意组织设计实现的艺术性，积极地创造条件，采取措施，消除阻力，保证设计方案的顺利实施。以下为排除或减少阻力的方法。

1. 维尔顿的减少阻力的十二种方式

美国管理学家维尔顿（Goodwin Walton）认为，一个组织如果采用下列十二种方式，则可减少组织设计实现的阻力。

（1）组织容纳有关人员参与组织设计的实现计划，使其认为组织设计的实现是自己的事情，可减少阻力。

（2）如组织设计的实现方案得到高层管理者的全力支持，将减少阻力。

（3）使参与组织设计的实现者认为组织设计的实现对他有益，而不是增加负担，阻力会减少。

（4）使组织设计的实现计划所根据的价值与理想为参与者熟悉和理解，则阻力减少。

（5）使参与者感觉到组织设计的实现计划没有威胁到他们的自主权与安全，则阻力减小。

（6）组织设计的实现计划所提供的新经验为参与者感兴趣时，则阻力减少。

（7）使参与者共同参加诊断，以使他们同意组织设计实现的基本问题，并感觉到其重要性时，阻力减少。

（8）使组织设计实现的参与者能一对一地决定组织设计实现计划，则阻力减少。

（9）如果能使组织设计实现的赞成者与反对者增进交流，并了解反对的正当理由，设法减轻其不必要的恐惧，将减少阻力。

（10）认识清楚创新有被误解的可能，同时做好组织设计实现计划的信息反馈工作与宣传解释工作，将减少阻力。

（11）如果能使参与者之间彼此接受，相互信任和相互支持，则阻力将减少。

（12）将组织设计实现计划公开讨论，且经验显示，此种计划有望成功时，阻力将减少。

2. 力场分析法

美国的卢因认为，当转变遇到阻力时，如果用强硬的手段压下去，可能会一时平息，但是反抗的因素会积聚力量卷土重来。因此，他主张把转变的动力与阻力因素采取图示的方法排队，分析比较其强弱程度。他认为动力因素与阻力因素常常是相互作用的，你进我退，此消彼长。因此，要使组织设计实现的活动保持不断增长的势头，就必须找出恰当的方法化负面效应为正面效应。把支持组织设计实现的因素增强，把反对组织设计实现的因素减弱，促进组织设计实现的顺利进行。

以下是卢因亲自进行"力场分析"的一个案例。

第二次世界大战期间，卢因碰到一家工厂要求全体女工戴防护眼镜，受到抵制。他调查分析了正反两个方面的因素，如图 15-5 所示。

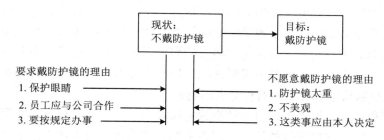

图 15-5 一个力场分析的实例

对第一个反对因素，经过了解，只要多花 5 美分就能调换一种比较轻而舒适的镜架，公司同意增加这笔支出。对第二个反对因素，让女工自己设计美观、合适的眼镜式样，并开展评比竞赛，引起大家的兴趣，这样就使女工们对公司的规定从反对变为支持。

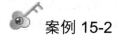 案例 15-2

沟通的重要性

### 3. 其他行之有效的策略

有许多行之有效的控制阻力的措施可供选用。

（1）教育与沟通。管理部门应该在组织设计的实现发生之前，提前对员工进行教育。通过与员工们进行沟通，帮助他们了解实施新方案的理由，会使阻力得到降低。如果员工们了解到全部的事实，澄清了他们的错误认识，那么其阻力就会自然减弱。这一过程可以通过个别会谈、备忘录、小组讨论或报告会等实现。这一策略的缺陷是需要耗费很多时间和精力。这种策略在信息缺乏或资料分析不精确的条件下应用效果较好。

（2）参与和投入。一个人要是参与了组织设计的决策和实施，他就不容易形成阻力。因此倾听那些受到组织设计方案影响的人的心声是非常关键的，他们应该参与组织设计实现计划的制订和实施，假如参与者能以其专长为决策做出有益的贡献，那么，他们的参与就能在降低阻力、取得支持的同时提高变革决策的质量。这种策略也有缺陷，即可能带来次等的决策，并耗费许多时间。

（3）提供便利与支持。管理机关可以通过提供一系列支持性措施减少阻力，并且尽可能地为雇员参与组织设计的实现提供便利条件。如果员工对改革的恐惧和忧虑很强，那么可以给员工提供心理咨询和治疗、新技能培训以及新环境下开展工作所需的其他资源等。提供支持还包括虚心地听取问题，理解业绩的暂时性滑坡以及组织设计实现刚开始时的不尽完善，一般都尽量站在雇员一边，并且在困难时期要表现出应有的关注。

这种策略的缺点是费时、费钱且没有成功的把握。

（4）谈判与奖励。处理潜在阻力的另一种方式是，以某种有价值的东西来换取阻力的降低。如有些团体将在变革中遭受明显的损失，而且这些团体的反对力量很强大时，可以通过谈判形成某一奖酬方案，使这些人的需要得到满足。这是一条避免强烈抵制的简便途径，但其潜在的高成本是不可低估的。如果它提醒其他人你会都要通过奖励做出让步的话，你也就可能面临其他有权势者的勒索。

（5）操纵和拉拢。操纵是将努力转换到施加影响上。如有意扭曲事实而使改革显得更有吸引力，隐瞒具有破坏性的消息，制造不真实的谣言使员工接受改革等，这些都是操纵的实例。操纵的一种表现形式是拉拢，它通过"收买"反对派的领袖人物参与改革决策来降低阻力，例如，管理者可能邀请工会领袖作为某一执行委员会的成员，或者让某个人以外部组织的重要成员加入公司董事会。一旦这个人成为组织设计实现中的一分子，他或她就不会对组织的工作那么不合作了。操纵和拉拢这两种方法的使用成本相对不高，也便于力争得到反对派的支持，但其欺骗或利用的意图若被察觉，容易适得其反。一旦诡计被揭穿，新方案实施的推动者的威信也就可能一落千丈。这种策略一般是当其他技巧都无效或太昂贵时才使用。

（6）强制的策略。作为最后一种手段，管理者可以取消职务或晋升机会，甚至解雇或调换工作威胁员工，以此来克服组织设计实现的阻力。这里是运用管理者的权力来压制对组织设计实现的抵抗。在大多数情况下，这种方法并不明智，它使人对组织设计实现的管理者感到厌恶，并有可能使组织设计实现遭到破坏。然而，如果组织需要快速推进组织设计实现时，如当组织面临危机时，这种方法可能是一个基本的策略。此外，在实施自上而下的管理组织设计实现时，如大规模裁员时，这种方法也是必要的。

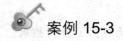

### 案例 15-3

## 华美公司的改革

最后需要指出，在我们进行阻力控制的同时，应该辩证地看待组织设计实现的阻力。在某种情况下，有阻力不一定是坏事，对那些错误构思的、计划不详细的，或对组织的生产效率只会有害的方案来说，阻力能够扮演反向平衡力的角色。如果一项变革导致强烈的反对意见，会促使组织设计实现的推动者更加慎重地审核组织设计方案，更仔细地考察它的准确性和可行性。阻力提醒人们从事情的反面进行观察，使其更加完备，少出错误。另外，阻力的出现预示着组织设计实现过程中可能发生问题的地方，使得组织设计实现推行者早做准备，在一些问题没有扩大化之前就予以解决，保证组织设计实现的顺利进行。

彼得·德鲁克曾经指出，如果你没有听见不同的意见，这时你不要做决策，因为你还没有真正了解问题。同样，如果一项变革没有出现阻力，是不正常的现象。这不但不能说明变革的正确性，反而表明这项变革从设计到实施的整个环节中肯定存在问题。在掌声中通过的决策不一定是好决策，只有听到不同的声音，才会对问题的本质有更多的了解。

 小结

组织设计实现是指组织在系统思想的指导下，将纸上的方案应用到组织当中，促使组织发生一些变化。它是组织有意识地将一些活动系统地加以编排，意在促成某种状态能得以实现。它的目标是希望组织向更健全、更有效的方向发展。组织设计实现是组织设计不可缺少的一个环节，是促进企业发展的必经之路。企业组织要成功地将组织方案应用到组织当中，必须要具备领导带头执行、上级领导支持、全体员工认可、与战略紧密相连、科学的管理制度、有力的执行制度和有效的激励机制七个前提条件，我们称之为 3P4S 实施原则。

组织设计实现的过程可分为准备阶段、实施阶段和评估阶段。

在准备阶段，必须创造出组织设计实现的动力，为员工提供面对现实的机会，制造改变现状的压力。另外，需要创造出一种愿景，它提供了组织设计实现的正面预期，并为新方案的实施和评估提供了一个价值导向。

在实施阶段，组织要领导和管理组织设计实现的进程，组织设计实现的推动者需要对势力和政治活动给予更多的关注，推动尽可能多的组织成员和部门参与实施过程，寻求资源支持；为了实现成功，组织设计实现的推动机构还必须建立协调机制，确保组织各部分尽可能同时发生转变，并确保组织的正常工作和实现活动同时进行。

在评估阶段，我们要收集有关实施进展情况和新设计方案运行情况的信息，分析设计和实施的问题，做出必要的调整。这种评估不仅在实施后进行，而且在实施过程中也应进行评估。评估组织设计实现效果有两类评估方法：一种是效果的权变评估法；另一种是效果的平衡评估法。每种方法都有其他方法所不具备的优点，不存在对每一个组织都适合的评估方法，组织应根据实际情况进行选择。

企业组织设计实现的阻力分为个体的阻力和组织的阻力两个方面。个体的阻力主要来源于担心失败的风险性的恐惧、经济因素和心理因素等；而组织的阻力主要来源于组织惯性、资源限制、组织文化和组织间的协议。阻力控制的方法可采用美国管理学家维尔顿提出的十二种方式以及力场分析法，或者采取其他行之有效的策略来减少和克服阻力。

思考题

1. 根据你自己的体验，分析一个组织设计实现的情境。请分析组织的实施意愿以及可用的资源。

2. 使用准备、实施、评估的三个步骤，描述在你所在组织所发生的组织设计实现的过程。

3. 在组织设计实现过程中，如何处理既要保持稳定性又要对组织进行大的转变这一两难问题？

4. 资源评估法和目标评估法在衡量组织效果中各有什么优缺点？

5. 基于冲突价值观与基于利益相关者的效果评价方法有什么异同之处？

6. "抵制组织设计的实现是不理智的反应"，你是否同意这种观点？请解释。

7. 为什么参与方式是减少阻力的有效方法？

 **案例讨论**

### 最"强"大脑进化之旅——京东的组织变革

摘要：在复杂多变的环境下，组织如何进行组织决策以保证生存和持续发展，是当前组织管理的重要内容之一。本案例描述了京东从创建以来经历的一系列战略发展演变与关键决策，且重点描述了最近一次组织变革中面临的"破"与"立"。案例通过展现京东实施组织决策的原因、内容等材料为分析依据，重点分析了京东为应对环境挑战，如何调整战略，如何建立清晰的积木型组织，以及领导者在组织变革过程中扮演的重要角色等关键问题。案例可以帮助学生理解组织变革相关理论要点，也可以为处于复杂多变环境下的电子商务企业提供组织变革的实践指导和借鉴。

资料来源：谭乐，李纯青，张宸璐. 最"强"大脑进化之旅——京东的组织变革[DB/OL]. 中国管理案例共享中心，2018. http://www.cmcc-dlut.cn/Cases/Detail/3314.

 **经典书籍推荐**

拉克尔，泰安. 公司治理：组织视角：第 2 版[M]. 严若森，钱晶晶，陈静，译. 北京：中国人民大学出版社，2018.

《公司治理：组织视角（第 2 版）》的每一章都集中讨论公司治理的某一特定特征，阐述其优缺点，总结现有研究，然后得出相关结论。本书就公司治理的最新研究成果、研究趋势及政策规定进行了更新，讨论了目前公司治理系统的各种形态，并阐述了不同公司治理系统对组织绩效的不同影响。为了增加说服力，本书采用了实证检验方法，即根据实证研究结果得出相关结论，同时也对相关研究不足给予了说明。本书旨在为每一位试图提高公司治理绩效的人提供全面、客观的信息，无论是公司董事和机构投资者，还是政府人员和相关学者，都可以从中获得启示。

**参考文献**

[1] 孔恩睿. 公司变革[M]. 上海：上海交通大学出版社，2014.

[2] 圣吉. 第五项修炼：学习型组织的艺术与实践①[M]. 张成林，译. 北京：中信出版社，2018.

[3] 圣吉. 第五项修炼：终身学习者②[M]. 张成林，译. 北京：中信出版社，2018.

[4] 圣吉. 必要的革命：深层学习与可持续创新③[M]. 李晨晔，张成林，译. 北京：中信出版社，2018.

[5] 圣吉. 第五项修炼：知行学校（全 2 册）④、⑤[M]. 李晨晔，译. 北京：中信出版社，2018.

[6] 刘松博，龙静. 组织理论与设计 [M]. 2 版. 北京：中国人民大学出版社，2009.

[7] 达夫特. 组织理论与设计：第 12 版[M]. 王凤彬，石云鸣，张秀萍，等，译. 北京：清华大学出版社，2017.

[8] 彭剑锋，蔡青. IBM：变革之舞[M]. 北京：机械工业出版社，2013.

[9] 德鲁克. 巨变时代的管理[M]. 朱雁斌，译. 北京：机械工业出版社，2018.

[10] 赫比尼亚克. 有效执行：成功领导战略实施与变革：第 2 版[M]. 范海滨，译. 北京：中国人民大学出版社，2017.

[11] 芮明杰. 平台经济：趋势与战略[M]. 上海：上海财经大学出版社，2018.

[12] 科特，诺里亚，金，等. 引爆变革[M]. 陈志敏，时青靖，译. 北京：中信出版社，2016.

[13] 霍尔曼，德凡恩，卡迪，等. 变革手册：第 2 版[M]. 李龙乔，宋霆，李纯洁，等，译. 北京：清华大学出版社，2019.

[14] 科特，科恩. 变革之心[M]. 刘祥亚，译. 北京：机械工业出版社，2013.

[15] 卡斯特，罗森茨韦克. 组织与管理：系统方法与权变方法：第 4 版[M]. 北京：中国社会科学出版社，2000.

[16] 布莱克，格里格森. 领导战略变革[M]. 彭政策，译. 北京：机械工业出版社，2004.

[17] 迈尔斯. 领导公司变革[M]. 陈世珍，译. 北京：中国经济出版社，2001.

[18] 卡明斯，沃里. 组织发展与变革：第 7 版[M]. 李剑锋，译. 北京：清华大学出版社，2003.

[19] 赫尔雷格尔，斯洛克姆. 组织行为学：第 9 版[M]. 俞文钊，丁彪，译. 上海：华东师范大学出版社，2001.

[20] 张德. 组织行为学[M]. 北京：高等教育出版社，2008.

# 第 16 章
# 企业组织设计的发展

## 本章学习目标

1. 描述企业组织设计发展的动力因素；
2. 了解企业组织设计发展的趋势；
3. 列举横向型企业的特性，并掌握横向型企业组织设计的主要步骤；
4. 列举网络型企业的特性，并掌握网络型企业组织设计的主要步骤；
5. 列举学习型企业的特性，并掌握学习型企业组织设计的主要步骤。

## 引例

有科学家做过这样一个试验：将青蛙投入 40℃的热水中时，青蛙一碰到热水会立即奋力一跃从锅中跳出逃生；而当科研人员又尝试把这只青蛙放进装有冷水的锅里，青蛙如常在水中畅游，然后科研人员慢慢将锅里的水加温（每分钟上升 0.2℃），这次结果就不太一样了，青蛙反而因为水温舒适而十分享受，直到被水烫得无法忍受时，青蛙再想跃出水面却已无能为力，最终死在热水中。

这个试验耐人寻味。为什么青蛙猛一接触到热水锅时能逃脱厄运，而在慢慢加热的冷水锅中就不能幸免于难呢？其根本原因在于它对所处环境的变化觉察不够，满足于舒服的眼前环境，对未来的恶劣环境预料不足，以至于逐步丧失了抵御外界恶劣环境的能力。对企业而言，环境是其生存的空间，也是一个不断变化的过程。面对竞争环境的变化，有些企业能应对自如，获得生机，而有些企业却举步维艰，甚至倒闭。究其原因，与上述关于青蛙的试验颇为相似。变化的环境，如同逐步加热的水温，有些企业敏感性强，及时觉察，积极做出变革与发展，因而摆脱了危机；而有些企业则感觉麻木、盲目乐观，到了积重难返之时，只能惨遭淘汰。由于现代企业组织面临的是一个快速多变的环境，传统的以等级制为特征的企业组织形式已经无法适应这种环境。过去的那种"以不变应万变"的时代早已一去不复返了。企业要想不被淘汰，就必须吸取青蛙的教训，时时保持警觉，高度关注市场环境的变化，并及时果断地做出变革与发展。在这一章中，本书将对企业组织所处的动态环境做一个简单的描述，同时重点探讨在这种动态环境中企业组织的变革与发展问题。

# 16.1 企业组织设计发展的动力因素

《哈佛商业周刊》曾就很多组织方面的问题在全球六大洲进行过一次问卷调查,他们从大约 1.2 万名世界各地的经理那里搜集到了数据。问卷调查涉及很多问题,但是他们从调查结果中发现了一个非常突出的主题——变革。尽管这些经理处于不同的国家,有着不同的文化背景,但是,他们都在对快速变化着的商业环境做出各自的反应。我们先来看看图 16-1,图中包含了 6 个国家的数据,它表明了在最近几年里对企业进行了再设计和变革的被调查者的比率。韩国的比率最高,有 71%的企业进行过企业组织的再设计和变革,可以说这个数据是令人难以置信的。即使是在比率最小的匈牙利,也达到了 36%。那么,是什么原因引起了这些变化呢? 这些调查结果揭示了正在全球化的市场、快速的通信、政治的重新组合、变化的人口分布、产品和生产中的技术转换以及新的公司联盟正在改变组织被设计和组织经营业务的方式。

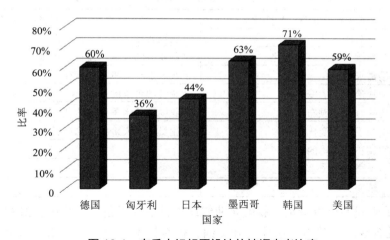

**图 16-1 有重大组织再设计的被调查者比率**

资料来源:坎特. 超越管理界限:1.2 万名世界经理看变革[J]. 哈佛商业评论,1991(5-6):154.

美国学者哈默和钱匹在他们合著的《改革公司》一书中,将企业所处的商业环境的变化归结为三种力量的作用,并将它们称为 "3C" ——change(变革)、competition(竞争)、 customers(顾客)。他们认为:首先,市场日益变幻莫测。随着信息技术的飞速发展,信息获取更加便捷,导致产品和服务的生命周期缩短,市场变化的速度加快,以前较有规律的市场现在变得越来越难以预测。在这种情况下,企业只有紧密地跟踪市场并不断地创造或引导市场,才有可能在竞争中获胜。其次,竞争更加激烈。在网络技术的推动下,信息传递的速度越来越快,传递的范围越来越广,这样使垄断变得越来越困难,新公司和一些规模不大的公司的生存和发展不是比以前更难,而是更容易了。另外,技术的创新速度加快,一个关键技术的掌握就可能把一个企业推上飞速发展的轨道,这样就为中小企业利用自身灵活性的优势求得生存与发展提供了很大的空间。企业之间围绕资源和市场的竞争也更加激烈了，这就要求企业必须根据市场竞争的变化，及时进行调整，找准自己的优势。最后，顾客的需求发生了很大的变化。在物质极为丰裕的时代里，人们不再满足于拥有某种商品。他们更多看重的是这种商品在使用的同时能满足某种心理需求。他们追求的已经不是一种纯粹的物质消费，更多的是一种情感消费。他们希望自己拥有的商品能与众不同。顾客的这种个性化的需求不可避免地推动了产品的多元化，市场被进一步细分。这就迫使企业放弃大规模标准化的生产方式，转向一种更为灵活、柔性的生产方式，从而能及时对顾客的个性化需求做出反应。

事实上，企业作为社会大系统的一个分系统，是没有力量去控制外部环境的，而只能积极主动地去适应外部环境；适者生存、发展，不适者衰败、灭亡，这就是市场竞争的法则。因此，外部环境中很多因素都可能推动企业组织设计的发展与变革。同时，企业自身作为一个系统，其内部条件的变化也会不可避免地影响企业组织设计的发展。

推动企业组织发展与变革的内、外部因素如表16-1所示。

表 16-1　推动企业组织发展与变革的内、外部因素

| 环境超系统（外部环境）的变化 | 结构分系统（内部条件）的变化 |
| --- | --- |
| 国际、国内经济形势的变化 | 企业经营政策与经营目标的改变 |
| 国际外交形势及本国外交政策的变化 | 企业业务的发展和规模的扩张 |
| 国际、国内市场需求的变化 | 企业内部经营机制的优化 |
| 国内政治形势和政治制度的变化 | 企业管理哲学的更改 |
| 相关法律、法规的修订与颁布 | 企业生产技术条件的改变 |
| 国家宏观经济调控手段的变化 | 企业员工个人价值观念的转变 |
| 国家产业政策的调整及结构的优化 | — |
| 科学技术的进步 | — |
| 人们消费观念的转变 | — |

从表16-1中我们可以看出，影响企业组织设计的因素是多方面的，既有外部的，也有内部的；既有政治、政策、法律、外交的，也有技术、经济、市场、消费时尚、价值观念和员工素质的。例如，随着我国加入WTO（世界贸易组织），各个行业的企业都面临着同一个问题——如何应对来自国外同行业企业的挑战。在这样一种情况下，企业为了生存，必须主动地寻求变革来提高企业的核心竞争力。下面我们将从五个方面对影响企业组织设计发展的因素做分析。

## 16.1.1　知识经济的形成和经济全球化

时下，"知识经济"成为人们关注的热点。所谓知识经济，其本义为在经济发展的过程中，知识已经成为一种重要的资源，已经成为经济发展的一种首要的推动力量。

知识经济的崛起已经在以下几个方面表现出来：一是传统的工业社会的制造业中加大了知识的含量，知识的重要性日益突显。如飞机制造业是由"金领"工人带领着"灰领"工人和"钢领"工人制造的。这种以智慧为基础的制造业，不仅要减少"蓝领"工

人，而且要减少"白领"职员。"金领"工人是指具有高水平的工人，他们可以熟练地使用机器人（"钢领"工人）、计算机（"灰领"工人），这与过去工人围着生产线转完全不一样。又如石油工业，也成了智力型工业，凡涉及计算机、声学、水平钻井、深海石油、钻井平台等，都利用了现代科技，油井钻探的成功率由过去的 10%提高到了 40%～50%。二是高技术产业和知识密集型服务部门迅速发展。目前，经济合作与发展组织（OECD）的主要成员国国内生产总值（GDP）的 50%以上已是以知识为基础的。投资正在流向高技术商品和服务，尤其是信息和通信技术方面。

美国未来学家阿尔曼·托夫勒在其专著《第三次浪潮》中指出：人类文明的第一次浪潮——农业经济阶段经历了数千年，第二次浪潮——工业经济阶段到现在不过三百年，今天历史发展速度加快，第三次浪潮——信息社会的发展可能只需要几十年。事实上，从 20 世纪 80 年代中期到如今不足四十年时间，全新的知识经济形态已经显现。20 世纪 90 年代以来，世界经济向知识经济转移，科学研究系统在知识经济中起着知识的生产、传播和转移等关键作用，发展趋势表明知识经济将成为 21 世纪的主导。《以知识为基础的经济》一书第一次以正式文件形式详细阐述了"以知识为基础的经济"（简称"知识经济"）的含义和趋势。它把"知识经济"（即"以知识为基础的经济"）定义为"直接依据知识和信息的生产、分配和使用"的经济，知识已经成为提高生产率和实现经济增长的驱动器。生产率和经济增长取决于技术进步和知识积累的速度。经济的知识密集化或高技术化已经成为世界经济发展的必然趋势。由此可以看出，知识经济的出现，促使人们认识到知识和技术是生产函数中的重要因素，是促进经济增长的重要因素；人类已进入以智力为要素，靠智力发展的第三次工业革命时代，它必将对人类社会产生巨大影响，使人们的生活、经济模式出现根本性的变革。

在知识经济的背景下，企业组织已经不能仅仅通过过去的那种低技能、低工资和雇员与不断重复的工作来推动企业的发展，知识在企业的发展中正在发挥越来越重要的作用，学习力正在成为企业的核心竞争力。为了迎接知识经济带来的挑战，组织必须主动地寻求管理上的创新来推动企业的可持续发展。

全球化不可避免地带来了持久的纷乱。它使得每一个公司无论大小，无论处于什么位置，都可能面临国际性的竞争。这就迫使企业的领导者们必须从全球的高度来思考自我，他们必须学会从全球的角度出发来制定企业的发展战略，必须尽力通过全球联盟来赢得优势，向全球市场出售自己的产品和服务，并为全球竞争做好准备。在这种情况下，传统的组织形式已经成为企业进一步发展的桎梏，企业必须不断地对其组织形式进行再设计和变革，来适应其全球化的经营战略。

## 16.1.2 信息与网络技术的发展

显而易见，技术的发展与进步对企业的组织设计具有直接的影响。当前，对于组织设计影响最大的莫过于信息网络技术的发展。现代信息网络技术已经深入人们生活的每个角落，在管理中引入信息技术已经成为企业的必然选择。在 IBM 公司，工程师在遇到无法解决的问题时，可以向世界各地的同事们求助，这是在信息网络技术的基础上实现的。通用电气公司曾花费数亿美元来创建自己的私人全球电话网，员工现在只需要拨打七位数的号码就可以与世界任何一个地方的其他雇员直接通话。上海通用汽车公司花费巨资构建了自己的客户关系管理系统，公司可以系统地掌握每一位顾客的情况，同时，厂家、销售商和顾客还可以通过网络实时互动。

信息技术的发展从以下几个方面推动着企业组织设计的发展：① 管理职能的调整。信息技术的发展使得企业管理的职能不断增加。同时，计算机有助于将人们从机械性的日常零星工作中解放出来，使之更多地投入计划、革新等较高层次的创造性的部门中去。② 中间层次减少。由于中间层次的主要任务集中在组织和传递信息上，信息技术方面的变化消除了对中层经理层次的需要，组织结构扁平化的趋势进一步加快。③ 权力结构的转移。由于中间管理层的减少，原来由中层所掌握的权力向高层和基层分散，使高层更加集权，而基层更加分权，使一个组织变成一个团队取向的、授权给下级的组织，但又处在一个强力型领袖自上而下的指挥之下。④ 创造性的"团队"受到鼓励。在信息时代，迫切需要公司对其雇员、顾客和其他利益相关者的多种需要主动灵活地做出反应，使得组织内部各个部门的工作都应围绕消费者需求进行。当一个市场机会出现时，在某一组织机构中有固定位置的人便会以其专长进入项目工作小组，并在其中扮演团队成员的新角色，与其他小组成员形成虚拟团队协同工作，直至小组任务完成为止。⑤ 组织内的沟通被加强。信息技术支持广泛的横向沟通、协调和控制，这有利于提高信息传递的效率，有利于员工的相互启发、沟通和知识共享。

信息技术已经引发了一场对传统组织模式变革的运动。一些学者甚至预言，信息技术将是组织理论重组的一个起点。

### 16.1.3　员工价值观念的更新

随着社会、经济的发展，员工的价值观念也在逐步地发生转变，当这些变化达到一定程度时，企业就必须做出变革，对企业组织进行再设计。我们从员工的期望与组织之间实际情况的差异来探讨这个问题。管理学家华尔顿（R. E. Walton）认为，员工的实际期望与组织的实际情况之间至少存在以下六点差异。

（1）员工更加倾向于有挑战性的工作，但是组织仍然倾向于工作的简单化和专业化，限制了员工的成长与发展。

（2）员工更加倾向于彼此相互影响的管理模式，他们希望平等地相互对待，但组织仍沉溺于等级层次、指挥控制。

（3）员工对组织的承诺逐渐表现为一种高级需要——人性的尊严和自我价值的体现，但是实际上组织仍然在继续强调经济的奖励、物质的报酬等，而忽略了员工情感方面的需要。

（4）员工希望从组织的职位中获得目前即刻的满足，但是组织当前所设计的职位升迁系统和员工发展计划更多强调的是一种延后的满足。

（5）员工更加关注组织生活的感情面，如人际间的坦诚与信任，然而组织仍过多地强调理性，忽略组织的情感面。

（6）员工正在逐渐缺少竞争的动力，但经理人员们仍以员工过去所习惯的竞争的方法来设计职位、组织工作以及制定奖励制度等。

我们说，任何企业组织的设计与变革都不光是适应外部环境和控制内部条件，还要改变员工的行为方式，让他们习惯于新的工作方法。例如，企业在进行流程再造的过程中，不仅要考虑信息化的建设、流程的重组、组织结构的调整，还要创造一种相应的组织文化，以此来引导员工向企业期望的行为模式发展，而这一点相对以上几个过程来说是最难实现的，并且具有关键性的意义。很多企业流程再造失败的原因都是未能很好地完成这一步。因此，要获得组织设计的成功，首先必须获得员工态度上的支持，而这是以逐步弥合员工的期望与组织现实的差异为前提的。同时，也只有通过组织的变革，才能更好地满足员工的期望。

### 16.1.4 管理哲学和管理者角色的转变

传统的管理哲学认为，所谓管理主要体现为计划、组织、领导和控制。为了达到这个目的，管理者们设计高度集权的等级制组织形式，并根据工作性质的差异把企业划分为不同的部门，组织被看成一种理性设计的结果。员工们根据职位说明书上的要求被放置到某个职位上，他们被认为是一种"经济人"，即追求自身经济利益的最大化。管理者对他们的激励更看重物质。现代的管理哲学则认为，管理更多地体现在企业决策上，同时管理的服务性日益增强。组织不再被看作一个个经济理性人所组成的僵化的东西，而是一个动态的、具有可持续发展能力的实体。管理者要在组织对稳定性和持续性的需要及对适应性和革新性的需求之间维持一种动态平衡。员工被看作要求自我实现的个体，他们看重的不只是经济上的满足，更渴望得到心理上的满足。为了满足员工的这些需要，工作被丰富化了，而且被赋予了相应的责任。

随着管理哲学的转变，经理人员的角色也发生了很大的变化。旧式经理告诉人们去做什么以及如何去做，而新式经理会提出恰当的问题并帮助雇员们完成他们的工作。同时，新式经理会对快速变化的市场及时做出反应，并创造出新的商业机会。在表 16-2 中对旧式经理与新式经理进行了比较。我们可以对比出他们的区别。

表 16-2 旧式经理与新式经理的比较

| 旧 式 经 理 | 新 式 经 理 |
| --- | --- |
| 把自己当作老板 | 把自己当作发起者、团队领头人或顾问 |
| 遵循命令链 | 同其他人一起工作以完成任务 |
| 在一个僵化的组织设计中工作 | 适应市场变化而改变组织设计 |
| 自己单独做大部分决定 | 和别人一起做决定 |
| 隐藏信息 | 共享信息 |

资料来源：黑尔里格尔，斯洛克姆，伍德曼. 组织行为学（下）[M].岳进，王志伟，俞家栋，等，译. 北京：中国社会科学出版社，2001：885.

管理哲学的转变不可避免地对传统的组织设计造成很大的冲击，同时，新式经理更加快了企业组织设计的发展与变革。

# 16.2　企业组织设计发展的趋势

## 16.2.1　扁平化

　　企业组织设计发展的第一个趋势就是扁平化。管理学大师德鲁克曾经提出："未来的企业组织将不再是一种"金字塔"式的等级制结构，而会逐步向扁平式结构演进。"一方面，现代信息技术的迅速发展加强了操作执行层与决策层的直接沟通，计算机的普及应用将简化传统企业组织结构中层监督与控制部门的大量工作，从而逐步取代中间管理层，破除传统的组织自上而下的垂直高耸结构，建立一种紧缩的横向组织，从而使组织变得灵活、敏捷、富有弹性和创造性，能更好地适应不断变化的环境。另一方面，信息技术的发展要求管理幅度的拓宽，科技的发展使管理者与下属可以以较少的时间和精力及时了解对方的状态和意图，从而使管理对象增多。以上两个方面共同作用的结果必然是组织规模缩小且扁平化，从而更适应知识经济时代竞争激烈、迅速变化的客观环境。

　　20 世纪末以来，国外企业的发展表明，随着企业组织规模扩大，实行层级制的组织结构越来越不适应市场环境变化和信息技术发展的需要，于是西方发起了一场声势浩大的"企业再造"运动。其核心思想是把原来的以层级控制为特征的"金字塔"形组织扁平化。如美国 IBM 近年来减少了两个中间管理层；美国 SEI 公司取消了全部秘书建制，削减中层管理人员数量，最高管理层的管理人员的控制幅度增加到 20 人左右；联邦运通公司从董事长到最低一级职员之间，只有五个管理层次；SUN 公司的组织结构只有三个管理层次，即总裁—事业部长—工程师。美国的企业管理大师彼得斯甚至呼吁要摧毁公司的层级组织结构，认为有 15 个或 20 个管理层次的公司已经没落了。比较而言，扁平化的组织结构由于中间层次少，上下信息传递快而准确，一方面能够保持决策与管理的有效进行，使各部门的人员能够对环境变化做出较快的反应；另一方面，管理人员减少，不但使管理费用降低，更使中下层管理或业务人员具有较大的管理幅度和权限，有利于他们主动性和创造性的发挥。

## 16.2.2　网络化

　　企业组织设计发展的第二个趋势是网络化。企业组织设计网络化的实质是，把企业组建成一个由若干相互独立的分组织构成的成员不断变动的组织系统。网络化企业组织设计的特征是：第一，不同的网络成员完成供、产、销环节上的不同职能；第二，存在着经纪人，他们负责设置、召集网络成员，并负责管理网络，他们是网络组织的核心；第三，网络组织不是通过系统的计划进行控制，而是通过签订契约的市场机制进行控制，或者说，是依赖内部市场来维系网络的运作。目前，这种网络化的组织已经大量地存在于现实生活中，例如，曾经连续 5 年保持盈利、年增长率达到 50%而被《华尔街时报》评为"全球最佳企业"的美国戴尔公司，通过与众多的其他企业长期"磨合"，已形成了一个社会协作关系网，公司没有工厂，它只是把零部件组装成计算机。再如，耐克公司只是把产品开发、设计、营销等价值链中增值最大的环节抓在手中，把原料、制造等全部用合同方式转包到亚洲各国的企业。

网络化的组织模式一般由两个部分构成：一是核心层，它包括战略管理、关键技术开发、人力资源管理、财务管理以及品牌或销售渠道等核心功能，往往由少数企业家和精干的技术、管理、财务等方面核心人才所统一管理和控制；二是外围层，即由若干独立的公司组成，这些独立的公司往往是核心企业根据产品、地区、研究开发和生产经营业务的需要，与它们形成投资持股或购买、联合、委托、发包等合同的联结关系。通过上述联结关系，使核心企业可以获得诸如设计、生产、营销等具体功能，但并不一定拥有与上述功能相对应的实体组织，它是通过外部的资源和力量去实现上述功能的。

这种处于动态变化的组织立体网络最大的优点在于，核心组织把重点放在自己能够干得最好的职能工作上，其他职能（如制造、营销、广告、运输等）都通过购买、委托、契约、对外发包等特殊的市场关系让其他经营单位去干，当然，这些经营单位所提供的产品或服务要求质量高、价格便宜。这样的组织模式，一方面可以使核心组织在人员、结构、功能、成本等方面最大限度地实现精干、高效、灵活和节约，能够用较少的资源对外部资源优势进行重新组合，创造出更大的竞争优势；另一方面，也极大地发挥出社会化专业分工协作的优势，显著地提高了整个社会组织网络的经济效益。

### 16.2.3 柔性化

柔性是相对于刚性来讲的。传统企业的组织设计刚性十足，等级森严，权力过度集中于中高层管理者手中，基层管理者及员工几乎没有任何自主决策权。这种刚性化的权力关系越来越不能适应外部环境的变化，这是基于：一是顾客需求呈现出日益多样化的特点，使得当今一大批企业由以追求规模经济为目的的一元化经营，转变为向纵深和横向发展的、以追求范围经济或全球化经济为目的的多元化经营，企业生产方式也相应由依靠单一品种的大批量生产方式，转变为以多品种、小批量和按订单组织生产为主的柔性化生产方式。作为服从战略转变的企业组织结构，其职权关系也不得不加以重新审视和调整，才能适应上述经营思想和生产方式的变化。二是当今企业基层员工直接面向顾客的机会越来越多，为使他们充分了解和把握市场动态，授予基层员工合理的决策自主权是非常必要的。因此，设计能适应内外部环境变化的柔性化企业组织结构是现代企业组织设计的又一趋势。

组织结构的柔性化主要是指职权结构的合理化，合理化的标志是其适应内外部环境变化的应变能力，主要体现为集权化和分权化的合理统一，即在进行分权化的同时，要实行必要的权力集中；在实行集权化的同时，要给予最灵活的和最大限度的分权。通过权限结构的调整，适当下放中高层管理人员的权力，充分授予基层员工应付突发性事件的权力，以提高决策的实效性。例如，企业通过生产管理技术多方面的创新，已经形成了比较先进和稳定的计算机应用系统，如计算机辅助设计（CAD）、计算机辅助制造（CAM）、柔性制造系统（FMS）、计算机集成制造系统（CIMS）和企业资源计划（ERP）等。这些生产管理技术和软件的发展和完善，使企业生产的个性化、柔性化水平大大提高，相应地提高了企业组织结构的柔性。

柔性化的主要表现形式有两种：临时性团队与划小核算单位。面对重要客户、重大事件，能随时组织起任务单一、人员精干的临时团队，这是柔性化的表现。美国霍尼韦尔公司作为世界一流的工控企业，以一个个临时团队替代了原有的刚性组织，这些临时团队以最佳的搭档组合和最良好的状态面对各大客户，面对市场，效果十分明显，客户忠诚度明显提高。全员参与的临时团队组织结构是在不断变化的，这要求员工极具合作精神。划小核算单位其实就是一种授权。通过划小核算单位，基层组织就拥有了更大的经济自由裁量权和决策自主权，相应地基层组织就拥有了更大的自主权和主动权，从而提高组织的柔性，这也是在原刚性组织结构上的量的变革。

## 16.2.4　虚拟化

未来学家托夫勒曾说："在知识经济时代，经营的主导力将从经营力、资本力过渡到信息力和知识力。"随着知识经济时代的来临，大量的员工将游离于固定的企业组织之外，分散劳动、家庭式办公等将会成为新的工作方式，于是，企业组织设计呈现出虚拟化的趋势。所谓企业组织设计的虚拟化是指当市场出现新的机遇时，企业与另外一些具有开发、生产、经营某种新产品所需的不同知识和技术的企业为了共同开辟市场、共同对付其他竞争对手而组成的企业联盟。这种企业组织形式是管理集成的产物，它将自身所不具备的或较弱的功能"虚拟化"，如产权虚拟、企业管理职能虚拟、企业组织构架虚拟以及技术人才虚拟等。通过与其他企业联盟来获取优势以弥补自身的不足，从而达到优势互补和资源共享。由于虚拟企业由不同企业（或企业中的某些部门）按某一特定任务临时组建，任务完成后便宣告解散，因而没有固定不变的组织系统和众多的组织层次。这也就决定了虚拟企业具有组织界限模糊、管理职能开放、技术先进、生产经营灵活的特点。而这些特点也就决定了虚拟企业具有传统企业模式所不具有的众多优点，例如可充分利用合作各方的优势进行产品开发、降低新产品开发成本、避免新产品开发的较大风险和重复投资、加快研究与开发、广泛渗透市场和占有市场、解决资金紧张问题、增强竞争实力等。

企业组织设计的"虚拟化"有两种表现形式：一是形式虚拟，即在信息网络技术的条件下，原来的实体企业改变了形式。在传统的企业里，员工在固定的办公室里每天按规定的作息时间上班、处理业务，但随着信息网络技术的广泛使用，员工的工作空间限制消除了。他们可以通过信息网络，在任何地方以及任何时间商讨工作。这样一来，原来的企业实体在某种程度上失去了存在的必要性，于是便"虚拟化"了。如康柏计算机公司就关闭了销售部的办公室，要求所有销售人员携带与公司综合数据库相通的微机奔赴各地从事销售工作。企业的采购人员可以在家里或者飞机上完成订货，身在不同国家和地区的董事可以召开董事会，企业可以从网上下载万里之外的研发人员设计好的图纸。二是内容虚拟。这种虚拟几乎没有边界，不同企业之间、供应商及顾客之间的界限不仅变得模糊，而且不断地改变。它的许多职能（如研发、产、供、销）之间的界限也日益模糊。如台湾宏碁集团生产的"渴望"多媒体家用计算机，从产品概念、软件界面、装机程序到营销策划，是由美国宏碁负责的；机械与电子设计则由台湾公司支援；电视广告是由新加坡公司和新西兰公司联合制作的；代表产品形象的卡通人物"无得比小子"则由南非公司设计。

## 16.2.5 无边界化

现在，随着信息网络技术的普及和推广，职能部门和组织单元之间的界限越来越模糊了，逐步超越企业、产业和地区的范围，甚至跨越国界，这就使得企业的管理者、技术人员以及其他的组织成员，比较容易打破企业之间、产业之间、地区之间甚至国家之间的壁垒，进行各种信息交流，共享信息资源。企业的经营活动将越来越不受时空的局限。对于企业本身而言，企业再也不会用许多界限将人员、任务、工艺及地点分开，而是将精力集中于如何影响这些界限，以尽快地将信息、人才、奖励及行动落实到最需要的地方。"无边界化"并不意味着企业就不需要边界了，而是说企业不需要僵硬的边界，需要使企业具有可渗透性和灵活性的边界，以柔性组织结构模式替代刚性模式，以可持续变化的结构代替原先那种相对固定的组织结构。伦敦商学院的管理发展学教授查尔斯·汉迪也有同样的观点。他提出："存在着一些通用的组织原则。组织必须是透明的，无疑是其中之一。""组织既要集中化，同时又要分散化；既是紧密的，又是松散的；它们必须既做长远计划，又保持灵活性；它们的工作人员一方面应具有自主性，另一方面更应具有集体主义精神。"因而，企业组织的界限不再像过去工业经济时代那样清晰可辨。与其说企业是一个存在于某一地理位置，由人、厂房、设备和资金等构成的实体，不如说它是一个由各种要素和机能组成的系统。

# 16.3　当代企业组织设计的发展

## 16.3.1 流程再造与横向型企业组织设计

### 1. 流程再造

自从亚当·斯密在《国民财富的性质和原因的研究》中首次提出劳动分工的原理以来，这套商业规则指导企业的运行与发展长达两个多世纪。美国汽车业的先锋开拓者亨利·福特一世将劳动分工的概念应用到汽车制造上，并由此设计出世界上第一条汽车生产流水线，大规模生产从此成为现实。进入 20 世纪 90 年代，随着顾客需求的多元化、企业间竞争的加剧，企业管理的环境发生了根本性的变化，劳动分工规则受到了挑战。大规模生产已越来越多地被大量定制所替代。美国的学者哈默和钱匹这样描述道："两个多世纪之前拟订的一套原则，在 19 世纪和 20 世纪的岁月里对美国企业结构、管理和实绩起了塑造定型的作用。在这本书里，我们说，现在应该淘汰这些原则，另订一套新规则了。对于美国公司来说，不这样做的另一条路是关门歇业。"这里，哈默和钱匹所说的新规则就是当今风靡全球的流程再造。

关于流程再造，有两种观点：一种是狭义的流程再造，以达文波特的定义为代表。

达文波特认为流程再造就是"业务流程重新设计（BPR）"——对组织内部或组织之间的工作流和流程进行分析和设计（达文波特，1990）。这一概念把"流程再造"的内容限定在了最窄的范围内——流程的分析和设计，它突出强调了流程再造最核心的工作是"对业务流程重新进行设计"，严格区分了流程再造和其他变革模式之间的本质区别。另一种是广义的流程再造，指对企业的业务流程进行根本性的重新思考、彻底性的重新设计，从而在速度、质量、成本和服务等关键绩效指标上取得显著性的改善（迈克尔·哈默、詹姆斯·钱匹，1993）。该概念反映了企业再造的核心内容——对业务流程进行重新设计，也强调了变革的深刻性和彻底性，在这里，流程只是组织的一个基本要素，流程的重新设计会引起企业多方面的变革。它将导致组织结构、组织文化和信息技术的同时变更，并且在服务质量、生产成本和反应速度方面引起绩效的重大改进。本文中的流程再造指的是广义上的概念。

流程再造的理念提出后，马上就受到了企业的青睐。流程再造的直接结果就是促使企业思考如何运用全新的方式，抛弃已有的各种管理理念，着眼于如何更好地进行组织设计以取得更好的绩效。横向型企业就是伴随着流程再造所产生的一种企业组织设计。

### 2. 横向型企业

横向型企业是一种建立在信息技术的基础上，以流程再造为核心的、以跨部门多功能团队取代传统的等级制结构的企业组织。这是一种与传统的、以职能为核心的"金字塔"结构迥然不同的全新的企业组织，它淘汰了纵向的层级制度和原有的部门边界。这种企业组织具有一些很明显的优势。首先，它减少了原来官僚等级制下的部门间的拖延与扯皮，甚至可以说基本消灭了这种现象。其次，它带来了更高的工作积极性和更强的责任心。热衷于参与的员工从参与决策的过程中真正地感受到了存在的价值。再次，它能以最快的速度对市场做出反应，从而提高顾客的满意度。最后，由于团队的自主管理取代了原有的一些管理工作，它减少了企业管理协调方面的费用。

作为一种新的企业组织形式，横向型企业具有如下几个方面的特征。

（1）这种组织形式是围绕工作流程而不是围绕部门职能来设计的。传统的劳动分工理论将企业管理划分为一个个职能部门，业务流程被分割成各种简单的任务，并根据任务组成各个职能管理部门，经理们将精力集中于本部门个别任务效率的提高上，而忽视了企业的整体目标，对企业发展战略和快速变化的竞争环境无法形成有效支撑。横向型企业强调管理要面向业务流程，对业务流程的管理以产出（或服务）和顾客为中心，将决策点定位于业务流程执行的地方。它强调整体全局最优，而不是单个环节或作业任务的最优。根据业务流程管理与协调的要求设立部门，最大限度地发挥每个人的工作潜能与责任心，流程与流程之间则强调人与人之间的合作精神。

（2）纵向的层级组织扁平化。传统企业强调权威，企业组织结构中等级层次是很明显的。但是在横向型企业组织中，由于信息资源的共享性使得信息传递途径更为通畅，较多的管理层次已经没有必要。战略管理部门制订的计划、分配的任务等通过信息系统可以下达到任何业务流程小组，并将时间和空间的障碍减少到最小。随着管理结构层次的萎缩，组织结构自然趋于扁平。

（3）自我管理的团队是横向型企业的重要组成部分。每一项作业任务不是被细分为很多步骤由管理者统一协调完成，而是由具有不同知识和技能的人员组成工作团队负责一个工作流程的所有步骤。团队是由多个部门的具有互补能力和知识的人参加的以任务为导向的充分自治的工作单元，是一个相对独立的工作模块。这样，企业的员工们以正规的团队组织的形式参与工作，企业则成为许多短期的、长期的，甚至是永久型团队的联合体。团队中的每个员工在工作中不仅执行上级命令，更重要的是积极参与决策。团队按任务关系划分，团队成员鼓励一专多能，团队的基本氛围是信任。

（4）以顾客为中心。横向型企业的一个重要的特征是，它将顾客及其需要提到了前所未有的高度。所有的流程设计必须以满足顾客的需求为基础，即使是企业内部，也尽量使市场机制发生作用。海尔的"市场链"就是一种以顾客为中心的成功的流程设计。企业以完成客户订单为目标，根据业务流程顺序将客户订单分解成一系列内部流程"订单"，通过内部"订单"的履行完成终端客户的订单目标，流程之间以"订单"为依据形成市场契约关系，而不是以前的行政关系。这样就迫使员工与"顾客"进行面对面的直接交流，从而提高了员工的积极性和主动性。

3. 横向型企业组织设计

洛希认为组织设计涉及两个方面的内容，即基本结构和运行机制。一个企业的基本结构必须考虑这样一些主要问题，诸如组织内部如何进行分工，怎样按不同的职位、小组、部门、科室分配工作任务，如何实现必要的协调以保证总目标的实现，等等。对于这些问题的回答，各企业通常用图表的形式（如组织系统图）列出。但是，只有基本结构是远远不够的，必须通过运行机制来强化基本结构，来保证基本结构意图的体现。所谓运行机制，指的是控制程序、信息系统、奖惩制度以及各种规范化的规章制度等。运行机制的建立和强化有助于更清楚地向职工表明企业对他们的要求和期望是什么。好的运行机制激励职工同心协力，为实现企业的目标而努力。也就是说，运行机制赋予企业基本结构以内容和活力（孙耀君，1995）。

根据洛希的论述，组织结构只是组织设计的基础，还需要设计运行机制来强化基础结构。也就是说，组织变革至少应当包括组织结构变革和运行机制变革。但是，我们认为，作为一种组织设计模式，以流程为基础的横向型组织设计还应该进行相应的信息化建设和企业文化重建，它应包括企业信息化建设、组织结构设计、组织运行机制设计和企业文化重塑，如图 16-2 所示，各方面的变革必须相互配合，才能保证实现预期的组织设计目标。

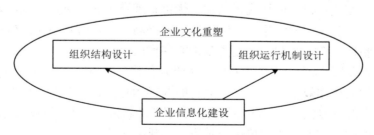

**图 16-2　以流程再造为中心的横向型企业组织设计**

（1）企业信息化建设。企业信息化建设是支持横向型企业组织设计的技术前提，也是企业运行的技术平台，它理应被纳入组织设计之中。

横向型企业是以流程再造为核心的，而企业实施流程再造，一般都是与信息技术（IT）结合进行的。哈默认为："信息技术是业务流程再造的必要条件，如果没有信息技术，要谈再造，无异于痴人说梦。"综观国内企业所实施的流程再造，无不是建立在信息化的基础之上。海尔公司在流程再造之后搭建了四个信息化平台：物流、分销、支付和配送。上海三菱公司在实施业务流程再造的同时，还推行了企业制造资源计划（ERP）。上海易通公司的"全员精细量化的核算与管理"建立在内部计算机网络之上。流程的信息化有利于实现信息共享，加快流程速度，提高工作的准确性，从而提高整个流程的工作效率。

因此，在进行横向型企业组织设计时，首先必须搭建企业的信息化平台。企业的信息化平台就是以现代信息技术做支持，按照各种统一的数据标准与格式，将企业内外部的各种信息进行加工、汇总、分类，并将其分别置于具有不同保密级别和层次的数据库中，使各级员工充分地利用信息资源，有效地开展生产经营活动的人机交互体系。这一平台为横向型企业的组织设计奠定了物质基础。

但是，我们必须清楚，推动企业的自动化、信息化并不一定就会带动整个管理的改善。作为横向型企业的核心，流程再造是一种思想，而IT只是代表了一种技术。它们对企业的不同影响就在于：前者考虑"我们是否需要沿用现有流程"，后者决定"如何运用信息技术来改善现有流程"。流程再造不只是单纯地要实现一定程度的自动化，不只是单纯地依靠技术解决问题，而更在于管理的创新。一直到现在为止，流程再造与信息技术的结合仍然是个难题。很多中小企业在引入信息技术时是盲目的，它们过于追求信息技术的引入，导致本末倒置，忽视了信息技术是为改进企业管理和业务流程而服务的。这样不仅容易给企业带来一定的经济负担，也使引入的信息技术给企业带来的提高与预期产生很大差距，并且无法充分发挥信息技术的潜力。

（2）组织结构设计。流程再造必然会引起组织结构的变革，因为它从根本上改变了组织设计的思路和理论基础。在流程再造的基础上进行组织结构设计就是对层级组织进行改造，原来按照分工原则设立的层级组织结构必然会因为流程的变革而变革。层级组织改造具体涉及三个方面的内容，即企业整体结构的设计、企业职能部门的调整以及流程执行单位的组建。

企业整体结构的设计是以企业整体流程框架为依据，重新设计企业的组织结构，将纵向型组织改造为横向型组织。横向型组织完全打破了组织中的部门界限，把原来直线职能型的结构转变成平行的网络流程结构，优化管理资源和市场资源的配置，实现组织结构的扁平化、信息化和网络化，从结构层次上提高了企业管理系统的效率和柔性，保证了流程的完整性，企业组织以流程为基础实现横向整合。珠海电信实施"市场导向的电信企业流程再造"，以流程再造为基础，从协调和整合的角度来重新构架扁平化的组织结构，提高组织的运作效率。为了保证流程的顺畅运行，还需要对具体的职能部门进行调整，职能部门的调整包括不同职能的合并、职能的转换以及职能的社会化等。

团队是一种理想的流程执行单位，是为了完成某一特定的任务，从组织的不同领域中抽调一些具有不同的教育背景、技能和知识的人组成的。团队中的成员分别从事不同但相互有关联的活动，每个成员可能是不同领域中的专家，他们的共同参与使工作中出现的问题能够快速得到解决，使工作中的沟通与协调方便、迅速。因此，团队这种组织方式，对外界的变化反应较快，完成工作的效率较高。流程再造之后，组织的基本工作单位将由职能部门转化为流程工作团队。

（3）组织运行机制设计。通过流程再造和结构设计，流程在静态结构上实现了合理化，但在结构上的合理并不足以保证组织的顺畅运行。流程再造之后，企业还需要根据新流程运行的要求，专门设计流程运行机制。具体来说，流程运行机制包括流程联动机制和激励机制。

流程再造之后，流程在结构上仍然是分散的，同一流程的各项活动依然要由不同的部门或岗位来承担，所以各项活动之间存在着衔接问题，而且流程与流程之间也依然存在着接口。因此，如何实现流程及流程体系的整体协调，还需要合理的流程联动机制来支持。流程联动机制的设计应当既能够保证流程的整体运动方向，又能够在衔接处实现紧密咬合。激励机制的设计主要是为了调动流程执行者的积极性。无论流程和组织多么的合理，具体任务都是要由人来承担的，为了调动流程执行者的积极性，使他们能够主动地按照流程标准来工作，能够把个人目标与流程目标、企业目标有效地结合统一起来，就需要设计相应的激励机制。

当然，这两种机制并不是截然分离的，而是相互补充、相互支持的，它们通常构成一个有机的整体。例如，海尔的"市场链"就属于整体性的运行机制创新。在海尔的市场链模式下，员工的报酬完全来源于市场，只有员工的工作得到了市场的认可与接受，才能获得报酬；否则，员工不但拿不到报酬，还要被用户索赔，也就是说，以市场和顾客作为价值评价和分配的标准。通过负债经营观念的确立，把资产负债表落实到每一个岗位和流程，如果哪一个岗位和流程既没有获得报酬，又没有被索赔，则由利益相关的第三方（独立于当事者双方并与当事者利益相关的仲裁中心）制约并解决问题。这样就会形成一种观念，即每个人都有一个市场，每一个人都与市场零距离，每一个人的收入都由市场来支付。"市场链"机制激发了员工的创造性和责任心。

（4）企业文化重塑。不同的组织模式需要不同的文化做支持。许多企业在进行组织设计时失败的原因之一就是没有同步推进企业文化建设，从而在实施过程中遭到极大的文化阻力。德尔菲咨询公司在 1993 年进行的一项关于流程再造的研究中发现，三分之二的被调查对象认为文化阻力是流程再造取得成功的主要挑战（佩帕德、罗兰，1999）。因此，为了支持流程再造的实施，需要根据流程再造的基本理念重新塑造企业文化。

在横向型企业组织设计中，流程再造的彻底性需要打破原有的思维定式，向原有的价值观和信念挑战，建立新的行为规范。当企业的结构变得扁平化时，意味着更多的权力移往下层。当低层的员工被授予一定的决策权时，他们就必须对组织绩效的改进负有责任。这样，彼此的信任与对过错的宽容就成为横向型企业的核心内容。还有，在横向型组织中，人们不再过于关注过程和规则，转而关注结果，这样就可以无限制地调动员工的积极性和主动性，而不是传统的那种过多的条条框框的限制。另外，企业中的绩效评估和激励机制也发生了很大的变化，上级对员工绩效的影响已不重要，员工必须更多地关注市场和顾客。

## 16.3.2　虚拟整合与网络型企业组织设计

### 1. 虚拟整合

自 20 世纪 90 年代以来，高新技术、信息产业的迅速发展，对社会资源配置、经济运行和竞争方式等产生了深刻的影响。对每一个企业来说，无论是现在居于领先地位、维持地位，还是处于防御地位，无疑都面临一种新形势下具有全新内涵的严峻挑战。具体表现在以下几个方面。

（1）企业组织面对的外部环境变幻莫测。现在人们开始追求能展现个性的产品，每个顾客都有自己的特殊需要。这种市场需求的多样化带来的是设计成本、生产成本急剧提高，稍有不慎，将导致不适应顾客需求变化而失去市场。企业的成败取决于适应这种变化的能力，意味着必须拥有极为敏锐的、捕捉市场机遇的反应速度，只有独具慧眼和独具匠心，并在最短时间内，以最有效的生产方式制造出最能满足顾客需要的产品，这样才能在市场中立于不败之地。

（2）产品生命周期越来越短。面对市场需求的变化，产品生命周期逐渐缩短，制造时间越来越紧，而研究开发费用和市场推广费用却急剧增加，顾客又几乎期望得到"零"交货期或瞬时服务。单个企业想在短期内，依靠内部的开发能力去适应市场，完成新产品的设计和试制工作，并承担研究与开发的巨额费用，相当困难，必须寻找技术的共享者和共同开发的伙伴，以适应这种变化。

（3）企业市场竞争力软化。产品的质量已不再是企业在市场竞争中的主要武器，企业的形象、品牌逐渐成为企业在市场竞争中取胜的杀手锏。同时，市场竞争越来越表现为时间的竞争，正如美国思科系统公司信奉的企业信条——"在未来的商场中，不再是大吃小，而是快吃慢"。由此可见，科学技术飞速发展和市场的瞬息万变，企业之间生产技术经济的相互依存度越来越高，运转节奏也大大加快，对企业经营的灵活性和快速响应市场需求提出了更高的要求。因此，企业组织结构要逐步由刚性向柔性转变，"虚拟整合"的概念也应运而生了。

虚拟（virtual）的概念最初来自计算机的虚拟存储器。所谓"虚拟整合"，就是企业利用信息网络技术，把处于企业供应链之中或之外的厂商、顾客以及同行的竞争对手整合成一个临时性网络组织，以达到共享技术、分摊费用以及满足市场需求的目的。企业之间通过"虚拟整合"，就能够在资金筹集、技术开发、技术使用、产品更新换代、市场销售等方面形成利益共同体，以弥补自身资源不足、缩短产品开发与上市时间、降低研发成本。通过"强强"联合降低研究开发风险，减少重复投资，且能在极短的时间内达到规模效益，快速获得市场机遇。企业之间的"虚拟整合"主要采用以下几种形式。

（1）生产方面的虚拟整合。企业集中有限的智能和资源，抓住核心功能和核心竞争力，将专业技术、高增值技术、比竞争对手更擅长的关键性业务掌握在自己的手中，而把其他业务进行外包，以降低营运成本、集中人力资源、提高质量、增加顾客满意度，从而避免企业的无限膨胀，达到精简、专注专业的目的。如欧洲空中客车公司生产的A 300 和 A 310 宽体客机，由德国公司负责生产机身，由英国公司负责生产机翼，由西班牙公司负责生产尾翼，而在法国公司总装，把各国公司飞机制造的优势结合在一起。

（2）销售方面的虚拟整合。如果企业拥有具有一定市场发展基础的产品，并能以自身的品牌和技术优势保持其稳定性，那么，就可以把产品销售环节虚拟化，如采用特许连锁、总代理、网上销售等方式。虚拟化的销售方式，一是可以节省企业的管理成本和营销成本；二是通过广泛的销售渠道，配合品牌宣传，可以使品牌的无形资产攀升，实现品牌资产规模化经营；三是可以快速降低成本，扩展企业的营销网络。

（3）技术方面的虚拟整合。就是企业在有限的资源背景下，为尽快占领市场，在竞争中取得优势，通过利益杠杆推动，开展纵向和横向的广泛合作，在保持核心技术优势的前提下，部分或全部人力开发、资金筹集、技术更新等虚拟化，对各种非核心技术开发资源进行有效整合，实现市场资源的最优配置和合理化利用，达到迅速开发新产品和新技术的目的。IBM 公司是世界上最大的计算机生产厂商，但它不能单独研制所有的计算机技术，它必须与微软、英特尔等公司合作。虚拟整合特别适合那些自身没有足够的研究和开发能力以及经济实力，但是对市场需求变化有敏锐捕捉能力的中小企业。

（4）管理中的虚拟整合。构建网络型企业，实现虚拟经营，主要是经营思想、管理观念、运营策略的重大变革，一般不涉及具体主营业务的改变，需要的是整合资源的"外脑公司"。这样，专门为管理有多个资产关系的企业集团而构建的网络型企业应运而生。这类网络型企业以一种新的机制，为这些企业集团实现人事管理、财务监督、资产重组和资本运营以及法律咨询，促使企业集团发挥规模优势和整体效益。

2. 网络型企业

虚拟整合的直接结果就是网络型企业的产生。对于网络型企业，目前国内外理论界尚没有一个明确的界定。肯尼思·普瑞斯（Kenneth Preiss）认为，网络型企业是由原来孤立交易的公司共同贡献资源而形成的"企业联盟"，即动态联盟组织，从而使企业进入一个动态的互联世界，成为灵捷竞争者；理查德（Richard L. D）认为，网络组织分为人、群体部门、组织、跨组织集合或社区四个分析层次，由单个组织相互作用所形成的跨组织集合是组织本身集成的最高分析层次，它以自由市场模式组合替代传统的纵向层次组织。我国学者李维安、林润辉教授在对网络组织模式的研究中指出：网络企业是一个由活性节点的网络联结构成的有机的组织系统。信息流驱动网络企业运作，网络组织协议保证网络企业的正常运转，网络企业通过重组来适应外部环境，通过网络企业的合作创新实现网络企业的目标。我们认为，所谓网络型企业就是由多个独立的个人、部门和企业为了完成共同的任务而组成的联合体，它的运行不靠传统的层级控制，而是在定义成员角色和各自任务的基础上通过密集的多边联系、互利和交互式的合作来完成共同追求的目标。

目前，理论界还有一个虚拟企业的概念，如把虚拟型企业定义为一种新的组织形式，认为虚拟型企业是由两个以上的独立的实体，为迅速向市场提供产品和服务，在一定时间内结成的动态联盟。它不具有法人资格，也没有固定的组织层次和内部命令系统，而是一种开放的组织结构，因此可以在拥有充分信息的条件下，从众多的组织中通过竞争招标或自由选择等方式精选出合作伙伴，迅速形成各专业领域中的独特优势，实现对外部资源整合利用，从而以强大的结构成本优势和机动性完成单个企业难以承担的市场功能，如产品开发、生产和销售。通过对比，我们可以看出，二者都是企业为了完成共同的任务而组成的动态联合体，它们的运行都不靠传统的层级控制，而是在定义成员角色和各自任务的基础上，通过密集的多边联系、互利和交互式的合作来完成共同追求的目标。因此，在本书中，我们把虚拟企业放在网络型企业中探讨。

通过对网络型企业的深入探讨，可以发现网络型企业有如下组织特征。

（1）网络型企业组织结构的扁平化。在网络型企业内部，由于广泛应用信息技术，组织结构不再受到管理幅度的限制，因此网络型企业可以尽量减少管理层次，扩大管理幅度，减少信息失真率，节约管理费用。另外，传统的"金字塔"式的官僚组织结构也不能适应网络型企业敏捷灵活、高效快速的经营方式。因此，网络型企业内部是一种水平管理模式，组织结构扁平化。

（2）网络型企业组织边界模糊性。网络型企业组织是由各个成员企业通过各种联结方式而构成的一种立体空间结构，它是对单一企业和供应链的超越，不仅超越单个实体企业的界限，而且超越企业战略联盟，形成大流通、大开放的全球资源共享的无边界的立体组织结构。

（3）网络型企业组织是一个动态开放的系统。网络型企业本身就是环境变化的产物，它还将随着外界环境的不断变化做适时的调整，以丰富和完善它的功能结构。同时，系统时刻都在和环境进行着物质、信息和能量的交换，彼此之间的渗透能力不断得到加强。

（4）网络型企业组织共享各成员的核心能力。网络型企业是通过整合各成员的资源、技术等而形成的。它的价值就在于能够整合各成员的核心能力和资源，从而降低时间、费用和风险，提高服务能力。如波音777型客机开发小组的某些成员具有互补性核心能力，某些成员具有协同操作能力，而另一些成员则能提供进入非波音公司市场的途径。

（5）网络型企业有独特的组织文化。没有组织文化的转型，传统运作模式向虚拟整合运作模式的转型就难以实现。因此，网络型企业组织文化必然与传统文化有所不同。虚拟组织具有很强的动态性，并通过资源整合形成整合式创新理念，在企业管理层内部建立资信认证体系，注重信任机制的形成，从而建立跨地区、跨国家的动态联盟，而跨地区、跨国家动态联盟的组建必将促使虚拟组织内部跨地域组织文化的形成。

3. 网络型企业的组织设计

1）影响网络型企业组织设计的要素

网络型企业组织设计过程的关键要素主要包括以下几种。

（1）机遇。对企业来说，市场机遇就是顾客的需求，这种需求可能是显性的，也可能是隐性的，并具有时间性、约束性及效益风险性等特征。对网络型企业进行组织设计，首先需要考虑市场机遇的要求，以保证实现网络型企业的敏捷性。

（2）核心能力。核心能力是企业所拥有的领先竞争对手的某种能力，它是响应机遇、参与竞争的基础。它是选择伙伴的第一原则，只有具备这种能力的企业，才有可能成为组成网络型企业的伙伴。因此，在设计和建立网络型企业的过程中，需要对企业自身和其他企业的核心能力进行分析。

（3）伙伴。网络型企业是由盟主和若干伙伴构成的，最先抓住机遇并拥有主要核心资源的企业为盟主，其他参与经营的企业为伙伴。伙伴的选择直接关系网络型企业最终的运行结果。

（4）敏捷度。敏捷度是指企业在不断变化的顾客要求之下，动态灵活、快速响应市场变化的能力。在网络型企业组织设计和建立阶段，通过敏捷性度量可以及时掌握网络型企业的状态，并进行有针对性的重构、调整，从而使网络型企业能够快速响应市场机遇。

（5）组织运行模式。它是关系网络型企业成败的一个关键问题。运行模式可以由盟主和核心团队组成网络型企业的核心层，而其他伙伴企业则可以根据需要以多种方式参与网络型企业，如转包加工、合资经营和虚拟合作等，它们之间组成一个个团队，各个成员之间采用"动态合同"形式，并最大可能地通过信息网络进行协同工作。

2）网络型企业组织设计的主要步骤

网络型企业通过对环境的分析和判断识别到市场机遇之后，接下来就要进行企业的组织设计。一般来说，网络型企业的组织设计要包括以下四个方面。

（1）合作伙伴的选择。合作伙伴选择的好坏或恰当与否，直接关系网络型企业的命运。一般来说，在选择合作伙伴时要看二者之间是否具有互补性、相容性、整合性、双赢性。因此，在伙伴选择过程中应遵循下述原则：第一，核心能力原则。首先需要对伙伴进行核心能力的识别和评估。第二，总成本合算原则。网络型企业总的实际运作成本应不大于个体独立完成的所有内部费用。第三，敏捷性原则。即要求伙伴企业对来自联盟外部或联盟伙伴之间的服务请求具有一定的快速反应能力。第四，风险最小化原则。所选择的伙伴能够最大限度地回避或减少网络型企业整体运行风险。网络型企业伙伴选择过程如图 16-3 所示。

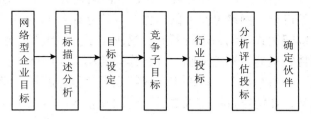

**图 16-3　网络型企业伙伴选择过程**

常用的伙伴选择的方法有以下几种：① 招标法。当合作伙伴竞争激烈时，采用招标法，企业能在更广泛的范围内以更低的成本选择到最适当的合作伙伴。可以采取公开招标（对投标者的资格不予限制）和指定竞标（由企业预先选择若干个可能的合作伙伴，再通过竞标确定）。② 直观判断法，即根据征询和调查用户所得的资料，并结合人的分析判断，对合作伙伴能否满足己方需求进行分析评价，主要是倾听和采纳有经验的采购人员意见，或者直接由采购人员凭经验做出判断。③ 通过互联网。目前，高度发达的网络技术给企业提供了非常便利的渠道去获取信息。通过互联网，企业可以以很低的成本非常迅速地获取大量的有关合作伙伴的信息，从而为企业选择到理想的合作伙伴提供了保证。虽然目前人们对通过互联网发送协议的安全性存在一定的怀疑，但是，已经有越来越多的企业青睐于这种成本低廉、方便快捷的选择和评价合作伙伴的工具。

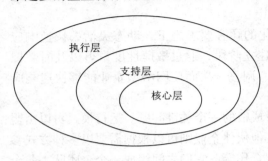

**图 16-4　网络型企业的组织结构**

（2）组织结构的设计。网络型企业的组织结构设计主要包括三个层次，如图 16-4 所示。

① 组织结构的高层设计。网络型企业的核心层由发现机遇和具有响应机遇的主要核心能力的企业构成，主要负责网络型企业组织的建立和运行过程的协调。如果核心团队的协调能力还不足以协调整个网络型企业，则可组建更高一级的联盟协调委员会，以核心团队成员为主，负责网络型企业的协调工作。核心团队和联盟协调委员会共同构成了网络型企业组织结构的高层框架。

② 组织结构的中层设计。网络型企业的中层组织主要是作为一条纽带，实现网络型企业内部的沟通，并建立企业内部与外部交流的桥梁。它主要由以下几个部分组成：第一，行政支持中心。该部门主要进行企业行政事务的处理，进行文化协调，因为网络型企业管理经常面临由于文化差异带来的障碍甚至冲突。第二，技术支持中心。该部门对企业内部技术信息进行归类整理，为各部门提供技术支持，顺利实现企业的资源共享，为虚拟运作创立技术氛围。第三，财务、资金支持中心。对各成员公司进行财务管理支持，并实时分析财务状况，同时整合企业的资产资源，实现资金的合理利用，提高整体的财务效率。第四，法律支持中心。为各成员公司提供法律援助，避免意外事件的发生。

③ 组织结构的底层设计。在网络型企业组织结构的底层设计上，考虑到管理幅度问题，可以按照工作分解结构进行任务分解，并建立面向横向流程的集成产品开发团队。

（3）运行机制的设计。网络型企业的运作必须建立在各成员之间相互合作的战略伙伴关系的基础上，以间续式契约为运行基点，这决定了网络组织的运作模式是：在网络成员范围内，根据特定机遇目标组成临时性合作运转小组。网络成员不必为每一个合作运转小组都贡献资源，参与与否，取决于完成特定机遇目标的核心能力要求。参与合作运转小组的网络成员，在特定目标完成之后，仍回到企业网络之中。网络型企业的运作流程如图 16-5 所示。

网络型企业形成之后，为了保证其正常运转，就需要进行相应的运行机制设计。网络型企业具有动态性的特点，因此，网络型企业的运行机制就体现在各网络成员之间达成的契约和协议之中。与传统的企业组织形式不同，网络型企业的组织成员可以分散在全球不同的地方。这种地理位置的分散性使得它们之间信息的共享变得非常困难，因此，在网络型企业中就可能存在"机会主义倾向"，而避免这种"机会主义倾向"最可靠的办法就是通过成员之间达成的契约。契约对网络型企业成员之间的合作行为做出了详细的规定，并对违反契约的行为给出了具体的惩罚措施，同时，在契约中还要对资金的支付、超额完成任务的成员的激励机制做出详细的规定。在网络成员都接受的契约的约束下，网络型企业得以正常地运转。

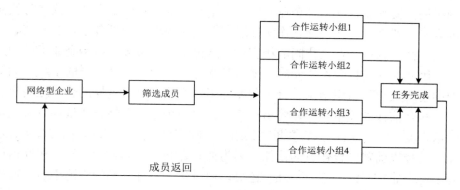

图 16-5　网络型企业的运作流程

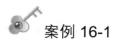

案例 16-1

Intel 公司的契约

（4）企业文化的塑造。网络型企业是在契约的基础上组成的，因此，对整个网络型企业来说，它的企业文化的一个鲜明的特征就是层次性。各个成员企业都有自己的企业文化，并且各具特色，而对于整个网络型企业来说，还需要塑造一种超越各成员企业文化的文化，用以引导、约束各成员企业的行为。由于网络型企业的动态性、不确定性，因此，在网络型企业中塑造一种强文化是很难的。但这并不是说网络型企业不需要塑造自己的文化，或并不是说网络型企业不可能塑造自己的文化，相反，正是由于其难以塑造，就更应该引起我们的重视。

网络型企业的文化结构模型如图 16-6 所示。

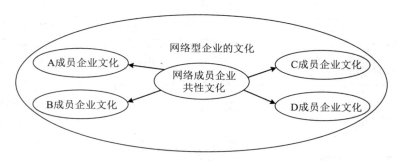

图 16-6　网络型企业的文化结构模型

在前面我们说过，地理位置上的分散性有可能会造成网络型企业之中存在一种潜在的"机会主义倾向"，而建立一种以信任为基础的企业文化被认为是防范机会主义倾向的最有效的机制。要塑造这样一种企业文化，一个有效的办法就是在选择伙伴时就充分考虑文化因素。一般来说，在选择合作伙伴时，我们主要考察的是各个企业的核心能力的互补性，而往往会忽略企业文化间的相容性。这也是导致很多网络型企业不成功的诸多因素之一。因此，在选择合作伙伴时，要对其本身的企业文化做充分的了解，如果伙伴间有相似的组织文化、组织结构、管理制度和工作方式，那么这样的企业之间建立一种相互合作、相互信任的关系就比较容易。例如，很多企业在选择合作伙伴时首先考虑的是对方的信誉度，即"商誉"。商誉越高的组织，越容易合作。所以，在实践中，很多网络型企业会选择以前曾经合作过的伙伴，因为彼此之间已经非常的了解，相互信任的确立已经有了一个非常好的基础。另外，还可以通过建立一种顺畅的沟通渠道来增进彼此间的了解，这是企业之间建立彼此信任的基础。

### 16.3.3　学习力与学习型企业组织设计

**1．学习力与树根理论**

1）学习力

很多年以来，人们一直把提高企业的财务能力、营销能力和技术能力作为获得竞争优势的三个路径。财务能力可以优化企业的投资决策；营销能力可以扩大产品的市场占有率；而先进的技术能力则可以保证企业的竞争优势并获得高于同行的利润。但是在知识经济的冲击下，企业除了要不断提高这三种传统能力，还要塑造另外一种更高水平的能力，那就是企业学习的能力，即学习力。所谓"学习力"指的是："加强组织和每个人能够做以前不能做的事情的能力。这种知识不是从课本和过去的经验中获得的，而是通过真正地参加独立的行动、尝试、失败和挫折来获得的。"（理查德·达夫特，2017）它通过把员工传统的效率观念转变为主动寻求解决问题来推动企业的发展。学习力由三个基本要素组成。这三个基本要素分别是学习的目标、学习的意志和学习的能力。学习的动力体现了学习的目标；学习的毅力反映了学习者的意志；学习的能力则来源于学习者掌握的知识及其在实践中的应用。图 16-7 是学习力的模型，这个模型揭示了学习力和其三要素的内在联系。

从这个模型我们可以看出，学习力是三个要素的交集，只有同时具备了这三个要素，才能成为真正的学习力。当你有了努力的目标，你只是具备了"应学"的动力；当你具备了丰富的理论和实践经验，你仅仅具有了"能学"的力量；而当你学习的意志很坚定时，你不过是有了"能学"的可能性。只有将三者合而为一，将三者集于一身，你才真正地拥有了学习力。

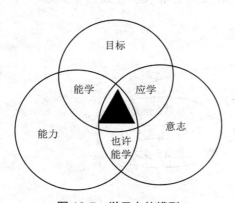

**图 16-7　学习力的模型**

2）树根理论

如果将一个企业比作一棵大树，学习力就是大树的根，也就是企业的生命之根，这就是树根理论。树根理论告诉我们，评价一个企业在本质上是否有竞争力，不是看这个企业取得了多少成果，而是看这个企业有多强的学习力。这就像我们观察一棵大树的生长情况一样，不能只看到大树郁郁葱葱、果实累累的美好外表，因为无论有多么美好的外表，如果大树的根已经烂掉，那么眼前的这些繁荣很快就会烟消云散。所以，一个企业短暂的辉煌并不能说明其有足以制胜的竞争力，学习力才是企业的生命之根，企业一定要精心培植自己的根，让自己的根越来越深厚，越来越坚强，只有这样，才能在以后可能遭遇的种种风雨中挺立不倒。

一直以来，很多人认为企业的市场竞争实质上是产品的竞争，产品的竞争其实就是技术的竞争，而技术的竞争一定要归结到人才的竞争上。所以，我们从前总是将企业的竞争最终归结到人才的竞争上。但是，最新的学习型组织理论告诉我们，企业的竞争最终是学习力的竞争，如图 16-8 所示。因为，人才是有时间性的。你只能保证自己今天是人才，却无法保证明天的你依然是一个人才。原复旦大学校长杨福家教授提出，今天的大学生从大学毕业刚走出校门的那一天起，他四年来所学的知识已经有 50%老化了。我们现在所处的时代是"加速发展，竞争激烈，不进则退，不兴则亡"的时代。放眼全球，世界 500 强企业，每年筛选下去四分之一。这些企业有的还在圈外活着，有的则消失了。据此，美国管理学大师彼得·圣吉总结出一个公式：学习速度＜变化速度=死亡。壳牌石油公司企划总监德格认为："唯一持久的竞争优势，或许是具备比你的竞争对手学习得更快的能力。" 如何才能提高企业的学习力呢？答案就是根据学习型组织理论把企业建设成学习型企业。

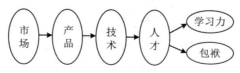

图 16-8  学习力——企业竞争最终的决定力

2. 学习型企业

学习型企业的概念来源于学习型组织理论。首先，让我们先了解一下什么是学习型组织理论。学习型组织是美国麻省理工学院彼得·圣吉教授和其同事在研究企业管理发展进程中提出来的。他们将系统动力学与组织学习、创造原理、认知科学、群体讨论与模拟演练融合在一起，希望在这样的组织中通过学习培养适应变革和创造的能力。"学习型组织"的概念一提出，就受到世界学界和商界的广泛关注。但是对于学习型组织的概念，业界至今没有一个统一的认识。如彼得·圣吉在《第五项修炼》中认为，在这种组织中，"人们可以不断增强创造能力，集体抱负得以实现，而且人们可以不断地了解如何共同学习"。汤姆·彼得和罗伯特·奥特曼在《卓越研究》中认为，在学习型组织中，"实验更多，而且鼓励更多的尝试，允许更多的失败；他们随时了解大量信息"。戴维·格文认为，学习型组织"善于创造、获取和传递知识，而且善于修正以获取新的知识和观念"。

而"经济学家情报社"（EIU）把学习型组织等同于"为经营成功而管理知识"，认为它"是一种以人为中心的管理哲学"。

在理论研究的推动下，各国的企业开始了创建"学习型组织"的实践。国际上一些著名大公司，如 IBM、AT&T、杜邦、英特尔等主动要求赞助美国麻省理工学院的学习型组织的学习中心，并期望麻省理工学院能帮助自己的企业向学习型企业转变。

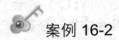 **案例 16-2**

## 学习型组织

同样，"学习型组织"理论在我国也掀起了一股热潮。目前，在世界范围内各个领域都在尝试运用"学习型组织"来谋求可持续发展，如表 16-3 所示。

表 16-3　学习型组织管理理论的应用

| 学习型组织分类 | 实　例 |
| --- | --- |
| 国家管理——学习型政府 | 新加坡—学习型政府；欧盟——学习型社会 |
| 城市管理——学习型城市 | 中国上海 |
| 企业管理——学习型企业 | 美国微软；中国内蒙古伊利集团 |
| 学校管理——学习型学院 | 中国同济大学；美国麻省理工学院 |
| 家庭管理——学习型家庭 | 中国上海 |

建立在学习型组织理论基础上的企业就是学习型企业。简单地说，学习型企业是指通过培养整个企业的学习气氛，充分发挥员工的创造性思维能力而建立的一种有机的、高度弹性的、扁平化的、符合人性的、能持续发展的企业。它具有以下几个特征。

（1）学习能力的培养成为组织的首要目标。在知识经济条件下，企业组织必须追求一种不断提升的知识基础，学习是保证组织能力提升的源泉。只有在经营中强调学习，企业才能有持续的竞争优势，才可能获得成功。

（2）组织成员拥有共同愿景。组织共同愿景来源于员工个人愿景，而又高于个人愿景。共同愿景是将纷繁的个人愿景整合为企业的共同愿景，将全体成员凝聚在一起，激发个体的积极性、主动性、创造性和追求卓越的本性，形成个体价值目标与企业价值目标、个体本位与企业本位的理性融合的共同愿景的企业文化，激活企业生命力，这是学习型企业最显著的特征。

（3）善于不断学习。这是学习型企业的本质特征。所谓"善于不断学习"，主要有四点含义：一是强调"终身学习"；二是强调"全员学习"；三是强调"全过程学习"；四是强调"团体学习"。

（4）"地方为主"的扁平式结构。"地方为主"是学习型企业组织架构的主要特点，圣吉描述说："学习型组织将日益成为以地方为主的扁平式结构，这种组织会尽最大可能将决策权延伸到离最高层最远的地方。"换句话说，"地方为主"的意思是：决策权向组织的下层移动，尽最大可能让当地角色者面对所有的课题，这样就保证上下级的不断沟通，下层可以直接体会到上层的决策思想，上层也能亲自了解到下层的动态，掌握第一线的情况。只有这样，企业成员才能形成整体互动思考、协调合作的群体，才能产生巨大、持久的创造力。

（5）自主管理。"自主管理"是使企业的员工能边工作边学习，并使工作和学习紧密结合的方法。通过自主管理，组织成员可以自己发现工作中的问题，自己选择伙伴组成团队，自己选定改革、进取目标，自己进行现状调查，自己分析原因，自己制定对策，自己组织实施，自己检查效果，自己评估总结。团队成员在"自主管理"的过程中，能形成共同愿景，能以开放求实的心态互相切磋，不断学习新知识，不断进行创新，从而增加组织快速应变、创造未来的能力。

3. 学习型企业的创建

对于如何创建学习型企业，中外的专家学者都进行了各种研究，其中，以下是几种影响较大的建构模型。

1）鲍尔·沃尔纳（Paul Woolner）的五阶段模型

鲍尔·沃尔纳运用实证分析的方法，从企业职工终身教育与培训的角度，归纳出学习型企业发展的五阶段模型：① 创立型企业，即不正规学习阶段。在第一阶段，企业处于创业阶段，企业员工一般还没有意识到需要对学习活动做出具体的安排，而完全是一种自发的、不正规的学习活动。② 发展型企业，即消费性学习阶段。随着企业的发展和市场竞争的日益激烈，企业组织内部仍有不正规的学习活动在延续，但更多的学习活动则表现为企业用一定量的投资，选派部分员工到专职教育部门或兄弟单位进修学习。③ 成熟型企业，即学习引入企业阶段。随着企业规模的扩大，企业组织为了谋求长期的发展，开始有意识地安排适合自身特点的学习项目，但学习仍然是培训部门的职责，而未能成为组织各部门的职责。④ 适应型企业，即企业学习日程确定阶段。此时，企业已经把学习纳入组织的日常工作中，组织学习与企业的发展战略和经营目标紧密地结合起来，建立一系列学习课程和工作技能标准，作为衡量员工各类技能水平的指标。但这一阶段的学习活动仍没有完全融于企业的长期发展战略之中。⑤ 学习型企业，即学习与工作完全融合阶段。到了第五个阶段，企业组织已将学习与工作看成密不可分的两个方面，学习是工作新的形式和内容，两者已成为完全融合的统一体。

从这个模型中，我们可以看出，随着组织的不断成长，学习在组织发展中的作用越来越大，学习与工作融为一体，学习成为工作创新的手段，自治团队的学习与工作成为组织学习的主要形式，学习也由原来个别部门的培训活动发展成为全体员工及整个组织最重要的工作。这样，随着组织学习层次的不断提高，其组织系统、结构和过程就十分有利于组织发展成为学习型企业。

2）约翰·瑞定（John Redding）的第四种模型

约翰·瑞定认为，一个企业是否具有强大的生存能力，取决于企业能否实行系统的快速变革。他曾在总结各种组织变革的不同运行机制的基础上，将企业战略改革模型归纳为三种：第一种模型以计划为核心，强调计划的出色性。但由于企业所面临的环境是经常变化的，计划往往赶不上变化的速度。第二种模型，其内容可概括为计划—执行计划，这里执行计划是对计划的进一步实施，对所需的人、财、物资源都做出具体规定。然而，在改革计划的具体贯彻过程中，还要受到诸多外部因素的影响。第三种模型，其运行机制是准备—计划—实施。这种模型注重改革前的一系列准备工作，注重与各环节交流改革模式，以求达成共识，并创造一个有利于改革推行的环境。但这一模型忽视改革与企业战略之间的关系，把改革看成某个固定的项目，使企业的行动目标缺乏一种整体性、灵活性。于是，瑞定在前三种模型的基础上提出了第四种模型，即持续准备—不断计划—即兴推行—行动学习，这四个阶段是密切联系、环环相扣的关系。

① 持续准备。企业不针对某项特定的改革项目，而是关注企业与环境的相互协调，时刻为企业改革做好准备，使企业面对变幻莫测的环境应付自如。② 不断计划。在上述三个模型中，计划是一种正式的书面文件，而这里所讲的计划是在广泛地征询参与实施的员工意见的基础上，经过不断修订的计划，往往比原始计划更有价值。③ 即兴推行。瑞定认为，根据学习型组织理论，组织在推行改革计划的过程中，并不要求员工按部就班地执行计划，而是鼓励员工以即兴创新的原则，创造性地实施改革计划，使企业的改革成为全体员工的一项共同的创造性事业。④ 行动学习。瑞定认为，学习型企业不应仅仅通过一年一度的评估来衡量改革的得与失，而应经常地随时检验企业的行动，及时调整企业的行动方案，以提高改革的效率。也就是说，行动学习充分体现在行动中学习，它贯穿准备、计划和实施的每一阶段。每次循环完成之后，又为下一次循环做好准备，这样，企业就可以不断地进行战略改革，不断地获得创新发展，使企业能够很好地适应企业内外环境的变化要求，最终成长为学习型企业。

3）彼得·圣吉（Peter Senge）模型

圣吉认为要把企业从传统的"权力控制型组织"改造成"学习型组织"，保持持久的优势，就必须进行下面的五项修炼。

（1）第一项修炼——自我超越。企业活力的源泉在于全体职工的积极性和创造性。每个人都有自己的意愿、心智和思考问题的方式。如果员工未被充分激发去实现某种目标，那么，就不会有企业的发展与成功。因此，学习型组织理论提出的"自我超越"的修炼，是为每个员工不断实现他们内心深处最想实现的愿望、创造和超越，这种自我超越并非一般意义的吸收知识和提高技能，而是一种全身心投入的学习，是突破极限的自我实现。

（2）第二项修炼——改善心智模式。圣吉认为每个人的心智模式根深蒂固于内心，它影响着人们如何了解这个世界以及怎样采取行动。在组织的诸多决策模式中，起决定性作用的正是这种根深蒂固的心智模式。因此，"改善心智模式"的修炼，要求组织为员工提供有效地表达自己的想法，并以开放的心灵容纳别人的想法的氛围，形成整体互通联动的共同心智模式，以利于组织目标的实现。

（3）第三项修炼——建立共同愿景。共同愿景是组织成员共同的愿望和远景，是组织的共同目标。共同愿景对学习型组织是至关重要的，它为学习提供聚焦点。因为只有当人们致力于实现共同的愿望时，才会产生创造性学习。建立"共同愿景"的修炼会使组织领导与员工拥有共同的使命感，大家围绕一个共同的目标而努力，为这一愿景的实现做出卓越的贡献。

（4）第四项修炼——团体学习。圣吉认为团体学习对现代组织来讲是非常重要的，这是因为在现代组织（企业）中，学习的基本单位是团体而不是个人。企业的新产品、新技术和新工艺的出现与应用，新的管理模式的推行，都与团体学习密切相关。"团体学习"的修炼，就是要使全体员工相互学习，形成有效的共同思维，创造出出色的成果。

（5）第五项修炼——系统思维。圣吉认为组织成员应该摒弃传统的、片段的、割裂的思维方式，确立系统思维模式。"系统思维"的修炼要求人们纵观全局，用系统思维的方法来分析影响我们认识事物的诸因素，而不是把这些因素割裂开来。

在圣吉模型中，五项修炼之间的关系就像一个蓄势待发的火箭，其中改善心智模式和团体学习两项修炼是基础；自我超越和建立共同愿景两项修炼是向上张力；而第五项修炼系统思维是圣吉模型的核心，它好比是火箭的发动机，整合其他四项修炼成一体，并不断强化其他每一项修炼。通过五项修炼，使组织不断提高自身学习和解决各种问题的能力，促进组织在修炼、学习的过程中得到成长，发展成为学习型企业。

4. 学习型企业的组织设计

学习型组织理论从提出至今，还没有形成一个大家普遍接受的概念。同样，对于究竟学习型组织应该是一种什么样的形态也无定论。组织专家罗宾斯说过："如果把学习型组织看作建立在以往大量组织行为观念的理想模式，会有助于你更好地理解什么是学习型组织。所以，你应该把学习型组织视为奋斗目标，而不是对组织机构活动的现实描述。"（斯蒂芬·P. 罗宾斯，2017）人们对于学习型组织的认识仍处于探索阶段，而对于学习型企业来说也是如此，作为一种有生命力的有机架构，其主要特点是寻找两个不同方向（如稳定和变化、全球化和地区化、常规操作与创造性劳动等）之间微妙的平衡。管理学的研究早已证明，这些不同方向的管理本身没有绝对的好与坏，问题只在于它们和什么样的环境相匹配，同时还在于它们是否超出了必要的限度。分析这种寻找平衡的过程，我们会看到组织对环境的适应性，环境变化愈迅速，组织寻找平衡的节奏愈快。正是看到这一点，一些学者指出，学习型企业不存在单一形态。但是，尽管如此，我们还是可以从众多的理论研究和企业实践中找到一些有关学习型企业组织共性的东西。

对于一个学习型企业来说，首先必须要有一个所有组织成员认可的共同愿景。愿景概括了学习型企业的未来目标、使命及核心价值，是学习型企业哲学中最核心的内容，是企业最终希望实现的图景。它就像灯塔一样，始终为企业指明前进的方向，是学习型企业的灵魂。其次，围绕共同愿景，学习型企业要建立自己的知识库。这是学习型企业持续发展的动力所在。再次，对于学习型企业来说，完善的知识信息网络是必不可少的。这为学习型企业的组织学习与发展提供了一个基础性的技术保障。最后，在学习型企业中，更多地采用团队的工作模式。在这里，传统的等级制被打破，领导层和团队成员几乎在同一时间获得信息。团队成员根据所获得的信息做出相应的决策，领导层更多地处于一种服务型的地位。

进行学习型企业的组织设计，主要包括以下几个环节。

（1）知识库的创建。学习型企业组织架构的核心在于创建知识库，使其能够获得不同团队的技能和能力，并且不同团队在合作中创造新的能力。知识库的建设必须上升到战略的高度。一个简单的知识库可以帮助组织在有限的业务领域内建立新的技能，这表现出来的是一种战术方法，当一个组织与外部顾客、供应商、工会组织、大学和其他组织之间建立大批的知识库，并且彼此加强、互相促进，支持组织的长远目标，这时的知识库才是学习型企业的竞争优势。

（2）组织结构设计。缺乏科学性的，凭个人直觉、经验和个性进行管理的家长制，以及缺乏灵活性的权力，依职能和职位分工与分层、以规则为管理主体的科层等级制度，已不能适应学习型企业的管理需要，组织结构的重组是必须进行的。其方向应是利于知识和信息迅速传播、共享和创新的网络状结构。富有弹性的网络结构能够对经营环境与市场的变化做出快速反应，从而提高学习型企业学习和运作的绩效。

（3）运行机制设计。首先，设计学习型企业的团队并行模式。在现代信息技术的基础上，学习型组织的运作应采用并行工程的方式，即一个项目的分解不是按照时间顺序以串行工程为基础建立开放式的子系统，而是分解为工作模块，让拥有不同技能的团队来完成。在各个模块之间的合作是平等的，各个团队对所承担的工作模块有充分的自主权。这样的合作方式对于调动每个成员的积极性十分有效，有利于资源的最佳利用。此外，采用并行工程的运作模式有利于项目开发时间的节约。

其次，设计学习型企业的激励机制。学习型企业的优势除了来自内部不同团队的互补性核心能力，还来自有效的激励机制。对于学习型组织的领导层而言，既要将个人、团队、组织的需要同步，从而使他们发挥出最大的效率，同时，也要提高个人成长和全面发展的机会。要达到这种均衡，就需要在学习型组织架构中考虑相应的原则。如改变职业道路，在传统的组织架构中，员工工作穿梭于职能部门之间；而在学习型组织架构中，团队是组织运作的基本模式，每个员工是团队的一分子，对员工的激励方式可以是把一个员工持续不断地分配到交叉职能团队，丰富其工作内容。但是，这里存在一个问题，即如果这样做，员工会被迫放弃其职业道路，同时，关键的职能团队也面临着能力丧失的危险。解决的办法是，职业道路在集中于特定的价值流和知识累积之间转换，在这种职业道路上，个人知识会长进，但在一段长时间内，他对该特定产品组的注意力不会转移。这将保证每位员工有一个内在职业——这是吸引和留住员工的关键。

 **小结**

企业组织设计的发展与变革是企业组织的一个不变的话题。很多因素推动着企业组织设计的发展，如知识经济的形成、经济的全球化、信息技术的发展、经理人员角色的变化等。企业组织设计的发展已经呈现出扁平化、网络化、柔性化、虚拟化、无边界化的趋势。

当代企业组织设计的发展是从流程再造开始的。作为当今管理界的一个很时髦的概念，流程再造意味着如何在当今快速变化的环境中设计工作流程以提高绩效，它带来了诸如组织结构、文化、信息系统等方面的变化。在流程再造的基础上，横向型企业出现了。对横向型企业进行组织设计可以从企业的信息化建设开始，然后进行流程再造、组织结构设计、运行机制设计，最后进行企业文化的重塑。

顾客需求的个性化造成了市场的细化，随着竞争的日益加剧，单个企业要想抓住瞬间的机遇并及时做出反应已经越来越难。虚拟整合为人们找到了解决问题的途径。通过寻找能力互补、文化兼容的企业伙伴，建立网络型企业来整合企业内外资源，以此来提高企业对市场的反应能力。进行网络型企业组织设计时，一般从识别市场机遇开始，然后进行合作伙伴的选择、组织结构的设计、运行机制的设计，最后还要进行企业文化的塑造。其中，合作伙伴的选择是关键。

知识经济的出现使人们认识到了学习的重要性，一个人、一个企业要想生存、发展，就要不断提高自己的学习力。于是，学习型企业的概念产生了。如何打造学习型企业？鲍尔·沃尔纳的五阶段模型、约翰·瑞定的第四种模型、彼得·圣吉的第五项修炼模型会给我们很大的启发。另外，对学习型企业进行组织设计，一般要做以下几项工作：知识库的创建、组织结构设计、运行机制设计。

## 思考题

1. 讨论为什么应对变革是今天企业面对的一大挑战，并解释是哪些力量在推动着企业组织设计的发展。

2. 结合本章的内容，讨论一下企业组织设计发展的趋势。

3. 什么是流程再造？流程再造对企业的组织设计有什么样的影响？

4. 虚拟整合的含义是什么？网络型企业有哪些组织特点？

5. 你是如何理解"学习力——企业竞争最终的决定力"这句话的？

### 酷特智能：红领西服的华丽转身

摘要：本案例回顾了青岛酷特智能股份有限公司（以下简称"酷特智能"）整个战略选择和组织变革过程，讲述了其从一个传统服装制造企业转型升级为一个实现个性化定制的智能制造企业的整个历程。本文针对酷特智能如何进行战略调整、组织结构如何追随战略调整、人力资源管理如何支撑起整个经营模式进行了深入探究，揭示了酷特智能成功转型的关键，印证了它能够吸引海尔、阿里巴巴、波司登等知名企业纷纷前来学习的原因。它的"去领导化、去科层、去部门、去审批"这种大胆创新的做法也为其他传统企业提供了借鉴。

资料来源：王振源，李丽. 酷特智能：红领西服的华丽转身[DB/OL]. 中国管理案例共享中心，2017. http://www.cmcc-dlut.cn/Cases/Detail/3072.

 **经典书籍推荐**

杨国安，尤里奇. 组织革新：构建市场化生态组织的路线图[M]. 袁品涵，译. 北京：中信出版集团，2019.

《组织革新：构建市场化生态组织的路线图》的两位作者结合研究和实践，为企业领导人提供了革新企业的蓝图，提出了一个构建市场化生态组织的路线图，以响应不断变化的市场机遇、速度和规模。这本书为渴望建立一个更强大、反应更快的组织的领导者，以及所有要塑造和发展这个组织的人力资源、组织开发和咨询人员，提供了急需的再造路线图。

 **参考文献**

[1] 哈默，钱匹. 改革公司[M]. 上海：上海译文出版社，1998.

[2] 达夫特. 组织理论与设计：第 12 版[M]. 王凤彬，石云鸣，张秀萍，等，译. 北京：清华大学出版社，2017.

[3] 圣吉. 第五项修炼：学习型组织的艺术与实践①[M]. 张成林，译. 北京：中信出版社，2018.

[4] 圣吉. 第五项修炼：终身学习者②[M]. 张成林，译. 北京：中信出版社，2018.

[5] 圣吉. 必要的革命：深层学习与可持续创新③[M]. 李晨晔，张成林，译. 北京：中信出版社，2018.

[6] 圣吉. 第五项修炼：知行学校（全 2 册）④、⑤[M]. 李晨晔，译. 北京：中信出版社，2018.

[7] 芮明杰. 平台经济：趋势与战略 [M]. 上海：上海财经大学出版社，2018.

[8] 蒂瓦纳. 平台生态系统：架构策划、治理与策略[M]. 侯赟慧，赵驰，译. 北京：北京大学出版社，2018.

[9] 刘绍荣，夏宁敏，唐欢，等. 平台型组织：面向数字化互联网时代的全新企业组织形态[M]. 北京：中信出版社，2019.

[10] 贝尔. 成为学习型管理者：赋能组织：第 3 版[M]. 周迪，郭心蕊，译. 北京：

电子工业出版社，2018.

[11] 舒克. 学习型管理：培养领导团队的 A3 管理方法[M]. 郦宏，武萌，汪小帆，等，译. 北京：机械工业出版社，2021.

[12] 马奎特. 学习型组织的顶层设计：第 3 版[M]. 顾增旺，周蓓华，译. 北京：机械工业出版社，2015.

[13] 于海波，方俐洛，凌文辁. 组织学习及其作用机制的实证研究[J]. 管理科学学报，2007（5）：48-61.

[14] 陈国权，李兰. 中国企业领导者个人学习能力对组织创新成效和绩效影响研究[J].管理学报，2009，6（5）：601-606.

[15] 王晓晖. 学习型组织文化的差异与影响研究：基于广东地区国有企业和民营企业样本相比较的实证分析[J]. 管理世界，2007（11）：76-86+95.

[16] 卡斯特，罗森茨韦克. 组织与管理：系统方法与权变方法[M]. 北京：中国社会科学出版社，1985.

[17] 科伦索. 组织变革改善策略[M]. 高俊山，贾振全，译. 北京：经济管理出版社，2003.

[18] 佩帕德，罗兰. 业务流程再造[M]. 高俊山，译. 北京：中信出版社，1999.

[19] 阎海峰，王端旭. 现代组织理论与组织创新[M]. 北京：人民邮电出版社，2003.

[20] 王众托. 企业信息化与管理变革[M]. 北京：中国人民大学出版社，2001.

[21] 焦叔斌. 企业组织变革管理：实现卓越绩效的途径[M]. 北京：中国人民大学出版社，2003.

[22] 黑尔里格尔，斯洛克姆，伍德曼. 组织行为学（下）[M]. 岳进，王志伟，于家栋，等，译. 北京：中国社会科学出版社，2001.

[23] GARVIN D A, EDMONDSON A C, GINO F. Is yours a learning organization?[J]. Harvard business review, 2008, 86(3): 109.

[24] YANG B, WATKINS K E, MARSICK V J. The construct of the learning organization: Dimensions, measurement, and validation[J]. Human resource development quarterly, 2004, 15(1): 31-55.

[25] DARWIN C. Building a learning organization[J]. Knowledge solutions, 2017: 57.

[26] CARNEVALE A P, GAINER L J. The learning enterprise[M].Alexandria: American Society for Training & Development, 1989.

[27] LOASBY B. Knowledge, learning and enterprise[M]//Beyond positive economics?. London: Palgrave Macmillan, 1983: 104-121.